台州年鉴

2023

中共台州市委党史研究室
（台州市地方志编纂室） 编

方志出版社
Publishing House of Local Records

图书在版编目（CIP）数据

台州年鉴 . 2023/ 中共台州市委党史研究室（台州市地方志编纂室）编 .
-- 北京：方志出版社，2023.12
ISBN 978-7-5144-6189-3

Ⅰ . ①台… Ⅱ . ①中… Ⅲ . ①台州－ 2023 －年鉴
Ⅳ . ① Z525.53

中国国家版本馆 CIP 数据核字（2023）第 253024 号

责任编辑：李志瑜
责任校对：张玉霞
责任印制：梅中英
出 版 者：方志出版社
地　　址：北京市朝阳区潘家园东里 9 号（国家方志馆 4 层）
邮　　编：100021
网　　址：http://www.zgfzcb.cn
发　　行：方志出版社图书营销中心（010-67110500）
印　　刷：浙江经纬印业股份有限公司
开　　本：889 毫米 ×1194 毫米　1/16
印　　张：29.25
字　　数：1048 千字
版　　次：2023 年 12 月第 1 版
印　　次：2023 年 12 月第 1 次印刷
定　　价：280.00 元

《台州年鉴（2023）》
编辑委员会

《台州年鉴（2023）》
编辑部

编辑说明

一、《台州年鉴》是中国共产党台州市委员会、台州市人民政府决定编纂，由中共台州市委党史研究室（台州市地方志编纂室）承办的综合性地方年鉴，以马克思列宁主义、毛泽东思想、邓小平理论、“三个代表”重要思想、科学发展观、习近平新时代中国特色社会主义思想为指导，坚持辩证唯物主义和历史唯物主义的立场、观点和方法，坚持存真求实，全面、客观、系统地记述台州市域年度发展情况。

二、《台州年鉴》每年出版一卷，2023卷是第40卷。本卷年鉴资料以2022年度为主，部分内容适当突破年度时限，以保持资料的完整性。旨在记载台州市行政区域自然、政治、经济、科技、文化、社会和生态建设等方面的基本情况，为各级党政机关、研究机构以及社会各界人士了解、研究台州提供丰富、翔实的地情资料。

三、《台州年鉴（2023）》主体内容分为类目、分目、条目三个层次。全书框架结构在上年基础上，结合台州实际情况，对部分类目名称、排列顺序、所辖分目做了适当调整。卷首彩页根据年度热点和台州地方特色设置分类主题。

四、《台州年鉴（2023）》主要资料由台州市级各部门、县（市、区）和有关人民团体、行业协会、企事业单位等部门负责提供，并经各级主管部门审核，另有部分资料由本编辑部采编而成。入鉴内容资料及保密问题经各供稿单位审核。

五、《台州年鉴（2023）》所用数据，凡涉及台州国民经济和社会发展全局性的数据，以统计部门公布的统计资料为准；统计部门未做统计的，采用各业务部门提供的数据。文中数据比较除特别说明外，均为2022年与2021年相比，“上年”指“2021年”，其他年份之间数据的比较写明年份。因统计范围、统计口径的调整，部分数据与往年不具可比性，以统计部门公布的为准。

六、《台州年鉴（2023）》文中“党”或“党的”特指中国共产党，其他党派名称用全称或规范化简称。市直属各单位和相关单位名称根据有关文件规定使用规范化简称。因党政机构改革或机构调整前后名称不一致的，据文中具体时间使用实际名称。供稿单位署名按党政机构改革后确定的新名称。

七、《台州年鉴（2023）》“特载”“附录”分目内容照原文登载，不做编辑规范方面的处理。

八、《台州年鉴（2023）》数字用法、标点符号用法分别采用国家标准《出版物上数字用法》（GB/T15835—2011）、《标点符号用法》（GB/15834—2011），计量单位采用国家技术监督局1993年12月发布的《量和单位》系列国家标准。

台州市城区图
图例
县（市、区）政府驻地
街道办事处、乡（镇）政府驻地
学校、医院
汽车站、火车站
影剧院、图书馆
超市、市场
宾馆、饭店
大厦
风景名胜
加油站
塔、寺庙
场馆、体育馆
企事业单位
购物中心
山峰、码头
运动场
绿地、居民地
水系
道路
在建道路
高速公路及编号
在建高速公路
快速道路
铁路
市域铁路及站点
隧道
县（市、区）界
台州市自然资源和规划局
台州市地理信息测绘中心有限公司
编制
地图审核号:浙台S(2023) 号
资料截止日期为2022年
本图界线不作划界依据
椒江
台州湾大桥
海门大桥
椒江大桥
椒江区
台州市
台州湾新区
路桥
台州路桥机场
椒江经济开发区
外沙工业区
南洋科技新材料产业园
中德台州产业合作园
高新科技工业园区
杜桥镇
蓬街镇
章安街道
前所街道
海门街道
白云街道
葭沚街道
洪家街道
三甲街道
下陈街道
海虹街道
路南街道

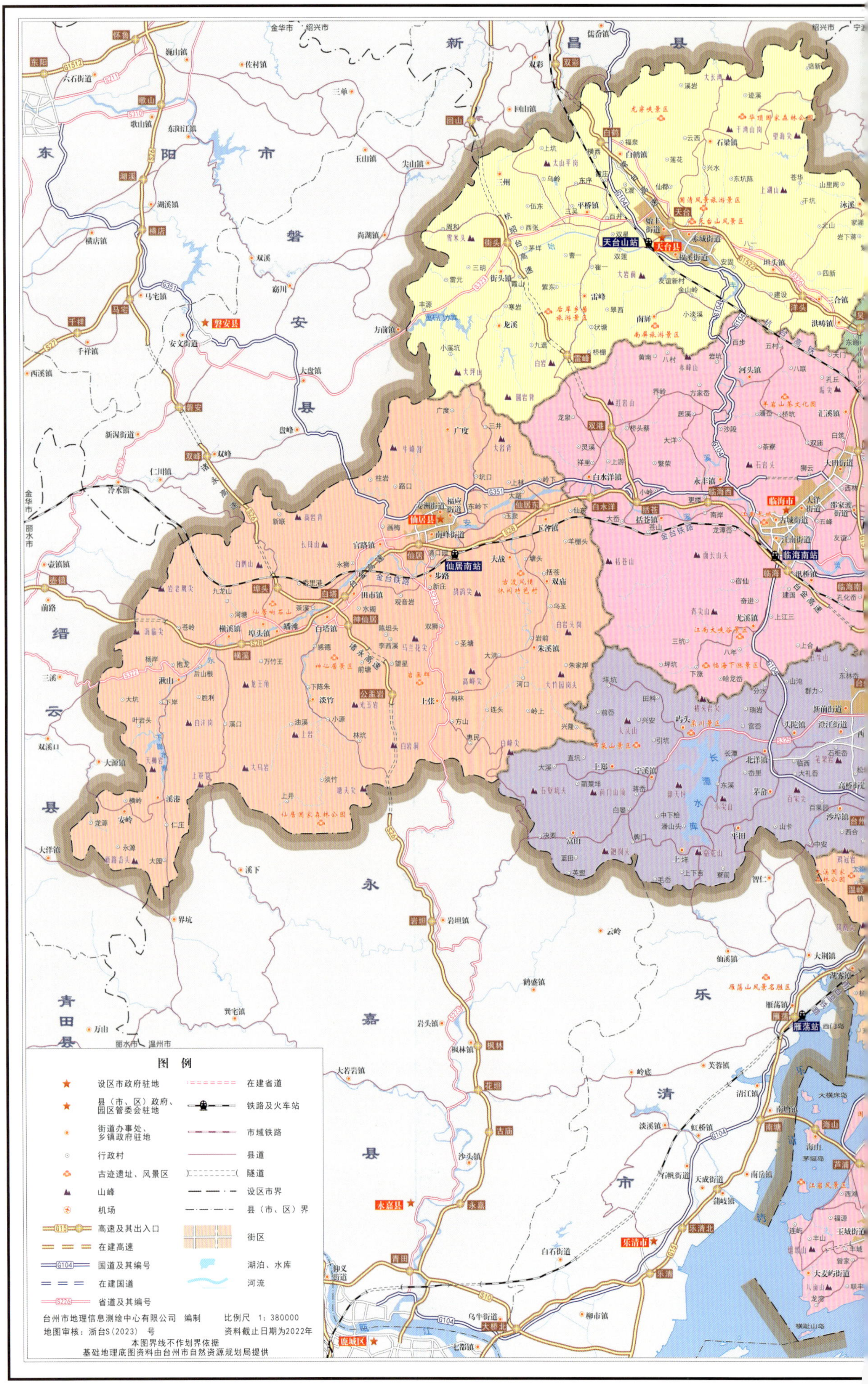
图 例
设区市政府驻地
县（市、区）政府、园区管委会驻地
街道办事处、乡镇政府驻地
行政村
古迹遗址、风景区
山峰
机场
高速及其出入口
在建高速
国道及其编号
在建国道
省道及其编号
在建省道
铁路及火车站
市域铁路
县道
隧道
设区市界
县（市、区）界
街区
湖泊、水库
河流
台州市地理信息测绘中心有限公司 编制
比例尺 1：380000
地图审核：浙台S（2023） 号
资料截止日期为2022年
本图界线不作划界依据
基础地理底图资料由台州市自然资源规划局提供
天台县
仙居县
临海市
磐安县
东阳市
新昌县
缙云县
青田县
永嘉县
乐清市
天台山站
仙居南站
临海南站
雁荡站
永嘉县
乐清市
鹿城区

台州市地图

台州市地图
宁海县
三门县
三门站
临海站
杜桥站
头门港站
台州西站
台州站
椒江区
黄岩区
台州市
台州东
台州湾新区
路桥区
台州南站
温岭站
温岭市
玉环站
玉环市
象山县
南田岛
高塘岛
三门湾
台州湾
隘顽湾
漩门湾
东海
披山洋
积谷洋
头门港跨海大桥
温州市
台州市
宁波市

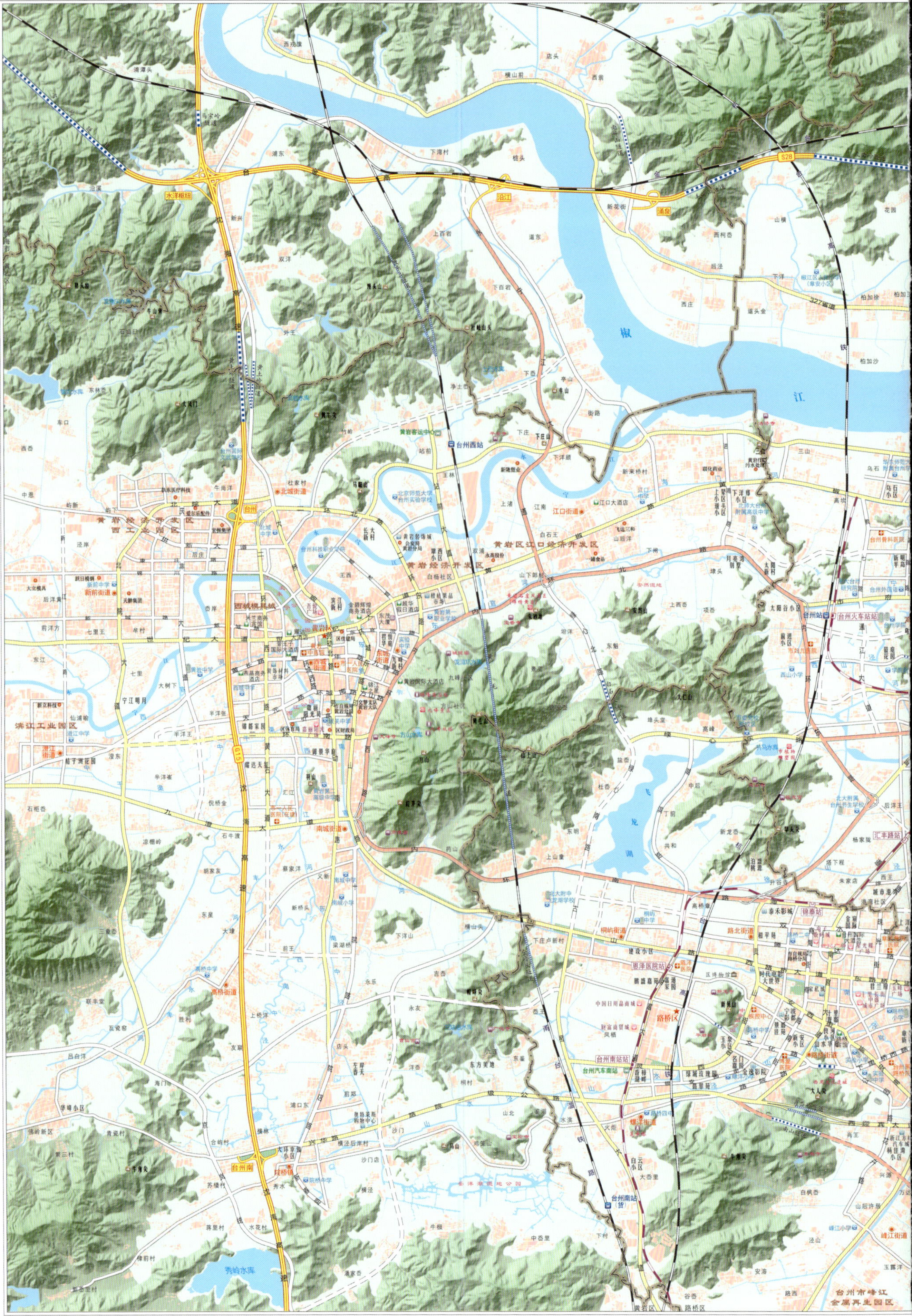
椒
江
水洋枢纽
沿江
涌泉
S28
台州西站
台州站
台州火车站站
黄岩经济开发区
西工业园区
黄岩经济开发区
黄岩区江口经济开发区
江口街道
北城街道
新前街道
南城街道
澄江工业园区
高桥街道
路桥区
台州南站
台州汽车南站
台州南站（货）
台州南
汇丰路站
峰江街道
秀岭水库
G15
台州市峰江
金属再生园区

夜幕下的椒江葭沚转盘提升改造工程

（陶国富　摄）

黄岩官河古道夜景

（王敏智　摄）

路桥城区新貌

（路桥区地方志编纂室　提供）

一江两岸　（俞国江　摄）

中共台州市委党校新校园 （市委党校　提供）

11月17日，台州职业技术学院玉环校区正式揭牌 （台州职业技术学院　提供）

7月6日，第28届全国摄影艺术展览暨“山海台州　江南长城”摄影艺术周在临海市开幕 （市委宣传部　提供）

7月20日，第六届大陈岛垦荒精神理论研讨会在台州市举行 （市委宣传部　提供）

2月28日，国家级台州湾经济技术开发区（台州综合保税区）授牌成立　　（王　翔　摄）

5月7日，台州开放大学揭牌仪式举行

（台州开放大学　提供）

7月6日，“追着阳光去台州　行至仙居就是仙”2022浙东唐诗之路文化和旅游消费季——全国诗路文化专家对话台州峰会在仙居召开　　（仙居县委党史研究室　提供）

12月26日，82省道（S325）延伸线黄岩北洋至宁溪段公路获评国家水土保持示范工程

（市交通运输局　提供）

7月27日，载着286名乘客的豪华客船“大陈岛”号开启了首航之旅　（市交通运输局　提供）

市郊铁路“和合号” 列车奔驰在乡间田野上

2月28日，义新欧班列“台州号”组货在头门港首发

（临海市地方志编纂室　提供）

1月8日，杭台高铁开通运营，图为台州站

（市交通运输局　提供）

7月17日，玉环市开通大麦屿港——台中港新航线　（陈灵恩　摄）

环神仙居公路

（仙居县地方志编纂室　提供）

（仙居县地方志编纂室　提供）

12月28日，市域铁路S1线开通运营

（市交通运输局　提供）

台州机场改扩建工程施工进行时

（市交通投资集团有限公司　提供）

临海紫阳街列入省旅游休闲街区

6月24日，椒江宝龙城开业

（市文化和广电旅游体育局　提供）

5月20日，“乐自由　悦自在”街头艺人在椒江老粮坊文创园乐享空间举行器乐演奏会

（栾祷旎　摄）

8月20日，2022年玉环闯海节暨鸡山梦幻岛共建项目启动　（吴晓红　摄）

2022年“五一”假期，位于黄岩区屿头乡白石村的白石牡丹庄园芍药花盛开（黄岩区屿头乡　提供）

（沈海松　摄）

路桥十里长街历史文化街区入选省级夜间文旅消费集聚区　（市文化和广电旅游体育局　提供）

月9日，台州方特·狂野大陆主题乐园开园
（台州湾新区管委会　提供）

新建的上大陈岛拾光民宿
（栾旖旎　摄）

12月9日，亭旁派出所民辅警与亭旁女子打更队共同开展夜巡夜查　（三门县委党史研究室　提供）

8月23日，台州弗迪新能源动力电池项目施工现场（仙居县委党史研究室 提供）

7月21日，2022浙江·台湾周台州专场活动暨两岸（台州）民营制造业高质量发展论坛在玉环开幕（玉环市传媒中心 提供）

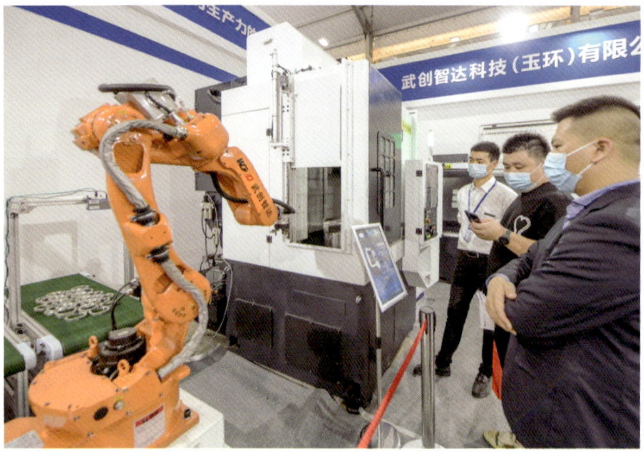

11月18—21日，第十九届中国（玉环）国际机床展举行（陈灵恩 摄）

7月8日，全国首个海岛“绿氢”综合能源示范项目——大陈岛氢能综合利用示范工程投运（大陈岛管委会 提供）

路桥方林汽车城全貌（路桥区国有资产管理委员会 提供）

温岭市蔬菜育苗中心 （市农业农村局　提供）

3月15日，“神仙大农”首家线下实体店——仙居白塔旗舰店开始试运营
（仙居县委党史研究室　提供）

9月2日，三门县向三门汇核新能源有限公司颁发浙江省首宗海域使用权分层登记证 （梅小琴　摄）

农业“双强”行动——临海市桃江十三渚水稻收割现场 （市农业农村局　提供）

浙江宏野海产品有限公司省级白对虾精品园
（市农业农村局　提供）

9月23日，台州市获第十七届省运会男子足球甲组金牌　（市体育事业发展中心　提供）

民间太极拳运动　（市体育事业发展中心　提供）

2022年埃及开罗射击世锦赛上，黄岩区射击运动员黄雨婷获混合团体赛、女子团体赛两项金牌以及个人赛银牌　（新华社图片）

2022年6月15日，台州市第二十七个全民健身月开幕　（葛嘉仪　摄）

目　录

特　载

大事记

市情概况

中国共产党台州市委员会

台州市人民代表大会

台州市人民政府

中国人民政治协商会议台州市委员会

纪检监察

民主党派 • 群众团体

军　事

法　治

经济管理

农　业

工　业

商贸服务业

交通·邮电

城建·环保

市属国有企业

科技·教育

文体·旅游

卫 生

社会事务

县（市、区）概况

人　物

光荣榜

附　录

索　引

台州市六届二次党代会报告

深入学习贯彻党的二十大精神
以“三高三新”奋力推进中国式现代化台州实践

——在中国共产党台州市第六届代表大会第二次会议上的报告

（2023年1月3日）

中共台州市委书记　李跃旗

这次大会的主题是：高举习近平新时代中国特色社会主义思想伟大旗帜，认真贯彻落实党的二十大、中央经济工作会议精神和省第十五次党代会、省委十五届二次全会精神，全面总结2022年工作，部署2023年目标任务，审议通过《中国共产党台州市代表大会常任制度（试行）》（修订案），团结带领全市上下沿着中国式现代化道路，锚定“两个先行”，奋进“三高三新”，以优异成绩迎接撤地设市30周年。

一、过去一年，全市上下克难奋进，实现了新一届市委的良好开局

刚刚过去的2022年，是党的二十大召开之年，是新一届市委开局之年，也是我们克服多重挑战、经受大战大考的一年。市委坚决贯彻落实中央和省委一系列决策部署，团结带领全市上下坚定不移抓好“三件大事”，统筹打好稳进提质、除险保安、塑造变革三场攻坚战，在创新求变中谋划发展新局，在克难奋进中推动工作突破，实现了全市发展稳中有进、稳中提质、稳中向好，进一步夯实了制胜未来的基础。

（一）以学习宣传贯彻党的二十大精神为主线，筑牢绝对忠诚的思想根基。把学习宣传贯彻党的二十大精神作为首要政治任务，全面开展“八学八讲做示范”学习实践活动，推进领导干部带头学、各级理论学习中心组专题学、线上线下全员学，迅速掀起学习宣传贯彻的热潮。开展“奋进新征程·礼堂大学习”党的二十大精神群众性宣传教育活动，推动党的二十大精神“飞入寻常百姓家”。突出入脑入心、见行见效的要求，引导广大党员干部群众在全面理解、全面把握、全面落实上下功夫，进一步筑牢了“两个维护”的政治忠诚，强化了干事创业的政治担当。特别是注重把学习贯彻党的二十大精神与学习贯彻省第十五次党代会和省委十五届二次全会精神结合起来，与深化践行“八八战略”、落实习近平总书记对浙江、对台州系列重要指示批示精神贯通起来，把学习成果转化为奋进新征程的精神动力、思路举措和实际行动。

（二）以“再创民营经济新辉煌”为目标，全力创建民营经济示范城市。开展“民营经济突破年”活动，深入实施“四大工程”，谋划部署“五大战略举措”，加快建设民营经济示范城市，建成台州民营经济展示中心。落实“创新制胜”战略，走深走实科技新长征，成功入围国家创新型城市名单，《台州湾科创走廊发展规划》印发，台州湾科创走廊正式成为省级科创走廊体系的重要组成部分。深入实施“引人留人”三年行动计划，以全国青年发展型试点城市和国家级工程师基地建设为契机，加快构建“塔尖+塔基”的全谱系人才支撑体系，全年新落地院士创业项目10个，新入选国家级海外引才计划人选41人，新引进高校毕业生10.2万人，新增高技能人才4.1万人。坚定不移向海图强，谋划打造一流临港产业带，编制出台临港产业带发展规划、五城专项规划以及空间布局、港口发展、大湾区等系列规划；出台支持临港产业带政策20条以及“飞地”、产业基金等专项支持政策，联动推进五大城开发建设。推动更高水平开放，实施“五个自由”集成改革，成功获批浙江RCEP高水平开放合作示范区，台州湾经济技术开发区、台州综合保税区挂牌成立。加快港口集疏运体系建设，开通2条RCEP国家近洋航线和5条内支线，义新欧班列“台州号”进入常态化运行，港口吞吐量突破6300万吨。

（三）以打好经济稳进提质攻坚战为支撑，保持区域经济稳健运行。坚决贯彻落实中央、省委关于稳住经济大盘的系列部署，以超常规力度和举措打好稳当前和增后劲组合拳。出台《台州市推动经济稳进提质40条》，累计兑现政策资金77.2亿元，全力帮助企业降本减负稳生产。深化项目攻坚年活动，开展“三比三看”赛马比拼，持续掀起项目建设热潮，市域铁路S1线建成运营，朱溪水库具备蓄水条件，甬台温高速改扩建、三门核电二期等一批重大项目开工建设；16个产业项目列入2022年省重大产业项目名单，获土地指标奖励2106亩，分别居全省第1位、第2位。大抓招商引资，全年新招引十亿元以上项目33个，弗迪新能源动力电池、晶科玉环等百亿级项目签约落地，台州湾新材料产业园前期工作取得突破性进展。组织省市两级包舱组团出海，全力支持企业出国拓业务、抢订单；开展“购车狂欢节”“双品购物节”等活动，全年发放消费券超3亿元。持续优化营商环境，推进营商环境“10+N”便利化行动，营商环境评价跃升至全省第一档。

（四）以数字化改革为牵引，推动重点领域改革走向纵深。强化变革重塑意识，加快重大改革集成推进、一体融合，着力形成引领未来的新模式新机制。数字化改革整体工作进入全省第一方阵，一体化智能化公共数据平台建设领跑全省，入选“最系列”成果数量居全省前列。台州城市大脑正式建成并投入使用。深入实施数字经济“一号发展工程”，建成千兆城市，入选全国首批智能建造试点城市，加快推进产业数字化“三个全覆盖”。全力推进基层智治系统建设，基层智治大脑开始运行，实现“141”工作机制和“1612”体系的全面贯通，一批基层治理“一件事”应用得到落地。纵深推进“大综合一体化”行政执法改革落实落地，实现体系重塑、资源重整、多跨协同，加快形成权责统一、权威高效的行政执法新格局。技能型社会建设、职技融通改革经验得到国家层面肯定；深化商事制度改革、深化医药卫生制度改革获国务院督查激励；小微金改再次获得中央领导批示肯定。

（五）以“二次城市化”为路径，加快推动城市提能升级。围绕打造省域开放型高能级中心城市，开展市区高质量建设“五大攻坚”行动，全市拆出了1.7万亩的城市发展空间，解决了一批多年阻梗的“老大难”问题，建成了一批群众关切的民生项目。坚持以城带乡，深入开展乡村“五大提升”行动，创新实施“中心镇+中心村+保留村”片区化组团发展模式，全面开展七要素乡村综合改革试点，加快推动城镇从点上强向连片强、美丽乡村从一村美到全域美提升。台州作为全省唯一地市，在全省深化“千万工程”建设新时代美丽乡村现场会上作典型发言。召开美丽台州建设大会，深化生态环境综合治理，全年生态保护与环境治理业投资增长130%，增幅排名全省第1位，带动地表水水质改善幅度排名全省第1位，生态环保指数稳居全省前列。

（六）以打造共富先行亮点工作为突破，擦亮“幸福台州”底色。持续加大民生投入，民生支出占一般公共预算支出比重达到74.2%。全力打造以新农村、新农民、新产业为特点的“三新”农村共富台州模式，率先探索党建引领“共富工坊”建设，持续推动村民增收、企业增效、集体增富，全市已建成各类工坊1015家，带动农民就业3.4万人，有劳动能力低收入农户就业率居全省第1位。加快现代农业发展，推进粮食稳产增产、安全保供。聚焦聚力“扩中”“提低”工作，深入实施“技能台州”行动，加快推动技术工人提技增收。大力推进民生事业跨越式发展，实施教育提质三年行动计划，加强优质教育资源供给，高质量完成民办义务教育规范工作，国家职业教育创新高地建设稳步推进；实施卫生健康事业高质量发展“十大行动”，获评健康浙江建设先进市，公立医院综合改革绩效考核连续3年居全省前列。积极推动文旅事业发展，成功举办2022和合文化全球论坛、第六届大陈岛垦荒精神理论研讨会、第28届全国摄影艺术展览暨“山海台州 江南长城”摄影艺术周等重要活动，央视跨年晚会再次落户台州，台州府城文化旅游区成功晋级国家AAAAA级旅游景区。台州第七度荣膺“最具幸福感城市”称号。

（七）以“三个清零”为抓手，牢牢守住平安稳定底线。聚焦打赢系列维稳安保硬仗、实现平安台州“十连创、满堂红”的目标，全力推进全国市域社会治理现代化试点工作，接续开展“百镇千村除险保安”、“风险隐患清零”百日大整治等行动，切实抓好风险隐患存量清零、动态清零、常态清零，社会面持续保持安全稳定。坚持治本清源，深入推进“除险保安十大治源行动”，全市安全生产事故数、亡人数降幅居全省前列，信访生态持续向好。慎终如始抓好疫情防控工作，构建“五快联动、四控清零”机制以及“标准牵引、平战一体”防疫工作体系，高质量打好多场疫情阻击战，最大限度减少疫情影响。防疫工作重心转换后，抓好医疗救治和民生保供，最大程度守护群众生命健康安全。发扬新时代“枫桥经验”，强力推进党建统领网格智治工作，推动“全科网格”向“智治网格”迭代，不断夯实现代化治理基层底座。深入推进依法治市，科学立法、严格执法、公正司法、全民守法取得新进展。

（八）以“七张问题清单”为统领，提升党建统领整体智治水平。坚持抓党建带全局、抓清单促整改，管控力指数持续走在全省前列。加强和改进党对人大、政协工作的领导，更好发挥党委总揽全局、协调各方的核心作用。高质量全面落实意识形态工作责任制，打好意识形态领域“除险保安”主动仗，构建网络依法治理体系，深化“三情联动”机制，意识形态责任制综合试点验收考核居全省第1位。全力推进市级媒体融合改革，成立台州市新闻传媒中心。做好新形势下的统战工作，实施“同心共富”“同心善治”“同心同廉”等工程，加强与民主党派、工商联和无党派人士的协商议事。推动外事、侨务、对台、港澳、群团、党史、档案、老干部、关心下一代等工作取得新进展。坚持大抓基层的鲜明导向，深化实施“十百千”工程，持续开展“头雁领航·千村提升”活动，大力度推进现代社区建设，强化基层党组织的政治功能和组织功能。抓好“后继有人”根本大计，大力实施“薪火计划”，加快补齐干部年轻化、专业化短板，着力锻造过硬干部队伍。落实“五张责任清单”，坚持以严的基调深化正风肃纪反腐。全域推进清廉台州建设，不断提升清廉单元建设颗粒度、饱满度，13家单位清廉建设做法获省委省政府通报表扬。把亲清政商关系作为清廉台州建设的“必答题”，从严督促落实“五个严禁”要求和有关行为规定，出台全国首个清廉民企建设团体标准，全省清廉民企建设现场推进会在台州召开。

事非经过不知难。2022年是极不平凡、极不寻常的一年。这一年来，我们经历了很多大事、急事、难事，在疫情冲击、经济下行、风险多发的严峻形势下，全市各级忠于职守、众志成城、砥砺前行，经受住了大战大考。特别是基层一线，高强度、连轴转，用实际行动诠释了忠诚，用辛勤汗水体现了担当。在这里，我代表市委，向全市各级党组织、全体党代表和广大党员干部群众、离退休老同志、驻台部队和武警官兵、各民主党派、工商联和社会各界人士，以及所有关心支持台州发展的同志们，表示衷心的感谢和崇高的敬意！

在肯定成绩的同时，我们也要清醒认识存在的问题和不足：产业创新转型的步伐还需加快，数字经济引领不够有力，新增长点培育相对不足，经济企稳向好的态势还需进一步巩固；中心城市融合发展还不够快，阻碍城市提能的体制机制问题仍然存在；教育、医疗等民生领域短板依然突出，共同富裕先行的成果需要进一步体现到群众的获得感上；面对新形势、新任务、新要求，党员干部引领现代化的素质能力还需提升；全面从严治党主体责任落实仍存薄弱环节，正风肃纪反腐的任务依然艰巨；等等。对于这些问题，我们务必高度重视，在今后的工作中认真加以解决。

二、以党的二十大精神为指引，深化“三高三新”战略谋局

党的二十大擘画了以中国式现代化全面推进中华民族伟大复兴的宏伟蓝图。时代号召我们，用新的伟大奋斗创造新的历史伟业。在新征程上，省委以“两个先行”的奋进姿态，吹响了打造中国式现代化省域范例的号角。具体到台州，我们贯彻落实党的二十大精神的主题主线，就是加快推进“三高三新”。市六届一次党代会提出的“三高三新”奋斗目标，在目标导向、战略部署、内在逻辑上与中国式现代化、省委“两个先行”高度契合。我们要把“坚持一条新路、推进两个先行、深化三高三新”贯通起来，在一体把握中奋力推进党的二十大精神在台州落地生根。

未来的航向已经标定。展望前路，新征程充满光荣和梦想，也充满风险与挑战。当前，世界百年未有之大变局加速演进，世界之变、时代之变、历史之变的特征更加明显，全球进入新的动荡变革期。面对“风高浪急甚至惊涛骇浪的重大考验”，面对“前进道路上各种已知和未知的复杂挑战”，面对“百舸争流、不进也是退的竞争态势”，我们要以更加坚定、更加主动、更加自信的精神状态去识变应变、迎难而上、拼搏奋斗，开创台州发展的新局面。更加坚定，就是坚定不移忠诚拥护“两个确立”。“两个确立”是时代呼唤、历史选择、民心所向，是我们战胜一切艰难险阻、应对一切不确定性的最大确定性、最大底气、最大保证。更加主动，就是主动扛起“窗口”先行的使命担当。省委提出，以领先全国15年左右时间的目标推进“两个先行”。这个时间表，台州只能快，不能慢。审视自身，台州仍有不少发展指标落后于省均，加快发展是最为紧迫的任务。当前的台州，需要能够破局的“改革者”，需要敢放大招的“实干家”。我们要大力弘扬台州改革开放之初的那股子气、那股子劲，以更高的发展目标定位自己，集中精力谋发展、抓发展，全力以赴争口气、争荣誉，下决心动真格抓几件能够改变台州发展格局、发展态势、发展惯性的重大工作。用这一两年时间，在重点发展领域取得突破性进展、形成标志性成果、实现整体性跃升，为台州长远发展赢得更大的战略主动。更加自信，就是增强“再创新辉煌”的信心。“再创新辉煌”是胜利者的逻辑，是从胜利走向新的胜利的过程。台州曾引领改革之先、创造辉煌成就，也曾经历转型之难、走过风雨历程。特别是“十四五”以来，在周期性、结构性因素以及疫情等不确定因素的多重作用下，台州发展承压明显、负重前行。但台州式的硬气决定了：困难不是我们的借口，收缩不是台州的常态，辉煌才是奋进的坐标。当前，新的周期正在打开，民营经济发展的利好不断积聚，项目投资势能加快向产业振兴动能转换，台州有望重回加快发展的扩张区间。未来五年乃至十年，是台州大有可为的机遇期、重塑优势的战略期、再创辉煌的关键期，我们必须在历史前进的逻辑中前进，抢抓窗口、奋起一跃，努力把时代变量、战略势能转化成跨越发展的最大增量。

面对中央新战略、省域新坐标和发展新形势，全市上下要在更高层面、更高起点迭代深化“三高三新”的目标体系、工作体系，引领台州发展加快企稳向好、跃升蝶变，努力在新征程上再创新辉煌、再上新台阶。总体目标安排是：从2020年到2035年，在推进“三高三新”中实现“两个先行”，与全省同步高水平完成基本实现社会主义现代化目标、基本实现共同富裕；从2035年到21世纪中叶，全面建成社会主义现代化强市，高水平建设共同富裕美好社会。

（一）在高质量发展上，要以建设民营经济示范城市为标志，坚持把创新制胜作为首位战略，把向海图强作为主攻方向，把数字经济发展作为“一号发展工程”，把优化提升营商环境作为“一号改革工程”，把打造高能级开放平台作为节点支撑，把做强项目投资作为“不二王炸”，全面强化台州在全省全国新一轮重大改革、创新、开放布局中的战略地位，推进一批战略性改革试点、科技力量、开放平台和产业项目，推动区域高质量发展体系、格局、形态全面重塑，形成制胜未来的竞争优势。到2035年，高质量发展水平大幅跃升，地区生产总值突破万亿元大关，力争达1.2万亿元，达到发达经济体水平；进入国家创新型城市前40强，“一弓一箭”区域科创体系全面建成，在全省创新版图中跻身前列；建成“五城十链”现代产业体系和世界级制造基地，在全省“415X”先进制造业集群战略布局中彰显“台州制造”实力。

（二）在高能级城市上，要厚植“人民城市人民建、人民城市为人民”的理念，围绕“打造宜居、韧性、智慧城市”的目标，坚定不移集聚300万以上中心城市人口，坚定不移推进市区融合发展、加快融入长三角城市群，坚定不移推进以产兴城，全面提升台州在省域都市区发展格局中的能级定位，加快打造市区龙头崛起、品质全面提升、机制深度一体、产城互动融合、人口加快集聚的中心城市，向国家Ⅰ型大城市目标加快迈进。到2035年，中心城市经济、人口首位度较2020年大幅提升，市区集聚近300万人口，城市重点区块全面焕新，展露现代化大城市形象，区域城市化率达到全省中上水平，台州成为浙江城镇化的重要增长极。

（三）在高水平共富上，要对照省定目标体系，按照“九富”路径的顶层设计，加快在民营创富、全龄友好和山区跨越上先行探索，打造一批在全国有影响力、辨识度的标志工程，全面提升台州产业的致富带动力，增强公共服务的全民优享水平，实现全域高水平均衡发展，加快形成具有台州特色的民本善治、藏富于民的共富社会形态，进一步提高“最具幸福感城市”的含金量。到2035年，居民人均可支配收入保持全国领先，“三大差距”持续缩小到合理区间，实现人的全生命周期公共服务优质共享，形成橄榄型社会结构，山区同步迈向共同富裕，台州“九富”路径形成区域奔富模式。

三、以大干的气势做好新一年的工作，干出振奋人心的标志性突破性成果

2023年是贯彻落实党的二十大精神的开局之年，也是迎接台州撤地设市30周年的展望之年、实干之年。新一年的主题主线，就是“迎接三十周年、奋进三高三新”。总体目标，就是“走出大幅进位的向上态势，打造振奋人心的标志成果”。工作导向，就是强化“四敢”导向，引领全市上下奋楫争先、奋力拼抢、奋发进取、奋斗不怠，以重大项目的全面突破、城市面貌的焕新蝶变、经济发展的争先进位，迎接台州撤地设市30周年。具体抓手，就是打造十大成果、实施十大行动、推进十大改革。

（一）打造十大成果。以敢想敢干、盯牢不放的决心，在全局中找准标志性、突破性工作，全年一抓到底，确保全面实现。一是五个百亿级产业项目实质落地。全年落地5个以上百亿级产业项目，引进10亿元以上产业项目40个以上。二是临港产业带五大城全面开建。五大城全面加快建设，确保“创新核、制造核、服务核”基础构筑成型，未来汽车城主体框架基本落成；推进台州湾新材料产业园、三门核电二期等300个重大项目，完成年度投资600亿元以上。三是中心城市格局形象全面焕新。开工建设市域铁路S2线、过江隧道等一批事关长远的重大城市项目，高铁新区、中央创新区、三江口区块进入全面开发阶段；大力推进城市有机更新，全市谋划推进3万亩城市更新行动，各县（市、区）都要有一批1000亩以上的大片区城市更新项目；市区十大标志消费场景整体呈现；加快1400亩市场群改造提升。四是港口能级全面提升。实现台州综合保税区封关运行，落地台州（国际）再生金属交易中心、头门港铁路物流园等重大平台项目，开通5条近洋航线，实现RCEP航线常态化运营。建成甬台温高速温岭联络线，开工建设金台铁路头门港支线二期、甬金衢上高速、温岭市区至东部快速路等重大交通项目。五是“一弓一箭”科创体系初步成形。市县联动推进科创走廊“八个十”任务，全面启动“五城十链”主导产业现代高能级创新平台建设。六是文化旅游形成知名地标。以“一都两路”为代表的台州文旅地标建设取得阶段性成果，申创“世界美食之都”，建成首批美食体验区。台州1号公路实现全线开工，唐诗之路目的地打响品牌。七是“一中心三高地”民生优享工程取得实效。聚焦打造“国家区域医疗中心、善育高地、职教高地、康养高地”目标，集中建设100个新改扩建医疗卫生项目、100个幼儿园、110个社区服务综合体、30个康养联合体、30个为老服务综合体，基本形成15分钟民生优享服务圈。八是“国际工程师小镇”启动建设。编制实施国家级工程师基地建设三年行动计划，在台州湾新区启动国际工程师小镇建设，力争引育工程师人才1万名以上。九是美丽乡村示范带串珠成链。在全市迭代打造10条以共富先行为引领、以未来乡村为架构，以乡村集成改革为支撑、以和合善治为内核的新时代美丽乡村示范带，带动创建600个星级美丽乡村，创成省级示范带2条，争创省级新时代美丽乡村示范县1个。十是平安大脑上线运行。以平安大脑为基础，全面整合党建统领、经济生态、公共服务等三条跑道数据信息，实现功能集成、数据共享、流程再造。

（二）实施十大行动。为确保把“十大成果”干成，建立“专项行动、专班推进”工作机制。一是数字经济倍增行动。全面实施数字经济“一号发展工程”，推动“十四五”期间数字经济总量和数字经济核心产业增加值占GDP比重实现“双倍增”。加快构建以“产业大脑+未来工厂”为核心的泛在智能新制造体系，在全省率先实现企业数字化改造和工业互联网平台全覆盖。打造光电、智能汽车电子等“2+3”产业集群，建设工业软件产业园，实现数字产业投资翻一番。二是临港产业带攻坚行动。大力建设现代一流临港产业带，推进“三核聚变、五城联动”，积极培育“五城+五星+未来”的现代产业体系，加快优势产业聚核成链。深化新一轮制造业“腾笼换鸟、凤凰涅槃”专项攻坚，利用3年时间推进传统产业“全域起底、全链改造、全业提升”。三是招大引强突破行动。系统重塑招商机制，迭代升级产业基金、招商奖励、总部经济、外资引进政策，布局“产城+场景”，构建产业精准适配体系，全面提升现代化招商能力。积极留驻本土优质企业高质量发展，引导中小企业向“专精特新”发展，加快培育链主型、头部型企业。四是科技创新“两个天地”行动。加大科研投入，2023年全社会R&D经费支出占GDP比重达2.7%。聚焦“顶天立地”标准，主攻重大创新平台、头部创新企业、战略人才，全力争创国家高新区，实现鲲鹏计划零的突破，落地运营省级高档数控机床技术创新中心。围绕“铺天盖地”要求，实现科技大市场交易量、科创孵化空间面积、科技型企业数量等创新指标明显提升，加快打造“工匠之城”。支持临海夺取省科技创新鼎。五是高水平开放行动。高水平建设国家级经济技术开发区、综合保税区、跨境电商综试区和浙江RCEP高水平开放合作示范区、浙江自贸试验区台州联动创新区，对标国际先进开放规则，探索“多区叠加”集成发展模式，推动开放平台大突破。开展“百展千企”拓市场抢订单促招引行动，举办6场以上跨国采购对接会，确保全年组织1000家次以上企业参加境外重点展会150场次以上。探索“产业集群+市场集群”国际直采集采新模式，拓宽出口新空间。六是城市品质提升行动。迭代升级市区高质量建设“五大攻坚”，统筹推进规划引领、城市更新、交通畅行、品质社区、景观提升、管养精细6个子行动，打造宜居宜业现代化湾区都市。加强城市高水平设计和一盘棋规划，选聘城市总规划师，探索实行城市规划“两级+专项总师”制度，形成全生命周期的服务机制。优化中心城市组团布局，实施“三带四区”新组团建设。探索推行“15分钟生活圈+BLOCK网格”城市治理模式，以社区邻里中心为依托，建设全域未来社区，形成纵横到底、精准精细的城市治理架构。加快城市文化地标建设，打造具有国际影响力、全国辨识度的城市品牌。全力深化污染防治攻坚，推进产业绿色低碳转型，争创省级生态文明建设示范市。七是公共服务优质共享行动。围绕提升“最具幸福感城市”含金量，实施公共服务“七优享”工程，推进“国家级婴幼儿照护服务示范城市、国家儿童友好城市、全国义务教育优质均衡发展县、国家职业教育高地、全国青年发展型城市、国家区域医疗中心、国家老年友好城市”“七城联创联建”，加快建设全年龄友好、全领域优享“幸福城市”。把今年作为“教育提质推进年”，形成大抓教育现代化的态势。把保障人民健康放在优先发展的战略位置，纵深推进“三医联动”“六医统筹”改革，实施县级强院和医疗卫生“山海提升”工程，实现县域内就诊达到90%以上。

围绕“保健康、防重症”目标，加快新冠病毒防治医疗资源储备，全力做到“医疗救治有床、看病有药、咨询有热线”，切实巩固公共卫生安全防线，最大限度保障人民群众生命健康。加快“一场两馆”体育设施布局建设，协同推进全民健身和竞技体育发展。健全社会保障体系，促进更高质量就业创业。八是和美乡村建设行动。以打造和美乡村标杆市为目标,全力推进农村环境面貌和精神面貌的双提升。坚持用“1+X+Y”的规划理念落实“多规合一”，形成全市域“三新”共富乡村规划。实施农业全产业链“十链百亿”行动，推动现代农渔业高质量发展。加强历史文化村落保护利用，加快未来乡村建设，新增省级未来乡村20个。九是基层智治贯通行动。深化市域社会治理现代化试点，以平安大脑为枢纽，加快基层智治体系市县乡村四级贯通，形成风险隐患“三个清零”、应急响应高效迅速的市域智治架构。创成全国食品安全示范城市。十是和合文化影响力提升行动。大力推进台州文化研究工程,全面实施新时代文化台州“5851”计划，打造社会主义文化强国的市域典范。加快和合文化全球传播基地建设，提升和合文化全球论坛品牌影响力，推动和合之风满城劲吹、和合理念走向世界。抓住旅游业修复的窗口期，争创国家特色文化和旅游消费试点城市、国家全域旅游示范区，加快建设全国知名旅游城。支持天台山申报世界文化遗产。深入推进媒体融合发展，打造新型重大传播平台。深化新时代文明实践“百千万”提升计划，争取3个县（市）创成全国文明城市，台州市启动创建全国文明典范城市。

（三）推进十大改革。实施重大领域改革，再创体制机制优势。一是营商环境优化提升“一号改革工程”。以企业需求为核心，以制度创新为引领，全力争取国家营商环境创新试点，全面优化企业全生命周期服务体系，确保营商环境稳居全省第一方阵。深化开展“政企面对面”，常态召开政企协商恳谈会，进一步增强企业信心、稳定企业预期、破解企业难题，让台州广大企业敢干、敢闯、敢投。二是民营经济重大改革试点。发挥长三角民营经济跨区域协同发展联盟作用，加强民营经济发展跨区域协作。谋划创建民营经济综合配套改革试验区，争取获得市场准入、金融投资、要素配置等一揽子改革试点政策，持续激发民营经济的灵性和活力，让台州再次成为中国民营经济先行先试、改革创新的高地。三是数字化改革。纵深推进数字化改革，突出“实战实效、省心好用”，以数字思维、数字方式破解市域治理存在的热点难点痛点，解决一批传统手段长期难以解决的问题。四是小微金融示范改革。聚焦做强台州金融产业，以数字化赋能金融服务和模式创新，推进科创金融和绿色金融发展，加快“双创苗圃板”建设，完善地方金融监管，全面提升小微金融竞争力、普惠性，加快创成全国普惠金融服务小微企业改革示范区。五是市区体制机制改革。建立市区体制机制改革联席会议制度，加强对市区体制机制问题的深度研究，集中推进市区重大改革破题。调整优化台州湾新区体制机制，进一步厘清新区和椒江、路桥的关系，推动新区减负增效。完善市区两级共享共担的财政运行模式，健全“集中财力办大事”的财政体制，深度推进公交、停车、环卫、供水、污水处理等一体化。六是“五个自由”集成改革。全面融入浙江自由贸易试验区提升战略，以制度型开放为关键，以打造大宗商品资源配置基地、新型国际贸易中心、国际航运和物流枢纽节点为主攻方向，迭代实施第二批20项改革清单，让台州扩大开放更加便利、更加自由。七是国企市场化机制改革。围绕“一个翻番、两个消灭”的目标，加大资产整合注入力度，以深化混改快速做大营收，全面增强国企的产业带动力和市场竞争力，力争市本级混改企业突破100家。优化国企投融资结构，积极推动国企上市，全年完成直接融资100亿元以上。八是人才发展体制机制改革。坚持“人才+人口”导向，迭代升级人才新政，进一步增强人才政策的集成性、精准性、实效性和竞争力，推动打造各类英才会聚的高地和外来人口友好型城市。九是基层治理改革。加快迭代升级“141”体系，探索建立网格运行中心，提升基层最小单元战斗力。统筹推进“大综合一体化”行政执法改革、基层治理“一件事”集成改革、乡镇（街道）法治化综合改革、司法体制综合配套改革和信访工作现代化改革。十是乡村集成改革。全面深化乡村综合集成改革，探索“共富工坊+供销社”模式和股份众筹、片区联盟、优企操盘等“持股联合体”模式，优化“共富型”农村经济组织形式。积极推进全域土地综合整治，深化跨乡镇试点，实现新垦造耕地3万亩，完成永农集中连片整治4.6万亩。推进农村转移人口市民化一揽子改革，提高质量，带动增量。

四、深入推进新时代党的建设新的伟大工程，为台州奋进“三高三新”凝聚强大力量

推进中国式现代化台州实践，关键在党。新征程上，我们要高水平推进以党的自我革命引领社会革命的市域实践，全力打造新时代党建高地和清廉建设高地。

（一）强化思想铸魂，矢志不移守好“红色根脉”。坚持把学习贯彻党的二十大精神作为当前和今后一个时期的首要政治任务，健全“第一议题”制度，深化“八学八讲做示范”学习实践活动，不断砥砺忠诚品格。深入实施铸魂溯源走心工程，发挥浙江作为习近平新时代中国特色社会主义思想重要萌发地的独特优势，推进党的创新理论学习教育计划。坚持理论武装同常态化长效化开展党史学习教育相结合，挖掘传承习近平总书记留给浙江、台州的宝贵财富，推动全市党员干部坚定做习近平新时代中国特色社会主义思想的忠实信仰者、坚定维护者、实践引领者。全面落实意识形态工作责任制，全面构建依法治网工作体系，以意识形态“智控在线”平台为重要载体，牢牢把握意识形态工作领导权、管理权、话语权。进一步完善“八八战略”抓落实机制，确保“总书记有号令、党中央有部署、浙江见行动、台州显担当”。

（二）推进整体智治，推动党建统领更加有力。全面系统加强党的领导，强化整体智治理念，迭代升级党建统领问题管控机制，推进党建工作方式系统重塑，持续提升抓党建带全局能力。聚焦提升党的管控力，坚持“用数字说话、凭实绩交卷、以成效检验”，变革重塑“考、督、评”机制，推动考评范围向市级部门和市属国企延伸、向乡镇（街道）穿透，考核内容向市委重大战略聚焦。牢固树立大抓基层、固本强基鲜明导向，深化全域党建联建机制建设，深化“十百千”工程，实施“上统下分、强街优社”改革，做实做深党建统领网格智治，统筹推进机关、国企、医院、学校、两新、新就业群体等各领域党建，织密建强上下贯通、执行有力的组织体系。实施新时代领雁奋进工程，全面开展村级换届“回头看”。持续深化“强基惠民村村帮”“社区吹哨、党员报到”“为企办实事、服务当先锋”等活动，在服务基层中体现干部担当作为。

（三）突出实干导向，锻造堪当重任干部队伍。对标建设堪当民族复兴重任的高素质干部队伍标准，统筹抓好干部育选管用工作。对照省委“四个坚持、八个不”要求，构建选人用人高质量发展指标评价体系，推动“一体系三机制”贯通落地，让想干事、能成事的人有舞台，让不干事、老坏事的人受惩戒，真正激扬正气、激励担当、激发活力。大力弘扬实干之风，引导广大党员干部笃行不怠、求新求变，积极变“路径依赖”为“模式创新”，变“事事找惯例”为“大胆创先例”，变“一口绝无可能”为“一切皆有可能”，变“冷水泡茶慢慢来”为“趁热打铁加油干”，不断汇聚干在实处、走在前列、勇立潮头的强大动能。实施“一把手”战略储备工程，加强理论教育、实践锻炼，增强干部推动高质量发展、服务群众、防范化解风险“三大本领”。聚焦“后继有人”根本大计，深化实施“薪火计划”，持续开展“五线历练”，完善年轻干部选配预审、动态监测、综合研判系列机制，实现年轻干部精准化递进式培养。深化“两个担当”良性互动机制，持续打好容错纠错、澄清正名系列组合拳，让担当者放手干，给实干者定心丸。

（四）深化自我革命，全面从严正风肃纪反腐。做深做细“五张责任清单”，持续加强对“一把手”和领导班子的有效监督，加快构建“四责协同”“五环闭合”工作机制。落实和完善党的自我革命制度规范体系，增强党内法规权威性和执行力。发挥政治巡察利剑作用，推动巡视巡察上下联动，加强巡视巡察整改和成果运用。扎实推进公权力大数据监督，打造集成化、协同化、智慧化的市域监督体系。毫不松懈狠抓中央八项规定精神落实，构建党性党风党纪一起抓机制，持续纠治群众身边腐败和不正之风，推动解决人民群众反映最强烈、对党的执政基础威胁最大的问题，不断夯实党长期执政的政治根基和群众基础。紧盯新型腐败、隐性腐败，以零容忍态度“打虎”“拍蝇”“猎狐”，不断提升一体推进不敢腐、不能腐、不想腐的能力水平。深化清廉台州建设，建强清廉单元，共建共创政治清明、政府清廉、干部清正、社会清朗、文化清新的政治生态。落实政府“十不准”、企业“十不为”准则要求，构建亲清有度的新型政商关系。

（五）坚持团结奋斗，汇聚众志成城磅礴合力。力量生于团结，事业成于奋斗，要紧紧依靠团结奋斗走好新征程、干出新业绩。坚持要“和”也要“合”，全面加强市委常委会自身建设。加强和改进党对人大、政协工作的领导，打造一批深入践行全过程人民民主的标志性成果。支持和保证各级人大及其常委会依法履行职能，深入推进基层单元建设，更好地发挥各级人大代表的作用。坚持和完善共产党领导的多党合作和政治协商制度，切实发挥人民政协作为专门协商机构作用，加强与各民主党派和无党派人士的合作共事。全力支持政府、监委、法院、检察院依法依章履行职能、开展工作。坚持大团结大联合，促进政党关系、民族关系、宗教关系、阶层关系、海内外同胞关系和谐，画出最大“同心圆”，让各方面在党的旗帜下团结成“一块坚硬的钢铁”。发挥工青妇、科协、文联、社科联、侨联、残联、红十字会等群团组织的作用，做好党史、档案、外事、老干部和关心下一代等工作。深化军地协作和退役军人服务保障工作，努力开创新时代党管武装和国防动员工作新局面。

同志们，中国式现代化道路是复兴之路、幸福之路、辉煌之路。让我们更加紧密地团结在以习近平同志为核心的党中央周围，坚定不移沿着这条道路勇毅前行，在全省“两个先行”中干在实处、走在前列、勇立潮头，以“三高三新”奋力推进中国式现代化台州实践，在新征程上努力创造台州发展更加美好的明天！

台州市人民代表大会常务委员会工作报告

——在台州市第六届人民代表大会第三次会议上

（2023年2月27日）

台州市人大常委会主任　吴海平

2022年的主要工作

2022年是党的二十大胜利召开之年，也是本届市人大常委会依法履职的开局起步之年。一年来，市人大常委会在中共台州市委的坚强领导下，高举习近平新时代中国特色社会主义思想伟大旗帜，认真学习贯彻党的二十大精神，积极践行习近平总书记关于坚持和完善人民代表大会制度的重要思想，全面落实中央人大工作会议和省市党代会精神，坚持党的领导、人民当家作主、依法治国有机统一，紧紧围绕市委中心工作和全市发展大局，依法履职尽责，主动担当作为。全年共举行常委会会议5次、主任会议11次，制定地方性法规2部，听取和审议专项工作报告28个，开展专题调研监督34项、执法检查4次，备案审查规范性文件67件，依法任免地方国家机关工作人员115人次，为我市“三高三新”现代化建设和民主法治建设作出了积极贡献。

一、坚持高点站位，牢牢把握新时代人大工作正确政治方向

常委会坚持把政治建设摆在首位，牢牢把握人大机关首先是政治机关的本质属性，恪守最高政治原则，深入学思践悟党的创新理论，确保人大工作行稳致远。

全面强化理论武装。坚持把学习习近平新时代中国特色社会主义思想作为首要政治任务，把学习贯彻习近平总书记重要讲话、重要指示精神作为常委会党组会议“第一议题”，把喜迎党的二十大、学习党的二十大精神作为主题主线贯穿始终。党的二十大召开后，常委会党组、常委会会议、常委会主任会议深入开展专题学习。全年召开党组学习会17次、党组理论学习中心组学习会6次，举办常委会专题讲座8场，切实增强坚定捍卫“两个确立”、坚决做到“两个维护”的思想自觉、理论自觉和行动自觉。开展“八学八讲做示范”学习实践活动，举办常委会组成人员专题培训班和全市人大常委会主任学习会，深化了对“发展全过程人民民主”“推进法治中国建设”等新部署、新要求的理解和把握。

自觉坚持党的全面领导。市委高度重视人大工作，市委常委会专题研究市人大代表联络总站建设、市人大常委会及“一府两院”下沉基层单元核心业务清单等工作，市委主要领导亲自到人大代表联络站开展调研，多次作出重要批示。常委会党组把坚持党对人大工作的全面领导作为首要政治原则，坚决维护市委统揽全局、协调各方的领导地位，定期向市委请示报告重大事项。积极协助市委制定贯彻落实中央人大工作会议精神文件、做好“党领导人大工作”考核。配合做好全国、省人大代表候选人推荐工作，精心筹备召开市六届人大二次会议，依法选举产生台州市出席浙江省第十四届人民代表大会代表65名。

认真贯彻市委决策部署。充分发挥人大制度优势和职能作用，努力做到市委决策部署到哪里，人大工作就跟进到哪里，力量就汇聚到哪里，作用就发挥到哪里。坚持党管干部与人大依法任免有机统一，依法任命市政府组成人员及其他国家机关工作人员，确保党组织推荐的人选通过法定程序成为国家政权机关的领导人员。围绕“稳企助企、稳进提质”，组织三级人大万名代表开展主题活动，常委会领导班子成员积极参与专项督导，认真联系重大项目、重点企业，积极参与疫情防控、重大项目招引，主动助推大综合一体化改革等市委重点工作，做到市委有要求，人大见行动。

二、坚持同向聚焦，全力助推“三高三新”落实落地

常委会坚持把围绕中心、服务大局作为重要原则，围绕营商环境、城市建设、乡村振兴等重点，积极助推高质量发展、打造高能级城市、促进高水平共富，在服务中心大局中体现人大担当。

聚焦推动高质量发展。围绕经济稳进提质，深化计划执行和预决算审查监督，密切关注重大项目建设和财政收支情况，听取和审议审计查出问题整改情况报告，

推动加强预算绩效管理，为稳住经济大盘、提高发展质量赋能添力。围绕科技创新制胜，听取加快建设“国家创新型城市”审议意见落实情况汇报，督促优化科技创新整体布局、激发企业创新主体活力、完善科技创新体制机制。围绕优化营商环境，跟踪监督《关于进一步优化营商环境的决定》贯彻落实情况，助推打造市场化、法治化、国际化的一流营商环境，得到市委主要领导批示肯定。围绕推动绿色发展，听取和审议全市环境状况和环境保护目标完成情况、全市国有自然资源资产管理情况等报告，调研《中华人民共和国环境保护法》和节约能源“一法一办法”贯彻实施情况，促进生产生活方式绿色转型，推动自然资源资产优化配置。

聚焦打造高能级城市。关注城市空间布局，围绕中心城市能级、要素保障等开展专题调研，听取和审议2021年城乡规划实施情况和2022年城乡规划工作安排报告，助力推进“二次城市化”。关注发展平台打造，听取台州市中央创新区建设情况汇报，视察头门港开发建设和台州湾新区基础设施建设情况，助推构建高层次、开放型经济发展平台。关注水利基础设施建设，视察我市海塘安澜工程，推动补齐水利基础设施短板，助力打造拥湾发展“生命线”“风景线”“幸福线”。关注基层治理，调研《台州市物业管理条例》《浙江省宗教事务条例》贯彻实施情况，开展宗教中国化工作专项监督，推动完善社区治理，促进宗教与社会主义社会相适应。

聚焦促进高水平共富。紧盯缩小“三大差距”，深入检查乡村振兴“一法一条例”贯彻落实情况，听取和审议我市乡村振兴工作情况报告，跟踪监督农合联改革，促进农村产业振兴、宜居宜业。开展残疾人保障“一法一条例”《中华人民共和国就业促进法》执法检查，保障人民平等发展权利，推动实现更加充分更高质量就业。紧盯推进公共服务提升，监督“双减”政策落实，助推构建良好教育生态。开展“浙里康养”养老服务工作专题调研，推动构建幸福养老服务体系。持续关注医疗保障工作，视察台州医院东院区建设运行情况，助力医疗卫生事业高质量发展。紧盯解决人民群众“急难愁盼”问题，听取和审议2022年民生实事项目完成情况报告，并进行满意度测评，推动好事办好、实事办实。

三、坚持守正创新，深入践行全过程人民民主

常委会坚持把践行全过程人民民主作为贯穿人大工作的重要理念，在全力推进人大践行全过程人民民主基层单元建设和人大数字化改革中，不断夯实保障人民当家作主的基层基础，彰显人大使命和担当。

筑牢基层底座。把基层单元作为践行全过程人民民主的重要制度平台。抓好首批14家试点培育，全面推进132家人大代表联络站迭代升级，4个案例入选2022年度全省基层单元建设最佳实践案例名单，入选数并列全省第1。同步推进基层单元应用场景建设，创新代表线上履职方式，构建民情民意处理大闭环机制，人大代表和人民群众通过平台参与立法、监督22.6万人次，提出意见建议8万余条，办结率达95%，基层单元已成为民主民意表达的重要平台和载体。在全省率先推动人大和“一府两院”核心业务进基层单元，推进人大代表联络站“出院下楼”，推广“代表有约”等做法，推动乡镇（街道）人大聚焦主职主业、依法创新履职，夯实了全过程人民民主的基层基础，激活了人大工作的“神经末梢”，得到多位省人大常委会领导批示肯定，在省人大的工作绩效评估中，整体建设水平位居全省第一方阵。

突出数智赋能。把数字化改革作为践行全过程人民民主的有力支撑。坚持“一把手”抓总、“一本账”管理、“一盘棋”推进，紧扣立法、监督等人大法定职责、重大需求，找准跑道、合力攻坚，数字化改革工作获市级以上荣誉12项，入选省级重大应用子场景（试点）6项，被推荐为2022年度浙江省改革创新成绩突出集体，得到全国人大宪法和法律委员会、省人大常委会领导批示10次。全省首创运行人大全景视窗，“行政诉讼人大e监督”列入“一地创新、全省共享”“一本账”S0，是全省人大系统唯一入选项目。“人大+”法治监督e体化建设项目获2022年度浙江省改革突破奖提名奖。“立法民意通”“行政执法人大e监督”等4个应用场景获“浙江人大工作与时俱进奖”，获奖数并列全省第1。“人大·检察”法律监督智联督办应用等3个项目获2022年度台州市数字化改革首批最佳应用。

注重代表作用。坚持尊重代表、依靠代表、服务代表，把支持和保障代表依法履职作为践行全过程人民民主的基础性工作。制定代表培训专项规划，加强初任培训，集中培训市人大代表289人次，着力增强代表的履职意识、提升代表的履职能力。实施常委会组成人员联系基层市人大代表制度，市级领导干部进代表联络站面对面听取代表意见。创新组建代表专业小组，组织开展“六访六促”“代表活动月”等主题活动，邀请代表参加常委会会议，积极为代表发挥作用拓渠道、搭平台。深化建议领办督办机制，增加重点督办建议的占比，452件代表议案建议已办理完成，问题已解决或列入计划逐步解决的占98.7%。

四、坚持精准务实，充分发挥法治保障作用

常委会坚持把推进法治建设作为固根本、稳预期、利长远的关键抓手，充分发挥法治对改革发展稳定的引领、规范和保障作用，为加快推进市域社会治理现代化筑牢法治根基。

有效开展地方立法。牢记习近平总书记“再创民营经济新辉煌”政治嘱托，全国首创制定《台州市小微企业普惠金融服务促进条例》，固化改革创新经验，助推普惠金融服务小微企业改革示范区建设。在全省率先开展区域协同立法，制定《台州市浙东唐诗之路文化资源保护和利用条例》，为高水平打造“浙东唐诗之路目的地”夯实法治基础。聚焦急需先行，科学编制立法调研项目库和年度立法计划，谋划了一批具有创制性、先行性、标志性的法规项目。加强规范性文件备案审查，实现听取和审议专项工作报告全覆盖、“两院”规范性文件报备常态化。

持续推动依法行政。听取和审议法治政府建设情况报告，推动提升依法行政工作水平。围绕“大综合一体化”行政执法改革，开展《浙江省综合行政执法条例》执法检查，全省首创行政执法人大监督评价体系、评价指数，推动人大监督和各类监督有效衔接、有机贯通，打造法治监督共同体。大力弘扬宪法精神，深化法治宣传教育，监督推动“八五”普法决议贯彻落实，组织实施任前法律知识考试59人次、宪法宣誓54人次。

着力维护公平正义。加强对司法活动的监督，对市中级人民法院部分民商线员额法官开展履职评议，督促落实惠企助企司法政策。建立检察建议联动督办工作机制，强化公共利益保护。做好人大信访工作，受理群众来信来访329件次，及时转办督办、积极化解信访积案，工作成效明显，省人大常委会领导两次予以批示肯定。

五、坚持强基固本，扎实推进常委会自身建设

常委会坚持把抓好自身建设作为夯实人大工作基础、提高履职能力和水平的重要内容，第一时间作出关于加强自身建设的决定，努力做到知责于心、担责于身、履责于行，努力把人大工作做实、做新、做出成效。

党建引领作用不断强化。切实加强常委会党组建设，严格执行党组工作条例，召开党组会议15次，讨论研究重大事项20项，有效发挥了常委会党组把方向、管大局、保落实的重要作用。认真落实全面从严治党主体责任，健全完善“四责协同”机制，切实履行“一岗双责”，加强党风廉政建设，认真落实中央八项规定及其实施细则精神和省市实施办法要求，积极支持派驻纪检监察组监督执纪，开展以案为鉴警示教育，不断强化干部纪律意识、规矩意识和廉洁意识。驰而不息纠治“四风”，力戒形式主义、官僚主义。

协同工作机制不断完善。常委会领导班子成员在分工开展工作的同时，不断完善跨线条工作协同机制，通过执法检查、数字化改革、基层单元建设，进一步密切了各级人大之间的工作联动。围绕常委会立法、监督、代表等工作，加强与“一府一委两院”的协调对接，共同推动市委重大决策部署落实。开展常委会工作制度修订，提高履职科学化法治化规范化水平。坚持重大工作项目专班运作，统筹力量、攻坚破难。认真落实省人大工作部署，积极稳妥推进开发区人大工作走深走实。

依法履职能力不断加强。高度重视调查研究，主任会议成员带头开展专题调研，就乡村振兴、教育事业、环境保护等工作向有关国家机关提出审议意见，推动调研成果有效转化。不断加强队伍建设，组建地方立法专家库、预算审查专家库、财经监督代表库，专业化水平进一步提升。坚持严管厚爱结合、激励约束并重，搭建“赛马比拼”历练平台，开展“沿着总书记的足迹”等主题活动，人大机关唯实惟先、善作善成的氛围日益浓厚，人大干部面向现代化、适应现代化、服务现代化的能力不断增强。进一步加强信息宣传工作，深度提炼、生动呈现民主实践“第一现场”，讲好台州人大故事。

各位代表，一年来，常委会各项工作取得的成绩，是中共台州市委正确领导的结果，是全体人大代表、常委会组成人员共同努力的结果，是市人民政府、市监察委员会、市中级人民法院、市人民检察院和各县（市、区）人大常委会配合支持的结果，也是市政协委员、各民主党派、各人民团体和社会各界关心支持的结果。在此，我谨代表市人大常委会表示衷心的感谢！

在总结成绩的同时，我们也清醒地认识到，常委会工作还存在一些不足和差距。比如，地方性法规监督实施的力度有待进一步加大，人大监督工作的针对性和实效性有待进一步提升，支持和保障代表依法高效履职有待进一步强化，人大践行全过程人民民主有待进一步深化，等等。我们将在新一年工作中，努力加以改进和解决。

2023年的主要任务

各位代表，今年是全面贯彻落实党的二十大精神的开局之年，也是迎接台州撤地设市30周年的展望之年、实干之年。常委会工作的指导思想是：高举习近平新时代中国特色社会主义思想伟大旗帜，深入学习领会习近平法治思想、习近平总书记关于坚持和完善人民代表大会制度的重要思想，全面贯彻落实党的二十大精神，按照中央决策、省委部署和市委要求，紧扣“迎接三十周年、奋进三高三新”主题主线，锚定“见实效、创品牌、走前列、作贡献”的工作目标，高站位服务中心大局、高水平履行法定职责、高效能聚合代表力量、高标准加强自身建设，深入践行全过程人民民主，坚定不移厉行法治，为奋力推进中国式现代化台州实践贡献人大的智慧和力量。

一、强化政治淬炼，在坚持党对人大工作领导上更加坚定坚决

全面学习、全面把握、全面落实党的二十大精神，用党的创新理论武装头脑、指导实践、推动工作，努力做到学思用贯通、知信行统一。一是坚决拥护“两个确立”。一以贯之落实“第一议题”制度，深刻领悟“两个确立”的决定性意义，进一步增强“四个意识”，坚定“四个自信”，做到“两个维护”，确保把党的领导贯穿人大工作全过程各方面。二是切实提高“政治三力”。深刻理解“六个必须坚持”的精髓要义，深刻把握习近平新时代中国特色社会主义思想的世界观和方法论，坚持好、运用好贯穿其中的立场观点方法。三是始终牢记“国之大者”。紧扣助力中国式现代化，聚焦“党政所需、群众所盼、人大所能”，找准切入点、关键点和着力点，提升人大履职对全局工作的贡献度。紧扣保障人民当家作主，深入践行全过程人民民主，充分发挥人民代表大会的主渠道作用。紧扣推进法治中国建设，把握依照法定职责、限于法定范围、遵守法定程序的原则，更好地将人大制度优势转化为市域治理效能。

二、服务中心大局，在推动市委决策部署落实上更加有力有为

坚持打好人大履职“组合拳”，努力推动三个“一号工程”和“十大成果、十大行动、十大改革”等市委中心工作落实。一是聚焦“一号工程”。紧扣数字经济创新提质“一号发展工程”，调研助推数字经济核心产业新一轮倍增计划落实见效。紧扣营商环境优化提升“一号改革工程”，开展十大主题活动，助推台州营商环境从全省“第一档”迈向全国“创一流”。紧扣“地瓜经济”提能升级“一号开放工程”，深化对外开放合作调研，助推港口经济和开放格局全面升级。二是聚焦经济运行。开展台州市“十四五”规划纲要实施情况中期评估，依法审查和批准本级决算，听取和审议计划、预算执行情况报告和审计工作报告，加强国有资产管理和审计查出问题整改监督，推动政府把钱花在“刀刃”上。三是聚焦城乡建设。听取和审议台州市国土空间总体规划编制、年度城乡规划实施等情况的报告，专题视察重点在建水库，专题调研跨乡镇土地综合整治和市区高质量建设“五大攻坚”行动，助力城乡建设水平提升。监督推动“三新”农村共富“五大提升”行动和农渔业高质量发展，积极助力和美乡村建设。四是聚焦民生福祉。视察国家区域医疗中心建设、国家食品安全示范城市创建，听取教育提质三年行动和《台州市居家养老服务条例》贯彻执行情况汇报，继续监督市区公交运营和管理工作情况，推动政府民生实事项目落地见效，助力提升“最具幸福感城市”含金量。

三、创新民主实践，在践行全过程人民民主上更加走深走实

坚持问题导向、效果导向，不断深化人大践行全过程人民民主的台州实践。一是畅通履职渠道。加快推进市人大代表联络总站建设，完善市县乡三级运行体系，推进人大协商实践探索，将基层单元建设成为人大代表依法有效履职的重要平台。聚焦基层单元“联商督促智”五大功能与人大、“一府两院”核心业务融会贯通过程中的突出问题，开展揭榜挂帅、联动破难，加快形成基层单元“台州标准”，确保基层单元真运转、真管用、真有效。二是完善履职体系。推进全市开发区人大工作机构常态化运行，强化乡镇人代会和街道选民代表会议的职能，推动乡镇街道人大围绕主职主业发挥作用，畅通全过程人民民主的“最后一公里”。三是激发履职活力。健全代表履职服务保障制度，改进代表履职活动组织方式，优化代表履职培训体系，推动代表想履职、会履职、善履职。着力提升“双联系”工作水平，深入开展“大走访大调研大服务大解题”活动，有效推动工作改进和问题解决。四是增强履职实效。按照“议案建议高质量、办理落实高质量”的要求，深化优秀代表建议案、优秀承办单位评比活动，推动答复、落实“双满意”。建立健全常委会组成人员、领导干部代表、国家机关负责人进基层单元机制，进一步用好“代表有约”等工作载体，密切与人民群众的联系。

四、突出良法善治，在推动法治台州建设上更加见行见效

紧盯法治台州建设的重点领域、关键环节，发挥人大在推动市域社会治理现代化中的职能作用。一是强化法治供给。抢抓全国人大常委会法工委、全国人大财经委支持浙江高质量发展建设共同富裕示范区的重大契机，对标省“1+N”共同富裕法规制度体系，制定《台州市“共富工坊”建设管理规定》等地方性法规，有效发挥立法的引领保障作用。标准化推动基层立法联系点提质扩面，重视立法队伍建设，做强智力支撑。二是监督法律实施。通过执法检查、专题调研等形式，推动《浙江省全民健身条例》《浙江省少数民族权益保障条例》、残疾人保障“一法一条例”以及台州市地方性法规的贯彻实施，努力把“纸面上的法律”变为“行动上的法律”，让法律制度的牙齿真正“咬合”起来。进一步加强规范性文件备案审查，做到有件必备、有备必审、有错必纠，切实维护国家法治统一、尊严、权威。三是优化法治环境。加强宪法宣传教育，落实宪法宣誓制度，推动市级宪法主题公园建设，推进全民普法与依法治理有机融合。听取和审议“大综合一体化”行政执法改革、法治化营商环境建设等报告，继续监督“两官”履职评议意见落实，促进依法行政、公正司法。根据上级统一部署，稳妥有序推进监察工作监督。重视做好人大信访工作，探索建立减少信访积案机制，坚持依法推动解决和帮助疏导教育相结合，努力维护群众合法权益和社会和谐稳定。

五、着力提能增效，在加强人大自身建设上更加从严从实

主动适应新时代人大工作新形势新任务新要求，以强有力的自身建设提升依法履职的能力和水平。一是强化党建统领。压紧压实常委会党组管党治党政治责任，增强人大各级党组织的政治功能和组织功能。严格落实党风廉政建设责任制，坚决落实中央八项规定精神，支持派驻市人大机关纪检监察组开展“融入式”监督，重视推进常委会组成人员和机关干部队伍建设，深入实施“红色根脉强基工程”，努力打造一支政治坚定、服务人民、尊崇法治、发扬民主、勤勉尽责的人大工作队伍。二是强化制度保障。着眼常委会履职制度化、规范化、科学化，对部分议事规则、常委会组成人员守则等重要履职工作制度进行修订完善。加强对履职制度落实的检查，推动形成自觉维护制度、带头落实制度的浓厚氛围。三是强化协作联动。进一步构建完善“各条线协同、市县乡联动”的人大工作格局。加强与上级人大沟通对接，积极争取工作指导、支持。进一步发挥各专门委员会作用，围绕常委会重点工作开展常态化履职。四是强化数字赋能。纵深推动人大数字化改革，新建“代表履职e评”应用，深化“台州数智人大全景视窗”建设，推进“立法民意通”“行政执法人大e监督”等应用场景迭代升级、全面贯通、好用管用、取得实效。五是强化宣传研究。守牢人大意识形态阵地，加强人大信息宣传工作，充分发挥“两刊一网一号”作用，开展“走进基层单元·展现中国式民主”活动，生动呈现根本政治制度在台州的生动实践。重视加强人大工作理论研究平台和载体建设，进一步提升理论研究能力和水平。

各位代表，人民代表大会制度是我国的根本政治制度，是实现我国全过程人民民主的重要制度载体，集中体现了社会主义民主政治的优势和特点，做好新时代人大工作使命光荣、责任重大。新时代赋予新使命，新征程呼唤新担当。让我们更加紧密地团结在以习近平同志为核心的党中央周围，在市委的坚强领导下，踔厉奋发、勇毅前行，依法履职、担当有为，为奋力推进中国式现代化台州实践作出人大新的更大的贡献！

台州市人民政府工作报告

——在台州市第六届人民代表大会第三次会议上
（2023年2月26日）

台州市代市长 吴晓东

2022年工作回顾

过去一年是习近平总书记赋予台州“再创民营经济新辉煌”重要嘱托20周年，也是本届政府开局之年。面对复杂严峻的国内外形势，在省委省政府和市委的坚强领导下，全市上下认真学习贯彻党的二十大精神，坚定不移落实“疫情要防住、经济要稳住、发展要安全”的重要指示，忠实践行“八八战略”，锚定“三高三新”奋斗目标，统筹打好稳进提质、除险保安、塑造变革三场攻坚战，经受住了超预期的冲击和挑战，全市生产总值增长2.7%，突破6000亿元，一般公共预算收入同口径增长6.6%，城乡居民人均可支配收入分别达到70737元和37700元，收入倍差缩小到1.88。顺利完成32项市民生实事，省民生实事项目完成率居全省第1。特别是我们始终牢记习总书记殷切嘱托，共绘蓝图接续干，向海图强再出发，谋划建设一流临港产业带，实现百亿元以上制造业项目重大突破，加快建设民营经济示范城市，推动民营经济发展再上新台阶。

（一）政策要素集成落地。承接国家、省稳经济系列政策，出台精准惠企促发展扩大投资稳增长30条、推进经济稳进提质40条及41项配套政策，减轻企业负担289.3亿元，兑付涉企政府性补助补贴资金77.2亿元，完成增值税留抵退税151亿元。实施“一县一方案”“一业一策”“一企一策”，确保产业链供应链稳定。强化要素保障，各项贷款余额增长17.9%，贷款加权平均利率较上年下降38.7个基点。争取专项债券217.9亿元，获投国家政策性开发性金融工具73.1亿元，居全省第2。列入省重大产业项目16个，居全省第1，获得土地指标奖励1847亩。供应工业用地1.5万亩，增长40.5%，盘活存量建设用地1.5万亩，4个跨乡镇全域土地综合整治项目成为首批省级试点。新设市场主体14.4万户，总量突破80万户，新增上市企业7家，总量达到71家。

（二）产业格局加快重塑。出台临港产业带发展规划和湾区、港口、空间等专项规划，谋划建设新能源城、新材料城、新医药健康城、未来汽车城和精密制造城，五大产业城核心区启动建设，制定支持临港产业带建设20条、产业基金和“飞地”等政策，建立临港产业带项目库，三门核电二期、健立新能源材料、永太新材料等项目开工建设，吉利星空智联卫星、海诺尔聚乳酸等项目建成投产。加快培育新兴产业，台州湾空天产业入选省首批未来产业先导区创建名单，“浙里光谷”启动，上海光机所台州光电产业创新中心签约落地，战略性新兴产业增加值占规上工业增加值比重达25%。开展“5+N”传统产业创新提升行动，整治高耗低效企业、盘活用地、腾出用能空间3项指标完成率均居全省前列，近60%的汽车零部件企业向新能源汽车转型，船舶修造业整治后企业数量从106家减少到42家、规上总产值增长近40%。完成规上工业企业数字化改造1185家，产业大脑建设数量、上线数量均居全省第1，新增省未来工厂2家、省智能工厂20家，化学原料药工业互联网平台入选国家数字化转型提升试点，累计建成5G基站1.6万个，创成国家千兆城市，数字经济核心产业增加值增长25.2%，居全省第1。发布“浙江制造”标准46项，培育“品字标”企业76家，牵头制定国家标准14项。省级服务业创新发展区市域全覆盖，国际再生金属交易中心建成，浙江协海集团成为我市首家国家AAAAA级物流企业，服务业增加值增长3.8%。台州府城创成我市第3个国家AAAAA级旅游景区，方特·狂野大陆主题乐园开园，谋划建设台州1号公路，临海、玉环示范段开工建设。实施农业“双强”行动，新增国家级和省级农业园区各1个，建成省级高品质绿色科技示范基地25个、全程机械化应用基地20个，通过国家级农产品质量安全市创建现场评估。完成“非农化”处置7.4万亩、“非粮化”整治19.9万亩，新（补）建高标准农田13.7万亩。玉环、三门创成国家水产养殖和生态养殖示范区。

（三）项目攻坚掀起热潮。全力招大引强，理顺招商机制，提升专业化、市场化、集成化的招商能力，制定五大产业城重点招商目录和产业链图谱，与财通证券、省国贸集团合作共建2个50亿元临港产业带基金，招引亿元以上制造业项目137个，其中百亿元以上项目5个，台州湾新材料产业园基础工程破土动工，弗迪新能源动力电池等项目开工建设。获得一季度省投资“赛马”激励，省“4+1”项目投资完成率125.4%，居全省第2，省市县长项目落地率82%。完成交通投资204.4亿元，杭台高铁、市域铁路S1线开通运营，104国道临海段改建、228国道玉环清港连接线、路桥肖王至洋屿高架等项目建成通车，甬台温高速改扩建台州段、“两高”三门联络线全线开工建设，获评全省“四好农村路”示范市。完成水利投资56.3亿元，8个海塘安澜、4个百项千亿、8个内涝治理项目开工建设，台州市引水工程和南部湾区引水工程通水，朱溪水库工程具备蓄水条件，椒江河口水利枢纽工程前期加快推进。

（四）市场需求提振复苏。实施“千企百场”拓市场行动，落实商务包机（舱）欧洲行、出入境“白名单”动态管理等举措，外贸出口增长15%，占全国份额提高至10.5‰。开展“购车狂欢节”“双品购物节”等活动，发放消费券超3亿元，带动居民消费61.2亿元，椒江创成省级夜间经济样板城市，南官智慧商圈获批省级示范智慧商圈，新增省级商贸特色镇9个、示范村7个。实施开放型经济“五个自由”集成改革，优化台州港口发展规划，获批省RCEP高水平开放合作示范区，开通2条RCEP国家近洋航线和5条内支线，义新欧班列“台州号”常态化运行，港口货物吞吐量6240万吨，增长5.1%。

（五）改革创新蹄疾步稳。获批省部级以上改革试点37个。数字化改革综合评价进入全省第一方阵，一体化智能化公共数据平台建设领跑全省，数字政府建设评价居全省第3，台州“城市大脑”运营中心（数字馆）建成开放，5个应用、规则入选全省“最系列”成果，“蓝色循环”应用有效破解海洋塑料垃圾收集利用难题，“瓜果天下”应用带动1.5万名外出果农增收10%，“付省心”应用服务36.8万人实现预付消费零纠纷。营商环境指标评价居全省第3，企业获得电力时间从15天减至8.5天，办理建筑许可时间从27天减至16天、成本占建筑费用比重从22.1%降至6.3%。建成民营经济展示中心，民间投资体制改革等5项工作经验亮相全国“奋进新时代”主题成就展。创设“双创苗圃板”，成为省首批区域性股权市场创新试点。全域实施“大综合一体化”行政执法改革，执法效能提升60%以上。构建“一弓一箭”区域科创体系，台州湾科创走廊成为省级科创走廊体系重要组成部分，台州梦想园区、国际科学家创业基地等加快建设，获准建设省高档数控机床技术创新中心，实现省级科创“塔尖重器”零的突破。一般公共预算科技支出增长21.3%，规上工业企业研发费用增长9.3%，新增国家高新技术企业441家、国家专精特新“小巨人”企业58家、国家制造业单项冠军企业4家、省科技领军企业3家，高新技术产业增加值占规上工业增加值比重提高至65.1%。成为国家知识产权强市建设试点，获国家专利优秀奖7项。出台“引人留人”三年行动计划和院士创业创新新政，落地院士创业项目10个，入选国家级引才计划41人。开展全国青年发展型城市试点，引进大学生10.2万人，高校毕业生留台率41.6%，成立台州工程师学院，引进青年工程师5000余名，新增高技能人才4.1万人。

（六）城乡面貌展现新颜。编制国土空间总体规划，划定“三区三线”，新增城镇用地空间21.9万亩。开展城市高质量建设“五大攻坚”行动，联动推进10个重点区块开发，商贸核心区、中央商务区等功能形象不断提升，葭沚老街样板段、官河水街开街。重点区块征迁拆除298万平方米，做地开发10300亩，村留地处置2322亩，完成14个入城口、26条道路风貌整治，贯通“断头路”36条，治理“桥头跳”345处、“窨井跳”3450处。新增省级未来社区试点38个，改造老旧小区55个，创成省级城乡风貌样板区9个、美丽城镇样板镇16个，改造农村生活污水处理设施349个，生活垃圾分类治理获评全国“第一档”。探索“三新”农村共富模式，实施农村“五大提升”行动，全面消除集体经济相对薄弱村，培训农民62.8万人次，建成共富工坊1015家，带动3.4万农民人均增收近8000元，低收入农户就业率居全省第1，共富工坊等经验做法在全国推广，打造星级美丽乡村600个，建成省级未来乡村20个。生态环境持续改善，37个中央和省委生态环境保护督察反馈问题完成整改23个。空气质量居全国重点城市第14位，国控断面水质综合指数改善幅度居全省第1，新增省级美丽河湖12条（个），入选国家“无废城市”建设名单。

（七）民生福祉持续改善。民生支出增长15.3%，占财政支出的76.3%。实施技术工人“扩中”等改革，获批全省唯一全市域技能型社会建设试点，新增城镇就业8.2万人，“安薪指数”居全省前列。城乡居民基础养老金每人每月提高45元，城乡居民低保年标准达1.2万元以上。启动教育提质三年行动，3个县（市、区）通过“全国两创”省级评估，4个县（市、区）教育现代化发展水平提升至全省B等，引进好教师22人、名校长5人，签约引进华师大、浙师大等名校合作办学4所，三梅中学迁建等100个项目开工建设，永宁中学等95个项目完工，实现“中小学空调进教室”，规范民办义务教育发展。台州学院新增国家一流本科专业建设点2个，台职院跻身全省高职院校第一方阵。获评健康浙江建设先进市，公立医院综合绩效考核连续三年居全省第2，新增县级三乙综合医院2家。举办第二届和合文化全球论坛，央视跨年晚会再次在台州举行，大陈岛垦荒精神等9个项目入选“浙江文化标识”培育项目，建成农村文化礼堂229家、乡村博物馆41家，成立市新闻传媒中心。获省运会金牌86枚，我市运动员黄雨婷在射击世锦赛上获得两金一银。出台“一老一小”整体解决方案，新增老年助餐点1237个，每万老年人口拥有持证养老护理员数提高至28人，全国首创家庭托育点模式，新增托位8590个、示范型儿童之家180个。新开工棚改安置房10642套，建设筹集保障性租赁住房3.65万套。第七次获评“中国最具幸福感城市”。

（八）社会大局平安稳定。全面落实党中央、国务院优化疫情防控政策和省疫情防控“七大机制”，打赢天台“4·28”等疫情遭遇战、阻击战，最大程度保障群众就医用药，实现有序转段、平稳渡峰。高质量完成党的二十大维稳安保任务。深入开展“百镇千村除险保安”“风险隐患清零”百日大整治等行动，安全生产“四化”建设做法在全省推广，各类生产安全事故起数、死亡人数分别下降37.6%和39.2%，降幅均居全省第2，未发生较大及以上事故。网格智治全面启动，警网融合、“一标三实”稳步推进，警用无人机实战应用被确定为公安部联系点，刑事立案数下降8.8%，电信诈骗发案数、损失数实现“双下降”。国家级信访积案化解率99%，乡镇（街道）合法性审查全覆盖获评全国法治政府建设示范项目，“亮剑2022”“春雷行动”等系列海上执法持续推进。国防人防海防、民族宗教、审计统计、外事侨务、港澳台、史志档案、气象等工作取得新成效，妇女儿童、老龄、慈善、残疾人等事业取得新进步。

政府自身建设得到加强。办理人大代表建议和政协提案730件。政府工作报告623项细化任务完成率95.7%。商事制度改革、医药卫生体制改革获国务院督查激励，融入长三角一体化等16项工作获省政府督查激励。全市非刚性、非重点项目支出压减10.4亿元，正风肃纪持续推进。

各位代表，过去一年的成绩来之不易。这是市委正确领导、市人大依法监督、市政协民主监督、全市人民奋力拼搏的结果。在此，我代表市人民政府，向全市人民，向人大代表、政协委员、各民主党派、人民团体和社会各界人士，向省部属驻台州各单位、驻台州部队、武警官兵和关心支持台州发展的海内外朋友们，表示衷心的感谢！

肯定成绩的同时，我们也清醒认识到，经济社会发展仍然面临不少困难和问题。传统产业转型升级步伐不快，新兴产业体量不大，与构建现代产业体系要求还有差距；高能级创新平台不多，创新链产业链深度融合不够；中心城市首位度不高，能级品质有待提升，吸引集聚人才等高端要素不够；教育、医疗、养老托幼等优质民生供给与群众需求还有较大差距；本质安全基础不够牢固，生态环境治理存在薄弱环节；干部谋划和落实能力有待提升，党风廉政建设任重道远；等等。我们一定高度重视，认真加以解决。

2023年重点工作安排

今年是贯彻落实党的二十大精神开局之年，是“八八战略”实施20周年，也是台州迎接撤地设市30周年的展望之年、实干之年。今年政府工作的总体思路是：以习近平新时代中国特色社会主义思想为指导，深入学习贯彻党的二十大精神，全面落实省委十五届二次全会、省“两会”和市六届二次党代会的各项部署，围绕“迎接三十周年、奋进三高三新”主题，强力推进创新深化、改革攻坚、开放提升，稳企业、增动能、补短板、惠民生，以“共同富裕先行和市域现代化先行”的实干实效为中国式现代化提供更多台州实践。建议今年全市经济社会发展主要预期目标是：生产总值增长6%左右，工业增加值增长6.5%以上，固定资产投资增长9%以上，社会消费品零售总额增长5%以上，一般公共预算收入、城乡居民收入与经济增长基本同步。

做好今年政府工作，要对标落实省政府“十大工程”，紧扣市委“三个十”部署，聚焦七方面重点工作，强化“干部敢为、地方敢闯、企业敢干、群众敢首创”导向，树牢“没有走在前列也是一种风险”理念，创新实干、奋力拼搏，持续推进历届党委政府重大战略部署落地落实，推动重大项目全面突破、城市面貌焕新蝶变、共富共享先行示范。

（一）深化稳进提质，推动经济运行回升向好

把稳增长放在更加突出位置，抢抓政策红利释放窗口期，畅通经济循环，持续扩大内需，努力交出经济发展高分报表。

全力抢份额争资源优服务。用足用好国家稳经济和省“8+4”经济政策体系，新增专项债券额度、政策性开发性金融工具份额超过全省平均，争取更多项目纳入国家用地保障范围、国家能耗单列清单。深入实施融资畅通工程，新增社会融资规模2200亿元，促进综合融资成本稳中有降。常态化落实“一县一方案”“一业一策”“一企一策”，帮助重点区域、重点行业、重点企业充分释放产能，稳住工业经济基本盘。深化“万名干部助万企”活动，推动政策精准直达快享，为市场主体减负110亿元以上。

持续扩大有效投资。对接国家和省重大战略规划、生产力布局，落实省“千项万亿”工程，实施“十百千”重大项目计划，确保投资总量达2550亿元以上，制造业投资增长15%以上，高新技术产业投资、交通能源和水利投资均增长10%以上。安排实施类项目485个，其中产业类项目262个、基础设施类项目223个，年度计划投资1300亿元。供应工业用地1万亩以上，盘活存量建设用地1万亩以上，低效用地再开发5000亩以上。

千方百计稳外贸稳外资。实施争订单、拓市场行动，组织企业参加各类展会150场次以上，发动1000家以上企业“走出去”争订单，培育外贸出口主体1000家以上，确保出口占全国份额在10‰以上。支持先进技术设备、关键零部件、紧缺资源进口。做大培优本土跨国公司，实现境外并购项目5个以上。完善以外引外、以民引外机制，实际使用外资4.4亿美元以上。

全面促进消费扩容提质。抢抓消费复苏机遇，发放消费券2亿元以上，促进新能源汽车、智能家居等商品消费，打响“欢购台有惠”等活动品牌。激发消费活力，引进高端酒店和知名品牌首店，打造夜间消费“IP”，改造提升耀达路步行街，培育省级直播电商基地3个，新增省级县域商业体系建设试点县3个。

（二）打造一流临港产业带，推动台州制造系统性变革重塑

提升产业治理现代化水平，培育更多“叫得响”的民营企业，塑造“拉得出”的更强产业集群，建设“立得住”的更大一流平台，推动台州制造从“造一切”向“造一流”跃升。

加快五城核心区联动突破出形象。实施临港产业带发展规划及五大城专项规划，构建“创新核、制造核、服务核”圈层式产业生态。引导链主型项目和优势产业向五大城集聚，推进重大项目300个，总投资1万亿元以上，每个产业城引进百亿级产业项目1个以上。新能源城加快建设三门核电二期、中核三门滩涂光伏、台州1号海上风电、天台抽水蓄能等项目，开工建设华能电厂三期、玉环2号海上风电南区、晶科光伏电池及组件、清陶能源一期、晨熹新型光伏材料等项目，支持三门核电实验室创建省级重点实验室。新材料城开工建设台州湾新材料产业园一期主体工程，加快建设海创达聚乳酸、健立新能源材料、永太新材料等项目，引进落地新材料研究院。新医药健康城开工建设医药健康协同创新中心、华海制药科技产业园二期等项目，打造北区原料药产业生态区、南区高端医药制造和创新服务集聚区。未来汽车城推动吉利纯电新车型下线、弗迪新能源动力电池项目一期投产，开工建设沃尔沃混动新车型和电驱动总成等项目，盯引车规级芯片、智能网联新能源核心零部件等项目，建设首条车路协同智慧道路，打造智能汽车全产业链。启动月湖核心区建设，与吉利共建未来汽车协同创新中心。精密制造城建设温岭、玉环首开区，重点推进海德曼、环动机器人、华中数控等项目，落地建设省高档数控机床技术创新中心、国家水泵产品质量检验中心。

加速优势产业招大引强成群结链。坚持“域外头部企业、市内优质企业”引育比翼双飞，系统重塑全流程闭环招商机制，深入开展“产业链条+集群生态”精准招商，招引落地百亿级产业项目5个以上、10亿级产业项目40个以上，其中留驻10亿级优质项目5个以上。实施航空航天、新材料等战略性新兴产业培育计划，建设省级未来产业先导区。深化“1511”现代企业培育工程，引育链主型、头部型民营企业，培育国家制造业单项冠军企业2家、国家专精特新“小巨人”企业10家，新增上市报会企业15家、小升规企业350家，新增“品字标”企业50家以上、“浙江制造”标准50项以上。推进知识产权强市建设，知识产权质押融资250亿元以上。

加快传统产业创新提升。深化新一轮制造业“腾笼换鸟、凤凰涅槃”专项攻坚，坚持全域起底、全链改造、全业提升，实施园区提能、片区改造、高耗低效企业整治、重点行业提升等四大行动，破立并举推进汽车、医化、船舶等“5+N”传统产业创新提升，实施“零增地”技改项目500个以上，整治提升高耗低效企业500家以上。

培育壮大数字经济。实施数字经济创新提质“一号发展工程”，实现数字产业投资翻番，数字经济核心产业增加值增长15%。加快数字产业化，打造光电、智能汽车电子等“2+3”数字产业集群，建设“浙里光谷”，开工水晶光电精密光学面板等项目，建成台州光电产业创新中心，推动吉利汽车软件生态产业园等项目投产、达产。加快产业数字化，建成投用工业4.0中心，建设推广8个产业大脑，新增省未来工厂1家以上、省智能工厂10

家以上，完成1000家规上工业企业数字化改造。深化5G融合应用，打造一批5G全连接工厂。

推动生产性服务业深入融合发展。落实省服务业高质量发展"百千万"工程，开展服务业提质增效行动，谋划实施重大项目149个。建设会展之城，举办制造博览会、汽车博览会、户外休闲用品展、文创精品展等重点展会30场以上，加快建设台州国际博览中心。谋划建设工业设计小镇，扩容模塑设计基地，争取国家无人机产业计量测试中心落户台州。实施专业市场改造升级行动，打造有全国影响力的生产资料市场群，投运国际再生金属交易中心，年交易额突破300亿元。

（三）实施品质提升行动，推动城市焕新蝶变、能级跃迁

对标国内优秀城市，提高城市规划、设计、建设、治理全过程专业化、系统化、精细化水平，推动组团式年轻城市向高能级都市区跃升。

提升城市规划建设水平。建立"两级+专项总师"咨询聘任机制，设立覆盖城市开发全过程的一流设计机构名录库。完成市、县、乡三级新一轮国土空间规划编制，组织编制市县城市更新规划，做精重点区块、特色街区、精品建筑等专题规划和城市设计。优化交通路网，完成台州机场改扩建、甬台温高速温岭联络线、杭台高铁台州站东站房等项目，加快建设温玉铁路、杭温高铁、甬台温高速改扩建台州段、路泽太高架二期、和合大道等项目，开工建设市域铁路S2线、解放路过江隧道及南接线、台州大道快速路、机场进场道路二期、海城路等项目。完善城市功能，加快市区天然气高压输配工程二期建设，综合开发利用地下空间、桥下空间，新增日污水处理能力8.65万吨、公共停车位5600个，实施道路品质提升和"白改黑"20条，贯通慢行道100公里，建设城乡绿道100公里，新增省级城乡风貌样板区8个以上，优化"城市家具"，新增未来社区试点15个以上，新改造老旧小区36个。建设"幸福水城"，系统推进海塘安澜、流域防洪、平原排涝、水源保障等重大水利项目，开工建设椒江河口水利枢纽工程先行段、洪家场浦强排新区段等项目。

塑造城市活力片区空间。推进50个重点区块有机更新，编制市域铁路S2线等轨道交通沿线片区开发规划，加快城市空间重塑、功能集成。大力引进高端服务业企业，中央商务区完成整体招商和运营，打造现代业态地标；高铁新区引入高品质城市合伙人，打造"综合交通枢纽、城市开放门户"；高标准谋划"一江两岸"，提升开发三江口区块，打造以生态优先、科创主导的都市工业发展片区，联动椒江老城区有机更新，建成葭沚老街一期工程，启动二期工程，适时推进椒北开发；洪家市场区块实施连片改造提升，有序统筹路桥老城区市场改造，打造升级版现代市场群；绿心区块加快环飞龙湖科创圈、财富大道发展轴、中央绿轴等区块开发，推进鉴洋湖国家城市湿地公园建设；中央创新区开工建设国际海智社区、生活后街和云湖公园等项目。加快临海佩弦湖区块、温岭环九龙湖区块、玉环环东——后蛟区块、天台下清溪区块、仙居未来科创城区块、三门三江口区块等重点区块建设。

以"绣花"功夫推进城市善治。建设整洁之城，改造生活垃圾中转站13个，深化生活垃圾"撤桶并点、两定四分"工作，完成渣土清零、建筑垃圾彻底清理，全面清除脏乱差卫生死角。建设亮丽之城，推动市区已拆村留地科学利用和裸土绿化治理全覆盖，改造城市边角，新改建口袋公园80个，增加休闲微空间。开展"增花添彩"行动，市区增植彩叶树2万棵。建设便捷之城，优化15分钟生活圈服务资源配置，在市区打造集政务、服务、商务等功能于一体的邻里中心试点15个以上，构建"1+N+X"城市治理体系。建设有序之城，实施打通"断头路"项目50个，治理交通堵点45个，启动创建国家公交都市建设示范工程，疏通城市背街小巷"毛细血管"，完成户外广告、店招标牌、路灯路标等整治美化，推广"智慧物业"系统，创建60个红色物业示范小区。建设文明之城，实施全国文明城市创建十大攻坚行动，确保实现"三连冠"，启动全国文明典范城市创建。

（四）推动创新链、教育链、人才链深度融合，建设国家创新型城市

锚定教育强市、科技强市和人才强市目标，全域激发创新第一动力，办好人民满意教育，打造"优创美地"。

强化创新制胜。落实省"315"科技创新体系建设工程，项目化建设台州湾科创走廊，联动三江口区块，导入中德科工创新园等资源，构筑城市创新轴，打造创新集聚高地和策源核心，创建国家级高新区，新增省级高新区1家以上。培育各类创新主体，新增国家高新技术企业300家以上、省级科技型中小企业800家以上、省级企业研发机构40家、省级以上科技企业孵化器（众创空间）5家以上。实施全社会研发投入提升行动、产业关键核心技术攻坚行动，一般公共预算科技支出增长15%，R&D占比达到2.7%，入选"双尖双领"等省重点研发计划项目15个以上，新增省级首台（套）产品20个以上。深化产学研合作，发挥台州学院等本地高校作用，做实与浙江大学、南方科技大学等高校院所的新一轮合作。健全"研发设计、孵化加速、产业赋能、创业投资"全链条科技服务体系，建设区域科技大市场，完成技术交易额110亿元以上。支持临海夺取省科技创新鼎。

加快教育提质。4个以上县（市、区）通过“全国两创”省级评估，4个县（市、区）教育现代化发展水平达到全省B等以上，创建30所省现代化学校、100所乡村名校，随迁子女义务教育与本地居民享受同等待遇。投资90亿元，新（改、扩）建优质学校项目85个，建成幼儿园项目46个、小学项目23个、初中项目8个、高中项目9个，新增各类学位3.5万个，有序消除超大规模中小学校，普惠性幼儿园在园幼儿占比达90%以上；招引好教师40人、名校长10人、名校6所。建立小学、初中、高中贯通的人才培养机制，实施普通高中拔尖创新人才登峰计划，提升向高水平大学输送优质生源能力。支持台州学院升格，建设椒江校区三期工程。完成国家职教创新发展高地试点任务，支持台职院和台科院等高职院校申办职教本科专业、台州技师学院建设省一流技师学院，对标“五城”建设优化院校空间专业布局，实施中职学校达标创优工程，17所职业院校通过“双高”省级评估。以台州开放大学为主阵地探索学习型社会建设。

推动“引人入胜”。出台人才新政，集聚国内外顶尖人才5人、省级领军以上人才70人、外国人才300人，引进省级以上领军型创新创业团队1个，落地院士项目5个以上。深化全国青年发展型城市试点，实施青年英才聚台州、重点企业聚“三高”、青年创享台州等行动，建设青年驿站50个、青年社区10个，引进青年博士300人以上、大学生10万人。举办世界工程师大会，谋划国际工程师小镇，建设浙大工程师学院台州分院、2个特色产业工程师协同创新中心，打造工匠之城，打通技能人才教育培养、技能提升、职级评定、收入增长全链条通道，引育、集聚青年工程师5000人以上、高技能人才2.3万人以上，打响“国际工程师之城”品牌。弘扬企业家精神，推进“薪火传承”计划，培育新生代企业家。

（五）深化改革扩大开放，再创体制机制新优势

持续推进小切口改革，高水平走出去、高质量引进来，把改革之势、开放之势转化为制度优势、发展胜势。

打造全国一流营商环境。实施营商环境优化提升“一号改革工程”，对标国家营商环境创新试点标准，健全企业全生命周期服务体系，以营商微改革疏堵点，实现电力成本下降、物流降本增效。开展“政企面对面、环境大跃升”行动，畅通政企直达诉求解决渠道，服务企业“有求必应、无事不扰”，杜绝“依法”不作为。实施“新时代二次放水养鱼”行动，精准支持小微企业创业创新。推进数字化改革急用先行、实战实效，加快全省重大应用在基层一贯到底，深化便民利企“一件事”集成、基层治理“一件事”改革试点，推动政务服务、涉企审批“一网通办”提质扩面。推进跨部门综合监管，常态化开展“监管一件事”，建立失信联合约束机制，深化“大综合一体化”行政执法改革，跨部门“综合查一次”实施率20%以上。

加强关键领域改革攻坚。申创国家小微金改示范区，推进“双创苗圃板”，完善政府性融资担保体系。探索数据要素市场化配置，推进公共数据授权运营。深化市区体制机制改革，推动新区减负增效，加快公交场站、智慧停车、管道燃气、污水处理运营、环卫和招投标管理等一体化改革。实施新一轮国企改革三年行动，市本级混改企业突破100家，完成直接融资100亿元以上。深化技术工人“扩中”等改革，推进全省技能型社会建设试点。

拓展全方位开放合作新格局。实施地瓜经济提能升级“一号开放工程”，推动台州经济、市外台州人经济和海外台州人经济深度融合。深化开放型经济“五个自由”集成改革，迭代实施100 项改革举措。台州综保区封关运营，谋划建设保税小镇。新增省级经济开发区1个。实施台州港口发展规划，建成头门港区进港航道一期等项目，开工建设金台铁路头门港支线二期、头门港区三期码头等项目，开通5条以上国际航线，中欧班列（台州）柜量同比翻番，港口集装箱吞吐量增长8%以上。口岸扩大开放通过国家验收。推进省RCEP高水平开放合作示范区建设，与RCEP成员国货物贸易总额超600亿元，加强“市场采购+跨境电商+外综服”综合服务平台建设，实现“台州货、台州集、台州出”。把融入宁波都市圈作为接轨上海的先手棋，推动头门港——宁波舟山港集装箱内支线常态化运行，启动建设长三角（台州）海洋产业技术研究院，加快甬台一体化合作先行区建设，合力推进三门湾生态保护修复。加强对口支援（合作）和东西部协作。

（六）坚持农业农村和生态优先发展，推动乡村振兴、全域美丽

走深走实“三新”农村共富道路，促进产业高质高效、乡村宜居宜业、农民富裕富足，努力塑造山明水秀的美丽台州。

全面推进乡村振兴。实施县城承载能力提升工程，以县域城镇化为纽带衔接城市与乡村，培育小城市试点2个，鼓励农民向县城和中心城镇集聚。因地制宜发展现代产业。深化农业“双强”行动，实现农作物耕种收综合机械化率78%以上、主要农作物良种覆盖率98%以上，实现早稻面积“十二连增”、产量“十三连增”。实施渔业高质量发展行动，发展椒江大陈、玉环中鹿岛大黄鱼等深海养殖，建设三门青蟹研究院、临海南美白对虾种质资源场等项目，创建国家级水产养殖和生态养殖示范区，发展远洋渔业，支持退捕渔民转产转业。深化“十链百亿”行动，以“产加销、农文旅”多维融合赋能农牧渔全产业链发展，谋划建设高端农产品、水产品集散中心，巩固国家级农产品质量安全市创建成果，持续打响地理标志、“台九鲜”等品牌。引导绿色、低耗、高效的制造业入乡镇中心村，打造三生融合、一二三产融合的乡村产业新形态。深化“千万”工程，打造10条美丽乡村精品示范带，谋划实施心海绿廊乡村综合改革项目，建成星级美丽乡村600个、省级和美乡村示范村20个，加强传统村落保护利用。迭代“四好农村路”2.0版，临海、仙居创成全国示范县。深化强村富民乡村集成改革，建设乡村综合改革试点片区20个，盘活闲置农房1万宗。落实最严格的耕地保护制度，开展跨乡镇全域土地综合整治，完成永农集中连片整治4.6万亩，新垦造耕地3万亩、入库1.5万亩，新建和改造提升高标准农田6万亩以上。建设新型乡村共富综合体，打造共富工坊500家，全市80%以上行政村集体经济总收入30万元且经营性收入15万元以上，全面消除家庭人均年收入1.1万元以下情况。实施农民大培训行动，培训农民60万人次以上，推动农民走技能就业、技能成才、技能致富之路，促进高质量就业3.3万人。

走好绿色低碳发展路。全面建设升级版“美丽台州”，争创生态环境与健康国家试点、省级生态文明建设示范市。推进生态产业化，开展山区、海岛生态本底调查，深化生态产品价值实现机制试点，培育壮大生态经济。实施山海产业协作项目30个，完成投资40亿元以上，推动山区县跨越式高质量发展。优化生态补偿机制，加快西部山区保护性开发。开展挥发性有机物排污权交易试点，实现排污许可证企业碳账户全覆盖，打造省首批碳管理体系示范城市。推行交通低碳化，市区新增新能源公交车377辆，总量占比73.3%。推动产业生态化，严控“两高”项目环境准入，推进纺织、造纸等5大行业碳达峰，实施减碳技改项目100个以上，创建省级绿色工厂10家以上。开展智能建造全国试点，培育10个试点项目，新开工项目装配式建筑占比达34%。强化生态环境治理，不折不扣完成中央、省委生态环境保护督察反馈问题整改，持续打好蓝天碧水净土治废保卫战，深化大气污染防治，推进金清水系流域共治、“污水零直排区”建设，深化“肥药两制”改革，加强农业面源污染治理，推进国家级“无废城市”建设，工业危废、医疗废物等无害化处置率100%。推进山水林田湖海岛一体化治理，建设美丽海湾。加快废弃矿山修复。开展松材线虫病治理三年行动，除治面积111.5万亩以上。

（七）强化共建共治共享，推动共同富裕先行示范早出成果

坚持满足人的全生命周期多元需求导向，落实省公共服务“七优享”工程，努力实现“人人有地位、人人有钱花、人人有文化、人人有活干、人人有福享”。

完善高质量就业和共富型大社保体系。推动全员培训、终身学习和就业优先，城镇新增就业8万人以上，确保有就业意愿重点人员100%就业、零就业家庭动态清零。推进根治欠薪专项行动，打造和谐劳动关系。新增职工基本养老保险参保10万人以上。优化升级“台州利民保”，落地落实因病致贫返贫防范长效机制。建设康养高地，实现有需求老年助餐服务全覆盖，建设乡镇康养联合体30家，建立长期护理保险制度，建成市社会福利院，创建国家老年友好城市。建设善育高地，落实三孩生育政策，推进全国婴幼儿照护服务示范城市建设，新增托位1900个，申报国家儿童友好城市建设试点。促进房地产市场平稳健康发展，支持刚性和改善型住房需求，建设筹集保障性租赁住房2万套（间）以上。发展红十字、残疾人保障等公益事业。

实施健康台州新三年行动。抓实抓细“乙类乙管”常态化防控工作，强化防控指挥体系、疫情监测预警、医疗救治体系、宣传教育引导，巩固拓展疫情防控重大成果。纵深推进“三医联动”“六医统筹”改革，推动公立医院高质量差异化发展，建设高水平县级医院，提升中医药服务能力，争创国家区域医疗中心。深化医共体建设2.0版，县域内就诊率达到90%以上。加快“两慢病”一体化门诊建设，完善心理健康和精神卫生服务。建成台州护士学校。实施村级卫生服务“网底”夯实工程，新（改）建政府办村卫生室80家。开展爱国卫生运动，倡导文明健康生活方式。

推动文旅深度融合发展。厚植文化兴盛的精神美，大力弘扬垦荒精神，打响“和合台州·文明有礼”“和合善治”等城市文化品牌，打造宋韵文化“台州版图”，推进天台山文化申遗工作，举办2023中国（台州）国际摄影周，争取央视跨年晚会三度落户台州。建设新时代文明实践中心3个，推动台州大剧院等文化地标项目建设，提升博物馆运营管理水平，开展市民艺术节、音乐会等群众性文化活动，打造“15分钟品质文化生活圈”。加快章安古城、下汤文化遗址、黄岩沙埠窑考古挖掘和保护，做好台州乱弹等非遗传承保护。启动旅游业提质升级行动，打造浙东唐诗之路目的地，加快建设括苍云径、天空之城、Snow Peak野奢营地等项目，全线开工建设台州1号公路，临海、玉环示范段对外开放，建成临海熊出没小镇等项目。实施文旅消费品牌创建行动，常态化开展“台州人免费游台州”。推动天台创建国家全域旅游示范区、神仙居创建国家级旅游度假区。推进“世界美食之都”申创“六大工程”建设，开放运营中华美食一条街，建设台州海鲜夜排档、渔都小镇等10个特色美食集聚区，办好新荣记学院，举办中华民厨大赛。积极备战杭州亚运会，办好柴古唐斯越野赛、全国空手道锦标赛、台州马拉松、台州足球联赛，加快环浙步道台州段建设，新建体育公园10个，推动老年体育发展。

建设更高水平的平安台州。提升本质安全水平，争创全国市域社会治理现代化试点合格城市。确保粮食安全，推进农贸市场更新提升行动，创建省三星级及以上农贸市场44家，创成国家食品安全示范城市。打好亚运会等重大活动和重要节点维稳安保硬仗，坚持和发展新时代“枫桥经验”，实施基层智治贯通行动，织密智能感知圈层，打造“平安大脑+网格智治”社会治理体系。深化社会治安防控体系建设，常态化开展扫黑除恶，严厉打击电信网络诈骗等突出违法犯罪，创建“五无”乡镇，严防民转刑案件发生。迭代升级安全生产“四化”建设，加强道路交通、涉海涉渔、消防、危化品、特种设备、城市运行、防汛防台等领域风险隐患排查整治，推动地质灾害系统性防治，坚决遏制较大以上事故发生。做好第五次全国经济普查工作。加强金融、财政和房地产等领域风险监测，守住不发生系统性风险底线。强化网络治理。推动信访工作规范化建设。支持驻台州部队和民兵预备役建设，加强国防动员、人民防空、反走私和海防、双拥共建、退役军人事务等工作。

各位代表！市政府高度重视民生实事项目，经过实地调研、公开征集、梳理筛选、完善优化，提出了包括扎实推进共同富裕、提升养老服务水平、促进教育补短提质等12方面38个候选项目，提请会议票决。我们将加大力度，确保把实事办实、好事办好。

各位代表！面对发展新形势、工作新要求、群众新期待，我们将以更高标准、更严要求建设人民满意政府。一是加强政治建设。学深悟透习近平新时代中国特色社会主义思想，坚定捍卫“两个确立”、坚决做到“两个维护”，不折不扣落实党中央国务院、省委省政府和市委各项决策部署。二是建设法治政府。贯彻习近平法治思想，切实提高依法行政水平。高质量办理代表委员建议案，依法接受人大法律监督，自觉接受政协民主监督，强化监察、审计、统计监督，主动接受社会舆论监督。三是强化实干担当。提升干部专业能力水平，变“路径依赖”为“模式创新”，变“事事找惯例”为“大胆创先例”，变“一口绝无可能”为“一切皆有可能”。建立“一表两图”机制，标准化、系统化、闭环化推进工作。牢固树立“项目为王”理念，以项目看实绩，以结果论英雄。四是坚持从严治政。认真履行全面从严治党主体责任，严格落实中央八项规定精神，锲而不舍纠治“四风”。严控“三公”经费和一般性支出，把更多财政资金用在发展产业、改善民生、保障项目建设上，以政府的“紧日子”换取群众的“好日子”。强化关键岗位和重点领域廉政风险防控，建设廉洁政府。

各位代表！潮涌台州催人进，奋楫扬帆正当时！让我们更加紧密地团结在以习近平同志为核心的党中央周围，在中共台州市委的坚强领导下，以山的硬气、海的大气、水的灵气、人的和气、拼的豪气，踔厉奋发、笃行不怠，为高质量发展建设共同富裕先行市、争创社会主义现代化先行市而努力奋斗！

政协台州市常务委员会工作报告

——在政协第六届台州市委员会第二次会议上
（2023年2月25日）

台州市政协主席　叶海燕

一、2022年：坚持守正创新，以高质量履职开好局起好步

2022年是中共二十大召开之年。面对疫情冲击、经济下行、风险多发的复杂严峻形势，中共台州市委团结带领全市人民，坚决贯彻落实“疫情要防住、经济要稳住、发展要安全”的重要要求，统筹打好稳进提质、除险保安、塑造变革三场攻坚战，经受住了大战大考，克服了多重困难，开创了崭新局面，实现全市发展稳中有进、稳中提质、稳中向好，朝着“三高三新”奋斗目标迈出了坚实步伐。

2022年也是新一届市政协开局之年。市政协常委会在中共台州市委的坚强领导下，坚持以习近平新时代中国特色社会主义思想为指导，深入学习贯彻习近平总书记关于加强和改进人民政协工作的重要思想，把迎接中共二十大胜利召开和学习宣传贯彻中共二十大精神作为重大政治任务，争当新时代加强和改进人民政协工作排头兵，充分发挥专门协商机构作用，为我市经济社会发展作出了积极贡献，实现了本届政协的良好开局。

（一）加强政治建设，党对政协工作的领导更加有力

坚持党对政协工作的全面领导，以政治建设为统领大力推进政协党的各项建设。一是忠诚拥护“两个确立”。坚持以习近平新时代中国特色社会主义思想定向领航，引导全市各级政协组织和广大委员更加深刻领悟“两个确立”的决定性意义，进一步增强“四个意识”、坚定“四个自信”、做到“两个维护”。二是加强思想理论学习。开展“矢志不渝跟党走，同心奋进新征程”等系列活动25场，迅速掀起学习宣传贯彻中共二十大精神的热潮，切实把思想和行动统一到中共二十大精神上来。注重把学习贯彻中共二十大精神与学习贯彻省第十五次党代会和省委十五届二次全会精神结合起来。坚持“第一议题”制度，以党组学习为引领，建设“书香政协”，常态化开展委员读书活动。建立习近平新时代中国特色社会主义思想学习座谈小组，搭建主题读书群、委室读书群、县（市、区）政协读书群，创设“台州湾夜读”。加强人民政协理论研究工作，召开“人民政协与全过程人民民主”理论研讨会。三是健全党建工作格局。成立市政协党建工作领导小组，召开全市政协党建工作推进会，压紧压实党建工作、意识形态工作、党风廉政建设责任制，印发关于全面推进新时代政协党的建设工作的实施意见，着力构建“同心向党·五联五进”的党建工作格局。出台专门委员会党员委员履职临时党支部工作办法、政协党组成员联系相关界别党员委员和党员委员联系党外委员工作办法，推进党的组织对党员委员全覆盖、党的工作对政协委员全覆盖。

（二）紧扣中心大局，助力“三高三新”更有作为

自觉肩负起新征程赋予的新使命，主动把政协履职工作放到“三高三新”大场景中进行谋划和推进。一是助推高质量发展。市政协常委会会议分别邀请市委、市政府主要领导通报全年和半年度全市经济社会发展情况，常委会组成人员围绕通报深入协商讨论，为推动经济社会发展建言献策。召开“请你来协商”——聚焦高质量走深走实再创台州民营经济新辉煌之路专题协商会。开展加快小微企业创新发展重点课题调研，调研成果得到市党政主要领导批示肯定。围绕中小企业惠企助企政策落实情况、数字化改革推进情况，市县联动开展专项集体民主监督，促进政策有效落地。组织市政协主席会议成员和县（市、区）政协主席视察临港产业带“五大城”建设，为推进向海图强献计出招。组织调研组赴山东考察滨海公路，为“台州1号公路”建设提供重要参考。代表省政协调研组在省政协“推动山区26县高质量发展”专题协商会上作大会发言。二是助建高能级城市。开展“厚植文化优势，打造高能级城市”重点课题调研，并形成常委会建议案，建议实施20项城市重大文化工程，供市委、市政府决策参考。聚焦“无废城市”建设、宋韵文化传世等城市建设的重要问题，深入调查研究，提出有针对性的意见建议。对市区“五大攻坚”行动开展情况进行民主监督，共同推动城市风貌和品质提升。三是助力高水平共富。就加快推进居家养老服

务、完善“一老一小”健康服务、农业转移人口优质共享基本公共服务等民生问题，开展调研协商。组织住台省政协委员视察“扩中”“提低”工作。举办“浙里话共富 促共融”恳谈会暨台州市第三届民族创业故事会。

（三）提升制度效能，践行全过程人民民主更显担当

深入推进专门协商机构建设，提升政协工作整体效能，助力打造全过程人民民主实践高地。一是完善协商格局。认真学习贯彻《中国共产党政治协商工作条例》，构建“126+X”协商格局，全年召开1次政协全体会议、2次专题议政性常委会会议，开展20次“请你来协商”活动。首次在政协全体会议期间安排联组协商会，在专题议政性常委会会议上安排委员发言。二是下沉协商重心。印发关于加快民生议事堂建设的实施意见，召开全市现场推进会，组建乡镇（街道）履职小组，推进民生议事堂、委员工作室、社情民意信息联系点“三位一体”建设。全市130个民生议事堂共开展各类协商活动502次，9月份集中开展了“助力共同富裕示范区建设专题协商议事月”活动，人民政协报等媒体作了报道。三是提升协商质效。做到不学习不调研、不调研不协商，以高质量的学习调研支撑高质量的协商。树立提案在精不在多导向，完善市政协领导督办重点提案制度，开展11次重点提案面商活动，交办的372件提案全部办复。坚持量质并举，反映的社情民意信息被全国政协采用62篇，省政协采用109篇，信息工作持续走在全省前列。

（四）广泛凝聚共识，大团结大联合氛围更趋浓厚

把准政协定位，树立系统思维，坚持双向发力，高质量做好凝聚共识工作。一是积极建好聚识平台。推进委员会客厅提质扩面增效，新建省级委员会客厅3家，新增五星级委员会客厅1家、四星级委员会客厅2家。全市委员会客厅开展“学习党代会精神，争当履职排头兵”等主题活动28场。推进委员工作室特色化打造、标准化建设、数字化赋能，全市共建立委员工作室243家，搭建线上委员工作室137家。建设委员工作室应用场景，并在全省推广应用，做法经验得到省政协主要领导和市委主要领导批示肯定，获评2022年全省政协工作“创新案例”。二是持续促进联络联谊。完善与各民主党派、工商联和无党派代表人士合作共事机制。加强同党外知识分子、非公有制经济人士、新的社会阶层人士的沟通联络。关心关爱少数民族、宗教界委员，深入开展联系走访活动，铸牢中华民族共同体意识。举办“山海共音悦 同心庆回归”——台州市港澳侨界庆祝香港回归25周年活动，召开港澳台侨代表人士中秋座谈会。承办长三角“三市一区”第六次政协主席联席会议。三是不断营造团结氛围。加强政协共识传播，注重主题策划，在中央、省级媒体刊发报道数量不断增加，《“委员工作室”有了数字化翅膀》入选浙江省第四届人民政协好新闻十佳新闻作品。台州政协微信公众号位居人民政协报12月全国地市级“商靓榜”第3名。播出《请你来协商》电视专栏17期。完成《浙江城市名片》台州篇征编工作，编印《宋韵台州》，围绕《台州市浙东唐诗之路文化保护利用条例（草案）》开展立法协商。指导市政协之友社完成换届工作。

（五）注重自身建设，履职现代化能力更好提升

加快构建适应变革型组织要求的政协履职新模式，打造唯实惟先、善作善成的政协团队。一是强化委员责任担当。出台关于强化政协委员责任担当的意见，实施委员年度履职报告制度，更好推动委员知责于心、担责于身、履责于行。重视委员作用发挥，引导委员以自身的专长在本职岗位上建功立业，以自身的影响在界别群众中示范引领。加强委员教育培训工作，在省委党校开展常委集训，在市委党校开展委员轮训。加强青年委员队伍建设，打响“政”青春品牌。二是努力破解“两个薄弱”。按照全国政协、省政协统一部署，抓好贯彻落实中央、省委、市委相关文件精神“回头看”工作。专题向市委常委会汇报省委办公厅《关于加强和改进新时代市县政协工作的实施意见》精神，并提出贯彻落实意见。加强专委会和界别组建设，落实主席会议成员分工联系专委会、专委会联系界别活动制度。加强对县级政协的联系指导，聚焦重点议题开展联合调研、联动监督，推动解决市县政协基础工作薄弱、人员力量薄弱问题，增强整体合力。三是加强机关队伍建设。推进学习型、服务型、创新型、智慧型、清廉型“五型机关”建设，持续提高服务保障水平，不断增强参谋能力、协调能力、落实能力。大力开展数字政协建设，提升履职开放度活跃度融合度。支持驻市政协机关纪检监察组工作，进一步巩固风清气正良好政治生态。

各位委员，一年来我们取得的成绩，是中共台州市委高度重视、坚强领导的结果，是市人大常委会、市政府和社会各界热情帮助、鼎力支持的结果，是历届市政协打下的坚实工作基础和驰而不息、接力奋斗的结果，是广大委员、政协各参加单位和全市各级政协组织尽心尽职、无私奉献的结果。在此，我代表市政协常委会表示衷心的感谢！

同时，我们也清醒认识到，工作中还存在一些需要加强和改进的地方，比如：政协协商民主体系还不够完善，专门协商机构制度化规范化程序化等功能建设还需深化提升；界别作用发挥还不够有效，联系服务界别群众的渠道还需畅通；民主监督工作还不够深入，监督机制还需进一步完善；等等。我们要高度重视这些差距和

不足，在今后工作中努力加以改进。

二、2023年：以中共二十大精神为指引，为奋力推进中国式现代化台州实践竭诚履职

2023年是贯彻落实中共二十大精神的开局之年，是实施“八八战略”20周年，也是迎接台州撤地设市30周年的展望之年、实干之年。市六届二次党代会紧扣“迎接三十周年、奋进三高三新”的主题主线，作出了深入学习贯彻中共二十大精神，以“三高三新”奋力推进中国式现代化台州实践的重大决策部署。市委标定的航向，就是政协前进的方向。我们要以山的硬气、海的大气、水的灵气、人的和气、拼的豪气，实干争先，竭诚履职；以一流标准、一流作风、一流业绩，勇担时代重任，答好时代命题，不断开创政协工作新局面。

2023年，市政协要坚持以习近平新时代中国特色社会主义思想为指导，全面学习贯彻中共二十大精神，认真贯彻落实市六届二次党代会精神，以当好新时代加强和改进人民政协工作排头兵为目标，以履职为民为出发点和落脚点，以开展“界别工作加强年、民主监督提升年”活动为突破性举措和变革性抓手，发挥专门协商机构作用，推动政协工作不断创新，着力提高深度协商互动、意见充分表达、广泛凝聚共识水平，打造深入践行全过程人民民主的标志性成果，为奋力推进中国式现代化台州实践贡献智慧力量，以优异成绩迎接撤地设市30周年。

习近平总书记在中共二十大报告中指出，完善人民政协民主监督和委员联系界别群众制度机制。这为我们开展“界别工作加强年、民主监督提升年”活动指明了方向、提供了遵循。

开展“界别工作加强年”活动，就是要把加强新时代界别工作作为更好展现政协组织优势的支点，建立健全“界别为主体、委室为依托，一年一主题、一季一活动，年初有计划、年终有考核”的联系界别群众制度机制，强化界别组长责任担当，配齐配强界别联络员，着力提升界别工作组织化规范化程度，有效发挥广大委员对界别群众的思想引领和服务联系作用。

开展“民主监督提升年”活动，就是要把准协商式监督、参与式监督的定位，坚持问题导向，深入调查研究，实事求是反映情况，认真负责开展批评，务实提出建议，确保监在关键处、督在点子上，把协商民主贯穿于监督全过程，以高质量的民主监督助推高质量发展，彰显台州政协民主监督工作特色。

具体做好以下五方面工作：

（一）扛起政治担当，在学习宣传贯彻中共二十大精神上取得新成效。坚持全面学习、全面把握、全面落实中共二十大精神，以实实在在的学习成效为政协增光、为全局添彩。要做好“结合文章”，坚持把学习宣传贯彻中共二十大精神，与持续跟进学习习近平总书记一系列重要讲话精神结合起来，与深入学习贯彻习近平总书记关于加强和改进人民政协工作的重要思想结合起来，努力做到学思悟贯通、知信行合一，夯实坚定捍卫“两个确立”、坚决做到“两个维护”的思想根基。要深化学习教育，加强“书香政协”建设，扎实推进领导干部带头学、界别读书群集体学、线上线下结合学，高标准开展形式多样的专题学习。按照中共中央和省委、市委统一部署，高质量开展主题教育。要加强党建工作，深化开展“矢志不渝跟党走，同心奋进新征程”系列活动，做优“同心向党·五联五进”党建工作品牌。

（二）聚焦中心任务，在迎接撤地设市30周年上彰显新优势。始终锚定“两个先行”和“三高三新”奋斗目标，聚焦创新深化、改革攻坚、开放提升以及打造十大成果、实施十大行动、推进十大改革，发挥职能优势，积极服务助力。要紧盯重要问题深入调查研究，围绕“优化公共资源配置，增强中心城市集聚效应”“实施‘产业强海’战略，构建现代海洋产业体系”开展重点课题调研，围绕实施数字经济创新提质“一号发展工程”、全面推进乡村振兴、争创国家区域医疗中心等开展专题调研，提出高质量的对策建议。要紧贴重大决策开展协商议政，围绕“一府两院”、纪委监委重点工作深入协商，围绕“加快建设全年龄友好、全领域优享‘幸福城市’”“全力推进全球一流临港产业带建设”开展联组协商，围绕实施地瓜经济提能升级“一号开放工程”、建设国家创新型城市、提升传统产业、加快教育提质等开展专题协商，促进协商成果落实。要紧跟重点任务组织民主监督，围绕营商环境优化提升“一号改革工程”实施情况市县联动开展专项集体民主监督，围绕临港产业带“五大城”建设、“三新”农村共富“五大提升”行动、城市有机更新等开展委员视察监督，围绕相关部门重点工作委派民主监督员进行监督，助推党政决策部署贯彻落实。

（三）深耕主责主业，在践行全过程人民民主上实现新拓展。立足发展全过程人民民主、保障人民当家作主的战略高度审视谋划政协工作，推进政协协商民主体系建设，更好发挥专门协商机构作用。要建强平台抓协商，提升“请你来协商”平台建设水平，依托市政协协商中心视联网系统和市新闻传媒中心电视专栏，全媒体参与、全过程展示，就党委和政府工作的重点、群众生产生活的难点、社会治理的焦点以及重点提案办理，开展重点工作、民生实事、社会治理、提案办理“四个面对面”协商，做靓台州政协协商民主品牌。要面向基层抓协商，按照省委文件要求，在全覆盖的基础上，高标准推进民生议事堂“三位一体”示范点建设，促进与基层协商相衔接、与基层社会治理相结合。开展委员工作室考核评优工作，支持有条件的界别建立委员工作室。推动有条件的地方向社区（村）延伸建设“协商驿站”。要注重规范抓协商，加强制度化规范化程序化等功能建设，着力提高确定协商议题、开展协商调研、组织协商讨论、报送协商成果、推动协商成果转化等环节的质量和成效，提升专门协商机构履职能力现代化水平。

（四）坚持履职为民，在呼应人民对美好生活的向往上交出新答卷。人民政协来自人民，一切工作为了人民。要推动委员更好联系界别群众，出台委员联系界别群众制度，促进委员深入实际，服务群众，积极反映社情民意，当好界别群众贴心人，更好构建政协组织委员、委员引领界别群众的工作格局。精准开展送文化、卫生、科技、教育下乡等活动。要扩大界别群众有序政治参与，探索邀请界别群众和基层群众代表列席政协常委会会议、参加“请你来协商”活动。建立协商议政专家库和界别群众代表库。要共同解决群众急难愁盼问题，探索协商式监督市政府为民办实事项目机制，助力实事项目选准、落地、见效。按照市委统一部署，深入开展“大走访大调研大服务大解题”活动。

（五）突出从严从实，在加强政协自身建设上展示新形象。牢记习近平总书记“为国履职、为民尽责”的殷切嘱托，以排头兵姿态体现“一线”精气神、干出一流好业绩。要加强队伍建设，优化委员服务管理，完善委员履职考核，扎实推进“五型机关”建设，提升政协委员和机关干部“两支队伍”履职能力。深入培育“政”青春品牌。要推进制度建设，健全与界别组共同推行课题调研机制，出台提案质量和提案办理质量双向评价办法。完善市县政协联动机制，持续破解“两个薄弱”问题。要深化作风建设，树牢政协建言环境要宽松但纪律规矩不能宽松的意识，永远吹冲锋号，以严的基调持续落实中央八项规定及其实施细则精神和省委市委要求，加强党风廉政建设，支持驻市政协机关纪检监察组履行职责。

三、画好团结奋斗最大同心圆，为台州更美好的明天汇聚智慧和力量

习近平总书记指出，明天的中国，奋斗创造奇迹，力量源于团结。人民政协要弘扬优良传统，把握时代要求，以团结广泛凝聚共识，用奋斗书写崭新篇章。

（一）坚守团结奋斗圆心。要把准政治方向，坚持以党的旗帜为旗帜、以党的方向为方向、以党的意志为意志，确保政协工作始终与党委同心同向、同频共振。要加强党的领导，坚持党的领导、统一战线、协商民主有机结合，完善党对政协工作领导的体制机制，发挥政协党组把方向、管大局、保落实的重要作用，确保政协始终在党的领导下主动负责、协调一致开展工作，更好成为“重要阵地、重要平台、重要渠道”。

（二）扩大团结奋斗半径。要促进“五大关系”和谐，加强同各民主党派、工商联和无党派代表人士的团结合作，密切同民族宗教界人士、港澳华侨委员和联谊人士、新的社会阶层人士等的团结联系。要发挥委员主体作用，人人重团结、人人求团结、人人促团结，努力做担当者而非旁观者、践行者而非清谈者。要突出履职中心环节，深入基层和界别群众有的放矢地做好宣传政策、理顺情绪、增进团结的工作，为中国式现代化台州实践夯实政治基础、社会基础。

（三）建强团结奋斗平台。要推动市政协协商中心建设提档升级，完善运行机制，打造协商议政、委员读书、联系群众和界别活动的重要平台。要推动委员会客厅提质增效，常态化、多形式开展会客厅主题活动，以会客厅牵头委员的专业知识和影响力，影响有影响力的人和界别群众。要推动凝心聚力载体综合集成，创新委员读书、履职为民、数字政协等领域的有效工作抓手，构建凝心聚力工作矩阵，广泛汇聚奋进新征程、建功新时代的磅礴力量。

（四）凝聚团结奋斗共识。要畅通话语传播，加强同主流媒体和新媒体的沟通合作，讲好政协故事。要积极知情明政，建立重点关切问题情况通报会制度，邀请相关部门介绍情况，加强互动，解疑释惑，增进理解。要传承优秀文化，弘扬大陈岛垦荒精神以及和合文化，举办喜迎撤地设市30周年政协委员书法摄影展，完成《台州有请》文史读本编撰出版工作。

（五）用好团结奋斗方法。要注重真诚协商，强化不是靠说了算而是靠说得对的履职理念，培育鼓励不同意见观点交流交融的协商文化。要善于因势利导，及时跟进了解委员思想动态，因人而异、因时制宜地开展学习座谈、谈心谈话等工作，积极反映合理意愿诉求，引导委员更好理解和落实党的方针政策。要发扬斗争精神，增强广大委员的志气、骨气、底气，对事关政治原则的错误言行敢于发声亮剑，充分把握好斗争的时、度、效，在斗争中巩固团结局面，在斗争中激发奋斗力量。

各位委员！路虽远，行则将至；事虽难，做则必成。让我们更加紧密地团结在以习近平同志为核心的中共中央周围，在中共台州市委的坚强领导下，脚踏实地、埋头苦干，万众一心、勇毅前行，为奋力推进中国式现代化台州实践作出新的更大贡献！

大事记

1月

1日　台州首份RCEP项下原产地证书由台州市贸促会为浙江庄晨电器有限公司签发，涉及货物金额27896.8美元，可减免进口国关税约1000美元。

△　玉环海山村部至温州乐清东山码头开通一条“跨市”公交路线，全程6站15千米。

2—6日　529名台州医务人员，驰援宁波北仑，开展核酸采样和检测工作。

5日　全省扩大有效投资重大项目集中开工活动以视频形式举行，台州市集中开工项目27个，总投资361亿元，其中产业项目占48%，城市有机更新项目和社会民生项目各占15%，基础设施项目占22%。

△　由省农业农村厅、省粮食和物资储备局主办的“2021年浙江好稻米”评比结果出炉，台州市获得4个金奖、4个优质奖。

6日　临海方溪水库工程通过下闸蓄水阶段验收。

△　科技部发文，宣布支持新一批城市开展国家创新型城市建设，台州入围国家创新型城市建设名单。全国共25个城市入围。

△　大麦屿港美洲航线在玉环大麦屿港5万吨级集装箱码头刷新2022年首单单次出口集装箱量纪录，“乌拉尼亚”轮装载着一个个集装箱，启程发往美国。

7日　台州市两个项目入选全省首批商务领域共同富裕试点项目名单，分别是玉环的汽摩配内外贸一体化助推共同富裕和三门的打通鲜甜三门流通全链条助力城乡共富。

△　台州市青少年心理健康关爱保护工作“心”平台启动。台州市学校、社区、家庭、媒体、医疗卫生机构等联动的心理健康服务模式初步形成。

△　台州市召开全市大物防联控工作部署会，在全省率先开展大物防联控工作，做好阳性物品调查处置和环境消杀的同时，开展风险研判，防止疫情通过物品和物流等渠道传播。

7—8日　新疆生产建设兵团第一师阿拉尔市代表团在台州开展对口支援考察。

8日　杭台高速铁路正式通车。杭台高速铁路是我国第一条建成通车的民营控股铁路，连接杭州、绍兴、台州三地，台州境内设天台山、临海、台州、温岭4个车站。杭台高速铁路开通运营，结束天台不通铁路的历史。

10日　台州章安故城遗址考古第一阶段挖掘结束，考古工作队向椒江博物馆移交300余件出土文物。该遗址位于椒江区章安街道回浦村，面积约3万平方米。

12日　全市新冠疫情应急演练点评会举行。1000名镇村干部、党员、志愿者，206名流调队员，107名采样医务人员参加演练。

△　国家一级保护动物青头潜鸭现身天台始丰溪。

△　2021年浙江省万家民营企业评营商环境报告发布。温岭入围全省工业大县（市、区）营商环境综合排名20强。

12—13日　省人大常委会党组副书记、副主任李卫宁带队在仙居县深入企业生产一线，召开企业界代表座谈会，开展“助企开门红”活动。

13日　台州市完成首批重要水文化遗产调查成果验收，通过率和优秀率均居全省第一。

13—14日　副省长王文序在台州市开展“助企开门红”活动。

17日　外出瓜农政策性农业保险首单交接仪式在黄岩举行，人保财险的工作人员将首张保单交给黄岩瓜农协会，这是全国跨省政策性农业保险第1单。

△　浙江省红十字会公布2021年度全省“最美救护员”名单，全省共30人入选，台州市卢晓洁、张西2

人上榜。

19日 中国退役军人就业创业服务促进会公示2021年度“全国退役军人创业光荣榜”，台州退役军人戴虎斌入选。

21日 市委召开全市领导干部会议，传达贯彻省“两会”精神，推动省“两会”精神落地见效，以台州的稳和进为全省大局多作贡献。

△ 浙江省2022年首个220千伏输变电工程220千伏苍山变启动投运。该项目是浙江省重点工程项目，站址位于台州温岭市松门镇南部苍山村，总投资3.48亿元。

23日 台州市2021年度“十大风云台州商人”“十佳创新台州商人”评选结果公布。

24日 县（市、区）委书记抓基层党建、人才工作等述职评议会召开。

△ 2021年浙江省鸟类新记录发布，浙江省新增野生鸟类记录12种。其中台州发现两种，分别为在临海市沙湾村发现的棕三趾鹑和在台州湾湿地公园发现的靴篱莺。

25日 教育部公布2022年高等职业教育专科专业设置备案和审批结果，台州科技职业学院早期教育、学前教育2个专业获批新设。

△ 临海市林场三代护林员（群体）在2021年度“最美浙江人·浙江骄傲”年度人物评选活动中获评“年度提名人物”，临海市林场党支部书记、场长屈卫明入选“最美浙江人·最美自然守护者”。

△ 浙江省美丽城镇办公室公布全省新时代美丽城镇建设2021年度优秀单位名单，台州入选优秀设区市名单，路桥区、天台县、玉环市入选优秀县（市、区）名单。

26日 全国爱卫会通报2021年度国家卫生城镇复审结果，台州市和温岭市被重新确认为国家卫生城市（区）。

28日 台州军分区党委召开十二届九次全体（扩大）会议召开。

2月

3日 北京冬奥会火炬接力在八达岭长城举行，台州风度商贸有限公司董事长王海港作为36号火炬手，在长城脚下参加接力传递。

7日 台州市获评2018—2020年健康浙江建设先进市，台州市椒江区获评2018—2020年健康浙江建设先进县（市、区）。

△ 台州市2022年跨省“驻点招工”行动全面启动。从8日起，将派出23个工作组、226名工作人员，组织236家企业和16家人力资源机构，赴云南、江西、贵州、四川、安徽、湖南6个省开展现场驻点招工。

8日 全市民营经济发展暨优化营商环境大会召开。

9日 台州市召开台州市优化营商环境发展壮大市场主体新闻发布会，并出台《关于进一步优化营商环境发展壮大市场主体的三十条意见》。

△ 台州首个智慧人才管理平台——“智慧人才市场”在临海启用。

△ 台州市人社局与云南省文山州砚山县人社局签订劳务协作协议。台州市15家企业代表与砚山县11个乡镇社保中心负责人、9家县劳务派遣公司代表开展对接，构建州县镇村四级劳务合作平台。

13日 《浙江新闻联播》头条播出《台州：找准“跑道”跑起来 改革成果惠及更多百姓》，点赞台州全力打造“台省心”品牌。

△ CCTV17《中国“三农”报道》播出《浙江仙居：野生猕猴进村蹭吃带来“流量”》。仙居县淡竹乡淡竹村位于仙居国家公园的核心地带，每年春节期间，野生猕猴都会进村，志愿者会为这群猕猴定点投食。

14日 台州市举行2022年驻外招商干部出征大会。市县两级40支招商队伍，150多名驻外招商员参加。

16日 台州市2022年文旅重大项目集中开工仪式在玉环市干江镇全域旅游共富示范区建设项目现场举行。

△ 大隐书局台州店在椒江葭沚老街正式开业，这是大隐书局在浙江创办的首家生活方式主题书店，单店面积2000多平方米。

17日 仙居县新增一家省级博士后科研工作站浙江清和新材料科技有限公司，为2022年台州市首家获批站点。

18日 市政府第100次常务会议召开，审议并原则通过《“共绘蓝图接续干”事项清单》《2022年市政府民生实事候选项目》。

△ 由黄岩区经科局、永宁凤凰学院和阿里巴巴联合举办的超级工厂大赛台州区域决赛在台州梦创园举行。

23—26日 中国共产党台州市第六届代表大会第一次会议召开。会议听取李跃旗代表中国共产党台州市第五届委员会作的《推动高质量发展 打造高能级城市 促进高水平共富 在台州现代化建设新征程上再创新辉煌再上新台阶》报告；通过《中国共产党台州市第六届代表大会第一次会议选举办法》；通过大会选举总监票人和副总监票人名单；通过关于五届市委报告的决议、关于五届市纪委工作报告的决议；差额选举产生中国共产党台州市第六届委员会常务委员会委员，等额选举产生书记、副书记。李跃旗当选书记，吴晓东、林毅当选副书记。

28日 国家级台州湾经济技术开发区（台州综合保税区）授牌仪式

举行，市委副书记、代市长吴晓东授牌并讲话。

△　“义新欧”中欧班列“台州号”组货在临海头门港站首发。17日，义新欧“台州号”组货班列满载着一批“台州智造”，抵达波兰站。

△　台州市三八红旗手（集体）联盟成立大会在温岭召开。该联盟由省级及以上三八红旗手（集体）自愿参与组成。

△　2022青年英才聚台州计划暨“智汇台州 百校引才”活动启动。该次引才活动将聚焦台州“456”先进产业集群，市县联动开展“驻点招才”和四季巡回引才，全年精准推出超过10万个优质岗位。在全国高校举办招聘会300场以上，组织市内招聘会300场以上。并搭建线上云招聘平台，在300多所高校进行宣传，可覆盖20余万名毕业生。

△　省水利厅、省发展和改革委员会、省财政厅、省农业农村厅等四部门联合发文，公布2021年度全省农业水价综合改革工作绩效评价结果，台州市和椒江区、三门县、临海市、温岭市获评优秀等次。

△　住房和城乡建设厅、省财政厅联合公布2021年度建筑领域碳达峰碳中和工作考核结果，台州被评为建筑工业化优秀设区市。

3月

1日　全市1862家定点医药机构全部接入国家医保平台，为全市600多万名参保人提供统一的医保服务。

2日　台州市政府性融资担保支持小微企业汇率避险集中签约仪式暨政策宣讲会举行。市信保公司与11家市级银行签订远期结售汇业务担保合作协议，10家市级银行与17家市区小微外贸企业签订远期结售汇合作协议，签约总金额4350万美元。

△　杭州海关所属台州海关辖区14艘远洋捕捞渔船通过欧盟注册的符合性验证，实现台州远洋捕捞船国外注册“零的突破”。此前受国外注册的限制，台州渔获不能直接销往欧盟市场。

△　浙江省现代医药化工产业创新服务综合园（北区一期）建设在台州湾经济技术开发区正式开工。

5日　台州秦旺仁增、詹耀良2人上榜2021年度“最美浙江人·最美乡贤”名单。

△　“山海互济·携手共富”浙江青年山海协作行动升级版台州青春帮共体座谈会在仙居县召开。会上，路桥、玉环、温岭分别与天台、仙居、三门签订帮共体协议，双方将继续建立为期四年的长期结对帮扶关系。帮扶主体由路桥、玉环、温岭三地团委及省内高校、企业团组织组成，帮扶对象为北三县及所辖乡村振兴重点帮促村、困难青少年。

10日　仙居县人民法院、仙居县人民检察院、仙居县自然资源和规划局在淡竹乡淡竹村联合举行全市首个公益诉讼生态修复基地揭牌仪式，并现场签署《护绿“三地”协议》。

13日　“全省农业春耕备耕暨送科技下乡”活动在温岭市箬横镇星星曙光生态农业园启动。“温岭掌上农机”应用上线，入选全省农业农村数字化改革第一批“优秀应用”。

14日　浙江省经济和信息化厅、浙江省财政厅公布2022年度生产制造方式转型示范项目计划实施名单，台州市32个项目获省级补助奖金。

16—25日　台州调派核酸检测应急机动队2队共25名队员，驰援衢州、三门开展疫情防控工作。

22日　台州医院东院区急诊医学科正式启用。

△　椒江区通报1例新冠肺炎核酸检测阳性结果，为新冠肺炎无症状感染者，台州、路桥两级立即启动应急响应机制。

23日　市委、市政府部署开展市区高质量建设“五大攻坚”行动，即重点区块建设攻坚、主干道路风貌整治攻坚、“老大难”问题解决攻坚、村留地开发利用攻坚、“断头路”“桥头跳”治理攻坚。

24日　2021年度“浙江制造精品”名单出炉，台州32个产品入选，总量居杭州、宁波之后位列全省第3。截至当日，台州市列入“浙江制造精品”目录的产品已达154件。

△　浙能台州1号海上风电场正式开工，为风光储一体化项目，总投资42亿元。

△　教育部公布2021年产教融合校企合作典型案例，台州2所高校案例入选，分别为台州职业技术学院“永高产业学院”的人才培养创新实践典型案例、台州科技职业学院长三角模具产教联盟打造“政校行企”产教融合生态圈案例。

△　台州市第三次国土调查领导小组办公室、台州市自然资源和规划局与台州市统计局联合发布《台州市第三次全国国土调查主要数据公报》。

28日　台州市检察院举行全市第一届检察听证员库启动仪式。289名听证员持证“上岗”，标志着台州在全省率先建立市级检察听证员库。

29日　台州市引水工程的原水输水管线全线贯通。台州市引水工程是全省八大引调水工程之一，主线路总长91千米。已完成投资27.51亿元，占总投资的88%。完工后，台州南片将形成“三纵三横”供水格局。

29—30日 省人大常委会副主任赵光君带队在台州就生态环境保护条例立法工作开展调研。

31日 路桥区通报1例新冠肺炎核酸检测阳性结果，为新冠肺炎无症状感染者，台州、路桥两级立即启动应急响应机制。

是月 浙江省治水办公布2021年度全省“五水共治”工作考核优秀乡镇（街道），台州市10个乡镇（街道）上榜。

4月

1日 市委人才工作会议以视频形式召开。

△ 椒江区人民政府与台州学院签订合作办学协议，揭牌成立台州学院附属椒江学校，同时台州学院帮助椒江区扶强基础教育薄弱学校，打造台州学院师范教育样板实践基地。

2日 全省建设平安浙江工作会议以视频形式召开。会议表彰一批先进，台州市顺利实现平安台州“九连创”，捧回平安金鼎；9个县（市、区）均创建平安县（市、区），顺利实现“满堂红”，其中黄岩区捧回一星平安金鼎，三门县进入全省前十。

3日 台州市、仙居县以“云签约”的方式，与比亚迪股份有限公司签署战略合作协议。年产22GWh新能源刀片电池项目落户仙居，为台州市近年来单体投资额最大的制造业项目之一。

6日 临海市河头镇召开股份经济合作联合社设立暨首届成员大会，在全省率先成立镇级股份经济合作联合社。

8日 2022年度全市文旅数字化改革工作推进会召开。会上，临海、仙居两地文广旅体局分别介绍数字化改革经验和“游提升”项目。台州市文化市场行政执法队的“旅游调庭”、天台县文广旅体局的“诗路e站”、台州移动等对优秀应用分别进行现场演示。

10—13日 中国人民政治协商会议第六届台州市委员会第一次会议召开。会议听取并审议政协第五届台州市委员会常务委员会工作报告；审议政协第五届台州市委员会常务委员会关于提案工作情况的报告；列席台州市第六届人民代表大会第一次会议；选举政协第六届台州市委员会主席、副主席、秘书长、常务委员；审议通过政协第六届台州市委员会第一次会议决议；审议通过政协第六届台州市委员会第一次会议提案审查委员会关于政协六届一次会议提案审查情况的报告。

11—14日 台州市第六届人民代表大会第一次会议召开。会议听取和审议市人民政府代市长吴晓东关于台州市人民政府工作报告；审查市发展和改革委员会关于台州市2021年国民经济和社会发展计划执行情况及2022年国民经济和社会发展计划草案的报告，批准台州市2021年国民经济和社会发展计划执行情况的报告及2022年国民经济和社会发展计划；审查市财政局关于2021年全市和市本级预算执行情况及2022年全市和市本级预算草案的报告，批准2021年市本级预算执行情况的报告及2022年市本级预算；听取和审议市人大常委会主任叶海燕关于台州市人民代表大会常务委员会工作报告；听取和审议市中级人民法院院长周庆关于台州市中级人民法院工作报告；听取和审议市人民检察院检察长王美鹏关于台州市人民检察院工作报告；票决2022年市政府民生实事项目；选举台州市第六届人民代表大会常务委员会主任、副主任、秘书长和委员，选举台州市人民政府市长、副市长，选举台州市监察委员会主任，选举台州市中级人民法院院长、台州市人民检察院检察长；通过台州市第六届人民代表大会各专门委员会组成人员名单。

15日 以“联通国内国际双循环”为主题的第131届线上广交会开幕，台州市604家企业“云”上参展广交会，设展位1674个，居全省第2位。

△ 台州市首笔地理标志保险在临海签约，在全省率先推行地理标志产业全链条保险。该笔保险是临海市特产技术推广总站、临海市农产品营销行业协会对“临海蜜橘”“临海杨梅”“临海蟠毫”“临海西蓝花”这四件地理标志，在中国人民财产保险股份有限公司临海支公司进行投保。

18日 2022年度台州市“500精英计划”引才公告新闻发布会召开。会上提出力争全年新引进高层次创业创新人才100名、新增落户创业企业50家、新培育规上人才创业企业15家。

△ 省食品药品安全委员会发文，正式命名22个县（市、区）为“浙江省食品安全示范县（市、区）”，椒江区和温岭市上榜。

19日 浙江联盛化学股份有限公司通过云直播的方式，在深圳证券交易所创业板敲钟上市，成为台州总第69家上市公司。至此，台州市共有A股上市公司62家，继续位居全国地级市第4。

△ 台州市召开新闻发布会，出台实施《台州市促进服务业纾困帮扶政策50条》。

20日 椒江区召开2022年医保

基金监管集中宣传月新闻发布会，介绍医保基金监管主要举措。为守牢百姓“治病钱”，在全省率先推行智能监控系统。

△ 由浙江鑫湖律师事务所和台州市公安局椒江分局葭沚派出所合作成立的“好说”警律联调工作室在葭沚派出所揭牌，开启台州市矛盾纠纷“警律联调”工作机制的全新探索。

21日 随着椒江区2个点位挂牌成立，“侦查监督和协作配合办公室”实现全市覆盖。全市两级检察机关与公安机关挂牌设立11个“侦查监督和协作配合办公室”。

23日 由中共浙江省委宣传部、浙江省自然资源厅组织开展的首届“最美浙江人·最美自然守护者”云发布会举行。临海市林场党支部书记、场长屈卫明获评“最美自然守护者”，是台州唯一获该殊荣的个人。

25日 椒江区人民检察院发布台州检察机关首份知识产权白皮书。

26日 三门县市场监督管理局查办的“侵犯‘三门青蟹’证明商标专用权”一案，入选2021年度全国地理标志保护典型案例，为全省唯一入选案例。

△ 2022年浙江省新增未来工厂试点企业名单出炉，台州市4家企业榜上有名，分别是路桥区八环科技集团有限公司、临海市浙江伟星实业发展股份有限公司、玉环市浙江海德曼智能装备股份有限公司和浙江万胜智能科技股份有限公司。

27日 市人大与“一府一委两院”工作对接会举行。

27—28日 省人大常委会副主任李学忠率省人大常委会执法检查组，在台州市开展《中华人民共和国环境保护法》和节约能源“一法一办法”执法检查。

29日 三门完成全省首例“企业迁移一件事”。

△ 《橘香——打不败的浙商池幼章》新书首发式在杭州举办。活动由浙江出版联合集团、中共台州市委宣传部、中共台州市黄岩区委、台州市黄岩区人民政府联合主办。

30日 大陈岛氢能综合利用示范工程的质子交换膜电解水制氢系统实现制氢。这是国内首个海岛“绿氢”综合能源示范项目实现制氢。

是月 省发改委印发《关于有效投资e本账重大应用建设实施方案》，黄岩区重大项目全流程服务平台项目正式列入省发改委创建的“发改大脑”有效投资e本账重大应用“地项通”场景试点。

△ 天台县现代农业产业园入选2022年国家现代农业产业园创建名单、温岭市石塘镇入选2022年国家农业产业强镇创建名单。

△ 第八批浙江省科普教育基地名单公布，台州共有7家单位上榜，分别是临海市钟表科普教育基地、路桥雄鹰素质教育拓展培训有限公司、温岭市青少年科普活动中心、温岭市香草谷香草自然科普教育基地、星光公园、华顶林场国家森林公园、仙居机器人协会。

5月

7日 台州开放大学揭牌成立，台州成为全省第1个完成广播电视大学更名的地级市。

△ 温岭市大溪镇出台《大溪镇政府质量奖管理办法（试行）》，设立“大溪镇政府质量奖”和“大溪镇标准创新贡献奖”2个奖项，获奖者可拿到50万元奖励。这是全国首个在镇一级政府层面设立的“标准创新贡献奖”。

9日 全球首条35千伏低频海缆在台州敷设，标志着国内首个柔性低频输电示范工程——台州35千伏柔性低频输电工程整体投运进入冲刺倒计时。

11日 台州市水运重点工程集中开工仪式在台州港健跳港区举行，全市6个水运重点工程集中开工，总投资25.3亿元。

△ 临海市白水洋镇成立全市首个聚焦民族团结进步妇女组织。

△ 中共台州市委农村工作领导小组办公室正式揭牌。

11—12日 市人大常委会由主要领导带队分成8个检查组，对9个县（市、区）开展《中华人民共和国就业促进法》执行情况检查。

12日 市社会治理研究中心揭牌成立。研究中心由市委政法委和市委党校合作共建，并与中国社会科学院社会学研究所台州研究基地合署办公。

13日 浙江省2022社科普及周启动仪式在温岭市长屿硐天社科普及基地举行。

15日 全国妇联表彰997户全国“五好家庭”，台州市共有4户家庭上榜，分别是椒江区洪萍家庭、黄岩区牟永达家庭、温岭市舒幼民家庭和三门县林海伟家庭。

16日 第三次全国土壤普查启动，温岭市被国务院三普办列为国家试点市（台州唯一，全省共4个，全国共88个），将率先对区域土壤开展全面体检调查，为全省乃至全国全面开展普查工作提供经验。

17日 台州市暨黄岩区应急救援培训基地在黄岩正式揭牌使用。这是台州市首个“水陆空”兼备的救援实训基地，也是继仙居市级应急救援培训基地后，成立的第二个市级应急救援培训基地。

18日　在温岭市“政府质量奖”金融服务合作协议签约仪式暨“质量贷”产品发布会上，万邦德制药集团有限公司获得全国首笔“质量贷”金融产品授信。

△　台州市首家市域铁路运营管理公司——台州畅行轨道交通运营管理有限公司挂牌成立。

19日　台州市启动2022年重点工程立功竞赛，519个省市重点建设项目参赛。

25日　全国公安系统英雄模范立功集体表彰大会在北京人民大会堂召开，表彰近5年来在各项公安工作中作出突出贡献的先进集体和个人。台州共有3个集体、5名个人受到表彰，其中仙居县公安局情报指挥中心主任王巧赛获评“全国特级优秀人民警察”称号，是该次全市唯一获该殊荣的民警。

26日　以“同心共富 侨来建功”为主题的全省侨界助力乡村振兴现场会在仙居召开。中国侨联副主席、省政协副主席吴晶，省侨联党组书记、主席候选人庄莉萍等出席会议。

△　“台九鲜”杯2022台州市优质名茶评选活动在市农业农村局举行，天台县大志茶业有限公司、天台县葛仙茶业有限公司及温岭市新河御尚茶坊选送的绿茶分别获绿茶榜前三名；台州市桐坑茶业有限公司、温岭市新河御尚茶坊及三门绿毫茶叶专业合作社选送的红茶分别获红茶榜前三名。

△　全省共同富裕现代化基本单元建设工作推进会上公布浙江省首批共同富裕现代化基本单元名单。椒江区城隍浦社区、温岭市海利村和天台县后岸村、仙居县白塔——淡竹“神仙画游”县域风貌样板区榜上有名。

29日　2022年全国科技工作者日台州主场活动在市科技工作者之家举办，中国科学院院士朱位秋等参加启动仪式。

30日　全国首座潮光互补型智能光伏电站——国家能源集团龙源浙江温岭潮光互补型智能光伏电站实现全容量并网发电。这是国内首次将太阳能和月亮潮汐能互补开发的创新应用，标志着我国在海洋能源综合利用、新能源立体式开发建设等方面取得新成效。

31日　市委副书记、市长吴晓东在市政府大楼中厅迎接台州支援上海方舱医院医疗队凯旋，并为援沪医疗队队员代表颁发援沪纪念奖章。3月以来，市委、市政府先后派出8批1199人次支援上海开展核酸采样、检测和医疗救治等工作。其中，台州援沪方舱医疗队共152人，负责方舱医院4个舱区的医疗救治和血液透析治疗工作。截至5月21日休舱，共收治患者1861例次，实现“工作零投诉、患者零死亡、医务人员零感染”。

△　首届“浙里话共富促共融”恳谈会在台州举行。

是月　生态环境部公布“十四五”时期“无废城市”建设名单，台州市入选并启动创建国家级“无废城市”。

△　玉环市杭州电商运营中心正式投运，这是台州首个电商运营中心。

△　浙江省财政厅发布《关于开展支持乡村旅游发展试点工作的通知》，仙居入选财政支持乡村旅游发展试点，为全省唯一试点县。

△　台州梦想园区“红色驿站”正式揭牌启用，这是台州湾新区首个“红色驿站”，也是新区第一个新就业群体综合性服务平台。

△　首批浙江省美育示范村（社区）名单公布，18家单位入选，黄岩区宁溪镇白鹭湾村名列榜单。

6月

1日　台州市首家国企创办的独栋式月子中心——馨月湾·琅悦月子会所正式开业，由台州高速集团与台州市中心医院下属和合公司联合打造。

2日　西昌卫星发射中心，“吉利未来出行星座”首轨九星以“一箭九星”方式发射，卫星顺利进入预定轨道。

△　台州市大中小学思政课一体化建设联盟及研究中心成立大会召开。

4日　温岭市箬横镇浦头工业区7家企业负责人在温岭市行政服务中心生态环境窗口一次性领取各自的环评批复，这也是台州首个试点“打捆环评”审批办结。该举为企业缩短环评编制时间30天以上，节省费用约5万元，压缩审批时间7个工作日。

6日　椒江区民营企业环保培训学院成立，该学院由台州市生态环境局椒江分局、台州学院、台州市环境科学设计研究院有限公司三方携手共建，是全省首家针对民营企业开展生态环境保护各项业务培训的学院。

△　台州港大麦屿港区5万吨级码头，台州首条RCEP国家出口直航航线正式启航。

8日　省政协副主席裘东耀一行到台州调研市政协文化文史和学习工作。

8—9日　省人大常委会副主任史济锡一行在台州市开展乡村振兴“一法一条例”和《浙江省综合行政执法条例》执法检查。

9日　“模具产业智能化转型升级”论坛在黄岩模具小镇举行。

△　国务院办公厅发布《对

2021年落实有关重大政策措施真抓实干成效明显地方予以督查激励的通报》，台州市推进企业登记注册便利化、深化“双随机、一公开”监管、落实公平竞争审查制度等深化商事制度改革成效明显，与全国其他19个地市一起获得此项激励支持。

9—10日 省政协副主席陈小平一行在台州市围绕“探索建立农业转移人口常住地基本公共服务供给制度”“加快推进全省农业标准地改革”开展专题调研。

△ 由台州市体育事业发展中心和台州市教育局主办的台州市首届青少年智力运动会正式开幕。该届运动会共设有9个比赛项目，分两个阶段进行。

12日 位于椒江腾达中心的“中国最美书店”钟书阁“台州分舵”试营业，台州又添一处网红打卡地。

15日 台州市第二十七个全民健身月启动仪式暨市机关全民健身运动会健步走（定向赛）在市民广场举行。

16日 台州“城市大脑”运营中心暨台州“数字馆”正式开馆运营。该场馆位于台州市科技馆内，通过全馆智能化建设，集场景展示、市民体验、领导指挥、视频会议、团队运营五大功能于一体，打造富有台州特色的科技新景点和城市新名片。

△ 全国首个柔性低频输电示范工程——台州35千伏柔性低频输电示范工程投运，在技术方面实现众多国际领先，对促进新能源特别是中远海风电的规模化发展、实现“双碳”目标具有重大意义。

21日 浙江省高质量发展建设共同富裕示范区领导小组办公室组织开展高质量发展建设共同富裕示范区第二批试点评审工作，确定县域综合类、成果展示类、机制创新类、改革探索类试点共计29个。其中，玉环市获批成果展示类试点、温岭市获批机制创新类试点。

28日 全省促进经济稳进提质重大项目集中开工暨三门核电二期开工仪式举行。

△ 全市海洋经济发展暨临港产业带建设推进大会举行。会议强调，经略海洋，向海图强，建设全球一流临港产业带。

28—30日 全国人大常委会委员、宪法和法律委员会副主任委员、九三学社中央副主席、中国工程院院士丛斌一行，在台州市调研民主党派深度参与乡村振兴和助力共同富裕示范区建设工作。

30日 台州市域铁路S1线启动运行试验。

是月 中长期青年发展规划实施工作部际联席会议办公室印发全国青年发展型城市建设试点名单和青年发展型县域试点名单，其中台州市入选试点城市，温岭市入选试点县域，是省内唯一市本级和县（市、区）级同时入选的地区。

△ “2022年全国县域旅游综合实力百强县”名单发布，台州有5地上榜，按序分别是临海市（十三）、温岭市（十八）、天台县（二十三）、仙居县（四十九）、玉环市（八十一）。

7月

4日 2022年浙江省青少年儿童游泳分站赛第一站比赛在台州市体育中心举行，共吸引来自杭州、宁波、台州等35支代表队320名运动员参加，其中台州有54名运动员参赛。

△ 由市委统战部、市贸促会、市侨联联合举办的同心助力稳进提质走进RCEP国家经贸投资系列交流会——菲律宾专场（首站），通过“线上+线下”方式在台州举行。菲律宾驻沪领事馆总领事伊格纳西奥、菲律宾贸工部助理部长艾伦·格蒂、菲律宾工贸投资署主任埃瓦里斯特·卡加坦，浙江省贸促会、国际商会副会长张青山等出席。泰国浙江商会、菲律宾等14家台州海外贸易联络站负责人、台州企业代表等参加活动。

5日 共青团台州市第六次代表大会开幕。

△ “百名院士进台州”院士论坛、对接洽谈和工作交流会等在仙居召开，邓文中院士、朱位秋院士、徐强院士、部分院士团队核心成员以及50余家企业负责人应邀参会。

6日 第28届全国摄影艺术展览暨“山海台州江南长城”摄影艺术周在临海开幕。

△ 2022年台州市防汛防台应急综合演练在台州湾新区月湖南路举行，椒江区、黄岩区设分会场。

△ 中国个体劳动者协会办公室公布中国小微企业个体工商户专业市场党建工作创新试点单位名单，温岭市泽国镇个体民营协会党委上榜。

7日 台州市未成年人发展中心暨台州市未成年人救助保护中心启动仪式在台州市儿童福利院举行。

7—9日 台州市海洋与渔业执法队开展海洋伏季休渔期专项执法行动，联合台州海警局以及各县（市、区）港航口岸和渔业管理局加强伏休中期管控，3天内接连破获非法捕捞水产品案件3起。

8日 “童心喜迎二十大浙江有礼伴成长”2022年台州市暑期“春泥计划”启动仪式在台州市科技馆举行。

△ 市委书记李跃旗接受《浙江新闻联播》专访：创建民营经济示范城市 奋力书写“两个先行”台州

篇章。

9日　台州方特·狂野大陆正式开园迎客。该园为省级重点文化旅游项目、台州文旅产业标志性项目、华强方特旗下首座动漫科幻高科技主题乐园。

11日　全省科技创新大会以视频形式举行。台州市企业或高校承担和参与的成果共获科学技术奖励19项，主要集中在生命健康、装备制造等领域。

△　中国·天台第五届全球高端装备创新创业大赛启动仪式以网络直播的形式举行，向全球高层次人才发出邀请。

12日　台州市举行省第十五次党代会精神省委宣讲团报告会。省委宣讲团成员、省生态环境厅党组书记、厅长郎文荣作宣讲报告。

△　2022浙江省测绘应急演练在天台苍山产业集聚区举行，来自全省各地共12支应急测绘队伍参加竞技比赛。

△　浙江首批“造月工程”名单出炉，台州两处度假区上榜，分别是仙居县神仙居旅游度假区和三门县蛇蟠岛旅游度假区。

13日　台州市党建研究中心揭牌成立。该研究中心由中共台州市委党校联合市委组织部、市委统战部、市直机关工委、市委政策研究室、市委党史研究室和市工商联等单位共同成立。

13—14日　省人大常委会党组书记、副主任梁黎明在台州主持召开中央人大工作会议和有关文件精神贯彻落实以及建设人大践行全过程人民民主基层单元情况汇报会，听取相关工作汇报，并实地调研全过程人民民主基层单元建设情况和相关企业。

14日　台州市引水工程、台州市南部湾区引水工程通水投运。

△　全市巡察工作会议暨六届市委第一轮巡察动员部署会召开。

15日　文化和旅游部发布《关于确定12家旅游景区为国家AAAAA级旅游景区的公告》，浙江省台州市台州府城文化旅游区上榜，这也是浙江省第20家、台州市第3家国家AAAAA级旅游景区。

△　2022年“智汇台州”人才周活动在国际会议中心开幕。

△　台州率先建设的长三角人才服务数字化平台——长三角人才服务“数字广场”正式上线启动，深入打通台州与长三角地区人才交流的合作渠道。

18日　由台州市文化和广电旅游体育局主办，椒江区文化和广电旅游体育局、台州市文化馆承办的2022哈尔滨交响乐团台州专场音乐会，在椒江区文化艺术中心（原椒江剧院）奏响。

△　生态环境部公布《2022年1—6月全国地表水环境质量状况》，台州市国控断面水环境质量改善幅度，在全国排第6名，全省排第1名。

18—19日　浙江省妇联常委（扩大）会议暨“两个先行与妇女发展”理论研讨会在路桥召开。全省170多位妇联工作者，齐聚台州话发展。

20日　由《党建》杂志社、中共浙江省委宣传部、中共浙江省委党校和中共台州市委联合主办的第六届大陈岛垦荒精神理论研讨会在台州市举行，来自全国各地的专家学者和老垦荒队员代表齐聚一堂，以“弘扬垦荒精神 推进‘两个先行’”为主题，重温大陈岛垦荒史，弘扬大陈岛垦荒精神。

21日　2022浙江·台湾周台州专场暨两岸（台州）民营制造业高质量发展论坛活动在玉环开幕，这是首次在台州市举办的浙江·台湾周专场活动。省政协副主席吴晶、市委书记李跃旗、全国台企联会长李政宏、在台投资的代表张简珍等分别在开幕式上致辞，两岸工商界代表200多人出席活动。

△　玉环大麦屿港与台湾台中直航快线正式开通。

22日　以“谋共富、促融合、两岸一家亲”为主题的2022两岸大陈乡情文化节在椒江举行。

△　国家知识产权局公布第二十三届中国专利奖结果，台州共7项专利获奖，其中中国专利优秀奖6项，中国外观设计优秀奖1项，获奖数量创历史新高。

22—23日　浙江省“十链百场万企”系列活动之沃尔沃新能源汽车“整零”对接活动在路桥举办，台州市71家汽车零部件企业代表齐聚一堂，面对面交流对接。

25日　赛迪顾问县域经济研究中心发布《2022年全国百强县榜单》，其中台州三地上榜，温岭市位列第16位、临海市位列第58位、玉环市位列第72位。

27日　台州市与新疆一师阿拉尔市携手，举行政务服务“跨省通办”及跨省远程异地评标签约仪式。

30日　市委书记李跃旗会见印度尼西亚驻上海总领事戴宁一行，双方就经贸合作等话题进行深入交流。

31日　2022浙江（台州）RCEP经贸合作论坛暨海洋经济重大项目签约仪式在台州国际会议中心举行。

是月　省服务业发展工作领导小组办公室公布第二批浙江省现代服务业创新发展区名单，台州市入选4个：仙居生命健康创新发展区、黄岩科技服务创新发展区、临海现代商贸流通创新发展区和三门县智慧港航物流创新发展区。

△　省商务厅公布《2021年度产业集群跨境电商发展试点》绩效评价结果，全省62个省级县市区中，

共有26个县市区评价等级为A级，椒江区、临海市榜上有名。

△ 省发展改革委公布2022年上半年全省优化营商环境十佳创新案例。其中，台州市《玉环市推行歇业“一件事”搭建护企“休眠仓”》入选。

△ 省政府办公厅印发《关于2022年二季度全省投资“赛马”激励地区的通报》，仙居作为台州唯一上榜的县（市、区），获通报激励。

△ 天台县野生动物多样性本底调查昆虫组在石梁镇发现国家二级保护野生动物——黑紫蛱蝶。这是台州首次记录到黑紫蛱蝶，意味着台州的蝴蝶“家族”再添一员“大将”。

△ 浙江省文化和旅游厅、省农业农村厅公布全省首批金3A级景区村庄培育名单，台州市天台县赤城街道塔后村、玉环市干江镇上栈头村、温岭市坞根镇花溪村3个村庄上榜。

△ 文化和旅游部、中国关心下一代工作委员会联合推出“乡村是座博物馆”全国乡村旅游精品线路128条。浙江省仅4条，台州1条入选，台州府城墙—紫阳古街—尤溪镇以“历史文化、乡土乡情”主题入选“欢畅一夏，古村避暑”之旅线路。

△ 国家知识产权局公布第二十三届中国专利奖结果，台州共7项专利获奖，其中中国专利优秀奖6项，中国外观设计优秀奖1项，获奖数量创历史新高。路桥、温岭、天台实现中国专利奖零的突破，黄岩实现中国外观设计奖零的突破。

8月

1日 长三角光电技术与产业发展高峰论坛在椒江举行。

3日 台州市卫生监督机构突击检查基层医疗机构疫情防控措施落实情况，累计检查基层医疗机构108家，发现问题机构数31家，出具卫生监督意见书20份，立案15家，停业整顿5家。

△ 2022年度浙江省首批“十大最美农村公路”出炉，仙居县环神仙居旅游公路入围。

4日 台州市召开全国文明城市创建工作推进会。

△ 市政协举行“请你来协商”活动，市委书记李跃旗参加活动并就领办的重点提案《聚焦高质量走深走实再创台州民营经济新辉煌之路》进行现场协商办理。

5日 2022年第二季度“中国好人榜”榜单发布，台州1人上榜，为14年坚持“日行一善”服务大山群众的好义工张金华。

6日 浙江省公共文化服务现代化理论研讨会在温岭召开。该研讨会由浙江省文化和旅游厅主办，台州市文化和广电旅游体育局、温岭市人民政府承办，温岭市文化和广电旅游体育局执行承办。

8日 中国航油集团海鑫航运有限公司14000吨级成品油船在三门浦坝港镇的浙江铭飞造船有限公司内开工建造。世界500强央企与铭飞造船合作，在台州民营造船行业是首例。

△ 台州市垃圾分类教育培训基地揭牌仪式暨拉风白金卡发行三周年纪念活动在台州银行银座金融学院举行。这是台州市首个行业教育培训基地。

9日 温玉铁路漩门湾特大桥首根灌注桩顺利开钻，标志着温玉铁路主体工程进入实质性施工阶段。

12日 全省服务业高质量发展大会以视频形式召开，台州9个平台12家企业获评省级称号3个重大项目现场签约。

△ 第二批浙江省避暑气候胜地、第二批浙江省乡村氧吧、第二批浙江省气候康养乡村名单公布。台州共有4个景区入选，分别是黄岩区天空之城景区（入选浙江省避暑气候胜地）；天台县街头寒山隐逸小镇（入选浙江省乡村氧吧）；三门县大孚易恬园度假区、玉环市鸡山岛景区（入选浙江省气候康养乡村）。

15日 航天环保工程技术研究院揭牌仪式在临海举行。

16日 浙江海正生物材料股份有限公司在上海证券交易所科创板上市交易，成为台州市第3家科创板上市公司。至此，台州上市公司66家。

17日 市政协举行“请你来协商”活动，就“加大文物保护利用力度推进台州宋韵文化传世”进行专题协商。

17—18日 省人大常委会党组副书记陈金彪带队在台州市调研践行全过程人民民主基层单元建设和人大数字化改革工作。

19日 市委、市政府召开全市科技创新大会。会议以视频会议形式召开。中国科学院院士、浙江大学学术委员会主任张泽，中国科学院院士、中国农业科学院作物科学研究所所长钱前，俄罗斯工程院外籍院士、南方科技大学理学院副院长张绪穆应邀出席会议并在主席台就座。

21日 中共台州市委举行“‘浙’十年·台州”主题新闻发布会。市委书记李跃旗作主题发布并回答记者提问，市委副书记、市长吴晓东回答有关问题。

△ 台州市举办2022年台州光电产业创新专场赛，从全球脱颖而出的6个创新项目齐聚台州市进行路演。

22日 全国首条陆岛应急救护无人机航线开通。椒江→大陈岛30

分钟!

22—23日 省委常委、统战部部长邱启文在台州调研统战工作。

23—24日 省委副书记、政法委书记黄建发在台州调研深化除险保安和稳进提质工作。

26日 市委书记李跃旗会见国际食品企业考察团一行并召开座谈会，双方围绕进境水果业务开展、生鲜产业发展、激发港口发展活力、完善冷链物流设施建设等进行深入交流。

27日 2022年浙江省第一批未来工厂名单正式公布，其中台州一家企业上榜，为浙江双环传动机械股份有限公司。

29日—9月17日 2022台州市房展会纯线上举办。该次房展会在20天时间里，吸引322万人次浏览，成交总金额超4.8亿元。

30日 全国“人民满意的公务员”和“人民满意的公务员集体”表彰大会在北京举行，市公安局路桥分局刑事科学技术室副主任柯伟力、临海市综合行政执法大队二级主任科员陈优林和全国其他395名公务员一道，被授予全国“人民满意的公务员”称号。

△ 甬台温高速公路（G15沈海高速）改扩建工程三门麻岙岭至临海青岭段工程项目（以下简称“甬台温改扩建台州北段项目”）申请报告获省发改委批复。

是月 台州市“渔省心”和“金融信用公共数据授权运营”两个应用入选国家社科基金重大项目“政府数据治理与利用能力研究——智慧城市数据用例标准案例集”。

△ 省商务厅公布浙江省首批县域商业体系建设示范县（市、区）名单，临海市、三门县榜上有名，获评县域商业体系建设补助资金各1000万元。台州三和连锁超市有限公司成为首批商贸流通龙头企业。

△ 国家知识产权局发布《国家知识产权局关于确定国家知识产权强市建设试点示范城市的通知》，台州市入选首批国家知识产权强市建设试点城市。

9月

1日 三门县颁发全省首本海域使用权分层设置不动产证，受让人为三门汇核新能源有限公司。

2日 台州市举行“台创汇”创业创新论坛暨“创赢台州”大学生创业活动启动仪式。

5日 台州市举行2022年“中华慈善日”捐款仪式。

5—6日 应急管理部第十五督导组到台州市开展安全生产培训“走过场”专项整治督导。

7日 省人大常委会副主任、省科协主席姒健敏一行到台州调研科协工作。

△ 2022科创中国·科学家企业家创投家峰会暨全国学会智汇浙江促共富推进会在台州举行。中国工程院院士、中国科协副主席陈学东出席，台州市委书记李跃旗致辞，谭建荣、张旭、余艾冰、李校堃等两院院士线上线下参会。

△ 台州市网络安全宣传周启动仪式在黄岩区举行。

△ 台州市商务局携手台州市交通投资集团举办中欧班列义新欧“台州号”推介会，向57家台州出口制造企业和5家大型货运代理公司相关负责人推介中欧班列义新欧“台州号”的服务，展现“台州号”的优势。

8日 “智聚山海·助力共富”台州市高层次人才中秋茶话会在临海举行。来自海内外的50余名高层次人才代表欢聚一堂，共话发展，共迎佳节。

14日 甬台温高速公路改扩建工程，临海青岭至温岭大溪岭段项目获浙江省发展改革委核准。

16日 台州学院附属学校正式揭牌。

17日 全国人大环资委副主任委员刘奇率调研组到台州，就《中华人民共和国海洋环境保护法（修订）》开展立法调研。

△ 2022年台州市“公民道德宣传日”主题宣传活动举行。活动现场发布2022年前两季度“台州好人”34例、台州市“新时代好少年”10例。

19日 浙江万得凯流体设备科技股份有限公司、浙江正特股份有限公司在深交所创业板和主板上市交易。至此，台州有上市公司68家。

21日 台州市老年教育联盟首次联席会议召开。

△ 浙江省第十七届运动会跆拳道比赛在武义落下帷幕。台州跆拳道小将们力夺五金七银一铜，团体总分排名第2。

22日 台州市全国文明城市创建工作第二次点评会召开。

△ 玉环市漩门湾水系贯通暨撤坝启动仪式举行。

22—23日 2022年浙江省种子质量检验技能大赛在黄岩区举行，来自全省各地的10支队伍共29名选手参赛。台州选手连续三年获得冠军。

23日 全省党校系统机关党建工作交流会在临海召开。

24日 《新华每日电讯》头版刊发《“小橘灯”共富工坊里的笑声》，报道黄岩共富故事。

25日 大陈岛海峡两岸交流基地·青年创业交流服务中心在椒江正式启用。

26日 路桥区养老托育服务登

上人民日报社主管主办的新闻杂志《民生周刊》。

27日 2022中国（温岭）泵与电机打造千亿级产业集群论坛暨泵业产业数字化改造实施年活动在温岭举行。活动现场，泵阀（泵业）产业大脑正式上线，该大脑被列入全省第一批行业产业大脑建设试点“揭榜挂帅”名单。

28日 台州市发展和改革委员会召开台州市域铁路S1线票价听证会，25名来自社会各领域的消费者代表以及专家学者、政府相关部门代表参加，就发布的票价方案和优惠政策收集意见和建议。

28—29日 副省长王文序一行在台州市就民政、市场监管领域安全生产工作开展调研。

△ 台州市涉海涉渔部门“海上平安护航月”行动正式拉开序幕。

是月 省市场监管局发文公示2022年浙江省AAA级“守合同重信用”企业名单。台州共有168家企业上榜，其中新申报29家，续报139家，公示期两年。

△ 国家知识产权局公布首批国家知识产权强县建设试点示范县名单，温岭市入选。

△ 省强村富民乡村集成改革工作专班印发的《关于公布强村富民乡村集成改革实践试点名单的通知》显示，台州市4个县（市、区）入围，其中椒江区、路桥区入选市场化改革+集体经济试点名单，玉环市入选宅基地改革+乡村建设试点名单，三门县入选数字化改革+强村富民试点名单，入选数量全省第1。

△ 甬台温高速公路（G15沈海高速）改扩建工程三门麻岙岭至临海青岭段工程项目（以下简称“甬台温改扩建台州北段项目”）申请报告获省发改委批复。

△ 台州市司法局与市委党校、椒江区人民法院就构建庭审（听证）、旁听与讲评“三合一”工作模式签订合作协议，共同设立台州市行政争议预防与化解教学实践基地。该项工作属省内首创。

△ 省委生态环境保护专项督察第三督察组到台州开展督察，并召开现场汇报会。

10月

8日 央视《第一时间》栏目播出《浙江台州：组合式税费支持解决科创企业资金难题》。

△ 全市服务业暨旅游高质量发展大会以视频会议形式召开。

9日 国家重大水利工程朱溪水库大坝全线结顶。

10日 市政府与浙江吉利控股集团有限公司举行合作项目签约仪式。

12日 台州市召开新闻发布会，就生态环境保护十年成就做相关介绍。

△ 甬台温高速至沿海高速温岭联络线工程流庆寺隧道右洞顺利贯通，至此，该隧道实现双洞贯通。

13日 省统计督察意见反馈会召开，省统计局向台州市反馈统计督察意见。

△ 台州市第四届广场舞暨首届新民间舞大赛在黄岩区文体中心剧场开赛。

14日 台州企业包机（舱）欧洲行首趟启程，22家企业的45名外贸人乘坐政府包舱航班飞往德国法兰克福。

△ 台州市出台《台州仲裁委员会仲裁救助实施办法》，是全国首部实施仲裁救助的规范性文件。

△ 浙江省泵与电机产业专利导航服务基地落地温岭，系台州首个。

15日 第132届中国进出口商品交易会在云端启幕，台州市共有750家企业参展，共计展位数1845个，其中品牌展位658个、一般性展位1187个，展位总数及品牌展位数均居全省第2。

△ 椒江区举行全省首创特定人群医疗帮助应用场景“卫你办”数字化改革项目发布会。

17日 在埃及开罗举行的射击（步手枪）世锦赛上，中国组合黄雨婷/杨皓然（河北）以16∶6的绝对优势夺得10米气步枪混合团体冠军，16岁的台州姑娘黄雨婷在本届世锦赛上已在所参加的两个奥运项目上夺得一金一银。

19日 浙江省商务厅公布《2022—2024年度省级跨境电子商务产业园名单》，台州市椒江云谷跨境电商孵化园入选。

22日 2022年“大国农匠”全国农民技能大赛落下帷幕。台州市浙江宏野海产品有限公司董事长黄元明获“大国农匠”二等奖，成为浙江省唯一获此殊荣的选手。

25日 酒泉“仙居杨梅”基地果苗起运仪式在仙居县红旗广场举行，其将与中国农科院茶叶所提供的龙井茶苗、福建省农科院提供的龙眼荔枝一起，落户“中国酒泉卫星中心”。

△ 台州产动画电影《济公之降龙降世》，获第35届东京国际电影节“2022东京·中国电影周”金鹤奖最佳动画片奖。

27日 浙江夜光明光电科技股份有限公司登陆北交所，成为台州市第69家上市公司，北交所反光材料第一股，台州市第二家登陆北交所的企业。

△ 全省第二批低（零）碳乡镇（街道）、低（零）碳村（社区）及减污降碳协同试点创建单位名单出炉，

黄岩区宁溪镇、路桥区新桥镇等7个乡镇入选低（零）碳乡镇（街道）试点创建单位，椒江区云健社区等49个村（社区）入选低（零）碳村（社区）试点创建单位。

28日 浙江省机关事务管理局、中共浙江省委党校（浙江行政学院）联合发文，公布全省党校（行政学院）系统第一批浙江省绿色学校名单，台州市党校系统2家参评单位——中共温岭市委党校、中共玉环市委党校获评浙江省三星级（优秀）绿色学校。

是月 共青团中央青年发展部公布2022年全国大中专学生志愿者暑期文化科技卫生“三下乡”社会实践活动总结通报结果，其中评出“三下乡”社会实践优秀团队379个。台州职业技术学院助力鸡山岛乡村振兴实践队榜上有名。

11月

3日 第二届中国·三门冲锋衣商业创意设计大赛在三门举办。

4日 市委书记李跃旗到台州学院椒江校区宣讲党的二十大精神。

4—5日 市委副书记、市长吴晓东率队到四川省甘孜州调研指导对口支援工作。

5日 国家级非遗项目温岭大奏鼓在中国国际进口博览会中央广场综合形象展区登台表演，博得观众的阵阵掌声。

7日 台州·跨国企业投资交流会在沪举行，市委书记李跃旗与跨国企业负责人以及知名投资、金融、咨询等机构负责人座谈交流。

9日 浙江省外贸工作领导小组办公室公布浙江省RCEP高水平开放合作示范区名单，台州市榜上有名。

△ 住房和城乡建设部正式公布全国第一批智能建造试点城市名单（共24个），试点期限3年，台州同北京、天津、重庆等共同入选试点。

10日 市委书记李跃旗全省深化“千万工程”建设新时代美丽乡村现场会上作交流发言。

15日 台州市全面依法治市研究中心正式成立。

△ 中共台州市委作出开展向柯伟力学习的决定。柯伟力为台州市公安局路桥分局刑事科学技术室副主任。

16—17日 第47届国际质量管理小组会议（ICQCC）在印尼雅加达召开。国网台州供电公司变电检修中心“检修之光”QC小组的参赛课题《缩短220千伏线路直流融冰短接时间》荣获金奖，实现台州QC国际比赛成绩历史性突破。

17日 台州市小微企业金融服务改革创新试验区国家级标准化试点项目顺利通过评估，打造“小微金改”国家级标准化试点。

18日 市委书记李跃旗率团赴四川省南充市，实地考察协作援建项目，对接深化东西部协作工作。

△ 三门县举行上蔡新石器遗址考古成果新闻发布会，公布该遗址的阶段性考古发掘成果。经考证，该遗址年代最早为河姆渡文化晚期，距今约6000年。

△ 2022年浙江省森林火灾应急演练在黄岩区北洋镇镇南新村举行。

△ 台州籍中国科学院院士闻邦椿著作捐赠仪式在市档案馆举行，闻邦椿院士夫人王宗彦，东北大学教授宋桂秋、丁立义等出席仪式。闻邦椿院士还向市教育局、市科协捐赠书籍。

19日 中核集团旗下中国核电控股的三门核电4号机组常规岛第一罐混凝土浇筑（FCD）里程碑节点顺利实现，标志着三门核电4号机组常规岛正式开工。

22日 经省政府同意，台州市政府、省发展改革委、省科技厅联合印发《台州湾科创走廊发展规划》，标志着台州湾科创走廊正式成为省域科创走廊体系的重要组成部分。

△ 中国（台州）“一带一路”跨国采购对接会在台州国际会议中心举行。

25日 台州市召开市新闻传媒中心（集团）组建工作动员大会，全面推进市级全媒体传播体系建设，塑造主流舆论新格局。

△ 台州市“共富工坊”综合服务中心启用仪式暨产品入驻签约仪式在路桥举行。

26日 市委书记李跃旗主持召开首期“政企面对面”恳谈会。

26—27日 副省长刘忻一行到台州调研水利工程建设和农村共富工作。

28日 浙江省第十七届运动会闭幕式在金华市体育中心体育馆举行。台州和省内其他10个地市获得体育道德风尚奖，台州和宁波、杭州、金华、温州、绍兴获得2018—2021年浙江省竞技体育突出贡献奖。

28—29日 省委常委、宣传部部长王纲在台州市调研宣传思想文化工作。

29日 台州市域铁路S1线一期工程通过竣工验收。

△ 以“和合文化与促进共同发展”为主题的2022和合文化全球论坛在台州市天台县举行，论坛创新设立日本东京、西班牙马德里分会场，与天台主会场进行跨国动态连线。

29—30日 副省长王文序一行在台州市调研个体工商户发展工作。

△ 全市数商兴农促共富——电商直播共富工坊建设工作现场推进会召开，2022年台州市电商特色创

建提升获5个全省第1，电商直播共富工坊建设走在全省前列。

△ 第一批省级汛期污染防治试点地区名单（4个）正式对外公布，台州榜上有名。

12月

2日 全省首个技工教育集团——台州市技工教育集团揭牌成立。

5日 台州市2家企业获2022年浙江省标准创新贡献奖。公元股份有限公司牵头制定的《埋地排水排污用聚丙烯（PP）结构壁管道系统第一部分：聚丙烯双壁波纹管材》（GB/T35451.1—2017）国家标准，获浙江省标准创新贡献奖重大贡献奖。浙江银轮机械股份有限公司牵头制定的《内燃机增压空气冷却器技术条件》（GB/T23338—2018）国家标准，获浙江省标准创新贡献奖优秀贡献奖。

△ 甬台温高速公路改扩建工程三门麻岙岭至临海青岭段、临海青岭至温岭大溪岭段两个重大交通项目先行用地获自然资源部批复，共批准工程先行用地428亩。

8日 市港航口岸和渔业管理局举行台州国家级海洋牧场建设专场新闻发布会，详细介绍台州市海洋牧场建设有关情况和最新进展，并就公众关注的热点问题回答记者提问。

△ 宁波市北仑区文化和广电旅游体育局率多家文旅企业、景区走进椒江，举办“潮起东方看北仑”2022宁波北仑（台州）冬春季旅游产品推介会。台州市40余家重点旅行社出席。

△ “台九鲜”杯2022台州市“红美人”柑橘擂台赛开启。全市23家“红美人”柑橘种植专业合作社、家庭农场和农业公司参赛，省、市5位相关专家组成评审团对参赛产品评比打分。

9日 台州市发展和改革委员会正式公布台州市域铁路S1线票价。

△ 台州市新闻传媒中心（集团）正式挂牌成立，标志着台州市级主流媒体融合发展进入新阶段。

△ 台州社科之家在钟书阁腾达中心店正式启动。

11日 为期4天的首届全球数字贸易博览会在杭州国际博览中心开幕，台州15家企业参展。

12日 浙江省本外币合一银行结算账户体系试点正式在台州启动。

13日 2022年全省政协工作“创新案例”名单公布，市政协《推进委员工作室特色化打造数字化赋能》和临海市政协《助力建设“共富工坊”汇聚共富合力》入选。

14日 由黄岩区与清华大学社会科学学院合作的共富课题研究项目——永宁幸福中心一期项目（永宁幸福科学馆）落成，这是台州市首个心理学科普场馆。

△ 温岭市小明因古树文化公园暨古树名木保护公益诉讼实践基地正式启用，这是全省首个古树名木保护公益诉讼实践基地。

15日 国内小模数齿轮领军企业——浙江丰立智能科技股份有限公司通过举办云上市仪式，正式登陆深交所创业板。

△ 甬台温高速公路改扩建工程台州段开工仪式举行。改路段将有力助推台州北融宁波、南连温州、西承金义，为台州打造长三角南翼综合交通枢纽城市提供有力支撑。

16日 杭绍台铁路有限公司天台境内的不动产权登记档案被统一移交当地自然资源规划部门，标志着全国首例民营资本控股铁路涉及不动产权登记、管理、存档的各项工作全面完成。

17日 去往迪拜参加2022中国（阿联酋）国际贸易博览会“台州智造商品展”出海抢订单，这是2022年台州第三批“百展千企”出境行。

17—18日 2022年度浙江考古重要发现10项（按年代顺序）揭晓，台州两处入选：仙居下汤遗址、临海延恩寺宋墓。

18日 在2022（第39届）全国医药工业信息年会上，“2021年度中国医药工业百强榜”正式发布。台州市共4家药企上榜，分别是海正药业、华海药业、仙琚制药、九洲药业。

19日 台州市自然资源和规划局举行新闻发布会，宣布台州市首轮野生动植物资源本底调查成果。本次本底调查在天台和温岭范围内开展实地调查。在该次调查中，温岭市发现大量野生动物分布新记录。新发现野生动物共计104种，占台州全市508种野生脊椎物种总数的20.5%，其中鱼类8种、两栖类6种、爬行类10种、鸟类79种、兽类1种。104种分布新记录动物中，属于台州首次发现的有21种（含3种浙江新记录）；本次调查发现天台县域范围内野生植物分布新记录113种，包括中国新记录1种、浙江新记录2种、台州新记录116种和天台新记录106种，发现新物种华顶悬钩子。

20日 2022年（第29批）浙江省制造业企业技术中心名单公布，台州共有13家企业技术中心入围，包括浙江沃德尔科技集团股份有限公司企业技术中心、浙江丰立智能科技股份有限公司企业技术中心、新天力科技股份有限公司企业技术中心等。

21日 台州民营经济展示中心正式开放。

22日 浙江省农业农村厅对外公示2022年省级“新农匠”遴选结

果。台州市粮油种植类朱国聪，菌菇药材类张军辉，植物保护类董灵江，果品蔬菜类应启敏、辛宏权、高卫东、葛浩亮、黄金道、徐海亚、朱利宾，蚕桑茶业类胡文娇、梁帅龙、林招水，苗木花卉类周斌，水产养殖类杨济旭、蒋荣响、黄元明、柯孔柱，农产品电商品牌筑造者类冯仁芳，手工编织类陈君标，手工剪纸类杨雨潇等21人入围。

26日 台州市召开疫情防控新闻发布会，保障群众就医用药。

27—29日 台州市第六届人民代表大会第二次会议在台州湾国际会议中心召开，省委驻台州市人代会指导和风气督导组对会议组织及会风会纪、选风选纪进行全程指导督导。

28日 台州市域铁路S1线开通运营仪式举行。工程全长约52.4千米，总投资约228.19亿元，设计最高运行速度为140千米/小时。途经椒江、路桥、温岭三地，共设站15座，其中地下站7座，高架站8座,初期运营计划投运车辆31列，采用2动2拖4辆编组，高峰行车间隔6分40秒，平峰行车间隔10分钟，单列最大载客量1084人。

△ 作为台州市委、市政府唯一的官方客户端、台州市级媒体深度融合发展的标志性工程、新闻主平台“望潮”客户端正式上线。

29日 浙江大农实业股份有限公司在路桥通过云直播的方式，登陆北京证券交易所，成为台州第三家北交所上市公司，也是台州市2022年上市的第七家企业。至此，台州上市公司达71家。

30日 全省公安机关功模表彰大会在杭州召开，台州2个单位获“全省模范公安基层单位”荣誉称号，2人获“全省模范人民警察”荣誉称号，9个单位获“全省优秀公安基层单位”荣誉称号，20人获“全省优秀人民警察（警务辅助人员）”荣誉称号。

△ “神奇柴达木”——走进台州摄影展在台州书画院开展。这是由中共海西州委、海西州人民政府、浙江省对口工作领导小组办公室、浙江省对口支援青海省海西州指挥部主办，茫崖市人民政府、中共台州市委宣传部、台州市文学艺术界联合会、海西州文学艺术界联合会、台州市对口工作领导小组办公室、海西州支援帮扶合作交流工作领导小组办公室、青海省摄影家协会、青海海西州摄影家协会等共同承办。

△ 央视《非遗里的中国》开播。第一期，撒贝宁、单霁翔、潘鲁生、陈数四人组成非遗体验团，在椒江葭沚老街沉浸互动体验多个非遗项目。台州刺绣、玉环火山茶、温岭剪纸等台州非遗，在节目中惊艳亮相。

是月 国家市场监督管理总局（标准委）、工业和信息化部发布2022年度智能制造标准应用试点项目名单，浙江省共有6个项目入选。其中台州有利欧集团浙江泵业有限公司的泵业智能工厂标准应用试点与浙江吉利控股集团有限公司的汽车行业智能工厂和数字化车间标准应用试点。

△ 省水利厅、省河长办公布2022年度浙江省美丽河湖名单台州共有12条（个）河湖上榜。至此，全市已累计创建省级美丽河湖49条。

△ 英国《泰晤士报》整版刊文聚焦台州的工业制造实力与民营经济活力，称台州是一个适宜企业和志向远大的企业家蓬勃发展的理想之地。

△ 工业和信息化部通报2022年千兆城市建设情况，台州通过千兆城市总结评估，入围国家千兆城市行列。

△ 文化和旅游部、国家发展改革委公布第四批200个全国乡村旅游重点村和第二批98个全国乡村旅游重点镇（乡）名单，台州天台县街头镇入选全国乡村旅游重点镇（乡）名单。

市情概况

自然环境

【概况】 台州远古为扬州之域，荒服之地。秦属闽中郡；汉初先后为东海国、东越国地；汉武帝时置回浦乡，始元二年（前85）置回浦县，为设县之始；东汉章和元年（89）改名章安县。三国吴会稽王太平二年（252）分会稽郡东部设临海郡，治章安，为台州设郡之始。隋开皇九年（589）临海郡撤并为临海县，县治章安，开皇十一年（591）徙治今临海市区。唐武德五年（622）置台州，以境内天台山而得名，治临海。1994年8月，国务院批准台州撤地建市，行政中心移驻椒江。

【境域】 台州市位于浙江省中部沿海，地处全国海岸线中段。陆地范围为北纬28° 01′ ~29° 20′ 、东经120° 17′ ~121° 56′ ，东西长172.8千米，南北宽147.8千米。陆域面积10072平方千米。北接宁波、绍兴（市界边线分别为145.57千米、79.53千米），西邻金华、丽水（市界边线分别为126.29千米和82.47千米），南连温州（边线222.92千米），东濒东海（海岸线630.87千米）。内水和海域面积6910平方千米。面积500平方米以上岛屿687个。全市辖椒江、黄岩、路桥、天台、仙居、三门6个县（区），代管临海、温岭、玉环三个县级市。除黄岩、天台、仙居外，其余6个县（市、区）靠海。

【地势】 台州依山面海，地形大势由西向东倾斜。西北山脉连绵，千米峰峦叠起，阻滞冬季寒流的入侵。东南丘陵延缓，平原滩涂宽广，河道纵横。沿海海岸曲折，港湾众多，岛屿星罗棋布。

【地貌】 域内地貌多样，山地、丘陵、盆地、平原、海湾、岛屿均有分布，其中山地丘陵占陆域面积的2/3，海洋为陆地面积的8.5倍，兼得山海之利。唐代杜甫诗云："台州地阔海冥冥，云水长和岛屿青。"

【山脉】 由地壳运动褶皱而成。台州属华南加里东褶皱系，千米以上中山山脉集结在市境西部和北部。

天台山 耸立市境北部，系中国历史文化名山。其脉由仙霞岭中支大盘山向东北延伸而来，在天台县东北部形成以华顶为中心的千米以上高峰21座。北与四明山以剡溪为界，南隔始丰溪河谷盆地与大雷山相望。主峰华顶，海拔1098米。主脉向东北延伸出境，经新昌、宁海、奉化、鄞州区，入海为舟山群岛。其东支主峰苍山顶，海拔1113.4米，支脉向东伸展三门湾北部。唐代李白登天台华顶，诗云："天台邻四明，华顶高百越。"

大雷山 横亘市境中西部，为永安溪与始丰溪分水岭。其脉由仙霞岭中支小盘山延伸而来，西南连接清明尖（一名青梅尖），沿西部市界蜿蜒向东北折东入境，在仙居、天台、临海三县（市）接合部形成主峰，山顶平缓，海拔1229.4米。主体山脉为东北—西南走向，西南山脊挺拔，仰天坪、祝大坪岗、廿四尖背、盘龙岗、骑马岗等千米以上峰岗连绵，向东北伸展，经鞍头岭、大木杓山至赤峰山（海拔804米）被始丰溪切割，溪东余脉展布于市境中北部。天台盆地以南与仙居盆地以北诸山，均为大雷山支脉。

括苍山 居市境西南部，为椒江水系与瓯江水系分水岭。其脉由浙南洞宫山向东北延伸而来，自仙居县西南端劫贼岩岗逶迤入境，沿西南市界蜿蜒向东折北，在临海市与仙居县交界处蟠结成主峰米筛浪，海拔1382.4米，为浙东第一高峰。括苍山系带状中山，共有千米以上峰峦150多座，《唐六典》列为江南道教名山之一。主干山脉呈东北—西南走向。支脉展布仙居、临海、黄岩、永嘉、缙云诸县（市、区），余脉伸展至三门湾以南，入海为东矶列岛。

【河流】 域内有大小河流（含干支流）700多条，其中流域面积大于

100平方千米的25条。椒江、金清两大河流水系的流域面积占全市流域总面积80%左右。

椒江水系 椒江是域内最大河流，也是浙江第三大河。干流自仙居县天堂尖曲折向东至椒江牛头颈入海，全长197.3千米，沿途有灵江、永宁江和永安溪、始丰溪等80多条江溪汇入，流域面积6613平方千米，占全市陆域面积的2/3左右。上游永安溪、始丰溪，分别长141.3千米和134.2千米，流经仙居盆地和天台盆地，在临海市城西三江村汇合灵江；中游灵江，长44千米，宽300～800米，均为感潮河段，向东折南至黄岩区三江口，汇合永宁江（澄江）为椒江；下游河口段，自三江口至牛头颈，长12千米，河面宽950～2000米，航道顺直，为纳潮河段。出海口两山夹峙，形似天然关隘，称海门，为浙江东南海防要塞、对外开放之门户。

金清水系 金清港横贯温黄平原中部，发源于温（岭）黄（岩）交界的太湖山东南麓，流经温岭市大溪镇，向东从路桥区金清镇黄琅西门口入海，全长50.7千米。大溪以上8千米为山溪性河道，大溪以下为平原河道，入海口10千米为泄洪外港道。金清港北接南官河、三才泾、二湾河、三湾河、四湾河、五湾河、车路横河，结成平原水网，河道纵横密布，北通椒江，南达松门，流域面积1172.6平方千米，为温黄平原排灌、航运水道。

【海湾】 台州域内自北而南，较大的海湾有三门湾、浦坝港、台州湾、隘顽湾、漩门湾、乐清湾。

三门湾 位于三门、宁海、象山3县之间，以三门县海域为主体。南起牛头门口，北至宁海、象山两县沿岸，西靠三门县大陆，东连猫头洋。东西宽50千米，南北长55千米，海域面积约540平方千米，陆岸线长303.80千米。万金山、白蛇山、狗山3岛分列湾口，构成3道航门，故名"三门"。湾内水深5～10米，最深处达50米，有健跳港、海游港、旗门港、石浦港等港口，潮间带（海涂）资源丰富。民国5年（1916）3月，孙中山至象山石浦一带考察，称三门湾为"实业之要港"，列入《建国方略》。

浦坝港 位于三门县东南部，港湾深入内地。东西长19千米，南北宽约5千米，海域面积72平方千米，陆岸线长56千米，扩塘山将港口分割成南北两条水道。南侧白带门水道长5.5千米，宽1.2～2千米，水深4～10米，为出入浦坝港的主航道。北侧牛头门水道，长5.5千米，宽0.45～1.5千米，水深2.5～5米。港湾两侧滩涂与潮间带（海涂）54平方千米。

台州湾 位于市境中东部椒江口外，系古代断裂河谷的一部分，呈喇叭状。东西长26千米，南北宽12千米。喇叭口弧长47千米，海域面积342平方千米。平均水深3米，平坦沙泥质湾底。外有台州列岛、东矶列岛为南北屏障。湾内有浙江中部最大港口——海门港。两岸为宽广的淤泥质滩涂。

隘顽湾 位于温黄平原南部，楚门半岛东北。北靠东浦农场，南通披山洋，东起温岭石塘山，西至玉环市栈台山，为半圆形沿岸海湾。东西长14.8千米，南北宽14.4千米，海域面积124平方千米。基底以淤泥为主，水深多在5米以内，沿岸滩涂广阔。

漩门湾 位于市境南部玉环岛东北侧，南起西台墨鱼屿岛，外通披山洋。海域面积35平方千米，陆岸线长43千米。1977年漩门堵口后淤积甚快，湾内水深大多不足2米，港道浅窄，仅宜小船航行。两侧潮间带（海涂）宽广，为玉环市水产养殖的重要区域。

乐清湾 位于市境南部西侧的玉环与乐清两县（市）之间，东北傍靠温岭市，西南连接温州湾，系深入内地的半封闭海湾。南北长47千米，东西宽15千米，海域面积469平方千米，陆岸线长220多千米。湾内水深港阔，岛屿错列。湾底建有全国最大潮汐发电试验站——江厦潮汐电站。

【岛屿】 沿海岛屿大多在全新世陆域下沉时，为大陆基岩丘陵延伸

大陈岛　　（椒江区大陈镇　提供）

而成。根据浙江省海岛岸线调查结果，台州市行政管辖海域范围内的海岛数量为921个，其中，有居民海岛27个，无居民海岛894个。其中，县级有居民海岛1个，乡（镇）级有居民海岛4个。台州921个海岛的陆域总面积约为80.38平方千米，海岛岸线长约870.07千米，以陆域面积不足1.0平方千米的微型岛屿为主。台州海岛分布南北如链、面上呈群、各成体系，以北—南向排列展开，与地质构造线一致，多数集中在水深10米以内的近岸浅海区域和港湾内，远岸岛屿数量较少，集中分布在台州列岛。台州海岛环大陆分布，绝大多数岛屿离岸较近，无与大陆岸线距离在30千米以上的远岸岛。与大陆相连、面积较大的有居民海岛，交通较为方便，开发程度较高。

（《台州年鉴》编辑部）

气候气象

【气候】 台州属亚热带季风气候区。夏季受热带海洋气团控制和台风影响，炎热多雨，多异常天气，为热带气候特征。冬季受西北高大山体对冬季风的阻滞影响，天气温凉，具有亚热带季风气候。夏冬长，春秋短，季风交替明显，雨量充沛，温暖湿润，为浙江省水热较丰富的地区之一。

2022年，台州市气候总体呈现暖干特征，降雨分布前多后少，旱重于涝。年初低温雨雪冰冻多发，山区多地道路受阻；梅汛强降水早发多发；盛夏出现极端性高温热浪，多项指标破纪录；午后雷暴大风冰雹频发，突发性极端性强；台风影响偏晚，秋台风活跃，沿海大风影响范围广时间长；台汛期降雨明显偏少，夏秋旱情持续发展，致长潭水库水位创20年新低；11月冷暖气流交汇活跃，人工增雨助力气象干旱解除；深秋寒潮来袭，剧烈降温并伴冰雹强对流，入冬后冷空气影响频繁，气温持续走低。总体上，年内影响公众生产生活的气象灾害事件较多，气候年景总体偏差。

气温 全市平均气温18.7℃，较常年偏高0.7℃。各县（市、区）年平均气温在18.1℃（天台）~19.2℃（市区），较常年偏高0.5℃（玉环）~1.0℃（市区），其中市区、温岭列历史第三高，天台、仙居列历史第四高。3月、7月、8月、11月气温均显著偏高，多地气温刷新当月历史同期纪录，其他各地亦列当月历史同期前五位。夏季除玉环极端最高气温（33.9℃）出现在8月外，其

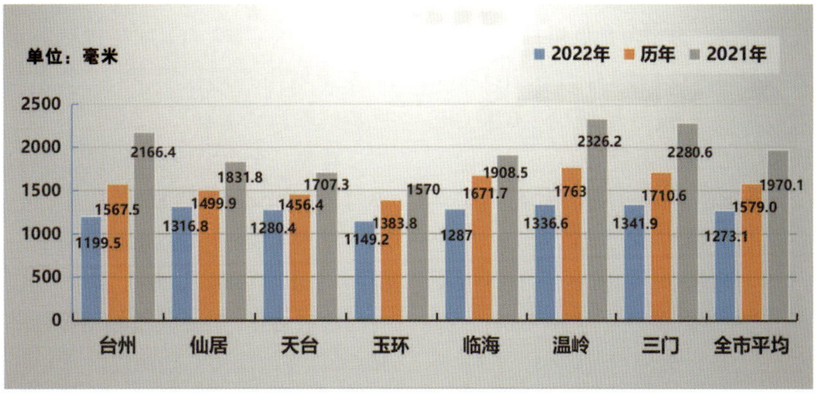

台州市年降水量资料比较图　　（市气象局　提供）

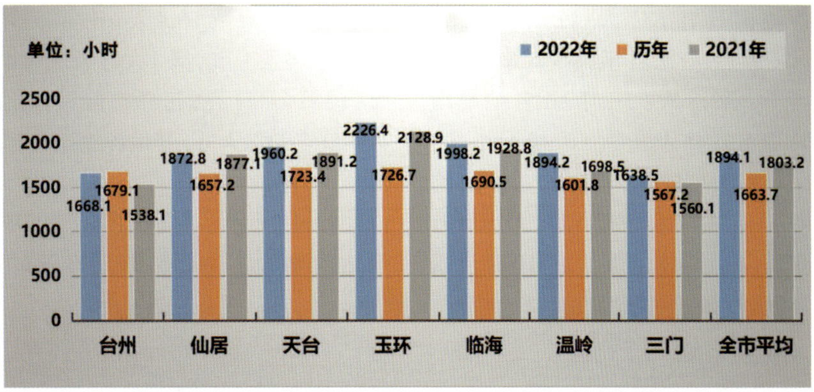

台州市年日照资料比较图　　（市气象局　提供）

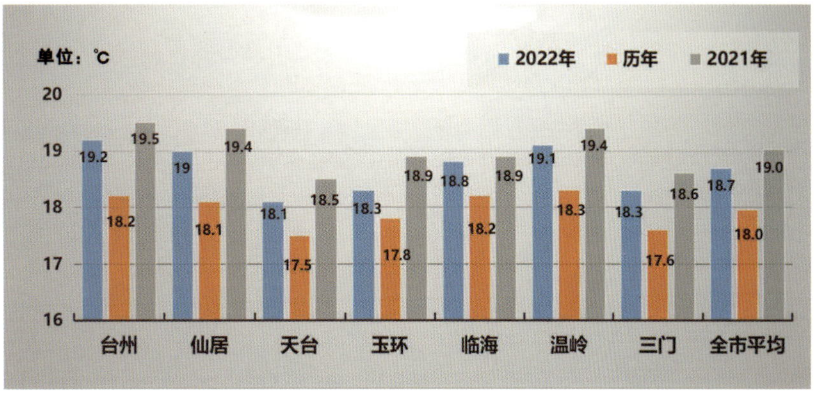

台州市年平均气温资料比较图　　（市气象局　提供）

他各地极端最高气温在39.9℃(温岭)~43.1℃(三门),皆出现在7月,其中市区、天台、三门和临海的夏季最高气温突破历史极值。全市各地最低气温在-0.4℃(玉环)~-4.5℃(天台),皆出现在12月。全市各地高温日数(日最高气温≥35℃)有43天(温岭)~64天(仙居)(除玉环外),较常年偏多26.2天(临海)~35.5天(市区),均破历年高温日数记录。全市各地低温日数(日最低气温≤5℃)有33天(玉环)~64天(天台),较常年偏少2.6天(玉环)~11.5天(天台)。

降水 全市平均降水量1273.1毫米,比常年偏少近两成(常年1579.0毫米)。各县(市、区)雨量在1149.2毫米(玉环)~1341.9毫米(三门),较常年偏少12.1%(天台)~24.2%(温岭)。全市平均雨日146.3天,较常年偏少11.6天。各地雨日有137天(玉环)~152天(温岭),比常年偏少5.6天(天台)~20.8天(三门)。各地暴雨日数(日降水量≥50毫米)有1天(市区、玉环)~3天(三门、临海)。年内降水分布不均,上半年台州市降水总体偏多,7—10月台汛期降雨量严重偏少,天台、临海、温岭和玉环7月累计降水量均创历史新低,全市气象旱情发展迅速。9月受到超强台风"轩岚诺"和"梅花"外围雨带先后影响,天台、三门等北部山区出现暴雨、大暴雨,但对全市旱情缓和效果有限,气象干旱持续发展。10月全市月降雨量仅12.3毫米,各县(市、区)较常年偏少6~10成,全市出现中到重度气象干旱,局部达特旱。11月在自然降水和人工增雨共同作用下,气象干旱逐步解除。

日照 全市平均日照时数1894.1小时,较常年偏多13.8%。各县(市、区)日照时数在1638.5小时(三门)~2226.4小时(玉环),其中市区、三门接近常年,玉环较常年偏多近三成,其他各地偏多一到两成。

【主要天气日数】 **大雾** 2022年,全市平均大雾日数16.4天,比常年少2.6天。各县(市、区)大雾天气有4天(温岭)~44天(玉环),除天台比常年偏多11.7天外,其他各地比常年偏少1~7天。

大风 沿海大风日数(以大陈站为准)为103天,较近年平均(94.2天)偏多8.8天。其中,10月大风日数最多,达18天;5月和7月最少,仅2天。受台风"梅花"影响出现年内最大极大风速32.1米/秒(11级,9月14日)。

四季 气象上进入春、夏、秋、冬四季的日期分别是:2月26日、5月29日、10月5日、12月12日,除入夏比常年偏晚8天外,其余接近常年。

【主要天气气候事件】 年初低温雨雪冰冻多发,山区多地道路受阻。受年初冷空气频繁影响,低温雨雪冰冻多发,山区积雪明显,多地道路受阻、景区关停。2月16~18日的山区积雪最为明显,天台石梁20厘米,苍山顶15厘米,临海括苍山12厘米,仙居埠头小屋基10厘米。

梅汛强降水早发多发,梅雨量偏多。受活跃的暖湿气流影响,5月上旬末台州市降水过程明显增多。5月28日正式进入梅汛期降水集中期,6月23日出梅,入出梅时间均较常年偏早10天以上(常年平均入梅6月10日,出梅7月3日)。其间先后出现七次明显降水过程,八成伴随短时暴雨,梅雨量265.9毫米,较常年(236.7毫米)略偏多。

盛夏出现极端性高温热浪,多项指标破纪录。2022年盛夏高温热浪天气出现早、持续时间长、热浪强度极端性强。自6月23日出梅至8月31日,全市平均气温30.3℃,较常年同期偏高2.2℃,创历史同期新高。各县(市、区)35℃以上、37℃以上高温日数均为历史最多。半数以上国家气象站最高气温创历史新高,其中三门7月23日最高气温43.1℃,刷新台州市国家气象站最高气温纪录。

夏季午后雷暴大风冰雹频发,突发性极端性强。7~8月在强盛的副热带高压影响下,台州市气温高,

三门花桥镇下岙方村　　（市农业农村局　提供）

午后能量条件好，共计发生雷暴大风20余次，其中7月雷暴大风发生次数多达12次，且强度强。其中，7月8日下午受对流风暴不断生成发展影响，三门花桥芝岙村出现33.8米/秒（12级）雷暴大风。另外，在强对流天气影响下先后出现4次冰雹：7月11日天台、7月28日仙居、8月6日天台和临海，以及8月26日临海大田。

台风影响偏晚，9月秋台活跃，沿海大风范围广、时间长。7月至8月中旬台州市出现空台期，9月起先后受到11号超强台风“轩岚诺”和12号超强台风“梅花”影响，沿海大风影响范围广、持续时间长，沿海渔场渔船大规模撤离回港避风。另外，受台风外围雨带影响，天台、三门等北部山区多次出现暴雨、大暴雨。

夏秋连旱致长潭水位创二十年新低。7—10月台汛期降雨量严重偏少，其中7—8月台州市无台风影响，气象旱情迅速蔓延。9月虽然有秋台影响，但雨量分布不均，气象干旱持续发展。10月全市月降雨量仅12.3毫米，大部分地区气象干旱达中或重度，局部达特旱。降雨偏少、蒸发量大，长潭水库水位创二十年新低。

11月冷暖气流交汇活跃，人工增雨助力气象干旱解除。11月冷暖气流交汇活跃，台州市多地降水过程增多。全市10支作业队伍日夜蹲守抢抓天时，先后实施124轮次人工增雨作业，其中火箭弹作业54轮次，发射炮弹210枚，烟炉作业70轮次，燃烧烟条92根，累计增雨3019.19万吨。在自然降水和人工增雨共同作用下，11月全市平均雨量113.7毫米，较常年同期偏多55%，其中玉环累计雨量超过常年同期一倍。全市气象旱情已基本解除。

寒潮冷空气频繁南下，气温持续走低。11月28日至12月2日受寒潮南下影响，台州市出现一次剧烈降温、沿海大风和明显降雨过程。全市72小时（11月28日至12月1日）日平均气温降温幅度12℃～14℃，过程降温幅度最大为天台14.8℃。12月12日入冬后，寒潮冷空气频繁南下扩散，全市各地平均温度较常年偏低1.4℃～2.1℃，其中市区较常年同期偏低1.6℃。

（陈华文）

历史沿革

【概况】 台州境域周代为瓯越地。周敬王四十四年（前476），楚国伐东夷，以报越师侵楚之恨，“三夷（今台州、宁波、温州）男女与楚师盟于敖（东夷之地）”。

秦王政二十六年（前221），秦始皇统一六国。二十九年，征服瓯越、闽越，以其地置闽中郡。境域属闽中郡。

汉惠帝三年（前192），朝廷封摇为东海王，是台州行政区域确立之始。以后各朝代交替，经历回浦县、章安县、临海县、临海郡、台州、台州路、台州府、特区、行政督察区、台州专区、台州地区、台州市的沿革。

【东瓯国】 秦末刘邦起义，东瓯王摇与闽越王无诸起兵助汉灭秦。汉惠帝三年（前192），封摇为东海王，都城在东瓯（今温岭大溪镇）境，俗称东瓯王，今温州、台州、丽水属东瓯国地域，东瓯国是西汉103个郡国之一。

汉景帝三年（前154）一月，吴王刘濞（刘邦兄子）联合楚、赵、胶西、胶东、甾川、济南六国，发动武装叛乱，东瓯王起兵万人，拥吴反汉。二月，太尉周亚夫奉旨征讨，刘濞仅余数千之众败走丹徒，准备与东瓯王望联合。汉廷派使者以重利诱说东瓯王，东瓯王反戈杀刘濞，吴王太子刘驹亡走闽越。

刘驹怒东瓯王杀其父，常劝闽越击东瓯。建元三年（前138）七月，闽越王郢发兵围困东瓯。太尉田蚡主张放弃，中大夫严助与之力争，汉武帝令严助率会稽兵救东瓯，闽越王被迫退兵。次年，东瓯王望请求撤王归汉，率4万民众迁徙江淮之间。建元六年（前135）八月，闽越王郢对南越发起战争。汉武帝派两路大军与闽越军在险地激战时，郢之弟余善与诸亲属发动政变，杀死郢。武帝罢兵，封无诸之孙居股为越繇王，管辖闽越地；封余善为东越王，管辖东瓯地。

汉武帝元鼎六年（前111）秋，东越王余善叛反，自立为武帝。汉武帝遣四路大军水陆并进征伐。元封元年（前110）冬，原汉越衍侯吴阳、东越国建成侯敖，与越繇王居股计杀余善，率众归顺。

《史记·东越列传》说：“东越（东瓯）狭多阻，闽越悍数反复，诏军吏皆将其民，徙处江淮间。东越地遂虚。”西汉朝廷封立至除国，东瓯国（东越国）有82年历史（南宋《赤城志》卷39有古城记载）。

【汉至清代】

汉 始元二年（前85），置回浦县，治设回浦（今椒江区章安），属会稽郡，隶扬州。其辖境大致相当于后世台（州）、温（州）、处（处州，今丽水）3府，是台州建县之始。

东汉建武六年（30），撤回浦县，并入鄞县（今宁波市鄞州区），回浦县降为回浦乡。章和元年（87），回浦乡升县，改名章安县。永和三年（138），析章安县东瓯乡置永宁县。

建安元年（196），分章安县西北置始平县（今天台、仙居县境）。建安四年（199）[一作兴平二年（195）]，分章安县西南部置松阳县。

三国　赤乌二年（239），分永宁县置罗阳县（今瑞安市）；立罗江县（今福建省东北部罗源、连江县境域）。赤乌十二年（249），分章安县西部及永宁县部分境域置临海县，属会稽郡。

太平二年（257），分会稽郡东部置临海郡，隶扬州。郡治设章安，辖章安、临海、始平、永宁、松阳、罗阳（后改称安阳）、罗江7县，辖境远及闽北，是为台州建郡之始。

晋　西晋太康元年（280），始平县改名始丰县；分鄞县800户、章安县北部200户置宁海县，治所设白峤，属临海郡。安阳县改名安固县。太康四年（283），分安固县置始阳县（今平阳县），不久改称横阳县。罗江县改属晋安郡（今福建省闽侯县东北）。临海郡辖章安、临海、始丰、宁海、永宁、松阳、安固、横阳8县，隶扬州。

东晋太宁元年（323），分临海郡南部永宁、松阳、安固、横阳4县置永嘉郡。临海郡辖章安、临海、始丰、宁海4县，后世台州辖境大致形成。永和三年（347），分始丰县南乡置乐安县（今仙居县），属临海郡。

南北朝　临海郡辖县如故。

隋　开皇九年（589），灭南朝陈，废郡，并临海郡各县入临海县，属处州（开皇十二年改称括州）。开皇十一年（591），于大固山麓置临海镇，移临海县治于此。自此，临海镇成为历代台州府城及临海县城。大业三年（607），改州为郡，临海县属永嘉郡。

唐　武德五年（622），置台州，以天台山而得名。台州之名自此始。辖章安、临海、始丰、乐安、宁海5县。七年（624），宁海县并入章安

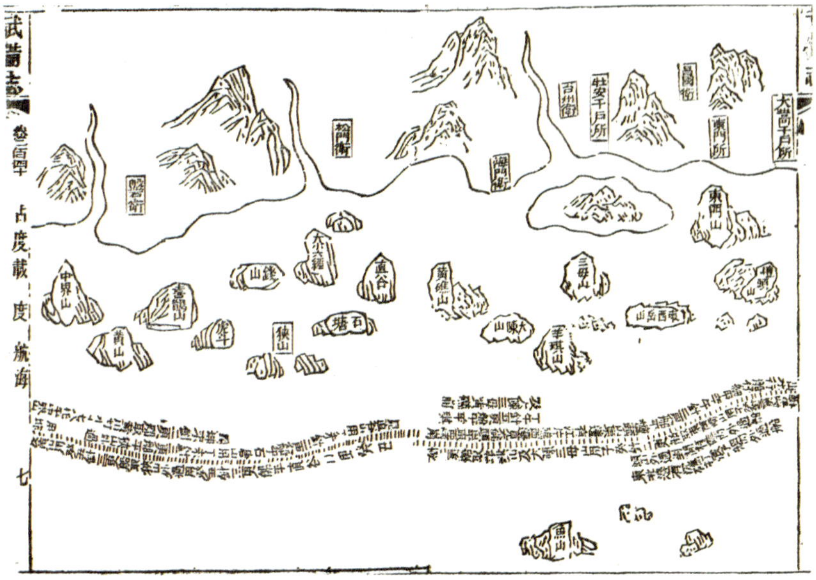

明《郑和航海图》中的台州段航图　　（来源：《台州古旧地图集》）

县。八年（625），始丰、乐安、章安3县并入临海县。台州仅辖临海县。贞观八年（634），复分临海县置始丰县。高宗上元二年（675），分临海县南部再置永宁县，分始丰县置乐安县。永昌元年（689），复分临海县东北部置宁海县。天授元年（690）九月，永宁县改称黄岩县，以县西黄岩山而得名。神龙二年（706），分宁海县和越州的鄮县地置象山县，治所设彭老村，属台州。开元二十一年（733），台州隶江南东道。天宝元年（742），台州复称临海郡。乾元元年（758），临海郡复称台州，隶浙江东道。此后反复改隶浙江东道、浙江西道。肃宗上元二年（761），始丰县改称唐兴县。广德二年（764），象山县改属明州（今宁波市）。中和三年（883），台州隶义胜军。光启三年（887），以台州置德化军。

五代　吴越国属军、州建置及辖县如故。天宝元年（908），唐兴县改称天台县，后复改称始丰县。宝正五年（930），因治理盂溪水患，改乐安县为永安县，以祈永保平安。天福年间（936—942），又改始丰县为台兴县。建隆元年（960），复改台兴县为天台县。

宋　北宋太平兴国三年（978），吴越国除，台州入宋版图，州、县如故，隶两浙路。景德四年（1007），以“其洞天名山屏蔽周卫，多神仙之宅”，诏改永安县为仙居县。

南宋，州及辖县如故。台州隶两浙东路。

元　至元十四年（1277），改台州为台州路，隶江浙行中书省浙东道，辖县如故。元贞元年（1295），黄岩县以民户达5万，升为黄岩州，仍隶台州路。

明　洪武元年（1368），改台州路为台州府，隶浙江行中书省。二年，黄岩州复为县。成化五年（1469）十二月，分黄岩县南部方岩、太平、繁昌乡置太平县，以其境内有太平山而得名，治所设太平乡泉溪（今温岭市区）。成化十二年（1476），划乐清县东部山门、玉环2乡入太平县。自此，台州府辖临海、黄岩、太平、仙居、天台、宁海6县。

清　康熙元年（1662），台州府隶浙江省绍台道。七年（1668），台州府隶宁台温海道（驻临海）。十一年，隶台海道（驻台州）。二十四年，

隶宁台道。雍正四年（1726），隶宁绍台道。六年，于玉环山（岛）置玉环厅，厅因山（岛）名，隶温州府。太平县二十四都、二十五都、二十六都划入玉环厅。

宣统三年（1911）八月，辛亥革命胜利。九月台州光复，成立台州军政分府，隶浙江省军政府。

【中华民国】 1912年，废府、州、厅制。2月，玉环厅改玉环县。7月，撤销台州军政分府，各县直属浙江省都督府。1914年1月3日，北洋政府内务部改定各地重复县名，太平县改名温岭县。同年，省下设道，临海、黄岩、温岭、天台、仙居、宁海等县属会稽道；玉环县属瓯海道（温州）。1927年废道，各县直属省政府。1932年6月，省政府在省县之间试行县政督察专员制，临海、黄岩、温岭、天台、仙居、宁海6县为第六区。国民政府内务部未予核准。9月，（台州）改设第五特区，设行政督察专员办事处（址设临海县城）。1933年10月，改划第四特区（址设临海海门镇）。

1935年8月，全省设置专员公署。台州为临海行政督察区，设专员公署（署址设临海县城），辖临海、黄岩、温岭、天台、仙居、宁海6县。民国25年，国民政府“行政院”颁《行政督察专员公署组织暂行条例》，临海行政督察区改名第七行政督察区（1937年11月移驻临海海门镇，1941年4月迁回临海县城）。1940年7月，划南田县全部境域及宁海县东南部18乡镇、临海县东北部5乡镇，置三门县，以濒三门湾而得名，属第一行政督察区（宁波）。天台县（1942年）、宁海县（1943年）改属第一行政督察区。民国35年，第七行政督察区（台州）增辖天台、磐安2县。1948年4月，第七行政督察区改划第五行政督察区，未及实施；7月又重划为第六行政督察区（台州），辖临海、黄岩、温岭、天台、仙居、三门、宁海7县。

1949年6月台州解放，8日，人民解放军华东军区政治部令，成立浙江省第六区专员公署，辖临海、黄岩、温岭、天台、仙居、三门、宁海7县，以及临海城区和海门区。

【中华人民共和国】 1949年10月10日，浙江省第六区专员公署改称台州专员公署，驻临海，辖临海、黄岩、温岭、天台、仙居、三门、宁海7县，以及临海城区、海门区2个直属区。玉环县属温州专区。1950年5月，撤销临海城区直属区，划归临海县。1952年10月，宁海县改属宁波专区。1953年4月，台州专员公署改称台州督察专员公署。6月，分玉环县洞头、大门诸岛置洞头县，属温州专区。

1954年5月22日政务院批准，撤销台州专区，临海、天台、三门3县划属宁波专区，黄岩、温岭、仙居3县及海门直属区划属温州专区。1956年3月，仙居县从温州专区划出，改属宁波专区；撤销海门直属区，改为黄岩县辖区。1957年7月13日，国务院批准，复置台州专区，辖临海、黄岩、温岭、天台、仙居、三门、宁海7县。1958年10月，撤销三门县，并入临海县；撤销宁海县，并入象山县，属台州专区。又撤销洞头县，并入玉环县，仍属温州专区。同年12月12日，撤销台州专区，天台、象山2县划属宁波专区，临海、黄岩、温岭、仙居4县划属温州专区。1959年4月，中共浙江省委、省人民委员会通知撤销玉环县，所属境域分别划属温岭县、温州专区，并于同月付诸实施。次年1月，国务院正式批准撤销玉环县。1962年2月24日，复置玉环县，仍属温州专区。1962年4月13日，国务院批准，复置台州专区及三门县。辖临海、黄岩、温岭、天台、仙居、三门、玉环7县。

“文化大革命”期间，1967年4月9日，成立台州地区革命委员会（简称“台革会”）。9月，被群众组织“临总司”推倒，后以台州军分区派出人员为主成立台州地区生产办公室。1969年1月20日，重新成立台州地区革命委员会（简称“地革会”）。

1978年9月16日，台州地区革命委员会改称台州地区行政公署。1980年7月7日，省人民政府批准置海门特区，属台州地区，辖境包括原黄岩县海门镇、大陈镇、山东公社及临海县前所公社。1981年7月28日，国务院批准撤销海门特区，以其行政区域置椒江市，以椒江得名。次年1月，析黄岩县界牌公社和临海县沿海公社归椒江市。1984年12月，析黄岩县洪家、三甲2区和临海县章安区、大汾乡4个村、涌泉区黄礁乡归椒江市。1983年5月20日，宁海县沙柳人民公社划属三门县。1986年3月1日，临海撤县设市。1989年9月26日，黄岩撤县设市。1994年2月18日，温岭撤县设市。

1994年8月22日，国务院《关于同意浙江省撤销台州地区设立地级台州市的批复》，撤销台州地区和县级黄岩市、椒江市，设立台州地级市，市人民政府驻椒江区。台州市新设椒江区、黄岩区和路桥区。椒江区辖原椒江市的海门、白云、葭沚3个街道，东山、洪家、三甲、下陈、前所、章安、大陈7个镇和黄礁乡，区人民政府驻青年路；黄岩区辖原黄岩市的城关、宁溪、头陀、北洋、焦坑、江口、新前、院桥8个镇和上郑、富山、屿头、上垟、平田、茅畲、高桥、沙埠8个乡，区人民政府驻城关镇县前街；路桥区辖原黄岩市的路桥、桐屿、峰江、新桥、横街、下梁、金清、蓬街8个镇和螺洋、黄琅2个乡，区人民政府驻路桥镇卖芝桥路。台州市辖玉环、三门、天台、仙居4县和椒江区、黄岩区、路桥区。临海市、温岭市的行政管理，委托台州市人民政府代管。2017年4月，国务院批准玉环县撤县设市。

（《台州年鉴》编辑部）

行政区划

【概况】 2022年末，台州市辖内有24个乡、61个镇、45个街道，共有290个社区、85个居委会、3024个村委会，比上年增加2个社区，减少1个居委会。

【社区调整】 2022年8月9日，黄岩批复新增江城社区；2021年12月29日，温岭新批复新增宗文社区（撤销原宗文居委会改宗文社区）。

（市民政局）

2022年台州市乡镇、街道一览表

表1

县（市、区）	乡镇、街道名称
椒江区	海门街道 白云街道 葭沚街道 洪家街道 下陈街道 前所街道 章安街道 三甲街道 海虹街道 大陈镇
黄岩区	东城街道 南城街道 西城街道 北城街道 江口街道 新前街道 澄江街道 高桥街道 宁溪镇 北洋镇 头陀镇 院桥镇 沙埠镇 富山乡 上郑乡 屿头乡 上垟乡 茅畲乡 平田乡
路桥区	路桥街道 路南街道 路北街道 螺洋街道 桐屿街道 峰江街道 横街镇 蓬街镇 金清镇 新桥镇
临海市	古城街道 大洋街道 江南街道 大田街道 邵家渡街道 汛桥镇 东塍镇 小芝镇 桃渚镇 上盘镇 杜桥镇 涌泉镇 沿江镇 尤溪镇 括苍镇 永丰镇 白水洋镇 河头镇 汇溪镇
温岭市	太平街道 城东街道 城西街道 城北街道 横峰街道 大溪镇 泽国镇 新河镇 城南镇 坞根镇 石桥头镇 温峤镇 箬横镇 松门镇 石塘镇 滨海镇
玉环市	玉城街道 坎门街道 大麦屿街道 清港镇 楚门镇 干江镇 芦浦镇 沙门镇 龙溪镇 鸡山乡 海山乡
天台县	赤城街道 始丰街道 福溪街道 白鹤镇 石梁镇 街头镇 平桥镇 坦头镇 三合镇 洪畴镇 三州乡 龙溪乡 雷峰乡 南屏乡 泳溪乡
仙居县	福应街道 南峰街道 安洲街道 横溪镇 白塔镇 田市镇 官路镇 下各镇 朱溪镇 埠头镇 安岭乡 溪港乡 湫山乡 皤滩乡 淡竹乡 步路乡 上张乡 广度乡 大战乡 双庙乡
三门县	海游街道 海润街道 沙柳街道 健跳镇 浦坝港镇 珠岙镇 亭旁镇 花桥镇 横渡镇 蛇蟠乡

2022年台州市行政区划一览表

表2　　单位：个

县（市、区）	乡	镇	街道办事处	村委会	社区	居委会
椒江区		1	9	203	61	1
黄岩区	6	5	8	297	35	15
路桥区		4	6	176	32	12
临海市		14	5	628	34	3
温岭市		11	5	579	34	48
玉环市	2	6	3	185	36	1
天台县	5	7	3	374	21	
仙居县	10	7	3	311	21	
三门县	1	6	3	271	16	5
总　计	24	61	45	3024	290	85

说明：椒江区的三甲街道、海虹街道委托台州湾新区管委会管理

人口民族

【人口变动】 西汉建元三年（前138），闽越围东瓯，东瓯民徙江淮间。西汉元封元年（前110），汉武帝灭东越王，夺其地，民徙于江淮间。魏晋南北朝时，台州有大、弓、王、司马、朱、向、任、羊、李、宋、吴、吕、何、余、抗、周、孟、房、俞、马、秦、厚、夏、桓、高、虔、徐、陈、张、陶、许、章、富、杨、董、仆、厉、蒋、刘、潘、骆、鲍、戴、谢、薛、严、疆、钱、郗50个姓氏从中原迁入。唐宋时期，台州社会相对稳定，中原地区与福建等

地居民成批迁入。特别是南宋时，迁入天台县境99个姓氏，迁入今三门县境32个姓氏，迁入今温岭市境22个姓氏、26个族支，迁入今玉环市境10个姓氏，迁入临海市境1.88万人。元代，迁入天台县境31个姓氏，迁入今三门县境9个姓氏，迁入今温岭市境3个姓氏。明清时，域内居民有几次大的迁出。明初推行屯田政策，黄岩县在洪武初年有8万人迁往安徽凤阳一带，永乐时又有10多万人外迁。洪武二十年（1387），为防御倭寇，将玉环岛及石塘等地居民内迁，其中有部分迁往毗邻地区。明时，迁入天台县50个姓氏，迁入今三门县境30个姓氏，迁入太平县12个姓氏；清时，迁入天台县20个姓氏、今三门县境10个姓氏、太平县12个姓氏。清初，为阻止沿海居民接济郑成功、张煌言等人抗清，清政府下令将沿海居民内移30里。顺治十八年（1661），“奉文弃置临（海）、黄（岩）、太（平）、宁（海）四县共53563丁口”。雍正五年（1727）玉环岛展复置厅后，从平阳等邻近各县迁入33个姓氏。咸丰元年（1851），福建省惠安县白奇村郭姓渔民迁到坎门、石塘等地。太平天国期间，浙西（今湖州、嘉兴一带）大量人口逃亡，土地荒芜，仙居、天台、临海、黄岩等县不少贫苦农民前去开垦，至今安吉、孝丰等县丘陵、山区尚有台州籍移民村落。民国初期，域内有3.22万人在区内外流动。民国21年（1932），天台县有寺庙户口189户，僧尼道士759人（男635人、女124人），其中很多为外地迁人。民国28年，天台县划给磐安县110村，划出居民约8000人。抗日战争期间，台州相对安定，沦陷区居民曾大批迁入，战后陆续迁回。解放初期，有数百名山东籍干部南下台州。1955年2月，国民党军队胁迫大陈岛、披山岛居民1.8万多人去台湾。1958—1962年，城镇青年支援宁夏建设4.2万人；1962—1978年，城镇知识青年支援黑龙江、内蒙古、新疆等地建设约9000人（1980年前后两批知青均大多返回）。从20世纪70年代后期开始，人口流动量增加。1979—1990年，平均每年迁入6.26万人，迁出6.07万人。1985年后，流动人口量激增，是年外出劳动力（以离开户口所在乡镇3个月以上计）22.61万人，其中出省10.22万人。此后，每年外出劳动力不断增加。1990年，外出劳动力31.96万人，其中出省16.22万人，大多不带家属，逢年过节时回家团聚。据2000年人口普查统计，全市外出人口113.46万人，流入人口83.49万人。2010年第六次人口普查统计，全市外出人口122.13万人，市外流入人口128.52万人。2021年，全市迁出人口27277人，比2020年增加7.9%；迁入人口19068人，比2020年减少3.4%。2021年，出生人数36940人，比2020年减少21.6%，人口出生率6.09‰；死亡人数39043人，比2020年增加2.9%，人口死亡率6.44‰。人口自然增长率-0.35‰。2022年共出生3.28万人，死亡4.09万人，人口出生率为5.42‰，死亡率为6.76‰，人口自然增长率-1.34‰。

【人口发展】 1949年，域内居民60.4万户、240.57万人。1953年第一次人口普查，全区68万户、254.1万人，比1949年增13.53万人，平均年增长率1.38%。1964年第二次人口普查，全区78.6万户、322.7万人，比第一次人口普查时增68.6万人，平均年增长率2.2%。因计划生育，1963年开始，人口增长速度逐渐减缓。1982年第三次人口普查，全区113.3万户、467.46万人，比第二次人口普查时增加144.76万人，平均年增长率为2.08%。1990年第四次人口普查，全区140.23万户、487.64万人，比第三次人口普查增加20.18万人，平均年增长率0.53%。1998年年报统计，出生68263人，死亡32162人，年末全市539.51万人，比1990年增51.87万人，年均增长率0.13%，人口增长速度基本得到控制。2000年第五次人口普查，全市169.90万户、515.37万人，比第四次人口普查时增加27.73万人，增长5.69%。2005年末，全市总人口559.85万人，比上年增加3.93万人。2010年第六次全国人口普查时全市常住人口211.59万户、596.88万人，同2000年第五次人口普查时的515.37万人相比，10年共增加81.51万人，增长15.82%。2010年末，全市户籍总人口596.88万人，其中男性人口308.16万人、女性人口288.72万人，性别比为106.73。2016年末，全市户籍总人口600.17万人，其中男性306.79万人、女性293.38万人，性别比为104.57。2018年末，全市户籍总人口605.40万人，其中男性309.06万人、女性296.34万人，性别比为104.41。2020年第七次全国人口普查时，全市户籍总人口606.98万人，常住人口为251万户、662.29万人，与2010年第六次全国人口普查的596.88万人相比，10年共增加65.41万人，增长10.96%，年平均增长率为1.05%。受教育程度与2010年第六次全国人口普查时相比，全市常住人口中，拥有大学（指大专及以上）文化程度的人口为76.59万人；拥有高中（含中专）文化程度的人口为94.86万人；拥有初中文化程度的人口为211.60万人；拥有小学文化程度的人口为204.12万人。每10万人中拥有大学文化程度的由5954人上升为11565人；拥有高中文化程度的由11615人上升为14323人；拥有初中文化程度的由34788人下降为31950人；拥有小学文化程度的由

32511人下降为30821人。全市常住人口中，文盲人口为291923人，与2010年第六次全国人口普查相比，文盲人口减少188048人，文盲率由8.04%下降为4.41%。2021年末，全市户籍总户数194.67万户，户籍总人口605.94万人，其中男性308.86万人，女性297.08万人；常住人口662.9万人。2022年11月30日，全市户籍总人口604.95万人，其中男性人口308.22万人、女性人口296.73万人，男女性别比为103.9∶100，市区户籍人口164.48万人。

【人口密度】 台州每平方千米人口，1949年251人，1964年337人（人口普查数，下同），1982年488人，1990年518人，2000年548人，2020年659人。各县（市、区）人口密度由大到小依次为椒江、路桥、温岭、玉环、黄岩、临海、天台、三门、仙居。其中，椒江区、路桥区每平方千米1400人以上，最高的椒江区每平方千米1544人。1952年，域内城镇人口22.23万人，仅占域内总人口的8.83%。1964年人口普查时，城镇人口29.18万人占9.04%。1982年人口普查时，城镇人口55.05万人，占11.78%。1990年人口普查时，城镇人口91.6万人，占18.78%。改革开放以来，特别是台州建市以来，城镇人口增长较快。2000年人口普查时，市区常住人口149.20万人，占总人口的28.95%。2005年末，市区人口148.75万人，占全市总人口的26.57%，比上年末增加1.38万人。2010年第六次人口普查时，全市常住人口居住在城镇的人口为331.53万人，占55.54%；居住在乡村的人口为265.35万人，占44.46%。与2000年第五次人口普查相比，城镇人口增加66.02万人，乡村人口增加15.54万人，城镇人口比重上升4.02个百分点。2010年末，市区人口154.89万人，占全市总人口的26.5%。2016年末，市区户籍人口160.10万人，占全市总人口的26.67%。2018年末，市区户籍人口162.50万人，占全市总人口的26.84%。2020年，全市常住人口中，居住在城镇的人口为410.47万人，占61.98%；居住在乡村的人口为251.82万人，占38.02%。与2010年第六次全国人口普查相比，城镇人口增加789393人，乡村人口减少135343人，城镇人口比重上升6.44个百分点。2021年末，全市常住人口中，居住在城镇的人口为413.8万人，占62.6%；居住在乡村的人口为249.1万人，占37.4%。

【民族】 台州为汉族聚居区，间有少量少数民族。1964年，域内有10个少数民族，123人。1982年有15个少数民族，333人。1990年，有27个少数民族，882人，其中畲族247人，回族135人，壮族92人，苗族75人，满族72人，土家族48人，布依族46人，蒙古族48人，藏族19人，彝族40人，白族16人，高山族12人，朝鲜族、侗族、瑶族、哈尼族、傣族、黎族、傈僳族、佤族、拉祜族、水族、纳西族、景颇族、羌族、撒拉族、仡佬族、锡伯族、普米族等均在10人以下。2000年人口普查时，全市有47个少数民族，2.27万人，其中蒙古族171人、回族430人、藏族78人、维吾尔族71人、苗族5782人、彝族541人、壮族1038人、布依族1988人、朝鲜族64人、满族216人、侗族3150人、瑶族197人、白族500人、土家族6204人、哈尼族85人、傣族113人、黎族137人、傈僳族300人、佤族92人、畲族621人、高山族11人、拉祜族27人、水族80人、纳西族24人、土族106人、仫佬族14人、羌族14人、布朗族18人、仡佬族127人、怒族25人，其他民族均在10人以下。2010年第六次人口普查时，全市合计人口5968838人，各民族人口分布状况，汉族5853315人。少数民族有48个，共计11.43万人。其中，蒙古族393人、回族1846人、藏族192人、维吾尔族162人、苗族35945人、彝族6402人、壮族7162人、布依族13398人、朝鲜族91人、满族484人、侗族12079人、瑶族1078人、白族1281人、土家族27448人、哈尼族335人、哈萨克族45人、傣族400人、黎族568人、傈僳族458人、佤族414人、畲族894人、高山族24人、拉祜族184人、水族717人、东乡族24人、纳西族23人、景颇族51人、土族455人、仫佬族114人、羌族59人、布朗族60人、撒拉族44人、毛南族111人、仡佬族1264人、怒族28人、德昂族11人、京族25人，小计114269人；人口均在10人以下的有达斡尔族、锡伯族、阿昌族、普米族、俄罗斯族、鄂温克族、塔塔尔族、独龙族、鄂伦春族、门巴族、基诺族，小计47人；其他未识别的民族1206人，外国人加入中国籍1人。2020年第七次人口普查时，全市合计人口6622888人，汉族6435024人。少数民族52个，共计18.79万人。其中，蒙古族779人、回族3973人、藏族436人、维吾尔族528人、苗族53625人、彝族15524人、壮族11380人、布依族29661人、朝鲜族192人、满族1070人、侗族19488人、瑶族2378人、白族3051人、土家族28709人、哈尼族772人、哈萨克族65人、傣族771人、黎族1336人、傈僳族549人、佤族644人、畲族1345人、高山族16人、拉祜族374人、水族1536人、东乡族371人、纳西族37人、景颇族200人、柯尔克孜族15人、土族345人、达斡尔族27人、仫佬族391人、羌族106人、布朗族145人、撒拉族116人、毛南族246人、仡佬族2268人、锡伯族

15人、阿昌族18人、普米族12人、怒族43人、京族49人、德昂族20人、塔吉克族5人、乌孜别克族5人、俄罗斯族4人、鄂温克族2人、保安族5人、塔塔尔族3人、独龙族6人、鄂伦春族4人、赫哲族1人、基诺族7人；其他未识别的民族5088人，外国人加入中国籍108人。

（《台州年鉴》编辑部）

非物质文化遗产

【概况】 2022年末，台州市列入国家级物质文化遗产代表性项目共17项，列入省级物质文化遗产代表性项目共106项，列入市级物质文化遗产代表性项目共382项。

【台州乱弹】 台州乱弹原称黄岩乱弹，是全国少有的多声腔乱弹剧种之一。起源于明末清初，流行于浙江东南部，以台州为中心，旁涉温州、宁波、绍兴及金华、丽水等部分地区。它以“文戏武做，武戏文唱”为特色，曾有300多个剧目，被专家誉为“中国剧坛上散发着浓郁地方特色的一朵兰花”。2006年被列入第一批国家级非物质文化遗产代表性项目名录。

【黄沙狮子】 “黄沙狮子”始创于北宋年间，鼎盛于清末民初。主要活动于临海市白水洋镇黄沙洋一带。最大特点是把民间武艺与传统舞狮表演巧妙地结合起来，舞武一体。它既能在地上翻滚嬉戏，又能在高台上表演各种动作。2006年被列入第一批国家级非物质文化遗产代表性项目名录。

【济公传说】 济公传说是从南宋禅宗高僧道济的故事发展演变而来。六朝隋唐时期，天台流传着许多罗汉、癫僧的传说。南宋早期，道济降生于天台，佯狂济世，人称“济癫”。在道济的生前身后，天台出现许多关于他的灵异传说，为人们所津津乐道。明清以来，济公传说广泛流传于全国各地，成为家喻户晓的民间故事，并由此辐射全国，影响世界。2006年被列入第一批国家级非物质文化遗产代表性项目名录。

12月30日，台州乱弹在央视大型文化季播节目《非遗里的中国》亮相

（市文化和广电旅游体育局　提供）

【天台山干漆夹苎技艺】 干漆夹苎是为各种木制品外表装饰和保护的一种独特的技术。其制作工序共48道，成品主要用于佛教造像，宫殿、庙宇建筑物的装饰、保护及民间器材的制作，具有经久不蛀、光泽润亮、不开裂、不变形等特点。东晋时期，干漆夹苎已在天台民间得到应用并流传日本。20世纪80年代末开始，用该法制作的作品为东亚和欧美等49个国家和地区的国宝馆和宗教部门收藏。2006年被列入第一批国家级非物质文化遗产代表性项目名录。

【大奏鼓】 大奏鼓前身是流行于闽南沿海的车鼓弄。清乾隆年间（1736—1795），部分闽南渔民迁居至温岭石塘的箬山海岛，车鼓弄随之传入。其舞蹈动作粗犷而诙谐，边奏边舞，舞者全为男性，服饰打扮却为女性，具有独特的地方色彩。1979年挖掘整理时改称大奏鼓，被称为中国渔村第一舞。2008年被列入第二批国家级非物质文化遗产代表性项目名录。

【线狮（九狮图）】 九狮图又名九狮挪球，流传于仙居朱溪等乡镇。是提线木偶术和地面舞狮相结合而产生的民间舞蹈艺术，因九狮凌空表演，故名。其表演内容丰富多彩，有群狮抢球、单狮戏球、双狮挪球、绣球开苞、明珠落盘、三狮会宴等形式。制作工艺粗犷和细腻相结合，画面描龙绘凤、松鹤延年、八仙过海等均象征风调雨顺、五谷丰登的美好愿望，充满浓郁芬芳的乡土特色。2008年被列入第二批国家级非物质文化遗产代表性项目名录。

【仙居花灯】 仙居花灯，仙居当地民间称为“唐灯”，因灯面图案由刀

12月30日，仙居花灯在央视大型文化季播节目《非遗里的中国》亮相

（市文化和广电旅游体育局　提供）

凿针刺成孔，灯身无骨而闻名。仙居针刺无骨花灯分单灯和组灯两大类。历史上单灯品种共有80余种，组灯15种。先后多次获奖，曾获评“中国民间艺术品博览会”金奖、“第四届国际艺术博览会”金奖等多项荣誉，素有“中华第一灯”之美称。2006年被列入第一批国家级非物质文化遗产代表性项目名录。

【彩石镶嵌】　彩石镶嵌是仙居民间以当地天然叶蜡石为材料，镶嵌在红木、樟木等上面的一种传统工艺。彩石镶嵌有浮雕、高浮雕、擎雕、平磨平嵌、黑地平磨镶嵌、浅色地彩石平磨镶嵌等。其作品色彩华贵，光彩照人，可登大雅之堂。代表作品有《清明上河图》《红楼梦》《三国演义》镶嵌连屏、挂屏等。2008年被列入第二批国家级非物质文化遗产代表性项目名录。

【中医正骨疗法（章氏骨伤疗法）】　章氏骨伤疗法始创于清道光三年（1823），至今已180余年。在传承过程中形成完整的理论体系和独特的治疗方法，在正骨手法、外固定、中药内服、膏药和药膏外敷治疗骨伤疾病方面独树一帜，章氏骨伤疗法成为骨伤科的一大流派。2011年被列入第三批国家级非物质文化遗产代表性项目名录。

【竹刻（黄岩翻簧竹雕）】　翻簧竹雕是黄岩民间传统工艺美术品种，因其雕刻在毛竹内壁的簧面上而得名，亦称“贴簧”“反簧”。明清时期，竹雕制品在黄岩民间广为流传，有竹笔筒、竹对联、竹骨扇、竹文具、竹臂搁等大量使用。20世纪50年代，浙江省手工业管理局把木雕、青田石雕、翻簧竹雕并称为“浙江三大雕”。2008年被列入第二批国家级非物质文化遗产代表性项目名录。

【七夕节（石塘七夕习俗）】　石塘七夕习俗又称石塘小人节。300多年前，温岭石塘、箬山一带的渔民从福建、惠安、泉州等地迁入，将当时在闽南盛行的七夕供奉玩偶的习俗也带到该地区，逐渐形成以穿针乞巧、守夜祈愿为主要内容的民俗节日。曾经被作为封建迷信受到冲击与禁止。为躲避冲击，祈愿儿童健康成长，人们将祭祀时间移到七月初七凌晨，相沿至今。2011年被列入第三批国家级非物质文化遗产代表性项目名录。

【龙舞（坎门花龙）】　坎门花龙随着闽籍渔民的迁徙而传入，是一种富有渔乡风格的布龙。初只作为一种

12月30日，黄岩翻簧竹雕在央视大型文化季播节目《非遗里的中国》亮相

（市文化和广电旅游体育局　提供）

观赏灯，后发展为花龙绕柱、花龙拼字、鱼龙混舞，以大幅度跳跃和“龙绕柱”为其主要特色。当地民众又称其为“滚龙”或“弄龙”。坎门花龙在海滩上“绕柱”是坎门渔区特有的地域性民间舞蹈，表达人们祈求“神龙”庇护他们出海时能风平浪静、满载而归的美好愿望。2011年被第三批列入国家级非物质文化遗产代表性项目名录。

【刘阮传说】 刘阮传说是流传于天台山一带关于刘晨、阮肇采药遇仙，与仙女结为姻缘的神话爱情故事。主要流传于天台县及嵊州、新昌、宁海等周边县市。东汉时期，“刘阮传说”就在天台民间口耳相传，后经文人的记叙而流传更广。除民间口头相传，还衍生到民间戏剧、曲艺、工艺、美术等，有着广泛的影响。2014年12月被列入第四批国家级非物质文化遗产代表性项目名录。

【农历二十四节气（三门祭冬）】 三门祭冬是三门县聚族而居村落中举行拜冬祭祖的一项民俗活动。历经700年逐渐形成一套礼仪完善、规模宏大、庄重的祭冬仪式。三门亭旁杨家村冬至节拜冬祭祖民俗活动，是三门县保存至今的冬至节气民俗活动的代表。2014年12月，三门祭冬被列入第四批国家级非物质文化遗产代表性项目名录。2016年11月30日入选联合国教科文组织人类非物质文化遗产代表作名录。

【农历二十四节气（送大暑船）】 送大暑船是大暑节期间椒江葭沚一带渔民举行的一项传统民俗文化活动。大暑节当天有迎五圣、送大暑船上滩涂、江边祭祀、送大暑船出海等活动。同时有舞龙、腰鼓、抬阁等民间艺术表演。据《椒江续志》记载，在清朝时期，东门岭上就建有五圣庙，并有送大暑船活动并延传至今。它寄予当地渔民们“祛灾、祈求平安”的愿望。同时，送大暑船活动也是一场综合性民间习俗文娱盛会。2021年6月10日，被列入第五批国家级非物质文化遗产代表性项目名录。

【天台山易筋经】 天台山易筋经，即通过吐纳贯气，引拉颈椎、胸椎、腰椎、骶椎、尾椎，延筋舒脉，以达到强身健体、祛病延年的作用。明代天启四年（1624），天台山紫凝道人宗衡托名菩提达摩撰写《易筋经》，原系道家导引之术，后被推为中国气功健身的经典。2021年6月10日，被列入第五批国家级非物质文化遗产代表性名录。

【临海词调】 临海词调也称“才子调”，是临海民间雅俗共赏的地方曲艺。源于南宋的“海盐腔”，明代中叶盛行于台州、嘉兴、温州一带，最终于明末演变为词调，至今已有三百多年的历史。其演唱方式为坐唱形式，演唱者均为男子，语言道白采用台州府官话，声腔讲究“字清、腔圆、音雅、板稳”，演唱强调“句句有神，字字有功”，曲调讲究韵律，优雅清逸、柔和婉转。2008年6月被评为第二批国家级非物质文化遗产项目。

（市文广旅体局）

中国共产党台州市委员会

综 述

【概况】 2022年，中共台州市委坚持以习近平新时代中国特色社会主义思想为引领，坚决贯彻落实党的二十大精神，对照省第十五次党代会和省委十五届二次全会决策部署，忠实践行"八八战略"、奋力推进"两个先行"、努力打造"重要窗口"，统筹抓好"三件大事"，推动实现发展的稳中有进、提质向好。

【筑牢政治忠诚】 2022年，市委把迎接、护航党的二十大和学习贯彻党的二十大精神作为贯穿全年的政治主线，全程提高政治站位、全员扛起政治担当、全面造浓政治氛围、守住政治风险。党的二十大胜利召开后，立即召开全市领导干部会议、2次市委常委会会议对党的二十大精神进行学习传达，市委理论学习中心组采取原原本本学、逐字逐句的方式学习党的二十大报告，并组织4次专题学习研讨会分专题深化学习，引领全市上下深刻领悟"两个确立"的决定性意义，不断增强"四个意识"、坚定"四个自信"、做到"两个维护"。在全市范围内深入开展"八学八讲做示范"学习实践活动，做到多层次学习、多样化宣传、多主体宣讲，全面掀起学习宣传贯彻党的二十大精神的热潮。坚持学思践悟相结合，把贯彻落实党的二十大精神与深化践行"八八战略"、落实习近平总书记对浙江、对台州各项重要指示批示精神融合起来，与抓好当前重点工作和谋划2023年工作结合起来，进一步谋深谋实市域发展战略，提出贯通"坚持一条新路、推进两个先行、深化三高三新"的总体思路，迭代深化市域"三高三新"战略的目标体系、工作体系，谋定开局起步之年"三个十"的工作抓手，努力打造中国式现代化的市域样板，确保中央、省委部署不折不扣一贯到底。

【聚焦聚力民营经济】 2022年，市委牢记习近平总书记对台州"再创民营经济新辉煌"的政治嘱托，立足20周年新起点，把2022年作为民营经济集成突破年，实施影响力、体系化、示范性和变革性"四大工程"，迭代部署"创新制胜、向海图强、民营创富、招大引强、环境跃升"五大战略，建设民营经济示范城市。坚持创新首位战略，重塑"一弓一箭"市域科创空间布局，推进台州湾科创走廊首建区、首聚地建设，台州湾科创走廊正式成为省级科创走廊体系的重要组成部分，入围国家创新型城市名单。实施乡镇（街道）科创指数排名和创新型乡镇（街道）评选，培育提升基层创新能力，加快构建全域创新格局。聚焦打造最优人才发展生态，实施"引人留人"三年行动计划，开展"青年英才聚台州""紧缺人才补短板"等七大专项行动，全年新落地院士创业项目10个，新入选国家级海外引才计划人选41人，新引进高校毕业生10.2万人。强化主攻沿海态势，出台支持临港产业带政策20条以及"飞地"、产业基金等专项支持政策，由北到南谋划建设新能源、新材料、新医药健康、未来汽车和精密制造等五个产业业态全国领先、产值规模超千亿元的产业城，建设一流临港产业带，优化全市域生产力布局。强化数字赋能，深入实施数字经济"一号发展工程"，制定《台州市数字产业新一轮倍增行动》《台州市推进产业数字化改造全覆盖行动方案》，推进产业数字化"三个全覆盖"。推动高水平对外开放，持续探索"国开区+综保区+RCEP"协同发展模式，深入实施"五个自由"集成改革，获批浙江RCEP高水平开放合作示范区，台州湾经济技术开发区、台州综合保税区挂牌成立，新开通2条RCEP国家近洋航线和5条内支线，义新欧班列"台州号"初步实现常态化运营。全面重塑港口功能布局，推进港口建设提质增效，迭代升级港口集疏运体系，港口吞吐量突破6300万吨。

【实现发展稳中向好】 2022年，市委落实落细中央、省委稳住经济大盘的决策部署，推动全市经济运行在合理区间，推动经济指标逐步回暖、持续向好。加强党对经济工作的领导，建立稳进提质工作专班，全程抓好经济运行调度，把握经济工作主动权。按照“全面顶格、能出尽出、精准高效”的原则，在全省最早出台《台州市推动经济稳进提质40条》，帮助企业降本减负稳生产。强化投资赛马比拼，全面开展“三比三看”督查评议，聚焦抓项目、促投资实行“月晾晒、季比拼”，推动全市上下在项目战场冲起来，杭台高铁、市域铁路S1线建成运营，朱溪水库具备蓄水条件，甬台温高速改扩建、三门核电二期等一批重大项目开工建设，16个产业项目列入2022年省重大产业项目名单。持续打响招商引资大会战，全年招引亿元以上项目数量和质量均实现历史性突破，新招引十亿元以上项目33个，弗迪新能源动力电池、晶科能源等百亿级制造业项目签约落地。围绕构建“双循环”新发展格局，抓好稳外贸促消费活动，组织省市两级包舱组团出海以及“购车狂欢节”“双品购物节”等活动。

【持续激发改革活力】 2022年，市委全面承接落实好中央和省委各项改革部署，以改革助推全市高质量发展。推进优化营商环境“一号改革工程”，持续探索“市场有效+政府有为”的台州模式，在小微金改、民间投资等关键领域深化改革攻坚，台州市营商环境评价跃升至全省第一档。聚焦上下贯通、实战实效目标，进一步迭代深化数字化改革理念、思路、方法和机制，培育出一批数字化改革的标志性成果。其中，蓝色循环、付省心、温岭村社传播通、玉环智慧消防预警处置4个应用获评全省“最佳应用”，数字化改革整体工作进入全省第一方阵。深入推进基层智治体系建设，实现“141”工作机制和“1612”体系的全面贯通，打通市县乡三级基层智治系统，基层智治大脑开始运行。推进“大综合一体化”行政执法改革落实落地，实现体系重塑、资源重整、多跨协同，加快形成责权统一、权威高效的行政执法新格局。技能型社会建设、职技融通改革经验得到国家层面肯定；深化商事制度改革、深化医药卫生制度改革获国务院督查激励；小微金改再次获得中央领导批示肯定。

【深入推进二次城市化】 2022年，市委常委会坚持“人民城市人民建，人民城市为人民”理念，以二次城市化为系统路径，统筹美丽城市、美丽城镇、美丽乡村建设，促进全域环境和城市品质整体提升，加快打造城市强、乡村美、城乡融的发展格局。锚定“省域开放型高能级中心城市”的目标，加速补齐城市发展短板，提升中心城区首位度和集聚度。开展“五大攻坚”行动，解决一批困扰城市高质量发展和影响群众生活的老大难问题。开展乡村“五大提升”行动，创新实施“中心镇+中心村+保留村”片区化组团发展模式，开展七要素乡村综合改革试点，推动美丽乡村建设“点状美”向“全域美”迈进，全市91.2%的行政村达到省新时代美丽乡村标准，台州在全省深化“千万工程”建设新时代美丽乡村现场会上作典型发言。推进更高水平的生态文明建设，深化环境综合治理，全年生态环保与环境治理业投资增长130%，增速居全省第1位，带动地表水水质改善幅度排名全省第1位，生态环保指数稳居全省前列。

【走深“九富”路径】 2022年，市委走深走实台州特色“九富”路径，推动“发展型”体系向“共富型”体系跃升。全面推进技能型社会建设，深化“扩中”“提低”改革，推动技术工人提技增收、进入中等收入群体，全年新增高技能人才4.1万人。打造以新产业、新农村、新农民为特点的台州“三新”农村共富模式，率先探索党建引领“共富工坊”建设，深度整合党组织、企业、农户三方力量，把农村富余劳动力就地转化为“富裕新动力”，全市已建成各类工坊1015家，带动农民就业3.4万人，有劳动能力低收入农户就业率居全省第1位。坚持民生事业跨越式发展导向，持续加大民生投入力度，民生支出占一般公共预算支出比重达74.2%，台州第七度荣膺“最具幸福感城市”称号。实施教育提质三年行动计划和卫生健康事业高质量发展“十大行动”，持续加大教育医疗领域投入，国家职业教育创新高地建设稳步推进，获批健康浙江建设先进市。推动文旅事业高质量发展，举办2022和合文化全球论坛、第六届大陈岛垦荒精神理论研讨会等重要活动，央视跨年晚会再次落户台州，台州府城文化旅游区晋级国家AAAAA级旅游景区。

【守牢平安稳定底线】 2022年，市委围绕“平安护航党的二十大”主线，做好防疫情、除隐患、保平安，实现社会面持续稳定，其中全年政治安全案事件零发生、重大舆情零发生、重大群体性事件零发生，全市安全生产事故数、亡人数降幅居全省前列。全面落实意识形态工作责任制，常态化开展意识形态领域分析研判、风险评估、督查通报，做好线上舆情风险苗头化解，意识形态责任制综合试点验收考核居全省第1位。抓好疫情防控，构建“五快联动、四控清零”机制以及“标准牵引、平战一体”防疫工作体系，打赢天台“4·28”、台州湾新区“7·26”、路桥“10·15”等多起疫情防控歼灭战。在疫情防控进入新阶段后，做好统筹衔接，重点抓好医疗救治保障、药品生产保供和重点人群关护，最大程度保护人民群众生命安全和身体健康。聚焦推动平安工作本质优，接续开展“百镇千村除险保安”“风险隐患清零”百日大整治等行动，推进风险隐患存量清零、动态清零、常态清零，深入开展除险保安十大治源行动，推进风险隐患溯源治理，构建风险闭环管控机制。

【从严管党治党】 2022年，市委坚持以“七张问题清单”为牵引，重塑上下贯通、高效运行的党建统领整体智治体系，重点把“七张问题清单”的闭环机制贯通到党建引领的方方面面，提升抓党建带全局能力，管控力指数持续走在全省前列。深化落实“四责协同、五环闭合”工作机制，落实“五张责任清单”，推进主体责任落实清单化、制度化、常态化、闭环化。高标准推进清廉台州建设，建立“5+N+1”评价体系，提升清廉单元建设颗粒度、饱满度，全市培育清廉单元示范点468个，其中13家单位清廉建设做法获省委、省政府通报表扬。把构建亲清政商关系作为优化政治生态的关键，优化政商交往正负面清单机制，督促领导干部严格执行“五个严禁”，出台全国首个清廉民企建设团队标准，全省清廉民营企业建设现场推进会在台州召开。坚持大抓基层导向，以红色根脉强基为引领，深化实施“十百千”工程，持续开展“头雁领航　千村提升”活动，全域优化基层网格治理，提升最小单元战斗力。抓好“后继有人”根本大计，建立优秀年轻干部动态监测预警机制，深化优秀年轻干部“五线历练”，打造堪当重任、引领现代化建设的台州铁军。

（市委办公室）

重要会议

【市委信访工作会议】 2022年1月10日，市委信访工作会议以视频会议形式召开。市委书记李跃旗在会上强调，要深入学习贯彻习近平总书记关于加强和改进人民信访工作的重要思想，牢牢把握新时代人民信访工作的基本属性和内在要求，以“党建+信访”为统揽，以系统重塑、迭代升级、示范引领为指向，以信访积案清零行动为抓手，进一步创新理念、完善机制、压实责任，不断提升信访工作专业化、系统化、法治化、数智化水平，以良好的政治社会环境迎接市六届一次党代会、省第十五次党代会和党的二十大胜利召开。市委副书记、代市长吴晓东主持会议。

【台州市民营经济发展暨优化营商环境大会】 2022年2月8日，台州市民营经济发展暨优化营商环境大会以视频会议形式召开。市委书记李跃旗在会上强调，要深入学习贯彻习近平总书记关于民营经济发展重要论述和指示精神，牢记习近平总书记对台州“再创民营经济新辉煌”的政治嘱托，以勇立潮头的标杆姿态、再创新辉煌的目标要求，接续推动新时代台州民营经济新飞跃，打造市场化法治化国际化的一流营商环境，以优异成绩迎接党的二十大胜利召开。大会通报2021年度各类先进名单及考核结果，现场对民营企业纳税50强和相关先进代表进行表彰颁奖。大会由市委副书记、代市长吴晓东主持，吴海平、叶海燕、陈伟义等市领导出席。民营企业纳税前15强企业负责人应邀在主席台就座。

【中国共产党台州市第六届代表大会第一次会议】 2022年2月23日至26日，中国共产党台州市第六届代表大会第一次会议在市区召开，共有454名代表出席大会。大会的主要任务是：高举习近平新时代中国特色社会主义思想伟大旗帜，全面贯彻落实党的十九大和十九届历次全会精神，总结市五届一次党代会以来的工作，研究确定今后五年发展的目标和任务，选举产生中国共产党台州市第六届委员会和纪律检查委员会，选举出席中国共产党浙江省第十五次代表大会代表，动员和带领全市各级党组织和广大党员干部群众，更加紧密地团结在以习近平同志为核心的党中央周围，不忘初心、牢记使命，担当作为、实干争先，为推动台州在现代化建设新征程上再创新辉煌、再上新台阶而努力奋斗。李跃旗代表中国共产党台州市第五届委员会向大会作题为“推动高质量发展　打造高能级城市　促进高水平共富在台州现代化建设新征程上再创新辉煌再上新台阶”的报告。中国共产党台州市第五届纪律检查委员会以书面形式向大会作题为“始终保持自我革命定力　坚定不移正风肃纪反腐　为台州奋进现代化建设新征程提供坚强保证”的报告。大会通过关于五届市委报告的决议、关于五届市纪委工作报告的决议，选举产生新一届市委、市纪委和出席省第十五次党代会代表。

【全市数字化改革工作推进会暨“大综合一体化”行政执法改革工作部署会】 2022年3月18日，全市数字化改革工作推进会暨“大综合一体化”行政执法改革工作部署会召开。市委副书记、代市长吴晓东在会上指出，要进一步放大改革工作格局，推动全市重大改革一体融合、集成落实，持续打造有台州辨识度的硬核改革成果。2022年是数字化改革和“大综合一体化”行政执法改革纵深推进、集成突破、成果展示之年。要深刻理解和把握改革的政治性要求，把这两项改革纳入“八八战略”实施综合评估的重点工作，高标高质抓落实；把握改革的全局性要求，以这两项改革进一步牵引台州发展和治理的理念之变、方式之变、形态之变；把握改革的贯通性要求，联动抓好改革，在集成贯通中放大改革整体效应。吴海平、叶海燕等市领导出席。

【市委农村工作会议】 2022年4月7日，市委农村工作会议以视频会议形式召开。市委副书记、代市长吴晓东在会上强调，要突出强农固本、变革重塑，打造以新农民、新农村、新产业为特点的“三新”农村共富台州模式，促进农业高质高效、乡村宜居宜业、农民富裕富足。“三新”农村共富台州模式，是当前和今后一个时期全市“三农”工作的总抓手、总牵引，也是对台州“三农”工作的系统重塑和整体升维。这一模式新在导向、新在理念、新在格局，要以共同富裕为根本价值导向，强化“三农”工作顶层设计，推动农业农村发展从“发展型”模式向“共富型”模式跃升；要把现代化的理念、方法、机制贯彻“三农”工作各个环节，推动农业全面升级、农村全面进步、农民全面发展；要坚持跳出“三农”抓“三农”，用工业化思维推进农业现代化，用系统化思维推动新型城镇化，用制度化供给促进农民现代化。

【全市招商引资大会战动员部署会】
2022年5月12日，全市招商引资大会战动员部署会召开。市委副书记、市长吴晓东在会上强调，全市上下要聚焦“招大引强”这一主题，以百亿级产业项目为牵引，进一步凝聚招商共识、重塑招商体系、强化招商格局、提升招商能力，实现重大产业项目招引集中突破，为全市发展“稳进提质”提供强有力的项目支撑。做好招商引资工作，既可以重构产业存量，又可以带来新质动能，是推动台州民营经济再创新辉煌的战略性先导工程，是提升城市竞争力的重要路径，也是全市各级贯彻落实市六届一次党代会精神、奋力完成“三大历史任务”的重要抓手。要坚定招商信心，认识台州的招商优势；要提升格局视野，在招商引资工作中深刻把握“产城人”互动的关系；要权衡机会成本，舍得花重金投产业、抓招商；要坚决反对“躺平”，以奋斗者的姿态大抓招商；要更多宽容鼓励，为招商引资工作营造支持、宽松的环境。吴海平、叶海燕等市四套班子领导出席。

【全市海洋经济发展暨临港产业带建设推进大会】 2022年6月28日，全市海洋经济发展暨临港产业带建设推进大会召开。市委副书记、市长吴晓东在会上强调，要深入学习贯彻习近平总书记关于海洋经济发展的重要论述精神，按照省第十五次党代会作出的“建设世界级大湾区”“建设国家经略海洋实践先行区”部署，进一步坚定“经略海洋、向海图强”的信心和决心，奋力建设全球一流临港产业带，以此打开再创辉煌之门、开辟转型跃升之路，为台州在新征程上实现“三高三新”奋斗目标提供战略支撑。全市上下要切实把思想和行动统一到加快临港产业带建设上来，深刻认识到这是习近平总书记的嘱托，也是历届市委市政府的不懈追求；是世界先进制造的重要形态，也是台州产业升级的龙门一跳；是台州实现“两个先行”的关键所在，也是再创民营经济新辉煌的主平台主战场，抢抓机遇、只争朝夕、乘势而上，加快临港产业带建设，实现海洋经济跨越式发展。吴海平、叶海燕等市领导出席。

【市委六届二次全体（扩大）会议】
2022年7月29日，市委六届二次全体（扩大）会议召开。会议深入学习贯彻省第十五次党代会精神，总结上半年工作，部署下阶段任务，审议通过《中共台州市委关于深入贯彻省第十五次党代会精神加快建设民营经济示范城市　奋力谱写“两个先行”台州篇章的决议》，动员全市上下坚决拥护“两个确立”，坚决做到“两个维护”，以牢记嘱托、感恩奋进、接续奋斗的姿态，加快建设民营经济示范城市，在全省“两个先行”中彰显台州更大担当、作出台州更大贡献。会议指出，要把“两个先行”作为对台州工作的全方位要求，深刻把握“5大战略指引、11方面重要遵循”，紧紧围绕“8个高地”“5大工作导向”“10个着力”，以“两个确立”标定奋进航向，以“三高三新”强化实践指向，以变革重塑育新机开新局，以党建统领驾驭发展全局，切实以“两个先行”的高度自觉、使命担当和实绩实效推动省第十五次党代会精神在台州走深走实、落地生根。会议指出，省第十五次党代会提出支持台州“创建民营经济示范城市”，将台州民营经济发展之于全省的标杆性摆到新的高度，提出示范先行的更高要求。2022年正值习近平总书记对台州提出“再创民营经济新辉煌”嘱托20周年。要牢记嘱托、接续奋斗，对标“示范先行”的高标定位，以改革再出发、奋力谱新篇的姿态，系统重构民营经济新辉煌体系，推动台州民营经济实力地位再提升、创新变革再突破、发展优势再增强。会议强调，建设民营经济示范城市，核心任务是主抓“创新制胜、向海图强、民营创富、招大引强、环境跃升”五大战略举措。要聚焦创新制胜，深入实施“创新台州”首位战略，以国家创新型城市建设为牵引，打造承载战略科技力量的高能级平台体系、创新引领的现代产业集群、“泛在智能”的数字经济新格局、“塔尖+塔基”的全谱系人才支撑体系和“产学研用金、才政介美云”十联动的科技创新生态，持续走好科技新长征。要聚焦向海图强，五城联动构筑系统平台，港口引领提升开放能级，全域一体形成共建合力，推动海洋经济跨越发展，打造全球一流临港产业带。要聚焦民营创富，激发创业活力造富，推动产业入乡带富，优化收入分配享富，加快推动“发展型”体系向“共富型”体系跃升转变，率先形成民营经济助推共同富裕有效途径。要聚焦招大引强，坚持项目为王理念，聚焦重大项目抓招商，突出成群结链抓招商，重塑体制机制抓招商，培育民营经济新动能。要聚焦环境跃升，打造更加智慧高效的政务环境、更加开放公平的市场环境、更加公正安全的法治环境、更加“亲清”有度的政商环境。会议强调，要对照“两个先行”目标，坚决贯彻落实中央、省委决策部署，持续打好稳增长、增动能、促共富、保平安、强党建组合拳，为全国全省大局多作贡献。要突出超常力度，做好经济稳进提质工作，推动政策快落地、产能快释放、项目快建设。要坚持数改牵引，推动重大改革集成突破，加快打造数改应用拳头产品，深化“大综合一体化”行政执法改革，打造更多具有台州辨识度的改革成果。要办好民生实事，加快社会事业补短提质，实施社会保险提标扩面行动，推动教育、医疗服务提质，做好“一老一小”工作，加大优质文化服务供给，建立健全文明城市创建常态化、长效化工作机制。要深化城乡综合整治，开展全域城乡风貌提升行动，打好污染防治攻坚战，加快推进“三新”共富精品示范带建设。要全力以赴除险保安，筑牢维护政治安全坚固屏障，持续深化社会矛盾纠纷防范化解，慎终如始做好常态化疫情防控，强化自然灾害、极端天气避险应对，抓好防汛防台工作。要加强党建统领，以高质量党建引领高质量发展，迭代优化“七张问题清单”工作机制，深入实施“红色根脉强基工程”，提高一体推进“三不腐”能力和水平，巩固发展风清气正的政治生态。市委书记李跃旗代表市委常委会向全会作报告。吴晓东等市领导出席会议。

【全市教育提质大会】 2022年9月8日，全市教育提质大会以视频会议形式召开。市委书记李跃旗在会上强调，要深入学习贯彻习近平总书记关于教育工作的重要论述，坚持教育优先发展战略，落实立德树人根本任务，深入实施教育提质六大工程，办好新时代人民满意的教育，推进台州教育质量跨越式提升，率先高水平实现教育现代化，为奋力谱写“两个先行”台州篇章提供强有力的人才和智力支撑。要实施立德树人工程，传承弘扬大陈岛垦荒精神，深入推进思政课一体化建设，健全台州特色德育体系，培养德智体美劳全面发展的社会主义建设者和接班人。要实施市区高地工程，导入优质教育资源，开展学校补短板行动，推进学校错位办学、特色办学，加快打造与高能级城市相匹配的市区教育体系。要实施高中登峰工程，着力提升高考整体水平、拔尖水平，完善创新型人才“保苗育苗”机制，打造一批学科竞赛基地。要实施名师扩面工程，坚持“教育家办教育”理念，强化高水平优秀教师引育和名师工作室建设力度，建强教师队伍。要实施改革深化工程，促进民办义务教育规范发展，推进民办学校分类管理，持续深化中小学教师“县管校聘”管理改革。要实施产教融合工程，以国家职业教育创新高地城市创建为引领，围绕临港产业带建设，优化职业教育学校布局和专业设置，深化职技融通、技术工人扩中提低改革，打造职业教育的成长全链条。各级党委要切实加强对教育工作的全面领导，各地“一把手”要切实担负起教育提质“第一责任人”职责，确保机制到位、责任到位、保障到位。教育部门要把党的教育方针全面贯彻到学校工作各方面，抓实校园大平安。有关职能部门要各司其职、通力合作，以更大力度、更多实招支持教育，确保教育提质行动各项目标任务完成。市委副书记、市长吴晓东主持会议，吴海平、叶海燕等市四套班子领导出席。

【新时代美丽台州建设大会】 2022年9月27日，新时代美丽台州建设大会以视频会议形式召开。市委书记李跃旗在会上强调，要深入学习贯彻习近平生态文明思想，全面落实全省建设新时代美丽浙江推进大会暨生物多样性保护大会精神，协同推进“降碳、减污、扩绿、增长”，强化全领域提升共进、全地域协同共建、全要素美丽共享、全过程管控共治，全方位推进更高水平的生态文明建设，努力绘就人与自然和谐共生的美丽台州新画卷。要聚焦美丽台州建设中存在的短板和薄弱环节，进一步把握生态文明的新方位、共同富裕的新形态、诗画江南的新内涵、变革重塑的新要求，坚持标本兼治，以绿色发展的层次体现高质量发展的水平，以美丽台州的颜值体现城市治理的能力，以生态宜居的品质体现最具幸福感城市的成色。要突出系统治理，深入推进“五水共治”碧水行动、清新空气行动、土壤污染防治行动、清废攻坚行动，打好污染防治攻坚战。要聚焦城乡共美，坚持“人民城市人民建，人民城市为人民”理念，统筹美丽城市、美丽城镇、美丽乡村建设，补齐短板弱项、固化长效机制，促进全域环境和城市品质整体提升，打造全域美丽大花园。要紧扣“双碳”目标，统筹经济增长、能源安全、碳排放、百姓生活，在顶层设计、绿色转型、示范引领上走在先，加快形成绿色低碳循环发展的经济体系，推进绿色高质量发展。要统筹生态修复，做好森林、湿地、河湖、海岸线等重要生态系统保护和修复，加大典型生态系统保护力度，加强生物多样性保护，筑牢生态环境安全屏障。要注重常态长效，重统筹、强管控、善智治，加快构建以改善生态环境质量为核心的目标责任体系，形成环境治理智能化管控闭环，推进环境治理现代化。市委副书记、市长吴晓东主持会议，吴海平、叶海燕等市领导出席。

【台州市委法院工作会议】 2022年12月7日，台州市委法院工作会议以视频会议形式召开。会议深入学习贯彻党的二十大精神，坚持以习近平法治思想为指导，研究部署进一步加强新时代法院工作，高质量推进平安台州、法治台州建设，为实现台州“三高三新”现代化建设目标贡献力量。浙江省高级人民法院党组书记、院长李占国在会上指出，要学深悟透党的二十大精神，坚决拥护“两个确立”、坚决做到“两个维护”，牢牢把握习近平新时代中国特色社会主义思想的世界观和方法论，将“两个结合”“六个坚持”贯穿到法院工作全过程各方面，推动系统谋划、迭代创新法院工作的思路、理念、载体、机制和措施。要紧扣“两个先行”，切实强化法治保障大局的力度，持续开展优化营商环境专项行动，强化知识产权全链条保护，不断深化个人债务清理制度改革，推进“浙江全域数字法院”改革。要培育法治信仰，弘扬法治精神，提升运用法治思维和法治方式的能力，督促行政机关强化程序合法意识，坚持以司法权威维护党政权威，助力台州创建全国法治政府建设示范市。要坚持固本强基，主动融入社会治理中心建设，推动形成“社会调解优先、法院诉讼断后”的递进式矛盾纠纷分层过滤体系，全面加强共享法庭建设，助推提升基层社会治理效能。要深化自我革命，实施“红色根脉强基工程”，构建全周期、多层次人才培养模式，全面压实党风廉政建设主体责任，锻造一支忠诚干净有担当的法院铁军。市委书记李跃旗在会上强调，立足新时代，全市法院系统要坚持党的领导，深刻领会把握党的二十大精神内涵、核心要义，将学习成效转化为司法为民、公正司法的生动实践。要坚持服务大局，打好司法护航营商环境组合拳，找准司法服务重点工作着力点，筑牢司法助力除险保安防护障。要坚持人民至上，推动矛盾纠纷源头化解，加强公平公正审判，深化执行难综合治理。要坚持守正创新，以“全域数字法院”改革为牵引，以小切口谋划大场景，推进系统变革。要坚持从严治院，一体推进政治建设、思想建设、组织建设、作风建设、纪律建设和制度建设。各级党委要把法院工作纳入总体布局，主动帮助解决困难问题。各级人大、政协要不断健全监督机制、创新监督形式，推动法院各项工作全面提升。各级政府及其部门要自觉接受司法监督，支持法院依法行使职权、履行职责。吴海平、叶海燕等市领导出席。

【市委市政府工作务虚会】 2022年12月16日，市委市政府工作务虚会召开。会议结合深入贯彻落实党的二十大和省第十五次党代会精神，聚焦“迎接三十周年，奋进三高三新”，深入谋划明年和今后一个时期的工作思路。会议强调，要以习近平新时代中国特色社会主义思想为指导，一体贯通中国式现代化、浙江“两个先行”和台州“三高三新”奋斗目标，着眼长远谋实高质量发展新引擎，进一步深化细化“三高三新”战略谋局，奋力推进中国式现代化台州实践。市委书记李跃旗在会上指出，要以党的二十大精神为指引，对标省委“两个先行”目标体系，围绕“八个高地”建设，进一步深化细化市委“三高三新”战略谋局，明晰奋进指向，强化实干之力，干出突破之势。要深化推进高质量发展，落实创新制胜战略，以引领性改革再创体制机制优势，全面提升开放水平，大抓项目扩大投资，加快建设民营经济示范城市；深化打造高能级城市，践行人民城市理念，坚定不移集聚中心城市人口，坚定不移加快市区融合发展，坚定不移推进以产兴城，打造宜居、韧性、智慧城市；深化促进高水平共富，在民营经济创富、全龄友好、山区跨越等方面探索先行，加快推进社会形态从“发展型”向“共富型”跃升，让台州老百姓的幸福感更加可感可知、更加名副其实。要以“迎接三十周年，奋进三高三新”为主题，把抓产业项目、促城市提升、保市场主体作为主攻方向，守正创新、踔厉奋发，推动重大项目全面突破、城市面貌焕新蝶变、经济发展争先进位，厚植高质量发展优势，提升高能级城市品质，夯实高水平共富根基，走出整体进位的向上态势，打造振奋人心的标志性成果，以优异成绩迎接台州“三十而立”。市委副书记、市长吴晓东在会上指出，要按照市委既定目标要求和路径方向，坚持向海图强，高水平建设一流临港产业带，推动五城联动突破、产业转型升级，提升开放能级水平，推进产业现代化；坚持品质为先，优化城市空间布局，提升城市功能品质，丰富城市文化内涵，推进城市现代化；坚持创新制胜，建设科创走廊主引擎，构建创业创新最优生态，推进科创现代化；坚持绿色发展，推动生态产业化、产业生态化，推进生态现代化；坚持共同富裕，让人民群众在共富共享中发挥创造性作用，推进人的现代化。明年是大干快上、竞相比拼的关键之年，各地要坚持“敢”字为先、“干”字当头，深化稳进提质，坚持项目为王，突破要素保障，守牢安全底线，推动各项工作高起点对标、高站位谋划、高标准落实。吴海平、叶海燕等市四套班子领导出席。

（章文帅）

组织工作

【概况】 2022年，中共台州市委组织部以习近平新时代中国特色社会主义思想为指导，认真学习贯彻党的二十大精神，深入践行新时代党的组织路线，紧扣“铸魂、赋能、强基、聚才、护航”五个关键词，为台州奋进“三高三新”、推进中国式现代化台州实践提供坚强政治保证。党建引领“共富工坊”建设、党建统领网格智治、年轻干部一线历练等43项经验做法被中共中央组织部、省委组织部刊发，得到省委组织部以上领导批示肯定11次。部机关获评全国组织系统信息报送先进单位、全省推动农民农村共同富裕成绩突出集体，党建引领“共富工坊”等5个项目被评为全省数字组工首批“四好”典型。

【党的二十大精神学习贯彻】 2022年，市委组织部全面开展组织系统争先示范行动，分级分类开展集中轮训、专题培训。开展“沿着总书记台州足迹”组织工作专题调研，推动习近平总书记重要讲话、指示批示精神落实落地。深入实施新时代党员教育“三百计划”，推动党的创新理论入脑入心。抓实领导班子政治建设，围绕疫情防控、经济稳进提质等中心工作常态化开展政治素质考察，实施政治能力大培训，全市党员干部争当“两个确立”忠诚拥护者、“两个维护”示范引领者、“两个先行”实践推动者。

【台州共富“金名片”打造】 2022年，市委组织部在全省率先探索党建引领“共富工坊”建设，推动农民增收、集体增富、企业增效。建成工坊1015家，吸纳从业人员3.4万人，发放报酬2.7亿元，助力村集体增收超4000万元，有劳动能力低收入农户就业率列全省第一位，成功打造“村民增收、企业增效、集体增富”的台州共富“金名片”，得到多位省领导批示肯定，在全省现场会上做典型发言。

【干部队伍建设】 2022年，市委组织部持续完善脱颖而出机制，深化“薪火工程”，市县联动新选派1176名年轻干部开展“五线历练”，首次探索实施县（市、区）互派挂职、市县科级干部选任预审，年轻干部选育管用工作提质提效。持续树牢选人用人导向，选拔实干实绩突出的担当作为好干部。畅通干部“能上能下”的渠道和办法，强化“有为者有位、无为者失位”鲜明导向。持续加严干部监督管理，多措并举加强日常监督、履职监督、选任监督，牵头开展六届市委第一轮巡察选人用人专项检查，推动各级各单位选人用人科学化规范化。

【公务员管理】 2022年，市委组织部实施“源头工程”，深化“进出管育用”高效精细管理体系，公务员招录工作稳妥有序进行。组织招录2022年度市县选调生95名，完成2023年度定向清北选调优秀应届生面试工作，报名人数和录取人数均创历史新高。深入推进高素质专业化公务员队伍建设，在全省现场会上做经验介绍，柯伟力、陈优林获评全国“人民满意的公务员”。

【现代社区建设】 2022年，市委组织部全面推进现代社区建设，牵头31个部门协同合力，融合型大社区基层治理改革等163项工作列入省级以上试点，村级议事协商创新实验试点工作推进会等16个省级以上现场会在台州市召开，“五社联动”等19项工作在省级会议上做经验交流。建立“周调度、月破难”工作机制，集中推进7大改革、13项行动，获得省级以上荣誉439项、省领导批示28项。

【基层组织建设】 2022年，市委组织部健全党建联建机制，深化实施

“十百千”工程和“头雁领航·千村提升”活动，191个重点村社全部完成整转。开展乡镇换届“回头看”，开展“接续干、理旧账、破难题”专项行动，基层组织的战斗力和凝聚力进一步加强。推进党建统领网格智治，优化设置网格10421个，微网格从1.7万个调整为4.1万个，建立健全网格党组织，形成“村社—网格—微网格”基层治理架构。建立流动党员双向管理双向服务机制，实现全市1.7万名流动党员全面有效纳管。

【“两新”组织党建工作】 2022年，市委组织部在全省率先出台社会组织党建高质量发展九条，制定经费保障实施细则，破解“两新”党建经费保障不足难题。新业态新就业群体党建质量持续提升，“两个覆盖”逐步拓展。深化运用台州“两新”组织党建质量管理应用，得到市委主要领导批示肯定，并在全省“两新”工委书记会议上作交流发言。

【人才工作】 2022年，市委组织部人才引育实现新突破，组织实施“重点企业聚三高”“百名院士进台州”等专项行动；全市新落地院士创业项目10个，新引进高校毕业生7.6万人。体制机制改革实现新提升，出台2批次综合改革试点方案，形成企业人才创新指数评价、职技融通等一批可复制可推广的创新经验，温岭探索“亩均论英雄”企业人才创新指数评价体系获得省委组织部领导批示肯定，仙居实施急需紧缺实用人才“政聘企用”被列入省级试点。

【疫情防控行动】 2022年，市委组织部深化落实“十力大考”专项行动，激活平战转换组织动员体系，推动各级组织各方力量下沉一线打赢疫情防控阻击战。出台暖心服务和关心关爱“双十条”，组建9375支小分队进网入格送服务，牵头推动落实关心关爱一线医护人员财政专项资金1.79亿元。

（林高欢）

宣传工作

【概况】 2022年，台州市宣传思想文化战线深入实施新时代文化台州工程“5851计划”，推进宣传思想文化领域各项工作。全面落实意识形态工作责任制，综合试点验收考核位列全省第1。举办2022和合文化全球论坛、第六届大陈岛垦荒精神理论研讨会等重大活动。央视跨年晚会两次落地台州。台州第七次荣膺“中国最具幸福感城市”，台州府城文化旅游区创成国家AAAAA级旅游景区。实现应建行政村农村文化礼堂全覆盖。创新推进宣传思想文化领域数字化改革，“村社传播通”应用入选全省数字化改革最佳应用。

【党的二十大精神宣传贯彻】 2022年，全市宣传思想文化战线开展党的二十大精神“八学八讲做示范”学习实践活动，《人民日报》、《光明日报》、央视《新闻联播》先后专题报道台州市宣传贯彻落实情况。组织开设“党的二十大精神在台州”“党的二十大精神台州点对点”“中国式现代化台州实践”等融媒体专题专栏，刊发原创稿件400余条，转发中央、省级媒体稿件1000余条。市委分4个专题举办“学习贯彻党的二十大精神”理论学习中心组专题学习会，在全市形成原原本本读原著、悟原理的领学跟学态势。开展学习贯彻党的二十大精神知识竞赛活动，线上参与答题人次超过64万。组织开展“奋进新征程 礼堂大学习”党的二十大精神群众性宣传教育活动，开展“团结奋斗向未来”学习贯彻党的二十大精神文艺巡演，策划推出学习党的二十大精神网络互动话题接力，活力台州共赴山海等网络微话题阅读人次超亿。举办全市党的二十大精神宣讲骨干培训会，组建市委宣讲团赴各地宣讲。市委领导赴联系学校和基层开展宣讲。全面深化“八员六进”宣讲活动。全市共开展党的二十大精神宣讲1万多场次，受众140多万人次。打造“手机党课”“理润青年”“小马扎课堂”等“云宣讲”新模式，与新疆阿拉尔、四川甘孜等西部对口支援地区开展二十大精神学习交流。

【思想理论建设】 2022年，全市宣传思想文化战线组织开展《习近平谈治国理政》（第四卷）、《习近平在浙江》《干在实处 勇立潮头——习近平浙江足迹》等专题学习研讨活动，完成《习近平谈治国理政》（第四卷）征订30余万册。开展习近平总书记在浙江工作期间对台州的重要指示精神等内容的专题学习活动，市委理论学习中心组组织专题学习18次。组织开展2022年党委（党组）理论学习中心组巡听旁听工作，共开展巡听旁听350多场次。制定出台《关于推动党史学习教育常态化长效化的实施意见》。推进“学习强国”学习平台建设，学员参与度排名居全省前列。举办第六届大陈岛垦荒精神理论研讨会，相关工作得到中宣部主要领导的圈阅肯定。推动大陈岛垦荒精神首次编入全国小学生教材读本——《习近平新时代中国特色社会主义思想学生读本》（2022版），并被省委推荐申报第二

7月20日，第六届大陈岛垦荒精神理论研讨会在台州市举行

（市委宣传部　提供）

批中国共产党人精神谱系。《三台宋韵系列研究》入选2022年浙江文化研究工程重大项目，推进《大陈岛垦荒精神研究》《司马承祯研究》等2项浙江文化研究工程课题。专题开展“再创民营经济新辉煌”研究，制定《深化民营经济理论研究工作方案》。深化习近平新时代中国特色社会主义思想研究阐释，编写《潮起台州湾　再创新辉煌》——“八八战略”台州卷。深入推进青年理论宣讲工作。举办台州市“共同富裕·青年说”理论宣讲大赛并推送优秀选手参加全省决赛，分别获得一等奖、二等奖。推进特色理论宣讲工作品牌建设，全市评选出12家青年宣讲名家工作室，其中郑岩滨理论宣讲工作室、“灵江潮音”宣讲工作室获评浙江省首批理论宣讲名家工作室。

【新闻宣传】 2022年，台州市宣传思想文化战线聚焦“民营经济再创新辉煌”“建设全球一流临港产业带”“共同富裕”等中心工作，推出“奋进新征程　建功新时代”“牢记嘱托　再创辉煌”等上百个融媒专题专栏。策划开展“杭台高铁建成通车”“聚焦招大引强　聚力项目突破”“技术工人‘扩中’‘提低’的台州样本”“稳经济40条”等系列报道活动，市级融媒体累计发稿71000余条，总阅读量5.73亿人次，多篇稿件阅读量破百万人次。在中央、省级主流媒体重要版面刊发正面报道900余篇，同比增长10%。印发《台州市“三情联动”机制》，发布“三情（疫情、舆情、社情）联动”短信息150余条，下发工作提示单15期。制定《新媒体直播审批管理办法》，有序规范新闻宣传传播秩序，全年未发生报纸出版和电视播出安全事故。全年召开新闻宣传工作例会12次，新闻宣传策划会1次，制定新闻宣传方案50余个。组织开展台州新闻奖、曙光奖、新闻工作者观澜奖等评选活动，举办庆祝第23个中国记者节座谈会。推进市级媒体融合工作，制定出台《台州市加快推进市级媒体深度融合发展实施方案》，挂牌成立台州市新闻传媒中心（集团），上线运行“望潮”新闻客户端，打造重大传播平台。印发《2022年县级媒体深度融合“三龙竞技”方案》，各县级融媒体中心融合指数进入全省前两个方阵，其中温岭两次位居全省县级融媒体指数第1，临海一次位居全省第2。

【文化台州工程建设】 2022年，央视跨年晚会两次落地台州，全平台触达超5.82亿人次，受众规模1.39亿人次，市场占有率15%，平均收视份额5.57%，居同时段第1。央视一套黄金时段大型文化综艺节目《非遗里的中国》首季开篇落地台州。第28届全国摄影艺术展览暨“山海

4月28日，由市委宣传部主办的“共同富裕·青年说”理论宣讲大赛在台州市图书馆举行

（市委宣传部　提供）

台州　江南长城”摄影艺术周在临海开幕，摄影展实际投稿人数和作品数量均创历届之最。电视连续剧《海之谣》等四部作品入选浙江省精神文明建设“五个一工程”奖。其中，《海之谣》在央视展播，收视率高居同时段榜首。动画电影《济公之降龙降世》获第35届东京国际电影节“2022东京·中国电影周”金鹤奖最佳动画片奖。推动台州市宋韵文艺项目创作，话剧《贤相杜范》、民族交响乐《宋韵台州》等展演。举办“华夏衣裳·宋韵时尚”2022年全国宋韵服装时尚设计大赛，入选2022浙江省宋韵文化节。以“和合城、台州潮”为主题，启动2022台州市民艺术节。推进农村文化礼堂建设，新建农村文化礼堂229家，实现应建行政村农村文化礼堂全覆盖。实施农村文化礼堂“四万工程”（万场宣讲活动、万场文体活动、万场志愿服务、万场文明礼仪），全省农村文化礼堂效能指数排名位列第1，温岭、天台、仙居、临海、黄岩、路桥包揽全省县（市、区）排名前六。黄岩区西城街道江北社区等4个基层乡镇（街道）获评第六批全省“扫黄打非”进基层示范点。推进重点文化产业项目建设，“台州方特·狂野大陆”主题动漫园正式开园，黄礁“海上拈花湾”文旅项目成立投资主体公司，台州府城文化旅游区创成国家AAAAA级旅游景区，台州府城宋韵·诗路文化体验馆正式开馆。开展2022浙东唐诗之路文化和旅游消费季活动。黄岩区、仙居县获得浙江省文化产业发展专项资金（2023—2025年）扶持。“钟书阁”正式开业，全市“品牌书店矩阵”基本形成。

9月16日晚，台州市2022市民艺术节开幕式举行

（市委宣传部　提供）

【对外宣传】 2022年，全市宣传思想文化战线健全完善新闻发布“4·2·1+N”工作机制建设，围绕“建设共同富裕示范区、再创民营经济新辉煌”主题策划推出系列发布会17场，在全省率先举办“‘浙’十年·台州”主题新闻发布会，市委主要领导作主题发布。第七次荣膺“中国最具幸福感城市”。举办“2022和合文化全球论坛”，邀请驻华使节、海外侨领、各领域专家学者等围绕“和合文化与全球共同发展”主题，探讨“人类命运共同体”新的理念，得到省委常委、宣传部部长的批示肯定。建设和合文化海外驿站16家，通过驿站举办多种形式的海外交流活动。策划推出“老外在台州”系列短视频，覆盖海外人群超过20万。制作“魅力台州”外宣品，打造12条精品外宣采访线、55个外宣采访点，和合文化人间园入选省级国际人文交流基地。开展和合文化走友城活动，在法国维尔纳、巴黎举办台州摄影图片展。

【精神文明建设】 2022年，全市宣传思想文化战线坚持和完善市、区督查员联系街道（乡镇）制度及“黄橙红”三色巡查整改制度，健全文明创建“日督查、月评估、季点评”督评机制，深入开展“八大提升行动”（创新理论铸魂提升行动、正能量传播提升行动、新时代文明提升行动、文艺精品创作提升行动、公共文化服务提升行动、网络智治能力提升行动、文化产业发展提升行动、文化人才队伍提升行动），开展问题点位销号“百分百”、补齐短板“百分百”两大攻坚行动。持续推进新时代文明实践“百千万”（打造百个示范站点、建好千支服务队伍、开展万场实践活动）提升计划，着力构建“15分钟文明实践圈”。出台《关于推进“和合台州·有礼之城”市域文明新实践的实施方案》，市县联动打造“十大金名片”特色文明品牌。深入推进新时代志愿服务工作，开展2022年度台州市志愿服务“六个10”即最美志愿者、最美志愿服务工作者、最佳志愿服务组织、最佳志愿服务项目、最美志愿服务社区（村）和最佳志愿服务站点各10个最美（最佳）典型宣传推选活动。建立台州市志愿服务指数评价体系，推进“温暖有约”“东篱之家”等数字化改革项目应用建设。持续深化“礼让斑马线”“使用公筷公勺”等文明实践活动。举行第八届台州市道德模范座谈会。4例上榜“中国好人榜”、28例上榜“浙江好人”，选树“台州好人”68例，省级以上典型数量居全省第3位，2人入选“浙江骄傲”提名人选。成立台州市大中小学思政课一体化建设联盟和研究中心。推进新建9家乡村“复兴少年宫”。市县联动迭代升级“东篱之家”留守儿童德育智护应用场景，入选浙江省未成年人思想道德建设十件实事项目。

（潘含露）

6月1日，“港澳台侨 携手共成长 同心向未来 2022台州—香港青年伙伴说”活动举行

（市委统战部 提供）

统战工作

【概况】 2022年，台州市统一战线加快“两市三高地”（新时代多党合作高地、民营经济统战示范市、宗教中国化和宗教事务治理现代化先行市、市外海外统战高地、基层统战创新高地）建设，全年共有76项工作、31位干部获市级及以上荣誉，54项工作获上级领导批示肯定，承办浙江·台湾周台州专场、全省清廉民营企业建设现场推进会等6场全省性重大会议和活动。

【思想政治引领】 2022年，台州市统一战线在全省创新出台《关于加强新时代统一战线思想政治引领的实施意见》《中共台州市委统战部关于认真学习宣传贯彻党的二十大精神的通知》，市县两级开展各类思想政治引领活动上千场次。组建“同心”宣讲团，组织“百名宣讲员、百场宣讲会”，创新“统战干部讲、代表人士谈、青年伙伴说”系列活动，常态化开展“同心圆”主题日活动，建成党外人士思想教育（实践创新）基地15家、“浙里石榴红”阵地113处，组织开展民主党派政治交接主题教育活动24次。

【多党合作和参政议政】 2022年，台州市统一战线协助市委出台《中共台州市委2022年度政党协商（会议协商）计划》，高质量举办各类政党协商座谈会11次，健全完善议政“直通车”专报制度，全年各民主党派市委会向市政协大会提交团体提案90件、大会发言材料38篇、个人提案144件，19件得到市委、市政府主要领导批示。创新开展专项民主监督，制定《台州市生态环保专项民主监督工作实施方案》，提出建议意见63条，形成7篇信息专报。出台《各民主党派台州市委会关于建立民主生活会（谈心会）制度工作座谈会纪要》，设立党派中央阵地2家、党派省委会阵地6家。

【党外代表人士队伍建设】 2022年，台州市统一战线形成市级党外代表人士和培养对象共653名，其中党外代表人士437名，培养对象216名。制定“双走访”活动工作方案，全年共走访党外代表人士和培养对象296人，双走访覆盖率45.33%。全年安排党外代表人士中青年骨干培训班等13个培训班次，培训党外代表人士273人，深化“薪火工程”，安排7名市级党外优秀年轻干部到基层和吃劲岗位挂职锻炼。做好省、市政协委员人事安排工作，完成两级政协换届任务。实施党外人士“同心同廉”工程。

【民族宗教事务】 2022年，台州市统一战线全年创建省级民族团结进步示范单位19家，打造省级民族团结进步教育基地1家，实现全市重点乡镇“石榴红”品牌全覆盖。建成“石榴红共富工坊”36家，承办首届“浙里话共富促共融”恳谈会，《台州三门县深化“三改”（深化要素贡献分配机制、公共支出调节机制和开放合作共享机制“三大改革”）涛头模式促海岛畲乡共富》入选首批全省高质量发展建设共同富裕示范区最佳实践。高质量开展红色教育“五百行动”（开展百场“永远跟党走 奋进新时代”主题教育实践活动、开设百场“之江问道”文化讲堂活动、建立百个宗教界爱国主义教育阵地、开展百场“我看浙江新发展”活动、讲好百个浙江宗教好故事），高位推动“之江问道”在台州落地，全年共承办省级宗教团体“之江问道”品牌活动8场。创建省级普法示范点1处，承办浙江省2022年“和谐宗教·法在心中”宗教法治面对面活动。巩固提升“四治四提升”（治热提效、治乱提品、治假提质、治俗提纯）行动成效，建立校地合作机制等3项，高压打击非法宗教活动，加强涉宗领域建筑、消防安全及陈列物隐患排查整改。

【民营经济统战工作】 2022年，台州市统一战线做好中国民营经济发展论坛筹备工作，与中国民营经济研究会合作共建台州民营经济研究基地。树立关心关爱企业家的鲜明导向，组建之江同心·民营企业家宣讲团，统筹开展“宣贯二十大·台商见行动”、浙商理想信念报告会等50多场次。聚焦企业家代际传承问题，实施“台商青蓝接力工程”，组织开展“311”导师计划，全市各级工商联顺利完成换届，企业家执委中新生代企业家占比均超过30%。放大民营企业创富带富效应，开展“百家商会兴百村行动”，107家商会结对112个集体经济相对薄弱村，落实帮扶项目102个，帮扶资金9.79亿元。推动清廉民企建设，全市5300多家规上民企实现全覆盖，并向中小微企业延伸，全省清廉民企建设现场推进会在台州市召开。

【党外知识分子和新的社会阶层人士统战工作】 2022年，台州市统一战线推进知新组织、知新活动向基层延伸、向新业态拓展，推动市欧美同学会管理体制革新，开展爱国奋斗报告会、“寻美台州”、共话“四个自信”等活动80多场次，“寻美台州”微博浏览量达461万人次，承办全省新的社会阶层人士统战工作实践创新基地建设现场推进会。常态化开展知本返乡、新联助企、网联在线、社联共富等行动，设立知新人士“同心共富”示范基地10个、“文化润富”示范基地11个、筹建“知新书屋”45家、成立“新联护企”服务团10个，“新联助企”服务站32个，持续汇聚知新力量，展现知新作为。

【海外统战工作】 2022年，台州市统一战线组织开展“百家小院百场活动”“海外党员不掉线”等活动190余场次。开展“以侨架桥·文化出海”丝路行活动，与匈牙利罗兰大学等海外华校云牵手。健全“引才工作站+海外侨团+海外智囊”工作机制，建立“海外高端智库”。将侨胞自身发展与家乡发展紧密融合，探索建立侨助工坊41家，改造提升42家侨宿，推动48个侨团（企）与50个欠发达村居建立结对关系，落实帮扶金额1.8亿元，承办“同心共富　侨来建功”全省侨界助力乡村振兴现场会。举办走进RCEP国家经贸投资系列交流会菲律宾、泰国专场。常态化开展“我为侨胞办实事，我为侨企解难题”活动，成立“检侨之家”，完成县级矛调中心涉侨维权工作站（调解室）建设，化解矛盾纠纷49件。

【新乡贤工作】 2022年，台州市统一战线健全新乡贤联系服务制度体系，发布共同富裕“三张需求榜单”，“组织开展“最美新乡贤”培树活动，引领带动4000多名新乡贤返乡，引进千万元以上投资项目92个、总投资67亿元。制定出台新乡贤带富示范村、示范项目、示范基地创建标准及《全市新乡贤带富基金使用管理指导意见》，设立新乡贤带富基金138个7.2亿元，创建各类新乡贤带富示范阵地20多家。深化新乡贤助调工作，132个新乡贤调解室、2005名新乡贤调解员参与化解矛盾纠纷2400多件。

【基层统战工作】 2022年，台州市统一战线构建完善大统战工作格局，召开市委统战工作会议、市委民族工作会议暨全市宗教工作会议、市委统一战线工作领导小组会议，明确台州建设“两市三高地”（新时代多党合作高地、民营经济统战示范市、宗教中国化和宗教事务治理现代化先行市、市外海外统战高地、基层统战创新高地）统战工作目标。系统重塑市委统一战线工作领

12月8日，台州市“最美新乡贤”颁奖仪式举行

（市委统战部　提供）

导小组及其办公室运行机制，出台《台州市县、乡、高校书记落实统一战线工作第一责任人责任清单》。将统战工作纳入市级部门政治巡察内容。突出大抓基层工作导向，加强乡镇（街道）统战工作规范化建设，以阵地建设为牵引，建成市级特色统战阵地9大类170个，创建首批市级示范性阵地50个。坚持数字赋能，完成“数字统战”内网建设工作，11个特色应用进入全省数字统战多跨场景应用目录S1，乡贤调解一件事等7个应用上线运行，“路路通亲清在线”入选“全省数字统战好应用”并在全省数字统战建设推进会上做交流发言。

（冯　旭）

政策研究

【概况】 2022年，台州市委政策研究室围绕“三高三新”现代化建设，聚焦“八八战略”、技术工人扩中提低改革、台州民营经济展示中心建设、县（市、区）党建考核机制、数字化改革“最响话语”申报、台州湾新区体制机制优化等重点工作，为市委建言献策，当好参谋助手。全年共起草各类综合文稿100余篇，获得市委、市政府主要领导批示15次。

【重大报告起草】 2022年，台州市委政策研究室起草《中共台州市委关于深入贯彻省第十五次党代会精神加快建设民营经济示范城市　奋力谱写“两个先行”台州篇章的决议》，经市委六届二次全会审议通过。起草《中共台州市委关于深入学习贯彻党的二十大精神以“三高三新”奋力推进中国式现代化台州实践的决定》以及决定起草说明，经市委六届三次全会审议通过。牵头做好2021年度“八八战略”实施综合评估，完成全市总体评估、分领域评估、分区域评估，并纳入全省“八八战略”实施综合评估报告。全量化梳理收集习近平在浙江工作时对台州的相关重要指示批示，以及习近平到中央工作后关于台州的重要指示批示。

【课题研究】 2022年，台州市委政策研究室深化共同富裕课题研究，牵头推进台州技术工人“扩中”改革，入选浙江省高质量发展建设共同富裕示范区最佳实践（第一批）名单。提炼台州技术工人“扩中”六招十二式，相关实践经验在全省高质量发展建设共同富裕示范区推进大会上获省委书记袁家军肯定，省委办公厅专门印发工作交流。推进共同富裕理论创新工作，起草《推动共同富裕由理论认知到区域实践的思考》。深化民营经济理论研究，牵头民营经济理论研究，形成29篇理论研究成果，汇编形成近30万字的《再创民营经济新辉煌》理论文稿集。起草《科学规划　抢占赛道　推动台州海上风电产业全链条跨越式发展》《推动我市光伏产业高质量发展的若干建议》《加快发展储能产业　夯实台州新能源城基础》《关于台州电池产业发展的调研与建议》《发挥优势积极打造长三角绿电基地》，为台州抢占新能源产业赛道提供重要参考。关注老龄化社会实况，起草《台州老龄化社会情况报告》。围绕经济稳进提质，赴各县（市、区）及企业开展调研，形成《关于企业用电成本上涨的调查研究》《关于推进减负降本优化营商环境的建议》调研文章。为台州临港产业带谋篇布局，起草《关于发展海洋经济打造全球一流临港产业带的实施意见》《台州临港产业带规划战略研究》《台州市临港产业带“1+N”政策清单》。

【重点项目改革】 2022年，台州市委政策研究室牵头数字化改革理论体系建设，聚焦数字化改革“6+1”系统实践和重大应用建设，全面总结台州数字化改革工作实践和典型经验。参与组织数字化改革“最响话语”理论成果市级层面的评选和报送工作，其中参与起草的《双轮驱动　多元协同　数字赋能政府治理现代化的台州实践》入选省数字政府系统推荐项目。牵头开展台州湾新区体制问题的调研，总结台州湾新区、相关市级部门以及椒江区、路桥区意见，形成优化新区体制支持新区发展的二十条政策措施。开展高能级中心城市调研，形成关于优化行政区划构建高能级城市的调研报告。

【财经决策服务】 2022年，台州市委政策研究室履行市委财经委员会办公室职责，全年共召开市委财经委员会会议4次，研究重大议题16个。聚焦年度重点经济指标，专题研究2023年全市经济发展的主要任务，部署落实2023年主要经济指标安排、重大项目和“开门红”项目安排等情况；聚焦重大项目决策，专题研究台州湾新材料产业园、比亚迪新能源电池生产基地等千亿级、百亿级重大项目推进、建设等系列事项；聚焦财经工作重大体制机制，专门研究《关于加快推动山区县招大引强促进产业发展的若干意见》《台州建立完善财政金融风险处置工作机制的实施意见》等政策。

【党建工作】 2022年，台州市委政策研究室深入贯彻落实省委《“红色根脉强基指数”评价办法（试行）》文件精神，结合台州20多年大党建考核特点及实际情况，通过变革重塑考核框架、优化升级考核方式、重点突出考核内容、强化运用考核结果等方式推动党建考核体系变革重塑，高标准制定出台《2022年县（市、区）委党建工作责任制考核办法》《2022年台州湾新区（高新区）党工委党建工作责任制考核办法》。深入开展完善党委重大政策研究、部署和评价机制方面的研究，深化党建统领作用发挥和体制机制建设问题思考，起草《关于加强党建统领全面提升党的领导力组织力的思考与建议》。

【信息参阅编印】 2022年，台州市委政策研究室围绕党的二十大精神、共同富裕、再创民营经济新辉煌等主题选准2022年市级领导重点调研课题19个，完成《2021年度市级领导重点调研课题成果汇编》。编印《再创民营经济发展新辉煌》《2021年台州发展研究》《2021年台州党建发展与创新》等书籍3本，编发《台州政研》杂志3期、《台州党建研究》杂志4期、《台州政研》简报28期、市六届一次党代会《简报》23期，供市委、市政府领导和各地各部门参阅。全年报送各类信息20余篇，中欧（义新欧）班列"台州号"常态化高质量开行、金融惠企纾困政策、工业"标准地"项目等相关信息得到市委主要领导关注和批示。

（王萧榕）

全面深化改革

【概况】 2022年，中共台州市委全面深化改革工作委员会办公室围绕"奖项拼金银，应用创最佳，系统争前三，考核保优秀"的改革工作目标，以数字化改革撬动各领域各方面改革。5个项目获评全省数字化改革"最系列"成果评选，6个项目获评全省改革突破奖及提名奖，获批改革试点682个，获评2022年度全省改革创新成绩突出集体。

【数字化改革】 2022年，中共台州市委全面深化改革工作委员会办公室建立"例会推+专班干""清单制+作战图"机制，开展数字化改革指标、项目、试点、推广、宣传五大比拼，每半月晾成绩、晒进度，传导工作压力、推动责任落实。建立双月星级评价机制，评价结果在每次数字化改革推进会上公布，激励各地各部门改革争先。完善项目推进机制，落实项目管理"一本账"工作机制，不搞重复建设，同时推动社会各界参与各类应用建设。在全省设区市第一个制定数字化改革总体方案，第一个探索市域层面重大改革（重大应用）"一本账"机制和数字化改革试点统筹管理"一本账"。建立项目推广辅导机制。在改革办内部严格实行"一个项目、一位联系领导、一个专班、一抓到底"。2021年至2022年，数字化改革专班共辅导市县两级数字化项目近200个。年内6个应用参加第五届数字中国建设成果展览，其中"房省心"和"海洋云仓"入选展览峰会成果50强，数量位居全省第1。"渔省心"和"金融信用公共数据授权运营"两个应用入选国家社科基金重大项目。海洋塑料污染数字化治理经验亮相生态环境部新闻发布会，经验做法在省数字化改革推进会上作典型发言，被省政府办公厅发文推广，成为数字政府系统第一个在全省范围推广的地方应用，并在全国多地复制推广。全年共有40项数字化改革成果在全省得到推广。台州疫情防控精密智控经验、仙居司法领域电子数据取证集成改革等改革工作得到省委书记袁家军批示肯定。"房省心"应用作为唯一内容在全国住房和城乡建设系统介绍经验。台州市39个应用入选省重大改革（重大应用）"一本账S2"，党建引领"共富工坊"、数智殡等6个应用入选省"一地创新、全省共享"一本账。

【重点领域改革】 2022年，中共台州市委全面深化改革工作委员会办公室推进"牵一发动全身"重大改革，围绕促进共同富裕、重塑民营经济、推动除险保安等重大场景，全面贯彻省牵一发动全身改革项目19项，谋划推出市县领导领衔重大改革项目44项，形成"两月一呈报、一季一分析、半年一评价"机制，确保取得突破性进展、标志性成果。推进群众"牵肠挂肚"民生实事改革，通过实地调研、意见征集，滚动推出20项群众"牵肠挂肚"改革项目，包括来浙实践、市区停车一体化、十分钟健身圈等服务群众、便利群众的项目。采取召开专项改革现场会、组织开展专项督察等形式，加大改革推进力度、落地速度，打造一批具有台州辨识度、显示度的改革成果。台州市小微金改再次获得国务院总理李克强、副总理韩正、刘鹤等国务院领导 和省委书记袁家军、省长王浩等批示肯定。一批改革经验向全省乃至全国推广，台州市深化商事制度改革、深化医药卫生制度改革2项改革获国务院办督察激励；数字赋能提升企业信用监管效能做法，得到国务院职转办推广。台州"七张问题清单"工作和小微金改两项改革经验被中办简报刊发宣传。加强商品市场知识产权信用监管相关经验做法被国家知识产权局发文推广。

（陈政伊）

机构编制

【概况】 2022年，中共台州市委机构编制委员会办公室完成台州湾经济开发区管理体制优化调整、基层管理体制改革、“大综合一体化”行政执法改革、“民转公”编制保障等重点工作任务，为台州高质量发展提供有力的机构编制和体制机制保障。

【台州湾经开区管理体制优化调整】 2022年，中共台州市委机构编制委员会办公室推动台州湾经济开发区由综合设置调整为独立设置，领导职数与内设机构由“2+2”（领导职数2名、内设机构2个）升级为“4+8”（领导职数4名、内设机构8个），形成“一个平台、一个主体、一套班子”的独立运行格局。

【“大综合一体化”行政执法改革】 2022年，中共台州市委机构编制委员会办公室推动执法力量下沉乡镇（街道），实现全市执法力量县乡占比92.29%，其中乡镇（街道）占比73.18%。成立乡镇（街道）综合行政执法队103支，实现乡镇（街道）“一支队伍管执法”以及“县属乡用共管”制度全覆盖。

【基层管理体制改革】 2022年，中共台州市委机构编制委员会办公室完成乡镇（街道）“1+4+X”改革，市县乡三级指挥体系初步贯通运行，130个乡镇（街道）全员落实岗位管理，乡镇（街道）编制、股级职数“周转池”建设实现全覆盖，乡镇（街道）所属机构精简6.63%，纳入乡镇（街道）层级使用的编制数占县（市、区）编制总数的比例从25.6%上升至34%。

【机构编制保障中心工作】 完成市委教育工委和市委互联网企业工委机构设置与调整工作。为市级融媒体改革、市域铁路S1线开通运行、知识产权保护体系建设等重点任务提供机构编制保障。实施“民转公”编制保障“五条路径”，市县两级为12家“公参民”学校“转公”提供编制912名。设立教育提质行动编制池，专项保障教育领域引才用编。

（市委机构编制委员会办公室）

对台工作

【概况】 2022年，台州市台办深入学习贯彻习近平总书记对台工作重要论述，按照新时代党解决台湾问题的总体方略，推进台台两地融合发展、和平发展。

【对台交流交往】 2022年，台州市台办打造两岸（大陈岛）基层交流示范区、两岸（济公故里）和合文化交流中心。推进大陈岛、济公故里海峡两岸交流基地建设，新设立“大陈岛海峡两岸交流基地青年创业交流服务中心”。线上线下举办“2022两岸大陈乡情文化节”和“2022中华济公文化节”，参加活动的台胞近450人。在台北同步举办“2022两岸大陈乡情文化节”活动，台北市长蒋万安、前高雄市副市长叶匡时等820人参加，文化节采取“文旅+经贸”融合的方式，推介椒江区、天台县重点投资项目。举办“两岸云祭扫”“两岸粽飘香”“月圆两岸”“腊八祈福”等活动。举办以“和合大家庭、两岸一家亲”为主题的2022浙台邻里节台州专场活动。温岭市成立台州市首支“台胞义工队”，组织引导台胞扎根当地、服务当地。

【对台青年交流】 2022年，市台办与团市委共同开启“台台青年伙伴计划”，引领两地青年进一步密切交往。动员台湾青年代表参加重要活动，中华大陈同乡总会理事长2次受到十九届中央政治局常委、全国政协主席汪洋的接见，并代表台湾27个统派团体在京发言反“独”促统。发挥两岸媒体人、网红的宣传效应，筹划和组织“台青看大陈”等系列活动，央视等国家级媒体报道台州市对台工作30多条次。借助台州医院台湾籍医生董道兴入选斯坦福大学“2022全球前2%顶尖科学家榜单”等有利时机，讲好台湾青年创业就业的故事，吸引优秀台湾青年持续入驻台州市。全年在省级以上媒体报道台州市对台工作112条次，其中在新华社、《人民日

10月29日，以“和合大家庭　两岸一家亲”为主题的2022浙台邻里节台州专场活动举行　（市台办　提供）

7月22日，2022浙江·台湾周台州专场活动暨两岸（台州）民营制造业高质量发展论坛在玉环开幕　（市台办　提供）

报》、中国新闻网等国家级媒体报道80条次，央视《海峡两岸》栏目报道4次。强化网络宣传效应，大陈台胞代表反“独”促统短视频播放量1000多万次，点赞量超28万人次。邀请台湾青年王炳忠、刘乐妍、“台湾表妹”等“百万大V”到台州市采风宣传，视频播放量800多万，点赞量20多万人次。举办第四届“台台少年端午云诵读”活动、“2022玉台口琴云音乐会”、“2022浙台大学生和合文化非遗主题体验营”等，组织台湾青年参加全国台联第19届台胞青年千人夏令营浙江分营等活动。全年线上线下邀请241名台湾青少年参加各项交流活动，以文会友，以琴会友，感悟和合文化。

【对台经贸交流】　2022年，台州市首次举办以“两岸（台州）民营制造业高质量发展论坛”为主题的浙江·台湾周台州专场活动，中国侨联副主席、省政协副主席吴晶，省台办主任庄跃成，市委书记李跃旗，全国台企联会长李政宏等181人参加，现场签约台资项目10个，总金额超2亿美元。在椒江区、黄岩区、仙居县开展相应的专题活动，仙居县的专题活动暨两岸乡村融合发展论坛有两岸95位嘉宾出席，时任南投县长林明溱视频致辞，挂牌成立两岸青创中心，签约台青创业项目2个，总投资额1000多万美元。开展“在浙在陆台商看台州”活动，邀请上海、深圳、杭州等地台胞台商6批次116人次到台州市考察交流、投资创业。市台办被市委、市政府评为“2022年度高质量发展建设共同富裕先行市经济稳进提质先进集体”。设立台资企业“助力全面建设共同富裕区域标杆”项目示范点，台州添运工艺品有限公司主与黄岩“小橘灯”共富工坊建设，帮助2000多名农村低收入群众实现不出家门就业，年增加收入300多万元。举办“台商大讲堂”暨党的二十大精神宣讲会。协调成立市检察院驻市台资企业协会检察联络站，推动涉台司法保护工作迈上新台阶。仙居台创园为园区台企拓展销售渠道、减免水电费用30%等，并作为浙江省贯彻落实国台办“农林22条”的唯一案例在《人民日报》海外版刊载。三门县台办牵头12家单位为浙江富研新型材料有限公司等台资企业解决项目审批、用电用能、招工融资等事项。天台县将台湾居民居住证使用问题作为调研课题，摸排全县银行、电信、物流、农医保等民生业务单位，现场发现问题、解决问题。玉环大麦屿港对台直航保持畅通，全年对台集装箱吞吐量10558标箱，再超万标箱。

（张灵红）

市直机关党建

【概况】　2022年，中共台州市委直属机关工委情景式教学新场景、机关党员干部政治标准考评机制等典型案例被省工委推广；组织体系管理综合集成、清廉机关模范机关建设（驾驶舱）、党费管理一件事三项数字化应用场景建设获省工委通报表扬；指导玉环市网络订餐骑手临时党支部“三加”工作法、天台县“小板凳”大服务工作法入选全省党支部工作50法；“台州红云”机关党建数字化系统建设获全省第十轮机关党建工作创新成果二等奖，指导温岭市、黄岩区、三门县机关党建项目获评省级创新成果奖；11个重难点项目入选全省“破百难·助共富”项目库；机关党建全域线上治理创新做法和全市机关党务干部思想状况调查工作分别获市委书记李跃旗批示肯定；指导各县（市、区）推进“双建争先”系列工作获市委领导3次批示肯定；机关党建相关经验做法被省委办、省工委推广。

【机关党建责任制落实】　2022年，市委书记李跃旗牵头常委会研究机关党建工作，先后3次对机关党建相关工作作出指示批示，出台《中共台州市委关于全面贯彻实施“红色根脉强基工程”奋力推动新时代台州基层党建走在前列的实施意见》。分级定制党组书记第一责任、班子成员“一岗双责”、机关党委书记直接责任、党支部书记落实责任，形成明责、履责、尽责、可追责的链条。持续推行党组（党委）书记领办项目，市直78家单位“一把手”均已解决1项重难点问题。建立机关党建督查专员库，联合市委巡察办，建立巡察发现党建共性问题督促整改联动机制，定期开展政治、思想、组织、作风等风险隐患排查，全年完成4轮线上线下督查，累计整改问题3759个，落实分级交办、督促整改、回访反馈、结账销号工作闭环。

10月13日，台州市机关党组织“破百难、助共富”活动现场交流会在三门召开（市委直属机关工委 提供）

【思想政治工作】 2022年，中共台州市委直属机关工委聚焦学习贯彻党落实党的二十大精神、省十五次党代会精神这一主线，倡导先学即学深学，统筹推进“八学八讲做示范”“五讲六走进”“十个一”“践行‘八八战略’投身‘两个先行’”系列活动，重点教育支部书记懂理论、引导党务干部讲理论，尤其发挥青年理论宣讲团“轻骑兵”作用，累计开展各类宣讲28场受众7400余人次。动员全市各级基层党组织开展“学先进、找差距、谈体会”专题学习研讨活动，试行党课旁听、组织生活观摩制度。组织订用《党的二十大报告学习辅导百问》等辅导用书3.5万余册。评选30件“喜迎二十奋进新时代”优秀微党课作品，组织全市65个机关党组织开展“温经典润初心”学习贯彻二十大经典影视配音活动，制作10余部学习贯彻党的二十大精神”微党课视频，举办“喜迎二十大 红色藏品展”专题展览、改革开放40周年图片展，多形式促进党的二十大精神和省十五次党代会精神入脑入心、入心入行。指导督促各级机关落实《关于高水平推进新时代思想政治工作的实施意见》，专门出台《台州市机关干部职工思想动态分析报告办法》，对全市机关党组织开展思政工作的形式和内容等方面作明确和规范，并第一时间落实机关党务干部开展干部思想状况调查，开展全市思想政治工作座谈会4场，回收调查问卷1282份，形成专项调研报告获市委书记李跃旗批示肯定。

【党建服务大局】 2022年，中共台州市委直属机关工委联建助共富，利用机关党组织枢纽功能，同系统部门通过党建资源联享、乡村振兴联动、民生实事联办、人才队伍联育等凝聚共识、形成合力；相毗邻部门通过借智借力、资源集成、产业集聚等错位互补、协同发展，攻克11个“破百难·助共富”重难点项目，并增设229个项目，做大“共富蛋糕”。深化“共富工坊”建设，有798家共富工坊挂牌运营，吸纳2.2万余人就业，年人均增收2万多元。聚力暖基层，常态化开展“三服务”，深入实施党员“助企服务、纾困帮扶”“稳进提质、党员冲刺”行动，选派126名干部蹲点调研220余次，解决资金兑现、员工急缺、运输保障等问题78项。迭代优化“社区吹哨、党员报到”工作体系，深化“党员进社区、幸福进家门”“进社入网联户”等活动，推动87789名机关、企事业单位在职党员编入社区治理网格团队，走访40254个微网格，收集建议近3万条，帮助解决“关键小事”1.62万余件。持续开展困难村结对帮扶工作，全年累计落实帮扶资金1100万余元。履责强竞效，广泛开展“共富论坛”“先锋岗责任区”“志愿服务承诺践诺”“亮身份亮标准亮承诺”等系列活动，让党旗在一线高高飘扬。重点优化由300余名党员组成的机关党员先锋突击队，建立实战演练平台，引导党员干部在疫情防控、防汛防台、安全生产等急难险重任务中打头阵、争先锋，全年全市累计出动75575名机关党员干部助力基层防疫工作。

【党组织管理】 2022年，中共台州市委直属机关工委推行全域线上治理，优化省级“台州红云”机关党建数字化系统，建立“四级端口”，划分“四大片组”，绘制“四级云上组织树状图”，打通全市3620个党组织、9161名管理员治理管理渠道；拓展完善多跨场景，简化高频事项审批流程，探索实施多点协同审批机制，设置全程感知预警系统；建立立体化线上巡查模式，开发五维评价机制，多渠道归集调用数据，推动市直部门党组织按期换届率从86%提升到98%；请示报告批复率达100%，提速4个百分点；发展党员程序规范性指导率达到100%，党员发展程序错误效率从3.7%降到0.37%,线上督导问题整改率为97%。推行片组协作模式，组织开展“片组协作·试点先行”行动，实施片组协作“聚光亮灯”工程，重点建立“1+1+N”联动架构，健全“四级八员”抓机关党建工作责任体系，通过搭建专题交流、主题发言、心得分享等平台推进资源共享，以“先进带后进”互助活动深化结对指导，探索“互相找茬”“晾晒比拼”“实务操作”等形式促进共同进步，基本形成《市直部门片组协作“双建争先”工作规则（试行）》《党组织党建责任离任交接制度》《联创先锋支部工作激励机制》等制度成果，推动机关党建工作从零打碎敲向系统重塑、合作共赢转变。联合市综合行政执法局出台《台州市乡镇（街道）综合行政执法队党组织建设指导意见》，完善“大综合一体化”行政执法改革后党组织设置和工作机制，推动党建与执法改革思想融合、组织融合、工作融合。

【基层党组织建设】 2022年，中共台州市委直属机关工委推行情景式教学，统一制定完善各项党务工作流程与规范，在全市各级机关党组织征集207个情景式教材剧本，明确18个精品党务项目清单，开发集动画模拟、真人演绎、艺术沙画等形式为主的“可看、可听、可品”情景式教材，并组建“1+N”教学团队，常态化开展场景演练、培训点评、主题交流等活动，丰富传统党务培训教育手段。深化“支部结对帮建、书记结对帮带、党员结对帮扶”固本强基行动，全年累计推进“三帮三结对”项目200余个。持续实施“双百双创双提升”行动，全年评选市级机关示范点25家、先锋党支部44家，累计打造机关党建示范点157家，先锋支部147家。继续探索实施困难党员帮扶、心理健康咨询等“暖心十事”。推行新老支部书记“一对一”结对帮建制度，完成10个机关党建专家团队、100余名党务工作小教官培育。全年培训党组织书记、党务干部轮训培训1128人次。推进党务干部“培养链”计划，探索党务干部“一人一档”，实施“青苗储备计划”。

【机关纪检监察】 2022年，中共台州市委直属机关工委开展执纪执法专题检查1次，接受案件及业务咨询500余人次，受理纪检监察组移送审理的案件32件，结案31件。对26家单位56名受处分人员的情况进行调研，新受处理处分人员回访教育率100%。对9家单位27名受处分人员直接回访并听取意见建议，工委直接回访教育率48.21%。线下检查指导机关纪委开展工作44次，依托台州机关党建红云系统开展廉政风险排查，线上督查指导904次，实现廉政风险防控全覆盖、抽检面100%。开展机关纪委培训和市直机关纪检工作线上培训，机关纪委覆盖率100%，并延伸至县（市、区）机关纪检干部。督促各单位机关纪委自行开展效能作风建设检查196次，牵头组织机关面上效能作风检查3次，全覆盖疫情防控督查，集中整治“躺平”“推诿拖延”“提线木偶”等不良风气，持续提升机关作风效能。增强机关廉洁文化的耦合度和渗透力，提升内在自觉、营造廉洁氛围，新培树“清廉文化进机关”示范点30余家，对原有52家示范点中的46家开展回头看，抽查率达到88.46%。累计打造“清廉文化进机关”示范点90家、清廉阵地120个、清廉文创作品285件。参与开展“清风传家·德润台州”主题宣传教育活动，面向全市发放清廉家风倡议书，推动各市直单位干部职工签订清廉家庭承诺书11244份。

（吴　霞）

11月24日，台州市片组协作“双建争先”第四次研讨会暨市县片组联动协作现场交流会在路桥召开　　（市委直属机关工委　提供）

信访工作

【概况】 2022年，台州市各级信访部门共办理来信、来访、网络3.48万件，市“12345”热线共受理群众来电228.02万件。玉环市创成“国家级信访工作示范市”和“全省信访工作现代化示范市”；9个县（市、区）创建省级“无信访积案县（市、区）”，实现“满堂红”；台州市获评省对市信访工作考核优秀单位，实现“八连优”；在2022年召开的第九次全国信访工作会议上，台州市信访局被评为全国信访系统先进集体，为全省唯一的地级市信访局。

【党建引领工作机制构建】 2022年，市委、市政府将“党建+信访”工作列入市、县“一把手”双签的信访工作责任书和基层党建考核、述职评议的内容。市委常委会每月听取信访工作汇报，研究突出信访问题。市党政主要领导阅批群众来信，接待群众来访，重要信访事项做到每件必批示。26件省级清单全部销号。将自规、住建、农业农村等信访总量较大、领域性问题较为突出的市政府分管领导纳入副召集人，建立定期研究会商机制。建立市委联合督导、信访办理和处置工作中涉嫌失职失责问题线索移送工作、重大信访问题成因档案和化解档案等工作机制。

【信访积案清底清零】 2022年，台州市各级信访部门对国、省级交办的信访积案按照“一事双交”原则，落实县（处）级以上领导包案，并按照“四定四包”（即定领导、定措施、定时间、定责任；包统筹、包协调、包疏导、包化解）和“五个一”（一名县级包案领导、一个工作专班、一套化解方案、一份会议纪要、一套疏导措施）标准专项推进。各地各部门党政主要领导对本辖区、本领域信访积案做到每件会商。建立考核比拼、赛马晾晒、督导检查、提级包案、工作约谈、视频抽查等制度。开展积案清底行动，全市2150件国家级积案已化解2117件，化解率98.5%，1489件省级信访积案已动态清零，431件市级信访积案已化解388件，化解率90%，相关做法在省委信息简报上介绍。

【信访数字化改革】 2022年，台州市各级信访部门构建即时感知、科学决策、主动服务、智能监管、多维考核五大通用子场景，开设“积案清零”“初信初访”等模块。“积案清零”模块在全市积案清零专项攻坚任务中发挥全链条压实责任、上下互动联通、动态监督指导等体系功能。“初信初访”模块，通过多级联动，对初信办理的过程中的办理效率、领导干部阅批、现场调查核实留痕、群众沟通等环节进行监督。推进“民省心”项目建设，准确监测重大和激增民情事件，分类梳理和总结提炼，为市委、市政府决策提供依据。

【信访双向规范】 2022年，台州市各级信访部门落实重大决策、重大项目社会稳定风险评估机制，在源头上防范因决策不当和工作不细而造成信访问题。健全初次信访办理“全流程工作清单”和初次信访事项主体责任清单和负面清单管理制度，推动初次信访“天天清、周周结、月月检”。全年全市群众初信访群众满意率为97.2%。推动维护信访秩序百日攻坚专项行动，对于依法处理的典型案例，定期向社会曝光，教育和引导群众依法信访。

【热线平台改革】 2022年，市“12345”中心全年共受理群众来电228.02万件，同比增长127.04%。咨询事项直接答复率为97.67%，热线有效接通率为95.56%；完成与市“96345”党员志愿服务热线的互联互通。全年共开展领导现场接听“12345”热线活动128场，其中市领导接听10场、市级部门领导接听20场，县（市、区）接听98场，共受理群众诉求1827件，推动一批疑难复杂事项有效化解。

（全修炼）

老干部工作

【概况】 2022年，台州市老干部工作部门围绕台州“三高三新”现代化建设目标，用心服务，引领老干部发挥正能量作用。多项工作获省委老干部局领导和市委主要领导批示肯定。截至年底，台州市有离休干部442人，行政事业单位退休人员68962人。

【思想政治建设】 2022年，台州市老干部工作部门以迎接、学习、宣传、贯彻党的二十大为主线，开展“寻找最美老干部”“敬业谱新篇”主题演讲比赛、“奋进新时代”全市老年书画展和“盛赞新成就”主题征文等系列活动，以老干部的视角，用宣讲、绘画、实践等多种形式歌颂党的伟大成就。组织全市离退休干部党员学习《关于加强新时代离退休干部党的建设工作的意见》文件精神，出台《台州市离退休干部党建工作“十二法”》。以通报会、座谈会、读书会、培训会等形式提升老干部理论水平。召开老干部代表座谈会、老干部情况通报会，市委书记李跃旗宣讲党的二十大精神并通报全市经济社会发展情况。组织地市级老干部开展“走基层、看变化、促发展”活动，举办市地市级老干部读书会、市级机关事业单位离退休干部党支部书记培训班。出台《台州市离退休干部党支部规范化建设评估细则》等文件，对市直58家申报单位开展一对一面谈评估、对县（市、区）采取随机抽查，新增党支部示范点30个，全市规范化党支部建设已完成574家，占比78%。探索离退休干部党建融入城市基层党建格局，涌现“云上夕阳红”“红色物业”“银龄先锋党组织+”“银龄党建+志愿服务”等创新品牌。

【老干部作用发挥】 2022年，台州市老干部工作部门开展银色人才库建设，培育银色人才领军人物和老干部品牌工作室，建立市级“银色人才库”413人，筛选出省级领军人才3人，市级领军人才25人，县级领军人才50人，打造“银雁建言”“银雁返乡”“银雁治理”项目。推进“银耀台州·助力共富”行动，全市培育“银耀共富”品牌团队45个，品牌工作室30家，吸纳老同志500多人，开展各类活动300余场次。联合浙江省标准化设计院，发布全省首个老干部工作地方标准《银景驿站建设和服务规范》，新建银景驿站10家，总数达到46家。共搭建各类社区服务平台89个，有效覆盖100余个社区，为2万多名离退休干部提供家门口的便利。推进“银尚乐活”品牌建设，选树“银尚达人”596个、“银尚之家”77家。

【老干部服务保障】 2022年，台州市老干部工作部门为离休干部定制“一人一策”精准服务菜单，建立“一人一策”精准服务档案。建立离休干部关爱帮扶机制，对身患重病且自负费用较大、家庭遭受重大变故等有特殊困难的离退休干部给予关心照顾。做好特殊困难离退休干部帮扶排摸工作，全年共落实离退休干部特困帮扶经费15万元，帮扶困难老同志及遗属53人。提高市级单位离休干部、副处级以上退休干部及部分退休高级知识分子健康体检费标准（从1200元调整至2000元），与相关体检部门协商制定符合老干部需求的体检套餐，新增多项特色自选项目，共包含7类27个小项目。全年共为850多名市直离退休干部进行健康体检服务。探索“数管健康”新路径，在临海试点“家庭医生签约服务”场景应用。全年共探望住院老干部65人次，指导相关单位为18名老干部办理丧葬事宜。对8位易地安置（异地居住）离休干部进行走访慰问，送去慰问金1.6万元。“七一”前夕开展“夏季送清凉”普访离休干部活动，挨家挨户走访看望离休干部及遗孀。在“老年节”前夕为离休干部和80岁以上退休干部共251人送上祝寿慰问金12.55万元。

【老干部阵地建设】 2022年，全市老年（老干部）大学共设立分校、教学点39个，开设班级170个，招收学员5557人次。市本级在全省地市中率先成立老年教育联盟，天台县作为台州推进老年教育资源整合工作试点地区，布局29个老年教学场所建设，合力打造平街银龄教育示范带。路桥区老年大学新增文化馆教学点成为100所“全省优质教学点”之一。联合台州职业技术学院、台州广电总台等成员单位开设“数字化云课堂”，内容涵盖养生保健、艺术健身、智能手机应用、反诈宣传等诸多方面，全年完成100期节目的制作和播出，报送的《戏曲旦角身段表演》等课程视频已在“浙江云上老年大学”第一批正式上线。依托书画协会开展“书画进企、助力共富”银龄行动，先后走进椒江水晶光电、仙居司太立等6家民营企业。依托艺术团组织老同志文艺下乡，全年开展各类送文化下乡进文化礼堂活动50场次。

【老干部工作队伍建设】 2022年，台州市老干部工作部门开展“四心”（忠心向党喜迎二十大、贴心服务共话四十年、凝心聚力同谋共富路、暖心关爱齐建馨家园）工程建设。在园区制作完善廉政文化墙、廉政走廊、廉政宣传栏，以“围棋”为元素对整个园区进行廉政文化主题改造。组织开展“学双先、谈体会”“老领导讲廉”“老少携手书写廉洁”等活动。加强微信公众号平台管理和内容建设，全年推送稿件494篇，获评2022年度全省老干部工作部门十佳信息工作先进单位、《中国老年报》2022年度离退休干部宣传报道工作优秀单位，《以“四心促四提”锻造高素质老干部工作队伍》《关于干部退休生活规划的现状和思考》获评全省优秀创新案例和优秀调研文章，获奖总数全省领先。

（杨　阳）

党校教育

【概况】 2022年，中共台州市委党校培训班次、培训学员、咨政报告、立项课题等数量均创党校历史新高。四项工作获全省党校系统第1名，在2022年度全省党校系统理论研讨会论文评选中获奖数居市级党校第1名、市县党校系统获奖数第1名，在省第六届社会科学界学术年会中优秀论文入选数居地级市党校第1名，在浙江高质量发展建设共同富裕示范区外宣好故事评比中居地级市党校系统入围数第1名。

【党的二十大精神学习宣传贯彻】 2022年，中共台州市委党校组织召开全市党校系统党的二十大精神宣讲工作准备会和理论研讨会。邀请党的二十大代表进课堂与学员面对面交流。联合市直机关工委、台州日报集团制作学习贯彻党的二十大精神宣讲微视频10期，对接台州广电集团策划推送党的二十大精神进民企系列宣讲视频9期，组织开发公益宣讲专题课程11个，校委理论学习中心组及时刊发并组织教师发表学习阐释二十大精神文章7篇，举办“同心向党绘华章 踔厉奋进新征程”学习贯彻党的二十大精神主题结业汇报演出，持续推动党的二十大精神进课堂、进教材、进基层、进网络。

【理论宣讲】 2022年，中共台州市委党校打造红色宣讲团队、培养宣讲名家，4位教职人员入选省委党校“三百”（百名校长、百名骨干教师、百名支部书记）宣讲团，2位教师入选台州市党员教育“三百计划”讲师团首批名单；与市委宣传部、团市委联合成立台州市青年理论宣讲名家工作室、一江·青年研习社，吸纳成员30余名。市区中青班学员全员参与、编演话剧《浩荡东风之逐梦》并进行线上直播。党的二十大、省第十五次党代会召开后，组织教师深入黄岩区瓦瓷窑村、天台县雷元村进行宣讲辅导。全年共组织开展各类宣讲150余场次。

【干部教育培训】 2022年，中共台州市委党校全年共组织举办各类班次143个，培训学员13676人，创党校历史新高。加强教研室基本单元建设，制定实施“教研室工作规范15条”，新增教学专题33个，2门课程入选全省党校（行政学院）系统“浙里好课”课程库，1门省级精品课在省委组织部“浙里学习”平台录播。推进市区党校一体化办学，会同三区和市级有关部门进行座谈，形成专题调研报告，由市委组织部牵头召开市区干部教育培训联席会议，推动市区干部教育培训工作有序高质开展。

【科研咨政】 2022年，省市课题申报率和省委党校理论研讨会论文报送率同比分别增长46%和48%，立项率和获奖率同比分别增长25%和33%。全年共出版学术专著1部，获2023年度省哲学社会科学规划课题重点课题立项2个，实现近十年市委党校省哲学社会科学规划重点课题立项的历史突破，获2022年度台州文化研究工程（第一期）重大课题立项1个（全市共5项），实现在地方文化重大研究领域的历史性突破。

4月21日，2022年市区中青年干部培训班主演的话剧《浩荡东风之逐梦》完成展演 （市委党校 提供）

【县（市）党校分类建设】 2022年，中共台州市委党校统筹指导推进县（市）党校分类建设，出台县（市）党校分类建设实施意见，组织召开全市党校校长会议暨县级党校分类建设部署会，系统部署基础建设年、争先创优年、整体跃升年、巩固深化年“四年”和主体责任大落实、教育培训大提升、科研咨询大突破、人才队伍大优化、办学条件大改善“五大行动”。组织6个调研组赴县（市）党校就分类建设、绿色校园创建、系统建设开展专题调研，召开调研情况汇报会、校委会进行专题研究。及时研究贯彻《加强全省市县党校师资队伍建设八项措施》，赴组织部、财政、人社等部门对接具体落实举措。指导温岭市、玉环市党校顺利通过绿色校园评估验收，并获优秀等次。

【新校园搬迁准备工作】 2022年，中共台州市委党校组建新校园搬迁启用准备工作专班并建立例会制度，对发现的59个问题进行整改优化。出台采购内控、周转房管理、教室和文体场馆管理、后勤服务监管、干部心理素质提升中心运行、规范培训经费结算等9项管理制度。及时研究制定加强核心课程体系建设、完善市区干部教育培训工作、组织员管理等8项教学组织规范，为新校园正式启用做好制度保障。

（阮伟达）

史志研究

【概况】 2022年，市委召开全市党史工作会议，部署推动台州建设党史工作强市各项工作。市委办印发《台州市进一步加强新时代党史工作实施办法》。市委党史研究室（市地方志编纂室）推进党史三卷编纂工作，完成《台州年鉴（2022）》编纂，形成一批有分量的资政成果。在全省第十次党史工作会议上被评为全省党史和文献部门先进集体；首次被省地方志办公室评为全省地方志工作先进集体；全市共有6人被评为全省史志先进工作者（其中市本级2名），15项党史研究成果获奖；《台州年鉴（2021）》被评为全省精品年鉴。

【党史三卷编写】 2022年，市委党史研究室在实现全市党史一卷、二卷出版全覆盖的基础上，重点推进三卷书稿试写，每季召开工作例会，分析编写形势，交流写作体会。至年底，市本级党史三卷已形成近52万字的试写稿。将三卷编写工作纳入党建责任制考核，建立定期通报抄告制度、邀请省市专家领导授课，加大对县（市、区）党史部门的业务指导和工作督导，全市9个县（市、区）已全部启动党史三卷编写。

【党史资料征集】 2022年，市委党史研究室系统查阅、整理1978年至2021年《人民日报》《浙江日报》等主流媒体关注台州的相关报道，已形成70余万字的《〈人民日报〉看台州》书稿，由浙江人民出版社正式出版。编纂《改革开放初期台州地委重要文献选编》，征集整理改革开放以来台州地委重大决策、重要文件等重要文献资料1000多份，涉及政治、经济、文化、社会、生态和党的建设。

【地方综合年鉴编纂】 2022年，市委党史研究室成立年鉴编纂领导小组和编写小组，细化职责分工，对标全国优秀年鉴标准，在原有基础上增加特辑栏目，加入彩色插图，提高年鉴表现力。11月，《台州年鉴（2021）》《临海年鉴（2021）》被评为浙江省精品年鉴。理顺市、县二级年鉴管理体制，推进全市年鉴工作有序开展。至年底市、县两级均已完成2021年度年鉴书稿编写；全市在编的部门年鉴共有22部；《台州市公安年鉴》创刊。

【部门（专业）志、乡镇村志编纂】 2022年，市委党史研究室印发《关于推进乡镇（街道）志、年鉴及村（社区）志编纂工作的通知》。2022年，全市在编部门志14部，出版3部［其中，《天台县人民代表大会志》《天台县机关企事业老年人协会志》《三门县地名志》等部门（专业）志出版；《台州市民建志》《三门县人民医院（中医院）志》《三门县公安志》《玉环市地名志》《玉环市宗教志》《玉环市党校志》《温岭市学校志》《临海市政协志》《临海市工会志》《临海市关工委志》《临海市人大志》等正在编修］。乡镇志启动7部，其中，《大陈岛志》于11月底出版发行，共70余万字，是浙江省唯一以岛志命名的建制镇海岛志。椒江《上马前大村志》和路桥《方林村志》出版发行，完成年初既定目标。

【史志宣教】 2022年，市委党史研究室联合市关工委、市教育局在全市中小学生中举办“红心永向党　喜迎二十大”网络知识竞赛，先后有41605名中小学生参与答题。联合市档案馆、市委直属机关工委举办“喜迎二十大、红色藏品展”活动，展出台州各时期500多件红色小物件，先后吸引60余家单位5000多人次参观打卡。参与组建省委党史和文献研究室、市委宣讲团和市级专家宣讲团，组织市、县党史系统宣讲骨干力量，围绕党的二十大精神、“四史”教育，为基层党组织提供菜单式宣讲服务，开展“党史课堂进社区”“党史书籍进基层”“史志图片进村居”等活动，累计宣讲120余场、赠书1000余册。健全革命遗址保护利用机制，评选出台州第一批市级党史教育基地18处，调研全市隐蔽战线红色资源遗存情况，形成《保护革命遗存　传承红色基因——关于加强全市隐蔽战线红色资源保护开发的对策建议》调研报告并报送市委领导。加强党史与全媒体融合发展，在《台州日报》上开设“台州红色故事”专栏，已推出20余期。联合台州市新闻工作者协会开展2022年“台州党史好新闻”优秀作品征集活动。配合做好“百年风华辉煌十年·浙YOUNG说”短视频征集活动，全市推送优质短视频33个，展现台州各地新时代十年的辉煌成就。台州史志网站新增方志工作有关篇目75篇，为历年最多。《地方志助力天台山大瀑布景区建设》被评为全省“十佳”典型案例。

【史志数字化改革】 2022年，市委党史研究室主动对接省委党史和文献研究室、市委改革办、市大数据局、市电信公司，在总结黄岩区“五维一体”多跨协同应用场景（其点击量曾连续数月在台州市名列第1）的基础上，创新谋划一体化数字党史智慧服务平台，串联档案文献、党史场馆、宣讲联盟、媒体宣教、宣教实践等5个数字化共享矩阵，加速数据联网、资源联通、业务联动，推动“党史资料库”“党史红地图”“宣讲联合体”“掌上党史馆”“学史实践站”等场景模块联动。申请承接省级重大应用“浙里学史”多跨应用场景。加强方志数据资源建设，完成《黄岩风物志》、《黄岩县志》（光绪版）、《三门县志》和民国《三门年鉴》数字化整理，建立《三门史志》期刊和老照片数据库，将《台州市路桥区志》分享至区图书馆数字资源栏目。

【史志资料审读】 2022年，市委党史研究室与市委宣传部、市委网信办联动，配合拟定《历史虚无主义典型问题手册》。完成台州军事历史陈列馆展陈内容和台州双拥工作简史及相关设计的审核。协助市府办做好黄雷、罗启况等台州籍革命烈士事迹材料的审核把关。审读椒江区委党史研究室报送的《潮涌椒江——改革开放和社会主义现代化建设新时期椒江党史专题集》（46个专题，近72万字）并出具审读意见。全年累计帮助全市有关部门、县（市、区）审核有关史实和文字材料50余篇次。审读《台州文脉：台州文化世家的家国情怀和人文贡献》《大陈岛志》并出具意见。

（陶　毓）

档案工作

【概况】 2022年，台州市档案部门开展“服务中心、数字改革、资源建设、基础业务”四大提升行动，各项工作取得新的成效。档案工作首次纳入市县两级目标责任制考核，得到省档案局领导肯定。档案接收征集数量、进馆单位数据备份率、档案系统在省级以上媒体刊物发稿量等多项指标均创历史新高。全省首批推出档案IP形象及文创产品。出台加强档案工作服务农村基层治理的实施意见。“台州古村落数字记忆建设研究”项目入选2021年度全国十佳档案服务外包创新案例，后续项目获国家档案局科技项目立项。市本级、椒江区入选全省档案工作数字化改革先行区创建名单。电子公文单套归档试点工作在全省档案工作数字化改革推进会上作经验交流。至年底，全市综合档案馆馆藏档案共计2244个全宗190万卷、431万件（其中中华人民共和国成立前35384卷），资料12.1万册，照片档案166232张，其中台州市档案馆馆藏档案292个全宗219167卷、864185件，资料19360册，照片档案69079张。全市开放中华人民共和国成立前档案21164卷，中华人民共和国成立后档案59940卷、840621件；公布开放档案目录案卷级8.4万条、文件级212.8万条。其中，台州市档案馆开放档案8045卷，公布开放档案目录案卷级0.9万条、文件级21.56万条。全市全年接收档案641910卷、838949件，照片52670张；征集档案1668件（册）。其中台州市档案馆年内接收档案6999卷、101188件，照片8866张。全市全年接待利用档案者29479人次，利用档案69422卷（件）次，利用资料者330人次，利用资料1035册次，其中台州市档案馆接待利用档案者977人次，利用档案3409卷（件）次。各综合档案馆总建筑面积118933.3平方米，其中库房面积44011平方米。

【档案工作责任制完善】 2022年，市本级明确由常务副市长联系档案工作后，椒江区、临海市、温岭市、玉环市、天台县、仙居县6个县（市、区）跟进落实政府联系领导，各个县（市、区）保持局馆长“一身兼”并担任党办领导职务。分别制定县（市、区）、台州湾新区、市级单位档案工作考核细则。各个县（市、区）同步跟进，均将档案工作纳入对县级单位和乡镇（街道）考核内容。

【档案服务中心工作】 2022年，台州市档案部门举办“山海清音——台州和合文化书法展”。“6·9国际档案日”期间举办“喜迎二十大·档案颂辉煌”融媒体直播、民生查档直通车开通仪式、档案捐赠移交仪式、第二课堂·走进档案馆等系列主题活动，其中融媒体直播全网收听收看人数突破20万。在“浙江在线”网站专栏刊发15篇主题宣传文章，刊发量居全省各地市之首。10月举办“喜迎二十大·红色藏品展”，展出500多件红色藏品，同步推出“观一次展、宣一次誓”等“六个一”主题党日服务，接待2300余人次。完成档案馆库恒温恒湿和高压细水雾系统专项改造。指导全市20家民营企业创成档案工作规范、示范单位，接收相关企业重要档案3100多件，为台州民营经济展示馆建设提供相关史料、照片，初步建立民营经济档案专题数据库。与市民政局、市农业农村局联合印发《关于进一步加强档案工作服务农村基层社会治理的实施意见》，在9个乡镇（街道）开展市级试点，打造“1+1+N”的档案服务基层治理台州模式；对不具备档案长期安全保管条件的村，由乡镇代管其档案实体，集中整理和数字化，并将重要档案送县（市、区）档案馆备份；探索N种“档案+”服务基层治理路径，发挥档案在化解矛盾纠纷、规范小微权利、方便群众办事、促进文旅产业等方面的作用，相关做法在《浙江档案》专题刊发，截至12月，全市乡镇档案馆已增至6家。与中国人民大学持续深化“台州古村落数字记忆工程”项目合作，“台州古村落数字资源采集、归档与管理系统”获国家档案局科技项目立项并完成研发。形成《台州古村之美》系列丛书第一册初稿，拍摄《乡村记忆：国家级非遗大奏鼓》视频获全省优秀档案编研成果二等奖。着手开展台州古村落数字资源中心和数字体验馆建设。

【档案信息化建设】 2022年，台州市档案部门全市数字档案管理服务一体化平台建设争取到200万元市数字化改革专项资金，其中路桥区、天台县、三门县与市本级统建，其他县（市、区）对原有系统进行改造升级后与市级平台联通。6月开通“台州掌上民生查档直通车”，汇集市县档案馆馆藏“婚姻登记、出生医学证明、土地承包”三大类120余万条民生档案数据，具备利用申请、自助查阅、电子出证、跨馆查询服务等功能，至年底，市本级查档记录366条，办件总数1093条。对“机关查档直通车”系统进行优化更新。出台《台州市档案馆电子公文归档与电子档案管理制度》，推动党政机关OA系统归档模块配置，对单套归档工作首批5家市级试点单位、27家县级试点单位逐一上门指导，相关做法在全省档案数字化改革推进会上作交流发言。市级进馆单位档案数据备份率接近100%，备份数据量比上年增长681%。黄岩区、温岭市档案馆通过国家级数字档案馆验收，玉环市档案馆完成测评申报。全市新创成省级规范数字档案室104家、示范数字档案室29家。联合财政、税务等部门指导泰隆银行创建省级增值税电子发票电子化报销入账归档试点，恩泽医疗中心创建省级电子凭证会计数据标准试点。

【档案文化和宣传工作】 2022年，台州市档案部门与《中国档案报》合作，开设“寻踪觅迹·古村拾遗”专栏，连续推出介绍台州古村落文章8篇。在全市档案系统内部继续实行录用刊发“零稿”月通报机制，市县两级在国家、省级平台的刊稿235篇，其中《中国档案报》《中国档案》和《浙江档案》杂志等刊发48篇，为历年之最。争取省电视台、省档案馆联办的《跟着档案去旅行》栏目到台州选点和拍摄节目8期。开展“第二课堂·跟着档案去研学”活动，组织30位小小档案员走进仙居高迁古村走访学习。在全省率先推出台州档案IP，设计“兰台翁”“台小安”卡通形象作为台州档案代言人，并在线上发起文创衍生品投票。“记忆台州”微信公众号关注人数持续稳步提升。对4000余件大陈岛垦荒史料进行全面梳理，省重点保护与开发项目《大陈岛垦荒史料汇编》编纂工作基本完成。编印《我和大陈岛——亲历志愿垦荒始末》。

【档案基础业务建设】 2022年，台州市档案部门持续加大档案资源接收征集力度，台州市档案馆年内接收40家单位档案进馆，涉及47个全宗，包括文书、业务、会计、照片、音像、实物等各类档案，建成目录数据库151551条，数据容量约2426.47GB。修订完善《台州市档案馆档案开放审核实施办法》，完成1989—1995年25000多件馆藏档案的开放审核、保密审查工作，向社会发布开放公告，并在局域网上公开开放目录与全文信息。完成1996—1997年81490件档案的开放初审工作。做好馆藏档案查阅利用工作，全年共接待查阅利用群众965人次，跨区域联查25人次，受理转办政府信息依申请公开信函4件。加强新时代新成就专题档案收集，印发《关于做好“三重一特”专题档案接收工作的通知》，制定重点收集目录清单，全年共收集专题档案12619件，其中疫情防控档案2003件，党史教育档案1716件，共同富裕档案796件，碳达峰碳中和行动档案142件，数字化改革档案315件，小微金改档案123件，民营经济档案3103件，“八八战略”实施档案328件。

【档案队伍建设】 2022年，台州市档案部门出台《台州市档案馆关于进一步加强干部队伍建设的若干意见》。市档案馆举办6期兰台论坛，以讲促学。组织8人师徒结对，做好“传帮带”。与台州职业技术学院继续探索政校企学联合培养档案实用型人才新模式，第一期已培养90余名。指导市档案学会完成换届，并专门组建4个档案学会专业委员会，全年共开展5次专委会活动，2个研究课题已获国家、省档案科技项目立项。开展首届全市优秀档案编研成果评选，18个成果获奖。全市新增档案馆员22人、副研究馆员1人、研究馆员1人。

（尹丽霞）

关心下一代工作

【概况】 2022年，台州市各级关心下一代工作委员会全面贯彻落实中办、国办《关于加强新时代关心下一代工作委员会工作的意见》和省委、省政府办公厅《关于加强新时代关心下一代工作委员会工作的实施意见》精神，围绕“红心永向党 喜迎二十大”主题，实施“五大工程”（红色基因传承工程、基地育人提升工程、“五老”关爱服务工程、固本强基创优工程、品牌项目推进工程），开展关工委“基层组织建设年”活动，推动全市关心下一代工作高质量发展。

【红色基因传承】 2022年，台州市各级关心下一代工作委员会以迎接、学习、宣传、贯彻党的二十大精神为主线，教育引导青少年赓续红色血脉，传承红色基因，为党的二十大召开营造浓厚社会氛围。推进领导班子带头学、机关党员干部全员学、“五老”（老干部、老战士、老专家、老教师、老模范）骨干专题学、“追随足迹”现场学、培训研讨交流学、线上线下结合学，引导关工委党员干部和广大“五老”把握二十大精神实质和内涵。开辟“学习二十大　奋进新征程”宣传专栏，组织关心下一代报告团、“五老”宣讲团深入学校、企业、村社开展集中宣讲。策划“红心永向党　喜迎二十大”青少年主题教育活动，开展“红心永向党　喜迎二十大”中小学生“四史”网络知识竞赛、“请党放心　强国有我”中小学生主题征文比赛、“喜迎二十大　垦荒青年说”全市大学生演讲比赛，举办“垦荒精神代代传”“五老”巡回讲堂。省、市、县联动开展“新时代好少年”学习宣传活动。

【育人基地建设】 2022年，台州市各级关心下一代工作委员会坚持教育倡导与实践养成相统一，提升各类关心下一代教育基地的利用率和参与度，推动构建家校社三方协同、德智体美劳全面培养的育人体系。市关工委开展第五批市级关心下一代教育基地认定工作，新命名市级基地9家，并给予每家基地1万元资金扶持。温岭坞根红色教育现场教学基地、玉环市坎门英雄基干民兵营哨所被命名为第四批浙江省关心下一代教育基地。全市建有全国关心下一代党史国史教育基地1家，省级关心下一代教育基地8家，市级52家，其他基地354家。全年组织基地研学701次，青少年参与活动29.1万人次，“五老”参与活动2000人次。

【青少年关心关爱】 2022年，台州市各级关心下一代工作委员会参与未成年人关心关爱行动、健康成长支持行动、精神文化丰富行动、社会参与能力促进行动。开展“红心向党·快乐成长”六一慰问活动，送去节日的问候，送上慰问金27万元和红色书籍等礼物。制定出台《关爱基金激励若干细则》，指导县（市、区）建立关心下一代基金会（基金），动员社会各界为青少年成长成才献爱心，全市关工委系统共资助青少年9722人，发放助学金985万元。推进“五老结对关爱农村未成年人”活动，6915位“五老”结对关爱农村困境儿童、留守儿童6833名。举办法治报告讲座1100场次，受教育青少年27.72万人次。落实家庭教育工作职责，协同推进家庭教育指导服务体系建设，“徐老师隔代教育研究工作室”“家庭教育研究会”“沃土壤计划”等关工家教品牌影响力不断扩大。

【基层基础建设】 2022年，台州市各级关心下一代工作委员会开展“基层组织建设年”活动，以“五好”（领导班子建设好、五老作用发挥好、制度健全执行好、探索创新好、活动经常效果好）基层关工委创建为载体，制定《台州市关工委基层组织建设三年提升计划（2022—2024年）》，编印工作指南，抓好试点示范，召开现场会，分层分类加强指导，推进基层关工委规范化建设、高质量发展。全市有6.16万名“五老”在关心下一代的舞台上发光发热，俞明德被授予全国关心下一代“最美五老”称号。全市“五好”基层关工委达标率为63.69%，比上年提升7.31%。

（王灵红）

台州市人民代表大会

综　述

【概况】 2022年，台州市人大常委会全年共举行常委会会议9次（六届人大5次、五届人大4次）、主任会议15次（五届人大4次、六届人大11次），制定地方性法规2部，听取和审议专项工作报告28个，开展专题调研监督34项、执法检查4次，备案审查规范性文件67件，依法任免地方国家机关工作人员115人次，为台州市"三高三新"现代化建设和民主法治建设作出贡献。

【数字化改革】 2022年，市人大数字化改革专班注重统筹推进，形成全市人大数改工作"一盘棋"，迭代更新应用建设"一本账"，实施"六个一"数改工作机制。注重系统集成，搭建"1+9"数据管理平台，实现市、县两级人大以数据基座推进数字化改革系统集成。注重重点突破，全市新增应用场景建设10项，相关应用获市级以上数改荣誉11项，获评省级重大应用子场景（试点）6项，理论成果被省级以上媒体（期刊）报道近20篇，得到省部级领导批示7次。注重制度重塑，体系化、制度化推进数字化改革工作，形成市本级制度成果27项，县（市、区）近50项。台州人大"立法民意通"获2022年智慧长三角数字化转型优秀案例一等奖；"行政执法人大e监督"等四个项目在浙江人大工作与时俱进评选中获奖，数量在全省各地市中并列第1；"行政诉讼人大e监督"项目列入全省"一地创新、全省共享"一本账S0，是全省人大系统唯一、党建统领整体智治系统台州市唯一入选项目；"人大·检察法律监督智联督办"等三个项目获评2022年台州市数改首批最佳应用，数量占全市1/5，形成具有台州人大辨识度和显示度的数改成果。市人大常委会办公室被省委、省政府评为2022年度改革创新成绩突出集体。

（任典蓬）

重要会议

【概况】 2022年，市人大及其常委会召开人民代表大会会议2次、常委会会议9次、主任会议15次。

【台州市第六届人民代表大会第一次会议】 2022年4月11日至14日，台州市第六届人民代表大会第一次会议在台州市区召开。应到代表466名，实到代表444名。会议的主要议题有：听取和审议市人民政府代市长吴晓东关于台州市人民政府工作报告；审查市发展和改革委员会关于台州市2021年国民经济和社会发展计划执行情况及2022年国民经济和社会发展计划草案的报告、批准台州市2021年国民经济和社会发展计划执行情况的报告及2022年国民经济和社会发展计划；审查市财政局关于2021年全市和市本级预算执行情况及2022年全市和市本级预算草案的报告、批准2021年市本级预算执行情况的报告及2022年市本级预算；听取和审议市人大常委会主任叶海燕关于台州市人民代表大会常务委员会工作报告；听取和审议市中级人民法院院长周庆关于台州市中级人民法院工作报告；听取和审议市人民检察院检察长王美鹏关于台州市人民检察院工作报告；票决2022年市政府民生实事项目；选举台州市第六届人民代表大会常务委员会主任、副主任、秘书长和委员，选举台州市人民政府市长、副市长，选举台州市监察委员会主任，选举台州市中级人民法院院长、台州市人民检察院检察长；通过台州市第六届人民代表大会各专门委员会组成人员名单；其他事项。

【台州市第六届人民代表大会第二次会议】 2022年12月27日至29日，台州市第六届人民代表大会第二次会议在台州市区召开，应到代表464名，实到代表372名。会议听取李跃旗作关于学习贯彻党的二十大精神的报告；听取李跃旗简要通报2022年以来市委、市政府的主要工作;听取吴海平作关于选举台州市出席浙江省第十四届人民代表大会代表的报告；以举手表决的方式，推选主席团常务主席；通过大会执行主席分组名单；决定大会副秘书长；通过会议日程；听取各代表团关于讨论市六届人大二次会议选举办法（草案）情况的汇报，决定提请大会通过；听取依法联合推荐代表候选人情况的汇报，并将名单及其基本情况印发全体代表酝酿、讨论；提出市监察委员会主任候选人名单，并提交全体代表酝酿、讨论；听取依法联名推荐代表候选人情况汇报，并将具体名单及其基本情况印发全体代表酝酿、讨论；依法选举产生台州市出席浙江省第十四届人民代表大会的代表65名，苗伟伦当选为台州市监察委员会主任。

【台州市第五届人民代表大会常务委员会第四十四次会议】 2022年1月13日，台州市第五届人民代表大会常务委员会第四十四次会议在椒江举行。会议由林金荣副主任主持。主任叶海燕，副主任单坚、赵跃进、沈宛如、周先苗、戴国富，秘书长许世斌，以及委员共35人出席会议，因事请假5人。市人大常委会党组书记吴海平，市人民政府副市长章月燕，市监察委员会副主任陈美萍，市中级人民法院院长周庆、市人民检察院检察长王美鹏列席会议。会议审议并表决通过主任会议、市人民政府提请的有关人事事项。会议决定任命苗文斌为台州市人民政府副市长，颜传华为台州市自然资源和规划局局长，叶邦汉为台州市交通运输局局长，徐华为台州市农业农村局局长，邱泓量为台州市应急管理局局长，葛云祥为台州市综合行政执法局局长，何善泽为台州市医疗保障局局长。会议决定免去黄伟军的台州市自然资源和规划局局长职务，颜传华的台州市人民政府国有资产监督管理委员会主任职务，陆善福的台州市交通运输局局长职务，李斌的台州市应急管理局局长职务，朱立国的台州市综合行政执法局局长职务；免去林福友的台州市人大常委会农业与农村工作委员会副主任职务。

【台州市第五届人民代表大会常务委员会第四十五次会议】 2022年2月15日，台州市第五届人民代表大会常务委员会第四十五次会议在椒江举行。会议由潘建华副主任主持。主任叶海燕，副主任单坚、赵跃进、沈宛如、周先苗、戴国富、林金荣，秘书长许世斌，以及委员共37人出席会议，因事请假3人。市人大常委会党组书记吴海平，市人民政府副市长苗文斌，市监察委员会副主任陈美萍，市中级人民法院院长周庆，市人民检察院检察长王美鹏列席会议。会议审议并表决通过主任会议、市人民政府提请的有关人事事项。会议决定任命宋积晟为台州市人民政府副市长；任命童文兴为台州市人大常委会副秘书长、研究室主任，邹伯若为台州市人大常委会财政经济工作委员会主任，卢建宇为台州市人大常委会教育科技文化卫生工作委员会副主任，陈淼为台州市人大常委会社会建设工作委员会副主任；决定任命陈建勋为台州市发展和改革委员会主任，陈玲萍为台州市财政局局长，杨正敏为台州市商务局局长，叶玲君为台州市人民政府外事办公室主任，管宏爽为台州市人民政府国有资产监督管理委员会主任，郑志源为台州市统计局局长。会议免去陈敏的台州市人大常委会研究室主任职务，邵宣豪的台州市人大常委会法制工作委员会副主任职务，陈敏志的台州市人大常委会财政经济工作委员会主任职务，郭华明的台州市人大常委会财政经济工作委员会副主任职务，姜颖的台州市人大常委会社会建设工作委员会副主任职务，卢建宇的台州市人大常委会民族宗教华侨外事工作委员会副主任职务；决定免去颜士平的台州市发展和改革委员会主任职务，吕婷婷的台州市商务局局长职务，金敬中的台州市人民政府外事办公室主任职务，陈玲萍的台州市统计局局长职务。

【台州市第五届人民代表大会常务委员会第四十六次会议】 2022年3月9日，台州市第五届人民代表大会常务委员会第四十六次会议在椒江举行。会议由单坚副主任主持。主任叶海燕，副主任赵跃进、沈宛如、戴国富、林金荣、潘建华，秘书长许世斌，以及委员共36人出席会议，因事请假4人。市人大常委会党组书记吴海平、副书记蒋冰风，市人民政府副市长宋积晟，市监察委员会副主任陈建斌，市中级人民法院院长周庆、市人民检察院副检察长龚维灿列席会议。会议审议通过关于召开台州市第六届人民代表大会第一次会议的决定。会议决定台州市第六届人民代表大会第一次会议于2022年4月10日至14日在台州市区召开（时间如有调整，授权主任会议确定）。审议通过台州市第六届人民代表大会代表资格审查情况的报告。审议通过市人民政府、市监察委员会、市人民检察院提请的有关人事事项。会议任命俞信波为台州市监察委员会副主任；决定任命王建军为台州市审计局局长；批准任命俞宙红为椒江区人民检察院检察长，陈晓风为黄岩区人民检察院检察长，赵勇为路桥区人民检察院检察长，庞威为临海市人民检察院检察长，屈亚军为温岭市人民检察院检察长，姚石京为玉环市人民检察院检察长，潘敏佳为天台县人民检察院检察长，金耀华为仙居县人民检察院检察长，汪志军为三门县人民检察院检察长；任命齐娟为台州市人民检察院检察员。会议免去陈美萍的台州市监察委员会副主任职务；免去王荣千的台州市审计局局长职务；免去王华、徐灵芝的台州市人民检察院检察员职务。

【台州市第五届人民代表大会常务委员会第四十七次会议】 2022年3月31日，台州市第五届人民代表大会常务委员会第四十七次会议在椒江举行。市人大常委会主任叶海燕，副主任单坚、赵跃进、沈宛如、周先苗、戴国富、林金荣、潘建华，秘书长许世斌，以及委员共37人出席会议，因事请假3人。市人大常委会党组书记吴海平、副书记蒋冰风，市人民政府副市长宋积晟，市监察委员会副主任陈建斌，市中级人民法院院长周庆、市人民检察院检察长王美鹏列席会议。会议听取和审议市政府办公室副主任金士辉受市政府委托所作的关于2022年市政府民生实事候选项目（草案）形成情况的报告，审议市政府提交的2022年市政府民生实事候选项目（草案）及说明，表决通过2022年市政府民生实事候选项目（草案），决定提请市六届人大一次会议审议。审议通过市六届人大一次会议主席团和秘书长名单（草案），决定提请市六届人大一次会议预备会议选举。审议通过市六届人大一次会议计划预算审查委员会名单（草案），决定提请市六届人大一次会议预备会议通过。审议决定市六届人大一次会议列席人员名单。审议通过市人大常委会工作报告（草案），决定提请市六届人大一次会议审议批准。审议市五届人大各专门委员会工作报告。审议通过主任会议、市监察委员会提请的有关人事事项。会议任命顾晨筱为台州市人大常委会财政经济工作委员会副主任，任命吴海、卢济斌、俞钟杨为台州市监察委员会委员。会议免去项杰的台州市监察委员会委员职务。

【台州市第六届人民代表大会常务委员会第一次会议】 2022年4月28日，台州市第六届人民代表大会常务委员会第一次会议在椒江举行。会议由吴海平主任主持。副主任蒋冰风、潘建华、管文新、陈美萍、颜邦林、王荣千、彭永军，秘书长陈刚敏，以及委员共48人出席会议，因事请假3人。市委常委、市人民政府常务副市长林先华，市监察委员会副主任陈建斌，市中级人民法院副院长杜斌，市人民检察院检察长王美鹏列席会议。会议审议通过台州市第六届人民代表大会常务委员会关于加强自身建设的决定。审议通过台州市第六届人民代表大会常务委员会代表资格审查委员会组成人员名单。会议任命蒋冰风为台州市第六届人民代表大会常务委员会代表资格审查委员会主任委员，邱蓉、王永红为台州市第六届人民代表大会常务委员会代表资格审查委员会副主任委员，陈永兵、范卫东、林敏、项先贵、曾国云为台州市第六届人民代表大会常务委员会代表资格审查委员会委员。审议通过主任会议、市人民政府提请的有关人事事项。会议决定任命宋积晟为台州市人民政府副市长；任命林敏为台州市人大常委会代表工作委员会副主任，谢菊初为台州市人大常委会法制工作委员会副主任，周新彬为台州市人大常委会监察和司法工作委员会副主任，杨耿彪、徐贤军为台州市人大常委会财政经济工作委员会副主任，徐海蓉为台州市人大常委会农业与农村工作委员会副主任，卢志米为台州市人大常委会社会建设工作委员会副主任，何贤忠为台州市人大常委会民族宗教华侨外事工作委员会副主任。市人大常委会主任吴海平在会议结束时就加强常委会自身建设、做好新一届人大常委会工作提出要求，强调要坚持党的领导，永葆绝对忠诚的政治品格，切实提高政治站位，始终坚定制度自信，自觉接受党的领导，全面加强党的建设，努力把人大建设成为对党绝对忠诚的政治机关。坚持依法履职，勇担服务大局的职责使命，坚持立良法促善治，坚持强监督增实效，依法讨论决定重大事项，做好选举任免工作，主动顺应人民群众对人大工作的新期待。坚持人民至上，践行为民服务的根本宗旨，健全完善吸纳民意、汇集民智的工作机制，拓展人民有序参与人大工作渠道，切实增强民生福祉，更好发挥人大代表作用，努力实现好、维护好、发展好最广大人民群众的根本利益。坚持守正创新，提高履职行权的能力本领，不断提升素质能力，注重工作创新，增强履职效果，团结和谐共事，严守纪律规矩，不断提高常委会依法履职的能力水平，努力开创新时代台州市人大工作新局面，为台州“三高三新”现代化建设作出积极贡献，以优异成绩迎接党的二十大胜利召开。

【台州市第六届人民代表大会常务委员会第二次会议】 2022年6月8日至9日，台州市第六届人民代表大会常务委员会第二次会议在椒江举行。会议分别由吴海平主任、蒋冰风副主任主持。副主任陈美萍、颜邦林、王荣千、彭永军，秘书长陈刚敏，以及委员共46人出席会议，因事请假5人。市委常委、市人民政府常务副市长林先华,市人民政府副市长宋积晟，市监察委员会副主任陈建斌，市中级人民法院院长周庆、副院长杜斌，市人民检察院检察长王美鹏、副检察长吴曙光列席会议。会议听取和审议台州湾新区管委会常务副主任张继明受市政府委托所作的关于台州湾新区2021年经济社会发展和财政收支执行情况及2022年经济社会发展计划和财政收支安排的报告，审议市人大常委会财经工委提交的关于台州湾新区2021年经济社会发展和财政收支情况的调研报告。听取和审议市自然资源和规划局局长颜传华受市政府委托所作的关于2021年度全市国有自然资源资产管理情况的报告，审议市政府提交的关于2021年度全市国有资产管理情况的报告和市人大常委会财经工委提交的关于2021年度全市国有自然资源资产管理情况的调研报告。听取和审议市自然资源和规划局局长颜传华受市政府委托所作的关于台州市2021年城乡规划实施情况和2022年城乡规划工作安排的报告。听取和审议市生态环境局局长陈昌笋受市政府委托所作的关于2021年全市环境状况和环境保护目标完成情况的报告。听取和审议市政府常务副市长林先华代表市政府提出的关于提请审议《台州市浙东唐诗之路文化保护利用条例（草案）》（以下简称《条例（草案）》）的议案和市文化和广电旅游体育局局长蔡文富受市政府委托所作的关于《条例（草案）》的说明，审议市人大教科文卫委员会关于《条例（草案）》的审议报告。补选王忠志为台州市出席浙江省第十三届人民代表大会代表，报省人大常委会代表资格审查委员会审查。审议通过主任会议、市人民政府、市中级人民法院提请的有关人事事项。

【台州市第六届人民代表大会常务委员会第三次会议】 2022年8月24日至25日，台州市第六届人民代表大会常务委员会第三次会议在椒江举行。会议由市人大常委会主任吴海平召集。市人大常委会副主任蒋冰风、潘建华、管文新、陈美萍、颜邦林、彭永军和秘书长陈刚敏出席会议。出席该次会议的常委会组成人员共47人，因事请假4人。市委常委、市人民政府常务副市长林先华,市人民政府副市长宋积晟，市监察委员会副主任陈建斌，市中级人民法院院长周庆、副院长杜斌，市人民检察院副检察长吴曙光列席会议。会议听取和审议市司法局局长邵宣豪受市政府委托所作的关于法治政府建设情况的报告。听取和审议市政府副秘书长朱江受市政府委托所作的关于《中华人民共和国残疾人保障法》《浙江省残疾人保障条例》贯彻执行情况的报告和市人大常委会社会建设工委主任赵明友受市人大常委会执法检查组委托所作的关于检查《中华人民共和国残疾人保障法》《浙江省残疾人保障条例》实施情况的报告。听取和审议市政府副秘书长蔡木贵受市政府委托所作的关于台州市2022年上半年国民经济和社会发展计划执行情况的报告。听取和审议市财政局局长陈玲萍受市政府委托所作的关于2022年上半年全市及市本级财政预算执行情况的报告。听取和审议市政府常务副市长林先华代表市政府所作的关于提请审查批准台州市本级2022年地方政府新增债务额度预算调整方案（草案）的议案、市财政局局长陈玲萍受市政府委托所作的关于台州市本级2022年地方政府新增债务额度预算调整方案（草案）的说明，审议市人大财政经济委员会提交的关于台州市本级2022年地方政府新增债务额度预算调整方案审查结果的报告，表决通过关于批准台州市本级2022年地方政府新增债务额度预算调整方案的决议。听取和审议市政府常务副市长林先华代表市政府所作的关于提请批准台州市本级2021年财政决算的议案、市财政局局长陈玲萍受市政府委托所作的关于台州市2021年财政总决算和市本级财政决算草案的报告，以及市人大财政经济委员会主任委员邹伯若所作的关于2021年台州市本级财政决算草案审查结果的报告，表决通过关于批准台州市本级2021年财政决算的决议。听取和审议市审计局局长王建军受市政府委托所作的关于2021年市本级财政预算执行和全市其他财政收支的审计工作情况的报告。审议台州湾新区管委会提交的关于台州湾新区2022年上半年经济社会发展计划和财政预算执行情况的报告。听取和审议市政府常务副市长林先华代表市政府所作的关于提请审议《台州市普惠小微市场主体金融服务促进条例（草案）》（以下简称《条例（草案）》）的议案、市金融办主任胡新民受市政府委托所作的关于《条例（草案）》的说明，以及市人大财政经济委员会提交的关于《条例（草案）》的审议报告。听取市人大常委会代表资格审查委员会副主任委员邱蓉受代表资格审查委员会委托所作的关于6名台州市第六届人民代表大会代表资格终止的报告。表决通过主任会议、市人民检察院提请审议的有关人事事项。会议决定任命苗伟伦为台州市监察委员会副主任、代理台州市监察委员会主任职务，任命夏邦颂为台州市人大常委会研究室副主任；决定接受张加波辞去台州市监察委员会主任职务，免去郑永省的台州市人民检察院检察员职务。

【台州市第六届人民代表大会常务委员会第四次会议】 2022年10月25日至26日，台州市第六届人民代表大会常务委员会第四次会议在椒江举行。市人大常委会主任吴海平召集并主持会议。市人大常委会副主任蒋冰风、潘建华、管文新、陈美萍、颜邦林、彭永军和秘书长陈刚敏出席会议。市人大常委会组成人员出席该次会议共46人，因事请假5人。市人民政府副市长宋积晟、李昌明,市政协副主席、市发改委主任陈建勋，市监察委员会副主任陈建斌，市中级人民法院副院长杜斌，市人民检察院检察长王美鹏、副检察长吴曙光列席会议。会上，市人大常委会主任吴海平传达学习党的二十大精神。会议听取和审议市综合行政执法局局长葛云祥受市政府委托所作的关于《浙江省综合行政执法条例》实施情况的报告和市人大常委会城建与环资工委主任葛昌选受市人大常委会执法检查组委托所作的关于检查《浙江省综合行政执法条例》实施情况的报告。听取和审议市政协副主席、市发改委主任陈建勋受市政府委托所作的关于《市人大常委会关于进一步优化营商环境的决定》贯彻落实情况的报告，审议市人大常委会财经工委提交的关于《市人大常委会关于进一步优化营商环境的决定》贯彻落实情况的调研报告。听取和审议市农业农村局局长徐华受市政府委托所作的关于台州市乡村振兴工作情况的报告，审议市人大常委会农业与农村工委提交的关于台州市乡村振兴工作的调研报告。听取和审议市教育局局长黄人川受市政府委托所作的关于义务教育“双减”政策落实情况的报告，审议市人大常委会教科文卫工委提交的关于台州市义务教育“双减”政策落实情况的调研报告。分别听取和审议市教育局局长黄人川、市农业农村局局长徐华、市市场监管局局长沈云才所作的关于重点代表建议督办件办理情况的报告。听取和审议市人大常委会法官履职评议工作领导小组办公室主任章巧明受市人大常委会法官履职评议工作领导小组委托所作的关于对市中级人民法院部分员额法官开展履职评议工作情况的报告，并对8名接受评议法官的履职情况进行票决。审议通过关于召开台州市第六届人民代表大会第二次会议的决定。会议决定台州市第六届人民代表大会第二次会议于2022年12月上旬在台州市区召开（时间如有调整，授权主任会议确定）。表决通过市人民法院提请审议的有关人事事项。会议决定任命洪海波、杨晓晓、章晓慧为台州市中级人民法院审判员；免去陈敏莉、陈永领的台州市中级人民法院审判员职务。

【台州市第六届人民代表大会常务委员会第五次会议】 2022年12月23日至24日，台州市第六届人民代表大会常务委员会第五次会议在市行政大楼二楼西会议室举行，市人大常委会主任吴海平召集并主持会议。市人大常委会副主任蒋冰风、陈美萍、颜邦林和秘书长陈刚敏出席会议。市人大常委会组成人员出席该次会议共32人，因事因病请假18人。市人民政府副市长章月燕、宋积晟，市监察委员会副主任陈建斌，市中级人民法院副院长黄崇才，市人民检察院副检察长潘万贵列席会议。会议听取和审议市政府副秘书长、办公室主任林贤杰受市政府委托所作的关于市六届人大一次会议代表建议办理工作情况的报告。听取和审议市政府副秘书长、办公室主任林贤杰受市政府委托所作的关于2022年民生实事项目完成情况的报告。听取和审议市政府副市长章月燕代表市政府所作的关于提请审查批准台州市本级2022年第二次预算调整方案（草案）的议案和市财政局局长陈玲萍受市政府委托所作的关于台州市本级2022年第二次预算调整方案（草案）的说明，表决通过《关于批准台州市本级2022年第二次预算调整方案的决议（草案）》。听取和审议市审计局局长王建军受市政府委托所作的关于2021年度市本级预算执行和全市其他财政收支审计查出问题整改情况的报告。听取和审议市人大法制委员会主任委员於艳华所作的关于《台州市小微企业普惠金融服务促进条例（草案）》审议结果的报告和关于《台州市小微企业普惠金融服务促进条例（草案修改稿）》修改情况的说明，表决通过《台州市小微企业普惠金融服务促进条例》，决定依法报请省人大常委会批准。听取和审议市人大法制委员会主任委员於艳华所作的关于《台州市浙东唐诗之路文化资源保护和利用条例（草案）》审议结果的报告和关于《台州市浙东唐诗之路文化资源保护和利用条例（草案修改稿）》修改情况的说明，表决通过《台州市浙东唐诗之路文化资源保护和利用条例》，决定依法报请省人大常委会批准。审议市人大常委会法制工委提交的关于2022年规范性文件备案审查工作情况的报告。表决通过市六届人大二次会议主席团和秘书长名单，决定提请市六届人大二次会议预备会议选举。审议通过关于召开台州市第六届人民代表大会第三次会议的决定。会议决定台州市第六届人民代表大会第三次会议于2023年2月上旬在台州市区召开（时间如有调整，授权主任会议确定）。听取和审议市人大常委会代表资格审查委员会委员林敏受市人大常委会代表资格审查委员会委托所作的关于个别代表的代表资格审查情况的报告。表决通过市人民政府、市人民检察院提请审议的有关人事事项。

（任典蓬）

监督与立法

【概况】 2022年，市人大常委会围绕营商环境、城市建设、乡村振兴等重点，助推高质量发展、打造高能级城市、促进高水平共富，在中体现人大担当。

【监督工作】 2022年，市人大常委会聚焦推动高质量发展，围绕经济稳进提质，深化计划执行和预决算审查监督，关注重大项目建设和财政收支情况，听取和审议审计查出问题整改情况报告，推动加强预算绩效管理，为稳住经济大盘、提高发展质量赋能添力。围绕科技创新制胜，听取加快建设“国家创新型城市”审议意见落实情况汇报，督促优化科技创新整体布局、激发企业创新主体活力、完善科技创新体制机制。围绕优化营商环境，跟踪监督《关于进一步优化营商环境的决定》贯彻落实情况，助推打造市场化、法治化、国际化的一流营商环境，得到市委主要领导批示肯定。围绕推动绿色发展，听取和审议全市环境状况和环境保护目标完成情况、全市国有自然资源资产管理情况等报告，调研《中华人民共和国环境保护法》和节约能源“一法一办法”贯彻实施情况，促进生产生活方式绿色转型，推动自然资源资产优化配置。聚焦打造高能级城市，关注城市空间布局，围绕中心城市能级、要素保障等开展专题调研，听取和审议2021年城乡规划实施情况和2022年城乡规划工作安排报告，助力推进“二次城市化”。关注发展平台打造，听取台州市中央创新区建设情况汇报，视察头门港开发建设和台州湾新区基础设施建设情况，助推构建高层次、开放型经济发展平台。关注水利基础设施建设，视察台州市海塘安澜工程，推动补齐水利基础设施短板，助力打造拥湾发展“生命线”“风景线”“幸福线”。关注基层治理，调研《台州市物业管理条例》《浙江省宗教事务条例》贯彻实施情况，开展宗教中国化工作专项监督，推动完善社区治理，促进宗教与社会主义社会相适应。聚焦促进高水平共富，紧盯缩小“三大差距”，深入检查乡村振兴“一法一条例”贯彻落实情况，听取和审议台州市乡村振兴工作情况报告，跟踪监督农合联改革，促进农村产业振兴、宜居宜业。开展残疾人保障“一法一条例”、《中华人民共和国就业促进法》执法检查，保障人民平等发展权利，推动实现更加充分更高质量就业。紧盯推进公共服务提升，监督“双减”政策落实，助推构建良好教育生态。开展“浙里康养”养老服务工作专题调研，推动构建幸福养老服务体系。持续关注医疗保障工作，视察台州医院东院区建设运行情况，助力医疗卫生事业高质量发展。紧盯解决人民群众“急难愁盼”问题，听取和审议2022年民生实事项目完成情况报告，并进行满意度测评，推动好事办好、实事办实。

【立法工作】 2022年，市人大常委会在全国首创制定《台州市小微企业普惠金融服务促进条例》，固化改革创新经验，助推普惠金融服务小微企业改革示范区建设。在全省率先开展区域协同立法，制定《台州市浙东唐诗之路文化资源保护和利用条例》，为高水平打造“浙东唐诗之路目的地”夯实法治基础。聚焦急需先行，科学编制立法调研项目库和年度立法计划，谋划一批具有创制性、先行性、标志性的法规项目。加强规范性文件备案审查，实现听取和审议专项工作报告全覆盖、“两院”规范性文件报备常态化。

（任典蓬）

重大事项决定和人事任免

【概况】 2022年，市人大常委会先后围绕市委重大决策部署、经济社会发展、环境治理等方面，讨论、决定重大事项10余项。坚持重大事项向党委请示报告制度，一年来共向市委请示报告重大会议、重要立法、重点监督等事项14件次，保障重大事项决定权更好行使。做好任职资格初步审查、有关任职人员考察、组织任前考试、进行任免等相关工作，共组织实施任前法律知识考试59人次、依法任免国家机关工作人员115人次、宪法宣誓54人次，较好地履行宪法和法律赋予的职责。

（任典蓬）

代表工作

【概况】 2022年，市人大常委会抓好首批14家基层单元试点培育，全面推进132家人大代表联络站迭代升级，4个案例入选2022年度全省基层单元建设最佳实践案例名单，入选数并列全省第1。同步推进基层单元应用场景建设，创新代表线上履职方式，构建民情民意处理大闭环机制，人大代表和人民群众通过平台参与立法、监督22.6万人次，提出意见建议8万余条，办结率达95%。制定代表培训专项规划，加强初任培训，集中培训市人大代表289人次，着力增强代表的履职意识、提升代表的履职能力。实施常委会组成人员联系基层市人大代表制度，市级领导干部进代表联络站面对面听取代表意见。创新组建代表专业小组，组织开展“六访六促”“代表活动月”等主题活动，邀请代表参加常委会会议，为代表发挥作用拓渠道、搭平台。深化建议领办督办机制，增加重点督办建议的占比，452件代表议案建议已办理完成，问题已解决或列入计划逐步解决的占98.7%。

（任典蓬）

台州市人民政府

综　述

【概况】 2022年，台州市认真学习贯彻党的二十大精神，坚定不移落实“疫情要防住、经济要稳住、发展要安全”的重要指示，忠实践行“八八战略”，锚定“三高三新”奋斗目标，统筹打好稳进提质、除险保安、塑造变革三场攻坚战，经受住超预期的冲击和挑战，全市生产总值增长2.7%，突破6000亿元，一般公共预算收入同口径增长6.6%，城乡居民人均可支配收入分别达到70737元和37700元，收入倍差缩小到1.88。顺利完成32项市民生实事，省民生实事项目完成率居全省第1。谋划建设一流临港产业带，实现百亿元以上制造业项目重大突破，加快建设民营经济示范城市，推动民营经济发展再上新台阶。

【政策要素集成落地】 2022年，台州市承接国家、省稳经济系列政策，出台精准惠企促发展扩大投资稳增长30条、推进经济稳进提质40条及41项配套政策，减轻企业负担289.3亿元，兑付涉企政府性补助补贴资金77.2亿元，完成增值税留抵退税151亿元。实施“一县一方案”“一业一策”“一企一策”，确保产业链供应链稳定。各项贷款余额增长17.9%，贷款加权平均利率较上年下降38.7个基点。争取专项债券217.9亿元，获投国家政策性开发性金融工具73.1亿元，居全省第2。列入省重大产业项目16个，居全省第1，获得土地指标奖励1847亩。供应工业用地1.5万亩，增长40.5%，盘活存量建设用地1.5万亩，4个跨乡镇全域土地综合整治项目成为首批省级试点。新设市场主体14.4万户，总量突破80万户，新增上市企业7家，总量达到71家。

【产业格局加快重塑】 2022年，台州市出台临港产业带发展规划和湾区、港口、空间等专项规划，谋划建设新能源城、新材料城、新医药健康城、未来汽车城和精密制造城，五大产业城核心区启动建设，制定支持临港产业带建设20条、产业基金和“飞地”等政策，建立临港产业带项目库，三门核电二期、健立新能源材料、永太新材料等项目开工建设，吉利星空智联卫星、海诺尔聚乳酸等项目建成投产。加快培育新兴产业，台州湾空天产业入选省首批未来产业先导区创建名单，“浙里光谷”启动，上海光机所台州光电产业创新中心签约落地，战略性新兴产业增加值占规上工业增加值比重达25%。开展“5+N”传统产业创新提升行动，整治高耗低效企业、盘活用地、腾出用能空间3项指标完成率均居全省前列，近60%的汽车零部件企业向新能源汽车转型，船舶修造业整治后企业数量从106家减少到42家、规上总产值增长近40%。完成规上工业企业数字化改造1185家，产业大脑建设数量、上线数量均居全省第1，新增省未来工厂2家、省智能工厂20家，化学原料药工业互联网平台入选国家数字化转型提升试点，累计建成5G基站1.6万个，创成国家千兆城市，数字经济核心产业增加值增长25.2%，居全省第1。发布“浙江制造”标准46项，培育“品字标”企业76家，牵头制订国家标准14项。省级服务业创新发展区市域全覆盖，国际再生金属交易中心建成，浙江协海集团成为台州市首家国家AAAAA级物流企业，服务业增加值增长3.8%。台州府城创成台州市第三个国家AAAAA级旅游景区，方特·狂野大陆主题乐园开园，谋划建设台州1号公路，临海、玉环示范段开工建设。实施农业“双强”行动，新增国家级和省级农业园区各1个，建成省级高品质绿色科技示范基地25个、全程机械化应用基地20个，通过国家级农产品质量安全市创建现场评估。完成“非农化”处置7.4万亩、“非粮化”整治19.9万亩，新（补）建高标准农田13.7万亩。玉环、三门创成国家水产养殖和生态养殖示范区。

【项目攻坚掀起热潮】 2022年，台州市招大引强，理顺招商机制，提升专业化、市场化、集成化的招商能力，制定五大产业城重点招商目录和产业链图谱，与财通证券、省国贸集团合作共建2个50亿元临港产业带基金，招引亿元以上制造业项目137个，其中百亿元以上项目5个，台州湾新材料产业园基础工程破土动工，弗迪新能源动力电池等项目开工建设。获得第一季度省投资“赛马”激励，省“4+1”项目投资完成率125.4%，居全省第2，省市县长项目落地率82%。完成交通投资204.4亿元，杭台高铁、市域铁路S1线开通运营，104国道临海段改建、228国道玉环清港连接线、路桥肖王至洋屿高架等项目建成通车，甬台温高速改扩建台州段、“两高”三门联络线全线开工建设，获评全省“四好农村路”示范市。完成水利投资56.3亿元，8个海塘安澜、4个百项千亿、8个内涝治理项目开工建设，台州市引水工程和南部湾区引水工程通水，朱溪水库工程具备蓄水条件，椒江河口水利枢纽工程前期加快推进。

【市场需求提振复苏】 2022年，台州市实施“千企百场”拓市场行动，落实商务包机（舱）欧洲行、出入境“白名单”动态管理等举措，外贸出口增长15%，占全国份额提高至10.5‰。开展“购车狂欢节”“双品购物节”等活动，发放消费券超3亿元，带动居民消费61.2亿元，椒江创成省级夜间经济样板城市，南官智慧商圈获批省级示范智慧商圈，新增省级商贸特色镇9个、示范村7个。实施开放型经济“五个自由”集成改革，优化台州港口发展规划，获批省RCEP高水平开放合作示范区，开通2条RCEP国家近洋航线和5条内支线，义新欧班列“台州号”常态化运行，港口货物吞吐量6240万吨，增长5.1%。

【改革创新蹄疾步稳】 2022年，台州市获批省部级以上改革试点37个。数字化改革综合评价进入全省第一方阵，一体化智能化公共数据平台建设领跑全省，数字政府建设评价居全省第3，台州“城市大脑”运营中心（数字馆）建成开放，5个应用、规则入选全省“最系列”成果，“蓝色循环”应用有效破解海洋塑料垃圾收集利用难题，“瓜果天下”应用带动1.5万名外出果农增收10%，“付省心”应用服务36.8万人实现预付消费零纠纷。营商环境指标评价居全省第3，企业获得电力时间从15天减至8.5天，办理建筑许可时间从27天减至16天、成本占建筑费用比重从22.1%降至6.3%。建成民营经济展示中心，民间投资体制改革等5项工作经验亮相全国“奋进新时代”主题成就展。创设“双创苗圃板”，成为省首批区域性股权市场创新试点。全域实施“大综合一体化”行政执法改革，执法效能提升60%以上。构建“一弓一箭”区域科创体系，台州湾科创走廊成为省级科创走廊体系重要组成部分，台州梦想园区、国际科学家创业基地等加快建设，获准建设省高档数控机床技术创新中心，实现省级科创“塔尖重器”零的突破。一般公共预算科技支出增长21.3%，规上工业企业研发费用增长9.3%，新增国家高新技术企业441家、国家专精特新“小巨人”企业58家、国家制造业单项冠军企业4家、省科技领军企业3家，高新技术产业增加值占规上工业增加值比重提高至65.1%。成为国家知识产权强市建设试点，获国家专利优秀奖7项。出台“引人留人”三年行动计划和院士创业创新新政，落地院士创业项目10个，入选国家级引才计划41人。开展全国青年发展型城市试点，引进大学生10.2万人，高校毕业生留台率41.6%，成立台州工程师学院，引进青年工程师5000余名，新增高技能人才4.1万人。

【城乡面貌展现新颜】 2022年，台州市编制国土空间总体规划，划定“三区三线”，新增城镇用地空间21.9万亩。开展城市高质量建设“五大攻坚”行动，联动推进10个重点区块开发，商贸核心区、中央商务区等功能形象不断提升，葭沚老街样板段、官河水街开街。重点区块征迁拆除298万平方米，做地开发10300亩，村留地处置2322亩，完成14个入城口、26条道路风貌整治，贯通“断头路”36条，治理“桥头跳”345处、“窨井跳”3450处。新增省级未来社区试点38个，改造老旧小区55个，创成省级城乡风貌样板区9个、美丽城镇样板镇16个，改造农村生活污水处理设施349个，生活垃圾分类治理获评全国“第一档”。探索“三新”农村共富模式，实施农村“五大提升”行动，全面消除集体经济相对薄弱村，培训农民62.8万人次，建成共富工坊1015家，带动3.4万农民人均增收近8000元，低收入农户就业率居全省第1，共富工坊等经验做法在全国推广，打造星级美丽乡村600个，建成省级未来乡村20个。生态环境持续改善，37个中央和省委生态环境保护督察反馈问题完成整改23个。空气质量居全国重点城市第14位，国控断面水质综合指数改善幅度居全省第1，新增省级美丽河湖12条（个），入选国家“无废城市”建设名单。

【民生福祉持续改善】 2022年，台州市民生支出增长15.3%，占财政支出的76.3%。实施技术工人“扩中”等改革，获批全省唯一全市域技能型社会建设试点，新增城镇就业8.2万人，“安薪指数”居全省前列。城乡居民基础养老金每人每月提高45元，城乡居民低保年标准达1.2万元以上。启动教育提质三年行动，3个县（市、区）通过“全国两创”省级评估，4个县（市、区）教育现代化发展水平提升至全省B等，引进好教师22人、名校长5人，签约引进华师大、浙师大等名校合作办学4所，三梅中学迁建等100个项目开工建设，永宁中学等95个项目完工，实现“中小学空调进教室”，规范民办义务教育发展。台州学院新增国家一流本科专业建设点2个，台职院跻身全省高职院校第一方阵。获评健康浙江建设先进市，公立医院综合绩效考核连续三年居全省第2，新增县级三乙综合医院2家。举办第二届和合文化全球论坛，央视跨年晚会再次在台州举行，大陈岛垦荒精神等9个项目入选“浙江文化标识”培育项目，建成农村文化礼堂229家、乡村博物馆41家，成立市新闻传媒中心。获省运会金牌86枚，台州市运动员黄雨婷在射击世锦赛上获得两金一银。出台“一老一小”整体解决方案，新增老年助餐点1237个，每万老年人口拥有持证养老护理员数提高至28人，全国首创家庭托育点模式，新增托位8590个、示范型儿童之家180个。新开工棚改安置房10642套，建设筹集保障性租赁住房3.65万套。第七次获评“中国最具幸福感城市”。

【社会大局平安稳定】 2022年，台州市全面落实党中央、国务院优化疫情防控政策和省疫情防控“七大机制”，打赢天台“4·28”等疫情遭遇战、阻击战，最大程度保障群众就医用药，实现有序转段、平稳渡峰。高质量完成党的二十大维稳安保任务。深入开展“百镇千村除险保安”“风险隐患清零”百日大整治等行动，安全生产“四化”建设做法在全省推广，各类生产安全事故起数、死亡人数分别下降37.6%和39.2%，降幅均居全省第2，未发生较大及以上事故。网格智治全面启动，警网融合、“一标三实”稳步推进，警用无人机实战应用被确定为公安部联系点，刑事立案数下降8.8%，电信诈骗发案数、损失数实现“双下降”。国家级信访积案化解率99%，乡镇（街道）合法性审查全覆盖获评全国法治政府建设示范项目，“亮剑2022”“春雷行动”等系列海上执法持续推进。国防、人防、海防、民族、宗教、审计、统计、外事、侨务、港澳台、史志档案、气象等工作取得新成效，妇女儿童、老龄、慈善、残疾人等事业取得新进步。

【政府自身建设得到加强】 办理人大代表建议和政协提案730件。政府工作报告623项细化任务完成率95.7%。商事制度改革、医药卫生体制改革获国务院督查激励，融入长三角一体化等16项工作获省政府督查激励。全市非刚性、非重点项目支出压减10.4亿元，正风肃纪持续推进。

（市政府办公室）

重要会议

【市政府全体会议】 8月17日，市政府全体（扩大）会议召开。市委副书记、市长吴晓东在会上强调，要全面贯彻落实省第十五次党代会、省政府第十一次全会、市委六届二次全会决策部署，坚定信心、实干争先，冲刺三季度、夺取全年红，奋力再创民营经济新辉煌，谱写“两个先行”台州新篇章。

【市政府第九十九次常务会议】 1月13日，市政府第九十九次常务会议举行，会议由市委副书记、代市长吴晓东主持。会议审议并原则通过《台州市人民政府精准惠企促发展扩大投资稳增长30条》等议题。

【市政府第一百次常务会议】 2月18日，市政府第一百次常务会议举行，会议由市委副书记、代市长吴晓东主持。会议审议并原则通过《“共绘蓝图接续干”事项清单》《2022年市政府民生实事候选项目》等议题。

【市政府第一百零一次常务会议】 3月25日，市政府第一百零一次常务会议举行，会议由市委副书记、代市长吴晓东主持。会议审议并原则通过《政府工作报告（送审稿）》《台州市2021年国民经济和社会发展计划执行情况与2022年国民经济和社会发展计划草案（送审稿）》《2021年全市和市本级预算执行情况及2022年预算草案（送审稿）》《台州市“双创苗圃板”建设方案（送审稿）》《市政府2022年度重大行政决策事项目录（送审稿）》《台州市政府2022年立法工作计划（草案）》等议题，听取台州市2021年度法治政府建设情况汇报。

【市政府第一次常务会议】 4月15日，市政府第一次常务会议举行，会议由市委副书记、市长吴晓东主持。会议研究市政府领导分工，审议并原则通过《政府工作报告2022

年目标任务责任分解》《台州市临港产业带发展规划》《台州市服务业纾困帮扶政策50条》《金融支持高质量发展推动台州再创民营经济新辉煌18条》等议题。

【市政府第二次常务会议】 5月10日，市政府第二次常务会议举行，会议由市委副书记、市长吴晓东主持。会议分析全市第一季度经济形势，研究第二季度经济工作；审议并原则通过《台州市技能创富型企业激励办法（试行）（2022—2025年）》《台州市鼓励备案非标电动自行车提前淘汰置换工作方案》《台州国际人才公寓（东地块）销售办法》《台州国际人才公寓（东地块）"先租后售"实施细则》等议题。

【市政府第三次常务会议】 5月30日，市政府第三次常务会议举行，会议由市委副书记、市长吴晓东主持。会议传达学习共同富裕高峰论坛有关讲话精神，审议并原则通过稳经济及房地产市场平稳健康发展有关政策、《高质量实施"引人留人"三年行动计划（2022—2024年）》《2021年度台州市政府质量奖拟授奖企业名单》《台州市浙东唐诗之路文化保护利用条例（草案）》等议题。

【市政府第四次常务会议】 7月5日，市政府第四次常务会议举行，会议由市委副书记、市长吴晓东主持。会议学习《中华人民共和国行政处罚法》，审议并原则通过《台州市巨灾保险工作实施方案》《台州市城市居民住宅二次供水管理办法》《台州市博士创新站建设管理办法》《关于支持院士来台州创新创业的若干政策》《关于支持大学生就业创业的若干意见》《台州湾科创走廊发展规划》等议题，听取全市疫情防控基础能力建设有关情况的汇报。

【市政府第五次常务会议】 7月18日晚，市政府第五次常务会议举行，会议由市委副书记、市长吴晓东主持。会议分析全市上半年经济形势，研究三季度经济工作；审议并原则通过《台州市普惠小微市场主体金融服务促进条例（草案）》等议题；听取全市推进"浙里康养"工作情况汇报。

【市政府第六次常务会议】 8月9日，市政府第六次常务会议举行，会议由市委副书记、市长吴晓东主持。会议审议并原则通过《台州市临港产业带母基金实施方案》《台州市重点群体"扩中""提低"行动实施方案》《台州市人民政府关于坚持"创新制胜"高水平建设创新型城市的若干政策措施》《关于加快台州湾经济技术开发区高质量发展的若干意见》《台州市教育提质三年行动方案（2022—2024年）》等议题。

【市政府第七次常务会议】 9月15日，市政府第七次常务会议举行，会议由市委副书记、市长吴晓东主持。会议审议并原则通过《台州市展览业促进政策》《台州市深入打好污染防治攻坚战实施方案》等议题，听取全市对口工作情况汇报，研究台州市见义勇为人员行政奖励事项。

【市政府第八次常务会议】 10月21日，市政府第八次常务会议举行，会议由市委副书记、市长吴晓东主持。会议分析全市三季度经济形势，研究四季度经济工作；审议并原则通过《支持临港产业带建设政策20条》《台州市与财通证券、省国贸集团临港产业带子基金合作框架》《2023年度全市城乡居民基本医疗保险筹资标准方案》等议题。

【市政府第九次常务会议】 11月10日，市政府第九次常务会议举行，会议由市委副书记、市长吴晓东主持。会议专题学习统计相关法律法规，审议并原则通过《浙江省椒江流域防洪规划》等议题，听取安全生产相关工作汇报，研究食品安全、知识产权相关文件精神及全市贯彻落实意见。

【市政府第十次常务会议】 11月30日，市政府第十次常务会议举行，会议由市委副书记、市长吴晓东主持。会议听取国家级普惠金融服务小微企业金融改革示范区创建、法治政府建设情况等汇报，审议并原则通过《关于进一步加强政府专职消防队伍建设管理的通知》《台州市扬尘污染防治管理办法》《关于推进律师业高质量发展的实施意见》《台州市人民政府关于修改〈台州市燃放烟花爆竹管理规定〉的决定（草案）》《台州市轨道交通运营管理办法（草案）》《台州市人民政府关于贯彻落实〈台州市居家养老服务条例〉的实施意见》《台州市儿童友好城市建设实施方案》等议题，研究调整城乡居民基本养老保险基础养老金及城乡居民最低生活保障标准事项。

【市政府第十一次常务会议】 12月22日，市政府第十一次常务会议举行，会议由市委副书记、市长吴晓东主持。会议审议并原则通过《2023年市政府民生实事候选项目》《台州市城镇住宅小区生活垃圾分类管理规定》《台州市稳生产拓市场促消费助力"开门稳、开门红"政策意见》等议题，研究冲刺四季度、做好明年开门红工作；学习《反垄断法》《公平竞争审查制度实施细则》文件精神，研究全市贯彻落实意见等。

（市政府办公室）

应急管理

【概况】 2022年，台州市应急管理局以平安护航党的二十大为主线，提高站位，强化担当，深化改革，狠抓落实，安全生产和防灾减灾各项工作取得明显成效。全市发生各类生产安全事故58起、死亡48人，同比分别下降37.6%、39.2%，降幅均居全省前列，未发生较大及以上事故，省政府对市政府安全生产年度考核台州市位居全省第2。台州市安全生产“四化”（安全生产标准化、网格化、集成化、数字化）建设、三门县应急指挥规范化建设先后得到两位省委领导批示肯定。浙江省森林火灾应急演练在黄岩成功举办。巨灾保险试点、应急管理执法能力建设三年行动等8个现场会或试点在台州开展。极端天气灾害短临预警分析应用、一体全链隐患排查治理应用、基层防汛防台系统标准化管理与评价应用场景3个系统列入“一地创新、全省共享”项目，防汛防台应急指挥系统获评2022年IDC亚太地区智慧城市大奖，防震减灾科普演讲获全国二等奖。

【安全生产管理】 2022年，台州市在省8个专委会基础上增设特种设备安委会，合并工矿和危化专委会，每季度召开安全生产形势分析会，每月召开联络员会议，研究落实完善风险防控、吸取重大事故教训、严肃责任追究等具体措施。创新开展重点隐患挂牌整治“百千万”工程，由市级领导责任包干100家、县级领导包干1千家、乡镇领导包干1万家，并从中筛选多跨疑难等288项重大问题在手机端展示，清单化销号、动态化更新、闭环化管理。市安委办共组织开展督查督导17轮，办结省级“七张问题清单”35个，市级问题清单94个。至年底，全市共有安全生产网格责任人26603名，确保全市11万多家企业（场所）及其风险点均明确到人，形成履职“一本账”。聚焦消防、道路运输、涉海涉渔、危化品、建设施工、工矿、旅游、城市运行、特种设备9个重点领域开展“遏事故”攻坚战，将事故易发多发的5.2万名高风险岗位作业人员、6000多台高风险设备设施、4.8万家企业、13万个安全风险点全部纳入动态监控范围。印发《关于深入开展“风险隐患清零”专项行动的通知》《台州市重点领域安全生产“四化”建设实施方案》；市委书记李跃旗带队开展安全生产督导，市长吴晓东5次牵头召开安全生产工作会议部署工作，市政府各位副市长就各自分管工作部署督导大检查工作，开展常态化明察暗访，全年共起底各类生产经营单位11.8万家，清缴隐患150万项，挂牌整治1254家。推进安全生产除险保安“百日攻坚”行动，组织开展全市除险保安百日攻坚行动，制定出台实施方案，突出“查大风险、除大隐患、防大事故”，将八大领域161项任务责任分解到岗到人；建立实施“节庆重点督、关键盯牢督、平时常态化督”机制，从市安委会、市安委办及各行业领域三个层面开展督导检查工作，压紧压实安全责任，迭代完善问题隐患排查检查等工作机制，动态清零检查发现的问题隐患。抓好“大综合一体化”行政执法改革工作，制定工作清单，聚焦专班运作、机制建设、执法实效、数字监管、改革监督、特色案例六个方面，对标对表抓落实，完成35项考核任务。全年全市累计执法检查企业2354家次，其中市本级为253家次，超过任务数（196家次）29.1%，全市共立案1892件，行政处罚6155.04万元，罚款收缴率、检查处罚率和罚款总额均居全省前列。完善“互联网+监管”执法模式，深化“双随机、一公开”制度，加大跨部门联合执法力度，切实提升执法效能；探索开展“工业扁鹊”安全服务活动，通过政府购买服务形式，聚焦事故多发易发的重点行业领域，组织专家逐个行业查大风险、除大隐患、遏大事故，在台州新闻头条播出。强化非法违法典型案件公开曝光力度，突出抓好行刑衔接机制落实，组织拍摄燃气使用安全、电焊“十不准”等一系列安全生产警示片、隐患曝光片，全年全市公开曝光典型违法案件413起，其中市本级曝光53起，实施非事故行刑衔接21起、追究刑事责任28人。

【防灾减灾救灾】 2022年，台州市制定《台州市巨灾保险工作实施方案》，为全市提供最高1.9亿的风险保障，被《中国应急管理报》《中国减灾》杂志等报道。全年新建避灾安置场所170个，全市累计建成1934个，最大可安置人数35万人，台风影响期间共转移安置3.43万人，相关工作经验得到应急管理部调研组肯定。印发《台州市防汛能力提升30条措施》，下发风险管控指令360余条，实现安全度汛。截至年底，全市共发生森林火灾1起、火情5起，比上年下降50%、16.7%，实现连续18年清明期间森林火灾“零发生”。联合市商务局建立救灾物资储备使用管理联动机制，发布《台州市市级救灾物资储备实施细则》。完成应急物资仓储管理系统（ERMS）全省市、县、乡、村级全面部署应用，全市储备冲锋舟295艘、大型排涝泵车24辆、应急生活包75903个等，基层防汛“三大件、四小件”已全部配齐，其中市本级已经储备约1500万元应急物资，在防御“轩岚诺”和“梅花”台风工作中发挥重要作用。

【应急救援】 2022年，台州市应急管理局持续深化可视化调度指挥系统建设，全市配备单兵100多台、布控球20台，实现30分钟救援圈以外偏远乡镇100%全覆盖，市本级和各县（市、区）卫星便携站全部配备到位。5月，台州市暨黄岩区应急救援培训基地正式揭牌使用，这是台州市首个水陆空兼备的救援实训基地，也是第二个市级应急救援培训基地，“学习强国”对此专门做宣传报道。组织对全市的应急预案体系建设进行重新梳理，形成较完整的应急预案体系。组织进行《台州市生产安全应急预案》编修，市政府印发该预案。督促市级各牵头部门和县（市、区）加快专项预案修订进度，截至12月底，已修订完成及进入发文程序的专项应急预案达92.5%。会同台州军分区建立军地抢险救灾协调联动机制，与驻浙央企中国电建水利水电第五工程局建立抢险联系制度；分级分类建立防灾减灾专家库。新培育市级专业森林防灭火队伍1支50人，充实危化品、工矿等领域专家20人，培训社会应急救援队伍骨干队员红十字救护员1052人。在全市部署开展大型综合性应急演练工作。市级层面联合相关部门举行全省森林防火演练、防汛综合演练、轨道交通S1线运行事故演练，开展全省、全市应急测绘演练、城市隧道防汛救援演练、迎接二十大广播电视安全播出事故演练等大型演练活动。全年全市各级、各部门（不包括民营企业）共开展应急演练840场次，演练共投入资金3969万余元，参与人数255万余人次，超额完成年度任务。11月承办全省森林火灾应急演练，被《人民日报》App、应急管理部网站等宣传报道。

【基础能力建设】 推进乡镇（街道）应急管理办公室组织网络、工作机制、工作保障等“三个规范化”建设。全市3305个村（社区）中，共建成社区应急突击队3305支，完成全覆盖，共有突击队员92796人。全部3305个村（社区）编制印发“多案合一”应急手册，开展演练2218场次，村社区3年内应急预案受教育率达到100%。组织开展“安全生产月”“百万员工大培训”等活动，全年累计培训企业员工18万余人，新建改建安全体验馆39家；广泛组织开展群众避灾避险逃生演练。

【安全生产“四化”建设】 2022年，台州市应急管理局科学划定市县乡村企五级网格，确保每一家企业、每一个场所、每一处重大风险都有人管。全市八大行业领域共设立五级网格共10003个，实现每个企业安全监管网格员配备全覆盖。全市定格定人26603名，清缴隐患150万项，挂牌整治1254家。将应急管理、消防、综合执法等部门检查内容纳入基层治理“四平台”网格员工作清单，对网格员实行积分制绩效考核，全市定格定人26603名。将隐患排查治理纳入市委常规巡察、“七张问题清单”考核督查、“除险保安”指数晾晒、市政府对县（市、区）及市级部门安全生产年度考核等。制定“8+X”标准手册，组织专家制定八大行业领域安全生产检查标准化手册，完成涉及道路交通，涉海涉渔，消防，工矿和危化品，建设施工，旅游，特种设备，城市运行等八大领域11个部门标准化检查手册的制定，共梳理检查清单1358项，并拓展延伸到防汛防台、森林防灭火、减灾救灾等自然灾害防治领域。组织八大行业领域聚焦事故易发多发重点部位、关键环节，对标对表开展安全隐患大检查。全年全市共开展全覆盖标准化检查3轮，起底各类生产经营单位11.8万家，清缴隐患150万项。实施“百千万”工程，3月初，市安委办组织开展安全生产隐患整治挂牌督办“百千万”工程，市级挂牌督办100个重点隐患，县（市、区）责任包干1000个，乡镇（街道）责任包干1万个，市县乡集中力量解决一批区域性行业性系统性风险隐患。全年完成对1254家单位安全生产隐患整治挂牌督办。对事故多发、工作不力的区域、领域开展进驻督导，限期改变落后面貌。实行分级分类执法监管，对重点领域、重点行业、重点企业开展“双随机”抽查检查，实现监管清单对象执法全覆盖。发挥各级安委会、专委会“统”的引领，建立健全月例会、季研判、年述职工作制度，聚焦突出问题。健全风险普查“常普常新”工作机制，构建风险管控全链条“串联”管控体系。投入500万余元组织开发安全生产风险防控系统，整合八大重点领域企业基本数据、隐患排查治理数据115万条，明确隐患整改网格责任人，实现隐患“一张屏”汇集展示。将八大行业领域隐患排查治理数据集成到市应急管理局，为从全市层面开展大数据分析提供支撑。探索实施“除险保安、百镇争先”示范乡镇考核评比活动，实行项目化过程性考核，对考核结果实行一季一晾晒，并通报政府领导及组织部门。全年共对18个隐患排查指数落后乡镇开展约谈，倒逼责任落实。

（颜海伟）

外　事

【概况】 2022年，台州外事工作围绕“两个服务”，推进从“干外事”到“谋外事”的转变，推动外事资源“两个转化”（把各种资源转化为外事资源，把外事资源转化为地方发展资源）。

【经济发展】 2022年，台州市外事办出台《台州市外办贯彻落实稳经济一揽子政策10条举措》，助推地方经济企稳回升；编印《外事资源服务招商手册》，为政府部门和企业开展对外招商、赴外参展提供服务，全年发放1800余份。参与筹划“台州企业包机（舱）欧洲行”等三批企业展团出海，前二批累计意向成交额近1.41亿美元。其间，收到海正药业、华海药业等多家企业遇签证难题寻求帮助后，协助近200名企业高管和业务骨干成功赴外参展。为市城投集团赴澳发行债券、市商务局赴阿联酋参展等稳外贸稳外资涉及的经贸类因公出国（境）团组开辟“绿色通道”，以最快速度完成团组审核申报和因公护照办理。保障“杭州亚运会”“和合文化全球论坛”“首届浙江（台州）RCEP经贸合作论坛”等省市重大涉外活动。

【国际青年交流】 2022年，台州市外事办以协议的形式确保每年如期开展交流，逐步建立稳定的“友二代”“友三代”长效机制，与韩国东海市签订常态化青年交流协议。组织开展“中国台州—日本敦贺青少年语言文化交流”“中国台州—美国韦恩堡全球学生论坛”“国际友城青年同唱一首歌云展演”等活动，举办“韩国东海市、罗州市青少年中文课程视频研学”。

7月30日，市委书记李跃旗（左三）会见印度尼西亚驻上海总领事戴宁（左二）
（市外事办　提供）

【民间外交】 2022年，台州市持续深化国际友城交往，落实“三个一批（强化一批、激活一批、开辟一批）”工作要求，对现有友城按照交往情况、交流合作重点领域及未来走向进行分类梳理，建立国际友好（合作）城市关系意向库。举办“中国台州—美国韦恩堡缔结友好关系10周年庆”等活动，并作为全省唯一地市，线上参加中美友城在线视频对话会。加强与韩国东海市来往，升级为“友好交流城市”。持续深化“山海台州进友城”“和合文化走友城”“台州智造连友城”等品牌活动，共同开展“美国奥兰治郡‘亚洲月’艺术活动”等。加强国际人文交流，持续深化“云赏台州”特色平台，精选非物质文化遗产项目短视频，推送给市级国际友城各大平台展播。开展艺术精品进台州活动，邀请世界著名指挥家、德籍华人汤沐海到台州举办台州专场演出。联同友城法国纳维尔，共同开展“山海台州”风光摄影展。对外讲好台州共富故事，策划推出“共同富裕‘台’幸福”主题系列，依托活动平台、短视频、主流媒体、国际会议、国际友城五大载体，立体式展示、宣传共富成果，助力共同富裕示范市建设。其间，策划开展“外国友人看台州”活动，组织来自企业、高校等20余名外国友人参与，并引导在脸书、推特等自媒体平台上进行传播宣介；打造“老外在台州”品牌，组织拍摄“我在羊岩山上学炒茶”“我在十里长街学曲艺”“在大陈过上理想海岛生活”“刷新味觉的鲜甜之旅”“这个夏天”5期共富主题短视频，以在台州外国人的视角讲述台州共富故事；编撰《聚焦“两个服务”　聚力“两个转化”——台州外事工作十年综述》，以外事角度分析台州共富发展，并选取荷兰人罗博和阿根廷人罗德里戈作为在台州外国人的典型代表，讲述台州发展故事。主题系列推出后被《人民日报》、“学习强国”、浙江新闻客户端及国际友城、国际友人自媒体等平台刊登发布和传播。

【主要来访活动】 2022年7月30日，印度尼西亚驻上海总领事戴宁一行到台州出席2022浙江（台州）RCEP经贸合作论坛。其间，市委书记李跃旗会见总领事戴宁一行，就双方经贸合作等话题进行交流。

【助企服务】 2022年，台州市外事办召集助企纾困交流座谈，深入50余家外向型重点企业实地走访调研，面向全市重点涉外企业开展外事服务需求调查310次，根据企业提出的40余项迫切需求建立清单，“一对一”提供定制化外事服务。帮助温岭北平机床（浙江）股份有限公司解决重要设备俄罗斯承接商办理来华签证。制定出台《台州市来华邀请管理工作实施细则》。前移APEC商旅卡服务窗口，全年APEC卡宣传册发放量2300余份，办理量80批215人次。为杰克集团、朵纳卫浴、椒光集团、达柏林阀门等重点涉外企业牵线搭桥，帮助联系印度、越南、印尼等驻沪领馆与我驻外领馆，传达需求信息。

（张凌志）

港澳事务

【概况】 2022年，台州市外办（市港澳办）贯彻实施党和国家的港澳工作方针、政策及法律法规，归口管理港澳事务工作，组织接待来访的港澳政府人员，并会同有关部门管理港澳同胞回内地定居的相关工作，开展与港澳的经济、科技合作交流。

【合作交流】 2022年，台州市外事办（市港澳办）邀请香港驻浙联络处主任刘铭德到台州考察，两次赴杭参加相关活动。8月17—19日，香港特区政府驻浙江联络处主任刘铭德专程到台州访问，台州市外事办（市港澳办）会同市商务局、文广旅体局、金融办等部门开展座谈，就台州与香港开展经贸合作进行交流。

（张凌志）

机关事务管理

【概况】 2022年，台州市机关事务管理局获评全省机关事务工作先进集体，取得2022年度全省机关事务管理工作考核第2名、市级单位工作目标责任制考核“六连优”，打造节约型机关、公务用车管理、机关服务保障等多项重点工作多次得到市领导的批示肯定。

【服务保障】 2022年，台州市机关事务管理局完成市行政5号楼、市行政中心三楼西会议室和北门厅、武警机动中队卫生间等维修改造以及台州海关新大楼整修工程一期建设，调剂落实市换届办公用房。优化“81890机关事务服务平台”服务，全年共受理机关“最多跑一次”服务平台、智慧后勤综合应用系统及线下各类事项23000余件，办结率和满意率均达到100%。通过减免房租助力中小企业减负渡难、优化流程促进政府采购规范管理、搭建平台发挥职能作用助企扶农等举措服务助力稳经济政策措施高效落实。搭建展示展销平台，组织台州特色农产品、工业品进机关活动，助力稳进提质和共同富裕，共组织苏泊尔、仙居神仙大农、智能马桶等6个专场的展示展销活动，为机关干部提供丰富实用、质优价廉的特色产品。

【规范管理】 2022年，台州市机关事务管理局开展全市党政机关办公用房分层分间平面测绘工作，完成25家市级单位约15万平方米的现场测绘；完成17宗闲置房产阳光招租，收缴租金192万余元；完成35家单位报废资产（原值约5231万元）处置，收回残值139.2万余元。开展全市公共机构2022年节能宣传周、宣传月活动；全市501家党政机关创建成节约型机关，创建率达90%；加强垃圾分类工作，推进“零碳”公共机构和全市公共机构内部停车场充电桩建设。启用“浙江省公务出行综合管理平台”，全市共有838辆公车、632名司勤人员纳入平台管理，共保障22329次，运行试点县域覆盖率100%；严格按照相关规定、权限和时效开展公务用车审批，实现审批流程“零次跑”；做好市级机关公务用车保障中心公务车辆日常运行，市级领导日常公务用车及各类会议车辆保障，提供用车服务1785辆次，安全行驶48万余千米。严控机关运行成本，深化节约型机关建设，做好机关运行成本调查统计；加强预算一体化管理系统的操作使用；完成局系统财务U8系统升级；开展财政“浙里报”系统使用培训。建立社会化购买服务规范流程，提高服务质量；建立采购人员政策定期交流机制，抓好采购执行、产品供给和产销对接。引进启用“食采云”平台，提高中小企业采购参与度，推行“不见面采购”优化营商环境，让供应商“一次都不用跑”，平台运行以来，共签约引进供应商33家，涵盖7大类近900种食材，完成询价37次，采购5523批次近440万元。

【标准化数字化建设】 2022年，机关公务用车地方标准化完成专家评审，《机关会务服务》《行政中心安保队伍服务和管理规范》《党政机关办公用房管理规范》已向台州市市场监管局申报地方标准。省局车管数字化改革挂牌试点实施，市级机关公务用车保障中心、天台县机关事务中心以及仙居县机关事务中心成功承接省局公车“e”行、“公车应急救援e省通”两个数字化改革项目完成招标采购、项目开发上线、业务培训。上线公车e行和公务用车应急救援e省通项目平台基础功能，建成公物仓项目平台基础功能，智慧后勤二期项目建设上线运行。

【服务质量提升】 2022年，台州市机关事务管理局启用市行政5号楼，合理配置资源；完成台州市公共机构节能管理平台（能耗监管平台二期）建设，实现对市本级党政机关及部分场馆能耗数据的实时监测；开展公务用车使用管理情况专项检查，建立公务用车常态长效监管机制；完善对服务外包单位的日常监督检查机制和绩效考核制度。召开全市机关公务用车省级标准化试点项目推进暨标准实施培训会；对“公车e行”和“公车应急救援e省通”两个应用场景的核心业务进行梳理和流程再造，强化流程闭环管理。完成市行政大楼食堂早点外包并做好服务监管，引进特色小吃，丰富供餐品种；完成市委、市政府重要会议、重大活动保障近2100场次10万余人次。加大幼儿园软硬件建设，开设暑期幼儿园托管服务。加快推进资产管理、公车e行、公共机构节能管理、数字绿色食堂、数字楼管、e会务、机关服务一件事七大应用场景建设。

【安全管理】 2022年，台州市机关事务管理局与市行政中心各单位签订《安全防范责任书》，落实日常安全隐患排查整改，督促消防及智能安防设施维保单位做好安防设施的日常维护管理。会同公安、信访、卫健等相关部门，全天候加强市行政中心区域的安全巡逻、信访处置、疫情防控、停车管理等工作，部署开展“除险保安百日攻坚”专题行动，全面开展安全隐患排查整改，修订各类应急处置预案和应急物资管理制度，做好疫情防控和防台防汛应急物资采购工作。

（俞映红）

行政服务

【概况】 2022年，台州市人民政府行政服务中心以“三窗口、一中心、一平台”建设为主抓手，推进政务服务标准化、规范化、便利化，在服务下沉、标准提升、队伍建设、数智赋能、公平交易等方面持续突破。县、乡、村、企业服务中心可办事项平均分别为1617项、497项、103项、200项，全市乡镇（街道）便民服务中心进驻9个部门584家站所，进驻站所可办事项288项。为1000多家企业开具投标电子保函，释放企业资金约3.22亿元。获评“一星级全国青年文明号集体”“浙江省2021年度改革创新成绩突出集体”等荣誉称号。综合受理员队伍职业化建设被省委改革办、省人社厅同意批复作为全省试点。“以标准化推动乡镇便民服务中心建设”和“立足‘四化’持续推动基层站所进驻便民服务中心”工作经验在省委改革办《竞跑者》上推广。

【营商环境优化】 2022年，台州市人民政府行政服务中心出台11项稳企助企举措，发布《2022年台州市政务服务“稳企助企、稳进提质”工作指南》，全市累计开展涉企专项服务500余次，办结业务5200余件，惠及企业1500余家。规范企业服务中心建设运行，推进建成37家企业服务中心（联络站），办件量约25万件。完成行政审批中介服务网升级改造，公示中介机构1225家，累计访问超1000万人次。召集11个行业领域15家单位的专家，会同台州湾新区管委会、市中介服务协会开展中介服务“义诊”活动。在黄岩区试行创业企业前期帮扶，设立创业模拟体验区，完成餐饮、理发、足浴等7个行业3D标准装修模型制作，创业企业装修返工率从80%降至10%。

【“就近办、全域办”改革】 2022年，台州市人民政府行政服务中心统一示范村（社区）便民服务站建设标准，明确场所建设、业务办理、人员管理、机制建设等14个方面内容。参与加快发展县政务服务便利化省级试点，在天台县、仙居县、三门县探索创新“政银合作”服务模式，常态化运行“政银合作”网点319个，服务群众23.95万人次，三门县、仙居县服务山区群众举措入选省政府办公厅数字政府汇报案例。与全国110个县（市、区）开展跨省通办合作，通办联络群会集跨省联络员200余人，惠及群众6万多人。

【数字化改革】 2022年，台州市人民政府行政服务中心将“一网通办”服务向村社区（特别是偏远山区海岛）、企业园区和未来社区延伸，全面接入综合自助终端，全市大厅窗口“一网通办”率96.42%。开发上线“省心办事”政务应用，提供在线申报、视频指南、线上帮办、地图导航和预约办事等便民服务，“线上帮办”累计提供2.4万次智能咨询和2000余次人工帮办服务，“省心办事”应用在线服务8.2万人次。在全省率先制定《政务服务大厅服务数据归集标准》，规范统一全市政务服务大厅“取号—受理—办理—评价”服务流程和数据标准。依托一体化智能化公共数据平台，在ODPS数据空间搭建台州市政务数据仓，归集加工实体大厅和线上业务系统办事数据。建设政务服务驾驶舱，搭建风险预警模型，对人流高峰、业务饱和等38项指标实时监控预警，每月自动生成《政务服务大厅运营分析月报》，针对房地产、商事登记、社保医保等热门领域生成办件情况全景分析报表，感知经济社会发展态势。累计归集全市136个政务大厅298万条办件数据，接入73个四星、五星级大厅视频监控数据。

【大厅服务管理】 2022年，台州市人民政府行政服务中心出台《大厅轮值值班长制度》，编制《工作人员服务规范手册（3.0版）》，完善大厅各项管理制度，累计有效处理市本级差评（投诉）件403件，群众回访满意度100%。大厅实行常态智慧化考核管理，累计开展联合督查90余次，颁发流动红旗24面，印发督查通报11期。完善星级评定标准，召开全市基层政务服务建设暨星级大厅创建现场会，累计实地指导全市大厅80余家，评出五星级大厅51家、四星级大厅43家、三星级大厅46家。

【政务服务标准化】 2022年，台州市人民政府行政服务中心将“一件事一次办”办理经验转化为政务服务标准，主导制定省级地方标准《群众和企业全生命周期“一件事一次办”工作指南》，参与省标《出生“一件事一次办”多证联办服务规范》等单项一件事标准的制定、评审，参与制订群众和企业全生命周期重要阶段“一件事一次办”工作规范《总则》《军人退役》《一般企业投资项目审批（办理建筑许可）》《不动产登记》和《政务服务礼仪规范》等系列团体标准，配套出台《政务服务一窗通办工作规范》等市级地方标准。

【综合受理员队伍建设】 2022年，台州市人民政府行政服务中心搭建市县乡三级行政办事员管理、培育、评价全周期职业化体系，举办全市政务服务综合窗口办事员技能竞赛，应用综合受理员一体化管理系统。全市县乡两级统管综合受理员796人、统一调配273人，其中达到国家职业技能等级中级工标准的四级及以上高素质办事员占比24%。累计编制教材30本，制作PPT50个，积累试题4651题，平均开展培训122次。

【公共资源交易】 2022年，台州市公共资源交易管理委员会办公室与台州市公共资源交易中心持续打造公平阳光高效的交易平台。累计完成项目数1067宗，成交金额共534.67亿元。出台《台州市工程建设投标保函管理规定》，从保函管理、理赔条件、索赔资料、赔款流程、责任落实5个方面保障交易合法权益，市本级交易平台投标保函支持率100%，企业应用超2.5万家次，释放投标保证金超45亿元。健全开评标区、专家抽取室等管理制度，编制文明规范服务手册，41个政府采购项目流程中的10个环节全公开。推进产权交易标准化，出台《台州市公共资源拓展（产权）项目招投标操作规程》，制定交易标准模板。推行采购40%预付款制度、小微企业20%价格优惠扣除、履约保证金不超过合同金额1%，实行招标文件零收费等惠企政策。实行工程建设设计、EPC等项目全流程电子化招投标，产权及拓展资源交易项目全类别网上交易，开评标全过程网上开展，全流程电子化率100%。探索远程异地评标，与新疆阿拉尔市签订远程异地评标合作协议，协同温州市完成首个远程异地评标项目。印发《关于进一步规范工程建设项目招标投标活动12条意见》《台州市工程建设项目招投标领域突出问题专项整治工作方案》，季度化开展“双随机、一公开”抽查，全市累计查办案件8起，涉及标的金额1.65亿元，行政处罚金额约40万元。

（蔡寅帆）

大数据工作

【概况】 2022年，台州市政府办公室（市大数据局）深入贯彻落实省市数字化改革决策部署，聚焦主责主业，强化实干担当，突出实战导向，推进一体化智能化公共数据平台、数字政府建设，助力台州市互联网领域建设，各项工作取得明显成效。形成台州发展亮点：全面梳理“政府引导+市场驱动”融合式改革模式，精准提炼政企、政银、政社、政学等多元合作创新机制，形成台州鲜明特色的数字政府建设理论成果《多轮驱动+多元协同：数字化助力政府治理现代化的台州实践》。探索数据要素市场化配置，率先推进公共数据授权运营。引入企业、金融机构等多元主体，成立台州市信用信息科技有限公司，专职负责金融数据授权运营，共同参与数据深度开发利用。

【体系架构优化】 2022年，台州市政府办公室（市大数据局）深入贯彻落实国务院、省政府数字政府建设意见，结合台州实际，率先印发《台州市深化数字政府建设实施方案》，提出6个方面44项工作任务。按照三大改革一体融合要求，一体推进市县数字政府体系架构迭代。承接贯通省定26项重大改革、38个重大应用，加快构建政府数字化履职能力体系。至年底，已贯通34个重大应用，获批16个共建试点，“数字孪生椒江”获批水利部试点，“统计大脑”“人社大脑”“审计大脑”等获省级试点。梳理全市实践、理论成果，归集8大领域40个应用场景，编制《台州数字政府优秀应用案例集》。

【应用创新推广】 2022年，台州市政府办公室（市大数据局）聚焦群众、企业所需所盼，持续推动当地创新应用提质增效，打造具有台州辨识度的实践成果。“海洋污染物数字化治理应用”得到省委书记袁家军现场调研肯定。“蓝色循环”“付省心”“智慧消防预警处置”等入选全省数字化改革“最佳应用”，数量全省第1。“瓜果天下”等应用进入“一地创新、全省共享”“一本账”S0，“海洋云仓”成为数字政府系统首个全省推广地方特色应用。“房省心”在全国住建系统“质量月”交流展示并得到专家肯定，“智慧排水”创新“三步法”在住建部部级期刊《城市道桥与防洪》上发表。

【平台智能化建设】 体系性增强平台数据供给能力，夯实数字化改革底座。制定重点数据归集清单，推进全量全要素归集，累计归集数据123亿条，数据需求满足率100%。推进平台智能化建设，建立当地特色算法库，梳理智能模块32个，形成智能要素一本账，推动“数据仓”变成“数智仓”。推进智能组件一体共享，统一组件调用率达70.1%，机器视觉、二码联查等组件调用量居全省前列。高质完成数据资源自动开通、云资源自动开通省级试点，实现数据资源申请“智能秒批”，云资源创建效率提升约89倍。

【数字资源规范管理】 2022年，台州市政府办公室（市大数据局）全过程、全领域应用一体化数字资源系统（IRS），推动数字资源管理实现“配置一本账”。强化数字化项目全生命周期管理，将IRS应用情况作为审批、验收前置条件，健全项目审核机制，探索引入第三方绩效评估，全年累计节约财政资金约6200万元。规范IRS应用发布，率先建成“浙政钉”应用发布托管平台试点，建立“浙里办”应用发布全闭环管理流程。主动承接试用IRS应用工厂，7个试点实践经验案例入选省优秀案例集，并在全省IRS专题培训会上被推介。

【数据开放迭代】 2022年，台州市政府办公室（市大数据局）迭代数据开放域系统，全年新增开放数据集100个、数据7.2亿条。锚定牵一发动全身重大改革和打造共同富裕十大标志性成果，增量开发数据产品61个，支撑个性化、定制化开发需求。聚焦数据开放、产品服务、授权运营等重点任务，创新“1+N+X”运营模式，印发《台州市公共数据授权运营方案》，加快推动数据要素增值。办好2022浙江数据开放创新应用大赛台州赛事，决赛获奖总数全省第1，台州市大数据局获优秀组织奖。

【数字化改革成果推广】 2022年，台州市政府办公室（市大数据局）持续推进“一网通办”向基层延伸，全域推广“政银合作”模式，推动政务服务便利化市域全覆盖，累计打造2717个“就近帮办”服务网点。完成“浙里办”台州频道（“台省心”）焕新改版，迭代打造“群众好用”“企业好用”服务专区。统筹用好疫情防控精密智控综合集成应用，定期编制战“疫”数报，助力科学精准防疫。建成投用台州城市大脑运营中心（数字馆），全面展示数字化改革成果，累计接待各类参观团队考察400余批次。推进“一网统管”实体化运行，推动“一标三实”数据融通，初步形成“一网一域一中心”基层智治大脑台州节点。

【台州“城市大脑”运营中心（数字馆）开馆】 2022年6月16日上午，台州“城市大脑”运营中心暨台州“数字馆”正式开馆运营。该场馆位于台州市科技馆内，总建筑面积约4800平方米，设置了展示体验区、运营指挥大厅、运营工作室、科技工作者之家、建筑外立面投影等重点板块。台州“城市大脑”运营中心指挥大厅依托一体化智能化公共数据平台，接入全市335个数字化应用场景，实现“一键上屏”，汇聚多路视频感知点位，打通了公安、应急、城管等指挥系统，做到“一屏直达、一网统管、综合指挥”。并运用业内先进的坐席指挥管理系统，总控声、光、电、网，实时掌握大厅环境各项状况，达到业务协同最强、指挥效果最优的效果。展示区汇集了数字化改革六大领域十余个特色场景，如“防汛防台”“出生一件事”“好文旅”“亲农在线”“海洋云仓”等这些与民众息息相关的数字化优秀应用，让市民感受数字化改革带来的红利。

【网络安全保障】 2022年，台州市政府办公室（市大数据局）完成政务外网核心区升级改造，实现网络设备和链路双冗余设计，支持故障秒级自动切换，保障254家接入单位政务网络安全稳定运行。完成政务云异地灾备能力建设，推动237个单位、562个业务系统上云，保障视联网会议1333场次。推动《浙江省公共数据条例》宣贯落地，创新开展公共数据专项执法检查。参与国家、省、市等各级网络安全攻防演练，分批次开展网络安全专项督查，严格落实关键时期7×24小时网络安全值班值守，加强对合作企业和服务外包单位的监管，全方位筑牢网络安全屏障。累计完成545个应用系统安全风险排查，拦截疑似攻击

71.63万条，处置恶意IP5296个。

（台州市大数据发展管理局）

决策咨询工作

【概况】 2022年8月，台州市政府决策咨询委于换届，下设决策咨询中心和综合经济部、城镇化部、社会发展部、乡村振兴部4个专业部。第四届咨询委聘请咨询委员55人，特邀委员17人，特约研究员27人。全年度共开展8项课题研究，提交咨询报告7个，报送委员建议31件。

【重大课题咨询研究】 2022年，台州市咨询委开展一批重大课题的咨询研究，报送构建台州市数字健康体系、实施校园清凉工程、促进全市海洋渔业高质量发展、加快天台山文化申报世界文化遗产、加快台州都市核心区建设、提升台州港口西进能力等专题报告。所有上报课题均得到市委书记李跃旗、市长吴晓东等市领导的批示肯定。

【委员建言献策】 2022年，台州市咨询委组织委员开展关于2023年经济和社会发展建议等相关专题调研，形成一批具有较高质量的建议意见，向市委、市政府上报《关于咨询委员对2023年经济社会发展建议意见的报告》等相关报告，发挥综合性新型智库的作用。全年度刊出《咨询建议》11期，刊登委员建议31篇，委员建议涉及台州经济社会各个方面，具有较强的系统性、综合性、针对性。

【换届工作】 2022年8月16日，台州市咨询委召开市政府第四届决策咨询委员会第一次全体会议，省政府咨询委主任黄旭明到会指导，市委书记李跃旗出席会议并讲话，市长吴晓东主持会议并为新一届咨询委员代表颁发聘书，市第四届咨询委主任周五来做工作报告，市领导彭永军、刘小兵等出席会议。通过换届，主任、两位专职副主任和四个专业部部长全部驻会，充实咨询委员、特邀委员和特约研究员的队伍，优化组织结构、专业结构和年龄结构。

【制度建设和机制创新】 2022年，台州市咨询委按照新型智库建设的要求，完善三个“三结合”，即“退下来的领导干部、大专院校和科研院所的专家、现职业务骨干”的“三结合”，“咨询委员、特邀委员、特约研究员”的“三结合”，“老、中、青”的“三结合”。制度建设更加规范化，形成以委员为主体、专业部为基础的课题研究体制机制。

（洪　卫）

台州湾新区

【概况】 2022年，台州湾新区规划总面积138.46平方千米，常住人口约20.9万人。完成固定资产投资177.7亿元；实现规上工业增加值97.61亿元；外贸出口额153.4亿元；一般公共预算收入19.75亿元，增长18.2%，增速居全市第2位；限额以上批发业销售额227.99亿元，同比增长27%，居全市第3位。

【招商引资】 2022年，台州湾新区开展“全员全域全时”大招商，建立“一个产业、一名领导、一张地图、一只基金、一个平台、一个招引小组”招商机制，用好专业化、雇员制招商力量和现代招商模式，发挥产业基金引领撬动作用。新开工华创光电等50个项目、新投产观宇科技等20个制造业项目。全年新引进亿元以上项目9个，其中成功招引总投资68亿元的水晶光电光学面板、总投资29亿元的吉利汽车零部件产业园、总投资10亿元的仁海科技和耕宇牧星项目。对接推进飞滴航空、观宇科技二期等重大项目洽谈落地。

【企业培育】 2022年，台州湾新区以超常规力度和举措打好“两稳两送”组合拳，出台稳经济42条等一揽子政策，帮助企业纾困降本减负。夜光明成功登陆北交所，恒勃控股创业板IPO成功过会；新培育国家专精特新“小巨人”企业3家，省级科技小巨人企业2家、“专精特新”中小企业33

1月14日，台州湾新区举行扩大有效投资重大项目集中开工活动暨星空通用航空项目开工仪式　　　　（台州湾新区管委会　提供）

家；星空智联获评国家智能制造优秀场景。落实“创新制胜”战略，创成国家级双创特色载体；年内签约院士创业项目3个；新认定国家高新技术企业44家、省科技型中小企业96家，完成率居全市第1位；维克机械、方远新材项目入选省“尖兵领雁”计划。

【平台创建】 2022年，台州湾新区创成省级新区、省级高新区、省级“双创”示范基地、省级“两业融合”发展试点区域和省级绿色低碳工业园区，列入省高能级战略平台培育名单和首批省级循环化改造园区名单。拥有台州无人机小镇、汽车小镇（已完成验收命名）两个省级特色小镇，空天产业入选全省首批7个“万亩千亿”产业新平台和全省首批8个省级未来产业先导区培育创建名单，纳入浙江自贸试验区联动创新区范围。中央创新区建设加快推进，致力打造“科创高地、花园智谷”。

【项目攻坚】 2022年，台州湾新区云湖区块、云湖中小学、沙北3个未来社区全面启动，南野份村棚改工程顺利完工，飞龙高闸、生活后街、云湖一期等重点区块拆迁全面完成，腾空净地1202亩。太阳城区块重新启动建设；沙北未来社区首个棚改工程建成交付；打通5条“断头路”；攻坚化解一批“老大难”历史遗留问题。加快构建现代公共文化服务体系，建成新区首个乡村博物馆和7个“15分钟品质文化圈”。深化生态环境和全域土地综合整治，发展绿电项目，全省单体容量最大屋顶光伏项目实现并网发电。

【改革深化】 2022年，台州湾新区“大综合一体化”行政执法改革落地见效；“集中连片论证、分期分块出让”用海审批改革、不动产业务“无感智办”新模式获全省推广；构建“模拟审批+全包服务”常态化机制，杰克二期项目刷新全市工业项目落地最快纪录。无人机产业大脑入选省第二批工业领域行业产业大脑建设名单；“企安宝”数字化应用场景在省公安厅揭榜挂帅活动中成功揭榜；新区全域实现五星政务服务全覆盖，努力实现民生事项“就近能办、多点通办、少跑快办”。

【平安新区建设】 2022年，台州湾新区开展“百镇千村除险保安”、夏季治安打击整治“百日行动”、风险隐患大起底大排查大整治等行动。成立人民调解委员会和台州湾新区人民法庭，健全完善矛盾化解“调诉协同”一站式服务机制，推进重点领域安全生产“四化”建设，实施“公共视频监控建设一体化”改革，以练促防提升应急处置能力，新区安全生产事故数、亡人数降幅居于全市前列，信访生态持续向好。

【城市品质提升】 2022年，东西贯通新区的一江山大道快速路全线通车。市域铁路S2线、台州1号公路、海城快速路等重大交通设施项目有序推进。悦海城商业综合体建成开业。台州康桥学校、月湖初中、月湖小学、台州市月湖幼儿园开学，新区首所高中康桥学校高中部获批，台州技师学院、台州护士学校、月湖未来社区等重点项目有序推进。“城市锈带”新太阳城项目重启建设，646亩城市公园启动设计招标，217亩月亮湾东侧商业步行街开工建设。台州湾文旅综合体基本建成。

【民生保障】 2022年，台州湾新区推进民生领域项目建设，“阳光共富”“居民共富共同体”品牌获评市“九富”最佳实践案例；建成“优播”“稻梦”“向阳”3个共富工坊示范点；恒勃等6家企业获评市技能创富型企业；引入浙大一院合作共建三甲综合性医院，申创国家区域医疗中心。实施甬莞高速台州东城市入城口和一江山大道、开发大道、机场路等10条道路改造提升工程，东海大道、滨康大道等一批“断头路”贯通。

（梁伟妮）

大陈岛开发建设

【概况】 2022年，台州大陈岛开发建设管理委员会推进大陈岛开发，取得一定成效。央视浙江总站在岛上设立共富观察点，大陈岛列入台州市“三新”共富示范区，入选省农村产业融合发展示范园，推进国家级两岸基层交流示范区创建。

【发展规划编制】 2022年，台州大陈岛开发建设管理委员会委托拈文投完成大陈岛全岛文化创意策划，启动梅花湾、大小浦、军事文化公园三个子项目深化研发。委托省城乡规划院实施《大陈岛整体风貌保护提升规划》编制。

【要素保障】 2022年，台州大陈岛开发建设管理委员会实施招商引资，引入实力企业签订战略合作协议。牵头完成征收方案编制，开展下大陈梅花湾、大小浦和上大陈丁勾头政策处理工作。

【党性教育基地创建】 2022年，台州大陈岛开发建设管理委员会坚持垦荒精神立心，全面推进大陈岛党性教育基地建设，垦荒剧场土建主体完成，军事文化公园加快前期手续办理。

【绿色低碳发展】 2022年，国际首创的柔性低频输电示范工程和海岛“绿氢”综合能源示范项目建成投入使用，大陈岛入选省级林业碳汇先行示范地，省生态环境厅发文同意大陈岛开展海洋蓝碳交易试点。聘请国家环境基准领域权威吴丰昌院士团队启动碳中和示范区建设方案编制，加快“海洋蓝碳”生态系统应用开发，探索国内首创海洋碳汇核算标准体系。

【基础设施建设】 2022年，台州大陈岛开发建设管理委员会围绕省级旅游度假区复评开展专题攻坚。深化“蓝色海湾”整治，梅花湾西侧区块和土地堂区块完成铺沙，帽羽砂砂砾质岸滩修复项目开工建设，滨海生态廊道工程竣工验收。不断改善交通环境，台州湾陆岛联动综合码头项目前期加快推进，海上客运中心外迁码头部分可研通过评审，豪华客轮“大陈岛”号投入运营。民生基础设施不断完善，望夫礁陆岛码头加快推进，下大陈安居房完成施工图。壮大村集体收入，下大陈村集体民宿完成装修。

（张茜茜）

台州湾经济技术开发区

【概况】 2022年，台州湾经济技术开发区完成规上工业总产值510.7亿元、同比增长23.1%，完成工业性投资56.7亿元、同比增长16.89%，完成批发业贸易额59.55亿元、同比增长200%；完成港口吞吐量926.1万吨，同比增长51%，提前103天完成上年总量。

【平台建设】 2022年，台州湾经济技术开发区口岸开放和台州综合保税区两大开放平台具备验收条件，总投资5000万元的口岸开放基础设施项目全面建设完成，头门港区口岸开放已通过台州市预验收，完成后将上报国家口岸办申请验收。总投资4亿元的综保区综合服务中心一期、巡逻通道与围网、海关监管设施及信息化等3个国家验收项目全面完成，已做好验收准备，省政府已致函海关总署申请验收。台州综投公司于11月8日正式完成股权变更，由临海市海洋开发投资有限公司收购台州星展供应链服务有限公司持有的台州综投公司35%股份，理顺台州综投公司运营机制，提升运行效率和管理水平。义新欧班列“台州号”于2月28日正式开通，全年出口发运43列，发运柜数250柜，货品总值2607.69万美元，服务企业58家。推进铁路监管区建设，该项目总投资约3亿元，分两期建设，一期一阶段项目基建部分基本完成。港口运营实现新突破，全年完成港口吞吐量926.1万吨，同比增长51%，夯实省海港集团实施全省海港一体化任务中台州板块的重要地位。10月10日，头门港—宁波舟山港集装箱内支线正式开通，为集装箱运输常态化运行打下基础。

【产业发展】 2022年，台州湾经济技术开发区共有规上工业企业130家，上市公司及上市公司全资子公司24家，国家级高新技术企业60家，省级研发中心24家，省级研究院10家，形成医药化工、汽车制造两大支柱产业。全年新增上市企业1家（联盛化学）。三大产业城建设加快，台州湾新材料产业园（荣盛项目）基本落地，已纳入省2023年“8+4+1”经济政策清单，用地、用能等要素均取得关键进展，项目所在地2个村庄及配套码头雀儿岙共437户村民搬迁签约已经完成，项目涉及的水、电、路等各配套工程正在加快推进，并于11月22日举行产业园奠基仪式。新医药健康城完成化工园区扩区，新增上市企业1家，全年园区在建技改项目44个、总投资105亿元，其中列入台州市“三比三看”的11个医化在建项目2022年完成投资11.76亿元，将在今后三年陆续投产，预计可新增产值327亿元；吉利汽车实现从传统油车向新能源车转型，引入梧桐资本，计划利用其导入动力电池、驱动电机及电控、智能网联领域等新能源汽车零部件企业。省现代医药化工产业创新服务综合体完成验收。全年新增高新技术企业12家、省级科技型中小企业22家、国家科技型中小企业45家、省级以上研发机构9家（6家省级研发中心、1家省级企业研究院，2家省级重点企业研究院）。CDMO制度创新成效明显，

吉利汽车广场　　（台州湾经开区管委会　提供）

白沙湾公园　　（台州湾经开区管委会　提供）

朗华制药自上年6月份投产以来，完成产量6.5万吨，实现产值6500万元，创造利润2500万元。招商引资卓有成效，2022年新落地10亿以上项目4个，亿元以上项目4个。围绕项目引进落地全流程简化程序、优化服务，营造良好营商环境，永太新能源项目实现当年开工当年投产。

【社会治理】 2022年，台州湾经济技术开发区建立以十六个网格为主体的疫情防控体系，推进3天1检常态化核酸检测与全域全员核酸检测相结合，在新政实施前，实现新冠肺炎“零”发生。医化园区长江经济带突出生态环境问题完成销号，相关整改经验被国家长江办简报专题刊发，浙江省长江办在全省推广借鉴医化园区整改经验做法。无废园区创建通过台州市验收；减污降碳工作在全省率先试点开展。完成国务院安委办危化重点县2022年二轮专家指导服务，全年未发生较大以上事故及有较大影响力的安全生产事故。基本完成安全生产双重预防机制数字化建设，得到应急管理部肯定。

【城市建设】 2022年，台州湾经济技术开发区完成白沙湾人工沙滩工程建设，白沙湾公园基本建成，已通过国家蓝湾验收。城市配套服务设施逐步完善，首个城市综合体吉利汽车广场建成，首个职业教育学校吉利技师学院开学，洲际假日酒店、台州湾青年创新港、银厦紫荆公寓（企业人才公寓）、华海人才公寓等城市配套设施正在加快建设。康居工程二期开工，同步启动雀儿岙、田岙、短珠、蒲兰头村拆迁安置前期工作。金沙湾区块生态修复和绿化提升完成投资超过8000万元。

【人才服务】 2022年，台州湾经济技术开发区推进现代医药化工服务创新园重点项目建设，新创新服务综合园（北区）项目于3月动工建设，总用地面积82.78亩，总建筑面积59141.8平方米，计划投资3亿元，分两期实施。其中一期投资1.8亿元，建筑面积为35126.3平方米，于年底基本完成建设。集聚培养高素质产业人才，加强与浙江大学、复旦张江研究院等高校平台合作，深化台州学院头门港产业学院建设，浙江吉利技师学院于9月开学，共招生679名。面向重点企业提供“一站式”人才寻猎、评估、招聘服务，全年分别完成国家级、省级引才计划申报数4人和6人，台州市“500精英计划”进入现场答辩4人，国家级博士后工作站进站5人。组织企业参加“百川入东海，人才聚古城”青年引才活动，配合做好“云招聘”、专场直播带岗、“高校双选会”等线上引才活动，远赴黑龙江完成2022“智汇台州·百校引才”秋季校园招聘会之行，全年新引进大学生2168人，其中青年大学生1881人。持续深化高质量人才服务，推进人才工作数字化改革，推广“来浙实践”应用场景、“云招聘”等平台，构建校企才多方有效联系，助力企业招才引智，进一步拓展台州人才码应用场景，扩大人才码覆盖面，无障碍实现“一码通办、尽享服务”。

【党的建设】 台州湾经济技术开发区落实意识形态工作责任制，先后在《人民日报》《浙江日报》等主流媒体发表新闻稿200余件。全域推进“红韵港湾”党建品牌创建，发挥“红领英才”工作室引领作用，新建企业党支部3家，组建40支企业党员志愿服务队，13家企业清廉民企建设受到市委统战部表彰，3家企业党支部被评定为台州市级“两新”党建示范基地。

（金海燕）

中国人民政治协商会议台州市委员会

综　述

【概况】 2022年，台州市政协各级政协组织机构10个，其中市级政协1个，县（市、区）政协9个。第六届市政协设主席1名，副主席9名，秘书长1名，有界别30个，政协委员规模465名（截至2022年底实有委员455名）。市政协设常务委员会，由主席、副主席、秘书长、常务委员组成；内设提案委员会、委员工作委员会、经济委员会、农业农村和资源环境委员会、教科卫体委员会、社会法制和民族宗教委员会、港澳台侨和外事委员会、文化文史和学习委员会8个专门委员会及办公室、研究室2个办事机构。

【社情民意信息工作】 2022年，台州市政协全年向省政协报送信息稿件516期，被省政协采用109篇，省领导批示5条。被全国政协办公厅采用62篇，其中单篇采用6篇，转送有关部委办局31篇，《每日社情》采用25篇，获评全省反映社情民意信息工作先进单位一等奖。协同县（市、区）政协推动全市乡镇（街道）社情民意信息联系点线上应用和线下载体全覆盖、常运行，收集群众反映1198条，转县级社情民意信息402条，转社情民意线索478条。

【新闻宣传工作】 2022年，台州市政协实行县（市、区）政协宣传工作季度通报及委（室）宣传工作情况月度通报制度。对接重要媒体扩大正面宣传效果，在中央、省级媒体刊登38篇宣传稿，其中《人民政协报》4篇，《浙江日报》1篇，省政协“同心苑”和《联谊报》29篇，《“委员工作室”有了数字化翅膀》入选浙江省第四届人民政协好新闻十佳新闻作品。加强政协门户网站、微信公众号、《请你来协商》电视栏目等宣传平台的建设管理。2022年，市政协微信公众号关注人数从3000人提升至近万人，编发公众号文章近600篇，上榜《人民政协报》12月份“商靓榜”，位居全国地级市政协第3名，策划播出《请你来协商》电视节目15期。

【联谊和交流活动】 2022年，台州市政协加强同港澳台同胞和海外侨胞的联络联谊，举办港澳台侨代表人士中秋座谈会，鼓励在台港澳台侨人士为台州发展作出贡献。举办“山海共音悦　同心庆回归”——台州市港澳侨界庆祝香港回归25周年活动，台州市、椒江区两级港澳侨界政协委员、联谊人士、香港澳门同胞、留学代表共80余人参加活动，展示香港、台州两地相互交流、携手共进的发展成就。强化港澳台侨委员和联谊人士微信网络议政平台作用，方便委员随时随地参政议政、畅叙乡情。常态化走访台胞台属联谊人士，组织开展台胞台属座谈会，及时了解掌握他们的思想动态和存在困难，做好问题解决和解释等工作。热情接待来访的台湾同胞，加强与各界台胞的联系，强化“反独促统”的宣传，推进两岸关系的和平与发展。

（章佳宁）

重要会议

【概况】 2022年，市政协召开全体会议1次，常委会会议7次，主席会议10次，政协党组、机关党组会议29次，理论中心组学习9次，长三角“三市一区”政协主席联席会议，全市政协主席暑期读书会等。

【市政协六届一次会议】 2022年4月10—13日，政协第六届台州市委员会第一次会议召开。4月10日上午，市政协六届一次会议在市区开幕，420名委员出席会议，大会执行主席叶海燕主持开幕式，大会主席团常务主席周凌翔、褚义军、曹羽、李立飞、林虹、陈建勋、刘小兵、陈金华、沈洁参加会议。市领导李跃旗、吴晓东、吴海平等应邀出席大会。会议听取并审议五届市政协主席陈伟义代表政协第五届台州市委员会常务委员会所作的工作报告；审议政协第五届台州市委员会常务委员会关于提案工作情况的报告；列席台州市第六届人民代表大会第一次会议；选举政协第六届台州市委员会主席、副主席、秘书长、常务委员；审议通过政协第六届台州市委员会第一次会议决议；审议通过政协第六届台州市委员会第一次会议提案审查委员会关于政协六届一次会议提案审查情况的报告。4月13日上午，市政协六届一次会议在台州市区闭幕，会议由新当选的市政协主席叶海燕主持，副主席周凌翔、褚义军、曹羽、李立飞、林虹、陈建勋、刘小兵、陈金华、沈洁和秘书长颜士平参加。市委书记李跃旗发表讲话，市领导吴晓东、吴海平、陈伟义等出席大会。

【市政协主席会议】 2022年，市政协第五届委员会召开主席会议3次，市政协第六届委员会召开主席会议7次。

台州市政协五届四十三次主席会议于2月21日召开。会议审议通过五届台州市政协常委会第三十次会议议程（草案）、日程；审议通过有关人事事项；审议通过市政协五届五次会议以来的优秀提案。

台州市政协五届四十四次主席会议于3月10日召开。会议审议通过建议召开市政协六届一次会议的决定。

台州市政协五届四十五次主席会议于3月22日召开。会议传达学习习近平总书记在中央政协工作会议暨庆祝中国人民政治协商会议成立70周年大会上的重要讲话精神等；审议通过政协第六届台州市委员会委员名单（草案）；审议通过台州市政协六届一次会议邀请上主席台就座人员名单；审议通过台州市政协六届一次会议邀请列席人员名单；协商讨论政协第六届台州市委员会主席、副主席、秘书长、常务委员候选人名单（草案）；协商讨论政协第六届台州市委员会第一次会议主席团、主席团会议主持人和秘书长名单（草案）；协商讨论政协第六届台州市委员会第一次会议提案审查委员会主任、副主任、委员名单（草案）；协商讨论政协第六届台州市委员会第一次会议主席团常务主席和常务主席会议主持人名单（草案）；协商讨论政协第六届台州市委员会第一次会议各次大会执行主席及主持人名单（草案）；协商讨论政协第六届台州市委员会第一次会议副秘书长名单（草案）；协商讨论政协第六届台州市委员会第一次会议选举办法（草案）；协商讨论政协第六届台州市委员会第一次会议总监票人、副总监票人、监票人名单（草案）；协商讨论政协第六届台州市委员会第一次会议各组召集人名单（草案）；协商讨论政协第六届台州市委员会第一次会议分组讨论名单；审议通过五届台州市政协常委会第三十一次会议议程（草案）、日程；审议通过关于召开中国人民政治协商会议第六届台州市委员会第一次会议的决定（草案）；审议通过中国人民政治协商会议第六届台州市委员会第一次会议议程（草案）、日程（草案）；讨论修改常委会工作报告（讨论稿）、提案工作情况的报告（讨论稿）；协商提出常委会工作报告报告人；审议通过2021年度全市政协反映社情民意信息先进单位和先进个人名单；听取台州市政协六届一次会议大会发言工作情况汇报；审议通过《六届台州市政协港澳台侨联谊人士名单》。

台州市政协六届一次主席会议于4月13日召开。会议审议通过政协第六届台州市委员会常务委员会关于设置专门委员会的决定（草案）；审议通过政协第六届台州市委员会副秘书长名单（草案）；审议通过政协第五届台州市委员会各专门委员会主任、副主任名单（草案）；研究市政协领导分工事项。

台州市政协六届二次主席会议于4月15日召开。会议审议通过有关人事事项。

台州市政协六届三次主席会议于5月24日召开。会议学习传达习近平总书记在庆祝中国共产主义青年团成立100周年大会上的重要讲话精神、中共中央政治局常务委员会（5月5日）会议精神；传达学习《关于加强和改进新时代市县政协工作的实施意见》《中共政协浙江省委员会专门委员会委员履职临时党支部工作办法（试行）》《中共政协浙江省委员会党组成员联系相关界别党员委员和党员委员联系党外委员工作办法（试行）》精神；研究通过《中共政协台州市委员会党组加强对“一把手”和领导班子监督“三张责任清单”》；研究通过《中共政协台州市委员会党组落实全面从严治党主体责任2022年度任务安排》；研究通过《中共政协台州市委员会党组成员联系相关界别党员委员和党员委员联系党外委员工作办法（试行）》；研究通过《中共政协台州市委员会专门委员会委员履职临时党支部工作办法（试行）》；研究通过《台州市政协建设学习型服务型创新型智慧型清廉型机关的实施方案》；研究通过《关于常态化组织开展委员读书活动的实施方案》；协商讨论《政协台州市委员会关于强化政协委员责任担当的意见（草案）》；协商讨论六届市政协各专门委员会委员名单；审议通过六届市政协港澳台侨联谊人士名单。

台州市政协六届四次主席会议于7月6日召开。会议审议通过《市政协六届三次常委会会议方案》；审议通过《台州市政协六届一次会议重点提案》；审议通过《关于开展“当好政协履职排头兵、助推共同富裕先行市”活动的实施意见》；审议通过《2022年市政协领导联系走访常委、委员活动方案》；审议通过《政协第六届台州市委员会委派民主监督员工作实施方案》。

台州市政协六届五次主席会议于9月6日召开。会议审议通过《台州市政协六届四次常委会会议方案》；审议通过《长三角“三市一区”第六次政协主席联席会议方案》；审议通过《关于厚植城市文化优势赋能台州高能级城市打造的建议案（草案）》；审议通过《关于加快推进小微企业创新发展的建议案（草案）》；审议通过《2022年度市政协提案办理民主评议方案（草案）》；审议通过《台州市政协委员会客厅调整及创建名单》；审议通过《关于〈台州有请〉的编撰出版方案》。

台州市政协六届六次主席会议于9月23日召开。会议审议通过有关人事事项。

台州市政协六届七次主席会议于12月6日召开。会议审议通过《台州市政协六届五次常委会会议方案》；审议通过《台州市政协委员年度履职报告工作办法（试行）》；听取提案办理民主评议实地评议情况的汇报。

【市政协常务委员会会议】 2022年，市政协第五届委员会召开常委会会议2次，市政协第六届委员会召开常委会会议5次。

市政协五届三十次常委会会议于1月20日召开。会议传达学习省“两会”精神；审议通过有关人事事项。

市政协五届三十一次常委会会议于3月22日召开。会议传达学习习近平总书记在全国“两会”期间的重要讲话精神、全国政协十三届五次会议精神、省政协主席黄莉新考察台州有关讲话精神和市六届一次党代会精神；审议通过关于召开中国人民政治协商会议第六届台州市委员会第一次会议的决定；审议通过中国人民政治协商会议第六届台州市委员会第一次会议议程（草案）、日程（草案）；审议通过中国人民政治协商会议第五届台州市委员会常务委员会工作报告及报告人；审议通过中国人民政治协商会议第五届台州市委员会常务委员会关于提案工作情况的报告；审议通过政协第六届台州市委员会委员名单；讨论《政府工作报告（征求意见稿）》。

市政协六届一次常委会会议于4月13日召开。会议通过政协第六届台州市委员会常务委员会关于设置专门委员会的决定；审议通过政协第六届台州市委员会副秘书长名单；审议通过政协第六届台州市委员会各专门委员会主任、副主任名单。

市政协六届二次常委会会议于5月31日召开。会议学习贯彻《关于加强和改进新时代市县政协工作的意见》《关于加强和改进新时代市县政协工作的实施意见》精神；听取全市党风廉政建设和反腐败工作情况的通报；就“中小企业助企惠企政策落实情况”开展协商建言；审议通过《中国人民政治协商会议台州市委员会专门委员会通则》；审议通过《政协台州市委员会关于强化政协委员责任担当的意见》。

市政协六届三次常委会会议于8月2日召开。会议学习《中国共产党政治协商工作条例》和省第十五次党代会精神；听取关于全市经济社会发展情况的通报；听取关于推动经济稳进提质攻坚行动情况的通报；围绕全市经济社会发展和推动经济稳进提质攻坚行动进行大会协商发言。

市政协六届四次常委会会议于9月23日召开。会议听取台州市中级人民法院、台州市人民检察院工作情况通报；审议通过《关于厚植文化优势打造高能级城市的建议案》《关于加快推进小微企业创新发展的建议案》。

市政协六届五次常委会会议于12月12日召开。会议审议通过政协第六届台州市委员会常务委员会第五次会议议程；市委书记李跃旗通报全市经济社会发展情况；听取市委办、市府办关于市政协六届一次会议以来提案办理工作情况的通报；对市商务局、市综合行政执法局开展提案办理民主评议；审议通过有关人事事项。

（章佳宁）

政治协商

【概况】 2022年，市政协构建“126+X”协商格局，全年召开1次政协全体会议、2次专题议政性常委会会议，开展20次“请你来协商”活动。首次在政协全体会议期间安排联组协商会，在专题议政性常委会会议上安排委员发言。

【协商重心下沉】 2022年，市政协组建乡镇（街道）履职小组，印发关于加快民生议事堂建设的实施意见，召开全市现场推进会，推进民生议事堂、委员工作室、社情民意信息联系点“三位一体”建设。全市130个民生议事堂共开展各类协商活动502次，9月份集中开展“助力共同富裕示范区建设专题协商议事月”活动，《人民政协报》等媒体进行报道。

【协商质效提升】 2022年，市政协开展11次重点提案面商活动，交办的372件提案全部办复。坚持量质并举，反映的社情民意信息被全国政协采用62篇，省政协采用109篇，信息工作持续走在全省前列。

（章佳宁）

民主监督

【概况】 2022年，市政协围绕中小企业惠企助企政策落实情况、数字化改革推进情况，市县联动开展专项集体民主监督，促进政策有效落地。对市区"五大攻坚"行动开展情况进行民主监督，共同推动城市风貌和品质提升。向16个政府部门派出民主监督小组，找准工作难点和薄弱环节，多维度明察暗访，多角度建言献策，帮助受监督部门改进工作、改善服务。

【中小企业惠企助企政策落实情况专项民主监督】 2022年，市政协制定实施方案，汇编省、市相关政策文件，建立专项民主监督组，围绕"中小企业惠企助企政策落实情况"开展专项集体民主监督活动，并组织委员参与惠企助企政策落实情况网络主题议政活动，市县两级政协委员共2539人参与，发帖7000余条，监督报告经常委会专题协商后报市委、市政府，得到市委、市政府主要领导的批示。

【数字化改革三级联动专项集体民主监督】 2022年，市政协编印《数字化改革民主监督材料汇编》，通过集中学习、调研走访、座谈交流、发动委员参加省政协"服务助推数字化改革"读书群活动等形式，多方位、多渠道学习和了解数字化改革相关内容。共开展监督活动97次，参与政协委员1377人次，实地调研有关数字化改革推进情况项目132个，发现问题182个，提出相关意见建议230条，得到当地政府部门采纳172条。《围绕我省数字化改革推进情况三级政协联动专项集体民主监督的总报告》获评全省2022年数字化改革"最系列"成果评选中"最响话语"的荣誉。

（章佳宁）

参政议政

【概况】 2022年，台州市政协坚持建言资政和凝聚共识双向发力，推动政协工作的理念、机制和方法创新。通过做好调查研究、提案办理、反映社情民意信息等方面工作，不断提升参政议政和建言献策质效。

【调查研究】 2022年，市政协开展"厚植文化优势，打造高能级城市"和"加快小微企业创新发展"重点课题调研，调研成果得到市党政主要领导批示肯定。聚焦"无废城市"建设、甬台一体化合作先行区建设、加快推进小微企业创新发展、宋韵文化传世等十余个主题开展专题调研，提出意见建议。加强资源统筹，注重市县联合，集中力量补齐政协理论研究工作短板，加强人民政协理论研究工作，召开"人民政协与全过程人民民主"理论研讨会，并向省政协报送论文19篇，其中8篇论文获奖。

【提案办理】 2022年，市政协委员、各参加单位和专委会共提交提案439件，经审查，不立案2件，并案65件，立案并案后交办372件。立案提案分别送交108家单位办理，办复率100%，提案者满意率100%。在提案工作导向上强化组织领导，市委、市政府高度重视政协提案工作，市政协党组坚持从全局高度谋划提案工作，承办单位推动提案办理落实。把牢质量导向，拓宽知情渠道，优化审查处理和交办环节。深化重点提案办理融入"请你来协商"平台建设，创新全体会议联组协商，依托《请你来协商》电视专栏宣传提案协商。在提案督办实践上聚焦双向发力，开展重点提案督办，对市商务局、市综合行政执法局实施提案办理民主评议，对市金融办、市市场监管局等承办单位开展提案办理督查。

（章佳宁）

专委会工作

【提案委】 2022年，市政协提案委全面提高工作质量和实效，推动提案办理、协商工作的高质量发展。通过全面提高提案质量、深化提案办理协商、提升提案办理实效，交办的372件提案全部办复。已建成民生议事堂130个，实现全市乡镇（街道）全覆盖，打造成"协商议事的好平台、凝心聚力的好渠道、反映民意的好窗口、服务群众的好桥梁"。共开展"请你来协商"活动12次，市政协主席主持6场，党委、政府主要领导参加4场，提出意见建议196条，采纳意见建议181条。

【委员工作委】 2022年，市政协委员工作委做好委员协商提名工作，组织委员考核评价，审慎提出换届留任委员人选建议。主动承接省政协委员工作室试点工作，成立专班，全市共建成线上委员工作室137家，其中集体型108家、界别型29家。出台《台州市政协委员工作室实施办法（试行）》《台州市政协委员工作室运行规则（试行）》等系列制度文件。委员工作室工作得到省、市领导的高度认可。省政协副主席马光明和台州市委书记李跃旗均批示肯定，市政协主席叶海燕在全省数字政协场景应用推广会上作典型交流发言。全市共有委员会客厅11家，实现县（市、区）全覆盖。推进委员界别活动制度化。制定出台《2022年度界别活动计划》，制定出台《2022年委员履职重点》和《关于强化政协委员责任担当的实施意见》，为委员更好履职提供制度保障。组织开展市直委员集中视察和在台省政协委员年度视察活动，提升委员主体作用发挥。上线委员履职在线系统，修订完善《台州市政协委员履职考评工作办法》，全面客观反映委员履职情况。

【经济委】 2022年，市政协经济委开展重点课题调研、专题考察、省市联动调研等各类调研活动10余次，《关于推进海洋清洁能源产业发展的建议》作为省政协经济委重点课题的子报告在省政协常委会上作书面交流。《加快推进小微企业创新发展的调研报告》《民营经济创新发展的泉州实践及其启示的考察专报》分别得到市委、市政府主要领导批示肯定。召开金融助力小微企业创新发展和优化“双创”环境助力小微企业创新发展2场协商座谈会。围绕“碳达峰碳中和背景下经济高质量发展”开展委室牵头读书群活动。牵头完成六届三次常委会议政性发言工作。围绕“台州数字经济发展存在的问题和建议”召开重点提案面商会。

【农资环委】 2022年，市政协农资环委由市政协主席叶海燕带队赴山东省调研滨海公路建设，为台州市“1号公路”建设建言献策，调研报告获得市委书记李跃旗、市长吴晓东等批示肯定。市政协六届一次会议期间，围绕“促进高水平共富”牵头开展专题联组协商，市委书记李跃旗参加会议。围绕“放宽跨越发展类县项目审核指标，助推承接产业转移”开展调研，叶海燕代表调研组在省政协“推动山区26县高质量发展”专题协商会上作大会发言。围绕“促进农业转移人口市民化”重点课题开展调研，组织召开“请你来协商”专题协商会，市委常委、常务副市长林先华出席并讲话。围绕“非粮化”整治和“保障性住房改革”等工作开展专题视察，引导委员建言资政。

【教科卫体委】 2022年，市政协教科卫体委聚焦重点人群“一老一小”健康服务开展专题调研，召开“请你来协商”专题协商会。围绕“规范民办义务教育”开展课题调研，形成调研报告供市委、市政府决策参考。督办重点提案《提升课后服务品质，助推“双减”政策落地》。指导报送社情民意信息《灵活学籍制度 破解中小学体育人才培养困境》，得到省政协副主席蔡秀军批示重视。组织以“家庭教育”为主题的专委会联系界别委员读书活动。指导界别组深化活动成果形成大会发言，教育界别在市政协六届一次全会上作《加快台州学院升格大学 推动台州高等教育高质量发展》现场发言获得好评。保障省政协赴天台县、仙居县开展“六送下乡”活动和“六送下乡”回头看调研，指导联系界别和委员工作室建立联系基层制度，定期开展活动。

【社法民宗委】 2022年，市政协社法民宗委督办重点提案《加快数字化改革，进一步提升基层社会治理能力》。调研全市普惠型养老发展情况。与椒江区政协联动开展“公益诉讼”调研监督。组织市政协委派民主监督小组对市民政局围绕“现代社区建设”开展民主监督活动。组织委员开展市区高质量建设“五大攻坚”行动专题视察。围绕《台州市浙东唐诗之路文化保护利用条例（草案）》开展立法协商。筹建玉环青年企业家政协委员会客厅，举办会客厅揭牌仪式和主题活动。与市委统战部（民宗局）联合主办首届“浙里话共富促共融”恳谈会暨台州市第三届民族创业故事会。联系结对宗教界委员，引导委员向社会公众传播共识、凝聚人心。

【港澳台侨和外事委】 2022年，台州市政协港澳台侨和外事委重视发挥界别委员的主体作用，出台港澳华侨委员和港澳台侨联谊人士履职登记工作制度，强化对港澳华侨委员和港澳台侨联谊人士的日常履职管理。创建台州留学归国人员政协委员会客厅、临海港澳台侨政协委员会客厅、三门聚贤政协委员会客室，定期组织活动，打造委员真情履职的服务平台。组织开展“同行助力共富”——“建功示范区，喜迎二十大”主题活动、党的二十大精神宣讲、“建功示范区、喜迎二十大”暨“创新策源、制胜未来”主题论坛等活动，得到省政协领导高度肯定。围绕“提升固危废收集处置能力 助力‘无废城市’建设”“加快全市跨境电商发展”等内容开展专题调研，形成并报送《关于“提升固危废收运处置能力助力‘无废城市’建设”的意见建议》调研报告，有关协商活动得到《人民政协报》、省政协同心苑的关注报道。

【文化文史和学习委】 2022年，市政协文化文史和学习委出台《关于常态化组织开展委员读书活动 加快建设书香政协的实施方案》，建立习近平新时代中国特色社会主义思想学习座谈小组，创设“台州湾夜读”品牌，全年开展主题读书群活动5期、委室牵头读书群活动9期。开展政协委员荐书、赠书活动，会同台州市图书馆编印《履职咨讯》“政协委员专刊”3期。开展宋韵文化专题调研，召开“加强文物保护利用力度 推进台州宋韵文化传世”专题协商会，《加强宋韵文化保护传承 推进新时代文化台州建设》调研报告得到市委、市政府分管领导批示肯定。制订“市政协‘十四五’期间文史征编工作计划”，完成《浙江城市名片》台州篇征编工作，会同台州日报社编印《宋韵台州》。开展文史研究，市文史研究馆完成研究课题16项。

（章佳宁）

纪检监察

综　述

【概况】 2022年，台州市各级纪检监察机关深入学习贯彻习近平新时代中国特色社会主义思想，深刻领会“两个确立”决定性意义，自觉担负“两个维护”重大政治责任，坚定不移正风肃纪反腐，推进全面从严治党、党风廉政建设和反腐败斗争，纪检监察各项工作取得新进展新成效。市纪委市监委被市委、市政府评为2022年度目标责任制考核优秀单位；2022年台州市全面从严治党成效度得分为99分，居全省第1名。

【市纪委全体会议】 2022年，中国共产党台州市第五届纪律检查委员会召开全体会议2次，中国共产党台州市第六届纪律检查委员会召开全体会议2次。

中国共产党台州市第五届纪律检查委员会第十一次全体会议于1月28日召开。出席会议的市纪委委员29人，列席270人。市委书记李跃旗出席会议并讲话，要求深入学习贯彻党的十九届六中全会精神，贯彻落实十九届中央纪委六次全会和省纪委十四届七次全会精神，切实增强推动全面从严治党向纵深发展的政治责任感和历史使命感，持续深化不敢腐、不能腐、不想腐一体推进，惩治震慑、制度约束、提高党悟一体发力，勇于刀刃向内、自我革命，推动清廉台州建设取得更多标志性成果，为走好新的赶考之路提供坚强保证，以优异成绩迎接党的二十大胜利召开。市委常委、市纪委书记、市监委主任张加波主持会议并作《永葆自我革命精神　深化全面从严治党　以正风肃纪反腐新成效谱写清廉台州建设新篇章》工作报告。与会人员观看警示教育片。

中国共产党台州市第五届纪律检查委员会第十二次全体会议于2月18日召开。全会审议通过市纪委向市六届一次党代会的工作报告。市委常委、市纪委书记、市监委主任张加波代表市纪委常委会向全会作工作报告（审议稿）起草情况说明并讲话。

中国共产党台州市第六届纪律检查委员会第一次全体会议于2月26日召开。35名委员出席会议。会议选举张加波担任市纪委书记，选举陈建斌、李利兵、俞信波担任市纪委副书记，选举项杰、吴海、郑京飞、戴丽玉、郑云平担任市纪委常委。

中国共产党台州市第六届纪律检查委员会第二次全体会议于12月22日召开。全会审议通过市纪委向市六届二次党代会的工作报告。市委常委、市纪委书记、市监委代主任苗伟伦代表市纪委常委会向全会作工作报告（审议稿）起草情况说明并讲话。

【全市清廉台州建设推进会暨领导干部警示教育大会】 9月29日，全市清廉台州建设推进会暨领导干部警示教育大会召开。市委书记李跃旗在会上强调，要深入学习贯彻习近平总书记关于党的自我革命战略思想，全面落实全省清廉浙江建设推进会精神，始终保持严的主基调，在深化政治清明、政府清廉、干部清正、社会清朗、文化清新上持续发力，把全面从严治党向纵深推进，加快打造新时代清廉建设高地。市委副书记、市长吴晓东主持会议。市委常委、市纪委书记、市监委代主任苗伟伦宣读全市清廉建设先进集体名单、通报剖析有关案件。吴海平、叶海燕等市四套班子领导出席。

【全市纪检监察系统先进事迹报告会】 10月10日，全市纪检监察系统先进事迹报告会举行。会上，1位全省纪检监察系统先进集体代表及4位先进工作者进行交流发言。报告会深入学习宣传先进模范事迹，激励全市纪检监察干部见贤思齐、实干争先，知重负重、勇毅前行，推动全市纪检监察工作高质量发展，为加快推进民营经济示范城市建设、奋力谱写“两个先行”台州篇章提供坚强保证。

（吴景赟）

监督执纪

【政治监督】 2022年，台州市纪检监察机关把保障习近平总书记重要指示批示精神和党中央重大决策部署贯彻落实摆在首位，出台政治监督工作指导意见，聚焦推进共同富裕、全面深化数字化改革、贯彻绿色发展理念、保障粮食安全等重要部署，构建“8+N”重点监督项目体系，健全闭环监督落实机制，全市监督发现并推动问题整改2484个，处理1120人，推动完善制度90项。严肃查处粮食购销领域腐败问题124起，立案88件89人，留置15人，居全省第1。加强政治生态实时监督、定期分析、综合研判，动态更新领导干部廉政档案，精准开展领导干部政治画像，督促落实意识形态工作责任制，推动政治生态持续向好。加强对“一把手”和领导班子监督，构建“四全”监督体系，抓好管牢“关键少数”，相关做法获得省纪委省监委和市委主要领导批示肯定。坚持精准规范问责，全市共有31个党组织、1326名党员干部因在疫情防控、安全生产、文物保护等领域履行领导责任、管理监督职责不力等失职失责问题被问责。加强换届纪律风气监督，严把政治关、作风关、廉洁关，全市纪检监察机关回复党风廉政意见1378批次73892人次。

【专项监督】 2022年，台州市纪检监察机关完成“防稳保迎”专项监督，以迎接党的二十大胜利召开为主线，因时因势开展专项监督。围绕疫情防控建立“五位一体”机制，助推以最快速度、最小范围、最小代价打赢天台“4·28”和路桥“10·15”等本土疫情遭遇战。围绕经济稳进提质工作部署，开展短板弱项“督进”、重点问题“督办”、一线服务“督效”、亲清关系“督质”行动，严肃查处破坏营商环境问题72起，处理85人，给予党纪政务处分77人。围绕“除险保安”工作部署，成立专项检查组开展工作督导，严肃查处安全生产等领域责任不落实、监管不到位、失职渎职等问题239起，处理706人，给予党纪政务处分42人。

（吴景赟）

正风肃纪

【享乐主义、奢靡之风查处】 2022年，台州市纪检监察系统始终清醒认识作风问题顽固性、反复性，保持露头就打、反复敲打的高压态势，对违规吃喝、违规收送礼品礼金、违规发放津补贴或福利等顽瘴痼疾从严从快处理，对隐形变异问题精准查处。组织开展楼堂馆所整治专项检查，发现并推动问题整改4个。全市共查处享乐主义、奢靡之风问题533个，处理742人，给予党纪政务处分406人。

【形式主义、官僚主义整治】 2022年，台州市纪检监察系统集中纠治落实上级重大决策部署表态多调门高、行动少落实差等问题，严肃查处领导干部任性决策庸懒无为、推诿扯皮、冷硬横推等问题。通过以下看上、上下共治持续提升基层减负实效度，力促干部真抓实干、务实求实。全市共查处形式主义、官僚主义问题1094个，处理1578人，给予党纪政务处分335人。

【作风建设长效机制深化】 2022年，台州市纪检监察系统深化高站位谋划、高频次检查、高刚性执纪、高密度通报、高质量治本“五高”工作机制，统筹部门力量，贯通部门资源，强化考核引领，层层压实作风建设主体责任，常态化、长效化推进作风建设。弘扬社会主义核心价值观，引导党员干部修身齐家，着力消除“四风”问题的思想根源、土壤条件，做到立破并举、扶正祛邪。

（吴景赟）

惩腐肃贪

【高压反腐】 2022年，台州市纪检监察系统推进反腐败斗争，紧盯权力集中、资金密集、资源富集的部门、行业和领域，深入整治新型腐败、隐性腐败，坚决铲除重点领域腐败毒瘤。全市共立案3201件，查处同级管理干部171人，留置主要对象64人，居全省第2，其中，县处级干部6人，严肃查处颜辉武、王六灵、陈灵平、林先掌、李伟文等一批严重违纪违法案件。坚持受贿行贿一起查，探索建立行贿人“黑名单”制度，构建联合惩戒机制，切实提高行贿行为违法成本。全市共向司法机关移送审查起诉行贿人员15人。在“两代表一委员”资格联审中，市纪委市监委对5人因存在行贿行为提出否定意见。仙居某贵金属有限公司和李某某单位行贿案入选国家监委和最高检首批联合发布的行贿犯罪典型案例。

【标本兼治】 2022年，台州市纪检监察系统围绕“案件剖析、责任追究、纪检监察建议、专项监督、警示教育、回访教育”六个方面，做实查办案件“后半篇文章”。召开全市领导干部警示教育大会，制作警示教育专题片《路》，台州市党风廉政教育馆接待参观112批次4000余人次。深化以案促改，督促案发单位健全制度、补齐短板、完善治理，全市共发出纪检监察建议书1250份，数量居全省第1。全市共有260

名党员干部主动投案，数量居全省第1。

【系统施治】 2022年，台州市纪检监察系统发挥“四种形态”分类施治、教育警醒功能。全市运用“四种形态”批评教育帮助和处理9646人次，其中第一、第二、第三、第四种形态分别占比65.8%、26.4%、4.1%、3.7%。落实“三个区分开来”，开展集中澄清正名、“回访教育周”等活动，全市共为298名干部及时澄清正名，查处诬告陷害行为20起28人，数量均居全省第1，其中3人因犯诬告陷害罪、诽谤罪等被追究刑事责任，共有17名表现突出的党员干部在处分期满后重新被提拔使用。

（吴景赟）

政治巡察

【巡察指导督导】 2022年，市委巡察办落实省委巡视办“台州先行探索、打造标准样板”指示要求，组建5个指导督导组，对9个县（市、区）开展现场巡察指导督导，在全省率先实现县级巡察指导督导全覆盖，相关做法获得省纪委省监委和市委主要领导批示肯定，并在全省巡察办主任会议上作经验交流。

【巡视巡察联动】 2022年，市委巡察办全面贯彻巡视工作方针，科学制定五年巡察工作规划，以“首战即胜”为目标，高标准开展新一届市委政治巡察。深化巡视巡察上下联动，配合省委对路桥区巡视“回头看”和对椒江区、临海市、天台县常规巡视工作。对椒江、临海、天台纪委监委机关和党委组织部开展提级巡察。全年共对20家市直单位开展常规巡察，市县两级巡察机构共巡察1077个党组织，发现各类问题8828个，问题线索584件。

【巡视巡察整改】 深入贯彻落实省委、市委关于“七张问题清单”部署要求，创新建立专班运作、县（市、区）贡献度评价和末位约谈机制，督促推动全市69个省委巡视问题全部完成销号，台州市“重大巡视问题清单”管控力指数跃居全省第2。开展巡视巡察问题整改“清零行动”，五届市委巡察反馈问题整改率达99.5%，移交问题线索处置率达91.3%。强化巡察成果运用，推动开展建设工程领域招投标、市级单位财务管理及相关体制机制改革等5方面专项治理，取得良好效果。

（吴景赟）

纪检监察体制改革

【监督体系建设】 2022年，台州市纪检监察系统强化党对纪检监察工作全覆盖、全方位、全过程领导，落实党委领导下的决策执行机制和下级纪委监委向上级纪委监委请示报告重大事项等机制。出台《2022年纪检监察体制改革工作要点任务分工方案》，探索推进“四项监督”统筹衔接的办法，促进全系统条块结合、上下联动。制定县（市、区）监委向同级人大常委会报告专项工作方案，指导各地监委按照程序、稳妥有序推进专项报告工作，自觉接受人大监督。

【派驻机构改革】 2022年，台州市纪检监察系统落实省纪委省监委《关于加强全省开发区（园区）纪检监察工作的意见》，加强市纪委市监委派出台州湾新区纪检监察工委建设，设立市纪委市监委派出台州湾经济技术开发区纪检监察工委，4月22日，市纪委市监委派出台州湾经济技术开发区纪检监察工委正式授牌，市委常委、市纪委书记、市监委主任张加波，副市长、台州湾经济技术开发区党工委书记苗文斌参加授牌仪式。全面完成开发区（园区）派驻改革。加强对派驻机构履职情况的日常监督，对市属企事业单位、高校纪检监察机构近3年履职情况开展专项监督检查，发现并推动问题整改207个。开展对派驻机构工作考核，出台专门意见加强派驻机构与机关纪委联动，完善“室组地”协作、“组组”联动等工作机制，提高履职能力、履职水平。全市各级派驻机构共立案478件，同比上升13.3%，实现“三年三连升”。

【大数据监督】 2022年，台州市纪检监察系统征迁拆违领域、农业农村系统、司法行政系统和应急管理领域4个重点领域（系统）8个子场景全部实现上线运行，处理红色预警7657条，转问题线索238条，推动处理3033人，采取留置措施13人，推进完善制度176项，挽回经济损失1000万余元。市纪委市监委被省委、省政府评为2021年度浙江省改革创新成绩突出集体。构建拆迁领域腐败问题“三不”一体治理体系获2021年度省改革突破奖提名奖。农业农村系统渔业养殖公权力大数据监督应用、司法行政系统社区矫正公权力大数据监督应用、基层公权力大数据监督应用、国有房产公权力大数据监督应用获评省纪委省监委公权力大数据监督应用2022年度“最佳场景”。农业农村系统公权力大数据监督应用获评台州市数字化改革最佳应用。

（吴景赟）

基层治理

【监督下沉落地】 2022年，台州市

纪检监察系统深入开展基层监督“巩固深化年”活动，加强基层纪检监察工作规范化建设，完善片区协作、提级办理等工作机制，全市乡镇（街道）纪（工）委连续三年实现自办案件全覆盖，3275个联络站共提出监督意见2464条，报送问题信息7421条。持续推进基层纠风治乱、“打伞破网”、祛腐惩贪，全市共查处发生在“三资”管理、教育医疗、养老社保等领域群众身边腐败和作风问题2556个，给予党纪政务处分815人；查处涉黑涉恶腐败和“保护伞”问题19起，给予党纪政务处分18人。

【专项治理】 2022年，台州市纪检监察系统会同13家市级单位，向全社会公开征集选题，确定新能源汽车充电难问题、教育乱收费、电信网络诈骗、网络直播营销违法违规行为专项治理等13个项目，查处问题391起，推动完善制度22项，获得良好社会反响。

【信访难题破解】 2022年，台州市纪检监察系统开展信访举报“抓提升促三不”活动，挂牌销号230件疑难信访积案。在全省率先出台纪检监察机关信访举报件办理质量评查审核办法，提升信访办理质效，初次举报按期办结率达到96.5%，同比上升5个百分点。推进检举举报平台全流程线上闭环管理，进一步规范信访举报工作，全市检举控告量同比下降31.8%，降幅居全省第1，实现“五年五连降”。

（吴景赟）

清廉台州建设

【责任体系建设】 2022年，市纪委市监委把建设清廉台州作为履行全面从严治党主体责任重要内容，推动完善“四责协同”机制，协助市委召开全市清廉台州建设推进会，建立清廉台州建设“5+N+1”评价指标体系，制定监督推动清廉台州建设高质量发展任务分工方案，开展“五个一”（开展一周一监督、建立一月一会商、实行一季一分析、组织一年一检查、制定一份监督责任清单）专项监督行动，形成责任更明晰、传导更有力、督评更精准的工作闭环。

【示范标杆打造】 2022年，市纪委市监委推动清廉建设向公安、财政、市场监管、医保、社会组织等领域拓展，形成“8+5”建设体系。协助市委制定《关于加强新时代廉洁文化建设的实施意见》，推动和合文化、大陈岛垦荒精神等与廉洁文化相得益彰，增强清廉单元文化内涵。全市培育清廉单元示范点468个。台州市党风廉政教育馆、临海戚公祠、温岭方山·花坞文化展示馆被命名为浙江省廉洁文化教育基地。

【亲清政商关系构建】 2022年，市纪委市监委做好亲清政商关系的双向引导，优化政商交往正负面清单机制，督促领导干部严格执行“五个严禁”、插手干预重大事项记录报告等制度，构筑权力行使“防火墙”。加大清廉民企建设力度，针对清廉民企创新推出“清廉贷”等金融专属服务和优惠政策，有效解决企业融资难等迫切问题，切实增强企业清廉建设的内生动力。全省清廉民营企业建设现场推进会在台州召开。

（吴景赟）

纪检监察队伍建设

【政治建设】 2022年，市纪委市监委深学笃行习近平新时代中国特色社会主义思想，执行“第一议题”制度，推进党史学习教育常态化，专题召开党的二十大精神学习会，制定出台学习宣传贯彻党的二十大精神主要举措和责任分工，自觉用马克思主义中国化、时代化最新成果武装头脑、指导实践、推动工作。修改完善市纪委市监委议事会议规则，建立重点工作晾晒机制，营造“比学赶超”氛围。

【能力建设】 2022年，市纪委市监委开展全员培训，强化实战练兵，推动纪检监察干部在全面从严治党革命性锻造中接受考验。全市纪检监察系统举办综合业务培训班16期，培训1110人次，累计开发精品课程26个。开展全国全省纪检监察系统先进集体、先进个人和嘉奖人选推荐工作，1人在全国纪检监察系统表彰大会上受到嘉奖；1个先进集体、5名先进工作者在全省纪检监察系统表彰大会上获得表彰，10名人受到省纪委省监委嘉奖。

【监督管理】 2022年，市纪委市监委严格落实平时考核、业绩纪实制度，实现纪检监察干部个人有关事项填报全覆盖。严格执行省纪委省监委“九个严禁”，严格落实纪检监察干部个人有关事项报告和离台外出报告制度，全面排查纪检监察干部及其亲属从业和从事经营活动情况，对纪检监察干部进行全面监督。开展全委“四个落实”情况专项检查，开展“以案为鉴严约束、护航‘窗口’铸铁军”警示教育活动，坚决防止“灯下黑”，全市共处理纪检监察干部23人。

（吴景赟）

民主党派·群众团体

中国国民党革命委员会台州市委员会

【概况】 2022年，中国国民党革命委员会台州市委员会下辖1个县（市、区）级地方委员会（椒江区委会），1个总支（临海市总支），3个县（市、区）支部（黄岩区支部、路桥区支部、温岭市支部）及8个市直支部（市直一支部、市直二支部、市直三支部、市直四支部、市直五支部、台州学院支部，台州职业技术学院支部、台州医院支部）和2个市直小组（台州科技职业学院小组、直属玉环小组），共有党员461人，其中中高级职称占55%，大学以上学历占80%，民革界别特色的占54%，各级人大代表、政协委员96人次，主要分布在教育、经济、医卫、法律等行业及政府部门。

【思想政治引领】 2022年，中国国民党革命委员会台州市委员会制定下发《“矢志不渝跟党走　携手奋进新时代”政治交接主题教育活动方案》，深入开展主题教育学习活动。以“学史悟初心、喜迎二十大”为主题，在全市各级组织和广大党员中开展“读、谈、走、建、过、办”系列活动，即读好一本《民革党史简明读本》、谈好一次入党初心、走好一条“初心”路、建好一个民革书屋、过好一次集体政治生日、办好一次新党员入党仪式。制定下发《民革台州市委会“学习二十大、永远跟党走”系列活动方案》，全年各级组织共举办各类学习会、座谈会70多次。全年召开14次主委会议，6次市委会。指导市直五个支部先后召开2021年度民主谈心会。加强对拟发展党员的培养，与市直拟发展党员开展一对一谈心活动。

【履职能力建设】 2022年市“两会”期间，中国国民党革命委员会台州市委会及民革党员共提交政协大会发言7篇（其中口头发言2篇），大会发言获市委、市政府主要领导批示4条；提交团体提案12篇，人大建议（案）14件，政协个人提案29件；委员履职情况被《台州新闻》等媒体报道十余篇。市委会于2021年“两会”上提交的三篇提案被评为台州市政协优秀提案。就政府工作报告、党代会报告、生态环保、《台州市小微企业普惠金融服务促进条例》地方立法等开展专题协商，提出意见建议。开展生态环保民主监督工作，组建成立以主委为负责人的民主监督团，编制专项民主监督工作方案，共组织14批次45人次采取明查和暗访相结合，围绕医化行业整治提升开展民主监督和调研工作，形成专题调研报告，在市委书记李跃旗主持召开的生态环保专题协商会上建言。该报告转化为议政建言专报，得到市委书记李跃旗、市长吴晓东的批示。围绕“民营经济高质量发展”开展专题协商，围绕“双碳视角下台州制造业绿色转型发展研究”开展调研，形成专题调研报告，提交到市政府“民营经济高质量发展”专题协商会上发言。市委书记李跃旗对市委会上报的《双碳视角下台州制造业转型升能发展建议》作出批示。参加市委会重点提案办理面商会，市委会团体提案《加快数字化改革进一步提升基层社会治理能力》被列为市政协六届一次会议重点提案。探索“市委会重点提案”+“一支部一课题”机制，建立重点课题正副主委领衔制。全年共收到一支部一课题材料28篇，其中1篇入选民革中央第四届莫干山会议征文选，1篇入选民革省委会常委会专题议政会材料，3篇入选民革全省参政议政研讨会材料，1篇转化为省政协提案，13篇材料作为明年市政协大会发言和团体提案的备选材料。全年市委会共向市政协、市委统战部、省民革等上报信息60多条次，其中被全国政协录用4篇、民革中央录用9篇、被省政协录用4篇，省委统战部录用5篇、省民革录用20篇，市政协录用32篇。市委会被省委会评为2021年度民革全省社情民意信息工作先进集体三等奖、被市政协评为2021年度反映社情民意信息工作二等奖。按照《民革台州市委会履职能力建设年实施方案》，先后对青年党员人大代表、政协委员，新党员和骨干党员100多人次进行提案、信息方面的专题培训，提高广大党员的履职水平。

【组织活力激发】 2022年，中国国民党革命委员会台州市委员会指导台州学院支部顺利换届、市直支部完成届中调整工作。全市426名民革党员中，有各级人大代表和政协委员95人次，比上届增加27人次；其中省人大代表1人，市人大常委1人，市人大代表10人，省政协委员1名，市政协副主席1人，市政协常委5人，市政协委员24人，市人大代表、政协委员比上届增加9人。召开五届十次市委会进行届中调整。修改出台《市直支部拟发展党员培养考察制度》。全年共发展新党员35名。《“四化”工作法扎实推进拟发展党员培养考察》等三个案例被录用为台州市民主党派基层组织规范化标准化建设现场会优秀案例。民革台州市直属三支部、民革椒江区委会七支部、民革临海市总支部被评为2017—2021年度民革全省先进集体；椒江区委会、临海市总支、黄岩区支部分别被评为2022年度组织工作、宣传思想、社会服务先进集体；丁杰等23名党员被评为民革全省各项工作先进个人。以市直五支部为试点，加强数字支部建设，完成数字展厅、视频会议、电子书屋等功能模块。上线支部移动端应用，初步实现支部党员信息管理、电子通讯录、参政议政、民主监督等内容的动态管理。《创新谋划　数字赋能　开创基层组织建设新局面》获浙江省政协副主席、民革省委会主委吴晶批示肯定。市委会机关被评为民革浙江省2017～2021年度先进集体；胡冰、吴敏玮分别被评为民革全国祖统工作先进个人和民革全国宣传思想工作先进个人。

【特色品牌建设】 2022年，中国国民党革命委员会台州市委员会持续推进天台县螺溪小学同心社会服务基地建设，与天台县委统战部联合举办“喜迎二十大　同心育青苗”活动，建立“博爱书吧”。在黄岩区院桥镇新岙里村建立“同心·博爱”共富基地——亿美共富工坊，安排当地群众就业达30余人，并在工坊内建立民革“博爱书吧”。依托省委会在台州市中医院、临海市妇幼保健院“博爱·牵手”社会服务基地，整合党内的人才、智力优势，打造民革社会服务品牌。拓展“同心·博爱牵手”“同心博爱·公益”子品牌建设，发挥民革同心服务团的作用，举办“同心·博爱”系列活动，如“六个一”公益支教、书香校园活动、为儿童福利院儿童献爱心、“爱眼护眼”讲座、慰问抗战老兵、助农帮扶等。关爱抗疫一线党员。市委会联合广为医药为市立医院白衣卫士公益捐赠价值20多万元的药品。赴黄岩西部乡村开展“送健康、送温暖、送文化、送法律”等专项服务，为当地村民精准帮扶，捐助扶贫资金、慰问药品及物品价值3万余元。台州医院支部联合临海市总支、市直三支部、市直一支部在临海市永丰镇、椒江区章安街道、黄岩区江口街道、宁溪镇开展“博爱·牵手”大型义诊活动，服务群众2000多名。发挥台州民革书画院的优势，开展书画艺术交流、送春联下乡等活动。鼓励企业家党员发挥自身优势，参与社会公益活动。对接临海监狱，开展“同心·博爱”云上法援活动。发挥法律人才作用，组织民革党员常态化参与台州市行政复议调解中心的“说事评理工作”。9月，全省首家台州民革法律服务团“大综合一体化”天台工作站成立，组织民革党员中的法律服务志愿者，赴乡镇（街道）开设法律讲座，增强乡镇（街道）执法人员的法律意识和依法行政水平，助力大综合行政执法一体化改革。利用新媒体平台加强涉台宣传，组织党员参加民革省委会“同心圆梦·两岸一家亲”线上祖统沙龙活动，强化祖统信念教育。开展台情研究，加强与市台办等有关单位的联系与合作，关注大陈岛海峡两岸交流基地、玉环国家级对台经贸合作区、观宇科技园建设，联系在台台胞、台企、台青，共同开展涉台参政议政工作。椒江区委会成功协办浙台邻里节台州专场活动。临海市总支开展“喜迎中共十大、话中秋团圆促统一”主题座谈活动。市委会被评为2022年度民革全省祖统工作先进集体。

【宣传教育工作】 2022年，中国国民党革命委员会台州市委员会做好台州民革微信公众号，被《团结报》、团结网录用的稿件约20篇。党员汤义安的事迹在《团结报》、人民网、《台州日报》上发表。推进民革党员之家建设，全市已建民革党员之家20家（2022年新增党员之家3家），在有民革组织的区域基本实现党员之家全覆盖。对党员之家墙上布展内容进行更新改造。民革临海市总支党员之家承办“一硕知秋”台府城首届文人生活和艺术展，展出各类艺术展品150余件。结合“三八妇女节”“青年节”“重阳节”“中秋节”等节日开展活动。椒江区委会举办“光荣在党30年”表彰大会暨新党员入党承诺仪式，浙江省政协副主席、民革省委会主委吴晶到会致辞。首期“民革博爱讲堂”在台州市同心之家举办，台州学院支部党员、声乐博士赵大元讲授《科学发声和保护嗓子》的课程。

（吴敏玮）

中国民主同盟台州市委员会

【概况】 2022年，民盟台州市委会下辖1个区委会（椒江区委会）、1个总支部（黄岩区总支部）、11个支部（路桥区支部、临海市支部、温岭市支部、天台县支部、玉环县支部、市直一支部、市直二支部、市直三支部、台州学院支部、台职院支部、台科院支部）。至年底，全市共有盟员533名，其中中高级职称占79.7%，担任省人大代表1名，省政协委员1名；市人大代表8名，县（市、区）人大代表7名（其中副主任2名、常委1名）；市政协委员23名（其中副主席1名、常委2名），县（市、区）政协委员76名（其中副主席4名、常委17名）。市委会获民盟中央群言杂志社发行工作突出成绩奖、民盟浙江省盟务工作优秀单位、参政议政工作优秀单位、反映社情民意工作优秀单位、为黔西南“星火计划、科技扶贫”试验区帮扶工作作出突出贡献荣誉。各级盟组织获省级表彰2项，盟员个人获中央、省、市级荣誉30余人次。

【思想建设】 2022年，民盟台州市委会结合理论学习中心组、市委会扩大会议等开展中共二十大精神、“矢志不渝跟党走、携手奋进新时代”政治交接主题教育学习，全市各级盟组织召开各类学习会座谈会等30余次，参加人数近800人次。开展“从前的先生”主题活动，拍摄台州籍民盟先贤王伯敏先生专题纪录片。举办“书香民盟·喜迎二十大”“同心跟党走　奋进新征程——台州民盟献礼中共二十大线上书画摄影作品展”等活动，并与宁波、舟山、绍兴三个市委会在舟山联合举办书画展。“民盟华夏浙江书画学会天台山艺术教育基地”揭牌，王伯敏艺术史学馆入选浙江省委统战部第四批浙江省多党合作传统教育基地名单。“台州民盟”微信公众号发布讯息百余条，多篇宣传报道被《团结报》、省政协公众号等采用刊登，树立民盟良好形象。

【参政履职】 2022年，民盟台州市委会在市“两会”提交大会发言7篇、团体提案12篇，个人建（议）案12件，个人提案22件。其中《乡村共同富裕急需人才上山下乡》《把台州港打造成长三角南翼综合枢纽港》获市委、市政府主要领导批示。市五届人大六次会议优秀议案1篇，市政协五届五次会议以来优秀提案3篇。针对土壤和地下水污染防治和危险废物处置项目建设，组织盟员开展生态环保专项民主监督工作，及时向当地政府及有关部门反馈监督中发现的问题、提出建议。成立新一届专委会，2022年区域发展研讨会收到各级盟组织、各专委会和盟员个人调研文章73篇。多篇社情民意信息被省委会、市政协录用。

【组织建设】 2022年，民盟台州市委会开展“走基层、访盟员、听意见”活动，走访代表性盟员，听取基层意见建议。全年新发展盟员23人，其中代表性人士1名，县（市、区）政协委员、人大代表3名。1名盟员提拔到正处岗位，3名盟员提拔到副处岗位。引导全市基层组织围绕建盟日等重要时间节点开展主题活动。总结推广基层组织优秀案例典型，完善基层组织盟务工作考核。推进基层组织规范化建设和“双十佳”创建活动，临海市支部被省委会评为“十佳”特色基层组织。进一步深化“盟员之家”内涵，提高“盟员之家”的使用率和影响力，全市建成10家，“盟员之家”建设经验在市委统战部组织建设规范化现场会上，作为唯一口头发言的市委会在会上交流。

【社会服务】 2022年，民盟台州市委会“民盟同心·专家工作站”特色化服务，为50多家企业提供服务项目100多项，服务经费1000多万元，技术服务投产后产值达30多亿元，其运行机制得到盟中央、省市领导的高度评价。“民盟同心·助梦课堂”品牌化活动自启动以来坚持每星期两个课时，为4年级以上的孩子们教授艺术课程。“民盟同心·名师服务站”与路桥教育局签订“党盟共建”合作框架协议书，对35名困难家庭大学生实现精准帮扶。“同心”品牌效应进一步显现，形成以送医支教助企为主体的服务体系。黄岩区平田学校“雏鹰·关爱之家”申请2022年民盟省委会红十字烛光博爱专项基金10万元并成功创建“云教室”项目。黄岩区平田乡获批第二批民盟浙江省委会助力乡村振兴实践基地，浙江农林大学副校长徐爱俊带队到平田进行调研，探索“校地合作”。玉环市“守护梦想——关爱新玉环人子女行动”开设公益社团，全年累计赠送课程308节，培训6700人次，赠送教学、体育器材及奖学金10多万元。依托台州银行直播平台，开展聚力共富线上同心大讲堂，开展四期教育类直播，市委会10月与台州银行签订“盟银联动　聚力共富”线上同心大讲堂合作协议。

（纪茜茜）

中国民主建国会台州市委员会

【概况】 2022年，台州市民建组织共有会员727人，平均年龄47.9岁，其中大专以上学历682人，经济界会员556人，非公有制经济会员179人，有各种专业技术职称的445人，担任各级人大代表24人、各级政协委员115人。

【思想建设】 2022年，民建台州市委会全年共召开主委会议11次、市委会全体（扩大）会议5次、理论学习中心组（扩大）会议4次。制定《民建台州市委会开展“矢志不渝跟党走、携手奋进新时代”政治交接主题教育实施方案》《民建台州市委会关于开展“初心传递　使命接力”活动的通知》《民建台州市委会关于深入学习宣传贯彻中共二十大精神的通知》等文件，开展演讲接力、运动接力、歌曲接力、签名接力。各民建组织拍摄主题活动视频9个，其中3个在浙江民建公众号上发布，玉环支部获评民建省委会“初心传递、使命接力”优秀短视频二等奖。参加省委会“喜迎二十大　翰墨绘同心”书画作品邀请展，选送4件会员作品参展。邀请省委会副主委郭清晔来台州作省第十五次党代会精神和中共二十大精神主题宣讲。全市各民建组织、专委会组织开展政治交接主题教育学习活动12次。全年共编发微信公众号230期，开设“两会特辑”“初心传递·使命接力”“热议省第十五次党代会精神”“热议党的二十大报告”等多个专栏，共计41期。

【参政议政】 2022年，全市民建组织参政议政成果获省领导、市委市政府主要领导批示11篇次。围绕“民营经济高质量发展”“制造业数字化转型”“技术工人共同富裕”等主题，向市政协六届一次会议提交大会发言6件、团体提案12件，其中大会发言“制造业数字化转型”“技术工人共同富裕”分别得到市委书记李跃旗、市长吴晓东双批示，低效工业用地蝶变得到市长吴晓东批示肯定。团体提案“再创民营经济新辉煌”被列为市政协一号提案，由市委书记李跃旗亲自领办，并在市政协“请你来协商”活动平台上现场协商办理，得到市委书记李跃旗高度肯定，“新能源汽车现代产业体系建设”主题调研报告得到市长吴晓东肯定。申报省委会理论研究课题并立项2项，在年度结项评优时均获评三等奖，其中《人民政协参与基层社会治理的实践探索》获市政协理论研讨会征文二等奖。申报省委会参政议政课题16篇，《推进新型城镇化发展研究》等7篇得到立项，较上年增加4篇，均顺利结题。市委会立项课题56篇，环比增加一倍。全年共编报社情民意160余篇，市政协录用78.5篇、省政协10篇、省委统战部16篇、民建中央40.5篇、全国政协20篇，获2022年度全市政协反映社情民意信息工作先进单位二等奖。聚焦垃圾处置与废弃矿山修复整治提升，组建民建基层组织小分队，制定民主监督工作方案，邀请市综合行政执法局、市自然资源和规划局赴临海市等地进行实地调研与现场监督。

【组织建设】 2022年，全市民建组织全年共发展会员45名，其中大学及以上学历39人，副高及以上职称17人，平均年龄37.1岁，经济界人士33人。26位会员被纳入省委统战部党外代表人士全链条管理服务应用的人选推荐数据库中。承办全省民建机关干部暑期读书会、省民建法律服务团第一次全体会议、省参政议政委员会社会法制委员会专题调研活动等。开展《台州民建志》编纂工作，进入三稿审核阶段。

【社会服务】 2022年，民建台州市委会在全市6个民主党派中率先制定助力共同富裕实施意见和任务清单。至年底，在全市7个县（市、区）建设8个“同心·民建促共富”基地，椒江大陈岛、仙居安岭等6个基地已投入使用，温岭田园牧歌等2个基地的建设及帮富工作有序推进，其中椒江大陈岛、仙居安岭、黄岩牌门、临海忘不了和玉环上栈头村5个基地获评浙江民建助力共同富裕实践基地并挂牌，基地挂牌数与杭州市并列全省第1。11月，在全省民建助力共同富裕现场会上作为四个代表地市之一交流工作经验和标志性成果。市委会获评省委会2022年度社会服务工作先进集体。与市妇联、民政局、慈善总会联合开展共富关爱行动。探索与市金融办、市民政局、台州银行联合开展金融适老化主题活动。结对黄岩三友学校，开展爱心助学活动。赴会员企业开展专题调研和“民建助企共富行”助富行动。推出“民建下午茶”，为会员企业数字化升级、跨越式发展提供定制化服务。为会员企业开展法律、税务、知识产权、金融等方面的上门服务和指导。创新开展社会服务资源库、需求库、服务库建设。举办重阳节活动，邀请新老两代民建人共赏植物园。

（郑晨珂）

中国民主促进会台州市委员会

【概况】 2022年，民进台州市委会下辖椒江区委会、临海市委会、黄岩区基委会、玉环市基委会、路桥区支部、天台县总支和5个市直支部。共有会员817人，其中高级职称占44.6%，中级职称占31.6%，主要分布在教育、文化艺术、出版传媒等界别。会员中有省人大代表1人、省政协委员1人，民进省委会常委1人、委员1人；市人大代表8人；市政协副主席1人，市政协常委5人，市政协委员20人，县（市、区）政协副主席3人。

【思想建设】 2022年，民进台州市委会制定理论学习中心组领学计划，召开专题学习会，指导基层组织开展学习实践活动。组织多党合作理论研究，开展主题征文，征集7篇理论文章提交省委会。学习贯彻各级“两会”、台州市委六届一次党代会精神，开展数字化改革、经济稳进提质攻坚行动、普惠金融等专题研讨；举办“开明教育沙龙”，开展“台州教育提质三年行动”专题研究，形成4篇教育论文提交省委会。举办喜迎中共二十大主题书画作品展，组织市内爱国教育基地考察学习活动，深化临海市科经支部多党合作阵地、天台和合人间文化园学习教育基地建设，开展“我的民进记忆”组织生活会。完善专题培训平台，强化形势教育、典型宣传和网络舆情管理，召开青年会员学习会、新会员座谈会，组织骨干会员、新会员参加培训。巩固“台州民进”公众号主阵地，发布专题学习47篇、活动通讯129篇；加强与主流新闻媒体的联系，亮点工作得到人民网、中国新闻网、《钱江晚报》等近20家媒体报道。

【参政议政】 2022年，民进台州市委会完善知情明政平台线上征集和调研组线下明察暗访双线并行模式，分专题建立课题组、监督组。完善“智库”队伍建设，在路桥区横街镇打造全市首个参政议政调研基地，就协商议题开展蹲点调研、专题研讨，市委会领导班子成员参加征求意见会、协商会和座谈会8次，为全市经济社会发展建言献策，许多意见建议被市委、市政府采纳。赴职能部门、高校、企业和县（市、区）开展大气面源污染整治专项监督行动、技能人才队伍建设专题调研活动，分别形成调研报告提交市委、市政府，市委会领导先后在市委、市政府召开的专题政党协商会、专题协商座谈会上作主题发言，市委、市政府主要领导对市委会的建议予以高度评价。完成省委会联合课题1个、子课题2个。省“两会”期间，担任省人大代表、政协委员的会员共提交建议、提案3件。市“两会”期间，共提交大会议案、建议15件，发言材料6件、团体提案13件、个人提案35件。其中，获得主要领导批示5件次，列为重点提案3件；另有4篇优秀提案得到市政协表彰。团体提案《加快社区居家适老化改造，破局居家养老难题》被列为大会口头发言，建议被吸收到《台州市推进高质量发展建设“浙里康养”实施方案（2022—2025年）》中。《提升课后服务品质，助推“双减”政策落地》被列为重点提案，并列入“请你来协商”重点议题，在市政协专题面商会上进行现场协商办理，部分建议被吸收到台州市教育提质三年行动方案中。市委会9件建议、提案引起广泛关注，被市级主要媒体报道，会员接受《台州日报》、台州电视台专题采访21人次。推进开明信息沙龙平台建设，打造团队作战的信息研讨模式，提高建言含金量。市委会全市报送的信息被省委会、市政协采用37篇。《建议把“和合文化”融入国家治理体系写入党的二十大报告》等10篇被民进中央采用，其中，《带病回乡退役军人医药费负担重，导致生活困难问题亟待解决》被全国政协采用。《适应教育信息化新时代发展趋势，建议探索推行“差异化”配发中小学生教材磁带（或CD）》《退役军人、其他优抚对象优待证仅有4家合作银行，建议增加地方法人银行提供更多选择》被省委统战部采用。

【社会服务】 2022年，民进台州市委会在路桥区横街镇建立台州民进首个同心共富实践基地，开展送规划、送文化、送教育、送健康、送法律等系列活动，被人民网等10余家媒体报道，活动案例得到省委会主要领导批示并获全省统战工作实践创新成果奖；推进台州古村落保护行动，制订“稻田计划”，打造乡村自然教育基地，在仙居羊棚头村设立乡村服务基地并完成浙江省自然教育基地申报工作，协助天台上卢村完成国家级和浙江省传统村落申报；推进临海市科经支部与中共临海农商银行营业部支部“结对共建”，组织乡村振兴服务团，走进伏龙村、贺家村开展送文化、送医疗、送金融活动。打造“同心助农浙疆情”品牌，推进新疆学子台州成长扶优行动，结对帮扶新疆学子20余人，举办“‘杏’好有你·阿拉尔小红杏来台州”公益助卖活动，协助阿拉尔农户销售小红杏100多吨价值300万余元，被中国新闻网等10余家媒体报道。深化“民进·同心教育”品牌建设，开展“同心·圆梦”随迁子女关爱行动，建立椒江区文昌学校服务基地，推进路桥区新联会小学、安宝小学服务基地建设，设立开明书屋、名师工作室，开设名师课堂、艺术公益课堂，开展教育帮扶；开展“助飞小山鹰”留守儿童关爱行动，联合黄岩区政府部门和茅畲乡政府，深化茅畲逸夫小学基地建设，捐赠书籍、开设书画课堂、完善农业科技实践基地和心理咨询室，联合沈宝山国医馆举办“中医国粹进校园”活动；开展“路桥—杭州”教育结对，推进杭师大第一附小与路北小学共建活动，助力基层教育发展；启动“技能课堂进启智”行动，联合企业、银行在路桥区启智学校打造特殊教育服务基地，开设艺术课堂、非遗课堂。开展山区助学行动，联合“春天里”公益助学团在山区结对帮扶中小学生300余人；开展文化润富行动，市、县开明画院举办“春联万家”活动和送艺术活动走进军营、社区、农村、消防大队等。天台县、路桥区全域静默期间，当地及椒江、临海、黄岩驰援的医卫界会员共20余人奋战一线，多名会员坚守各个防疫卡口，会员沈茂带领明丰公司捐赠医用的口罩30万只、防护服5000套、隔离服5000套、隔离面罩5000副。推进“生命五分钟，民进在行动”心肺复苏急救知识培训品牌建设，天台县总支联合县教育局、红十字会，依托高一新生军训平台，为全县7所普通高中和职业教育集团高一、高二年级206个班级9427名军训学生开展心肺复苏急救知识讲座和实操培训。椒江区委会为社会福利院的孤寡老人和孤残儿童开展“送温暖”活动；临海市委会关爱儿童、青少年身心健康，送安全教育、心理疏导、护眼宣传、义诊服务进学校、进农村；市直第四支部前列腺癌筛查服务团为农村老年男性开展免费筛查；天台县总支、市直第二支部赴天台县紫凝山、仙居县湫山乡开展义诊下乡活动。

【自身建设】 2022年，民进台州市委会出台《民进台州市委会内部监督委员会工作实施办法（试行）》。开展制度废改立工作，梳理、完善制度11个、工作流程图3个并汇编成册，新建制度8个并按程序报备省委会，保障市委会工作的规范化、科学化运行。全年共发展会员41人，平均年龄37.7岁。其中，大学及以上学历37人（含硕士2人、博士1人），高级职称6人，教育界别14人、文化艺术界别4人、出版传媒界别5人。推进后备干部和代表人士队伍建设，动态管理数据库，拓展人才培养和推荐渠道。会员中副处级及以上8人；任省人大代表和政协委员2人，省委会常委1人、委员1人，市人大代表和政协委员34人，县（市、区）人大代表、政协委员78人。强化《支部工作及优秀会员考评办法》的导向作用，突出年度工作会议的基层组织活动展示。强化领导班子联系基层组织制度，组织专题大讨论，开展全市大走访活动，主委带队、副主委和委员协同深入基层，了解一线情况、听取意见建议、开展指导督查，加强基层组织标准化规范化建设。强化与统战部门的联系，加强对基层组织的工作指导和先进典型宣传。路桥区支部活动案例得到省委会主委批示，台州市民主党派基层组织规范化标准化建设现场会现场教学在临海市科经支部“开明嘉苑”开展，市委统战部和党外代表人士对市委会基层组织建设给予高度评价。市委会被民进中央评为“民进信息化建设先进集体”。在2017—2021年度民进全省表彰中，临海市委会被评为先进地方组织，黄岩区基委会、市直第三支部、椒江区经济科技支部、临海市台州中学支部被评为先进基层组织；在2022年度民进全省表彰中，椒江区委会、市直第二支部、玉环市第三支部被评为优秀基层组织。结合重要节点赴椒江、临海、黄岩、玉环和天台等地慰问老会员30余人次、慰问教师代表18人。

（陈梓璐）

中国农工民主党台州市委员会

【概况】 2022年年底，农工党台州市委会有2个县级委员会（椒江区委会、临海市委会），2个基层委员会（黄岩区基层委、温岭市基层委），1个县级支部委员会（路桥区支部），6个直属支部（市直综合支部、市直中心医院支部、市直台州医院支部、市直恩泽医院支部、市直台州学院支部、市直人口与环境支部）。全年发展新党员38人，平均年龄38.5岁，医卫、人口资源生态环境界别占60.5%、文教界占13.2%，其他界别占26.3%，大学以上学历占94.7%，中高级职称以上占73.7%。截至年底，全市党员总数达767人。有省人大代表1人，市人大代表8人；省政协常委1人，市政协委员16人（其中市政协副主席1人，市政协常委2人）。

【思想政治建设】 2022年，农工党台州市委会开展中共二十大精神学习宣传贯彻活动，组织召开理论学习中心组（扩大）会议。印发《关于认真学习宣传贯彻中共二十大精神的通知》。全市农工党组织学习、交流、宣讲等各类学习活动50多场。农工党台州市委会、椒江区委会、温岭市基层委获评2022年省宣传思想工作优秀集体，3名党员获评省宣传思想工作先进个人。召开“矢志不渝跟党走，携手奋进新时代”政治交接主题教育，制定实施方案，与“喜迎二十大、奋进新征程”活动和中共浙江省第十五次党代会精神宣贯相结合。开展现场教学4批次，其中组织党员参加市外异地学习1批次，组织党员参加大陈岛红色寻根教育活动1批次，组织党员赴温岭党史馆、临海党史馆开展现场学习2批次。优秀党员黄茜斌先进事迹被《团结报》大幅刊登。1名党员获评省党史理论研究先进个人荣誉。

【组织建设】 2022年，农工党台州市委会调整充实参政议政工作委员会，完善更新体制机制。新的专职副主委于10月份到位。修订完善《农工党台州市委会全体会议制度》《农工党台州市委会主委会议制度》《农工党台州市委会领导班子民主生活会制度》《农工党台州市委会理论学习中心组学习制度》《农工党关于进一步加强和改进参政议政工作的意见》等20余项制度。全面排摸党员情况，特别是全市副科及以上干部、企业家党员和党员政治安排等情况，研究党外代表人士和后备队伍的培养、发展计划，在市委统战部的指导下，完成省、市人大代表和政协委员候选人的推荐工作。鼓励支持农工党员勇担使命全面参与防疫抗疫。制定新党员发展流程图，严肃入党流程，对拟入党同志严把政治考察关。黄岩区基层委获评农工党中央颁发的先进集体荣誉。

【参政履职】 2022年，农工党台州市委会通过课题调研，形成一批高质量成果，为中共台州市委、市政府科学决策建言献策。围绕"民营经济高质量发展""制造业数字化转型""乡村振兴共同富裕""优化就医环境"等主题，提交台州市政协六届一次会议大会发言和交流6件、团体提案12件，其中两个大会发言分别得到中共台州市委、市政府主要领导批示，两个团体提案被政协评为优秀提案和重点提案。调整充实参政议政工作委员会，建立"一委员一课题""边调研、边反映"工作机制和以老带新联结机制，通过座谈、沙龙开展各项活动。一年来，完成课题40件，6件申报省委会课题，其中3件立项，1件被评为优秀课题；上报社情民意66篇，省委会录用5篇，农工党中央录用1篇，全国政协录用1篇。市委会获评省参政议政工作先进集体（三等奖）。5人次获评省参政议政先进个人和省社情民意信息工作先进个人。根据中共台州市委、市政府关于生态环境保护工作决策部署，市委会开展流域码头堆场整治环保专项民主监督，先后召开整治座谈会、现场随队督导、自行暗访、无人机巡拍等形式开展环保督察10余次，完成"关于全市流域码头及各类堆场、预拌混凝土行业环保整治提升工作的建议"并提交专报。中共台州市委书记李跃旗在专报上批示："农工党台州市委会的建议富有建设性、系统性，要坚持问题、目标导向，全力抓好提升。"

【社会服务】 2022年，农工党台州市委会创建微信服务视频号，通过线上线下双线双发展模式，结合群众日常生活关注的热点、疫病相关知识和新闻热搜内容，以"名师堂"和"88号云课堂"为主抓手，为群众提供防疫、养生、育儿、法律、教育、科普等方面的社会服务。"名师堂"完成包括防疫、育儿、养生、健康、普法四个方面的45个服务视频在不同App平台中发布，有9期被"学习强国"平台录用转发，全平台点击播放受益群众40多万人次。成立"同心"服务团，全面提升基地服务水平。黄岩"同心"服务基地实施健康、惠农、助富等工程，同时开展智慧医疗试点和扩展服务区域，与头陀镇联合共建"共同富裕共建基地"，开展送医送药、扶贫帮困、名医下乡等送健康活动，助力共同富裕。农工党中央刊物《前进论坛》刊登《同心服务不打烊，黄岩基层委助力共同富裕，推动乡村振兴》。温岭温峤"同心"服务基地以"送医下乡""送教下乡"、法律咨询、技能培训等为主要内容，开通线上"名师堂"服务视频和名师直播课堂，6月被授予农工党省级社会服务基地。椒江"海门老街88号"延伸基地触角，在横河陈村创建"农工党·同心共富暨未来乡村实践基地"，在大陈岛设立海岛服务基地。农工党台州市委会获省委会颁发的社会服务工作先进集体荣誉，椒江区委会、黄岩基层委、温岭基层委等获评省社会服务工作先进基层组织。5人次党员获评社会服务工作先进个人荣誉。台州市的社会服务工作得到全国政协副秘书长、农工党中央专职副主席曲凤宏的高度肯定。组织开展"民族团结一家亲，山海同心携同行"爱心鞋捐赠活动，捐鞋360双。与台州市慈善功德会联合开展"民族团结一家亲　冬日鞋帽暖人心"捐赠鞋帽活动，2000多套鞋、帽、围巾为南疆人民送去温情。《团结报》、中新网等相关媒体对此进行报道。

（洪夏芳）

九三学社台州市委员会

【概况】 2022年底，九三学社台州市委员会有临海、椒江两委，黄岩区基层委及12个支社、2个小组，社员总数634人，其中高级职称353人，占55.68%，中级职称197人，占31.07%。社员中有各级人大代表22人，各级政协委员79人。

【思想建设】 2022年，九三学社台州市委员会开展"矢志不渝跟党走、携手奋进新时代"政治交接主题教育。召开首次思想政治工作会议，选送《同心向党赋》节目参加社省委展演。推进“主委讲社史”活动，编制统一宣讲课件，全市各级社组织主委（负责人）在基层组织范围内联合或者交叉开展社史宣讲活动。策划台州九三青年说、《同心向党赋》、《今天是你的生日》、书画摄影展、社史知识竞赛等喜迎二十大活动，被浙江新闻客户端、《联谊报》等报道。打造集社史教育、参政履职、社会服务等功能于一体的复合型基地，全年建成4家“九三之家”。

【组织建设】 2022年，九三学社台州市委员会调整换届后领导班子分工和联系制度，发挥4个工作委员会5个专门委员会作用，组建3大社员群团组织。通过搭建“145N”架构，整体提升组织活力和动员力。年内发展新社员27名，其中高级职称9名，处级干部2名，市人大代表1名，市政协委员2名，市500精英1名。制定《工作（专门）委员会通则》，优化设置工作委员会和专门委员会。组织市直一支社、台科职院支社、温岭市支社换届，新组建市直六支社。成立内部监督委员会，建立监督机制。

【参政履职】 2022年，九三学社台州市委员会出台《关于进一步加强参政议政工作的意见》，对调研课题进行规范，推进“主委领衔课题”“一支社一课题、一专委会三课题”工作，按照课题分类开展主题议政日活动，调研成果数量和质量双提升。向各级报送35篇社情民意信息。市“两会”上，向市人大提交议案建议18件；向市政协提交大会发言6篇，其中口头发言1篇，提交团体提案12件，委员个人提案12件。《打造滨海景观大道，全力建设临港产业带》获市委、市政府主要领导批示。组织骨干社员撰写《提升数字赋能精准度助力打造工业4.0标杆城市》《做大做强领军企业，构建优质企业雁阵发展格局》《加强大型体育场馆建设，补齐高能级中心城市体育民生短板的建议》《关于提升污水处理系统效能改善水环境质量的建议》等材料，作为直通车建议呈报市委主要领导，其中3篇获得市委书记李跃旗批示。省市县三级联动组建数字经济调研组，形成《我省产业大脑建设面临的五大瓶颈及破解路径》调研报告获得省委书记袁家军的批示。就“污水处理设施建设和水环境质量提升”课题，开展专题民主监督。

【社会服务】 2022年，九三学社台州市委员会建立农业科技、医疗服务、法律援助、特殊教育4大类8个社会服务和实践基地。九三学社中央副主席、中国工程院院士丛斌到台州分别为“九三学社中央乡村振兴实践基地”春泽社区，以及九三学社中央“多党合作乡村振兴示范项目”杨丰山基地挂牌；黄岩启智学校基地获评九三学社省级社会服务基地。在仙居县杨丰山村召开九三学社浙江省农业科技论坛系列活动农业科技助共富专题调研座谈会，对接乡村运营规划、经济虾种种植等帮扶产业项目落地。签订稻田开发与利用合作协议，多次组织科技专家赴杨丰山村开展服务，助力打造特色旅游精品村。对接社中央，搭建有效平台，立足春泽社区实际情况，提升社区集体经济、建设法治小镇，打造健康社区。爱牙科普教育服务基地开展爱牙科普活动18场次，服务1500人次以上；九三学社巾帼心连心工作室开展60余场法律知识讲座咨询活动，惠及群众30000余名。持续引入社中央资源力量开展科普活动，邀请全国政协委员、上海市政协副主席、中国工程院院士钱锋到黄岩开展九三学社中央院士专家科普行活动，作题为“双碳战略与数字化转型”的专题报告，并召开加快制造业数字化转型的座谈会。

（陈欣怡）

台州市总工会

【概况】 2022年，台州市共有基层工会13295家，其中独立基层工会12049家、联合基层工会1176家，会员1323614名。台州产业工人成长链、发展链、分配链“三链改革促共富”被国家发改委网站转载。“数智工匠”应用获副省长卢山批示肯定。产业工人“以技提薪”做法获省、市领导批示肯定。市总工会获评2022年市级单位工作目标责任制考核和全省工会工作目标考核“双优秀”。

【思想引领】 2022年，台州市总工会组织“学习二十大·工人心向党”主题教育活动，邀请党的二十大代表阮玲斐在全市工会系统开展党的二十大精神宣讲。创新开展“守好红色根脉·班前十分钟”“匠心引领”“先锋领队”“最美垦荒人”等系列活动。开展“双十引领”文化活动115场次、体育赛事37场次，红色读书活动490场次。新建国家级职工书屋2家，省级5家，市级25家。召开全市部分劳模工匠学习贯彻党的二十大精神座谈会。依托劳模工匠创新工作室、劳模工匠志愿服务队，开展“劳模工匠志愿服务月”活动187场次，劳模工匠助力山区县高质量发展志愿服务27场次，劳模工匠进校园活动82场次，师徒结对546对。

【稳进提质】 2022年，台州市总工会开展全市工会助企纾困“十大行动”，全市345名工会干部赴基层蹲点调研；推进“线上+线下”招聘会203场次，提供岗位5.5万多个；全年累计职工疗休养出行13.12万人，拉动消费3.98亿元；全市缓减企业工会经费5310.21万元，返还小微企业工会经费2186.62万元。组织2万余名工会干部和职工志愿者参与扫街扫楼、核酸检测、隔离点执勤等疫情防控工作。开展“情系职工·保供畅链”等活动，慰问援外医务人员、防疫工作者和保供畅链重点人员265批次，覆盖2.5万余人。开展全市劳动领域风险大排查专项行动，排查化解风险点80个，化解劳资矛盾288件、劳动争议175件，开展企业劳动用工法律体检1290家，法律监督518家。

【“以技提薪”促共富】 2022年，台州市总工会以标准化建设探索“以技提薪”新路径，以100家企业为试点，探索形成技能等级提升、技术入股分红、技术贡献奖励、技能竞赛奖励、股权投资激励、职务岗位晋升六大“以技提薪”标准化操作模式。建立可量化、可测评、可操作的指标评价体系。以系统化培训畅通成长链，紧扣台州“五城十链”产业发展需求，系统谋划职工技能培训工作，首期组织40名浙江工匠、台州工匠开展新能源汽车、精密制造技能培训活动。在台州职业技术学院、台州科技职业学院、台州开放大学、台州技师学院、三门技师学院挂牌成立台州工匠学院。以多元化激励拓宽职业发展链，在519家省、市重点建设项目开展立功竞赛活动274场，各类技能竞赛247场。以规范化协商优化分配链，在全省率先出台《行业性能级工资集体协商操作标准》，全市开展能级工资集体协商3985家，惠及职工50万人。

【“数智工匠”赋能】 2022年，台州市总工会开发上线“数智工匠”应用场景，以路桥区为试点，联合人社、教育等7部门，协同构建以技能等级、竞赛荣誉、创新成果和岗位贡献为主要指标的工匠赋分评估新模式。推动工匠遴选数智化，参评方式由定期申报到实时申报、评估形式由主观定性到客观定量、审核方式由召集联审到智能审核。迭代升级“数智工匠”培训平台，整合各部门的线下培训资源。建立劳模工匠信息数据库，强化“传帮带”线上智能匹配和双向选择，实现服务实时跟进。

【便利化改革】 2022年，台州市总工会聚焦职工集聚的工业园区、村社区、楼宇商圈，依托党群服务中心、便民服务中心、职工活动中心、职工之家等设施，加快职工服务阵地建设，打造10分钟职工便利化“服务圈”。在“浙里办”群团生活百晓接入300家“职工之家”、50家职工活动中心信息，打造“10分钟职工服务站点”数字导航图。新建工会户外劳动服务站点124家，累计建成“妈咪暖心小屋”407家，以椒江区为试点，建设24小时无人值守“365+劳动者驿站”，“骑享家”爱心驿站等10家户外驿站获评国家级最美站点。

【维权帮扶】 2022年，台州市总工会为职工提供法律援助、劳动争议调解等服务，调解仲裁案件49件，解决劳动争议案件449件。开展情系职工系列送温暖活动，元旦春节期间，走访慰问企业961家，职工1.12万人，发放慰问款物301.34万元；常态化走访慰问新就业形态劳动者1.28万人次；筹措经费428.96万元，为2903名一线职工提供免费疗休养；推进建档困难职工全面精准帮扶，实现72户建档困难职工帮扶率100%，资金82.23万元。

【基层工会建设】 2022年，台州市总工会聚焦新就业形态劳动者，开展“强组建 优服务 促共富”建会入会集中行动，实现全市百人以上未建会企业动态清零，新建基层工会878家，发展会员4.54万人（其中新就业形态劳动者工会179家，会员1.26万人），完成区域性、行业性联合工会标准化建设项目20家，培育“星级职工之家”215家，“先进职工小家”102家。

【改革创新】 2022年，台州市工会系统累计39个项目入选全省工会改革创新项目库，4个项目入围第二届全省工会改革创新项目大赛，职工便利化改革项目入选台州市“牵肠挂肚”改革项目。《浙江台州工会创新“项目化选用”模式，推动兼职副主席“有位有为”》工作经验选录进《全国地方工会兼挂职副主席工作案例选编》。市总工会劳模工匠志愿服务项目——《致敬垦荒人》获台州市党员志愿服务项目大赛一等奖。分层次、分类别组织基层工会开展干部培训4275人次，完成优秀产业工人推优入党743人。

（吴柠圻）

共青团台州市委员会

【概况】 2022年，台州市共有团员214842人，其中2022年新发展团员13100人；共有团干部17593人，其中专职团干部66人，挂兼职团干部17527人。全市建有基层团委678

个，基层团工委72个，团总支150个，团支部数10098个。台州市和温岭市分别入选全国青年发展型城市试点和县域试点，台州市入选团中央配合做好违法共青团员团纪处分试点，各级团组织和个人获得国家级荣誉和试点26项，省级93项。

【青少年政治思想引领】 2022年，共青团台州市委员会实施青年“大学习大宣讲大传播大调研大落实”五大行动，建立青年学习站136个，召开学习会393场。创建青年宣讲名家工作室12个，入库精品示范课40个，招募青年宣讲员1267名，《一面锦旗背后的故事》登上央视新闻并入选团中央主题团课，临海市青年宣讲团被评为浙江省基层理论宣讲成绩突出集体。举办高校、企业、农村、社会组织领域“青马工程”培训班46期，培训青年骨干2916名。实施“正能量青年网络意见领袖培育计划”，在省级以上媒体宣传报道471条。在微博、微信、小红书、抖音等平台创作短视频188条，阅读量达762万。组建青年网络文明志愿者队伍10支，新增志愿者320名。建成青年文化地标35个。举办青年脱口秀、青年华服日等文化活动1025场、青年文创市集活动69场，设计“台州青年”“垦荒青年”等文创产品12种。吕义聪、张露娜、翁燕敏等优秀青年登上央视跨年晚会《启航》，90后青年工匠杨杰写入浙江高考作文题。一江山岛烈士陵园等4个基地入选浙江省第三批青少年红色基因传承基地。

【服务经济社会发展】 2022年，共青团台州市委员会助力城市引人留人，建成规范化青年人才驿站34家，开展“千人千岗”“返家乡”等实践活动，服务青年和大学生1.2万余人次。组织大学生就业专场招聘会，提供岗位13259个，达成求职意向5105人。培育台州籍在读硕博人才库、在外大学生联谊会、在外乡小贤三支队伍，举办在外大学生线上年会，直播观看人数2万人。开展“亲青恋”交友服务，成立“亲青恋”大使团，新建“亲青恋”基地10个，举办单身青年职工疗休养、剧本杀、星空派对等主题活动104场。推报“号手岗”评选，入选“一星级全国青年文明号集体”25个、“全国青年岗位能手”3名。承办“创青春”浙江省青年创新创业大赛，培育本土项目126个，6个项目当场签约落地。开展台州市青年工匠遴选，组织参加省“振兴杯”职业技能竞赛，举办台州市青年职业技能竞赛，储备优秀青年工匠183名。助力乡村“两进两回”，开展乡村共富五大行动，实施600青年农创客培育计划，在600个星级美丽乡村实现“一村一青年农创客”“一村一青年共富团”。天台县承接青年志愿者助力“供富大篷车”专项行动全省试点。温岭市“创新打造‘三圈’为青年文化生活构建新空间”项目入选团中央服务乡村振兴优秀案例。全市159名兼职团干结对帮扶薄弱村133个。深化“基层吹哨、青年报到”工作体系，部署开展“除险保安”十大专项行动。深化青少年预防犯罪和权益维护，建成省级12355青少年服务台区域中心，引入第三方社工团队，构建“团属组织+专业社工+志愿者”的大维权体系。承接“双零社区”省级试点，创建市级“双零社区”78个，青少年维权岗31个。全面推行“团网融合”，新增青年网格员任团支部书记206名。探索共享法庭主任助理制度，聘请兼职团干部担任主任助理38名。加强公益诉讼，新增志愿观察员57名，推出《守护你的守护》公益宣传片。开展志愿服务五大行动，建立“平战结合”动员机制，储备应急青年志愿者600名。组织市直机关青年支援天台“428疫情”，开展“共享药箱 青年送达”防疫药品志愿配送服务和青年公益献血行动。

【服务青少年成长成才】 2022年，共青团台州市委员会推进青年发展型城市建设，成立以市委书记和市

8月24日，“青燕归巢·智汇台州”大学生暑期社会实践项目风采交流大会暨椒江区城市推介官出征仪式举行　　（团市委　提供）

8月26日，“璀璨台州夜”2022城市露营节暨“青椒市集”开市活动举行
（团市委　提供）

长任双组长的青年发展型城市工作专班，召开专班会议2次，市委常委会审议通过友好有为“双十行动”，形成第一批重点项目清单和重点改革清单。推动全域创建，制定青年发展型城市工作指引，市县两级全部出台“一方案三清单”。出台“引人留人”三年行动、教育提质三年行动、职技融通改革、支持大学生就业创业等硬核政策17条。发布青年发展型城市彩铃、海报、宣传片、每月媒体专题报道。全方位落实青年民生实事，联合台职院、国家统计局台州调查队成立调研组，对全市8080名青年开展问卷调查，精准了解青年需求。2022年市政府十大民生实事中涉及青年项目6个，均已完成。投入1158万建成乡镇（街道）青少年活动中心9家，场地面积超2.9万平方米。建成两家示范性综合性功能型青少年一站式服务阵地，推进纳入2023年市政府民生实事项目。全周期帮扶困难青少年。深化新时代希望工程，开展“爱心圆梦”助学行动，总金额超210万元。建成“小哥驿站”149个，免费发放新冠保险6000余份。组建青春帮共体，落实“五个一批”（实施一批青年就业创业项目、实施一批青少年文化教育项目、实施一批青年人才交流项目、实施一批青少年交流实践项目、实施一批重点青少年群体帮扶项目）帮扶项目。为四川甘孜困难学生捐助校服20万元，开展书信交流1682人。

【共青团改革工作】 2022年，共青团台州市委员会承接团省委数字化改革重点开发项目3个，其中全省贯通2个。“青燕归巢”场景提供大学生实习就业岗位20532个，“浙里青创派”场景服务青创项目1500余个，“委员代表青听站”吸收团会履职代表505名。推进基层组织改革，深化“红色根脉”强基工程，形成重点改革清单22项。温岭市被评为全国县域共青团基层组织改革试点优秀单位。台州市入选团中央“配合做好违法共青团员团纪处分试点”地级市。推进青联、团属协会和高校共青团改革。召开青联常委会，新增青联委员11名。完善青志协、青企协等团属协会管理，避免公职人员在协会任职。制定高校信教团员“一人一档”及“四级教育转化”机制，压紧意识形态工作责任。

【团组织管理】 2022年，共青团台州市委员会编制《台州团市委工作体系汇编1.0版》。召开第六届团代会完成换届。持续扩大组织覆盖，新增社会领域团组织533个、非公企业团组织402家。推进互联网企业团工委市县两级全覆盖，打造互联网企业团建示范点11个。1个团支部和3个个人获“全国五四红旗团支部”和“全国优秀共青团干（团员）”称号。从严治团强作风，坚决落实全面从严治团26项重点机制，推进重大事项请示报告、派员列席下级团组织民主生活会等制度刚性落实。深化“团干部作风建设三年行动”，市县两级团干部配备率达97%，全市共青团系统梳理问题360个、制定整改措施522条，常态化开展基层团干部轮训1452人。新发展团员13100名，指标完成率100%。

【党团队一体化培育】 2022年，共青团台州市委员会开展“红领巾喜迎二十大　争做新时代好队员”等主题活动563场次，覆盖少先队员39.5万人次。深化星火少年宣讲品牌，组织少先队宣讲活动789场。《努力成长为有知识、有品德、有作为的新一代建设者》视频登上全国红领巾爱学习网上主题队课，在全国少工委等平台播放，《红领巾走路桥之戴大夫故居》入选全国少工委“寒假10课”。构建社会化工作体系，推进红领巾校外阵地建设，实现青少年宫少工委全覆盖，建立社区（村）少工委143个，累计建设“红领巾e站1013”阵地133个、校外实践教育营地77个，初步形成“学校—青少年宫—社区（村）—校外阵地”的组织架构。开展“少先队员到社区报到”活动，依托“小红萌”志愿服务品牌，设置红领巾“楼道长”“小小图书管理员”等红领巾岗位，打造“家门口的少先队”。以市委、市政府名义印发《台州市全面加强新时代少先队工作责任清单》，推动少先队工作纳入中小学教育评估体系和党建指标，实现21项少先队改革指标100%完成。市县两级总辅导员和中小学大队辅导员配备率均达100%，党员或团员占比84%，聘请校外大中队辅导员10351人。畅通党团队一体化阶梯式培育体系，临海中学积分制入团改革全省试点推进良好，全年少先队员推优入团3048名，共青团员推优入党2243名。

（朱昊轩）

台州市妇女联合会

【概况】 2022年，台州市各级妇联组织深入贯彻习近平总书记关于妇女儿童工作和家庭家教家风建设的重要论述精神，聚焦“共同富裕巾帼在行动”和赋能强基工程建设，团结引领广大妇女为建设“三高三新”奋力推进中国式现代化台州实践贡献力量。多项工作走在全国全省前列：市妇联获评全国第十三届家庭工作先进集体荣誉称号、全国巾帼建功先进集体；入选全国妇联2022年度妇女宣传舆论阵地建设优秀榜；基层妇联组织建设标准化试点项目被确定为2022年度社会管理和公共服务综合标准化试点项目考核评估合格项目（国家级）；发布全国首个《强制亲职教育工作白皮书》；连续两次获省妇联数字化改革双月评价排名全省第1，“家门口创就业”“亲职教育”2个项目列入省妇联重点培育应用。多项工作被国家、省、市领导批示肯定13次，省级以上媒体宣传报道1445篇。

【“巾帼红”行动】 2022年，台州市各级妇联组织在全市开展“巾帼心向党 喜迎二十大”群众性主题宣传教育活动，市县联动举办庆祝“三八”国际妇女节等主题活动84场。开展“我奋斗·家国美”活动，遴选30个台州优秀创业女性故事视频，《一个“东篱之家”一群孩子的“妈妈”》等3个视频被选送至全国妇联。举办台州市“巾帼共富追梦人”宣讲大赛，《巾帼助富妙招 解锁家门口幸福密码》获全省决赛二等奖，市妇联获最佳组织奖。发挥先进典型示范作用，成立台州市三八红旗手（集体）联盟，首批会员由省级及以上41名三八红旗手和11个三八红旗集体组成。对省级及以上三八红旗手走访慰问全覆盖。举办台州市妇联系统新媒体暨数字化改革业务培训班，提升网上工作水平。在全国率先发布《巾帼志愿管理服务规范》地方标准，开展巾帼志愿服务项目大赛云展评活动，举办“温暖邂逅 博识共进”台州市高层次人才交友联谊会、律师单身联谊活动等，为单身青年搭建交友平台。

【“巾帼创”行动】 2022年，台州市妇联等发起成立女科技工作者协会，举办首届巾帼科技创新周暨“乡村振兴 科技益农”对接会，认定10个市巾帼科技农创示范基地，三门稞地农场获省巾帼农创基地荣誉。搭建“家门口创就业”数字应用平台，全市打造涵盖文旅、来料加工、美食手作、电商直播等类别的创业圈71个。深化“一村一主播”培育，开展技能培训1000多班次，覆盖妇女6.5万人次。实施“巾帼共富工坊”三年建设计划，全市打造共富工坊100家。联合市农业农村局出台《台州市美丽庭院“百千万”专项行动实施方案》，认定市级“美丽庭院”示范村20个、“最美庭院”女主人20人。助力经济稳进提质，开展“千名执委助千企”行动，建立市县乡三级妇联干部走访联系制度，召开市女企业家代表、市巾帼家政服务联盟等系列“政企面对面”活动，带动巾帼共富贷授信33.8亿元，发放贷款1.15亿元。深化巾帼建功行动，全市26家单位参与全国巾帼文明岗创建，培育省巾帼文明岗32个、省巾帼建功标兵10名、市级巾帼文明岗50个。

【“巾帼家”行动】 2022年，台州市妇联制定妇女儿童综合服务驿站建

2月28日，台州市三八红旗手（集体）联盟成立大会举行，市妇联领导为全市首批三八红旗手（集体）工作室授牌 （市妇联 提供）

设三年行动计划和驿站管理办法，以玉环为试点打造“巾帼优e家”管理应用平台，全市建立服务驿站262家。开展家庭家教家风宣传月活动，举办家庭家教家风基层巡讲、“千村万户亮家风”“百课万人”公益送教等活动2047场次，服务44万多人次。联合市纪委等开展“清风传家·德润台州”主题活动，发布“清廉家庭”倡议书，建立清廉家风宣讲团98支，选树县级以上“清廉家庭”3189户。深化“浙礼好家庭”品牌建设，评选“最美家庭”全国级4户、省级12户、市级49户，“绿色家庭”省级9户、市级100户。完善家庭教育指导服务，制定《2022年台州市家庭教育工作要点》，成立台州市社区家庭教育指导服务中心，培训家庭教育指导师437人，2个县、13个乡镇（街道）列入市级家庭教育指导服务体系标准化建设试点。开展“百万家庭共学家庭教育促进法”活动，开设助力“双减”活动4361场次、参与人数达12万人次。市妇联作为唯一地市级获评省“夸夸我的好爸妈”亲子创意短视频大赛组织奖。

【“巾帼和”行动】 2022年，台州市妇联印发《2022年台州市“平安家庭”创建工作考评办法》，开展“百镇千村除险保安”婚姻家庭纠纷预防化解专项行动，全市累计摸排重点人群和家庭1.46万户，纳入市级管控365户。推进婚姻家庭纠纷调解工作室三年建设计划，全市建立备案婚调室62个，市县特设“共享法庭”19家，成功调处纠纷2430起，解答咨询1.2万余人次。深化“百万家庭学法工程”，联合市女律师联谊会开展“共同富裕巾帼在行动·巾帼和”普法宣传活动。全市开展各类普法宣传活动1000余次，发放宣传资料21万余份，动员参与群众30余万人次。组建“12338”维权热线专家团，及时调查处理上级交办督办案件22个，全市维权热线接通率100%。

【“巾帼爱”行动】 2022年，台州市政府妇儿工委成立“两规”统计组、监测组，落实职责清单、任务清单、项目清单、指标清单“四张清单”，清单任务完成率达95%。监测“两纲两规”可收集指标共172项，其中达标指标155项，达标率为90.11%。指导路桥区、临海市、温岭市、玉环市参与省妇女儿童发展规划示范县（市、区）创建。全省率先出台《台州市创建儿童友好社区试点实施意见》，以市“两办”名义发布《台州市儿童友好城市建设实施方案》，成立以市委书记、市长任双组长的儿童友好建设工作领导小组。市县联动成立10个儿童友好观察团，开展儿童友好亮灯、儿童友好宣传片发布、亲子研学等活动50余场。

3月4日，台州市巾帼创富“家门口”巡回培训启动仪式举行，市妇联领导为培训导师颁发聘书 （市总工会 提供）

【赋能强基工程建设】 2022年，台州市妇联提高数字应用实战实效，“台州女性”应用场景在“浙里办”上线，“家门口创就业”“巾帼优e家”“亲职教育”等各子应用实现数据互通。深化变革型基层妇联组织建设，完成县乡两级妇联组织换届工作，实行乡镇（街道）妇联执委领办实事项目制度，启动“千名妇干大轮训”云讲堂，全年举办培训班236班次、2.6万余人次，实现乡镇（街道）执委轮训全覆盖。下发《关于进一步规范新兴领域妇联组织建设的意见》，在快递物流、互联网、网红女主播等新业态、新领域中建立示范型妇联组织19个，妇女之家、妇女微家22个。推动高校妇联组织规范化建设，开展女大学生创就业专项调研，建立女大学生创业实习基地25个，提供就业岗位277个、实习岗位239个。

（蒋伟一）

台州市科学技术协会

【概况】 2022年，台州市科协实施“科创中国”试点突破年和科普供给侧改革提升年“两年”活动。市科协获评中宣部全国文化科技卫生“三下乡”活动优秀团队、全国科普日活动优秀组织单位、中国科协科普中国建设优秀单位、中国科学院优秀科普教育基地、“筑梦·流动十年”

9月7日，2022科创中国·科学家企业家创投家峰会暨全国学会智汇浙江促共富推进会在台州举行　　（市科协　提供）

中国流动科技馆项目优秀单位5项国字号荣誉。

【“百名院士进台州”行动】 2022年，台州市科协促成徐强院士与临海市、余艾冰院士与台州湾新区管委会等15个院士创业项目签约，完成实体化公司组建10家，相关工作获省科协党组书记、副主席谢志远批示肯定。

【科技赋能产业发展行动】 2022年，台州市科协开展“千博助千企”促共富行动，新建博士创新站75家，3家入选首批省级博士创新站，占全省12%。组织“双百双千”助企纾困行动，开展服务企（村）活动1200场，参与专家1590人次。黄岩蜜橘科技小院、温岭水稻科技小院获评国家级“科技小院”。推出11个新型职业农民培训班，承办两期省农函大高素质农民培训，培训农民3.9万余人次。

【重点人群科普行动】 2022年，台州市科协组织科普进文化礼堂618场次，大篷车“三进”441场次，开展中科院老科学家演讲113场次。为“一老一小”重点人群累计提供科普服务105.6万人次。台州市科学技术学会被中国科协确认为全国2022年新增科普大篷车区域资源共享中心。

【“科创中国”峰会】 2022年9月，2022科创中国·科学家企业家创投家峰会暨全国学会智汇浙江促共富推进会在台州举行。峰会由中国科协、浙江省人民政府指导，中国科协科学技术创新部、浙江省科协、台州市人民政府、中国科学技术出版社共同主办，台州市科协、椒江区人民政府承办。中国科协智能制造学会联合体、生命健康学会联合体与台州市人民政府签订框架协议；台州1个项目和5家企业上榜“科创中国”系统榜单，总数列全省第2位，为台州历史首次；“科创中国”试点城市提升至全国第28名。

【“科苗”培育行动】 2022年，全市29所少年科学院分院开展“课堂漂流瓶计划”，开设“云课堂”“奇思妙想创客营”“开放学堂”，共培训教师6725人次、学员1.8万余人次，选拔48名“科苗计划”少年精英。举办国、省级各类赛事，获省级以上奖项32个。在由科技部和中科院主办的全国科学实验展演等各类国家级、省级赛事中，台州市获全国二等奖2个，省级一等奖1个。

【科普基层基础提质】 2022年，全市获评国家级科普教育基地4家，新增市级科普示范项目4个、市级科普教育基地16家。路桥区、仙居县创成全国科普示范县。

【学会“智汇台州”行动】 2022年，台州市科协引流国家（省）级学会资

5月29日，“全国科技工作者日”台州主场活动在市科技工作者之家举办　　（市科协　提供）

源，50多家国家（省）级学会（联合体）、800多名院士专家来台州指导调研服务，建立国家（省）级学会台州协同创新服务站10家。立项资助学会项目130项，举办19场全国性技术研讨及创新交流活动。市级学会开展各类活动130余场，参与科技工作者17万余人次。刊发《专家建言》8篇，获李跃旗、吴晓东等市领导批示4次。

【“科技工作者之家”启用】 2022年5月29日，台州“科技工作者之家”启用。年内组织开展科普讲座、科普义诊、科技人员公益交友会等活动40余场，入驻院士项目工作团队13人，该项目入选中国科协2022年度“科技工作者之家”组织建设项目（地方科协类），全国共12个、浙江省唯一。

【企业（园区）科协“展翅助飞”行动】 2022年，台州市科协评选“五好”示范企业（园区）科协，完成企业科协检修303家，新建101家，认定首批“五好”企业科协13家，涵盖全市各县（市、区）和主导产业。

【科学传播】 2022年，台州市科协开展5·30科技工作者日“十个一”系列活动，高质量举办“全国科技工作者日”台州主场活动，聘任首批科普大使，推出“共和国脊梁”系列科学家、“科技追梦人”故事展播、开设“众心向党自立自强——党领导下的科学家”主题临展。与新华社、台州日报社、台州广电总台等达成合作，设立“科技助共富”“科创中国在台州”“科普台州行”等专栏，多次获国家级媒体报道肯定，互联网传播浏览量和阅读量总量超过千万人次。

【科协改革】 2022年，路桥区、椒江区等地乡镇（街道）科协秘书长编制取得突破，推动科协工作下沉。巩固中国科协“三长项目领衔制”试点基础，立项“三长”领衔示范项目109个。全面推进“三长带三会”试点，即医院院长带领医学会、学校校长带领青少年科技教育协会、农机站站长带领农技协联合会开展科技交流活动，成立天台油菜种植专业技术协会等9个变革型组织。

（陈　超）

台州市归国华侨联合会

【概况】 2022年，台州市侨联以贯彻落实习近平总书记关于侨务工作的重要论述为主线，在侨界思想政治引领、服务发展、文化出海、为侨服务等方面均取得新进展。

【侨界思想政治引领】 2022年，台州市侨联推进“喜迎二十大·奋进新征程”主题文化宣传月活动，组织开展“百家小院百场活动”“侨心永向党　共筑中国梦”海外侨团座谈会、“侨心向党·跟着总书记读好书”读书大赛、“之江同心·侨见未来”全市侨界学习二十大精神演讲比赛、“海外党员不掉线”等活动，举办各类宣讲会、座谈会220场次，线上推送党史、时政类信息300余条，在侨界兴起学习宣传贯彻党的二十大精神的热潮。

【服务发展】 2022年，台州市侨联健全“引才工作站+海外侨团+海外智囊”工作机制，推进“创业中华·智造台州”小专题对接会，全年成功引进国家级引才计划人才1人，台州“500精英计划”B类人才1人，C类人才6人。精心打造“百侨帮百村”“侨爱助富工坊”“乡村精品侨宿”三大“侨助共富”品牌，惠及低收入农户上万名。依托16家海外贸易联络站，举办走进RCEP国家经贸投资系列交流会菲律宾、泰国专场活动，推动台州全面融入RCEP自由贸易圈，引导更多台州产品走出去。

【文化出海】 2022年，台州市侨联开展“以侨架桥·文化出海”丝路行活动，与匈牙利罗兰大学“丝路国学堂”、西班牙巴塞罗那孔子文化学校等海外华校云牵手，开设每周四节云端“国学课”，以当地教育资源支持海外华文教育。举办5期“亲情中华·为你讲故事”网上夏令营、1期“海燕发现台州行动”，邀请海外侨二代、侨三代以及归国留学生参与，赓续侨界“根·魂·梦”。临海市博物馆、仙居国家公园、台州国际文武学校三家获评浙江省华侨国际文化交流基地。

【为侨服务】 2022年，台州市侨联开展四期“侨法直播间”，主题分别为企业知识产权保护、企业法律合规、国际贸易中的仲裁实务分析、反洗钱的合规问题。举办“风险防控视角下如何正确运用税收纾困政策”“国际贸易中的仲裁实务分析”“华侨结汇便利化”“为侨服务”等专题讲座。开展服务侨企“同心助力　稳进提质”大走访活动，全年全市侨务系统累计走访侨企171家，慰问侨胞侨眷840户，收集问题79个，解决问题66个。做好海外台州侨胞抗疫服务工作，在疫苗接种、物资输送、远程会诊等方面为海外侨胞提供便利。援助乌克兰撤侨行动，协同罗马尼亚台州商会、波兰浙江商会全面摸排在乌台州籍华侨信息，并建立边境救援服务站，帮助92名滞乌侨胞及时撤出危险区域。

（王凌潇）

台州市工商业联合会

【概况】 2022年，台州市工商联助力共同富裕，助推民营经济高质量发展，组织民营经济人士和商会参与结对帮扶共同富裕，会务、商务工作取得双丰收。温岭市工商业联合会获评2022年度全国“五好”标杆县级工商联，18家商会获评全国“四好”商会，数量居全国前列。截至年底，建立海外台州商会20家，市外台州商会85家，市级直属商会21家（其中，行业商会3个，异地商会18个），乡镇（街道）商会102个。全市工商联会员数达到21598个。

【理想信念教育】 2022年，市工商联开展党的二十大精神学习教育活动，举行党的二十大精神宣讲会，21家台州市直属商会会长、党支部书记及党员参加会议。在温岭利欧集团召开学习贯彻党的二十大精神宣讲会暨新生代企业走访活动。成立由18名民营企业家、9名市委党校老师组成的民营企业宣讲团走进企业、商会及基层一线宣讲党的二十大精神，宣讲团分别走进方远集团、欧路莎、银轮股份、钱江摩托、司太立、三维控股集团。通过开设“聚焦二十大·台商话心声”“宣贯二十大·台商见行动”专栏、召开民营企业家座谈会、开展新时代台州市民营企业家宣讲团党的二十大精神宣讲报告会等形式，共开展党的二十大精神宣讲7次，受众240多人次，领导班子成员讲党课5次，受众360多人次；市县两级工商联宣讲团赴282家会员企业宣讲党的二十大精神，受众7698人次；发挥大陈岛理想信念教育基地作用，市县两级工商联共组织75批次2450余名民营经济人士“重走垦荒路”。开展“永远跟党走　奋进新征程”主题活动，举行省第十五次党代会精神专题学习会。开展“千家民企同上一堂课”和浙商理想信念报告会等活动，组织企业家宣讲团宣讲省党代会精神。在台州市总商会公众号”开设学习专栏，推出“浙江民营企业家热议党代会精神”系列报道30余篇。

【调研参政议政】 2022年，市工商联参与全国工商联上规模企业调研，发动全市103家民营企业参与调研，伟星、方远、腾达、天颂、公元5家企业入围全国民营企业综合500强。做好全国政协常委、全国工商联副主席、北京叶氏企业集团有限公司董事长叶青带队的全国工商联调研组赴台州调研和省政协工商联界别委员赴台州商会调研；市工商联被评为全省2022年度民营企业调查点工作先进单位。全年编发427期涉企信息，阅读量23.1万人次。“台州市总商会”公众号保持全国工商联新媒体排行榜年度前十。帮助民营企业家提出“问题与建议”，向“两会”及市领导递交《关于进一步优化民营制造业企业用电服务的建议》《台州民营经济领域促进农民农村共同富裕的实践路径模式与对策建议——基于台州百家商会企业的调研》等优秀提案，其中《高空作业领域存安全隐患亟待关注》一文得到市委书记李跃旗批示肯定。开展“工商联怎么干，企业家说了算”、企业家说营商环境等系列调研活动，全市工商联系统累计走访企业1863家企业，针对企业普遍反映的用能、留人引才问题，撰写《关于进一步优化民营制造业企业用电服务的建议》《台州市民营企业“扩中”“提低”调研报告》供市委、市政府决策参考。

【助力共同富裕】 2022年，市工商联开展知名浙商助力山区县跨越式发展系列活动，邀请27家知名浙商走进天台、仙居、三门，开展结对帮扶，组织台州银行、民泰商业银行等执委企业在三门等地设立中小微企业授信基金13亿元（其中8亿元为新设），累计向68家中小微企业发放信用贷款2.1亿元。开展民企助力共同富裕“百家商会兴百村”行动，引导107家商会结对112个集体经济相对薄弱村，以产业投资带富、文旅开发润富等六大举措助力共同富裕。至12月底，已有102个村落实帮扶项目资金9.37亿元。如台州市安徽商会为高山村投资建设黄精加工厂房，购买黄精苗分发给种植户并承诺上门收回成品，陆续有50多家种植户加入合作种植；6月，台州市温州商会为结对村建设共富桥，会员单位免费设计、成本采购、自行施工，投入30万元，仅用3个月时间就建成通行；黄岩宁溪岭根村未来橘园共富工坊、临海凤凰桥村共富工坊、温岭市汇头林村汇富春天共富工坊、玉环市干江镇栈头渔村共富工坊等8家共富工坊被认定为2022年度台州市示范共富工坊。该项工作参加台州市高质量发展建设共同富裕示范市“九富”最佳实践案例评选，获评二等奖。

【数字商会改革】 2022年，“浙里商会”场景作为“浙商在线”数字化应用子场景，列入全省数字化改革重大应用“一本账S2”目录；台州市工商联、温岭市工商联、仙居县工商联被省工商联评为2022年第一批揭榜挂帅“浙商在线”应用试点项目中榜单位；“浙里商会”应用被列入全省数字统战“好应用”比选名单。联合县（市、区）共同打造应用场景，指导温岭市工商联做好“亲清直通车”应用场景，完成开发建设和应用推广。指导仙居县工商联做好“浙商回归一键达”场景建设，4月在浙里办上线运行，8月在浙政钉上线试运行，累计注册仙居籍浙商3000余家，解决实际困难问题250余个，企业满意度达到100%，具体做法在省《数字化改革》发表。指导临海市工商联做好“E企廉”场景建设，完成上线前的准备工作，并在全省清廉民营企业建设现场推进会上作介绍。

【服务民营经济发展】 2022年，中国民营经济研究会发文同意设立“中国民营经济研究会研究基地（台州）”，并出台《中国民营经济研究会研究基地（台州）建设方案》《中国民营经济研究会研究基地（台州）管理暂行办法》。市工商联促成其与市政府签订《共同建设中国民营经济研究基地（台州）框架协议》。协助完成台州民营经济展示中心建设。开展“不负使命　牢记嘱托　助力台州民营经济再辉煌”主题文艺活动，出版“台州智造”创意摄影集，举办“团结奋进新征程”台州市“再创民营经济新辉煌”主题文艺晚会。牵头成立民营企业司法服务中心，联合法院、检察、司法等部门开展“法治培训、法治体检、法治纾困”三大行动，引导民营企业合规经营，提高防范法律风险，应对法律纠纷的能力。累计开展法治专题讲座83场，参训企业2400余家，收集法律意见75条，协调化解各类纠纷103件，涉标的额1348万元。

【亲清政企恳谈】 2022年，市工商联开展“亲清直通车·政企面对面”恳谈会系列活动。协助市委出台常态化举办政企面对面恳谈会（2022—2023年）行动方案，市委、市政府主要领导、分管领导参加恳谈会，围绕“贯彻二十大　再创新辉煌”、开放发展、司法护航、便民办税、金融赋能等主题，开展46场“政企面对面”恳谈会，457名企业代表参与恳谈，多数问题在会上现场解答。9月28日，市工商联与人民银行台州市中心支行联合举办“亲清直通车·银企恳谈会暨银企对接会”，邀请先进制造业、高新技术企业、外贸企业、“三农”主体等22位企业家与国有银行、股份制银行、城商行、农商行等9家银行行长面对面交流并签订合作协议。11月26日，市委书记李跃旗主持召开“政企面对面”恳谈会，深入学习领会党的二十大精神，听取企业意见、回应企业诉求、解决企业难题，使之成为台州优化营商环境、构建亲清关系的“金名片”。针对部分疑难问题，会后编发“商务专题诉求20答”“留抵退税新政解读”等，做到事事有着落、件件有回音。其中财税、商务等专题恳谈会同步开展线上直播，3.96万名民营经济人士关注。

【清廉民企建设】 2022年，市工商联会同市委统战部，牵头14家市级有关部门共同推进清廉民企建设，出台全国首个《清廉民营企业建设通用要求》《清廉民营企业建设评价规范》，9月举办新闻发布会并在全市推广应用。全市域推进清廉民企示范点建设，至年底，全市5315家民营规上工业企业全部参与清廉建设，成立医药等行业（园区）廉盟126个，建成清廉民企示范点94家，开展清廉党课、亲清讲堂等362场次；配备清廉指导员、纪检员、清风监察员2500多名，打造清廉建设实践场所2120处，带动1200余家小微企业参与。台州市清廉民企做法获省委常委、统战部部长邱启文等领导批示肯定，并被新华网、《浙江日报》等媒体宣传报道。12月15日，全省清廉民营企业建设现场推进会在台州市举行，省委常委、统战部部长邱启文，省纪委副书记、省监委副主任温暖，省委统战部副部长、省工商联党组书记徐国龙，市委书记李跃旗等领导参加会议并讲话，会后邱启文部长特别批示：台州市率先制定实施清廉民营企业建设“通用要求”“评价规范”等标准的做法值得肯定！可考虑以此为基础迭代上升为全省清廉民营企业建设标准，并加大宣传借鉴力度。

【商会建设】 2022年，市工商联指导市外商会换届工作，先后指导桐乡、包头、临沂、兰州、奉贤、烟台6家台州市外商会顺利换届。新成立2家市外商会及3家市工商联直属商会，6月20日，永康市台州商会成立；6月24日，清远市浙江台州商会成立；6月30日，台州市甘肃商会成立；7月20日，台州市金华商会成立；12月4日，台州市眼镜商会成立。开展“市外台商回台州”“商会引商进台州”活动，组织桐乡市台州商会、苏州市浙江商会等6批次市外台商返乡投资考察，推进“台州人经济”与台州民营经济高水平融合发展。年度成功招引浙江铭轩智造有限公司汽车铝合金轮毂铸旋智能制造等5个项目，经市投资促进中心认定，已高标准完成市招大引强工作考核任务。

（金蒙蒙）

台州市异地商会一览表

表3

商会名称	会长	办公地址	成立时间
北京市台州商会	谢仁德	北京市朝阳区十八里店南桥博大路南500米路东北京台州商会会馆二层	1998年7月28日
武汉市台州商会	王道春	武汉市汉口建设大道439号，湖北商业广场805室	1999年6月27日
上海市台州商会	朱永兴	上海市浦东大道900号（近源深路）华辰金融大厦306室	2020年9月27日
郑州市台州商会	李文荣	郑州市二七区兴隆街8号郑州大酒店1730室	2003年4月
丹阳市台州商会	李兴冠	丹阳市火车站北	2003年10月1日
芜湖市台州商会	阮华明	安徽省芜湖市瑞丰商博城H区8-216号	2003年10月21日
南昌市台州商会	施玉清	南昌市红谷滩赣江北大道1号（中航国际广场）2002室	2003年10月28日
桐乡市台州商会	陈厚建	桐乡市濮院镇国际毛衫品牌中心A楼805室	2003年11月1日
成都市台州商会	胡金兵	成都市建设路9号高地中心805室	2004年5月13日
昆明市台州商会	沈长虹	昆明市联盟路339号奥斯迪购物广场二楼	2004年5月19日
哈尔滨市台州商会	林忠福	哈尔滨市道外区北20道街方远滨江国际C2栋709	2004年6月14日
呼和浩特市台州商会	张方龄	呼和浩特市新华东街长安金座C座东单元1206室	2008年6月2日
昆山市台州商会	杨伟坚	江苏昆山市开发区赵浦路52号	2004年12月18日
包头市台州商会	钟鹏鸥	包头市昆都仑区阿尔丁北大街6号	2005年1月8日
沈阳市台州商会	金春华	沈阳市沈河区小西路64-8甲	2005年6月8日
乌鲁木齐市台州商会	朱桂金	乌鲁木齐市阿勒泰路2626号德海大厦502室	2005年7月4日
嘉兴市台州商会	李先林	嘉兴市中山西路559号远洋大厦B幢5D	2005年9月18日
轻纺城台州商会	王昌云	绍兴柯桥329国道创意大厦20楼2010室	2005年11月17日
贵州省台州商会	朱星臣	贵阳市中华北路省政府10号楼1楼	2005年12月28日
潍坊市台州商会	潘昌虎	山东省潍坊市北宫东街与金马路交叉口往北200米 万宇典当3楼	2006年3月16日
常熟市台州商会	林建伟	常熟市虞山林场山茶花路10号（新半岛对面）江苏先科置业2F	2006年4月24日
舟山市台州商会	张云富	舟山市定海区环城南路157号海军环南招待所111室	2006年6月28日
天津市台州商会	钟加彬	天津市河西区梅江12道6号	2006年10月30日
义乌市台州商会	张春生	义乌国际商贸城H区东辅楼4楼93号	2007年1月18日
深圳市台州商会	张成华	广东省深圳市南山科技园科技南五路英唐大厦七楼	2007年5月27日
南京市台州商会	林德叶	南京龙蟠路107号曙光国际大酒店823室	2007年6月28日
鞍山市台州商会	冯尚军	辽宁鞍山市铁东区园林路209号金普医院	2007年4月6日
安庆市台州商会	陈君亮	安徽安庆市同安路迎宾馆7号楼2楼	2007年10月28日
山东省台州商会	翟世兰	济南市济洛路64号4楼	2007年12月12日
杭州市台州商会		杭州市莫干山路18号蓝天商务大厦17楼A座	2007年12月22日
重庆市台州商会	王建国	重庆市南岸区南滨路108号武夷滨江3号楼A座8楼	2008年5月12日
扬州市台州商会	林钟明	扬州市皮坊街1号琼花大厦4楼B区	2008年5月15日
无锡市台州商会	陈庆法	无锡市县前东街88号国际饭店十楼1018室	2008年7月18日
常德市台州商会		湖南省常德市武陵区德山洞庭北路141号	2008年9月9日
青岛市台州商会	张继富	青岛市市南区香港中路7号甲亚麦国际中心15楼	2008年10月25日
淮安市台州商会	黄建胜	江苏淮安市清河区淮海第一城·荣寓2幢3602室	2008年12月2日

续表3

商会名称	会长	办公地址	成立时间
广州市台州商会	章明智	广州市白云大道南788号(空后白云山接待处)	2009年2月14日
太原市台州商会	郑里志	太原市解放南路8号(少年宫)	2009年3月4日
中山市台州商会	陈 鑫	中山市古镇镇体育路灯都华廷商铺F9-12卡	2009年4月27日
石家庄市台州商会	金学钢	石家庄市阜康路北一条商办楼顺德美妆城	2009年5月26日
兰州市台州商会	叶照玲	兰州市城关区火车站东路332号兰州商务酒店103室	2009年10月29日
合肥市台州商会	金敬池	合肥市包河区宿松路666号(宿松路与水阳江路交叉路)盛铖大厦14楼	2010年3月26日
宜昌市台州商会	毛妙根	湖北宜昌市沿江大道129号金江银座1608室	2010年5月8日
温州市台州商会	莫小业	温州市黎明工业区46号二楼	2010年5月19日
金华市台州商会	朱国志	金华市婺城区八一南街1328号4楼 台州商会发展部	2010年10月27日
西安市台州商会	陶国德	西安市高新区科创路西电科技园C座519	2010年12月8日
湖州市台州商会	许连清	湖州市织里镇利济中路2号	2011年1月12日
广东省台州商会	李记宏	广州市越秀区先烈中路85号浙江大厦B901	2011年1月26日
临沂市台州商会	张吉坤	临沂市涑河南街3号7#楼C座21楼2102室—2103室	2011年5月18日
阿克苏台州商会	邵敬先	阿克苏市新世纪广场名人空中花园A幢501室	2011年5月26日
株洲市台州商会	周记富	湖南株洲市南区环球国际商贸中心8楼	2011年8月19日
威海市台州商会	邱灵刚	威海市青岛中路128号豪业圣迪B座19楼1912室	2011年8月27日
济南市台州商会	林思敏	济南市天桥区北园大街266号5楼	2011年12月2日
宜春市台州商会	张学剑	宜春市宜阳新区枣树园D2栋宜工建设集团二楼	2011年12月16日
海口市台州商会	朱岳海	海口市国贸大道49号中衡大厦10楼A座	2012年4月21日
池州市台州商会	王警霄	安徽省池州市长江南路商会大厦二十三楼	2012年4月21日
宁夏台州商会	王彩萍	银川市兴庆区清和南街1245号	2012年5月10日
宁波市台州商会	陈春明	宁波市海曙区月岛路11号(宁波茶文化博物馆隔壁月湖会馆)	2012年5月18日
滁州市台州商会	谢玉华	滁州市花园西路82号	2012年5月25日
南通市台州商会	厉和明	南通外环北路186号东港E家宾馆4楼	2012年5月28日
南宁市台州商会	卢敦兵	南宁市中华路120号(中华北大路口)六合市场二楼	2012年6月6日
衢州市台州商会	陈光明	衢州市荷花三路91号五楼	2013年3月22日
青海省台州商会	陈锡寿	青海省西宁市国家级经济开发区开元路15号	2013年3月29日
丽水市台州商会	胡士满	丽水市上水南丽南花苑1号永利商务大酒店10楼	2013年9月12日
大理台州商会	娄雄辉	云南省大理市下关泰安桥北艺墅花乡C幢3楼	2013年9月24日
长春市台州商会	王 宇	长春市南关区滨河东区626栋	2014年5月16日
长沙市台州商会	林治彪	长沙市雨花区桃花塅路58号德庆水韵山城1栋912室-916室	2014年7月24日
上海奉贤台州商会	陈永波	上海市奉贤区奉浦大道97号绿地至尊A座906	2014年8月1日
赤峰市台州商会	陈小平	赤峰市新城区交通技校实训楼401室	2014年9月5日
南阳市台州商会	戴仙明	南阳市三川盛唐商务苑9号楼2单元1602室	2015年5月8日
即墨市台州商会	郑建明	青岛市即墨市黄河一路5号	2015年6月
巴彦淖尔市台州商会	周方林	内蒙古巴彦淖尔市临河区	2015年7月28日
桂林浙江商会台州分会	王永贵	广西桂林市中山中路八桂大厦南楼4楼	2015年8月12日
大连市台州商会	高建飞	辽宁省大连市沙河口区星海广场E区2-9号星海一品酒店212室	2016年1月18日

续表3

商会名称	会长	办　公　地　址	成立时间
烟台市台州商会	王继正	烟台市芝罘区只楚路55-3号	2016年3月16日
西藏台州商会	周　龙	拉萨市城关区民族北路1号国旅广场4楼	2016年10月18日
阿拉尔台州商会	金义军	阿拉尔金鑫商贸有限公司	2017年6月1日
三亚市台州商会	陈洪欢	三亚市吉阳区东路355号	2018年8月18日
固原市台州商会	谢文明	固原市开发区建业街九龙国际营销中心	2018年5月4日
襄阳市台州商会	梁祚福	襄阳南漳经济开发区名泰机电产业园生活区	2019年12月18日
福建省台州商会	朱军伟	福建省福州市东街83号中庚青年广场908室	2020年12月6日
滨州市台州商会	陈达进	山东省滨州市滨城区房投置业广场A栋4楼	2020年12月12日
江西省台州商会	应灵君	江西省南昌市红谷滩新区万达中心B1栋17楼	2020年12月27日
永康市台州商会	杨荣林	金华市永康市江南街道南苑东路59号5楼	2022年6月20日
清远市台州商会	应林委	连州市九陂镇清远民族工业园荔湾路10号	2022年6月27日

台州市文学艺术界联合会

【概况】 2022年，市文联及各团体会员举办第28届全国摄影艺术展览暨“山海台州 江南长城”摄影艺术周等一批国家级、省级文艺活动，开展台州市文联系统干部（人才）培训班等人才培训活动，举办“文明暖冬 艺心为你”、文艺援疆、写福送春联等各类文艺志愿服务活动，推进组织建设，完成市直文艺家协会换届工作。

【喜迎党的二十大主题文艺活动】 2022年，市文联承办喜迎党的二十大——浙江省第四届粉画优秀作品展，与省美协等单位联合举办“喜迎党的二十大——时代风采·最美台州”浙江省美术创作精品工程台州邀请展，与省民协联合主办“喜迎党的二十大”新峰叠翠——2022优秀青年民间工艺人才作品展。举办“粉黛丹青·台州市女画家美术作品展”、“喜迎二十大·共走富裕路”台州市第五届书法大展、台州市第三届临帖书法作品展、第七届摄影双年展、“喜庆二十大·同奔共富路”台州市第三届原创流行音乐大赛、“喜迎二十大　‘艺’起庆亚运”首届台州市少年儿童艺术大赛系列活动、“欢庆二十大　同奔共富路”2022年越剧走进文化礼堂专场演出等主题文艺活动13项。围绕党的二十大、省第十五次党代会等主题，创作曲艺宣讲作品30多篇，汇编分发全市并在微信公众号上推送，组织文艺工作者深入村居、社区开展文艺宣讲活动。

【摄影艺术展和摄影艺术周举办】 2022年7月6日，第28届全国摄影艺术展览暨“山海台州　江南长城”摄影艺术周主题展在临海市开幕。第28届全国摄影艺术展共展出纪录类、艺术类、创意和商业类、多媒体类作品，共计298件。国展期间，“山海台州　江南长城”摄影艺术周同时启动，摄影艺术周包括“新时代·新台州”主题展、“新时代·新青年”台州青年摄影师联展和浙江省摄影家致敬系列：徐永辉摄影作品展等主题展，展出320余件（幅）优秀摄影作品。启用线上“云展厅”，通过三维、AR以及VR技术高度还原展厅场景。国展线上线下参观人数达3万余人次，央视、新华社、中新网、人民网等众多国家级媒体报道展览盛况。第28届全国摄影艺术展览暨“山海台州　江南长城”摄影艺术周活动被写入市六届二次党代会报告。台州市推动摄影艺术发展的经验做法在中国摄影之乡、中国摄影创作基地工作视频会议上作典型发言。

【市直文艺家协会换届】 2022年，市文联制定《市文联党组关于做好直属文艺家协会换届工作的指导意见》。成立市文联直属文艺家协会换届工作领导小组，各市直文艺家协会成立代表大会筹备工作小组。市文联直属文艺家协会换届工作领导小组全程参与各协会召开的理事会议、主席团扩大会议等筹备工作，指导协会严格落实《指导意见》精神，确保换届工作有效、高效。9—10月，市文联下属10个文艺家协会先后召开会员代表大会，产生新一届协会的理事会。

【文艺人才培养和精品创作】 2022年，市文联启动台州市第三届书法临帖作品展征稿活动，面向全市征

12月9日，2022台州再创民营经济新辉煌主题摄影展暨摄影双年展在台州当代美术馆举办　　（市文联　提供）

得作品895件，收稿数量创历史最高纪录，最终评出获奖作品40件，获奖作品、入展作品、特邀作品结集成册，出版《台州市第三届书法临帖作品展作品集》并举办展览。举办台州市女画家美术作品展等展赛活动，推进《浙江书学集成》“区域书迹编·台州卷”编撰工作。承办浙江省民间文艺“映山红”讲堂、“新峰叠翠”2022年优秀浙江青年民间工艺人才作品展暨浙江省“五个一批”文艺人才孵化项目·新峰人才（民间工艺类）终评活动等省级文艺人才培训、评选活动。10月，在市委党校举办2022年台州市文联系统干部（人才）培训班，历时5天。邀请中国文联副主席陈振濂等多名专家学者授课；设置党的二十大精神学习、新时代文艺工作、文艺精品创作、意识形态工作等多个方面的理论课程及赴中共台属特委机关驻地旧址、黄岩区平田乡黄溪村开展现场教学。助推《台州人才新政三十条》关于文艺人才奖励扶持的兑现工作。举办“浙东唐诗之路天台山诗篆刻展”——孙新龙篆刻展等个人艺术展活动。设立“朱自清紫藤新苗奖”，举办浙江少儿舞蹈“未来之星”成长计划台州赛区海选等青少年文艺活动。全年全市共17人加入国家级文艺家协会，115人加入省级文艺家协会。2人入选省“新峰计划”，廖春妹获评第八届“中国工艺美术大师”，颜劲松被评为“中国最美文艺志愿者”，叶文龙、鲍陈热被评为浙江省宣传文化系统“五个一批”领军人才。262件作品入选省级以上重要项目或在省级以上展赛中获奖。

【助力民营经济发展主题文艺活动】　2022年，市文联开展主题文艺采风创作活动，遴选涵盖新能源、新材料、未来汽车、新医药健康、精密制造五大产业城和智能家居特色产业的重点企业作为采风创作主要场景，创作近百幅文艺精品。举办2022台州再创民营经济新辉煌主题摄影展暨摄影双年展，展出民营经济主题摄影作品70幅。优秀作品集结成册，编印成《台州智造创意摄影集》。举办“团结奋进新征程——台州市‘再创民营经济新辉煌’”主题文艺晚会。在台州书画院举办“不负嘱托　牢记使命”助力台州民营经济再创新辉煌主题美术作品展，展出二十余幅主题美术作品。

【文艺志愿服务】　2022年，市文联举办“文明暖冬·艺心为你”留台州过大年系列文艺活动，线上线下联动，推出“我的舞台我来show”文艺大比拼、写福送春联、留台过年“全家福”、文学作品赠送等子项目。举办文艺志愿服务进文化礼堂活动，开展戏曲、舞蹈培训38场。全年共举办市级文艺志愿服务活动60余场。开展文艺援疆活动，推进“文化润疆”工程，开展台州阿拉尔“我爱浙疆”系列文艺交流活动。举办“我爱浙疆”台州·阿拉尔文艺采风交流。6月，第一师阿拉尔市文联领导、市各文艺协会负责人等一行30人，到台州市开展为期4天的考察学习和文艺交流活动。与台州市援疆指挥部、第一师阿拉尔市文联联合举办“我爱浙疆”台州·阿拉尔美术、书法、摄影联展，其中，美术展3场、摄影展3场、书法展1场，线上展览6期。举办“艺术乡建”工作交流座谈会和工作推进会，邀请县（市、区）文联负责人交流文艺助力乡村工作经验做法、存在的问题，谋划下一步工作思路。加强与市委宣传部等部门的沟通协调，联合出台《台州市“艺术乡建”助力共同富裕活动实施方案》。开展“艺术乡建”先进典型推介工作。在“台州文艺”微信公众号设立专栏，推介“艺术乡建”工作中涌现出的先进经验、典型做法，发布主题推文10余期。

【文学活动举办】　2022年，市文联发挥《台州文学》的平台作用，举办各类文学活动，扶持培养文学新人。举办朱自清先生走进临海100

周年系列纪念活动。在临海举办首届“朱自清文学奖”暨朱自清走进临海100周年系列纪念活动。系列纪念活动贯穿全年，重点是设立“朱自清文学奖”。“朱自清文学奖”每两年一届，评审委员会由中国作家协会《小说选刊》杂志社、鲁迅文学院、浙江省作家协会牵头，并邀请全国知名作家、评论家、文学编辑、高校教授等担任成员。弋舟的《庚子故事集》、杨献平的《中年纪》、舒洁的《母亲》分别获得“首届朱自清文学奖”的小说奖、散文奖、诗歌奖。推进文学创作交流，举办“新时代文学如何攀登高峰”中国作家看台州采风活动，邀请全国著名作家石一枫等20余人到天台山、大陈岛采风，并开展对话交流。在温岭市举办“新时代·新山海·新韵律”第十届东海诗歌节暨（温岭）全国海洋诗歌大赛，大赛评选出一、二、三等奖和优秀奖37名。举办第二届青年作家写作训练营、台州市第三届台州市青春诗会等活动。举办两代作家文学对话活动，新老两代台州作家通过对话的形式探讨对文学的理解。汇编六年来台州作家经典作品品读会札记——《秋风引》。

【文学发展平台】 2022年，市文联全年共刊出《台州文学》4期，出版《中国作家台州采风专辑》1期。发表小说、散文、诗歌等各类文学作品近100万字，推出新人新作约25万字。通过《台州文学》推介，部分文学作品被《小说选刊》《人民文学》《十月》《作家》《诗刊》《散文》《边疆文学》《福建文学》《人民日报》《文艺报》等全国性报刊录用，发现、扶持和培养一批文学新人和青年作家，张文志等5人加入中国作协，梁翰晴等18人加入浙江省作协。

（台州市文学艺术界联合会）

台州市残疾人联合会

【概况】 截至2022年末，台州市共有残疾人42.1万人，约占全市总人口的6.36%。其中，持证残疾人为14.6万人。

【残疾人民生实事】 2022年，台州市“规范化残疾人之家提升建设10家”项目于6月初在全省率先完成考核任务，完成率达130%；“提升建设规范化残疾儿童定点康复机构4家”项目完成率200%，进度和完成率均位列全省第1；“重要公共服务场所无障碍改造101个”项目完成率108%，居全省第3位。完成助残智治应用的基本功能开发。建立起全市持证残疾人基本信息数据仓和扶残助残政策数据仓，使每项政策精准匹配到每位残疾人。打造残疾人返贫监测预警模型和残疾预判模型，跟进政策助残、辅助性就业、社会助残，建设数字助残共富生态圈。

【残疾人社会保障】 2022年，台州市残疾人参加低保2.78万人（含重度残疾人1.45万人），其中单列户施保8891户。全市享受残疾人“两项补贴”政策10.65万人（其中，投入1.13亿元，帮助困难残疾人享受生活补贴3.24万人；投入1.95亿元，帮助重度残疾人享受护理补贴7.41万人）。通过信息实时比对，动态实现应补尽补、应退尽退。以政府买单、差额补贴等形式，帮助残疾人医疗保险、养老保险、人身意外伤害保险等实现应保尽保。按照“就高不就低”和政府财政全额保障的原则，在全省率先推动残疾人意外伤害保险“全面提标”。

【残疾人康复服务】 2022年，台州市完成全免费辅具适配3517人，残疾儿童康复训练服务1315人，残疾人精准康复服务率达88%，残疾人基本康复服务率达100%。全市残疾儿童普遍享受康复补贴，精神病人免费服用基本药物政策全覆盖，残疾人已作为重点人群纳入基层责任医生签约服务，残疾人基本康复项目纳入医保目录。残疾人康复专业人才队伍培训得到加强，听障儿童听力语言康复、孤独症儿童康复等业务培训常态化开展。成立省内首个残疾儿童康复服务专家库，首批吸纳听力言语、肢体（脑瘫）、孤独症、智力四个类别22位专家入库，并定期开展学术沙龙及对机构开展常态化咨询、评估等工作。构建以公办教育和医疗机构为主体、民办康复机构为补充的残疾儿童康复模式并实施协议管理、动态监管，取缔6家不符合机构并责令其限期整改，至年底，全市有残疾儿童定点康复机构30家。

【残疾人教育就业】 2022年，台州市新增残疾人就业6064人，位列全省第1，其中，党政机关、事业单位和国有企业带头招录残疾人就业7名。开设残疾人招聘专区、举办残疾人就业援助专场招聘会、线上“云招聘”等共17场次，开发全市适合残疾人的公益性岗位共计426个。首创“五合助残共富联盟”，投放《台州助残促就业共富帮扶政策摘编》政策大礼包，梳理出共1150家左右用人企业，提供残疾人就业岗位3000余个。创新虚拟岗托底助残模式，帮助重度残疾人实现就业，至年底，全市共设置各类不同形式和标准的虚拟岗位371个。打造助残“共富工坊”辅助性就业服务新体系，全市培育党建引领助残共富工坊146家，安置残疾人就业3000余人，辐射覆盖近2.2万名居家残疾人及家属。其中，黄岩“打造工疗工坊、家属工坊、小橘灯共富工坊”做法受到副省长王文序的批示肯定。加大“培训+培育”扶持模式，开展残疾人茶艺进阶和调饮师培训、电商、直播等职业技能培训4897人次。全市投入资金716万元，对3575名残疾学生及残疾人家庭学生开展助学补助，并落实残疾学生随班就读、送教上门、控辍保学等措施，帮助残疾儿童接受公平而有质量的教育。

【残疾人文体活动】 2022年，台州市残疾人联合会构建纸媒、电视、公众号、新媒体等多元、立体的宣传模式，多条残疾人先进典型事例被台州广播电视台、《台州日报》、浙江卫视等多家媒体报道。举办第32次全国助残日系列活动以及“喜迎亚残会·牵手市残会，百场文体活动进社区”等活动，全市完成康复体育进家庭241户。在台州市第四届残疾人运动会上，9个县（市、区）代表团共334名残疾人运动员在11项比赛中取得佳绩，在浙江省第十一届残疾人运动会上，台州市残疾人运动员在跆拳道项目荣获5金4银4铜，奖牌数位列全省第2；飞镖项目荣获3金1银，奖牌数位居全省第1，展示台州市残疾人体育竞技水平。按照椒江篮球、黄岩跆拳道和飞镖、路桥坐式排球、临海游泳、温岭跆拳道、玉环田径、天台射箭、仙居羽毛球、三门乒乓球的特色布局，在全市范围内组建9支具有各地特色的文体队伍。成立台州市残疾人文化艺术体育培训基地，不断创新残疾人文化体育人才发展模式，每年针对声乐、舞蹈、戏曲等八大门类培养后备力量。成立第一家民办非企业性质残疾人艺术团——台州市圆梦残疾人艺术团，首批成员60余人，通过“搭建平台、社会唱戏”方式，给残疾人文艺工作者提供展示机会。

【残疾人权益保障】 2022年，市“两会”首次开通手语直播，帮助全市2万多名听障人士同步“听”到市“两会”声音，同时每周在《台州新亮点》节目中进行新闻手语播报。市残联同市司法局法律援助中心和9家县（市、区）法律援助工作站合作联动，建成台州市残疾人维权服务中心，提供免费法律援助、政策咨询、权益保障、信访接待，为60余名残疾人提供爱心维权服务。新建省级无障碍社区9家，实施残疾人家庭无障碍改造940户，建成爱心候车点18个，通过配备乘车辅助器具等手段，切实解决残疾人公交出行难题，营造“有爱无碍”的社会环境。

【残联组织建设】 2022年，台州市残疾人联合会建立健全各县（市、区）和乡镇（街道）的残联组织，在社区和村成立残疾人协会。成立市盲人协会、市聋人协会、市肢体残疾人协会等6个协会组织。发动有意向的机关、院校、社会组织、爱心企业，打造“台州市助残公益联盟”，创新社会化助残工作机制，首批招募成员43家，参与助残2548人次，实施助残微项目共79个，惠及残疾人共9125人次。新建9家县（市、区）助残志愿者服务站，扶持一批专业社会助残组织，常态化开展助残公益活动。

（吴　叶）

台州市红十字会

【概况】 2022年，台州市红十字会围绕“救在身边”主线，推进全市红十字事业跃升，多项工作走在全省前列。全省综合考核列第一档，获省红十字工作先进单位和突出贡献先进集体“担当作为奖”。

【疫情防控】 2022年，台州市红十字会参与常态化疫情防控，组织救援队、志愿者在关口检测、物资运送、场所消杀、心理咨询和社区防控等方面做好服务工作，参与志愿者137443人次，服务时长55万余小时。印发《台州市红十字会关于进一步做好当前疫情防控工作的通知》，开展核酸检测人员培训6751人次。全市共募集款物845.1万元，联合真奥金银花药业有限公司向一线抗疫人员捐赠价值约6万元金银花口服液，联合台州手护神科技有限公司向上海长征医院捐赠价值约8万余元12万副手套，联合台州民革动员浙江广为医药有限公司向市立医院捐赠价值约32万元抗疫药品，三门县红十字会发动爱心企业筹措价值约43万元海鲜等食品助“沪”抗疫。

【应急救援】 2022年，台州市红十字应急救援工作多次得到省委、省政府和市委、市政府的肯定。持续做好浙江省红十字（仙居）搜救队的规范化建设，并以该队伍为样板，推动全市救援体系建设，市本级成立春雨救援队、海上应急救援队，全市累计建成红十字应急救援队16支，参与台风等自然灾害和各类突发事件救援，出动救援约300次，参与志愿服务589次，服务总时长4万余小时，受益群众达5万余人。用好优秀救援人才资源，建好救援培训基地，承办总会2022年中国红十字搜救队（浙江）联合演练，为四川、广西等省区救援队提供较好的训练保障。推动仙居红十字山地搜救训练中心挂牌中国红十字会搜救训练基地，为全市救援队搭建学习、交

11月29日，由台州开放大学与台州市红十字会联合创办的“台州红十字学院”揭牌成立　　（市红十字会　提供）

流、训练平台。连续四年在仙居救援训练基地举办全市红十字救援队急流救援技能培训班，培养水域救援骨干150余人；会同市应急管理局联合举办首届市级应急力量技能竞赛，红十字应急救援队包揽团体和各个单项竞赛一等奖；选派优秀队员参加“同心协力　救在身边”长三角红十字应急救援综合演练。在“世界急救日”当天开展应急救援演练。

【应急救护】　2022年，台州市出台《关于高水平推进应急救护工作的实施方案》，成立工作专班，明确各成员单位职责，并列入市委对各县（市、区）考核。将“在全市重点公共场所配备自动体外心脏除颤仪（AED）和应急救护普及培训”项目列入2022年度台州市政府民生实事项目。市红十字会配合省红十字会在台州举办应急救护培训教官班，培养救护培训考官60名，为推进教考分离做好人才储备。连续第六年与市人力社保局、市总工会、团市委等单位联合举办全市红十字应急救护技能大赛，将大赛获奖选手列入“五一劳动奖章”和“青年技术能手”推荐对象，提高救护师资和救护员参与应急救护工作的热情。全面推进应急救护培训进社区、进农村、进学校、进机关、进企事业单位“五进”活动，创新“线上线下”“教考分离”等救护培训模式。与市应急管理局联合组织实施“两个全覆盖”行动，提高救援队骨干队员和危化企业安全员应急救护能力，全市共有720名核心应急救援队员接受救护员培训，核心队员的救护员持证率达到90%。与市教育局联合出台《关于进一步推进学校应急救护工作的通知》，在全市高中、职业技术学校探索“毕业证+救护员证”的双证毕业机制。配合公安、教育等部门为中小学生提供防溺水安全教育，实现全市零溺水。全年全市共完成应急救护普及94.25万人次，占户籍人口15.56%，是上年普及量的3倍，累计普及率达到37.62%；持证培训（救护员证45207人、CPR+AED培训证61718人）106925人，占户籍人口1.76%，是上年持证培训量的4倍。公共场所自动体外心脏除颤仪（AED）新增625台，累计配置1023台，万人配置率达1.68，提前完成到2025年每万人1.5台的规划目标。全市完成“应急救护进文化礼堂”2566场。温岭市实施“教考分离”试点，建立培训和考试分离的急救培训新模式，开展90期救护员“教考分离”培训，做出有益的探索。临海市开展“乡镇街道标准化应急救护培训基地建设”试点，筹资16万元建成集生命体验、救护培训、红十字精神传播于一体的，具有辐射范围广，培训功能强的应急救护培训基地，先后完成10期救护员培训和多批初中学生素质教育培训，作用发挥良好。

【人道救助】　2022年，全市累计募集捐赠款物3500万余元，是上年的2倍多。市红十字会组织参与首届“5·8人道公益日”和第八个“99公益日”互联网众筹活动，开展互联网众筹业务培训，在市政府机关食堂开展“5·8人道公益日”专题宣传活动，借助融媒体平台广泛传播进行项目推介和宣传，营造浓厚氛围，广泛动员机关干部、理事、会员、志愿者等社会力量参与众筹和“一块走”爱心捐步活动。“5·8人道公益日”开设“为生命救援赋能”“应急救护驿站”“救在身边——城市博爱家园”等项目，共筹款191万元，在全省排第3名；捐赠人数28355人，位居全省第2名；路桥、温岭位居全省公众筹款县（市、区）排名前十位，获得市委领导批示肯定。“99公益日”共上线10多个网络众筹公益项目，筹款211万元，在全省排名第2；捐赠人数29814人，在全省排名第1，天台县、温岭市、临海市筹款额与捐赠人数均进入全省排名前十位的县（市、区）行列，获得市政府主要领导批示肯定。持续规范光明行医疗救助、青少年爱眼护眼、大陈岛垦荒队员医疗救助等人道公益项目，启动“万邦德健康之旅——中老年疾病防治”项目救助经济困难的心脑血管疾病、呼吸系统疾病患者，与工商联联合投入20万余元资金在黄岩宁溪方家岙村建设“共富工坊”，更好地发挥助困助医助学助老的作用，切实增强帮扶工作的精准性和有效性。投入资金1000万余元参与对口支援和结对帮扶，做大第三次分配。

【“三献”工作】 2022年，台州市红十字会加大无偿献血、造血干细胞捐献、器官（遗体、组织）捐献的宣传动员，落实“造干”、器官捐献志愿者优待政策，开展“造干志愿者你还好吗”系列采风、“红十字点亮青春，无私捐献接力生命”为主题的“两捐”知识宣传进校园等活动。根据疫情形势，在清明节期间组织线上缅怀纪念活动，对人体器官（遗体、组织）捐献者及其家属致以崇高的敬意。筹备台州市红十字医院（市立医院）建设造血干细胞采集点，推进在台州学院设立遗体接收点。筹划设立“生命关爱”基金，申请财政纳入预算，激励捐献者，弘扬正能量。开展“小橘灯”助学，资助遗体器官捐献者困难家庭子女就学，助学补助31人次、发放9.8万元，累计助学补助126人次、发放34.6万元。新增造血干细胞采样入库879人，成功捐献12例，累计采样入库9560人、捐献82例；新增人体器官（遗体、组织）捐献志愿登记4844人，实现捐献17人，累计登记达23751人、捐献174人，挽救400多患者生命。

【红十字会改革】 2022年，台州市红十字会五届二次理事会召开，建立“理事真理事、理事办实事”工作机制。依法推进监事会建设，推动建立理事会决策、执委会执行、监事会监督的现代治理结构。按照专兼挂结合要求抓好各级红十字会换届选举，依法建立理事会、执委会、监事会。借力数字化改革不断推动红十字“三救三献”主责主业流程再造，优化工作衔接，提升工作效能。对接省红十字会“数字红会”系统，高标准做好党政机关整体智治系统中的红十字模块搭建工作，以数字化改革撬动人道服务迭代升级，为群众提供更精准、更优质、更高效的人道服务。天台县、路桥区、仙居县等地参与多跨协同场景应用开发，天台县红十字会开发的“助医帮扶一件事”被纳入2022年全省场景应用开发的重点项目，路桥区红十字会“救在浙里”场景应用与省红十字应急救护培训管理平台形成有效补充，仙居县红十字会“野外遇险救援”场景应用，为红十字应急救援队参与应急救援、纳入“第一响应人”机制搭建工作平台。

【基层组织建设】 2022年，台州市红十字会实施“基层组织建设倍增计划”，在温岭市召开全市红十字基层组织建设工作推进会，实行每月定期通报相关工作情况，促进红十字基层组织建设实现跨越式发展。全市实现村（社区）红十字基层组织全覆盖。成人会员增加到138193人，志愿者增加到87630人。在江边社区、东环村、应家村推进集宣传阵地、惠民阵地、活动阵地“三位一体”的博爱家园示范点建设，新建博爱家园44家。加强与医院的联动合作，发挥三甲医院龙头作用，报批台州医院冠名为红十字医院，借助各医院专科特色优势，为群众提供更加优质的诊疗、救助服务。全市累计冠名红十字医院6家，为红十字会到乡镇（街道）开展应急救护培训、造干采样动员、志愿服务等工作畅通渠道，对各项业务工作起到助推作用。推动红十字运动和生命关爱等知识技能进校园，开展“红十字青少年活动月”、夏令营、青年骨干训练营、“探索人道法”项目等，引导红十字青少年在人道实践中成长成才。加强高校红十字会建设，选派代表队参与全省高校红十字应急救护技能大赛，获得团体三等奖和4个单项二等奖、1个单项三等奖。推动红十字志愿者培养和志愿服务项目实施，温岭市的“救与你在一起”志愿服务项目获得省红十字会志愿服务项目路演大赛第1名。经过与台州开放大学的深入交流与多次磋商，双方签订合作办学协议，组建“台州红十字学院”，设置红十字文化研究、人道公益事业管理、应急救援救护技能培训、健康管理等教学课程。

【公信力建设】 2022年，台州市红十字会按照公开透明度指数评价体系要求，进行网站改版升级，组织信息公开更加完整，业务活动宣传更加活跃，“信息公开”栏目下设“财务信息公开”子栏目，对年度专项审计报告、招标采购公告等财务信息进行及时披露，每季度在门户网站公布捐赠款物的接收使用情况，全面打造“阳光红会”。推进“三服务”“三为”专题实践活动常态化、长效化，其中“千家企业员工应急救护技能大提升”进企业399家、培训272场、培训人数22286人；“百个博爱公益项目送关爱”开展项目34个、投入款物732.43万元，受益群众37016人；“万场志愿服务在基层”开展志愿服务2107场。

（谢卫星）

计生协会

【概况】 2022年，台州市被列为中国计生协第四批地方计生协综合改革试点单位。组织实施中国计生协项目3个、省计生协项目5个，获得资金支持60多万元。“向日葵”计划经验在全省助力推进“浙有善育”工作现场会上作经验交流。截至2022年底，全市共建有各级各类计生协会组织3975个（其中企事业协会435家，流动人口协会84家），拥有会员34万人，配备专兼职工作人员4118名，共有志愿者队伍1141支2.4万人。

【计生服务宣传】 2022年，台州市计生协会动员会员、志愿者宣传《家庭防疫指导手册》，参与一线疫情抗击服务。开展婚育新风“六倡导”活动，助推实施三孩生育政策。开展计生特殊家庭“暖心行动”，做好心理疏导、安抚慰藉、走访慰问、日常帮扶和临终关怀等各项工作。推进生育关怀系列保险，全年18.32万人参保，赔付率93.52%。开展青春健康教育活动，在全市3所高校建立“青春小屋”，组织第三批青春健康教育师资培训，开展第二批市级青春教育示范基地评选活动，新认证市级师资35名，新建市级基地17家，新增国家级师资1名，温岭市泽国中学被评为省级基地。开展家庭健康促进行动，参与举办台州市健康家庭大奖赛，组织家庭健康知识竞赛38场、“好家风·健康行”主题活动102场。开展健康知识“万里行”活动，组织健康知识大讲堂307场次。

（陈锅富）

军　事

军分区

【概况】 2022年，台州军分区战法、管法两项研究成果获军委国防动员部二等奖，备战打仗、民兵工作、安全管理3项重点考评排名全省第1，参加全省新任保管员考核评比取得6个单项名次。指导临海市人武部高标准承办全省民兵训练基地建设工作会议，温岭市人武部被省军区表彰为备战打仗先进单位，玉环市人武部在省军区民兵工作阶段检查中排名第1。

【思想政治引领】 2022年，台州军分区落实“十个一”动作、制定“六项制度”持续掀起学习贯彻党的二十大精神热潮，推动拥护“两个确立”形成高度自觉，相关做法在《中国国防报》一版头条刊发。制定《军分区改进学风的具体举措》，常态落实“周月季”学习机制和“理论学习日”活动，党委中心组18次集中学习习近平主席重要讲话精神，推动学思践悟走深走实。聚焦“忠诚维护核心、矢志奋斗强军”深化主题教育，广泛开展“学思想、铸忠诚、担使命”实践活动和庆祝建军95周年系列活动，召开思想政治教育研讨交流会，组织政治教员岗位练兵，温岭市人武部政治委员获评国防动员系统唯一的全军优秀政治教员并荣立二等功。全面深入贯彻军委主席负责制，严格落实“三项机制”。突出严明政治纪律和政治规矩，开展“四严四整”教育整训、四类“倾向性问题”纠治、净化涉军网络环境等活动，部队保持高度集中统一和纯洁巩固。

【练兵备战】 2022年，台州军分区4次召开党委议战议训会。突出锤炼国防动员援战能力，先后8次参加演训任务。实战化组织军分区第五届岗位练兵比武，野战化开展国防动员指挥演练，仙居县、天台县人武部民兵训练基地建设取得新突破。持续开展“弘扬一江山精神、锤炼能打仗民兵”教育实践活动。

【国防动员体系优化】 2022年，台州军分区创新形式组织市领导过军事日活动和新任人武部党委第一书记任前谈话，协调召开市委议军会，军地合力管武强武的氛围更加浓厚。协调军地依令推进国防动员体制改革落地，高标准完成应急、支援基干民兵编组任务，指导黄岩区人武部探索形成普通民兵融合抓建“五个一”试点成果，玉环市人武部在省军区民兵工作阶段性检查中取得排名第一的成绩。狠抓精准征兵、廉洁征兵，摄制具有台州特色的征兵宣传片《为国铸剑》，依托临海市人武部召开全市预定新兵役前教育训练规范化现场会，高质量完成兵员征集任务，大学生和毕业生比例

7月4日，台州市领导参加军事日活动　　（刘　策　摄）

分别达到91.4%、66%。深化规范履行军民融合协调职能试点成果，联合推进“军地一体化”平台建设。组织两级主官进党校讲国防形势课，深入开展“台州人在军营”“八一光荣榜”等典型宣传活动，完成学生军训任务，关心国防、支持国防的氛围不断浓厚。

【基层基础建设】 2022年，台州军分区制订常委挂钩帮建和为基层办实事计划，出台《台州市基层武装工作规范》，采取“流动五星牌”机制组织基层武装部“评星挂牌”动态考评，推动基层规范化建设整体跃升，临海市人武部被省军区表彰为全面建设先进单位。贯彻省军区人才工作会议精神，开展文职人员教育整顿，集中组织专武干部集训和专武部长后备干部考核，深入开展“办实事、减负担、解难题”活动。坚持关口前移抓安全，开展“迎接二十大、创建安全年”、保密工作专项整治、微信失泄密专项整顿等活动，紧盯形势抓好疫情防控，常态落实“四不两直”检查和“回头看”机制，部队安全发展基础进一步夯实。

【军事训练】 2022年1月4日，台州军分区、人武部两级首长机关分别带本级战备值班分队，按照临机性、时效性、联动性要求，基于同一背景，采取摩托化机动和徒步行军相结合的方式组织参加开训动员，完成紧急出动、野战指挥所开设、机动行军、指挥作业、实弹射击等5个科目训练，达到预期训练目标，为军分区新年度军事训练工作奠定良好基础。

【综合保障】 2022年，台州军分区推进后装勤务专项准备，推广保障试点建设成果，全要素组织后勤装备保障分队现地保障演练。一体推进资产可视化管理和累积性难题破解“两年攻坚行动”，下力推进机关营区环境整治、燃气管道建设和公寓房整修，开展“守护戎装”专项行动。分期推进民兵装备仓库规范化建设，完善各类基础设施。

8月24日，书生中学学生开展军训 （杨焱棋 摄）

【学生军训】 2022年，台州军分区联合市教育局共同指导各县（市、区）开展学生军训工作，严格落实上级各类指示要求，科学调整制订学生军训计划，完善安全防范预案，备足必要防疫物资，确保不发生任何问题，落实政府、学校、军队和社会“四位一体”的学生军训风险管控机制，切实发挥好学校在学生军训安全管理中的主体作用，发挥好教育部门和军事机关的检查监督作用，发挥好承训单位对组织学生训练中的安全管理作用，共协调派遣民兵教官1000余人次，承训高中（中专）60余所、学生5.6万人次，全程安全顺利。在协调和组织军训过程中，各项制度不断健全，机制不断完善，工作不断创新，进一步规范学生作风养成、强化国防意识，取得良好的政治、国防和社会效益。

【大学生演讲比赛】 2022年1月10日，台州军分区联合台州市委宣传部、台州市教育局开展“爱我国防”全市大学生主题演讲比赛。由台州学院、台州职业技术学院、台州科技职业学院、台州广播电视大学、浙江汽车职业技术学院5所高校各推荐2至3名（组）参赛选手自行拍摄演讲视频。演讲比赛以个人演讲、多人组成一个演讲组进行演讲，采用老师讲课模式进行演讲，采取PPT、H5等多媒体形式。此次比赛采用线上评比模式，评选一等奖1名，二等奖2名，三等奖3名，优胜奖5名。

【党委十二届九次全体（扩大）会议】 2022年1月28日，台州军分区召开党委十二届九次全体（扩大）会议，传达贯彻军委国防动员部、省军区党委扩大会议精神，分析总结军分区2021年度建设形势，部署2022年度工作任务。市委书记、军分区党委第一书记李跃旗出席大会并讲话。军分区政治委员、党委书记范智主持会议并作党委工作报告。军分区司令员、党委副书记尚友宾讲话。军分区党委常委、委员参加会议，机关全体干部列席会议。范智主要围绕“瞄准全面过硬、锁定一流目标、在新征程上奋力推进军分区建设高质量发展”这一主题作党委工作报告。尚友宾对2021年军事工作进行简要回顾总结，重点对2022年军事工作作出部署。军分区副司令员郭伟忠传达军委国防动员部、省军区党委扩大会议精神。会上，各人武部一名主官围绕2021年度抓落实中存在的差距不足、贯彻上级党委扩大会议精神抓好2022年度工作落实的思路举措进行检讨式剖析。范智对9个单位党委班子建设情况逐个进行点评。

【党委十二届十次全体（扩大）会议】 2022年8月25日，台州军分区召开党委十二届十次全体（扩大）会议，会议深入贯彻习近平强军思想、新时代军事战略方针，按照省军区党委的部署要求，围绕“振奋精神迎盛会、稳中求进创一流”目标，总结分析年初以来建设形势，细化部署年底前重点工作，进一步动员全区高质量推进年度各项任务落实。军分区政治委员、党委书记范智主持会议并作党委工作报告。军分区司令员、党委副书记尚友宾讲话。军分区党委常委、委员出席会议，机关全体干部、文职列席会议。范智主要围绕“振奋精神迎盛会、稳中求进创一流、持续推进军分区全面建设高质量发展”这一主题作党委工作报告。尚友宾重点讲评上半年军分区备战抓建工作，部署年底前5个方面重点工作。会上，各人武部1名主官重点汇报上半年工作落实中存在的差距不足和下半年工作打算。范智对9个单位党委班子建设情况逐个进行点评。

【纪检监察工作会议】 2022年3月16日，台州军分区采取电视电话会议的形式召开纪检监察工作会议，军分区司令员尚友宾、政治委员范智、副司令员郭伟忠和全体官兵、文职人员、职工参加，会议由军分区政治工作处主任陈继平主持。会上，郭伟忠传达省军区纪检监察工作会议精神，并部署“加强政治建设、严守政治纪律”专项巡查和2022年纪检监察工作，同时对2022年纪检监察工作重点进行强调。范智重点围绕学习贯彻落实习近平主席重要讲话精神和上级纪检监察工作会议部署，高标准抓好军分区纪检监察工作、高质量推进党风廉政建设提出具体意见。

【市委议军会议】 2022年11月25日，台州市委议军会议召开。会议深入学习贯彻习近平强军思想，分析党管武装工作形势，研究部署当前和今后一个时期的工作任务。台州市委常委、市人大、市政协主要领导，军分区处以上领导，各县（市、区）委书记、人武部主官和相关局办领导共40余人参加会议。会议由市委书记、军分区党委第一书记李跃旗主持。会上，各县（市、区）人武部党委第一书记作党管武装工作述职报告。李跃旗对参会人员的发言给予肯定，并就提高国防动员建设质量，争当新时代强市兴武排头兵，提出四条具体意见：聚“形势之变”，坚定扛起党管武装责任担当；聚焦“战争之变”，聚力提升履行使命任务能力；聚焦“改革之变”，全面提升国防动员建设水平；聚焦“时代之变”，高标推动双拥工作与时俱进。

（陈珠凤）

武　警

【概况】 2022年，武警台州支队开展“1·20”警示日“七个一”（警示教育一遍、讨论反思一遍、隐患排查一遍、联合演练一遍、走访座谈一遍、执勤安全分析一遍、领导机关分队干部站哨一遍）活动，6个单位“人车通道”完成改建、69处执勤隐患全部归零，总队规范化执勤等级评定交叉检查，玉环和温岭中队被评定优秀，支队整体成绩达到优秀。借助武警指挥学院赴支队开展战役战术现场教学机会，结合抗击台风“轩岚诺”“梅花”进行抢险救援。全年完成押解押运、“9·30”公祭日等专项勤务，参与火灾救援3起，处置地方车辆自燃险情1起，路桥看守所调犯安全顺利。组织按纲施训周期运行法、重难点课目教练员集训和大纲“学研用”，年度军事训练成绩位于总队第5名，指挥员“庙算”比武获团体第3名，机要业务年度考核团体第1，通信专业兵集训考核取得第1名。

【基层建设】 2022年，武警台州支队实行机关覆盖式帮建、大队常态化蹲点，全年安排6批次138人次蹲点帮建。开展“三学”“三帮”活动，推广“法规学习周”制度，玉环、椒江、执勤二、临海中队被评为“四铁”先进中队，三门中队建设进步明显。开展作风纪律教育整顿，枪弹、军车交通安全、涉网涉密集中教育整治等5项清理整治，组织基层保卫委员、思想心理骨干和安全员网上集训，施行安全“三色码”预警措施，开展安全大检查，消除隐患苗头113处。

（张　勇）

海　警

【概况】 2022年，台州海警局全年共接警1609起，立刑事、行政等各类案件149起，查获海砂17万余吨、走私香烟16万余条，冻品、煤炭、废铁等走私货物3700余吨，总案值达4500万余元。开展“海安”“春雷”“碧海2022”等专项行动，10月底，联合地方公安破获一起特大偷渡案，抓获偷渡分子34人。

【练兵备战】 2022年，台州海警局结合敏感节点开展战备教育，在防抗“轩岚诺”“梅花”等台风中，部队遂行任务和快速反应能力得到锤炼。开展海上实弹射击、执法能力提升、海上救援等科目训练。完善各类应急处置方案，不定时组织战备拉动、营门处突演练和应急响应拉练40余次，参与救援任务20次，解救群众25人。

【政治建设】 2022年，台州海警局组建11支特色文化队伍及39个兴趣小组，开展“一站一品”特色节目排练工作，丰富官兵业余生活。动态更新理论热点宣传橱窗，推进书香军营建设。全年在各级媒体发稿172篇（其中国家级36篇），引导从严打击海上违法犯罪的舆论导向。

【后勤保障】 2022年，台州海警局完成营房、浴室、营区绿化等维修改造和码头疏浚、水鼓维修保养等工作，切实改善官兵工作生活条件。全年完成4艘舰艇等级维修工作，开展船艇日常临修90余项。定期采购药品、防护服配发基层，并邀请军地医疗专家来队巡诊，组织14批次官兵前往体系医院就诊、体检。走访驻地党委政府，推进定点部署建设，其中，温岭工作站得到地方重点支持，确定投资3000万余元打造先进新式部队营房。

（余家航）

人民防空

【概况】 2022年，台州市人民防空办公室履行“战时应战、急时应急、平时服务”职能，人防建设多项工作实现突破性进展，获评2022年度全省人防工作先进单位，《台州市台州铁路中心站区块人防控制性详细规划》被评为全省城市控规单元落实人防设施配置典型项目，黄岩区九峰公园人防体验馆被评选为十大省级人防宣传基地（馆），《台州人防助力推进共同富裕示范区建设》短视频被评为全省十大“人防之窗”短视频。

【助力共富示范区建设】 2022年，市人防办印发《台州市人民防空办公室关于助力共同富裕示范区先行市的若干举措的通知》，提出“三方面十条措施”，提升八个建设共富单元方面的能力。

【助力城市经济发展】 2022年，台州市人防系统全年依法依规减免人防易地建设费1435万元。创新人防投融资机制，通过投资主体复合化、资金来源多样化、融资方式项目化等方式，吸引社会资本参与地下空间开发，加快形成政府主导、社会资金参与的投融资格局。完成3个人防资金和社会资金共同投资的地下空间项目。

【人防指挥部常态化运行】 2022年，台州市人民防空办公室调整人民防空指挥部组成人员和编成方案。9月13日，举办全市人防指挥部指挥长会议暨人防指挥部指挥能力提升培训班，市人防指挥部成员单位领导，县（市、区）人防指挥部领导等共60余人参加。黄岩区、玉环市、天台县人防指挥部进行交流发言。

【人防工程产权改革】 2022年12月16日，市政府办公室印发《台州市人防工程产权制度综合改革实施方案》，全市域实质性推进人防工程产权改革工作。在三门县、玉环市和黄岩区人防工程产权制度综合改革试点的基础上，温岭市、椒江区、仙居县、天台县也在年内相继出台人防工程产权制度综合改革实施方案，全市有39个项目通过土地招拍挂落实政策。黄岩区、温岭市探索存量人防工程确权工作，至年底，两地完成12个存量项目的确权，其中黄岩区对确权项目进行出租。

【人防数字化改革】 台州市是省人防办确定为第一批人防数字化改革场景应用试点单位。2022年，人防警报数字化场景应用系统上线运行，并成功应用于“5·12”“9·18”防空防灾警报试鸣，警报鸣响率、完好率均为100%。完成全市所有已竣工结建人防工程相关信息的数据录入工作，数据录入率和完整率均达到100%。加强人防工程运维数字化管理，全市启用人防工程审批监管和工程运维在线两个场景，并定期进行完善数据和处理审批监管预警信息，人防工程运维在线场景在全市推广试用，工程覆盖率达到100%。

【“浙江金盾-22”演习】 2022年11月29日，台州市参加省、市、县三级联动的“浙江金盾-22”演习，市和9个县（市、区），4个重要经济目标单位，400多名专业队人员参加演习，达到预期效果。

【人防领域“护防服务”行动】 2022年，台州市人民防空办公室全面执行《浙江省人防工程管理办法》。加强与市综合行政执法局联合执法，深化人防执法协作配合机制，探索人防行政违法案件移送机制，做好联合执法的常态化管理，全市全年

11月29日，台州市参加浙江省带"宁波都市区"人民防空研究性演习（浙江金盾-22）
（市人防办　提供）

累计人防行政处罚案件结案8件，结案数位居全省前列。

【人防规划编制】 2022年，台州市人民防空办公室完善人防规划体系，将人防专项规划主要内容和指标体系纳入国土空间规划及控制性详细规划，实行"一张图"管理，实现人防专项规划与城市规划同步编制、同步审批、"两规合一"、相融互促，走在全省前列。《台州市台州铁路中心站区块人防控制性详细规划》被评为全省城市控规单元落实人防设施配置典型项目。坚持规划领建，按照功能配套、布局合理、统筹建设的要求，加大医疗救护、专业队工程等高等级人防工程建设力度，优化人防工程的结构与布局。统筹建设的高等级人防工程台州市路桥区1401工程（一期）被评为全省人防示范建设项目。

【人防专业队伍建设】 统一规范，根据机构设置、部门职责、人员编成以及城市人口分布情况，由市里统一建立机制、统一编制编成、统一设置指标，严格落实专业技能部门主训、共同科目人防统训、演习演练多元合训，达到统一思想、锻炼体魄、提高技能的目的。统一标准，严格按照人防专业队占城市人口比例、抢险抢修专业队和医疗救护专业队占比进行整组，保证人员在编满编。11月，完成人防专业队人员信息数据录入演训组织指挥数字化平台工作，数据归集率、信息准确率均达到100%。统一考评人防专业队建设，考评按照整组、训练、点验三大内容展开。人防专业队伍建设实现"三统一"走在全省前列。

【人防宣传教育】 2022年，台州市人民防空办公室开展人防宣传教育"五进"（进机关、进学校、进社区、进企业、进网络）工作，全市共有173所学校、73918名学生接受防空防灾知识教育。在《台州日报》上开辟人防专栏，在台州广电总台精心策划一批高质量的专题、选题的人防宣传活动，在《台州新闻》《台州新亮点》"无限台州"App首页等宣传平台，采用新闻报道、网络直播、图文报道等形式，对人防演练、人防动态进行宣传，发挥人防宣传教育主阵地作用。制作《5·12防灾减灾日——台州人防在行动》宣传片，分别在椒江区、黄岩区、路桥区、玉环市、三门县等10块新华联播户外大屏上不间断滚动播放，累计覆盖群众约50万人次。在台州主城区500辆出租车顶屏开展人防宣传，一个月可覆盖群众近60万人次。推荐我身边的人防宣教馆和人防故事短视频参加省人防办评选点赞活动。共有40余篇稿件被《中国人民防空》《省人防简报》、浙江人防微信公众号和省办门户网站录用。

【国防动员办公室挂牌】 2022年12月15日上午，台州市国防动员办公室举行挂牌仪式。市委常委、市政府常务副市长林先华，市委常委、台州军分区司令员尚友宾，市委宣传部、市委改革办、市委编办、市纪委市监委派驻市委政法委纪检监察组、市发展改革委、市经信局、市科技局、市交通运输局、市港航口岸和渔业局负责人，台州军分区动员处、政治工作处负责人和市国防动员办公室全体干部职工参加挂牌仪式。
（朱金英）

边防检查

【概况】 2022年，台州出入境边防检查站共检查出入境（港）船舶132艘次，人员2705人次，办理各类行政许可1825份，办理出入境违法违规案事件10起，上报违法嫌疑线索26条。

【口岸管控】 2022年，台州出入境边防检查站持续开展口岸风险隐患排查化解，走访辖区企业50余家，摸排调查口岸、监管区域、执勤点位等基础数据，进一步完善口岸风险预警制度和情报员部署。探索建立远洋渔船数据预警模型，搭设"船员数据池"，通过定时比对、定量分析、定船研判，提升远洋渔船管理效能。强化重点方向核查研判，开展社交、娱乐App网络巡检，核查比对港船舶航程轨迹，挖掘应用数据平台智治资源，“獴猎”“猎影”“清港-2022”等专项行动取得战果。深化“地检协同”警务合作机制，着眼“三非”、涉恐、涉毒等重点方面，联合多警种开展安保期间工作会商，全面提升预警、侦查、打击能力；与海警、海防、海事等涉海部门建立联勤联动协作机制，统筹海上安全综合治理，完善联动型、智慧型、高效型海上安全管控模式。

台州出入境边防检查站民警开展口岸巡查

（市出入境边防检查站　提供）

【服务地方发展】 2022年，台州出入境边防检查站助推台州口岸高水平对外开放和高质量经济发展，对照《海港口岸开放申报验收规程》《海港口岸边防检查基础设施建设标准》，实时跟进三个港区边防检查基础设施建设及技术装备配备，定期开展走访调研和检查指导，加快推进口岸扩大开放进程，为迎接正式扩大开放国家级验收做足准备。落实中央经济会议工作精神，制定出台《台州边检站“四零”服务举措促进长三角航运枢纽建设十项措施》，并为市政府拓市场工作提供边检数据支撑，提高口岸通关效率、优化地区营商环境。推动边检治理能力数字化转型，多次走访台州海事局了解“台海天网”、VTS、CCTV高清可视化系统的建设与运用情况，推动完成头门、龙门两个港区的锚地管控预警系统的建设，为实现高频度、全覆盖海上感知提供技术支撑。与台州海事局成立“联合研判室”，并接入海上智控平台，加强双方的联动协作、信息交流与线索共享，提升涉海违法违规案件的精准分析与打击力度。

【疫情防控】 2022年，台州出入境边防检查站落实独立作战单元“7+7+7”勤务模式，研究制定疫情应急方案，规范六类突发情形处置流程，与驻地防疫部门实现对接闭环，保证面对疫情能第一时间完成“平转战”，口岸未出现管控漏洞。

（蒋杭兵）

法 治

政法委及综治

【概况】 2022年，台州市委政法委用数字化改革重构组织方式创新，确保实现平安台州创建得分居全省前列，市域社会治理试点城市高分通过验收。平安台州实现“九连创、夺金鼎”，被省委、省政府授予“平安市”称号并予以通报表扬；9个县（市、区）实现“满堂红”，黄岩拿到一星金鼎。平安台州建设实现“九连创、满堂红”。获评平安护航建党100周年成绩突出集体，被省委、省政府通报表扬。打赢党的二十大等系列维稳安保攻坚战，相关工作得到省委政法委和市委领导的肯定，除险保安相关做法在全省交流发言。成功收网“全能神”省督“8·28”专案，得到省委书记袁家军等省市领导批示肯定。市域社会治理现代化试点创建相关工作做法在全省推进会上作交流。

【除险保安】 2022年，台州市委政法委做好北京冬奥会、党的二十大等系列重大活动维稳安保工作，得到省第十督导组、市委书记李跃旗等领导的高度肯定。接续开展百镇千村除险保安、“风险隐患清零”百日大整治、除险保安百日攻坚等行动，开发使用存量风险闭环管控平台。年内累计排查各类矛盾风险28.07万件，就地化解率达99.84%；销号存量矛盾风险1889件；整治重点村（社）191个；督办化解重大矛盾纠纷68起；指导处置豫皖村镇银行、问题楼盘等重大涉稳风险。推动风险评估工作“刚性前置”“应评尽评”。发展培育第三方风险评估机构，强化监督管理，年内全市完成评估780起，其中暂缓实施2起、中止实施3起、不予实施1起。

【平安台州创建】 2022年，台州市委政法委深化常态化暗访，以市委督查室名义下发问题清单，形成“发现—交办—处置—反馈—核销—举一反三”的工作闭环，至年末共开展各类暗访21轮次，整改隐患点位3200余处。针对消防安全、危险化学品、渔业船舶等重点行业、领域中的突出问题和风险隐患的薄弱环节，滚动开展风险隐患大排查大整治行动，年内共发生各类事故55起、死亡45人，同比分别下降36.8%和40.0%，无较大以上事故发生。开展平安乡镇、平安村（社）以及“平安校园”等17个系列平安创建，开发“平安乡镇三色图”应用，全年共发布5期平安乡镇通报，整改各类风险隐患红色预警乡镇（街道）550家次。推进“除险保安十大治源行动”，逐项剖析问题根源，制度重塑、数字赋能等措施，源头清剿各类风险隐患。

【市域试点创建】 2022年，台州市制定出台《全国市域社会治理现代化试点市级验收迎检工作方案》，成立由市委副书记、政法委书记为组长的验收迎检领导小组，健全完善“一周一例会、一月一事记、一季一评审、半年一督查、一年一评估”等机制。组建“11+1”个验收工作组，开展会审台账、自查自评、下沉查验、交叉检查、召开督办会等工作。持续推进市域社会治理现代化“十大标志性工程、百个重点项目、千个样本点位”的“十百千”工程，全年共培育重点项目147个，评选“融易治”等市域社会治理现代化“最佳实践案例”6个。优选49个示范点位，打造平安台州风景带9条。与中国社科联社会学所开展战略合作，整合党校系统、本地高校、研究机构等相关研究力量，成立台州市社会治理研究中心，开展63个治理类课题研究，在形成市域社会治理现代化成果《台州探索》《台州经验》《台州实践》的基础上，新增形成《2022年度市域社会治理台州实践》。

【基层智治】 2022年，台州市委政法委综合集成平安法治领域的各项应用、事项、资源和要素，打造平安大脑。全市完成地址数据上图823万条,各类感知设备落图23万路,学校、医院等各类重点单位落图7800余处,界面集成防汛防台、智慧消防消消了等各类应用76套。市县乡三级已正式上线运行。探索实体化运行市级社会治理中心、县级社会治理中心、乡镇综合信息指挥室,健全完善矛盾调处、运行监测、分析研判、协同流转、指挥调度、督导考核等功能,实现"141"与"1612"贯通。县级中心与县级政法委合署办公,归口政法委管理;乡镇指挥室实体化运行,由乡镇(街道)党政办统筹管理。因地制宜优化调整城乡网格8699个、专属网格1722个、微网格38298个,并按照"1+3+N"标准,选配7734名网格长、8659名专职网格员、7242名网格指导员,基层网格达标率为100%。制定出台党建统领网格智治的实施意见、管理规范等文件。依托平安大脑,推动数字底座、智能感知等技术向基层网格赋能,推动"全科网格"向"智治网格"迭代。

【数字法治】 2022年,台州市委政法委迭代数字法治架构S3,形成"平安与稳定""执法与司法""普法与服务""监督与制约"4个新的子跑道。更新数字法治一本账S3,全市共争取承接二级子应用33个,三级功能模块47个,为全省数字法治改革增添更多"台州元素""台州因子"。梳理形成各类应用示范引领1个,迭代升级15个,实战落地16个,启动实施9个,谋划推进7个,新增实践成果22项,理论成果28项,制度成果30项。其中,基层矛调"五环智控""反电诈"获省改革突破铜奖,人大检察智联督办、网信E治通应用获评2022年数字法治好应用,"民转刑""人民陪审员"等应用在全省推广,不断强化治理赋能。依托台州市数字法治门户,建立健全"运行监测、实战演练、培训推广"三大机制,运用任务指标考核、双月实战演练、动态监测和晾晒等措施,开展指标比拼、成果比拼、路演比拼三大比拼,推动应用、试点等建设任务的落地落实。

【执法监督】 2022年,台州市委政法委落实八个多跨制度,定期分级分类召开工作组会议、专班会议、联席会议以及政法委全会,统筹推进涉案财物集中清理、"判实未执"重点案件挂牌督办等工作,持续提升执法司法质效,相关做法得到省委政法委推广。梳理制定《全市政法领域执法司法责任体系改革和建设重点项目清单》,以项目化手段抓好改革措施的落地见效。制定《关于台州市政法系统常态化开展执法司法顽瘴痼疾排查整治工作的实施意见》,深化顽瘴痼疾常态排查整治,全年共排查整治问题397个。深化"产权保护""司法护航"两大工程,组织开展涉企刑事挂案清理等专项行动。抓好司法救助、公共安全综合保险与社会救助相衔接机制。全年共赔付公共安全综合保险1050万元,赔付率达85%以上;市本级开展司法救助6批次51件,救助金额164.25万元。

【政法队伍建设】 2022年,市县两级政法系统获得省部级以上荣誉的集体76个,个人183人。新命名全市政法系统"最强党支部"40家,优秀政法党建品牌20个,第一批台州市政法系统思想政治教育基地15家。建立政法干警违纪违法案件定期通报制度,规范诉讼案件质量评查,强化检察法律监督,开展"暖心家访"等活动。全市政法系统共举办各类业务能力培训班120场次,共有60名干警入选省级政法部门专业人才库。指导各政法单位建立健全优秀青年干警上挂下派制度,推动年轻干部在基层一线和艰苦岗位锻炼成长。出台台州市政法干警依法履职保护会商制度(试行)、事项快速联动处理实施意见(试行)等制度,成立市县两级政法干警依法履职保护委及其办公室,统筹协调、高效处理政法干警在依法履职过程中出现的人身伤害、打击报复等事项。

(陈承宇)

公 安

【概况】 2022年,台州市公安局紧扣除险保安主责主业,以"公安大脑"和基层智治大脑建设为牵引,探索构建台州现代警务体系,推动公安工作和队伍建设取得新成效。全市刑事案件立案数同比下降8.75%、治安案件查处数同比下降8.96%,其中七类案件立案数同比下降21.58%、"两抢"案件立案数同比下降13%,侦破各类刑事案件8051起,侦破命案26起、命案积案12起,抓获犯罪嫌疑人1.45万名;交通事故数量同比分别下降9.18%,未发生影响大局稳定的案事件。市公安局特警支队警务航空大队(无人机大队)参与冬奥会、冬残奥会、党的二十大安保和第五届中国国际进口博览会等重大活动低空防控工作;1名同志被评为全国"人民满意的公务员"和"最美浙江人·浙江骄傲"提名人物,1人被评为"浙江省担当作为好干部",1人被评为"台州市担当作为好干部"。1个集体荣立一等功,13个集体、29名个人荣立二等功,18个集体、217名个人荣立三等功。

【重大风险联动化解】 2022年,台州市公安局深化"百镇千村除险保安”专项行动，压实市县乡村四级责任，构建涉稳风险多跨研判治理机制，挂牌整治15个“民转刑”问题突出村社、3批次挂牌督办40起重大矛盾纠纷。排查矛盾纠纷16.82万起，化解16.21万起，化解率96.99%，未化解的均跟踪销号；探索应用“一网一图一机制”，流转至“基层治理四平台”6.99万起，化解6.86万起，化解率98.14%。

【信访攻坚行动】 2022年，台州市公安局结合诉源、访源、警源“三源同治”，推进信访“双向规范”，提前清零758件积案。对173件程序性化解案件逐一分析，专人跟进，确保不反复。源头治理初信初访，局领导每月下访，派出所所长常态接访，信访部门定期回访，受理初信初访394件、同比下降10.66%，化解388件、化解率98.48%。

【电诈违法犯罪打击】 2022年，台州市公安局加强与5家本土城商银行合作，探索银行精准分控预警，研发陌生人首次转账数字预警劝阻应用，通过异常转账等情形多维度识别发现潜在受害人，实现超前预警、靠前止损。全市电诈案件受理数、案损数、百万元以上案件数同比分别下降15.99%、12.99%、73.21%，挽回经济损失1.36亿元。

【安全生产隐患整治】 2022年，台州市公安局查处交通违法行为317.6万起，道路交通亡人数同比下降15.02%，失驾查处数、“斑马线礼让”率均居全省第1。立涉枪涉爆涉危刑事案件12起，采取刑事强制措施23人，行政处罚274人。加强监所安全管理，研发监所管理码，汇聚在押人员案件进度、羁押表现等全息数据，实现智慧监管，全省首个运用监所管理码减少基准刑的判例落地。台州市看守所作为全国监管场所唯一被公安部命名的“全国公安机关执法示范单位”，深化防溺水工作，劝阻下水群众3812人次，挽救溺水群众43人，溺水亡人数下降44.44%。

【网络犯罪打击】 2022年，台州市公安局推进“净网”等专项行动，侦破黑客攻击、侵犯公民个人信息等案件590起，提前预警网约暴力事件10起，其中玉环李某某等人提供侵入、非法控制计算机信息系统程序、工具案纳入公安部网安局集群案件，成功预警的山西网约绑架案被作为全国网约犯罪预警防范典型案件。

【网络风险防范】 2022年，台州市公安局开展“护网2022”网络攻防演习，发现整改重要系统网络安全隐患417个。前移信息安全等级保护关口，依托态势感知集群管理优势，智能防范异常流量和可疑攻击12.2亿次。新增定级、备案等保护系统308个，备案单位数和备案系统数均居全省前列。

【助企惠企服务】 2022年，台州市公安局围绕临港产业带五大城建设等重点工作，深入实施“一十百”走访工程，组建“全市助企服务专家团”，细化落实“11087·亲清在浙里”为企服务措施。市县两级公安机关党委班子成员和经侦部门走访企业1187家，解决困难91个。根据外贸“走出去”需要，推出“白名单急速办理”、容缺受理等出入境5项措施，受理企业商务出境护照办理申请人数环比增长4054%；向上争取赴香港商务签注政策，灵活调整证件受办流程，共向55家企业140人受理签发香港签注，助力在台企业赴香港等地参展拓市。制定出台《台州市公安机关服务经济社会发展保障企业权益十二条措施》，开展“护航2022”助企惠企提升企业风险防范能力专项行动，推广“企安宝”等应用和项目警官制，紧扣“企业上市100行动计划”，主动派警深入11家报会企业、28家报辅导企业，制定一企一策，实现拟上市企业税务、商业贿赂等犯罪行为“零发生”。

【涉企犯罪打击】 2022年，台州市公安局紧盯合同诈骗、串通投标、商业贿赂、侵犯商业秘密等破坏市场正常竞争秩序的违法犯罪行为，快速查处民营企业内部人员利用职务便利的挪用资金、职务侵占等犯罪。截至年底，全市共立涉企案件140起，同比下降9.68%。严格落实宽严相济刑事政策和认罪认罚从宽、“少捕慎诉慎押”等制度机制，市公安局提级核查涉企刑事案件复议复核申请7起，市县两级公安机关集体审议涉企刑民交叉案件19起；深化涉企刑事诉讼“挂案”问题整治，联合检法建立专家指导团，清理存量案件23起。

【简政便民服务】 2022年，台州市公安局紧扣全国青年发展型城市试点建设，开展落户和出入自由改革，全面放开户籍限制，推出“零门槛”落户政策，在全省率先完成政务服务2.0平台户籍业务流程再造，实现受理地直接出件。全市建成并试运行公安政务服务（网办）中心9个，进一步优化“一窗通办、一网通办、一照通用”政务集成服务机制，平均有效压减窗口5.1个，群众窗口等候时间缩短13.1分钟，群众满意度均在99.7%以上，金融机构营业场所、金库安防设施建设许可时间缩短15

天，行政审批管理系统上线服务事项按期受理率全省第1。深化流动人口积分应用“一件事”，迭代升级流动人口积分应用，重构积分业务办理流程，推动在子女教育、住房保障、医疗卫生等方面提供更优质服务，居住证制度改革项目被纳入市委2022年度第一批群众“牵肠挂肚”改革项目和共同富裕十大关键性抓手。

【数据中心建设】 2022年，台州市公安局制定《台州公安数据资源管理办法（试行）》，建立数据接入、治理、服务及安全制度规范，分批推动27类警务数据汇入市局数据池；联合市大数据局加强数据归集，接入实战急需的12个市级部门29类数据；落实省厅数据扁平化上云要求，规范上传居民生活类、社区警务类数据。至年底，市公安局大数据中心数据总量达2103亿条，日增量2.57亿条，日均提供服务24.5万人次。

【“一标三实”应用】 2022年，台州市公安局建立地址标准、采集流程等8项标准规范，研发“一标三实”（标准地址、实有人口、实有房屋、实有单位）管理应用、“人房关联”核采工具，建立“疑似未登记”“人走未注销”等模型，打造“系统匹配+人工核采”“智能感知+人工核验”等工作模式，健全“大数据研判—任务派发—实地核查—信息反馈”闭环机制，完成全市“一标三实”历史数据清底，梳理221.15万幢楼址信息、632.81万间户室信息、804.57万名人口信息。

【感知圈层建设】 2022年，台州市公安局依托民生实事项目办理、公共视频监控建设一体化改革，统一保障高速公路收费站、服务区等部位感知设备，统一视图解析一体化架构，新建市际周界卡点459个、沿海视频监控点位438个，推进建设智慧海防项目，形成全市通用感知系统。迭代升级“视频AI+”、无人机管控等应用，开展智安单元建设，建成“智安单位”450家、“智安小区”1003家。

【存量应用“关停转改”】 2022年，台州市公安局开展“全面梳理整合公安应用系统”省厅试点，将11个移动端查询应用整入台州公安智慧警务App，对274个PC端应用、32个移动端应用，常态进行“访问量”晾晒，全省率先完成“浙警综”单点登入对接，停用、整合低频PC端应用83个，停用整合率达30.29%，相关工作经验在全省“公安大脑”建设第二次推进会上作交流。

【体制机制改革】 2022年，台州市公安局以玉环市公安局承接省公安厅大部门大警种制改革试点为契机，探索县级公安机关职能体系和整体架构，玉环市局原有33个内设机构精简至8个部门，基层警力占比40.2%，提升8.65%。在全省率先推行高地交警一体化改革，合并高速交警支队与交警局班子，组建高地交警功能型联合党组，统筹指挥协调、秩序管理、事故处理等业务。出台《台州市公安局合成作战中心运行规范》，配套健全巡处勤务机制。围绕“12358”警情快速处置要求，贯通市、县、所和一线警力四级指挥链，整合派出所、巡特警、交警等常态巡处力量，以及无人机等智能设备，建立“研、交、办、督、结”闭环。将全市105个派出所细分为“大中小”3类，刚性落实派出所和社区民警警力配置“两个40%以上”要求，以责任制为核心定岗编组，分类做强社区警务队、案件办理队和综合指挥室。制定派出所责任清单和办理刑事案件负面清单，明确案件办理队办理刑事案件职责边界、社区警务队管理实有人口等5项职责任务、综合指挥室指挥调度等7项职责任务，推动勤务机制标准化。派出所社区民警数（含兼职社区民警）同比上升13.81%，伤害类行政案件办结率同比上升17.54个百分点。

【警网融合】 2022年，台州市公安局落实“一区一警”“一村一警”，推进社区民警兼任村社党组织副书记，社区民辅警在“1+3+N”网格治理团队中牵引专职网格员、统筹兼职网格员、网格指导员等力量，推动派出所综合指挥室、乡镇（街道）综合信息指挥室“两室联通”，打造警网融合团队，建设“聪明”网格，夯实平安本质优基础。全市979名社区民警、4851名辅警与8359名网格员、73个行业协会、51支民间救援力量、168支义警队伍、3.7万名保安员实现共融。

【警情治理】 2022年，台州市公安局强化高频通报、短信提醒、重点督导等8项措施压降重复报警，全市重复报警总量、纠纷类重复报警量占比分别为3.4%、10.6%，工作绩效全省第1。以临海大洋派出所、温岭新河派出所为试点，探索“12345”热线、110报警服务台与“基层治理四平台”机制对接、系统互通、数据共享，开展警务和非警务警情分类，厘清权责边界，形成科学明晰的权责清单。

【执法运行机制改革】 2022年，台州市公安局推进县级执法办案管理中心全覆盖，深化执法办案“一件事”改革，健全以专业警种为主的侦查办案模式，推动相对稳定、跨警种的专业办案队伍以及法院、检察院、律师、调解员入驻中心，推行一站式取证，开展认罪认罚、刑事快办、刑事速裁等工作，构建专业集约、快慢分道、政法一体的执法办案新机制，着力提升执法办案质效。全市公安机关进中心办案率达83.72%，警种刑事办案占比达68.67%；刑事案件10日内办结率、行政案件24小时内办结率分别为32.57%、76.46%，同比分别上升12.23个百分点、4.2个百分点。

【公安队伍建设】 2022年，台州市公安局加强综合训练场地、健步道建设，场景化组织新警入警训练，主题式开展警衔晋升培训，建立民警训历“云档案”，常态进行民警“四项抽测”，将结果与晋职晋级、评先评优、单位考评“三挂钩”，为有需求民警开设“体能强化班”，全警基本训练各科目合格率保持在90%以上，市公安局网安支队二大队被评为全国网安实战大练兵标兵集体，2名同志代表省厅分别在全国网安和技侦专业技能比武中获评团体一等奖。结合警力资源、个体特长和岗位需求，开展市局警种部门“定编、定岗、定责”工作，制定人才队伍建设规划，建立人才库，打造黄岩翁燕敏等行业领军人才领衔的云战工作室117家，涉及16个专业方向、75个主攻项目，为人才发展增活力、添动力。119名专业人才中，103名在对应岗位，人岗适配率达86.55%。开展向全国“人民满意的公务员”柯伟力同志学习活动，按照“好干部”标准调整市县两级公安机关党委班子成员61人、中层干部946人，全市公安机关35周岁以下中层干部占比从上年的9.3%提高至16.57%。注重战时关爱，强化机关支援基层，实行政工、宣传、警保等部门随警作战，36个集体49名个人被授予省部级荣誉、46个集体126名个人被授予地厅级荣誉，送奖到岗、到家572人次；严查侵害民辅警执法权威案件179起，予以督察正名107人。

（范真权）

检　察

【概况】 2022年，台州市检察机关批捕各类刑事犯罪嫌疑人1900人，起诉8356人，严惩严重暴力犯罪442人。检察工作获省级以上领导批示肯定21人次，被国家级媒体正面宣传报道138次。8个案件获评全国典型案例，33个案件获评全省精品案例。集体和个人获省级以上表彰奖励43次。

【除险保安】 2022年，台州市检察机关常态化开展扫黑除恶斗争，起诉涉黑恶案件18件66人，重点推进信息网络、自然资源、交通运输、工程建设等行业领域整治。坚持在受贿行贿一起查中斩断围猎利益链，办理市监委移送审查起诉案件115件117人，逮捕57人，起诉93人，提前介入90件，不起诉5人。1个案件入选最高检和国家监察委员会首次联合发布的五大行贿犯罪典型案例。

【稳企兴市助力】 2022年，台州市检察机关突出服务保障地域特色支柱产业，智慧重塑地方金融风险防控模式，助力“普惠金融服务小微企业集成改革”获评全省改革突破奖银奖，相关工作获省政府、省检察院主要领导批示肯定。抓好涉企“挂案”清理、知识产权检察等工作，惩治侵犯民营企业合法权益犯罪296人，打击侵犯知识产权犯罪67人，办理涉企民商事监督案件77件。依法探索涉企轻罪案件宽缓化处理路径，在全省率先出台检税协作指引、涉企刑事案件一体化办理等制度，对73件涉企涉税案件作出不起诉决定，适用认罪认罚从宽制度179人。全面推广涉案企业合规改革，联合市国资委、财政局等21个部门建立第三方监督评估机制，探索中小微企业简式合规，对整改到位的9家企业不予起诉。

【社会治理融入】 2022年，台州市检察机关制发社会治理类检察建议51份，推动形成治理性文件46项，通过法律监督年度报告等形式解决类案背后的治理难题。深化推进入驻社会治理中心工作，收集各类线索849件，移送成案402件，开展联合接访86次、联合答复69次、法律评价26次。立足在全省率先建立市域检察听证员库的领跑优势，对194个案件开展公开听证，确保把法讲透、把理说清。全面落实群众信访件件有回复、信访积案清理“回头看”等活动，妥善处理群众信访2025件，治理重复信访79件，让矛盾化解“止于至善”。省市区三级检察机关联合运用“听证+和解”，实质性化解一起历经20年9次诉讼的行政争议案，相关做法被最高检、省检察院转发推广。

【民生温情传递】 2022年，台州市检察机关在全省率先开展生猪安全、抗菌药物整治等专项监督，办理食品药品安全领域公益诉讼案件68件，追索惩罚性赔偿金1000万余元，相关做法获省检察院主要领导批示肯定。升级智慧救助云平台，依托线索数据建模指引，开展司法救助

319件351人，发放救助金393万余元，1个案件获评全国司法救助协作典型案例。撑好特殊群体“暖心伞”，开展打击整治养老诈骗、加强困难妇女群体司法救助等专项行动，办理相关案件165件185人。

【未成年人权益保护】 2022年，台州市检察机关坚持对侵害未成年人犯罪“重其所重”，起诉218人，同比上升37.97%。1个案件获评全国未成年人检察工作典型案例。对涉罪未成年人宽容不纵容，依法起诉178人，对罪行较轻并有悔改表现的附条件不起诉167人，指引迷途少年重回正道。打好未成年人权益保护“组合拳”，在全省率先建立儿童福利领域信息公开、教育从业人员从业资格监管等制度，开展旅馆业住宿登记、景区青少年门票优惠等专项监督。进一步完善未检社会支持体系建设，在全国首创亲职教育全周期数字化平台、首发强制亲职教育工作白皮书，相关做法被《人民日报》、新华网等30余家媒体报道。联合市妇联、教育局等9个部门构建亲职教育“1+X”协同工作体系，组织各类法治宣讲100余场，受众8万余人次。

【刑事检察】 2022年，台州市检察机关全面落实少捕慎诉慎押刑事司法政策，完善常见罪名不捕不诉标准、证据指引，创新推进认罪认罚案件速裁程序适用、同步录音录像等工作，不捕率26.75%，不诉率36.14%，认罪认罚适用率87.17%。全域设立侦查监督与协作配合办公室，对侦查机关监督立案447人、撤案235人，追捕追诉92人，提出纠正违法意见186件。加强审判监督，会同市法院建立法检良性互动12项协作机制，提出刑事抗诉14件，法院同期改判和发回重审8件。坚守“高墙里的底线”，推进“判实未执、应收未收”清理工作，对监狱、看守所统筹开展巡回检察，纠正不当减刑、假释、暂予监外执行78人。开展禁止令和职业禁止执行等专项监督，调取外部数据1.7万余条，核查线索241条，监督成案14件。5个案件获评全省引领性、示范性刑事执行监督案件，数量居全省第1名。

【民事检察】 2022年，台州市检察机关依法办理各类民事检察监督案件615件，提出抗诉或发出再审检察建议79件，其中法院已审结26件，改判和采纳25件。联合市委政法委开展法院查封扣押措施专项监督，制发的检察建议书获评全国民事检察优秀法律文书。开展虚假诉讼监督实效“回头看”、虚假司法确认等专项活动，监督纠正“假官司”71件，为当事人挽回经济损失938万余元。在全省率先开展破产程序专项监督，构建以法律文书等公共数据为基础、监督模型为牵引的实效性监督平台，查实线索85条，成案55件。破产案件监督指南被最高检转发推广，相关工作获评全省检察机关年度创新成果。

【行政检察】 2022年，台州市检察机关全面融入“大综合一体化”行政执法改革，在全省率先出台行政执法监督和检察履职协作机制，办理各类行政检察监督案件187件，实质性化解行政争议案件17件。违法占地行政非诉执行监督系列案获评最高检专项活动优秀案件。聚焦市场主体监管、大气排污、驾驶证监管等领域，稳妥开展行政违法行为监督，建立线索移送、联动处置等机制，发出检察建议26件，均已全部采纳。

【公益诉讼】 2022年，台州市检察机关迭代推广代表建议、政协提案与公益诉讼检察建议衔接转化的新路径，立案办理公益诉讼案件379件，发出诉前检察建议213件，提起诉讼104件，做好“益心为公”检察云平台等亮点工作。站稳“公共利益代表”的检察立场，在全省率先开展并推广政府补（救）助资金、“农转非”耕地耕作层土壤保护等专项监督，追回违规发放的国有财产2795万元，督促挽回、复垦被非法改变用途和占用的耕地4367亩。坚持用最严密法治保障绿色发展，督促清理危险废物、固体废物1.1万余吨，挽回生态环境修复费用2728万元，2个案件获评全国检察机关耕地保护、长江经济带生态环境警示片案件办理典型案例。

【检察侦查】 2022年，台州市检察机关全域出台以审查、调查、侦查融合构建法律监督新模式等工作办法，打造“一盘棋”作战的大侦查格局，相关做法获省检察院主要领导批示肯定。建立健全“三位一体”检察侦查机制，创新构建数字化线索流转体系，实现“侦查部门在前刚性监督、业务部门在后智慧支持”。集中力量在重点监督领域、重大监督案件上打好侦查“组合拳”，依法查办司法工作人员相关职务犯罪案件17件18人，其中科级干部4人。1个案件入选全国检察机关立案侦查司法工作人员相关职务犯罪案件六大典型案例。

【数字办案】 2022年，台州市检察机关实质化运行数字检察办案指挥中心，搭好业务和技术间的“需求桥梁”，统筹开展43个专项监督并成案1133件，办案数始终位居全省前列。健康证类案监督治理等10个专项被省检察院认定为有影响力的数字监督案件，涉不动产查封民事执行等5项类案监督入选全省数字监督办案指引。研发运行各类办案模型191个，政府补（救）助资金监管类案监督模型获评全国大数据法律监督模型竞赛二等奖。

【场景应用拓展】 2022年，台州市检察机关全面打造具备台州检察辨识度的实战成果，形成包含14个场景的全市数字检察“一本账”。不断校准应用建设“跑道”，“行刑共治”“羁押人员数字化送达”等6个场景入选全省数字法治系统“一本账S3”。“人大·检察法律监督智联督办”“融易治”2个应用场景获评全省数字法治好应用。社会保障金除险保安“智督”模式获评全省改革突破奖提名奖。

【信息共享】 2022年，台州市检察机关广域化拓展共享范畴，牵头起草《台州市政法机关执法司法信息共享工作实施意见》，逐步扩大共享类型。聚焦数据安全管理，从制度层面规范数据资源采集、存储、流动等环节，科学归集各类数据1000余万条。项目化攻坚数据壁垒，坚持“需求导向、小点切入、以点及面”原则，联合市大数据局、卫健委等部门，搭好“检察数据仓”，签订“数据共享备忘录”，以执法司法信息共享的率先突破，加快推动跨部门信息交换，相关做法获省检察院主要领导批示肯定。

【接受监督】 2022年，台州市检察机关把接受监督、吸纳建议作为加强和改进检察工作的重要途径，精心办理人大代表建议案、政协委员提案8件，满意率100%。专题向人大、政协报告最高检、省人大常委会相关文件贯彻落实等情况，生态环境保护、净化空壳公司等专报获党委、政府主要领导批示肯定。坚持公开公正履行检察职责，邀请人大代表、政协委员、人民监督员等观摩司法活动190余人次。创新搭建检律会商互动平台，联合市司法局、律协会签审查起诉阶段辩护律师全覆盖、加强检律良性协作互动等机制，主动服务接待律师阅卷2674人次，处理律师申请事项798人次，办理律师阻权案件26件，全面推动法律职业共同体建设。

（孙佳琪）

法　院

【概况】 2022年，台州市两级法院共办结各类案件128931件，其中市中院办结9240件，一线法官人均结案289件，主要质效指标继续保持全省法院前列。

【服务经济社会发展】 2022年，台州市两级法院审结一审刑事案件5669件，判处罪犯7802人，5年有期徒刑以上重刑率3.6%，非监禁刑适用率36.1%。常态化推进扫黑除恶，审结黑恶案件11件32人。严惩严重危害社会治安犯罪，一审审结故意杀人、抢劫、绑架等暴力案件461件518人。打击养老诈骗犯罪，为老年人追赃挽救损失346万元，温岭市法院审结的一起代办养老保险诈骗案件，入选浙江省法院六大典型案例。严惩危害食品药品安全犯罪58件129人。审结贪污、贿赂等职务犯罪案件85件93人。实质化审理减刑假释案件1059件，扣减、变更减刑幅度128人，不予减刑10人，对49名不符合暂予监外执行条件的罪犯依法收监。开展大接访、大走访活动，推进信访积案清零，完成护航党的二十大维稳任务，全省法院司法警察维稳处突现场会在椒江召开。联合市工商联等部门成立台州市民营经济司法服务中心，出台服务保障经济稳进提质的实施意见，开展“助企纾困保民生”专项活动，“执行合同”用时全省最短，“办理破产”指标全省第1。新增临海、天台两家知识产权管辖法院，市中院审判委员会委员袁晓贞获评最高法院表彰的知识产权法庭试点工作突出个人。设立清算与破产审判庭，审结破产案件450件、个人债务清理案件192件，清理债务400.9亿元，盘活不动产75.9万平方米。三门县法院运用重整模式，成功保留某胶带公司商标、专利等无形资产。路桥区法院依托府院协调机制，推进“烂尾”近十年的“金兄弟珠宝”综合商贸项目重启。审结一审行政诉讼案件1132件，妥善协调处置路桥河西未来社区、仙居高铁征迁等涉省市重点工程案件。连续11年召开府院联席会议，连续15年发布行政审判白皮书，连续6年编发行政诉讼典型案例。完善行政案件“败诉风险预警”机制，联合市委依法治市办出台行政机关负责人出庭应诉工作规定，行政机关负责人出庭应诉率96.5%，一审行政机关败诉率6.4%。践行“绿水青山就是金山银山”理念，推进环境资源案件“三合一”归口审理，审结环境资源案件491件。出台服务保障美丽台州建设的实施意见，首次发布台州环境资源审判白皮书，参与温台海湾、环三门湾生态司法保护跨区域协作。仙居法院深化神仙居旅游法庭建设，涉旅纠纷调解成功率99.3%。

【法院发展改革】 2022年，台州市两级法院迭代升级数字法院，建立“晾晒比拼”机制，全市法院共承担“浙江全域数字法院”改革2022年重点任务14个跑道26项子场景试点任务，22个项目入选全省数字法治“一

1月13日，全市法院"共享法庭"工作现场观摩暨推进会在黄岩召开
（市中级法院　提供）

本账S3"，其中19项应用已集成贯通，6项应用获全省推广，18项改革成果获评省级以上荣誉。突出"多跨场景"应用，天台县法院联合县人大开发"行政诉讼人大e监督"，获评省人大工作与时俱进优秀奖；玉环市法院研发"刑事羁押事项协同一体化"，获评"浙江全域数字法院"好应用；温岭市法院推行"人民陪审员智能管理"，获评全省数字法治好应用。全市法院共有11篇数据分析被最高法院《司法大数据决策参考》录用，市中院获评最高法院"数助决策"专题示范应用特等奖，台州市为全国唯一辖区内全部法院均分别获奖的地区。探索"共享法庭"的"台州实践"，建议市委出台加强"共享法庭"建设的实施意见，共建成特设"共享法庭"190个，指导化解矛盾纠纷43736件，黄岩模具小镇"共享法庭"、临海鹿城社区"共享法庭"入选省级示范点。培育"枫桥式人民法庭"的"台州经验"，聚焦特色鲜明的人民法庭集群，出台加强人民法庭职能和作用等指导性文件，19家人民法庭建立执行工作机制，18家人民法庭融入环资审判，9家人民法庭办理轻微刑事案件。坚持"一窗受理"的"临海模式"，助推矛盾纠纷在社会治理中心"一窗口受理、一站式调解"，全年全市法院收案数下降10.5%，实现自2018年以来收案数"五连降"。落实司法责任制，推进审级职能定位改革，优化司法资源配置。坚持院庭长办案常态化制度化，全市法院院庭长开展"4+1"类案件监管1608次，办案25145件。深化以审判为中心的刑事诉讼制度改革，证人、侦查人员等四类人员出庭率37%，当庭宣判率84.1%，庭审案件被告人辩护率100%。适用认罪认罚从宽制度审结案件5085件，认罪认罚率89.7%。深化长期未结案专项清理，全市法院12个月以上长期未结案占比历史性降至0.18%。加强案件质量管控体系建设，全市法院程序比逐月下降，反映审判质量效率的一审服判息诉率、月均存案工作量、平均审理天数指标均排全省第1。

【民生保障服务】 2022年，台州市两级法院审结一审民商事案件63098件，涉案标的额306.4亿元。开展"为群众办实事示范法院"创建活动，兑现15项便民承诺。审结婚姻、继承等家事纠纷5846件，发布人身安全保护令43份，出具离婚证明书1429份。审结涉未成年人保护案件154件，对监护失责的父母发出《家庭教育令》11份。审结涉军案件7件。开展"打击恶意欠薪"专项行动，妥善处置劳动争议等案件1285件，执行到位劳动报酬4988.1万元，依法对12名拒不支付劳动报酬的被告人追究刑事责任。联合市民政局建立司法救助与社会救助衔接机制，为当事人缓、减、免交诉讼费1317.9万元，发放司法救助金317.1万元。执结案件41601件，执行到位标的额65.1亿元。集中组织开展"暖冬""春雷""灼夏"等专项执行活动71次。依法纳入失信名单4.2万人，罚款2.9万人，限制消费4.9万人，违法制裁率72.8%，居全省第1位。推进"执行一件事"改革，股权司法处置、执行辅助事务集约办理、车辆查控等7个省级一件事子场景落地应用。推进"执行一体化"改革，组建执行专业化团队，实现简案快办、难案精办、终本专办。在全省率先推进关联案件集中执行，指定执行619件，居全省第1位。对617家企业予以"活封""活扣"，对2568家经营出现困难但诚信履行的中小微企业，暂缓采取限制消费措施或不纳入失信名单。联合市检察院、公安局形成加强拒执犯罪打击的实施意见，办理拒执案件434件，已提起公诉115件、自诉77件，其中追究刑事责任100人，打击数居全省第2位。查处虚假诉讼案件566件，罚款、拘留等民事强制措施适用率85.7%，以虚假诉讼罪等定罪处罚46件，打击工作质量获省高院通报肯定。玉环法院审结的一起虚假诉讼罪案件，入选浙江法院十大典型案例。开展打击扰乱诉讼秩序专项行动，针对线上线下威胁、辱骂、恐吓以及暴力抗法等行为，依法处置95人。椒江法

6月30日，市中级人民法院举行全市法院“喜迎二十大·台法青年说”青年理论宣讲暨微型党课比赛　　（市中级法院　提供）

院审结“给小黄鱼染色案”，向相关责任人发出“从业禁止令”。三门县法院审结“恶意拒签劳动合同案”，依法驳回原告赔偿诉求。

【法院队伍建设】 2022年，台州市两级法院举办全市法院“喜迎二十大·台法青年说”理论宣讲比赛等活动。落实“支部建在庭上”的要求，“追光的警察蓝”获评全市政法系统十佳党建品牌，“继光回廊”获评第一批市政法系统思想政治教育基地。对基层法院近年来“四项建设”情况进行全面督查。制定先进典型选树实施办法，建立入职、入额、退休等荣誉仪式制度，8个集体、20名个人获评省级以上荣誉，黄岩区法院获评全省突出贡献法院，临海市法院梁统获评全国法院办案标兵。组建“台法故事师”团队和“台小豸”青年志愿服务队，开展台州法院第2期优秀青年干部培训。举办“司法素能讲习所”11期，24篇案例被《中国法院2022年度案例》录用，录用数居全省第1位，市中院连续6年获评全省法院学术讨论会组织工作先进奖，椒江法院王建华获评全省审判业务专家。一体推进司法作风突出问题集中整治和作风建设年活动，重点整治违反防止干预司法“三个规定”、违规参股借贷等顽瘴痼疾，筑牢拒腐防变底线。开展“清廉班子”“清廉庭室”评选，连续4年编印《廉政年鉴》。常态化开展司法作风巡查、审务智能督察，共发布各类通报183期。在全省法院率先出台《台州法院党风廉政建设“一岗双责”工作规定》。全年全市法院共查处违纪违法案件8件8人，违纪违法案件数量大幅回落。

【接受民主监督】 2022年，台州市两级法院办结市人大代表建议9件，满意率100%。配合市人大常委会对市中院8名员额法官开展履职评议工作。新选任人民陪审员105人，首次评选全市法院“人民陪审员年度奖”，一审普通程序案件陪审率91%。开展代表联络工作，邀请人大代表参加会议、旁听庭审、见证执行等986人次。主动向市政协和各民主党派、工商联、无党派人士通报法院工作情况，办结市政协委员提案12件。出台特约监督员工作办法，聘请包括政协委员等29名社会各界人士担任台州法院特约监督员。深化法检协作配合，法检“两长”同庭履职审理案件8件。全市法院邀请检察长列席审判委员会45次，办理检察建议379件，办结抗诉案件20件，其中改判和发回重审10件，共同维护司法公正。主动回应群众关切，上网裁判文书6.9万份。常态化开展法官与律师互评工作，温岭法院研发“法官律师办案动态监管应用”。市中院办公室获评全国法院媒体融合工作先进集体，全省法院新闻舆论工作现场会在天台召开，17篇原创推文阅读量达10万+，《李梅的婚礼》获评全国法院第九届“金法槌”奖微电影类一等奖，《你为什么做法官》获评全国法院百优新媒体作品。

（金明友）

司法行政

【概况】 2022年，台州市司法行政系统坚持依法治市、依法执政、依法行政共同推进，为党的二十大胜利召开创造安全稳定的社会环境。台州市司法局获评全国司法行政机关2021年国家统一法律职业资格考试工作表现突出单位，被司法部表彰为全国行政执法先进集体。台州市司法局、路桥区司法局、天台县司法局获全国市域治理现代化示范城市建设先进集体称号。台州市、天台县、温岭市、黄岩区被中共浙江省委全面依法治省委员会表扬为2021年度法治浙江（法治政府）建设优秀单位。乡镇（街道）行政执法协调监督工作室建设得到省委书记袁家军肯定、市委书记李跃旗批示；行政复议、行政应诉有关工作先后三次得到省司法厅党委委员、省行政复议局局长曹水萍批示；行政复议工作得到市政府领导批示。

【依法治市工作】 2022年，台州市委印发《台州市贯彻落实〈中共浙江省委关于深入践行习近平法治思想加快建设法治中国示范区的决定〉分工方案》《2022年法治台州建设重点工作》《法治保障全过程人民民主实施方案》《共同富裕制度体系建设实施方案》《台州市非诉行政执行案件"裁执分离"工作实施办法（试行）》。召开市委全面依法治市委员会会议、市委依法治市办全体会议。

【法治政府建设】 2022年，台州市政府出台《关于打造法治政府建设升级版的实施方案》。开展领导干部法治专题培训。召开全市推进法治政府建设暨预防和化解行政争议工作视频会议。召开全市法治浙江（法治政府）建设考核评价会商会。9个集体、17名个人被省司法厅通报表扬为法治建设工作成绩突出集体和法治建设工作成绩突出个人。

【法治化营商环境建设】 2022年8月21日，第二届营商环境法治化高峰论坛在台州举行。全国人大宪法与法律委员会副主任委员、中国法学会副会长江必新，中国法学会立法学研究会副会长、浙江省人民政府特约研究员、省法学会副会长丁祖年，浙江省政府参事、省法学会副会长马柏伟和市有关领导参加论坛并发言。台州市司法行政系统统筹推进法治化营商环境建设，开展规上企业、专精特新企业法治体检，撰写法治体检报告500余份，受惠企业达1000家。以民营企业"法治体检""千所联千会"为载体，搭建律师服务民营企业新平台的做法入选全国工商联、司法部"万所联万会"机制典型事例。开展"喜迎二十大 '典'亮法律夜"系列法律夜市活动。召开"法护营商、法助共富"座谈会，与11家异地商会组织签订合作框架协议；降低金融案件收费标准，加大仲裁费用缓交、减免支持力度，为企业缓交仲裁费用39.65万元，减免仲裁费用119.46万元。市司法局联合市国资委出台《关于推进台州市市属企业公司律师工作的通知》。

【政府法制监督】 2022年，台州市司法行政系健全协作制度，出台《关于建立行政执法协调监督"1+X"问题线索处置机制推进行政执法规范化的意见》，建立线索移送、联动处置、行政执法监督基层联系点和联席会议制度。坚守依法行政底线，成立台州市公职律师合规审查志愿团。推进公职律师建设，出台加快推进公职律师建设的实施方案。出台《台州市公职律师合规审查志愿团工作规则》。推进行政执法规范化建设，出台《台州市行政执法案卷评查工作指引》《行政执法监督文书格式范本（试行）》，在全省率先探索统一现场监督检查、投诉举报办理、执法监督通知等13种主要监督文书格式范本；组织全市105家执法协调监督工作室开展"执法体验日"活动，共参与乡镇执法监督220余场次。

8月21日，"第二届营商环境法治化高峰论坛"在台州举行

（市司法局 提供）

【立法和行政规范性文件管理】 2022年，台州市司法行政系统统筹推进行政立法，5月30日，地方性法规《台州市浙东唐诗之路文化保护利用条例（草案）》经市政府常务会议审议通过，提请市人大常委会审议；7月18日，《台州市普惠小微金融服务促进条例（草案）》经市政府常务会议审议通过，提请市人大常委会审议；11月30日，地方政府规章《台州市城市轨道交通运营管理办法（草案）》《台州市燃放烟花爆竹管理规定（修正草案）》经市政府常务会议审议通过；12月22日，完成地方政府规章《台州市城镇住宅小区生活垃圾分类管理办法（草案）》经市政府常务会议审议通过。规范科学行政决策机制，完成市政府2022年度重大行政决策事项目录的编制，将《台州市重点群体"扩中""提低"行动方案（2021—2025年）》等9个事项纳入市政府2022年度重大行政决策目录。加强规范性文件备案管理，全年共收到并审查

3月23日，全市首批冠名行政执法协调监督联络室挂牌成立

（市司法局　提供）

拟提请市政府印发的各类送审文件140件（其中行政规范性文件35件，非行政规范性文件105件），会议纪要（抄告单）26件；向市人大报备行政规范性文件31件，向省政府报备行政规范性文件30件，收到市直部门和各县（市、区）政府报备的规范性文件363件。

【乡镇（街道）法治化综合改革】 2022年3月23日，全市首批3家冠名行政执法协调监督联络室在临海市挂牌成立。在全省率先出台《关于推进乡镇（街道）行政执法协调监督工作室建设的实施意见》，年内设立乡镇（街道）行政执法协调监督工作室105家，实现全市赋权乡镇（街道）全覆盖。提升监督效能，出台《乡镇（街道）行政执法协调监督工作室职责指引》。加强“一支队伍管执法”工作，协助开展监督312场次，监督整改问题153个。召开全市市县乡行政执法协调监督工作体系建设推进会。台州市路桥区乡镇（街道）合法性审查全覆盖获评全国法治政府建设示范项目。

【刑罚执行强化】 2022年7月8日，市委编办发文同意台州市司法局内设机构社区矫正管理局调整设置为直属行政机构台州市社区矫正管理局。健全监督管理制度，出台《台州市社区矫正安全隐患排查整治专项行动实施方案》《台州市社区矫正对象涉海涉渔外出监督管理办法》《关于涉海涉渔社区矫正对象监督管理的若干意见》。强化应急演练，召开“突发快响”应急处置工作现场会。助力智慧矫正建设，全市完成“七彩矫正”帮教一体化PC端应用贯通使用，项目获评2022年第一批“数字司法好应用”；推进省、部级智慧矫正中心创建，新增省级达标中心6个。

【法治精神培育】 2022年，市司法局出台《2022年度市级单位法治宣传教育责任清单》《台州市2022年普法依法治理工作要点》。“守法惠”提质扩面助力共富先行案例获评2022年全省司法行政第一批“法助共富”最佳实践案例。加强行业普法，承办浙江省2022年“和谐宗教·法在心中”宗教法治面对面活动。出台双普教育基地创建标准，建成双普教育基地22家。打造台州市宪法宣传数字馆，为全省首家，接待50余家企事业单位、参观群众2000余人次。全面提升公民法治素养。创建省、市级公民法治素养观测点30个，新培育5个国家级、120个省级民主法治村（社区）、723个市级民主法治村（社区），培育“法治带头人”5166名、“法律明白人”15942名，开展“法律明白人”法治轮训500多场。

【矛盾纠纷调处化解】 2022年，台州市司法行政系统推进人民调解规范化建设，出台《台州市人民调解员管理办法》《“调解促稳定喜迎二十大”矛盾纠纷调解专项行动实施方案》。成立台州市涉企纠纷人民调解委员会。市司法局与市妇女联合会出台关于婚姻家庭纠纷调解工作室规范化建设指导文件。加强调解工作品牌培育，全市5家调解工作室获评省级金牌调解工作室、5家司法所获评“枫桥式”司法所。全年全市各级人民调解组织共调解纠纷57318件，调解成功57238件，调解成功率为99.86%。

【公共法律服务】 2022年，台州市司法行政系统深化公共法律服务体系建设，出台《台州市推进现代公共法律服务体系建设2022年工作任务清单》。提高公共法律服务智能化服务，全市新建17家涉企公共法律服务站点，智能自助机配置率达90%。加强公证和司法鉴定行业监管，出台《台州市公证质量管理暂行办法》，组建台州市司法鉴定专家库。全市公证办证51193件、司法鉴定案件10510件。完成法考客观题考试组织实施，1352名考生参加考试，通过率33.19%。

【行政复议和应诉协调】 2022年，台州市司法局印发《台州市行政复议案件审理十八法》《台州市司法局关于开展“行政复议作用提升年”活动的实施方案》《台州市公职律师参与行政复议和行政应诉若干规定》。召开2021年度全市行政错案约谈会。设立行政复议“陪议员”制度，出台《行政复议陪议员选任管理办法（试行）》，任命行政复议陪议员37名。提升行政机关负责人出庭应诉质效，出台《台州市行政机关负责人行政诉讼出庭应诉工作规定》。创设教学实践基地，联合市委党校、椒江区人民法院创设台州市行政争议预防与化解教学实践基地。加强行政复议宣传，创设“复议面对面”品牌专栏，发布复议宣传案例43篇。全年市、县两级行政复议机构新收行政复议申请1625件，办结1550件（当年结案1409件），办结率为86.7%，行政复议调解率为47.94%，纠错71件，纠错率为4.58%。全市复议诉讼案件数比值为1.43。向纪委监委移送错案线索48件，挂牌警示3家单位，选编典型、示范行政诉讼案例19个、行政复议案例14个。

9月7日，台州市行政争议预防与化解教学实践基地揭牌

（市司法局 提供）

【律师服务能力建设】 2022年，台州市司法行政系统召开全市律师行业党建质量提升工作现场会。举办青年律师执业技能大赛、检律论辩大赛和“喜迎二十大，律心永向党”演讲比赛。规范律师执业行为，出台《关于推进律师行业高质量发展的实施意见》《关于建立台州市规范司法人员与律师接触交往行为联席会议制度的意见》，受理投诉案件10件，其中行政处罚3件、行业处分7件。组建涉外法律服务专家智库，开展“浙江省法律服务月——台州站”专场活动；与商务局签订外经贸法律服务合作框架协议；举办首场“当前涉外法律实务中的若干问题及风险防控”培训班。

【法律援助】 2022年，台州市司法行政系统组建监督员队伍，成立第二届台州市法律援助中心特邀监督员队伍。全方位保障辩护权，与市检察院联合出台《关于积极开展审查起诉阶段律师辩护全覆盖的工作细则（试行）》《关于开展审查起诉阶段律师辩护全覆盖试点工作的实施方案》；建立刑事法律援助辩护团，全市共受理审查阶段法律援助案件634件。拓宽法律援助渠道，在台州市残联开展残疾人的信访接待、法律咨询、法律援助等系列活动，5月22日在浙江卫视《爱心浙江》栏目进行宣传报道。全市共办理法律援助案件6030件，解答来电来访法律咨询39615人次，共挽回经济损失7130万元。打造“云上法援”品牌，联合市信访局推行“12348”热线7×24小时全业务、全时空服务；联合浙江省临海监狱打造法律援助“云课堂”，远程为在押服刑人员开展法律咨询、法律援助等活动；联合市公安局、市律师协会筹建法律援助律师“云会见”系统。建立“全市通办、就近能办、异地可办”的法律援助受理审批服务新模式，实现政务服务2.0收件率100%。发布“我的法援故事”838篇；开展“法律专家门诊”83期，累计服务群众1735人次。

【仲裁服务】 出台《关于促进当事人自动履行仲裁裁决的会议纪要》《关于仲裁案件提质增效活动方案》《速裁快审工作规程》《构建最优营商环境 唱响“和合仲裁”党建品牌活动实施方案》。优化仲裁服务，建立速裁快审工作机制和仲裁员团队。建立“旅游调庭”，调处旅游投诉纠纷59件。召开台州仲裁委员会五届二次全体会议，审议通过《台州仲裁委员会纪律监督委员会工作规则及组成人员拟聘名单》《第五届台州仲裁委员会拟增聘仲裁员名单》《台州仲裁委员会金融仲裁案件收费管理办法》《台州仲裁委员会仲裁救助实施办法》。出台《台州仲裁委员会仲裁救助实施办法》《台州仲裁委员会金融仲裁案件收费管理办法》，累计减免收费8.51万元。

（杨梦馨）

经济管理

综合经济管理

【概况】 2022年，台州市生产总值6040.7亿元，增长2.7%，一般公共预算收入同口径增长6.6%，城乡居民人均可支配收入分别达到70737元和37700元，收入倍差缩小到1.88。完成32项民生实事，完成率居全省第一。谋划建设一流临港产业带，实现百亿元以上制造业项目重大突破，加快建设民营经济示范城市，推动民营经济发展再上新台阶。

【经济发展】 2022年，台州市受宏观经济持续面临需求收缩、供给冲击、预期转弱等“三重压力”和疫情散发多发、俄乌冲突演变等“两大变量”的叠加冲击，台州市经济面临较为严峻的困难和挑战。第一季度经济运行好于预期，GDP同比增长5.8%；第二季度受上海疫情溢出影响，当季GDP同比下降1.6%。通过有为政府和有效市场紧密结合、互动发力，增量政策工具迭代推出，稳经济一揽子政策和接续措施持续发力，政策效应很快显现。第三季度主要经济指标总体改善，当季GDP同比增长4.1%。第四季度受防疫政策调整后的短期冲击，当季GDP同比增长2.9%。面对国内外阶段性、突发性因素冲击，台州市经济运行总体保持在合理区间，地区生产总值首次迈上六千亿元大关，达到6041亿元。

【稳企惠企政策落实】 2022年，台州市承接国家和省稳经济各项政策，出台稳进提质40条、服务业纾困50条、金融18条及配套政策41项。坚持“全面顶格、早出快出、能出尽出、精准高效”，减轻企业负担289.3亿元，兑付涉企政府性补助补贴资金77.2亿元，落实增值税留抵退税151.1亿元。各项贷款余额1.38万亿元，增长17.9%，出让工业用地1.5万亩，增长40.5%。

【共同富裕示范区建设】 2022年，台州市形成的《技术工人职业发展通道设置指引》等制度性成果在全国首创，入选全省唯一全市域技能型社会建设试点。在全省率先出台支持山区县加快发展工作方案，构建市县一体“1+6+N”发展体系。“共富工坊”“干江模式”“六个不闲着”等经验做法获得国家和省肯定并推广。入围“2022中国最具幸福感城市”。累计入选省高质量发展建设共同富裕示范区试点5个、省最佳实践案例10个，数量居全省第二。

【重大项目建设】 2022年，台州市开展“三比三看”督导评议活动，获第一季度省投资“赛马”激励，三门核电二期、甬台温高速公路改扩建工程、天台抽水蓄能电站等百亿级重大项目实现开工建设。59个省重大项目完成投资232亿元，投资完成率125.4%，居全省第2位；53个省重点项目完成投资362.5亿元，投资完成率134.5%。发行专项债项目225个，争取政府专项债券限额217.9亿元，金额居全省第五。16个项目列入省重大产业项目名单，奖励土地指标1847亩，分别居全省第1位、第2位。台州1号海上风电、温岭市海塘安澜工程（东部新区海塘）等21个重大项目获得政策性开发性金融工具支持，累计投放资金73.1亿元，金额居全省第2位，占全省11.1%、全国1%。

【现代服务业发展】 2022年，台州市实现服务业增加值3071.56亿元，同比增长3.8%，增速居全省第2。台州市召开全市服务业暨旅游业高质量发展大会，明确未来五年发展目标和重点。省级现在服务业创新发展区实现县（市、区）全覆盖。台州府城文化旅游区获评国家AAAAA级旅游景区，国家AAAAA级旅游景区数量进入全国第一方阵。分类施策做好餐饮、零售、旅游、交通运输等服务业困难行业纾困工作，全年“六税两费”减免4.8亿元，增值税加计抵减1.95亿元，其他税费减免91.21亿元，阶段性缓缴社保6.65亿元。推进物流模式创新，临海市、玉环市列入第三批省级供应链创新与应用试点城市，浙江协海集团成为台州市首家AAAAA级物流企业，温岭市金太水产冷藏有限公司年产1000吨水产冻品技改项目获得中央预算内投资1700万元。

【区域合作】 2022年，台州市继续贯彻落实长江经济带发展和长三角一体化发展国家战略，发挥台州制造优势，做强产业链、提升价值链、构建创新链。积极融入宁波都市圈，联合宁波、舟山、绍兴共同编制《宁波都市圈发展规划》，推进甬台一体化合作先行区建设。加快温台合作一体化进程，深化民营经济跨区域发展政策协同试点。组织参加2022年智慧长三角数字化转型优秀案例征集活动，1个案例获一等奖，2个案例获三等奖，台州市发展和改革委员会被授予最佳组织奖。长三角环境治理联防共治等多篇信息被《长三角一体化发展工作简报》录用，台州“海洋云仓”治理模式已在宁波、嘉兴、舟山等长三角地区复制推广。积极推进山海协作工程，山海协作产业合作项目与到位资金完成省定任务数以上。启动山海协作产业飞地建设，天台—台州湾新区、仙居—绍兴滨海新区、三门—台州湾新区3个山海协作产业飞地启动建设。总投资约100亿元的仙居比亚迪新能源动力电池生产基地项目在全省山海协作工程推进会上签约。总投资107亿元的浙江天台抽水蓄能电站项目开工建设。

【对口工作】 2022年，台州市持续开展与新疆一师阿拉尔市、西藏嘉黎县、青海茫崖市、重庆涪陵区的对口支援工作，与四川甘孜州、南充市的东西部协作工作，与吉林通化市对口合作工作。安排财政援助资金7.54亿元，统筹推进援建项目建设169个，144名援派干部人才赴对口地区挂职交流。引导超百家台商企业赴对口地区投资兴业，完成投资额超50亿元。组织228家学校、医院、爱心企业、公益组织赴东西部协作地区开展结对帮扶。全市对口工作获省对市考核优秀等次，获援受两地党政领导20次肯定性批示（省部级3次），其中常务副省长徐文光批示“办成了一件件惠及群众的大事、实事”。《浙江台州持续深化东西部协作实效，助力协作地区巩固拓展脱贫攻坚成果》等2篇案例被国家乡村振兴简报登载。

【交通互联】 2022年，台州市杭台高铁通车运营，加快推进金台铁路集疏运体系建设，金台铁路头门港支线二期批复，杭温高铁、温玉铁路加快建设，甬台温高铁、金台高铁前期深化推进。市域铁路S1线建成投运，S2线完成工可、初设批复。优化提升区域公路网，甬台温高速公路改扩建工程开工建设，104国道临海江南至尤溪段等工程建成通车，228国道温岭城东至温峤段、351国道临海邵家渡至白水洋段等工程加快建设。融入长三角世界级机场群，台州机场改扩建主体工程土建完成率达到90%以上。

【营商环境优化】 2022年，台州市推进营商环境“10+N”便利化行动，营商环境评价跃升至全省第一档，全市市场主体总量首次突破80万。加强知识产权保护，获批国家知识产权强市建设试点城市，绩效考核连续三年进入全国前十。强化公平竞争审查，入选公平竞争审查会审试点，深化“双随机、一公开”监管和信用监管获国务院督查激励。在全省率先探索建立包容审慎执法体系，开展“首违不罚+公益减罚+轻微速罚”执法新模式。在全国率先建立首个民营经济司法服务指标体系，人民法院报、新华网、中国新闻网等多家国家级媒体予以关注报道。“跨省通办”工作延伸拓面，先后与上海、江苏、安徽等20个省份134多个地区开启通办，实现长江经济带11个省（市）全覆盖。

【临港产业带建设】 2022年，台州市以打造一流临港产业带为目标，谋划建设新能源城、新材料城、新医药健康城、未来汽车城和精密制造城。出台临港产业带发展规划和湾区、港口、空间布局、职业教育等专项规划，制定支持临港产业带建设20条和产业基金、“飞地”等政策。启动建设五城核心区，实施临港产业带重大项目163个、总投资1.26万亿元。组建成立市海洋投资集团。“五城+五星+未来”的现代产业发展体系初步成形，空天一体化、智能光电、前沿新材料等新兴产业加快培育，台州湾空天产业入选省首批未来产业先导区创建名单，4个产业群入选省第二批“新星”产业群。吉利星空智联卫星和彩虹无人机台州生产基地建成投产，首批9颗卫星成功发射入轨，开创民企“一箭九星”新纪录。

【生态文明建设】 2022年，台州市3个生态系统生产总值（GEP）核算应用试点建设有序推进，天台县“两山”合作社挂牌成立，仙居县生态资产运营管理平台实质性运行。开展生态文明建设示范县创建工作，天台县“绿水青山就是金山银山”实践创新基地获省级推荐，仙居县生物多样性科教中心入选省首批生物多样性体验地名单。推行落实“林长制”，全面完成绿化造林、森林质量提升等任务。

【碳达峰碳中和工作】 2022年，台州市印发《关于完整准确全面贯彻新发展理念做好碳达峰碳中和工作的实施意见》，启动编制《台州市碳达峰实施方案》。大陈岛“碳中和”示范区创建有序推进，碳核算体系框架搭建完成，国内首个海岛“绿氢”综合能源示范项目——大陈岛氢能综合利用示范工程建成投运。推进低（零）碳试点，路桥区通过省第一批低碳试点县创建评估，玉环市入选省第二批低碳试点县能源低碳发展类试点。

【价格监管】 2022年，台州市贯彻落实国家、省、市系列惠企纾困和减负政策，持续开展清费减负工作，出台用电用水用气“欠费不停供”、电气费补助等配套措施，全年减轻企业负担约1.5亿元。进一步整治涉企违规收费，推动降费减负各项政策落到实处，支持稳经济和助企纾困。修订完善市场价格异常上涨事件应急预案，落实节假日期间猪肉储备投放工作，及时足额发放困难群众价格临时补贴。统一市区城市道路停车服务收费标准，完善医疗废物处置收费政策，推进生活垃圾收费工作，台州作为唯一的基层代表在全国推进生活垃圾收费工作视频会上作典型经验发言。进一步强化涉企行政事业单位收费目录清单制度，清理规范市区政府定价经营服务性收费项目和标准。

（王维一）

2022年台州市重点建设项目形象进度一览表

表4

序号	项目名称	基本情况			项目所在地
		建设内容和规模	总投资（万元）	建设起止年限	
	合计项目519个		75187675.86		
	农业水利项目	28个	3415022		
1	台州市东官河综合整治工程	整治南官河、东官河和永裕河等河道，总长度17.43千米。新建山头泾新闸1座；新建外东浦泵站，配套疏浚外东浦河；新建西江泵站；新建、重建桥梁共27座，归并取消拆除桥梁6座，保留利用桥梁13座；埋设截污管35.3千米；河道两岸实施生态绿化，建设河道型安然湿地、永宁河湿地	232924	2015—2025	市本级
2	台州市引水工程	新建长潭水库综合取水设施，引水规模为100立方米/天；新建引水管线62.7千米；新建集聚区东部水厂，供水规模为20万立方米/天及配套清水管网（一次规划分步实施）；扩建台州水厂，供水规模为8万立方米/天；新建椒江南北互备水源管道14.5千米，规模为9万立方米/天	371812	2017—2022	市本级
3	台州市海洋与渔业综合执法管理服务基地项目	椒江综合区码头新建2000吨级码头1座、600吨级泊位、扣船设施及相应配套工程，陆域相关建筑；大陈执法码头新建600吨级码头1座	16548	2019—2024	椒江区
4	洪家场浦排涝调蓄工程	自祝昌泾至十一塘，用地3534.42亩，全长18.2千米，拆迁10万平方米，河面拓宽至60～100米，新建跨洪家场浦桥梁	217000	2014—2023	椒江区
5	台州市七条河拓浚工程（椒江段）	综合整治河道3.1千米，拆除、新建岩头闸	19529	2022—2025	椒江区
6	台州市椒江区海塘安澜工程（江南、城西段海塘）	工程将对江南、城西段海塘的改造提升，达到防洪防潮、整治和美化椒江沿江环境的目的。工程主要建设内容包括：1.改造提升6.63千米海塘；2.葭沚闸的拆除与新建，新建规模为1孔×6米；3.海塘沿线旱闸共29座，拆除重建旱闸2座，其余27座均拆除，拆除封堵除7816军船坞外的其他船坞门等	73922	2022—2025	椒江区
7	台州市永宁江闸强排工程（一期）	1.新建水闸工程，在永宁江王林洋老江道口门建设东、西两座闸，其中东闸共2孔，单孔净宽6米；西闸1孔，净宽6米。2.永宁江闸除险加固提升工程：闸室检修平台及胸墙加高，闸门和启闭机更换，重建下游消力池、海漫及防冲槽，闸室外观改造	17336	2021—2024	黄岩区
8	台州市黄岩区海塘安澜工程（椒江黄岩段海塘）	西起永宁江闸右侧，东至三山小普陀，长度共计2.908千米。海塘沿线需新建涵闸1座，规模为2孔×2.5米；封堵原有涵闸3座、旱闸8座。新建码头1个，改造码头3座，高滩地生态绿化及配套设施布置约60万平方米	62586	2022—2024	黄岩区
9	永宁江下游段生态环境提升工程（一期）	沿永宁江主干道南北建设游步道及两侧绿化带，游步道西起江滨公园东侧边缘，全长约27.5千米	35730	2020—2023	黄岩区

续表4

序号	项目名称	基本情况			项目所在地
		建设内容和规模	总投资（万元）	建设起止年限	
10	台州市路桥区青龙浦排涝工程	路桥段开挖七条河至十塘河道（长2.22千米，宽100米），建设十塘节制闸、海昌路交通桥梁、南官河1#闸站和2#闸站建设，解决路桥城区河道狭窄排涝能力不足问题；集聚区出海口段建设青龙浦出海闸站、三山涂段河道	154400	2020—2024	路桥区
11	台州市路桥区金清灌区续建配套与节水改造工程	项目位于金清镇、新桥镇，改造灌区总面积13.3万亩，骨干河渠改造30.845千米，排水沟改造1千米，新建节制闸6座，新建及改造灌排泵站24座	17838	2021—2022	路桥区
12	临海市方溪水库工程	总库容7205万立方米，用于供水以及方溪下游0.62万亩农田灌溉。水库日均供水规模18.6万立方米/天	190000	2016—2022	临海市
13	临海市大田平原排涝二期工程（外排工程）	项目建设内容包括湖排涝闸站；2排涝隧洞长2216米，主城区河道整治工程	99000	2020—2025	临海市
14	临海市东部平原排涝工程（一期）	新（改）建水闸9座，加固水闸1座，新开河道4条长8.8千米，疏浚河道4条长24千米，新（改）建桥梁9座	37000	2020—2023	临海市
15	临海市尤汛分洪工程	尤溪闸、尤汛分洪隧洞、出口箱涵、阮家洋溪分洪隧洞	198000	2022—2027	临海市
16	临海市灵江干流城区段治理工程【台州市椒江治理工程（临海段）】	望江门右岸切滩，治水公园切滩，切滩总长度约3.4千米	44000	2022—2025	临海市
17	温岭市南排工程（一期）	整治河道6.34千米，建设护岸11.49千米，隧洞长1.12千米，节制闸2座，拦水堰1座；涉及桥梁16座	82305	2017—2023	温岭市
18	台州市南部湾区引水工程	1.原水输水管线近期设计规模15万立方米/天，在温岭预留分流接口，设计规模5万立方米/天。2.在玉环境内新建一座净水厂，近期供水规模10万立方米/天。3.新建新水厂至玉环各主要用水区的配水干管17.98千米	184321	2018—2022	玉环市
19	玉环市漩门湾拓浚扩排工程	湖泊及河道拓浚、排涝闸、节制闸、淤泥处置和一期堵坝拆除等，其中拓浚湖泊面积约1.79平方千米、保留水面约17.5平方千米、拓浚河道长约18.7千米、新建玉环湖排涝闸1座、改建苔山排涝闸1座、改建节制闸4座	115579	2020—2025	玉环市
20	玉环市海洋生态保护修复项目	整治修复海岸线长度7455米（含盐沼生态修复岸线1200米），整治修复盐沼面积3公顷以上，修复红树林面积40公顷	51016	2021—2023	玉环市
21	台州市椒江治理工程（天台始丰溪段）	始丰溪主流及城区段5条支流共计58.625千米。1.始丰溪干流整治工程：新建堤防5.1千米，加固堤防2.4千米，整治堤防37.8千米，整治护岸12.8千米；2.三茅溪、赭溪、螺溪、小法溪、梅坦坑5条支流整治工程：新建堤防0.8千米，加固堤防12.1千米，整治堤防9.3千米；3.水生态修复工程：新建堰坝15座（干流2座、支流13座），改建及加固堰坝19座（干流12座、支流7座）；新建引水入村工程3处；修复滩地13处、面积3.59平方千米；4.信息化工程	166414	2020—2023	天台县
22	天台县水系连通及水美乡村建设试点县	水系连通4处，对城区所有河道分四个区块连通成网，蓄水成景；打造水美乡村11个；乡村河道整治30条，共71.03千米；建设数字水利平台1个。建设内容包括水系连通、清淤疏浚、乡村河道岸坡整治、水源涵养及水土保持、人文景观、河湖管护、防污控污等	39406	2021—2022	天台县
23	仙居县永安溪综合治理与生态修复工程二期	工程共治理河道35条，实施新建堤防3.90千米、加固堤防12.37千米，新建护岸32.29千米、加固护岸29.03千米，清淤（清障）长度41.33千米，新建闸站1座（闸宽25.0米，排涝流量30.0立方米/秒），新建液压升降坝6座、新增堰坝8座、加固堰坝4座，水系连通长度5.26千米，涉及桥梁改拆建31座	78915	2021—2024	仙居县
24	台州朱溪水库工程	水库规模为大（2）型，库容1.25亿立方米，输水隧洞17.8千米	374361	2016—2023	仙居县
25	三门县东屏水库工程	总库容0.29亿立方米，年供水量0.20亿立方米，供中部和东南部15万人饮水	70380	2017—2025	三门县

续表4

序号	项目名称	基本情况			项目所在地
		建设内容和规模	总投资（万元）	建设起止年限	
26	三门县海塘加固工程	12座海塘除险加固	120000	2020—2023	三门县
27	台州市循环经济产业集聚区海塘提升工程	提标加固100年一遇海塘17.32千米；新开护塘河9.84千米，新建护岸19.68千米；提标加固已建水闸5座，新建1座；沿塘生态修复115.1万平方米，新建巡查站4处	316500	2020—2025	台州湾新区
28	台州湾新区中小河流综合整治月湖片区（一期）	工程范围包括山海浦（汇金路至英才泾）、豪杰泾（青龙浦至山海大道）、海景浦（豪杰泾至农耕泾）、农耕泾（青龙浦至海景浦）和英才泾（青龙浦至山海大道）5条河道，其中英才泾仅做景观部分。河道总长约8.75千米，合计护岸总长约16.94千米	28200	2021—2023	台州湾新区
	交通项目	34个	18301567		
1	杭台高铁温岭至玉环段	新建正线全长37.172千米，设计时速350千米/时，在温岭站同步建设甬台温至杭绍台铁路上行联络线4.683千米	762000	2021—2024	市本级
2	新建杭州经绍兴至台州铁路（台州段）	台州段114千米，设计时速350千米/小时，途经天台、临海、椒江、路桥、温岭，终于新建温岭站杭台场南端	2330000	2018—2022	市本级
3	台州市域铁路S1线一期工程	线路全长52.4千米，设站15座。新建110千伏路桥牵引电力合建变电所、中心停车场分区所兼开闭所、城南车辆段分区所兼开闭所和城南车辆段10千伏牵引电力合建变电所	2280000	2017—2022	市本级
4	台州市域铁路S2线一期工程	S2线一期工程线路全长约66千米，全线拟设站22座（含预留2座），其中地下站7座，高架站12座，地面站1座，预留2座高架站；于台州中心站设S1线与S2线的联络线，联络线长1.075千米；并于北洋镇设北洋停车场、台州湾新区设滨海车辆段，控制中心与线网其他线路合建	3080000	2022—2027	市本级
5	甬台温高速公路改扩建工程三门麻岙岭至临海青岭段	起点位于宁海、三门交界处的麻岙岭隧道洞中，终点位于临海南互通处，路线全长约42.8千米。全线按“两侧拼宽为主，局部分离或单侧拼宽”的原则拓宽为双向八车道、局部双向十车道，并改造一般互通立交2处，枢纽互通2处，新增一般互通立交1处，改扩建服务区1处，新增危化品停车区一处	1288418	2022—2025	市本级
6	甬台温高速公路改扩建工程临海青岭至温岭大溪岭段	起点位于临海南互通处，终点位于台州温州两地交界处的大溪岭隧道洞中，路线全长约40.2千米。全线按“两侧拼宽为主，局部分离或单侧拼宽”的原则拓宽为双向八车道、局部双向十车道，并改造一般互通立交3处，枢纽互通2处，新增一般互通立交1处，迁建一般互通立交1处，新建服务区1处，利用现状管理中心1处，养护工区1处，同时设置互通连接线1条，长约5.3千米	1661071	2022—2025	市本级
7	台州路桥机场进场道路工程（一期）	道路全长1.57千米，涉及挖方5.2万立方米，填方18.7万立方米，软基处理1.41千米，中桥3座，涵洞5道，箱涵通道1处，平面交叉1处	65781	2021—2023	椒江区
8	台州市域铁路综合服务基地工程	项目为台州市域铁路线网的重要配套工程，也是线网运营操作、指挥及管理中心。拟用地面积15881平方米，拟建总建筑面 积约63000平方米	58900	2020—2023	椒江区
9	余姚至温岭公路黄岩北城至温岭泽国段公路工程（黄岩段）	一级公路，主线全长约23.3千米，利用的104国道路桥桐屿至温岭泽国段11.6千米，实际建设里程约11.7千米（黄岩段约6.4千米），同步建设院桥支线约11.5千米（黄岩段约9.8千米）	197977	2017—2023	黄岩区
10	台州路桥机场改扩建工程	新建一条长2500米平行滑行道及端联络道系统，35000平方米的航站楼，16个机位的站坪等	358792	2019—2023	路桥区
11	台州路桥机场进场道路工程（二期）	全长3.605千米，填方39.82万方，软基处理2.54千米，沥青砼路面95.9平方千米，中桥5座，互通立交2处，通道12处，平交3处	232500	2022—2025	路桥区
12	余姚至温岭公路黄岩北城至温岭泽国段公路工程（路桥段主线）	项目位于桐屿街道，南接104国道西复线，总用地面积369亩，一级公路，双向6车道，长4500米，宽40米	61090	2021—2024	路桥区

续表4

序号	项目名称	基本情况			项目所在地
		建设内容和规模	总投资（万元）	建设起止年限	
13	秀洲至路桥公路路桥肖王至洋屿段高架桥工程	新建高架桥4.1千米，一级公路双向六车道	113359	2020—2023	路桥区
14	秀洲至路桥公路路桥南山至洋屿段工程	新建一级公路，双向六车道，总里程12.2千米	209000	2017—2023	路桥区
15	金台铁路头门港支线二期	线路全长14.724千米，新建头门港站一座	463900	2023—2025	临海市
16	余姚至温岭公路临海汇溪至沿江段改建工程	主线长42.8千米，市区连接线3.6千米	363000	2019—2023	临海市
17	104国道临海江南至尤溪段改建工程	一级公路长15.8千米；二级公路6.3千米	175000	2019—2022	临海市
18	351国道临海邵家渡至白水洋段	主线全长约37.547千米（其中完全利用老路9.737千米，改造及新建段27.81千米）	500800	2021—2025	临海市
19	台州港头门港区进港航道一期工程	设计宽度170米，总长24.1千米，其中疏浚段长16.7千米，设计深度11.7米，满足5万吨级散货船乘潮90%保证率、7万吨级散货船乘潮50%保证率，疏浚量约892.2万立方米	30000	2022—2024	临海市
20	甬台温高速至沿海高速温岭联络线	主线全长33.5千米，采用双向六车道高速公路标准设计，设计速度100千米/小时，路基宽度33.5米	1289000	2020—2023	温岭市
21	228国道温岭城东至温峤段工程	主线全长15.96千米，共设桥梁3942米/10座，长隧道4210米/2座、中隧道1408米/2座，互通式立交4处	416472	2021—2025	温岭市
22	81省道温岭段改建工程	路线全长42.59千米，其中利用老路段7.02千米，实际建设道路长度为35.57千米	265472	2012—2024	温岭市
23	S226（76省道）玉环龙溪至坎门段改建工程（一期）	工程采用一级公路技术标准兼顾城市道路功能，设计速度80千米/小时，路基宽度32米，双向六车道。一期工程路线长约8.3千米，其中主线5.2千米，干江连接线3.1千米	117765	2020—2023	玉环市
24	S226省道玉环城区连接线工程（漩门至城南段公路）	总占地面积约639.28亩，路宽60米，全长约6468米，建设内容主要包括道路、桥梁、给排水管道、综合管线、照明、绿化、交通设施等	92923	2020—2024	玉环市
25	228国道清港连接线工程	工程采用一级公路技术标准设计，设计速度80千米/小时，路基宽度26.5米，双向四车道，路线长约7.3千米	91625	2019—2022	玉环市
26	玉环市沙岙至西滩公路工程（沙岙至内马段）	工程采用一级公路技术标准兼顾城市道路功能，设计速度80千米/时，路基宽度54米，双向六车道，路线长约4.54千米	78600	2020—2023	玉环市
27	104国道天台响岩至至界岭段改建工程	起点位于天台县福溪街道响岩村附近，路线向西南经新龙园、花桃、波楞，终点位于至界岭隧道与临海段顺接。全长7.31千米，一级公路技术标准，路基宽度24.5米	103200	2022—2025	天台县
28	S314嘉善至永嘉公路天台段工程	路线全长23.1千米，按一、二级公路标准设计，路基宽度10～24.5米。其中桥梁1140米/5座，涵洞13道，隧道4040米/5座	168000	2022—2024	天台县
29	上三高速公路增设天台东互通工程	互通区位于城区东部两亭巷处，连接线沿原八两线终于104国道复线（人民东路）处。互通连接线全长2761米，采用一级公路标准，设计速度60千米/小时，路基有效宽度26米，双向四车道	49500	2022—2025	天台县
30	杭温高铁	仙居段33.4千米	380000	2020—2024	仙居县
31	G351国道仙居界岭头至桐桥段改建工程	本项目路线总长12千米，双向四车道一级标准，设计速度80千米/小时，路基宽度24.5米	139824	2021—2025	仙居县
32	椒江至武义公路仙居朱溪至白塔段工程	路线全长26.49千米，桥梁3291米/17座，隧道6358 米/8座，服务站2处	134463	2018—2023	仙居县
33	甬台温高速至沿海高速三门联络线（上三高速东延段）	全线位于三门县境内，起于三门县珠岙镇，终于健跳镇，设健跳枢纽互通与在建的沿海高速相接。线路全长约28.8千米，主线采用双向四车道高速公路标准，设计速度100千米/小时	678117	2022—2025	三门县
34	台州无人机临时起降及配套工程	总占地月352亩（其中用海352亩），总建筑面积约20000平方米。飞行区指标为2B，跑道长度为1200米	65018	2021—2023	台州湾新区

续表4

序号	项目名称	基本情况			项目所在地
		建设内容和规模	总投资（万元）	建设起止年限	
	能源项目	16个	7162789		
1	三门核电二期	建设2台百万千瓦级机组	4000000	2022—2026	市本级
2	220千伏输变电工程	玉环苔山等3个220千伏输变电工程，新增变电容量96万千伏安、线路57.8千米	50312	2022	市本级
3	110千伏输变电工程	临海汇丰等8个110千伏输变电工程，新增变电容量30万千伏安、线路75.4千米	29426	2022	市本级
4	35千伏及以下配电网建设及改造	35千伏及以下配电网建设及改造	100000	2022	市本级
5	市域铁路台州中心站110千伏输变电工程	110千伏牵引变电所及连接220千伏恒利变电站110千伏电缆线路	11270	2021—2022	市本级
6	路桥金清港成品油仓储基地	项目位于金清镇剑门港村，对收购的原中石油仓储基地进行全面改造提升，扩大产能，分二期建设，一期占地37683.10平方米，拆除原有储油设施，建设3.7万立方米成品油储运设施，改造进出场道路，新建管理用房和配套设施用房；二期占地51亩，再扩建5万立方米地上油气储存设施，购置特种运输船3艘、特种运输车50辆	104645	2020—2023	路桥区
7	浙能临海风光储一体化项目	主要建设30万千瓦海上风力发电机组，配套建设1座220千伏海上升压站和一座陆上集控中心	420000	2022—2024	临海市
8	温岭100兆瓦潮光互补智能光伏发电项目	建设潮汐与光伏发电互补型电站，规划建设装机容量为100兆瓦，配套建设110千伏升压站	52000	2021—2022	温岭市
9	温岭绿色电能产业项目（滩涂光伏）	拟新建光伏发电，涉及滩涂面积18000亩	250000	2022—2024	温岭市
10	大麦屿能源（LNG）中转储运项目	总用地面积489.75亩，总建筑面积10859平方米。一期主要建设2台10万立方米LNG储罐和1台20万立方米LNG储罐及配套工艺、公用工程设施，中转能力达200万吨/年	410136	2018—2024	玉环市
11	华能玉环电厂三期扩建项目	规划建设1台1000兆瓦级超超临界高效节能燃煤机组，同步建设高效烟气脱硫、脱硝及除尘装置。建设内容为电厂正常运行所需的所有厂内、外主要和辅助生产系统及附属设施，主要包括热力系统、制粉及烟风道系统、运煤系统、除灰渣系统、水处理系统、电气系统、热工控制系统、供水系统、附属生产工程、附属生活工程以及厂区内道路、绿化配套工程	500000	2022—2024	玉环市
12	干江滨港工业城综合智慧能源项目	利用各企业内部厂房屋顶或场地，以分布式光伏（约150兆瓦）为核心，并结合用户侧用能需求，通过配置分布式储能、充电桩等设施，提供整体供能方案	50000	2022—2024	玉环市
13	天台县抽水蓄能电站项目	枢纽工程建筑主要有上水库、下水库、输水系统、地下厂房和开关站等组成。上水库位于苍山北侧的沟源洼地内，正常蓄水位953.00米，死水位918.00米。下水库位于榧溪上游龙王堂村河段，正常蓄水位204.0米，死水位185.0米。输水系统总长约3684.5米。工程装机容量170万千瓦，额定水头724米，首台机发电工期60个月，总工期72个月。建设用地约5800亩	1020000	2022—2023	天台县
14	中核三门县200兆瓦渔光互补光伏项目	在三门县三门核电厂区南部滩涂海域建设光伏电站，建设200兆瓦光伏电站	100000	2022—2023	三门县
15	浙江三维联合热电有限公司热电联产项目（二期）	拟建设1台150吨/小时高温超高压循环流化床锅炉，配CB15兆瓦抽气背压式汽轮发电机组、B15兆瓦背压式汽轮发电机组各一台，及配套设施，总装机容量30兆瓦，及热力管网工程	50000	2019—2022	三门县
16	浙能台二发电智慧电厂科技项目	新建智能管理、决策系统开发与实施、火电厂电量、水量平衡管理系统、厂区通信微网、智能两票系统、智能燃料管理系统、锅炉防磨防爆大数据智能分析、智能巡检机器人等	15000	2021—2022	三门县

续表4

序号	项目名称	基本情况			项目所在地
		建设内容和规模	总投资（万元）	建设起止年限	
	城市建设项目	144个	18381463.86		
1	台州市地下综合管廊一期工程（台州大道段、市区段）	涉及地下综合管廊总里程19.6千米。其中:台州大道段（现代大道—路桥界）地下综合管廊,建设里程4.3千米;市区段包括现代大道（教七路—东二路）地下综合管廊、东二路（现代大道—绿脉南路）地下综合管廊、绿脉南路（东二路—十塘坝）地下综合管廊,建设里程15.3千米	252500	2017—2023	市本级
2	市府大道西段快速化提升改造项目	项目西起杭绍台铁路东侧，东至台州大道东侧。项目改造长度总计2410米，改造后地面主线为双向6车道，两侧辅道双向4车道，标准横断面宽度为57米	46200	2021—2024	椒江区
3	椒江过江隧道项目	项目北起章安大道（规划），南沿解放路至青年路，全长约3.4千米，拟采用双向六车道，设计速度60千米/小时。江底盾构段长约1.8千米，两岸明挖段长约1.6千米（其中，江南段长约0.9千米，江北段长约0.7千米）	420000	2022—2026	椒江区
4	教七路（市府大道至东山河）道路工程	总用地面积约124269平方米，建设内容包括道路工程、桥梁工程、U型槽工程、框架桥工程、泵站、地下管廊工程、配套道路管线工程、道路附属工程	111206	2020—2023	椒江区
5	绿色药都产业园配套设施提升工程（北区）	用地面积67817平方米，总建筑面积185600平方米，拟建人才公寓、职工宿舍及相关配套设施	107776	2022—2025	椒江区
6	绿色药都产业园配套设施提升工程（南区）	用地面积75906平方米，总建筑面积229028平方米，拟建职工宿舍及配套商业用房，容积率2.2	156607	2022—2025	椒江区
7	教七路（东山河—现代大道）及现代大道跨线桥工程	建设内容包括教七路跨线桥一座，跨河桥梁两座及附属工程。其中教七路（东山河—现代大道）部分长约768.5米，规划红线宽50米；教七路与现代大道互通部分长约1560米，规划红线宽50米	85642	2020—2023	椒江区
8	经中路（现代大道—路桥界）道路工程	建设内容包括道路工程、桥梁工程、管线工程、道路附属工程。总用地347.02亩，道路全长约4500米，标准段宽50米。项目需设置跨河桥梁6座	73471	2020—2024	椒江区
9	东海大道西延（教七路—台州大道）道路工程	项目全长约1.3千米，其中隧道长度约600米，道路用地面积19770平方米，桥梁用地面积1900平方米，隧道用地面积23322平方米	67217	2020—2024	椒江区
10	椒江南部市场群区块基础设施提升工程（路泽太高架二期）	建设内容包括高架道路及地面道路两部分：高架道路主线长约4.98千米；地面道路6.9千米	293764	2021—2024	椒江区
11	葭沚转盘提升改造工程	建设内容包括中心大道主线下穿工程（东平路—中山西路）、中心大道北延（中山西路—工人路）道路新建工程、葭沚转盘公园改造工程、82省道跨线桥（葭中路—东平路）四大块	72986	2021—2024	椒江区
12	台州国际博览中心	位于市商贸核心区中心商圈，紧邻台州银泰城和心海绿廊，是集展览、会议、办公、酒店（四、五星）、商业等功能于一体的大型会展综合体。建设用地面积约320亩，总建筑面积约42万平方米	497000	2021—2025	椒江区
13	和合大道（教七路—学院路）道路工程	总用地面积约241.32亩，建设内容包括和合大道（教七路—学院路）、和合大道与台州大道连接线（和合大道—工人路）两部分，其中和合大道范围西起教七路，东至学院路，全长约2.6千米；和合大道与台州大道连接线范围北起和合大道南至工人路，全长约292米	169474	2021—2024	椒江区
14	椒江医化产业园区基础设施提升工程（椒江医化工业污水处理厂工程）	总用地面积36001平方米，总建筑面积约9752.65平方米。建设内容主要为污水处理工艺各单元构筑物、综合楼及相关配套设施工程，建成后形成污水处理规模30000立方米/天	68058	2022—2023	椒江区
15	杭绍台铁路台州中心站配套市政工程	用地面积约95303平方米，建设内容主要包括东海大道、站场环路、横一路、横二路、纵一路、纵二路六条道路以及东、西侧匝道。拟建道路总长度为3130米，匝道桥梁长度2975米	118000	2020—2022	椒江区

续表4

序号	项目名称	基本情况			项目所在地
		建设内容和规模	总投资（万元）	建设起止年限	
16	椒江心海社区	实施单元总面积约30公顷，建设内容包括上徐村安置组团、董家洋安置组团、邻里中心公共组团、大型商住人才组团等	709833	2018—2023	椒江区
17	葭沚水城学院路东安置区块棚户区改造工程	总用地面积为83679平方米，总建筑面积为252605平方米，其中地上建筑面积为185445平方米，地下建筑面积为62110平方米。建设内容包括高层公寓楼、商业及社区配套建筑、物业配套、幼儿园、架空层、地下室以及道路广场、绿化等	197719	2018—2022	椒江区
18	葭沚街道富强村城中村改造工程	总建筑面积160648.76平方米，其中地上总建筑面积为118843.07平方米，拟建安置区块总用地面积为53983平方米。建设内容包括高层公寓楼、商业及社区配套建筑、物业配套、架空层、地下室以及道路、绿化等	106000	2019—2022	椒江区
19	白云街道沙王村棚户区改造工程	总用地面积65591平方米，总建筑面积184664.16平方米。建设内容主要为高层公寓楼，社区配套建筑、物业配套、架空层以及地下室等	87655	2019—2022	椒江区
20	洪家街道大板桥村棚户区改造工程	总用地面积268229平方米，总建设用地面积204886平方米。棚户区改造范围内配建一个9班制的幼儿园	595000	2019—2022	椒江区
21	葭沚老街改造一期工程	总用地面积70.83亩。拟拆除原建筑面积（31204）平方米，修缮现有建筑面积18832平方米，迁建建筑面积1925平方米，新建建筑面积17752平方米。改造后项目总建筑面积为48144平方米，其中地上建筑面积38509平方米，地下建筑9635平方米	59000	2019—2022	椒江区
22	太和山隧道（长岙路—安康路）工程	全长约1150米，其中道路长482米，隧道长668米，红线宽度30米	33127	2019—2022	椒江区
23	白云山云中绿道工程	总面积约134.799公顷，云中绿道从山体中部穿过	32000	2021—2024	椒江区
24	黄岩东浦社区	围绕“139”顶层设计内涵，高质量推进9大场景建设。规划单元范围北起九龙街，西至永宁江沿岸，东至二环东路，南至东浦路与江南路，面积约215公顷。实施单元选取其中北部的老旧小区密集区块，面积约为21公顷	580000	2021—2025	黄岩区
25	黄岩区妙儿桥村安置房	总用地47亩，项目总建筑面积约93012平方米，其中安置房496套计63032平方米，商业用房4600平方米，其他配套用房1580平方米，地下建筑23800平方米。其他建设内容包括道路、绿化景观等配套设施	78000	2018—2022	黄岩区
26	罗家汇安置房工程	总用地73.8亩，总建筑面积148868平方米，主要建设安置房、商业用房、养老设施用房、物业用房等	61830	2019—2023	黄岩区
27	黄岩区岙岸安置房项目	总建筑面积224330平方米，其中住宅1597套计160373平方米，物业管理用房1239平方米，养老服务用房494平方米，幼儿园3200平方米，其他配套用房700平方米，地下建筑58324平方米。其他建设内容包括道路、绿化景观等配套设施	92340	2019—2023	黄岩区
28	黄岩区天长北路外迁安置小区工程	项目总用地约4.4774公顷，总建筑面积约146284.08平方米	64546	2021—2024	黄岩区
29	横河棚户区改造工程	总用地面积5.872公顷，项目总建筑面积111410平方米，其中住宅73套计72820平方米，商业用房3335平方米，其他配套用房1020平方米，架空层3450平方米，地下建筑面积30785平方米	60648	2019—2023	黄岩区
30	北洋移民安置小区	本项目总用地面积50388平方米，总建筑面积124966平方米，地上建筑面积为92677平方米，地下建筑面积32289平方米，建筑占地面积5780平方米，容积率2.2，绿地率30%，建筑密度13.7%，住宅总数774套	43000	2020—2023	黄岩区
31	黄岩区净土岙棚户区改造工程	总用地94.6亩，总建筑面积约17万平方米。安置小区总用地面积6.3万平方米，主要建设安置房、商业用房、养老设施用房、物业用房等	107846	2020—2023	黄岩区

续表4

序号	项目名称	基本情况			项目所在地
		建设内容和规模	总投资（万元）	建设起止年限	
32	黄岩王林和王林施棚户区改造工程	总用地133亩，建筑面积约21.9万平方米。其中住宅1265套计142592平方米，商业用房18000平方米，其他配套用房700平方米，架空层5500平方米，地下建筑60000平方米	90000	2018—2022	黄岩区
33	马鞍山家园工程	总用地面积103.76亩，建筑面积199080.57平方米，其中住宅1312套面积143164.24平方米，商业7100平方米，物业等其他配套用房面积2037.4平方米，地下建筑面积46779平方米	96496	2020—2024	黄岩区
34	五里牌二期安置房	项目总用地面积61亩，总建筑面积约133300平方米，建设安置房 694 套计85559平方米。其中商业用房面积约10525平方米，其他配套用房1500平方米，地下室建筑面积35716平方米	56708	2020—2024	黄岩区
35	杜家村安置房	总用地约53.24亩，建筑面积约88766平方米，其中住宅640套计63906平方米，物业用房460平方米，居家养老用房200平方米，地下建筑面积24200平方米	35049	2021—2024	黄岩区
36	黄岩西城片区人居环境提升工程	总用地约131.75亩。总建筑面积约229555平方米，其中住宅1450套计161975平方米，物业用房1180平方米，居家养老用房300平方米，幼儿园3100平方米，地下室63000平方米	90287	2021—2024	黄岩区
37	院桥镇前郑村一期安置房	总用地面积46324平方米，总建筑面积147477平方米，其中地上建筑面积111177平方米，地下建筑面积36300平方米	69320	2021—2024	黄岩区
38	台州市新兴产业基地一期安置房	总用地面积15.0424公顷，总建筑面积417100平方米，其中住宅300800平方米，商业用房6260平方米（包括物业经营用房1260平方米），幼儿园3520平方米，其他配套用房2520平方米，地下建筑面积104000平方米	146468	2019—2023	黄岩区
39	黄岩区劳动南路南延工程	总用地315亩，新建道路总长4198米，宽50米，桥梁7座，整条道路北起十transfer线，南至繁荣大街，设计为双向6车道	88165	2019—2022	黄岩区
40	内环线8号立交放射线工程	建设立交放射线长约1150米，宽50米。其他建设内容包括给排水、电力等地下管线工程及绿化、交通设施等配套工程	46169	2021—2024	黄岩区
41	黄岩区院桥浦口杨安置房	总用地面积160亩，地上建筑面积25.33万平方米，住宅2050套。总用地面积110342平方米，其中规划建设用地面积98741平方米，代征绿化用地11601平方米，用地性质为二类居住用地（R2）、商业用地（B1）地上建筑面积236900平方米，其中住宅面积226960平方米，商业总建筑面积9940平方米	120000	2022—2026	黄岩区
42	西城街道仪凤街南侧、二环西路西侧地块改建项目	项目总用地面积199161平方米，建设用地面积190575，总建筑面积571186平方米，其中地上建筑面积435737平方米，地下建筑面积135449平方米，建设地上高层，地下一层建筑及市政景观等配套工程	450000	2020—2023	黄岩区
43	黄岩区污水综合治理改造工程（一期）	建设内容包括中部污水处理厂及配套主干管工程、区域主干管工程、农村污水管网提标工程、库区污水外引工程以及乡镇污水零直排提升工程等	30000	2019—2022	黄岩区
44	黄岩洋头安置房工程	总用地23824平方米，总建筑面积69700平方米。其中住宅425套计45628平方米，配套用房882平方米，架空层2280平方米，地下建筑面积17020平方米	39620	2019—2022	黄岩区
45	黄岩区天长北路东侧、青年东路北侧地块改造项目	总用地面积14.2万平方米，总建筑面积53.5万平方米，其中A和B-1地块是配建天长北路安置房工程，安置房面积约32.6万平方米	490765	2019—2022	黄岩区
46	路桥凤栖社区	位于螺洋街道凤栖村，财富商贸城以南、财富大道以西，占地面积约380亩，总建筑面积约70万平方米，部分用于凤栖村拆迁安置，建设未来社区	720000	2021—2024	路桥区
47	台州飞龙山庄	位于飞龙湖湖区北侧，现代大道与桐江大道交叉口东南角，总用地面积64亩，总建筑面积77300平方米	109153	2019—2022	路桥区

续表4

序号	项目名称	基本情况			项目所在地
		建设内容和规模	总投资（万元）	建设起止年限	
48	金清水系水质提升—路桥区“污水零直排区”建设工程	拟对路桥街道、路南街道、路北街道、峰江街道、桐屿街道、螺洋街道、横街镇、金清镇、蓬街镇、新桥镇内的一些区域的排水系统实施改造与提升，主要建设内容包括管网修复、检查井修复及改造、管网新改建（含截污纳管改造、雨污分流、管线优化）等，并对因排水系统改造提升而破坏的路面及绿化进行相应的修复	105262	2020—2022	路桥区
49	路桥河西社区	规划单位60.44公顷，实施单元18.28 公顷，位于南官河以南、南官大道以东、富士路以北、银座街以西。项目改造路桥中心菜市场、河西新村、河西巷、河西小学以及沿街商住，新建安置住宅、人才公寓、商品住宅以及河西小学扩建部分	207600	2022—2025	路桥区
50	管前安置小区	位于路北街道管前村龙栖路以东、双水路以南，用地面积70亩，总建筑面积约11.5万平方米	100000	2022—2025	路桥区
51	螺洋居安置小区	位于螺洋街道财富大道与院路路西北角，总用地面积73亩，总建筑面积95640平方米	64800	2020—2022	路桥区
52	飞龙湖4号小区	位于新山村，总用地面积182亩，总建筑面积12.6万平方米	41196	2019—2023	路桥区
53	飞龙湖9号小区	位于内环路以南，经三路以西，总用地面积142.5亩，地上建筑面积21.85万平方米	165862	2020—2023	路桥区
54	金清镇海岛渔民安居工程（一期）	用地面积为63.89亩，总建筑总面积124553.39平方米，其中地上建筑面积92067.32平方米，地下建筑面积32486.07平方米	68712	2019—2023	路桥区
55	共和村安置小区工程	位于共和村，总用地面积102亩，总建筑面积64905.5平方米，可提供368间安置房	24550	2019—2023	路桥区
56	临海市综合供能站	建设头门港北洋、邵家渡双林南路、上盘甲石头、杜桥四份、白水洋下洋庄等9个综合供能站	80000	2021—2023	临海市
57	临海市城市快速路（南区段）工程	采用“主线高架/地道+地面辅道”建设形式，其中高架长约4千米、地道长约2千米、地面道路约1.6千米	290000	2022—2025	临海市
58	临海市伏龙大桥工程	宽43.2米，长1910米，双向六车道，其中过江桥梁一座	110000	2020—2023	临海市
59	江南街道贺家地块改造一期	项目位于江南街道20-12地块、西山路西侧（贺家村村域），占地约79亩	134000	2021—2023	临海市
60	江南街道贺家地块改造二期	总占地面积约90亩	220000	2021—2023	临海市
61	临海六角井社区	实施单元以水云北路以西、秀野西路以南为主，加上北侧沿山区块，总面积约22.98公顷，主要建设国庆片区改造一期、二期、临海国城小学等	500000	2020—2025	临海市
62	临海市湖东区块（大路王、枧西、枧川）棚户区（城中村）改造一期	总建筑面积278675平方米，主要建设内容17幢17-33层高层住宅	210000	2019—2022	临海市
63	佩弦湖城中村改造二期（灵湖名著园）	涉及村庄888户的房屋拆迁安置，安置房19万平方米	270000	2022—2025	临海市
64	头门港产业园区配套工程（一期）	包含7条道路及沿河景观、绿化工程。拟建道路总长度8639米（含桥梁及箱涵长度658米）	50000	2021—2024	临海市
65	临海市古城街道“污水零直排区”建设工程（二期）	本工程新建各类管道约77.8千米，开挖修复管道9.5千米，整体非开挖修复管道0.1千米，局部非开挖修复管道215处	25000	2021—2023	临海市
66	临海市西洛河路道路下穿改造工程	道路下穿改造通道总长888米，其中地下暗埋段长588米，宽20米，敞开段分别长150米、150米，宽40米	31000	2022—2023	临海市
67	临海市星河环境科技有限公司生态环保项目	4万吨/年焚烧、2万吨/年等离子熔融危废处置、2万吨/年废盐资源化利用、4000吨/年（约60万只/年）废包装容器清洗回收项目	50000	2021—2024	临海市
68	温岭市牧长路工程	起于泽国三环大桥，终于新河大道，长约10千米，宽35～46米	126785	2020—2023	温岭市
69	温岭市全域改造R21-1地块棚户区改造项目	用地面积32亩，地上建筑面积约5.5万平方米，地下建筑面积1.9万平方米（出让回购）	30221	2020—2023	温岭市

续表4

序号	项目名称	基本情况			项目所在地
		建设内容和规模	总投资（万元）	建设起止年限	
70	温岭市全域改造R22地块棚户区改造项目	用地面积49亩，地上建筑面积约8.8万平方米，地下建筑面积3万平方米（出让回购）	51000	2020—2022	温岭市
71	温岭市全域改造R23地块棚户区改造项目	用地面积155亩，地上建筑面积约28.8万平方米，地下建筑面积9.3万平方米（出让回购）	155000	2020—2022	温岭市
72	温岭市全域改造R24-1地块棚户区改造项目	用地面积48亩，地上建筑面积约9.5万平方米，地下建筑面积3万平方米（出让回购）	44500	2021—2024	温岭市
73	温岭市上洋林棚户区改造区块（三）R25-1	用地面积141亩，总建筑面约36.4万平方米，其中地上建筑面积27.02万平方米，地下总建筑面积9.38万平方米（出让回购）	153000	2019—2022	温岭市
74	温岭市全域改造前洋村等棚户区改造项目（R25-2）	用地面积131亩，地上建筑面积约25.5万平方米，地下建筑面积8万平方米（出让回购）	160862	2020—2022	温岭市
75	温岭市XQ030205地块建设项目（安置房）	总用地面积44.6亩，总建筑面积约10.58万平方米，其中地上建筑面积7.58万平方，地下建筑面积3万平方米（出让回购）	39091	2022—2024	温岭市
76	温岭市XQ030208-1地块项目（安置房）	总用地面积52.7亩，总建筑面积约12.73万平方米，其中地上建筑面积9.23万平方米，地下建筑面积3.5万平方米（出让回购）	52008	2022—2024	温岭市
77	温岭市城东街道全域改造山南前村棚户区改造项目（R33-1）	用地面积69亩，总建筑面积约17.2万平方米，其中地上建筑面积12.7万平方米，地下建筑面积4.5万平方米（出让回购）	72810	2020—2022	温岭市
78	温岭市新城开发区汇川王村住宅安置工程	用地面积约57.6亩，总建筑面积约13.5万平方米，地上建筑面积约10.1万平方米	77000	2020—2023	温岭市
79	温岭市新河镇新安家园（两高联络线安置小区）项目	用地面积约46亩，总建筑面积约10.5万平方米，地上建筑面积7.7万平方米，地下建筑面积2.8万平方米	51000	2021—2023	温岭市
80	温岭市新城开发区曹岙村住宅安置工程（DX100106-1）	项目用地约36亩，总建筑面积约7.8万平方米	34997	2021—2023	温岭市
81	温岭市新城开发区曹岙村住宅安置工程（DX100101）	项目用地约27亩，总建筑面积约5.5万平方米	26000	2021—2023	温岭市
82	温岭市合岙地块保障性住房康和佳园（二期）工程	总用地面积约27亩，拟建设2幢商住用房（一、二层为商业）、3幢住宅用房及相应配套、绿化及装修	23130	2021—2023	温岭市
83	温岭市箬横镇团结村旧村改造项目	用地面积约67.2亩，总建筑面积163564.78平方米，其中商业面积2386.68平方米	70000	2021—2023	温岭市
84	温岭市箬横镇陈塘洋村村民住房集聚安置工程（RH090402地块）	用地面积约29.1亩，总建筑面积66191.46平方米，其中地上面积49791.46平方米，地下面积16400平方米	27600	2021—2023	温岭市
85	温岭市泽国逄儒社区长虹区块棚户区改造提升项目	用地面积约55.3亩，总建筑面积约12.4万平方米，其中地上建筑约8.8万平方米	51500	2021—2024	温岭市
86	温岭市泽国镇水韵社区三住宅安置工程（TL040501-1）	项目用地约25亩，总建筑面积约4万平方米	23000	2022—2024	温岭市
87	温岭市危险废弃物集中处置设施项目	用地面积约209亩，位于经济开发区北区三十街北侧，危险废物焚烧3万吨/年、物化1万吨/年、填埋库容30万立方米	200000	2020—2022	温岭市
88	温岭市经五路二期（川安路北延）工程	用地面积145.4亩，拟新建道路长度约2500米，宽36米	32140	2021—2023	温岭市
89	温岭西子社区	用地面积约120亩	400000	2022—2024	温岭市
90	新城开发区长洋村住宅安置工程（HF040102）	项目用地约101亩，总建筑面积约22万平方米	115000	2022—2024	温岭市
91	温岭市坞根污水处理厂迁建工程	新建0.75万吨/日规模污水处理厂（土建1.5万吨/日，设备0.75万吨/日规模）	17258	2022—2024	温岭市
92	温岭市三星大道道路改造工程	白改黑加高，改造为双向六车道，含3座地面桥梁、1个涵洞改造建设；地下管线相关上改下等改造；绿化改造等	17863	2022—2023	温岭市
93	温岭市横峰大道工程	项目范围为泽坎线到中华路交叉口，长约3200米、宽50米，建设内容包括道路、桥梁、亮化、绿化、雨污水管道及配套设施等	67117	2020—2023	温岭市

续表4

序号	项目名称	基本情况			项目所在地
		建设内容和规模	总投资（万元）	建设起止年限	
94	温岭市中华路—体育场路改造工程	项目范围从中心大道至南环路，全长6.6千米，宽50米。建设内容包括道路白改黑，2座桥头接线改造以及对道路及两侧绿化及退让空间进行改造提升	20000	2022—2023	温岭市
95	温岭市莘塘安置房（南区）	用地面积约79亩（出让回购）	90000	2022—2024	温岭市
96	温岭市TP060603地块建设项目（书韵名苑）	项目用地约24亩，总建筑面积4.8万平方米	46546	2019—2022	温岭市
97	温岭市TP070301地块（悦林名苑）	项目用地约43亩，总建筑面积9.9万平方米	119300	2019—2022	温岭市
98	温岭市大溪镇DX010114地块（幸福三号）工程	占地面积17.7亩，建筑面积约4.4万平方米，建设商住楼3幢及配套市政管网、绿化等	27000	2022—2024	温岭市
99	玉环市漩门湾加油站	建设用地面积5791平方米，地上建筑面积约4633平方米，建成后集加油、加气、充电、商业超市、文化宣传等服务于一体的新型智慧公共基础服务设施	30200	2021—2022	玉环市
100	玉城街道前塘垟城中村改造项目	总用地面积38312平方米，建设内容包括高层住宅、配套用房、地下车库和室外道路、水电、绿化工程	123105	2022—2024	玉环市
101	小王村紫云小区项目	用地面积18247平方米，建筑面积54000平方米，建设四幢18层高层房屋，共256套	26884	2022—2024	玉环市
102	干江滨港工业城基础设施建设项目	总用地面积约6783亩，主要建设内容包括用地回填、13条道路、河道驳坎，以及道路两侧绿化等配套公共设施建设	268130	2016—2027	玉环市
103	玉城街道后塘垟城中村改造项目	总用地面积29385平方米，其中带批面积为2249平方米，净用地面积27136平方米，建设内容包括高层住宅、配套用房、地下车库和室外道路、水电、绿化工程	92436	2020—2023	玉环市
104	玉环市干江镇南北大道建设工程	总用地面积396.6亩，道路全长5436米，红线宽35～42米，主要建设内容包括道路工程、配套给排水、电气、景观和附属交通工程等	58670	2019—2022	玉环市
105	玉环市干江污水处理厂二期扩建工程	用地面积57401平方米，建筑面积4107平方米，在现污水处理规模3万立方米/日的基础上扩容6万立方米/日，建成后形成9万立方米/日的总处理规模	39070	2020—2024	玉环市
106	玉环市建筑垃圾资源化处理中心建设项目	项目用地54亩，建成后用于再生资源、建筑垃圾资源化回收利用	35422	2021—2023	玉环市
107	玉环市玉城街道塘里村城中村改造工程	总用地面积约47亩，总建筑面积约103459平方米，共建5幢26层房屋，用于塘里村拆迁安置	66660	2019—2022	玉环市
108	玉环东风社区	项目规划单元用地面积91.5公顷，实施单元用地面积23.67公顷，总建筑面积约66.59万平方米，其中地上建筑面积约48.92万平方米，地下建筑面积约17.67万平方米	692640	2021—2024	玉环市
109	玉环市干江、沙门LNG气化站工程	干江LNG气化站总用地面积为10765平方米，沙门LNG气化站总用地面积为7172平方米，站区主要设有LNG储存、LNG气化、LNG灌装等功能以及生产辅助用房、水泵房、门卫等配套建筑	17500	2022—2023	玉环市
110	苍山污水处理厂二期工程	二期建设规模为日处理污水1.0万吨	15750	2022—2023	天台县
111	天台滨溪社区	总建筑面积529757平方米，其中整合提升部分（已在建）378635平方米，含安置一期、商业、三期总面积，包括住宅、底商、配套、架空及地下。出让地块建筑面积151122平方米，含住宅100500平方米、商业裙房11200平方米、公建配套3000平方米、邻里中心3000平方米及地下2层	205000	2021—2023	天台县
112	天台县抽水蓄能移民安置房项目	规划建设用地面积约为11561平方米；总建筑面积约26641平方米，其中地下一层建筑面积约9300平方米。建设内容包括安置房及室外绿化景观、道路等附属工程	13954	2021—2023	天台县
113	天台县下山移民福溪安置区一期项目	总用地面积60297平方米，总建筑面积148206.6平方米，其中地上建筑面积108505.6平方米（含架空层），地下建筑面积39701平方米；建设内容包括安置房及室外绿化景观、开闭所等附属配套工程，规划防护绿地（含长湖坑河道），新建文昌路（新104国道至福溪二路段）等	72146	2020—2024	天台县

续表4

序号	项目名称	基本情况			项目所在地
		建设内容和规模	总投资（万元）	建设起止年限	
114	天台县下山移民福溪安置区二期局部项目	总用地面积约为14567平方米，总建筑面积约为40788平方米，其中地上建筑面积约29134平方米，地下一层建筑面积约11654平方米。建设内容包括安置房及室外绿化景观、开闭所等附属工程	19242	2021—2023	天台县
115	天台县市民中心项目	总用地面积25180平方米，总建筑面积54964平方米，地上建筑面积29966平方米，地下建筑面积24998平方米（含人防面积1988平方米）；建设内容包括市民中心用房建安工程、地下室建安工程、大数据中心、应急指挥中心、室外道路、绿化、停车场、给排水、排污、强弱电、消防等附属工程	35056	2020—2023	天台县
116	天台县始丰街道唐兴大道玉湖区块改造项目（A1-A9区块安置房项目）	用地面积154685平方米，总建筑面积538041.4平方米，其中地上建筑面积398630平方米（含架空层面积6480.3平方米），地下建筑面积139411.4平方米（含地下人防面积32116平方米）；建设内容为A1-A9区块安置房住宅用房、配套用房、商业用房、配套停车库（场），幼儿园；邻里中心及配套停车场；周边市政道路	242141	2020—2023	天台县
117	天台县下山移民赤城安置区（一期）项目	总用地面积47824平方米，项目总建筑面积109252平方米，地上建筑面积82542平方米，地下建筑面积26710平方米（含人防面积6392平方米）；地下室为一层，建筑为2幢多层、12幢高层、幼儿园3层，部分裙房设置物业办公、物业经营、养老服务用房和社区服务网点	48206	2020—2023	天台县
118	章前供能综合服务站	新建综合供能服务站一座，包含站房、罩棚等建（构）筑物以及油罐、加油机、充电桩等配套设备	15000	2022—2023	天台县
119	天台县农业场圃安置房项目	总用地面积22283平方米，住宅面积约44864平方米，商铺面积2772平方米，其他配套用房约1700平方米；地下建筑面积约17202平方米	20000	2020—2022	天台县
120	天台县赤城街道C5-1区块移民安置工程	用地面积约51.82亩；总建筑面积约90815平方米；建设内容包括住宅用房、配套用房、商业用房、配套停车库（场）	22000	2020—2023	天台县
121	仙居县综合供能服务站	建设12座综合供能服务站，含供油、供气、充电、供水等供能服务；建设内容包括房屋土建工程、管路工程、设备安装、绿化工程等	100000	2020—2024	仙居县
122	下叶至皤滩道路工程	本项目路线长度约4.47千米，三级公路标准，设计速度30千米/小时，双向两车道，路基宽度7.5米	19680	2021—2023	仙居县
123	仙居县现代综合管廊（一期）	建设现代医化园区综合管廊，其中主管廊约1905米，次管廊约2211米，建设内容包括管廊及管道桥架	13000	2021—2023	仙居县
124	原木材市场安置区	位于西三路以西，保障房南侧，用地面积58636平方米，总建筑面积约18.6万平方米。建设内容包括安置房、配套公建用房地下停车库及其他相关配套设施等	77900	2021—2024	仙居县
125	仙居黄坦树社区	总用地面积27.5公顷，总建筑面积约80.9万平方米。建设内容包括商品住宅、安置房、人才公寓、邻里中心、市政基础设施等	886400	2022—2025	仙居县
126	中央花园东侧安置区	项目总用地面积约37亩，总投资约3.5亿元，总建筑面积（含地下）约18.6万平方米。建设内容包括部分安置房、配套公建用房地下停车库及其他相关配套设施等	32850	2021—2024	仙居县
127	仙居县三里头安置区	项目目总用地面积28865平方米，总建筑面积96360平方米。建设内容包括建设内容包括安置房、配套公建用房、地下停车库及其他相关配套设施等	29800	2021—2023	仙居县
128	新桥安置区	总用地面积约62683平方米，总建筑面积175575平方米。主要建设内容包括拆迁安置房、地下停车库、设备用房、道路及绿化工程等	31000	2020—2023	仙居县
129	二中北侧安置地块	总用地面积约78亩，总建筑面积140000平方米。主要建设内容包括拆迁安置房、地下停车库、设备用房、道路及绿化工程等	61000	2019—2023	仙居县

续表4

序号	项目名称	基本情况			项目所在地
		建设内容和规模	总投资（万元）	建设起止年限	
130	仙居县城市文化综合体	总用地面积31653平方米，总建筑面积70394平方米。建设内容包括大型公共区、地下室、地上建筑、其他配套工程及室外总图工程等	63594	2019—2023	仙居县
131	疾控中心北侧安置区	总用地面积约26398平方米，总建筑面积89943平方米。主要建设内容包括拆迁安置房、地下停车库、设备用房、道路及绿化工程等	32500	2020—2023	仙居县
132	直屋安置区	总用地面积约34037平方米，总建筑面积108050平方米。主要建设内容包括拆迁安置房、地下停车库、设备用房、道路及绿化工程等	56015	2022—2025	仙居县
133	横溪镇下街城中村改造公寓式安置（一期）	用地面积34亩，计划安置拆迁改造户数260户	15857	2021—2022	仙居县
134	职教中心东侧地块	总用地面积67558平方米，总建筑面积204667平方米，建设内容包括住宅、配套附属用房、绿化、地下停车库及其他配套基础设施	60000	2022—2025	仙居县
135	南五路道路工程（仙清线—台金高速）	道路长700米，宽24米	16000	2021—2023	仙居县
136	台州东部新区2018年度市政道路基础设施工程	主要包括甲南大道、鲍浦大道、海城大道、聚洋大道、月湖北路、月湖南路、长浦路、海豪路、青龙浦路、聚贤路、滨富路、海旺路等道路21条，桥梁30座，过街地道8座，道路总长约30.0千米	306200	2018—2022	台州湾新区
137	台州经济开发区桥南村棚户区改造工程	总用地面积37867平方米，总建筑面积85876.24平方米，其中地上建筑面积87066.85平方米，地下建筑面积30766.55平方米。由8幢高层及小区物管配套附属用房组成，住宅户数为648套	52056	2019—2022	台州湾新区
138	沙北村棚户区改造工程	总用地面积44421平方米，总建筑面积135708.5平方米，其中地上建筑面积102168平方米，地下建筑面积33540.5平方米，由8幢高层及小区物管配套附属用房组成，住宅户数为760套	71878	2020—2023	台州湾新区
139	南岸里村棚户区改造工程	总用地面积43940平方米，总建筑面积127327.31平方米，其中地上建筑面积97097.35平方米，地下建筑面积30229.96平方米，由8幢高层、幼儿园及小区物管配套附属用房组成，住宅户数为680套	67242	2020—2023	台州湾新区
140	解家村棚户区改造工程	总用地面积约13772平方米，总建筑面积40190.48平方米，其中地上建筑面积30298平方米，地下建筑面积9892.48平方米，由5幢高层及小区物管配套附属用房组成，住宅户数为220套	18084	2020—2022	台州湾新区
141	井马村棚户区改造工程	总用地面积约139333平方米，总建筑面积172645.32平方米，其中地上建筑面积143400.32平方米，地下建筑面积29245平方米。拟建包括159幢立地房、1幢村部综合楼，项目建成后可提供住宅374套	67124	2020—2023	台州湾新区
142	和平村棚户区改造工程	本项目规划总用地面积28333平方米（折合42.5亩），总建筑面积86166平方米，其中地上建筑面积65166平方米，地下建筑面积21000平方米，并配套建设道路广场、绿化景观、停车位、照明、给排水等设施，项目建成后可提供住宅470套	40829	2021—2024	台州湾新区
143	台州湾新区沙北社区	项目实施单元25.6公顷，总建筑面积约71万平方米，建邻里中心、SOD社区客厅、心海艺术草坪、创客中心等	456888	2020—2023	台州湾新区
144	台州湾新区高闸飞龙社区	土地出让一期暂估268亩	350000	2022—2025	台州湾新区
	社会事业项目	50个	2497046		
1	台州大剧院	用地总面积约65亩，地上建筑面积3.7万平方米，地下建筑面积约2.1万平方米，大剧院功能有1500座大剧场、600座音乐厅、350～500座多功能厅以及相应配套设施	200000	2022—2027	市本级

续表4

序号	项目名称	基本情况			项目所在地
		建设内容和规模	总投资（万元）	建设起止年限	
2	台州市立医院迁建工程	项目分两期，一期为在建工程台州浙东医养项目一期工程（台州浙东医院工程），总建筑面积134534平方米。二期为新建工程，新建建筑面积93851平方米	177300	2021—2025	椒江区
3	台州市公共卫生中心暨食品药品检验检测中心（医药产业技术服务中心）及配套工程项目	建设用地面积29.7亩，总建筑面积83860平方米。主要包括：地下室24690平方米，疾控中心7400平方米，卫生应急中心2000平方米，血液中心4500平方米，心理危机干预和康复中心16870平方米，其他用房28400平方米等	62060	2015—2022	椒江区
4	台州市公安局综合业务技术战训基地一期工程	总用地面积约60800平方米，总建筑面积约64000平方米，其中地上建筑面积约45000平方米，地下建筑面积约19000平方米	47186	2020—2023	椒江区
5	台州学院科技综合楼建设工程	用地约11200平方米，建筑面积约50000平方米，建设研究平台、引进合作平台用房	31998	2021—2024	椒江区
6	椒江文昌第一小学建设工程	总用地面积28084平方米，总建筑面积27913平方米。建设内容主要包括教学楼、行政办公楼、教工与学生食堂、图书室、多功能教室、风雨走廊及其他绿化用地、道路广场用地、地下室等，办学规模为36班	24086	2022—2024	椒江区
7	台州市商贸核心区北区基础设施项目（一期）之心海社区小学建设工程	总建筑面积为47020平方米，其中地上建筑面积34920平方米，包括教学及教学辅助用房26158平方米、办公用房2883平方米、生活服务用房5879平方米；地下建筑面积12100平方米，办学规模为48班	37704	2021—2023	椒江区
8	椒江下陈中学迁建工程	总用地72.3亩，总建筑面积为33613平方米，办学规模36个班	28908	2020—2023	椒江区
9	台州市三梅中学迁建工程	位于椒江区葭沚街道平桥石村和东山头村，总规划用地面积151.6亩。总建筑面积69720平方米，其中地上建筑面积63906平方米。规模为48班，可满足1920名学生就学	47300	2020—2024	椒江区
10	台州市永宁中学建设工程	撤并院桥中学、灵石中学、宁溪中学，新建黄岩第三高级中学，办学规模54班，用地面积约140亩，建筑面积65000平方米	45600	2019—2022	黄岩区
11	台州市九峰高级中学校园建设项目	总建设用地43348平方米，总建筑面积66271平方米，其中地上建筑面积52016平方米，地下建筑面积17437平方米	21800	2021—2023	黄岩区
12	黄岩区东浦中学迁建工程	学校总建设规模按36个教学班，在校生1620人设计。总建筑面积约40260平方米，其中地上建筑面积32160平方米，主要建设教学楼、行政综合楼、学生宿舍和食堂等，地下建筑面积8100平方米	21458	2020—2023	黄岩区
13	黄岩区医疗康养项目	位于黄岩区新前街道，总用地24.46亩（其中建设用地19.91亩），总建筑面积35870平方米，其中疗养中心9446.4平方米，医疗康养楼16310.1平方米，连廊等配套设施用房713.5平方米，地下建筑面积9400平方米	18751	2021—2024	黄岩区
14	黄岩区医疗卫生中心	项目总建筑面积94270.7平方米，建设内容包括病房楼、门诊楼、急诊楼、疾控实验室、大厅及其他业务用房等	53517	2020—2023	黄岩区
15	台州市第一人民医院迁建工程	一期项目总用地面积约12万平方米，总建筑面积约14万平方米，由门诊医技楼、外科楼、内科楼等三幢大楼组成，共提供1200张床位	110000	2016—2023	黄岩区
16	路桥区凤栖未来学校	位于螺洋街道未来社区西南侧（桐屿大道以东、南山路以北），总用地面积36240平方米，总建筑面积32716平方米，同时配套建设田径场、篮（排）球场、道路、绿化、给排水、电力、通信等设施，拟建30班非住宿制小学	20000	2022—2024	路桥区
17	台州市路桥区第二人民医院二期工程	建设内容包括一幢地上12层、地下1层的住院病房大楼和一幢5层的公共卫生楼。住院病房大楼建筑面积约25922平方米，设置床位300张，公共卫生楼建设成“平战结合”医疗用房，计划占地面积约1600平方米，建筑面积约8000平方米，包括发热门诊、肠道门诊、传染病房等	40818	2021—2024	路桥区
18	临海市崇文学校	总用地面积约70亩，总建筑面积40773.5平方米	37000	2020—2023	临海市

续表4

序号	项目名称	基本情况			项目所在地
		建设内容和规模	总投资（万元）	建设起止年限	
19	临海市国城小学建设工程	总用地63亩，总建筑面积37352平方米，共36个班，共提供学位1620个	34000	2020—2023	临海市
20	温岭市文化中心建设项目	用地面积38.2亩，总建设面积约6.7万平方米，其中地上4.2万平方米，建设大剧院、图书馆、文化馆等	56800	2020—2022	温岭市
21	温岭城市新区文体中心建设项目	总用地面积17亩，总建筑面积约2.5万平方米。其中，地上建筑面积1.7万平方米，地下建筑面积7726平方米	20257	2020—2022	温岭市
22	温岭市中医院新院址改扩建工程	选址于温岭市太平南路190号（人民医院老院区）。本项目院区占地面积约40.87亩，总建筑面积约8.65万平方米，设置床位数900张	71717	2021—2024	温岭市
23	温岭市公共卫生临床中心	占地面积约16.5亩，新建温岭市公共卫生临床中心大楼1幢，房屋总建筑面积约4.3万平方米，其中地上10层，建筑面积约2.3万平方米	35461	2021—2024	温岭市
24	温岭市城市新区存志学校建设项目	占地面积61亩，总建筑面积约5.6万平方米，其中地上建筑面积5.4万平方米，地下建筑面积1550平方米	15000	2020—2022	温岭市
25	温岭市城市新区南洋幼儿园建设项目	总用地面积18.05亩，总建筑面积2.44万平方米，其中地上建筑面积1.81万平方米，地下建筑面积6250平方米，教学规模24个班	10660	2020—2023	温岭市
26	温岭市城西街道神童门学校新建工程（一期）	用地面积46亩，总建筑面积2万平方米，其中地上建筑面积1.52万平方米，地下建筑面积0.48万平方米，办学规模36班	13643	2020—2022	温岭市
27	温岭市第九中学迁建工程（宗文中学）	用地面积约60.56亩，建筑面积约2.25万平方米（其中地上建筑面积约1.85万平方米，地下建筑面积约0.985万平方米），36个班办学规模	19325	2022—2023	温岭市
28	玉环颐养康复医院	用地面积11554平方米，总建筑面积30817平方米，新建设门诊楼、住院楼等用房，拟设床位200张，年门诊量预计25万人次	18715	2021—2024	玉环市
29	玉环市中等职业技术学校迁建工程	建设用地面积380.88亩，建筑面积23.6万平方米，主要建设内容为图信大楼、系部楼、食堂、发展中心、车间等	134050	2018—2022	玉环市
30	玉环新城体育中心和全民健身中心、体育休闲公园及游泳馆项目	总用地面积231.8亩，总建筑面积64710平方米，主要建设内容体育场1座、体育馆1座（配套全民健身中心）、游泳馆1座（配套体育休闲公园）	88585	2018—2023	玉环市
31	玉环市人民医院改扩建工程	总建筑面积111275平方米。内容为建设一幢3层2号楼（24米以下）和一幢13层综合病房楼，新增床位600张	79500	2018—2023	玉环市
32	玉环市实验学校乌岩校区建设项目	总用地面积57296.21亩，总建筑面积55140平方米，主要建设内容为操场综合体、小学部教学楼、初中部教学楼、学生宿舍楼及配套设施	45000	2020—2023	玉环市
33	天台县职工活动中心	总建筑面积约22230平方米，其中地上建筑面积10730平方米，地下建筑面积11500 平方米；建设内容包括服务中心、多功能报告厅（兼展厅）、文体活动厅、职工学校及配套	13350	2022—2025	天台县
34	天台县医共体公共卫生防控中心工程	项目规划总用地面积约104787平方米，其中平桥分中心位于62省道南边、新东村东边，蓝天大道西侧，纬一路北侧，用地面积67274平方米；福溪分中心位于福溪街道TFX04-0103局部地块，用地面积10000 平方米；坦头分中心位于坦头镇TTT04-0105-1地块，用地面积27513平方米。建设内容包括门诊（医技）楼、住院楼、公共卫生楼、后勤保障楼、装饰装修工程、附属配套工程	99091	2021—2023	天台县
35	实验小学始丰校区项目	占地67亩，建筑面积33240平方米，办学规模48个班	15000	2020—2022	天台县
36	中心陵园项目	项目规划用地面积约120019平方米，建筑面积4700平方米。建设规模为建设墓穴约44500穴，其中骨灰格15000穴，生态葬约2500穴，墓穴27000穴。建设内容包括墓区、管理用房、骨灰堂、附属设施、道路、景观绿化等	15629	2020—2024	天台县
37	南区小学新建工程	总用地面积约42000平方米，总建筑面积约40800平方米，办学规模为48个教学班	19700	2022—2024	天台县

续表4

序号	项目名称	基本情况			项目所在地
		建设内容和规模	总投资（万元）	建设起止年限	
38	第五人民医院	总用地面积为23127平方米，总建筑面积31400平方米，其中地上建筑面积26400平方米，地下建筑面积5000平方米，设置240张床位	20825	2021—2023	仙居县
39	仙居县职业教育中心培训楼	占地21亩，建筑面积25496.3平方米	15093	2021—2024	仙居县
40	人民医院（县妇幼保健院）迁建工程	用地面积163.03亩，建筑面积19.25万平方米，设床位1200张	169000	2021—2025	仙居县
41	三门县人民医院妇女儿童住院大楼、医技综合楼	包括500床妇女儿童住院用房和医技综合楼项目。妇女儿童住院大楼共12层，总建筑面积约20000平方米（地下停车位1层，约2000平方米，地上11层约18000平方米）；医技楼共5层，总建筑面积约10000平方米（地下停车位1层，约2000平方米，地上4层约8000平方米）	20000	2021—2023	三门县
42	三门县文旅产教融合中心项目	规划用地面积5234平方米，总建筑面积6803平方米，建设内容包括室内室外装饰装修、供排水、强弱电、消防监控、智能化设计、道路、停车场、绿化亮化、景观及附属配套设施等	15000	2021—2022	三门县
43	星空飞行教育总部基地	用地面积70132平方米，建设规模：66710～100065平方米，拟建航空培训学校，用于航空职业教育	70000	2021—2024	台州湾新区
44	台州技师学院一期工程	项目规划总用地面积 233313平方米（折合350亩），其中建设用地面积181187平方米（271.8亩）。总建筑面积147000平方米，其中地上建筑面积138000平方米，地下建筑面积9000平方米。主要建设图书信息中心、教学 实训组团、宿舍组群、食堂、体艺馆等用房及其他配套设施。项目建成后培养规模达到9300人，其中学制教育在校生规模达到4500人	87950	2020—2025	台州湾新区
45	台州护士学校迁建项目	建设用地面积132000平方米，总建筑面积90000平方米。建设内容为基础教学和生活用房、实训实习基地、室外体育运动场地以及绿地景观等。项目建成后办学规模达到4000人	57677	2021—2024	台州湾新区
46	台州湾新区文体中心项目	总用地面积37121平方米，主要建设集体育运动、文化休闲等功能用房的文体中心，同步配套建设道路广场、绿化景观等	59832	2022—2024	台州湾新区
47	中央创新区小学（暂名）	总用地面积34923平方米，总建筑面积33738平方米，地上建筑面积24273平方米，地下建筑面积9465平方米	24300	2020—2022	台州湾新区
48	中央创新区中学（暂名）	总用地面积54067平方米，总建筑面积82485.05平方米，地上建筑面积56485.05平方米，地下建筑面积26000平方米	61800	2020—2023	台州湾新区
49	台州市月湖初级中学（暂名）	总用地面积45616平方米，总建筑面积59572平方米，其中地上建筑面积47212平方米，地下建筑面积12360平方米	45500	2019—2022	台州湾新区
50	台州农业科技创新园核心区建设项目	本项目规划总用地417.8亩，其中规划建设用地17.8亩、农用地400亩，主要建设台州市农业科研楼与科研基地	19100	2021—2023	台州湾新区
	工业及配套设施项目	172个	15802998		
1	长鹰信质科技股份有限公司智能工厂建设项目	总用地面积147487平方米，建筑面积约150000平方米，形成年产1000万台新能源电机定子铁芯的生产能力	101200	2018—2022	椒江区
2	水晶光电年产4.7亿套智能终端用光学组件技改项目	利用现有厂房，购置先进设备，建成后形成年产4.7亿套智能终端用光学组件的生产能力	145922	2020—2024	椒江区
3	台州椒江宏地智能科创城项目	净用地102.91亩，建筑面积约20万平方米	68000	2020—2022	椒江区
4	浙江星星冷链集成股份有限公司台州新生产基地建设项目	拟新建年产智能柜冷链柜20万台、医用冷链柜5万台、深冷柜10万台以及相关冷库机组的生产车间及相关配套设施	65082	2021—2023	椒江区
5	数字海洋肽生物科技产业园项目	总用地247.056亩，其中净用地233.114亩；建设生产车间、仓库、综合楼办公楼等216500平方米；购置20万吨/年野生海洋鱼提取小分子海洋活性肽及EPA/DHA等高值化海洋生物制品全产业链生产线设备，形成年产30800吨海洋鱼蛋白肽、4000吨小分子活性肽、14580吨精制海洋鱼油、2500吨EPA/DHA等海洋生物制品的生产能力	108000	2022—2023	椒江区

续表4

序号	项目名称	基本情况			项目所在地
		建设内容和规模	总投资（万元）	建设起止年限	
6	浙江杰克智能装备有限公司高端机床制造基地建设项目	总用地面积56.42亩，总建筑面积76800平方米。建成后形成年产1250套磨床、1000套数控机床、30套智能成套设备的生产能力	21310	2022—2023	椒江区
7	浙江赞生药业有限公司年产20亿片（粒）中成药口服固体制剂项目	占地74.8亩，已落户于台州现代医药高新技术产业园内，建筑面积7.5万平方米，建成后年产值可达400万元/亩	35000	2022—2023	椒江区
8	浙江爱玛车业科技有限公司黄岩头陀新基地项目	土地购置129亩，建设2栋总装车间（内外销各1），1栋烤漆车间（1楼注塑），1栋车架车间，1栋电池存放仓库，2栋备用厂房，3栋宿舍楼，1栋研发车间	128000	2021—2024	黄岩区
9	黄岩高桥联丰螺屿产业园	项目用地约214亩，总建筑面积272174平方米，打造汽车配套、模塑制造等高端制造产业园区。项目分期建设，首启区主要建设3个4层高车间及综合服务中心，后续建职工宿舍及生产车间	213716	2020—2024	黄岩区
10	浙江宏鑫科技有限公司新增年产60万件轻量化乘用车铝轮毂项目	项目总用地50亩，购置先进设备，形成年产60万件高强度、轻量化乘车用铝轮毂的生产能力	35000	2019—2022	黄岩区
11	浙江诺得药业有限公司年产100亿片固体制剂及2.5亿支液体制剂建设项目	新建生产车间总建筑物面积114990平方米，引进具有先进水平的医药制剂设备，购置各类制粒机、压片机、包衣机和泡罩包装机等国产及进口设备	155000	2020—2024	黄岩区
12	浙江亿涨模具科技有限公司年产500套模具车间建设项目	总用地面积41394平方米，总建筑面积68380平方米，包括车间一12160平方米，车间二6350平方米，车间三8005平方米，车间四12380平方米，车间五6200平方米，车间六8005平方米，宿舍A7600平方米，宿舍B7680平方米	30500	2021—2024	黄岩区
13	浙江精诚模具机械有限公司车间建设项目	总用地面积53459平方米，总建筑面积96226.2平方米。生产改性型、水基型胶黏剂和新型热熔胶	142000	2021—2024	黄岩区
14	青蛙泵业股份有限公司年产150万台水泵智能化工厂及研发中心建设项目	本项目总用地57.11亩，总建筑面积98979平方米，其中1#宿舍楼19900平方米，2#车间79000平方米	70122	2021—2024	黄岩区
15	黄岩繁荣创业园	建设用地32961平方米，建设总面积约88900平方米，由9幢厂房和2幢非生产性用房组成	34811	2021—2024	黄岩区
16	年产100万件高端锻造汽车铝合金车轮智造工厂及研发中心升级项目	总用地面积57587平方米，规划建设用地面积53918平方米。总建筑面积96720平方米，其中地上建筑面积93920平方米，地下建筑面积2800平方米	74780	2022—2024	黄岩区
17	黄岩区新兴产业基地模具产业园矿地综合开发利用项目普通建筑石料（凝灰岩）矿项目	矿产资源开发、土地复垦与矿地利用、废弃矿山治理、石料加工破碎	221867	2022—2029	黄岩区
18	台州黄岩高端铸造园区建设项目	总用地面积71294平方米，总建筑面积94433.2平方米，其中地上总建筑面积90297平方米，地下总建筑面积4143平方米。项目建成后形成年产9.8万吨高端铸件的生产能力	32250	2020—2023	黄岩区
19	浙江拱东医疗器械股份有限公司年产10000吨医用耗材及包材、6.2亿支真空采血管等高端医疗器械产能扩建及研发中心建设项目	总用地面积62217平方米，总建筑面积107314.9平方米，其中地下建筑面积7996.86平方米，其他建筑面积为197.42平方米	48460	2020—2022	黄岩区
20	沙埠镇小微产业园	总用地面积32552平方米，地上建筑面积87653平方米，车间为1#～5#幢，车间总面积64094平方米	22000	2022—2023	黄岩区
21	台州市西廊港务有限公司年产500万台高压清洗机项目	位于金属再生园区，占地面积140亩，总建筑面积187498.00平方米，包括工业服务中心、倒班宿舍，1#～14#厂房。项目达产年预计可生产高压清洗机500万台，年新增销售收入总计18.75亿元	113838	2020—2022	路桥区

续表4

序号	项目名称	基本情况			项目所在地
		建设内容和规模	总投资（万元）	建设起止年限	
22	路桥香港青年产业园	位于路桥区中小企业转型升级创新示范园区（峰江老园区2号地块），规划用地面积228亩。项目规划布局新材料区、高端智能设备制造区、电子原件制造区、创新企业孵化基地、香港青年产业中心、员工宿舍楼、专家楼及生产性服务用房等区块，并建设香港路桥同乡会活动中心、访客接待中心、会议服务中心等。项目分三期建设，一期20万平方米，二期10万平方米，三期9万平方米	100000	2018—2021	路桥区
23	恒金能际动力能源互联网项目	总用地246亩。新建建筑面积370640平方米，包括地上总建筑面积359520.8平方米，地下建筑11119.2平方米。其中一期用地面积86亩，建筑面积130798平方米。主要用于新动能电机和电子等领域产品的持续研发与生产	203000	2020—2022	路桥区
24	恒金产业园	项目位于路桥区峰江街道工业园区，占地面积336亩，总建筑面积351375 平方米，地上建筑面积327825平方米，地下建筑面积23550平方米。引导智能制造、植保机械、汽摩配、研发设计等行业进驻，打造智能制造产业园示范区	145618	2019—2022	路桥区
25	路桥区超声手术刀产业化基地建设与发展项目（智能装备产业园一期）	位于桐屿街道桐杨路和桐屿大道西北角，用地面积57.2亩，建筑面积近95174.5平方米。建设内容包含7幢生产厂房、2幢宿舍楼和4幢研发厂房及其相关配套设施等	49934	2020—2022	路桥区
26	台州市路桥区恒金滨海实业有限公司年产20条新型制硅装备生产线项目（滨海产业园）	规划建设用地面积66200平方米，总建筑面积113877平方米，其中综合配套面积22050平方米，生产车间91827平方米。另建设道路、停车场、绿化等配套设施。引进的丝网、草编行业，箱包、鞋帽、装备制造行业企业	50000	2021—2023	路桥区
27	台州市国际科学家创业基地首建区	位于飞龙湖生态区湖滨路东侧山谷内，总用地面积约168亩，地上建筑面积约17.9万平方米。用于建设国际高端工业软件中心等科创产业项目	120000	2022—2025	路桥区
28	路桥新材料产业园（科创产业园一期）	位于峰江街道原科创产业园，占地面积82.5亩，总建筑面积104005平方米，包括2栋单层丁类厂房和1栋两层丁类厂房。主要为铝屋顶材料、新型幕墙材料生产、销售、技术研究及建材、金属材料及金属制品销售	50727	2021—2024	路桥区
29	年产100万台草坪机产品项目	位于十塘中心路以东，占地面积99亩，主要生产新能源动力技术及配套产品。建成后形成规模年产100万台套新能源动力及配套系列产品，年总产值达9亿元	32894	2022—2024	路桥区
30	年产1亿平方米纸板纸箱绿色包装项目	位于坦田村，项目分2期实行，其中一期计划投资2亿元，主要用于厂房基建和生产纸板设备投入。二期计划投资3亿元，用于纸箱车间及生活宿舍的基建与自动化、智能化设备投入	56500	2021—2022	路桥区
31	台州市路桥区峰江街道西山废弃矿山生态修复工程	位于峰江街道，治理区范围面积515248.9平方米，对高陡宕面边坡进行修坡，对边坡进行喷播绿化、宕进行复垦，使修复区生态环境与周边自然生态资源相融合、相协调	222547	2022—2025	路桥区
32	2.5万辆报废新能源汽车智慧综合利用项目	引入顺尔茨中国有限公司（德资企业）投资，位于台州金属资源再生产基地。一期计划形成2.5万辆新能源汽车拆解及退役锂电池梯次利用。二期计划拆解处理能力提升至5～10万辆	28400	2021—2022	路桥区
33	年产30万台智能坐便器及关键零部件制造项目	位于路北街道洋洪村西马卫浴项目地块东侧、拾得路南侧，土地面积约50亩，主要购置智能马桶、智能便盖电子组装生产线等国产设备。项目建成后可达到年产30万台智能马桶、智能便盖的生产能力。	16300	2020—2022	路桥区
34	路桥区年产8000万块烧结砌块生产线及新型建材研发中心项目	项目一期位于金清镇十塘中心路以东、蓬南大道以北3#-1地块，占地约50亩，计划新建年产8000万块烧结砌块生产线，同时建设新型建材产业研发中心	52865	2021—2023	路桥区
35	华海制药科技产业园一期工程	总用地782.853亩，新建创新药制剂车间、高端制剂车间1.高端制剂车间、2.包装车间及仓库、综合仓库、新型抗生素制剂车间、办公楼、研发楼、质检楼、人才社区、生活服务中心以及配套公用工程设施等建构筑物	568000	2018—2024	临海市

续表4

序号	项目名称	基本情况			项目所在地
		建设内容和规模	总投资（万元）	建设起止年限	
36	联东U谷·临海智能制造产业园	项目分二期实施，其中一期用地面积131.8亩，投资约7亿元，将打造集产业研发、智能制造、总部办公、展示配套为一体的综合科创产业平台	200000	2021—2024	临海市
37	联化科技临海产业园项目	总用地705.4亩。新建生产车间、包装车间及仓库、综合仓库、污水池、循环池、消防池、罐区、办公楼等建构筑物	658000	2019—2025	临海市
38	年产9.7亿米高档拉链配套织带搬迁技改项目	总用地面积91498平方米，总建筑面积109858.4平方米。拟新建2幢厂房，1幢宿舍，以及废水处理中心等配套设施。建成后形成年产9.7亿米高档拉链配套织带的生产能力	31000	2021—2023	临海市
39	年产100万辆电动车及800万套减震器项目	总建筑面积175990.39平方米，新建厂房11幢、办公楼1幢、宿舍楼1幢	60000	2021—2024	临海市
40	浙江沙星博海科技有限公司年产1600吨环丙胺等产品项目	占地面积170亩。拟建设成建筑面积约13.7万平方米的新型原料药及中间体的生产基地。厂区内含生产车间、仓库、公用工程、办公楼以及各类生产生活配套设施	132000	2020—2024	临海市
41	浙江逸腾药业有限公司年产500吨缬沙坦、300吨普瑞巴林等项目	用地土地344亩，新建现代化生产车间及环保处理设施等其他附属设施	210000	2021—2025	临海市
42	瑞博（台州）制药有限公司创新药CDMO生产基地建设项目	新建厂区办公楼、食堂、公用工程楼、QC楼、三废处理中心、储罐区、五金仓库、丙类仓库、甲类仓库1～8、溶剂回收车间、合成车间8个车间及其公共配套设施等	210000	2021—2028	临海市
43	亘古电缆生产线项目	新建高导架空绝缘电缆、高导节能导线、阻燃防火电缆生产线项目	50000	2022—2024	临海市
44	联化科技（台州）有限公司技改项目	年产300吨联苯胺四氟唑、500吨甲氧苯硼酸、250吨氯酰胺苯甲醚等10个产品项目	100000	2020—2023	临海市
45	奥翔一类新药、特色原料药、关键中间体等建设项目	总用地面积155186平方米，总建筑面积162530平方米	200000	2022—2025	临海市
46	浙江华海建诚药业有限公司原料药项目	建设特色原料药生产车间及配套设施	35500	2020—2023	临海市
47	奥翔特色原料药建设项目	建设特色原料药及关键医药中间体生产基地	44000	2021—2023	临海市
48	浙江省现代医药化工产业创新服务综合园（北区）	用地面积55130.37平方米，总建筑面积59141.8平方米	30000	2022—2024	临海市
49	台州港头门港区500万吨水泥中转配置站项目	对头门港区2号泊位及后方60亩堆场进行改造，新建水泥装卸船和传输设备，建设原料库、混料楼、包装车间、装车楼等	60000	2022—2024	临海市
50	浙江海创达生物材料有限公司年产15万吨聚乳酸项目	新建年产15万吨聚乳酸	130000	2022—2025	临海市
51	永太新能源材料年产15万吨电解液项目	选址卓越精细化工公司100亩厂区内，项目投入后，可年产15万吨电解液产品。预测年产值100亿元	40000	2022—2024	临海市
52	朵纳卫浴新建年产50万套卫浴项目	建设高端龙头、智能马桶等卫浴产品生产基地	50000	2022—2024	临海市
53	联盛超纯电子化学品及生物可降解新材料等新建项目	购置具有先进水平的反应器、蒸馏塔等进口、国产设备。新建建筑总面积约68000平方米	33000	2021—2023	临海市
54	华海药业汛桥厂区原料药装备改造项目	建设内容为南厂区装备及环保设施改造提升	20000	2021—2023	临海市
55	温岭市鞋业智造创新服务产业园	总用地面积1028亩，总建筑面积166万平方米，建成集设计、智造、市场、物流诸多功能于一体的，年产3.8亿双各类时尚鞋的新型特色产业园。其中一期用地203亩，分为鞋业供应链服务中心40亩，ZG160303商业、ZG160304工业用地共163亩	100000	2019—2025	温岭市
56	台州万象年产20000辆专用车及核心零部件生产项目（一期）	一期549.48亩	255000	2019—2022	温岭市

续表4

序号	项目名称	基本情况			项目所在地
		建设内容和规模	总投资（万元）	建设起止年限	
57	温岭市科技创新服务中心（含成果转化中心）工程	主要建设1栋37层超高层办公塔楼，3层裙房	83500	2022—2025	温岭市
58	温岭市天弘激光厂房建设工程	为招商代建项目，总用地面积70亩，总建筑面积8.8万平方米	20983	2021—2023	温岭市
59	台州富岭塑胶有限公司技改项目	用地面积313亩，建筑面积28.2万平方米，其中一期项目173亩，建筑面积17.9万平方米	101555	2021—2023	温岭市
60	浙江钢泰钢结构工程有限公司绿色装配式钢结构部件项目	用地面积174.4亩	44000	2021—2023	温岭市
61	颐顿焊割设备（电焊机）及锂电工具项目	用地面积79.6亩	25000	2021—2023	温岭市
62	东音科技年产300万台高端水泵项目	总用地300亩，总建筑面积约28万平方米，其中一期项目用地面积209亩，建筑面积18.2万平方米	104400	2021—2024	温岭市
63	大元泵业新增年产700万台农用水泵技改项目	总用地面积185亩，总建筑面积21.6万平方米，购置高速冲床、注塑机器人、废气处理工程等设备	100200	2021—2024	温岭市
64	浙江泰福泵业股份有限公司高端水泵项目	项目总用地83亩	22000	2021—2024	温岭市
65	经济开发区松冈智能制造（台州）有限公司年产3000万套电机磁铁技改项目	项目总用地82亩	22000	2022—2024	温岭市
66	经济开发区浙江风驰机械有限公司建设项目	项目总用地83亩	38000	2022—2024	温岭市
67	大溪镇开川工业泵项目	占地面积约55.7亩，建筑面积约7.3万平方米	27000	2021—2023	温岭市
68	温岭市热刺激光产业项目	用地面积246亩，总建筑面积16.5万平方米	218400	2018—2022	温岭市
69	森林联合纸业年产60万吨数码喷墨纸产业升级技改项目	总用地272亩，项目一期用地158亩，用于生产30万吨数码喷墨纸	200000	2021—2023	温岭市
70	新界泵业（浙江）有限公司高效节能泵及控制系统项目	总用地420亩，建筑面积55万平方米	113400	2022—2024	温岭市
71	温岭大溪镇潘岙工业地产项目二期DX080401地块	二期占地面积约36亩，建筑面积约6万平方米	23000	2021—2023	温岭市
72	温岭全域改造产业园二期项目M21地块	用地面积179亩，地上总建筑面积30万平方米，其中工业厂房约25.6万平方米，生活用房4.4万平方米	88830	2020—2022	温岭市
73	温岭箬横镇东浦泵与机电智造园区	新建80万平方米标准厂房和附属设施的小微园区	200000	2022—2025	温岭市
74	温岭全域改造产业园二期项目M22地块	用地面积75亩，地上总建筑面积12万平方米，其中工业厂房约10.2万平方米，生活用房1.9万平方米	50000	2022—2024	温岭市
75	温岭大溪镇茗星包装项目	占地面积约33.6亩，建筑面积约4.1万平方米	25000	2021—2023	温岭市
76	干江电镀园区建设工程	建设用地面积46716平方米，总建筑面积121761平方米，地块拟建1#～4#厂房及5#锅炉房，1#～4#厂房全部为地上4层地下1层，5#锅炉房地上1层地下1层，6#污水站为预留用地约10.3亩	64860	2022—2025	玉环市
77	玉环双环传动年产120万套高精度齿轮及60万套小总成数智化项目	占地59.5亩，新建双环传动新能源高精度齿轮和小总成数智化产业园，采购齿轮加工涉及的滚齿机、磨齿机、车床等国产或进口设备	66000	2022—2024	玉环市
78	台州（玉环）万洋众创城装备智造项目	占地面积170.8亩，建筑面积30万平方米，建设24栋5层厂房，2栋10层厂房，1栋15层的宿舍楼	42000	2020—2023	玉环市
79	玉城街道城北太平塘小微企业园区	总用地面积568亩，建筑面积形成以机械加工、水暖阀门为主导产业的工业园区。其中一期工程287亩，设计建筑面积42万平方米	141000	2016—2023	玉环市

续表4

序号	项目名称	基本情况			项目所在地
		建设内容和规模	总投资（万元）	建设起止年限	
80	玉环红卫数字产业基地项目	总用地面积264173平方米，建设标准厂房、综合服务中心及配套的市政基础设施。市政基础设施包括园区内5条城市道路、河道、公共绿地、公共停车场等建设内容	60000	2021—2025	玉环市
81	青丰智谷（玉环）产业园	总用地面积107.83亩，总建筑面积164193.35平方米。主要建设生产性用房，打造划时代工业集群智慧园区	40000	2020—2023	玉环市
82	华能玉环电厂节能环保综合产业项目	华能玉环电厂1#～#4机组节能环保及煤场建设，建设机组更加环保，效率进一步提升	108000	2020—2025	玉环市
83	正裕智造园项目	总用地面积206665平方米，总建筑面积370877平方米。一期项目总用地面积67800平方米，建筑面积118877平方米，主要购置加工中心、电镀弹簧自动线、自动化焊接、电泳喷涂自动线等国内外先进设备	105600	2020—2025	玉环市
84	浙江旺盛动力机电有限公司航天航空产业园厂房建设项目	总用地92亩，其中一期用地61.221亩，用于军品科研生产	27600	2019—2024	玉环市
85	年产10000万件阀与五金扩产建设项目	用地61938平方米，总建筑面积65000平方米。购置挂式组合专机，自动红冲机床，自动装配机等设备。项目建成后形成年产10000万件阀与五金的生产能力，实现销售收入预计117100万元，利税14011.06万元	36809	2021—2024	玉环市
86	年产4000万套汽车底盘悬挂件生产线项目	总用地面积约56亩，总建筑面积约9.3万平方米，主要建设生产用房及配套生活用房，同时购置数控机床、加工中心、装配流水线等国产设备	21000	2020—2023	玉环市
87	年产12000吨青铜阀门生产线项目	总用地面积46956平方米，地上建筑面积79999.12平方米，地下建筑面积60平方米。主要进行厂房建设并购置环保节能铸造设备、数控机床等国产设备	20000	2019—2022	玉环市
88	玉环市科创园基础设施建设项目	规划总用地面积118002平方米，建设用地面积29275平方米，建设内容包括科创园孵化研发、科创研发、人才公寓及配套用房	27203	2020—2024	玉环市
89	年产130万套环氧树脂绝缘件技改项目	项目一期占地50.42亩，总建筑面积51190平方米。引进MES等工业系统、工业机器人、全自动生产流水线等，实现全自动、智能化APG生产模式	21000	2021—2023	玉环市
90	浙江隆中机械股份有限公司年产3000万片制动盘技改项目	总用地面积47.01亩，总建筑面积6.27万平方米，主要建设4幢厂房1幢宿舍楼，通过购置精密冲床等设备，组建3条生产线	20200	2021—2023	玉环市
91	玉环市东南塑胶机电有限公司年产100万套GIS配电开关控制设备零部件生产线技改项目	建筑占地面积18051.31平方米，建筑面积44309.08平方米。项目主要采用数控、冷压技术工艺，引进具有国内先进水平的机床，加工中心等国产设备，项目建成后形成年产100万套GIS配电开关控制设备部零件的生产能力，实现销售收入15000万元，利税800万元	18000	2021—2023	玉环市
92	挖掘机和重型装备液压关键配套件大生产项目	总用地面积138亩，新建厂房及宿舍楼，引进先进设备，建成后形成年产5万套液压阀等配件和1亿件液压流体连接件的生产能力。	51800	2020—2023	玉环市
93	年产800万套三角臂生产线技改项目	项目总用地66.6亩，新增建筑面积60600平方，项目主要采用冲压、金工、电焊、包装检测技术或工艺，引进液压机、冲床、数控车床等生产设备	24200	2020—2023	玉环市
94	年产100万套精酿啤酒打酒器生产线技改项目	建设总用地面积20315平方米，总建筑面积54090.02平方米。购置加工中心、数控机床、机械手、安装流水线等国产设备。建成后形成年产100万精酿啤酒打酒器的生产能力，实现销售收入1.3亿元，利税1600万元	18000	2021—2023	玉环市
95	年产50万套汽车底盘生产线技改项目	总用地面积34亩，总建筑面积5.2万平方米，主要建设生产用房、研发楼	17500	2020—2023	玉环市

续表4

序号	项目名称	基本情况			项目所在地
		建设内容和规模	总投资（万元）	建设起止年限	
96	台州丰力科技有限公司年产2000万套炊具配件建设项目工程	用地面积21601平方米，建筑总面积约48503.82平方米，其中宿舍楼4幢，建筑面积约6927.8平方米，厂房4幢，建筑面积约41576.03平方米。建成后形成年产2000万套炊具配件的生产能力，实现销售收入8500万元，利税800万元	17000	2021—2023	玉环市
97	玉环市水暖阀门产业创新示范区基础设施项目（一期）	主要通过实施陈岙村片区、法山头村片区、梅岙村片区的基础设施建设，全面启动水暖阀门产业创新示范区建设，促进龙溪产业转型升级	27000	2020—2023	玉环市
98	天台县建筑骨料生产基地建设工程及配套工程	矿区面积2.7923平方千米，包括一期B区、一期C区、二期A区、三期A区，年开采1600万吨，年骨料加工725万吨，建设内容包括：建筑安装工程，建筑面积17000平方米，矿石开采、加工设备采购安装及相关内部运输道路、水、电、市政排水排污、安全、环保、环境治理、土地复垦等配套建设	71626	2021—2022	天台县
99	三星科创园建设项目	拟占地面积280亩，建成新材料、五金机电等相关产业一体的三星科创园。其中一期建设用地约188亩，总建筑面积32万平方米	96800	2020—2023	天台县
100	天台众联科创产业中心项目	项目用地总面积495亩，建筑总面积69.5万平方米，主要生产辅助驾驶及智能驾驶关键零部件、智慧灯杆、量子安全产品，生产能力721万台/年	200000	2021—2025	天台县
101	天成航空产园建设工程	规划建设占地面积235亩，主要建设内容为研发中心、生产车间、材料及成品仓库、行政楼及职工宿舍。计划新增航空座椅与航空内饰件技术研发中心、模具与装备制造中心、航空座椅碳纤维靠背板生产线、CNC铝合金金属件生产线等，打造集设计、研发、制造、装备、物流于一体的产业园区	102000	2019—2024	天台县
102	台州鼎昌实业年产10000台套机械零部件制造项目	总用地约45亩，建设内容包括厂房、管理及生活用房建安工程、设备购置，室外道路、绿化、围墙、停车场、给排水排污、强弱电、管子预埋、消防等附属工程	22000	2021—2023	天台县
103	天台智能橡胶产业项目	项目总用地面积1500亩，建筑面积1648000平方米，主要生产汽车零部件及配件制造中的其他车身零配件，以及传送带、输送带 。打造集智能橡胶装备制造生产基地、技术研发与创新基地、智能制造公共服务平台、资源引入与运营管理平台等于一体的生态绿色循环橡胶产业园	525000	2020—2025	天台县
104	浙江台升智能输送科技有限公司年产3000万平方米智能型输送带、10万吨炼胶及输送装备生产线建设项目	本项目用地面积为137189平方米，用于生产织物芯输送带、炼胶及相关输送装备产品，预计能够形成3000万平方米输送带、10万吨炼胶及输送装备的年生产力水平	69735	2022—2024	天台县
105	浙江康展新材料股份有限公司年产300万平方高阻燃防火金属复合板项目	占地面积约57亩，建筑面积约45200平方米，建设内容主要包括厂房建设及设备购置	55800	2018—2023	天台县
106	浙江严牌高性能过滤带生产基地项目	总用地面积65亩，建筑面积约106937平方米，建设内容包括厂房、仓库等建筑	50500	2020—2024	天台县
107	浙江天台药业股份有限公司原料药产业升级、制剂项目	年产原料药250吨克林霉素磷酸酯、350吨盐酸克林霉素、50吨两性霉素B、50吨盐酸克林霉素棕榈酸酯、1.0吨泊沙康唑及0.5吨铜肽生产能力	47000	2020—2023	天台县
108	天台新城精品家居产业园项目	位于天台新城西区，东北至万象路，东南至广安路，西南至济公大道，西北至丰裕路，建设用地面积约150亩	100000	2022—2025	天台县
109	天台县花前工业园区四期核心区	规划用地面积为 7.63 公顷，总建筑面积 151970 平方米。其中人才公寓地下建筑面积 16500平方米，地上总建筑面积 52880平方米；小微企业孵化园总建筑面积 82590平方米。建设内容包括人才公寓和小微企业孵化园的建筑工程、安装工程、室外工程（含道路、铺装、绿化、管网等）、原河道的回填及新河道的开挖	64224	2021—2024	天台县

续表4

序号	项目名称	基本情况			项目所在地
		建设内容和规模	总投资（万元）	建设起止年限	
110	天台县苍山产业集聚区基础设施一期项目	建设内容包括拆迁房屋总建筑面积约178000平方米，新建一座110千伏变电所，改迁一条35千伏、二条110千伏的高压电力管线，河道驳坎、排水渠、生活便道、给排水排污、强弱电、燃气管道及供热管线铺设、道路交通标志标线、信号视频监控系统、照明系统、行道树、公交站点、垃圾箱及其他附属设施等工程	179707	2016—2025	天台县
111	银轮未来工厂项目	总用地约360亩，共分三期建设。一期用地约150亩，投资约9亿元，建设智能数字化车间和无人化工厂、双碳经济示范工厂及相关设备、全自动流水线，大力推广风能、太阳能、燃气项目应用建设及相关配套基础设施建设	215200	2022—2026	天台县
112	新建年产400吨抗肿瘤等原料药生产线项目（奥锐特）	总用地面积188亩，新建年产400吨抗肿瘤等原料药生产线项目	80000	2022—2024	天台县
113	浙江恒泽环境科技有限公司年产200万套汽车用品生产项目	总用地面积约100亩，其中一期用地33.4亩，新建生产厂房和综合楼以满足汽车内外饰用品生产需求。二期用地约66.6亩，新建生产厂房以扩大研发和生产能力	50800	2021—2024	天台县
114	浙江大自然旅游用品有限公司改性TPU面料及户外用品智能化生产基地建设项目	占地面积约150亩，新增建筑面积115950平方米，建设标准厂房、仓库、业务用房、强弱电系统、给排水排污系统及其附属基础设施等工程	47500	2018—2021	天台县
115	浙江圣达生物药业股份有限公司年产120吨生物素等维生素系列产品生产线建设项目	总用地面积264亩，其中一期占地120亩，二期占地80亩，建筑面积约180000平方米，建设内容包括办公楼、车间、仓库、环保楼、研发大厦、人才公寓及配套基础设施工程	109800	2019—2024	天台县
116	蔚坦药业科技有限公司创新药CDMO公共服务平台项目	项目总用地面积30亩，建筑面积约1.7万平方米，建设创新药CDMO公共服务平台	25600	2021—2024	仙居县
117	仙琚制药高端制剂国际化建设项目	项目总用地面积90亩，总建筑面积约82000平方米，主要建设内容包括新建生产线、厂房、仓库、动力、三废处理站、行政区等，项目建成后，形成年产500万瓶抗胆碱能类吸入剂、1200万瓶双动力鼻喷雾剂、2500万瓶皮质激素类注射剂及1000万瓶麻醉镇静注射剂的综合生产能力	80329	2021—2025	仙居县
118	神州药业多元化甾体药物产业生态圈建设项目	总用地面积69亩，总建筑面积57102.3平方米，用于厂房构建筑物建设，新建甲类仓库、动力车间、合成车间、精烘包车间、发酵车间以及配套罐区等	22490	2021—2023	仙居县
119	东晖药业年产782T甾体激素类原料药转型升级项目	总占地面积60亩，总建筑面积18957平方米，包括新建仓库3座，罐区2个，生产车间2幢，动力车间2幢，三废处理，办公楼及总控制室个一幢及相应的设备设施	18135	2021—2023	仙居县
120	得乐康年产500吨奥司他韦（含中间体环氧物）产品、20000吨米糠油与1000吨综合利用产品及年产1200吨茶多酚、100吨茶氨酸联产项目	总用地面积80000平方米，建筑面积约97000平方米，包括新建车间6幢，新建质检楼、仓库、辅助用房等	50000	2021—2024	仙居县
121	晟创药业年产1亿片阿比特龙片剂、1亿片依普利酮片剂、1亿片安宫黄体酮片剂及30吨阿比特龙、30吨依普利酮、150吨氢化可的松、10吨丙酸氟替卡松等生产线提升项目	总用地面积96亩，总建筑面积64812平方米，建设内容包括新建1座办公楼、1座研发楼、4座甲类仓库、1座丙类仓库、1座公用工程、3座甲类车间、1500吨/天废水处理系统一套及部分生产配套设施	38000	2020—2023	仙居县
122	鸿燕医药生产基地整体搬迁技术改造项目	总用地面积69亩，总建筑面积为3万平方米，建设内容为生产基地整体搬迁技术改造	19500	2021—2024	仙居县

续表4

序号	项目名称	基本情况			项目所在地
		建设内容和规模	总投资（万元）	建设起止年限	
123	浙江高盛钢结构有限公司装配式建筑生产基地	总用地面积78760平方米，建设内容包括新建厂房、仓库、研发中心、办公楼。建成后形成年产30万立方米集节能、防水、保温、降噪于一体的新型建筑墙体生产规模	43600	2021—2023	三门县
124	三门县沪甬台合作产业园（科技孵化园）	建设内容包括市政配套、科技孵化中心、邻里中心建设及河道整治	116500	2020—2023	三门县
125	奥力孚传动科技新建高端聚氨酯传动带生产项目	占地面积为80亩，总投资为2亿元。其中一期占地面积为45亩，总建筑面积为33000平方米，主要建设生产车间、研发培训综合楼、仓储车间及配套附属用房等，购置各类生产线、浇注机、绕线机、模具、检测等设备1100多台套。二期占地面积为35亩，总建筑面积为26000平方米，主要建设生产车间和仓储，购置各类生产线、浇注机、绕线机、模具等设备520多台套	20000	2021—2024	三门县
126	浙江国药景岳气雾剂有限公司国药健康产业园项目	为国药药材股份有限公司、上海医药集团合作生产药用气雾剂、食用气雾剂、化妆品气雾剂，一期达产后可实现年产值50亿元，年纳税4亿元	89000	2019—2022	三门县
127	浙江靖凯模塑科技有限公司年产50万套医用检查仪器（CT、核磁共振）高端部件产业化项目	总用地面积54000平方米，总建筑面积67512.89平方米。引进高速加工中心，精密电火花机，深孔钻，合模机，注塑机等96台/套，建成后形成年新增50万套医用检查仪器（CT、核磁共振）高端部件的生产规模	32000	2020—2023	三门县
128	西格迈股份有限公司年产25万套新能源汽车电控智能空气悬架项目	项目总用地129600平方米，总建筑面积15.56万平方米。形成年产25万套新能源汽车电控智能空气悬架的生产规模	36000	2021—2023	三门县
129	浙江皓友造船有限公司大型船舶修造基地	位于健跳镇七市塘工业园区，总占地面积约278亩，新改建大型船舶修造基地	20000	2021—2023	三门县
130	浙江省三门县健跳镇其头山建筑石料矿改（扩）建项目三门县健跳镇其头山建筑用石料（凝灰岩）矿	矿资源储量为7911.27万立方米（20168.47万吨）。主要采用中深孔爆破、铲装运输、破碎加工、码头运输工艺。项套土建、皮带廊道、生产房建等基建工程及山塘引水工程。建成后可形成年产1550万吨建筑骨料生产线，主要产品为普通机制碎石、精品机制碎石	859000	2021—2023	三门县
131	厦兴科技（浙江）有限公司年产1000台工程机械项目	总用地面积167亩，总建筑面积171702平方米。主要建造智能化生产车间、组装车间、办公楼、宿舍楼及物联网运输等智能化生产设备。建成后将形成新增年产1000台多功能一体桩机、地下连续墙开挖设备、旋挖钻机、全地面起重机、履带起重机等工程机械设备的生产能力	60000	2022—2024	三门县
132	元创科技股份有限公司年产60万条大中型履带式橡胶履带技改项目	项目用地187751平方米，建设内容包括新建厂房189650平方米及购置国内先进设备168台（套）	50000	2018—2022	三门县
133	浙江三门恒康制药有限公司标准厂房项目	项目总用地面积69654平方米，总建筑面积53476.85平方米，预计年产值7亿元，创利税1.4亿元，可解决就业人员300人	50000	2018—2022	三门县
134	现代建材产业项目	建设内容包括陆域部分的年产4亿块页岩砖厂项目和年产800万吨砂石骨料厂项目及海域部分的5千吨级码头1座，内含3个3千吨级散货船泊位和1个3千吨级杂货泊位	77000	2020—2024	三门县
135	浙江善渊制药有限公司制剂项目	总用地面积120亩，建设内容包括固体制剂车间、粉针剂车间、外用制剂车间、办公质检研发中心、各类仓库、公用工程车间及宿舍、食堂、污水处理站等配套辅助工程。建成后形成固体制剂、粉针剂、外用制剂等生产基地	50000	2022—2025	三门县
136	纳米型炭化木户装墅装构件生产线项目	总用地面积95亩，达产后预计可实现年产值4.5亿元	32400	2019—2022	台州湾新区
137	年产1000套环保型除尘机电设备项目	总用地面积33亩。项目达成后预计年销售收入2.35亿元	22300	2018—2022	台州湾新区

续表4

序号	项目名称	基本情况			项目所在地
		建设内容和规模	总投资（万元）	建设起止年限	
138	美洲豹（浙江）航空装备有限公司年产2万件碳纤维复合材料零部件、20套热压罐项目	总用地面积49.68亩，建成后形成年产2万件碳纤维复合材料零部件、20套热压罐项目的生产规模	25000	2020—2022	台州湾新区
139	年产永磁无刷直流电机、智能驱动控制器20万套，电动专用手自动变速箱传动一体后桥10万套的项目	总用地面积50.15亩。建成后年产20万套永磁无刷直流电机、智能控制器，10万套电动专用手自动变速箱传动一体后桥。预计产值2.2亿元	21000	2020—2022	台州湾新区
140	台州湾集聚区浙江乐骑机车有限公司年产5万辆摩托车整车、5万台踏板大排量发动机及2万套零部件项目	总用地面积70.02亩，主要生产摩托车及摩托车用发动机及零部件。建成投产后将形成年产5万辆摩托车整车，5万台踏板大排量发动机及2万套零部件的生产规模	24000	2020—2022	台州湾新区
141	年产32万吨汽车钢板加工配送中心及100万套高端汽车电子配件生产基地项目	总用地面积109亩，项目达产后年产值不低于13亿元	50000	2019—2022	台州湾新区
142	年产10000万件高效节能压缩机新材料核心零部件项目	总用地面积119.65亩。建成后形成年产10000万件高效节能压缩机新材料核心零部件的生产能力	57750	2019—2022	台州湾新区
143	浙江吉尔泰机械股份有限公司年产120套高端防火建材装备生产线、年产2万吨彩铝卷及年产230万平方米防火蜂窝板项目	用地面积126.5亩。建成后可形成新增年产120套高端防火建材装备生产线、年产2万吨彩铝卷及年产230万平方米防火蜂窝板的生产能力	54000	2020—2022	台州湾新区
144	无锡巨龙年产3000台数控智能加工装备项目	项目分两期实施。其中一期投资约2.5亿元，拟征用土地约35亩，预计达产后将形成年产3000台数控智能加工装备的生产能力，实现年产值约3.5亿元	50000	2022—2024	台州湾新区
145	九鼎年产40000吨新型环保包装材料项目	实施年产40000吨新型环保包装材料产业基地项目	50000	2022—2024	台州湾新区
146	上海迦和年产300万台智能喷雾系统产品项目	新建年产300万台智能喷雾器系统产品项目	50000	2022—2024	台州湾新区
147	祥恒创意包装有限公司高端环保包装纸生产项目（一期）	项目一期用地约100亩，用于实施高端环保包装纸生产项目	50000	2022—2024	台州湾新区
148	浙江夜视丽年产1500万平方米反光材料项目	总用地面积80.1亩，达产后实现销售收入4.6亿元	32100	2019—2022	台州湾新区
149	杰克智能高端缝制装备制造基地项目	位于海循路以南，聚贤路以西。规划用地约800亩，其中一期用地约200多亩，建设标准厂房2栋，宿舍楼及配套1栋，二期用地约600亩，建造杰克高端缝制装备智能制造中心及配套零部件生产厂房，建设标准厂房6栋，工艺试验中心1栋、研发楼1栋、宿舍楼及配套2栋，公用建设与配套1栋	541500	2018—2024	台州湾新区
150	年产50000吨聚乳酸树脂及制品工程建设项目	总用地面积106.1亩，建成后将形成年产5万吨聚乳酸树脂及制品的生产能力	63329	2017—2022	台州湾新区
151	台州东部新区第二中小企业园	总规划用地面积289亩，总建筑面积382945.4平方米，其中地上建筑面积318675.9平方米	87420	2018—2022	台州湾新区
152	年产25000吨磷酸铁锂正极材料、年产25000吨锂离子动力电池三元材料项目	总项目规划建设用地199.65亩。一期项目规划建设用地123.77亩，主要建设厂房、办公楼、宿舍、公用车间等建筑。建成后预计可形成年产25000吨磷酸铁锂正极材料的规模。二期项目规划用地面积75.88亩，项目实施完成后将形成年产25000吨锂离子动力电池三元材料（高镍型NCM811）的生产规模	83000	2018—2023	台州湾新区
153	台州星空智联科技有限公司卫星试验中心	本项目分期进行，第一期项目用地面积105亩，建筑面积约54000平方米，其中AIT中心约35000平方米，部组件中心约12000平方米，科研楼约7000 平方米（含卫星科技体验馆800平方米）。购置智能测试、智能试验等相关设备。项目建成后具备卫星研发、测试、试制等能力	226800	2020—2028	台州湾新区

续表4

序号	项目名称	基本情况			项目所在地
		建设内容和规模	总投资（万元）	建设起止年限	
154	浙江巨鼎包装有限公司绿色环保新型包装材料智能生产线建设项目	总用地面积111亩，项目建成后形成年生产26万吨的绿色环保新型包装材料	47300	2021—2023	台州湾新区
155	台州市勃瑞机械制造有限公司年产1万台金属切削机床制造项目	总用地面积为72.799亩，建成为年产1万台金属切削机床项目	26000	2021—2023	台州湾新区
156	浙江筑力科技有限公司年产18000吨钢箱式组合梁和5000套装配式建筑配套件项目	总用地面积66335平方米，总建筑面积125770平方米。新建1#厂房、2#厂房、倒班宿舍楼、办公楼	47900	2020—2023	台州湾新区
157	台州湾新区创王公司uNEED总部基地项目	一期投资2亿元，实现月产能800片晶圆片，项目满产时年产出约50万片。二期投资8亿元，实现月产能3000片晶圆片	100000	2021—2023	台州湾新区
158	浙江方泰新型建材有限公司年产150万平方米新型外墙铝单板项目	总用地面积81.13亩，建成形成年产150万平方米新型外墙铝单板的生产能力	27520	2021—2023	台州湾新区
159	浙江昆日机电有限公司年产3万套高端系列化智能缝制装备控制系统项目	总用地面积50.1亩。建成后可形成年产3万套高端系列化智能缝制装备控制系统的生产能力	20000	2021—2023	台州湾新区
160	台州市飞翔航天科技有限公司新建年产600架高端航空零组件智能化生产与装配及铝合金车轮项目	总用地面积100亩，项目达产后实现销售收入5亿元	40000	2021—2023	台州湾新区
161	浙江乐普制药200亿片（粒）制剂项目（一期）	项目一期用地105亩，建筑面积60871平方米。拟新建生产车间2个（固体制剂、注射剂等）及为生产车间相配套的高架仓库、1个甲类仓库、4个辅助厂房（含变配电、消防泵房、废弃药品处理等）、研发质检以及行政办公楼和岗亭等。建成后年产100亿片（粒）制剂产品的生产能力	45400	2021—2026	台州湾新区
162	浙江警用无人机项目一期（产业创新服务中心）	总用地面积1167亩。总建筑面积约42万平方米，拟建展馆、小镇会客厅、办公、酒店等	718000	2021—2024	台州湾新区
163	台州湾集聚区浙江俱进汽摩配件有限公司年产100万套新能源汽车座椅项目	总用地128亩，建成后形成年产100万套新能源汽车座椅生产能力	38500	2020—2023	台州湾新区
164	浙江文信机电制造有限公司年产300万台割草机、100万台微耕机项目	总用地面积201.5亩，建成后形成年产300万台割草机、100万台微耕机生产能力	68500	2020—2023	台州湾新区
165	台州市蒙花机械有限公司年产40万台微耕机等农业及园艺机械智能装备建设项目	总用地面积66亩，建筑面积91699.6平方米，建设内容包括新建4幢厂房、1幢综合楼等其他配套用房，建成形成年产40万台微耕机等农业及园艺机械智能装备的生产能力	32050	2022—2024	台州湾新区
166	台州市航宇塑胶有限公司年产250万台高端清洗机项目	项目总用地面积55亩，建成形成年产250万台高端清洗机项目的生产能力，达产预计实现销售（产值）收入2亿元，利税2000万元	20000	2021—2023	台州湾新区
167	浙江华创光电材料有限公司年产20亿平方米特种高性能薄膜材料建设项目	总用地面积约144亩，建筑面积89500平方米，建设内容包括新建厂房2栋、仓库2栋、办公楼1栋、宿舍楼1栋及公用工程用房。建成后形成年产20亿平方米特种高性能薄膜材料的生产能力	90000	2022—2025	台州湾新区
168	年产3万吨新能源用电子薄膜材料建设项目	拟引进具有世界先进水平的特种电容器用薄膜材料生产线设备，建成后形成年产3万吨新能源用电子薄膜材料的生产能力	150000	2022—2024	台州湾新区
169	浙江宏鼎实业有限公司年产1万吨新型高档铝镁合金带材建设项目	总用地面积50.109亩，建成后可形成年产1万吨新型高档铝镁合金带材的生产能力	16400	2021—2023	台州湾新区

续表4

序号	项目名称	基本情况			项目所在地
		建设内容和规模	总投资（万元）	建设起止年限	
170	年产360万套汽车功能件及车身焊接分总成件建设项目	总用地面积89亩，总建筑面积44747.15平方米。项目达产后可形成年产360万套汽车功能件及车身焊接分总成件的生产能力	32000	2019—2023	台州湾新区
171	台州数字科技园	用地约90亩，拟在台州湾新区新建M0项目—台州数字科技园	200000	2022—2024	台州湾新区
172	中垭（浙江）智能科技有限公司年产钢结构配件1万吨系统窗9万平方米建设项目	总用地面积70.6亩。建成后可形成年产钢结构配件1万吨系统窗9万平方米生产能力	23800	2020—2023	台州湾新区
	服务业项目	75个	9626790		
1	椒江金融大厦项目	总用地约16.3亩，建筑面积约3.9万平方米，拟建高层办公楼，集聚银行等金融机构入驻	30759	2020—2023	椒江区
2	宁波银行台州分行大厦项目	总建筑面积33952平方米，其中地上建筑面积21952平方米，建成后作为宁波银行台州分行总部大楼	20000	2020—2023	椒江区
3	椒江商会总部经济基地	总用地面积21414平方米，建筑面积12万平方米，建设集企业总部、商务服务等于一体的总部经济基地	76975	2016—2022	椒江区
4	台州市农副产品集配中心（农港城）二期	总用地面积88136平方米，总建筑面积178399.7平方米，形成年交易蔬菜（含果用瓜）30万吨、水产品肉类冻品10万吨的市场规模	84213	2019—2023	椒江区
5	台州璟懿实业有限公司文化产业街区建设项目	总用地面积105098平方米，总建筑面积360923平方米，建设有影响力的台州大型购物中心、文化艺术体验中心及会展中心等	251000	2019—2023	椒江区
6	知汇星城·国际设计（台州）创意园	总用地面积19346平方米，总建筑面积41215平方米，建设住宅、商业、办公，引进设计艺术类的知名家装品牌入驻	50000	2020—2024	椒江区
7	绿色药都创智馆	总用地面积129169平方米，总建筑面积26.7万平方米。项目包含四个地块，拟建设商业、办公楼、酒店及配套附属裙楼等	183367	2021—2024	椒江区
8	中国（心海）网络直播基地	总用地面积17535平方米，总建筑面积37705.55平方米，其中地上建筑面积为26253.06平方米，地下建筑面积为11452.49平方米，主要建设内容为商务办公建筑以及地下停车库	35296	2021—2022	椒江区
9	服务业集聚区总部大楼	总用地面积46218平方米，总建筑面积127024平方米，地上建筑面积93724平方米，办公建筑面积30858平方米，打造住宅与商业办公为一体的服务业总部大楼	100000	2021—2024	椒江区
10	江岸尚城滨江总部集聚区	总用地198.5亩，建设住宅、商业、办公、酒店等	500000	2021—2023	椒江区
11	方远两幢大楼项目	一号地块总用地面积10583平方米，总建筑面积47782平方米。二号地块总用地面积12425平方米，总建筑面积45287平方米。拟建两栋高层办公楼及裙房	59906	2021—2024	椒江区
12	广徽总部大楼项目	总用地面积11755平方米，总建筑面积48728.56平方米，其中地上建筑面积31752平方米，地下建筑面积16976.56平方米，拟建设一幢高99米写字楼	55800	2022—2024	椒江区
13	心海城市共享空间	总用地约550亩，建设用地约170亩。总建筑面积13.6万平方米，其中地上建筑面积7.4万平方米，地下建筑面积6.2万平方米。建设内容包含“百县千碗”美食街、中华茶文化体验区、黑珍珠餐饮区、台州饮食文化馆、米其林黑珍珠餐饮区五个地块和外围绿化提升等	165818	2021—2025	椒江区
14	黄岩区官河古道文旅项目	以城区一江三河（永宁江、西江河、南官河、东官河）、五洞桥等独特的资源为发展基础，通过新建、改造，打造集文化旅游、户外休闲于一体的文旅项目	83123	2020—2023	黄岩区
15	黄岩区西城街道二环南路南侧、金带路西侧商办用房工程	总用地面积17630平方米，总建筑面积51710平方米。其中办公用房建筑面积15741平方米，商业用房建筑面积21120平方米，配套附属用房建筑面积159平方米，配套用房地下建筑面积14690平方米	39561	2020—2023	黄岩区

续表4

序号	项目名称	基本情况			项目所在地
		建设内容和规模	总投资（万元）	建设起止年限	
16	黄岩区西城街道二环西路东侧、仪凤街南侧新建商业、办公及配套用房项目	总用地面积36155平方米，总建筑面积131315平方米，其中地上建筑面积83130平方米，主要包括商业建筑面积49875.3平方米，办公建筑面积32605.3平方米，配套用房建筑面积649.4平方米	93500	2022—2025	黄岩区
17	绿城黄岩新前城市新区	总用地面积146393平方米，其中规划建设用地77745平方米，总建筑面积170334.1平方米，其中酒店总建筑面积70015平方米，商业用房总建筑面积42446.1平方米	560828	2012—2023	黄岩区
18	黄岩经济开发区江口综合体	建设用地面积13469平方米，总建筑面积（商办）43672平方米，其中地上建筑面积33672平方米，地下建筑面积10000平方米；同时建设道路、停车位及其他配套设施	31850	2021—2023	黄岩区
19	黄岩经济开发区王林洋综合体工程	项目总用地面积41507平方米，总建筑面积（商办）96226平方米，其中地上建筑面积66226平方米，地下建筑面积30000平方米	82000	2021—2024	黄岩区
20	马鞍山区块综合体	出让面积约280亩，项目分3个区块实施，A区块住宅面积60000平方米，商业金融面积68000平方米；B区块住宅面积≤60000平方米，商办面积50000平方米，青少年宫10000平方米；C区块住宅面积120000平方米，商业、商办面积135000平方米	400000	2022—2025	黄岩区
21	宝湾（台州）智慧新零售供应链项目	规划总用地面积142319平方米，总建筑面积156141.56平方米，建筑物总占地面积85228.01平方米，建设一个多元化、专业化、规模化符合绿色城市物流发展需要的新零售城市供应链枢纽港，集智能园区、新零售消费场景、商贸中心、科创研发中心于一体的综合体	130000	2022—2024	黄岩区
22	台州云尚小镇田园综合体	项目分三个区块建设，总建筑面积（商业、商办）约14.2万平方米，其中A地块建筑面积为37000平方米，B地块建筑面积为65000平方米，C区块建筑面积为40000平方米，建设农旅观光、创意植保、休闲度假、运动康养相结合的AAAA标准文旅项目	210000	2022—2024	黄岩区
23	台州手拉手汽车广场	总用地86亩，总建筑面积103019平方米	50000	2018—2023	黄岩区
24	路桥区南官新天地文旅项目	位于路桥大道以南、南官河两侧，项目总用地面积筑面积120596平方米，新建建筑面积209079.6平方米。建设集商业、住宅、文旅于一体的现代综合体	194068	2019—2021	路桥区
25	台州南铁路智慧陆港新区项目	位于螺洋街道火炬村，核心区占地约1700亩，分二期建设。一期建设台州铁路物流基地，分两部分打造：一是依托在建金台铁路货运场站，整合既有甬台温铁路台州南货站（沿海场），形成“两站合一”，配置新建集装箱商品汽车作业区（2条整列装卸线）、包装成件作业区（2条半列装卸线），水泥卸车线（改建货物线2条）、货场内道路及堆场等货场核心功能建筑；二是围绕配套用地进行打造，配置建设智慧物流运营中心、仓储配送等服务于场站的功能区块。在此基础上，二期将依托铁路物流，整合公路物流，布局智慧物流、物流金融、产业展厅、产品交易、物流总部、区块链服务、海关检验、综合保税区等现代物流及其配套产业，开发产业新城，推动现代铁路园、物流园、产业园“三园”融合发展	544098	2021—2024	路桥区
26	普洛斯浙东南智慧物流基地项目	位于桐屿街道春泽社区（文化路以南、园区西路以东），用地面积189.609亩	100000	2022—2024	路桥区
27	恩泽人才公寓	位于桐屿街道，新保小区东侧。总占地65亩，建筑面积145000平方米	99862	2019—2021	路桥区
28	商城二期启动区块项目	位于桐屿街道商城一期西侧，规划用地面积22300平方米（33亩），建筑面积约57000平方米，拟建设台州好产品展销中心、台州数字贸易中心	53000	2022—2024	路桥区

续表4

序号	项目名称	基本情况			项目所在地
		建设内容和规模	总投资（万元）	建设起止年限	
29	管前出让地项目	位于路北街道管前村腾达路以北、经四路以西地块，用地面积100亩，总建筑面积约16.5万平方米，拟新建办公楼及配套	160000	2022—2025	路桥区
30	台州杜桥眼镜综合城项目	总用地面积112亩，总建筑面积约17.1万平方米	100000	2020—2023	临海市
31	金台铁路临海东站货站（物流仓储中心）多式联运南铁路仓储工程	占地面积208.3亩，建设内容包括包装成件、长大笨重及集装箱铁路功能区、社会仓储区、综合配套服务区、机械停放维修区、仓配加工区、河道及电力迁改区等	65000	2021—2023	临海市
32	临海熊出没文旅产业园	用地248.776亩，拟新增建筑面积215600平方米，主要建设产业展馆、商业街区、文化创业园等旅游文化产业园区，打造集科技、旅游、商业、演艺、休闲于一体的综合休闲旅游度假小镇	300000	2020—2023	临海市
33	总部商务区二期	用地约50亩，总建筑面积约11万平方米，新建城投、交投5幢大楼	100000	2021—2024	临海市
34	台州综合保税区启动区项目	占地面积约647亩，建设内容包括综合服务中心、口岸作业区、保税加工区厂房、保税物流区仓库、保税研发、海关监管设施及智能信息化配套工程等	180000	2021—2026	临海市
35	临海新区城市综合体项目	占地149.1亩，规划建筑面积约22万平方米	390000	2021—2024	临海市
36	杜桥商业城市综合体项目	新建商住楼18幢，总建筑面积277857.12平方米	200000	2020—2024	临海市
37	台州宝陛智能物流仓储项目	总用地面积77702平方米，总建筑面积46150.31平方米	65000	2022—2024	临海市
38	华海头门港人才公寓	占地面积67.9亩，建筑面积约13万平方米，为职工提供宿舍、食堂等生活配套服务	50000	2022—2024	临海市
39	新加坡丰树临海综合产业园	总建筑面积约173157.15平方米，建设6栋单层综合型厂房及配套仓库，2栋双层综合型厂房及配套仓库，1栋4层的宿舍楼及附属用房	102000	2020—2024	临海市
40	温岭城市新区城东综合体建设项目	用地面积约140亩，总建筑面积28.8万平方米，其中地上建筑面积19.23万平方米，地下室面积9.57万平方米	295450	2021—2024	温岭市
41	温岭市知汇星城	总用地面积26.3亩，总建筑面积约6.69万平方米。其中地上建筑面积4.92万平方米，地下建筑面积1.77万平方米	49637	2021—2024	温岭市
42	温岭市京东温岭智能供应链基地项目	总用地面积约167亩，总建筑面积约6.8万平方米，建设内容共7个单位，包括4栋单层仓库、3个辅助用房	62419	2020—2022	温岭市
43	温岭市大溪镇古茗大厦总部仓储项目	用地面积约70亩	50000	2022—2024	温岭市
44	温岭市城市新区五洋路酒店建设项目	项目总用地面积18.6亩，总建筑面积2.87万平方米，其中地上建筑面积1.92万平方米，地下建筑面积0.95万平方米。建设内容为1幢9层酒店，1幢3层宴会厅及裙房	33000	2021—2023	温岭市
45	温岭市城市新区五洋路特色街建设项目	项目总用地面积40.7亩，总建筑面积8.06万平方米。建设内容为9幢建筑，包括5幢5层商业用房、2幢9层写字楼，1幢11层酒店、1幢文化礼堂	67720	2021—2023	温岭市
46	玉环市海山岛生态旅游开发项目	总用地面积为1351亩，其中新增建设用地1127亩，总建筑面积约61.4万平方米，主要建设内容包括黄金海岸、沙滩3D灯光秀海鲜美食街及配套基础设施等	530000	2020—2024	玉环市
47	网营物联（浙东南）智慧供应链区域运营总部项目	总用地面积203.1亩，其中一期用地面积为103.14亩，总建筑面积为102236平方米；二期用地面积为100亩，总建筑面积为116000平方米	68000	2020—2022	玉环市
48	中鹿海域生态修复型海洋牧场建设项目	总用海面积约2800亩，平均水深约10米，水体1820万立方米，采用栅栏式海洋牧场设计方案，栅围区透空结构物总长约6090米，主体工程栅栏结构采用复合柱工程形式，利用桩连接建造特种超高强网闸	54000	2019—2025	玉环市
49	玉环万达广场项目B地块	总用地面积147.96亩，总建筑面积317336.07平方米，主要建设底商、金街、大商业	320000	2020—2022	玉环市

续表4

序号	项目名称	基本情况			项目所在地
		建设内容和规模	总投资（万元）	建设起止年限	
50	玉环市坎门街道沙滩文化旅游项目	总用地面积99940平方米，主要建设内容包括后沙沿海景观带改造提升工程、后沙沿海景观带配套道路工程、后沙至红旗沿海景观道路（启动段）、停车场等	46650	2020—2023	玉环市
51	玉环市龙溪镇文化旅游项目	通过整合龙溪镇文旅产业，提升完善基础配套设施，完善水暖阀门产业创新示范区建设	70285	2020—2023	玉环市
52	天台总部经济大楼	总用地面积14185平方米，总建筑面积为95991.81平方米，其中地上建筑面积为70925平方米，地下建筑面积为23337平方米。建设内容包括建筑安装、给排水、强弱电及其他附属设施	118000	2021—2024	天台县
53	天台县始丰溪文化休闲项目	用地面积约75亩。总建筑面积约为115450平方米，其中地上建筑面积合计80450平方米，地下建筑面积约为35000平方米。建设内容包括图书馆、文化馆、大剧院、城市展览展厅、酒店（办公）、商业及配套设施	82594	2019—2022	天台县
54	天台创新中心项目	规划用地面积约738亩，其中研发中心项目占地约21亩，建筑面积约3.2万平方米；孵化中心占地约241亩，建筑面积约32.1万平方米；技师学院占地约177亩，建筑面积约12.6万平方米；人才公寓占地约102亩，建筑面积约10.8万平方米；休闲绿地占地约197亩	205000	2018—2025	天台县
55	平桥下街生活中心	总用地面积20613平方米，总建筑面积56685平方米，其中地上面积41185平方米，建设内容包括主体建设及给排水、强弱电及其他附属工程	51000	2022—2025	天台县
56	赤城宾馆改造项目	规划总用地面积约63亩，总建筑面积约53000平方米，拟建成集餐饮、住宿于一体的高端酒店宾馆	25000	2022—2024	天台县
57	始丰湖夜游项目	东起南门大桥，西至高铁大桥，以及南北两岸滨湖滨溪地带，项目策划总面积约233.2公顷。以游船、灯光秀、夜市等夜经济带动始丰溪两岸的开发和建设	20000	2022—2025	天台县
58	浙江联航大酒店	项目位于省耕路与庆丰街交会口，对外营业的客房数不少于200间	15000	2022—2024	仙居县
59	悦榕庄	总规划面积约600亩，其中建设用地面积约100亩，主要建设以悦榕为品牌的高端度假酒店、农业观光、生态旅游、乡村旅游及部分配套基础设施等	53000	2021—2023	仙居县
60	亚繁·悦城	主要开发建设特色滨水商业购物街、美食广场、精品酒店群、大型室内运动体验区、大型室内水上乐园、户外运动基地、多类型特色民宿等	187500	2019—2024	仙居县
61	艾绿"新自然"度假综合体	规划总用地面积约1100亩（建设用地约260亩），以花卉为主题建设芳香花卉乐园、森林乐园、水乐园、婚嫁中心、高档精品酒店、商业配套、绿色农产品展示中心等	74500	2021—2025	仙居县
62	悦柳酒店	规划总用地面积约21亩，主要开发建设高端主题度假酒店	30000	2021—2023	仙居县
63	市民中心商务楼	占地面积49.6亩，总建筑面积127990平方米，新建商务写字楼及给排水、电力设施、绿化等基础配套设施等	53234	2019—2022	仙居县
64	神仙居水街项目	总用地约66亩。主要建设旅游商业街区、精品度假酒店、儿童乐园等	60000	2022—2024	仙居县
65	中天仁德城市综合体项目	项目总用地面积206亩，总建筑面积410000平方米	120000	2020—2024	三门县
66	韵达供应链项目（一期）	总建筑面积3.75万平方米，建设内容为电商产业园、电商平台、电商结算、云仓建设，建成后形成年快递1500万件规模	15000	2020—2022	三门县
67	浙东南现代大宗商品物流园区（一期）	项目拟选址健跳港南岸，建设货物集散中心、5000吨码头三座（设5000吨级散货泊位6个和2000吨级散货泊位2个）实际泊靠能力50000吨、20万吨仓储设施。拟打造台州最大的钢材贸易市场、总部经济商贸中心等，同时引进60多家贸易企业，建设电子商务平台	50000	2021—2023	三门县

续表4

序号	项目名称	基本情况			项目所在地
		建设内容和规模	总投资（万元）	建设起止年限	
68	台州青丰置业有限公司青丰智谷（台州）产业园	规划建设用地面积为130353平方米，总建筑面积342178.0平方米。其中生产性建筑面积281111.6平方米，新建49栋厂房，1栋高层研发车间。其中非生产性用房建筑面积61066.4平方米，包含3栋宿舍楼以及其他配套设施	86453	2020—2023	台州湾新区
69	普洛斯数字赋能智慧物流园项目	用地面积约189亩，主要建设数字化电商仓库、智慧型快递配送中心、高端制造及生产零部件物料管理仓等	39280	2021—2024	台州湾新区
70	台州湾文旅综合体项目	用地面积53757平方米，建筑面积120778.77平方米。建设内容包含1#会议中心、2#餐饮中心、3#酒店附属功能用房以及地下停车库等相关配套设施	118744	2018—2022	台州湾新区
71	方特动漫主题园	总用地面积约858亩，规划建设方特动漫主题公园及相关配套设施	300000	2018—2022	台州湾新区
72	台州方特熊出没水上休闲游乐度假中心	总占地180亩，分两期施行，一期为熊出没水世界，打造以"熊出没"系列相关的角色、场景、故事为核心主题元素的水上乐园；二期为熊出没酒店，打造集住宿、餐饮、宴会、会议、度假功能于一体的特色主题酒店	100000	2022—2024	台州湾新区
73	浙星汽车文化广场	总用地面积48720平方米，拟打造品牌汽车4S群、二手车卖场、汽车后市场配套产业、汽车文化产业及美食娱乐产业于一身的汽车文化综合体	45300	2021—2023	台州湾新区
74	彩虹人才公寓建设项目	总建筑面积94755平方米，其中地上建筑面积69755平方米，地下建筑面积为25000平方米。拟新建8栋17层，2栋3层的住宅楼	67000	2021—2024	台州湾新区
75	台州市海虹路以东、蓬北大道南侧地块风情街项目	项目总用地面积约52753平方米，总建筑面积约83854平方米，用于为商业、酒店开发	66000	2021—2024	台州湾新区

国有资产管理

【概况】 2022年底，台州市国有企业资产总额8749.49亿元，同比增长21.2%；营业收入562.82亿元，同比增长9.3%；利润总额-0.15亿元。其中，市本级国有企业资产总额1620.15亿元，同比增长12.1%；营业收入121.81亿元，同比增长30.4%；利润总额7.56亿元，同比增长4.9%。

【服务中心大局】 2022年，台州市出台国企勇担当助力稳增长促进全市经济平稳运行18条举措。全年市属企业完成投资172亿元。市域铁路S1线开通运营，甬台温高速改扩建台州段、"两高"三门联络线等一批重大项目开工建设，台州国际博览中心项目、台州机场改扩建工程等加快推进。落实国有房屋租金减免工作，全市国有企业减免房租2.05亿元，受惠租户9741户。配合推进市区燃气一体化、污水一化前期工作。实施台州国资国企勇当共同富裕先行市建设主力军"六富"行动，推动企业"一企一策"夯实共富基础。台州市引水工程和南部湾区引水工程通水投运，解决台州南片300万人饮水难问题。建成高压天然气智慧调控中心，完成燃气管网智慧改造工程，受惠群众100万人。

7月14日，台州市引水工程、台州市南部湾区引水工程通水投运

（汪　洋　摄）

【国有企业转型发展】 2022年，台州市国资委出台《关于进一步优化市属

12月28日，台州市域铁路S1线开通运营，台州迈入轨道时代

（赵邓舒宁　摄）

国有资本布局的意见》，开展“促转型、优布局、快发展”大讨论大谋划专项活动，在加强基础性、保障性产业发展的同时，布局优势产业和先导产业。组建成立市海投集团，发展海洋经济，助力建设全球一流临港产业带。通过混改、投资并购等方式取得高资质施工企业，着手打造基建产业链，围绕主业发展关联产业，推动企业开展预制构件生产制造、商用车汽配销售等业务。推进混合所有制改革，实施“国民共进”专项行动，出台市属国有企业混改操作指引。截至年底，全市共有国有控股上市公司7家，市本级混改企业79家。并购上市公司浙江仙通控制权，迈出市属国企资本市场并购“第一步”。

【国资国企改革】 2022年，台州市国资委国企改革三年行动45项既定任务全面完成，其间共开展试点探索9项，出台配套政策文件36个，形成特色亮点工作26项，打造具有辨识度的10大标志性成果。加强和规范市属国有企业机构编制、用工管理，建立企业全员公开招聘管理体系，实行一类、二类、三类用工分类管理，畅通人员流动和人才引进。在市属企业各级子企业全面实行经理层成员任期制和契约化管理，市场化选聘职业经理人6名，建立择优上岗、能上能下的岗位动态管理机制。指导企业内部分配向子公司、生产经营一线、效益企业倾斜，探索实施超额利润分享和股权激励等多种方式激励机制。探索实施企业负责人履职分类考核，制定市属企业负责人分类考核办法，构建“评价系数考核+企业等级考核”体系，开展授权董事会考核领导人员试点。

【效能监管】 2022年，台州市国资委推进企业党委前置研究制度清单化程序化，加强市属企业董事会授权管理，制定市属企业董事会授权管理办法示范文本，扩大国企经营自主权。建立市属国有企业股权类重大投资项目决策机制，组建国资国企决策咨询专家库，提升国企决策科学化规范化水平。加快推进国有资本投资、运营公司试点改革进度。做实市属企业监事会监督职能，形成出资人监督与党内监督、审计监督高效协同的“大监督”工作体系。推进市属企业重点子公司和委托监管企业合规审计全覆盖，开展乡镇（街道）国企管理突出问题专项治理，制定加强监督管理指导意见，推动全市国资国企“一盘棋”、一体化协同发展。开展市属企业安全生产交叉检查和联合检查，推进“平安国企”创建。加快建设数智国资平台，融合利用公共数据，推动大额资金监控预警系统与省国资数智平台实现贯通。

【海投集团成立】 2022年，台州市国资委牵头，9个县（市、区）和台州湾新区参与，于6月21日完成市海投集团工商登记，注册资本50亿元。

【国企党建工作】 2022年，台州市国资委在基层一线应建尽建党组织57个，建立党支部（党总支）集体研究把关重大事项制度，开展“党建+”系列活动，打响“红城党建”“开路先锋”“红心公交”“碧水红心”等一批国企特色党建品牌，创新构建“三联三共”片组党建格局，推进党的领导全面融入公司治理、党建工作与生产经营深度融合。实行国企党建归口管理，形成具有台州特色的县（市、区）国企党建体制，走在全省前列。实施纵深推进清廉国企建设三年专项行动、国企反腐倡廉全覆盖无盲区零容忍专项行动，构建清廉国企建设“5+N+1”评价指标体系。推进清廉国企标杆点培育建设，评定3个“市级清廉国企示范点”和6个“市级清廉国企示范培育点”。

（蔡　翊）

自然资源和规划

【概况】 2022年，台州市自然资源和规划局获得“第三次全国国土调查先进集体”“浙江省第三次全国国土调查成绩突出集体”“省关注森林活动15周年成绩突出集体”“2022年度台州市级单位工作目标责任制考核优秀单位”“经济稳进提质先进集体”“除险保安先进集体”等荣誉。

【自然资源调查监测】 2022年，台州市印发《关于建立台州市自然资源调查监测协同机制的意见（试行）》，为协同开展年度变更调查工作提供政策指导。基本完成台州市2022年度国土变更调查，各县（市、区）调查成果通过省级验收及部级首次整改。发布台州市及9个县（市、区）第三次全国国土调查主要数据公报。完成2022年度全市城市（城镇）建成区和建成区绿化覆盖率及绿地率常态化地理国情监测，监测成果通过省测绘质量检验中心质检，截至年底，台州市区城市建成区面积175.80平方千米、绿化覆盖率30.55%、绿地率27.16%。完成2022年度城市国土空间监测阶段任务。

【自然资源确权登记】 2022年，台州市自然资源系统推进“不动产智治”应用建设，全市服务端共申请96292笔网办业务。迭代多跨场景应用，实现与法院不动产查封查询“总对总”网办，公证+不动产登记“一件事”集成服务在市区窗口落地。全面推行二手房预告登记，印发《关于全面推行二手房交易实施不动产买卖预告登记相关事宜的通知》，全市二手房买卖实现100%引导预告登记。全市解决因历史遗留问题导致不动产“登记难”问题项目38个，涉及房屋289套、群众686人。开展自然资源统一确权登记，21个项目完成公告登簿前主体工作。开展集体土地所有权更新及土地承包经营权登记成果共享（移交）。推进自然资源权属争议纠纷调处，健全预防和应急处置机制，规范权属争议调处程序，全面应用自然资源权属争议案件登记系统，整理录入2022年度案件，根据权属争议情况和案件调处进度开展相关工作。

【自然资源资产所有者权益管理】 2022年，台州市完成做地（通过前期开发将地块从“毛地”、“生地”整理成“净地”、“熟地”）9866亩，其中市区完成做地6245亩；全市储备经营性用地6944亩，其中市区储备经营性用地3323亩。继续开展全市全民所有自然资源资产清查工作，提交全民所有自然资源资产清查实物量成果，开展全民所有自然资源资产清查价值量估算。

【住宅用地保障】 2022年，台州市落实“房住不炒”定位，强化住宅用地供应调控，全市住宅用地全部实行“限地价、竞配建”方式出让，土地市场平稳运行，全市共供应经营性用地6598亩，同比增长3.9%；收取出让金441.1亿元，同比下降9.1%；全市住宅用地成交面积5477亩，成交金额408.96亿元，占总成交额比例77.47%。

【工业用地保障】 2022年，台州市实施“土地优供”工程，建立工业用地“供给—监管—退出”全生命周期管理机制，推行“限房价、竞地价”出让方式，新出让工业用地实现全域范围内、负面清单外百分百“标准地”供应，全市工业用地供应量连续5年保持在万亩以上，工业用地出让量占土地出让总量的60.3%，远超工业大市考核要求的30%。

【存量低效盘活利用】 2022年，台州市实现低效用地再开发8160亩，完成率181.3%。盘活存量建设用地15212亩，完成率117.0%。申报创建自然资源节约集约示范县，椒江区、玉环市经县级申请、省级推荐、部组织专家评审，被认定为全国自然资源节约集约示范创建县，创建示范期为2023年至2025年。

【国土空间规划】 2022年，台州市国土空间总体规划方案通过市政府初审，6个县（市）统筹谋划，形成各县（市）国土空间总体规划初步方案。“三区三线”（三区：城镇空间、农业空间、生态空间三种类型空间所对应的区域，三线：永久基本农田保护红线、生态保护红线、城镇开发边界三条控制线）经自然资源部批准启用，共划定永久基本农田171.96万亩、生态保护红线443.87万亩（含海域）、城镇开发边界130.61万亩（市区划定永久基本农田31.19万亩、生态保护红线133.82万亩、城镇开发边界46.35万亩）。编制规划研究和专项规划，完成台州大湾区空间规划研究初稿和临港产业带“五大城”总体规划布局方案，编制临港产业带未来汽车城战略规划，完成专项规划编制12个。开展村庄规划编制，组织实施村庄规划“一评估两覆盖三提升”专项行动，完成全市村庄规划评估，完成实用性村庄规划编制82个；组织开展乡村空间整合规划研究，完成规划研究初步成果，着力构建“中心镇+中心村+保留村”（1+X+Y）片区化组团式发展试点，打造“三新”共富乡村综合改革“台州模式”。

【城乡规划管理】 2022年，江北新区规划国际方案征集和永宁江科创带、飞龙湖科学家创业基地规划设计完成；台州湾新区新型产业用地规划布局研究完成;椒江滨江公共空间方案设计完成。推进市区重点区块建设,80个重点项目建设加快推进,完成年度投资额100亿元以上,椒江滨江公共空间先行示范段对外开放,杭绍台高铁台州中心站、市委党校投用,葭沚老街开街,飞龙山庄建成,滨江总部集聚区“台州之眼”超高层结顶。创新优化规划管理体制,建立完善规划条件咨询论证制度、建筑方案多部门联合审查制度;优化建设工程规划批后管理制度,强化规划实施刚性。全年市区共完成建设用地预审与选址意见书99件(含“六审合一”办理件75件)、建设用地规划许可170件、建设工程规划许可719件、乡村建设规划许可815件、竣工规划核实301件。

【国土空间用途管制】 2022年,台州市推进重大项目用地报批攻坚行动,9个重大基础设施项目用地获保障,甬台温高速改扩建项目先行用地获批。省重大产业奖励指标创历史新高,10个省重大产业项目获得奖励(预支)指标1847亩,面积较2020年、2021年分别增长4倍、10倍,仙居比亚迪项目通过市域内错期调剂保障用地,相关做法被浙江卫视作为全省稳经济大盘典型案例宣传报道。改进计划指标管理方式,以项目定计划、以空间定计划、以占补定计划,统筹安排新增建设用地计划指标,促进土地资源更多向优势地区、优势行业和优势企业倾斜,创新建立耕地占补平衡指标市级统筹制度和市域范围内土地要素错期调剂制度,上报城市分批次项目146个,报批项目总面积15015亩,新增建设用地12661亩,计划指标执行率达99.99%。

【国土空间生态修复】 2022年,台州市持续推进新一轮全域土地综合整治,出台《台州市人民政府办公室关于推进台州市新一轮全域土地综合整治与生态修复工作的通知》。新谋划省级单乡镇全域土地综合整治工程8个,完成省级工程验收11个,临海市、玉环市和天台县3个项目被评为省级精品工程。谋划申报跨乡镇土地综合整治试点项目8个,椒江区、路桥区、温岭市、玉环市4个项目列入首批试点名单,是试点个数最多的地市之一。加强废弃矿山生态修复,黄岩区承办全省废弃矿山生态修复现场会,完成第二轮中央环保督察废弃矿山整改,完成废弃矿山生态修复26个。加强海洋海岸线修复,三门县成功申报2023年省级蓝色海湾整治行动项目(获补省级资金0.4亿元),全市2个国家级蓝色海湾和3个省级蓝色海湾项目共完成滨海湿地修复24公顷、岸线植被恢复面积112.8公顷、盐沼修复6.7公顷,整治和修复海岸线9.598千米,铺设人工沙滩3.263千米。

【耕地保护监督】 2022年,台州市开展永久基本农田集中连片整治,新立项实施永久基本农田集中连片整治项目28个,涉及总面积7.2652万亩,形成集中连片耕地5.1927万亩。2021年实施的10个项目均完工验收并报备。开展耕地“非农化”整治,出台《台州市加快耕地“非农化”问题处置的工作方案》,成立市、县两级制止耕地“非农化”工作领导小组。通过摸底调查共发现耕地“非农化”问题图斑51759个,涉及占用耕地面积7.43万亩,100%完成处置。多措并举落实耕地占补平衡,市域铁路S2线、甬台温高速改扩建等5个国家级重大基础设施项目申请国家统筹补充耕地指标,上三高速东延段、351国道仙居段等省级重大基础设施项目申请省统筹补充耕地指标;启动“奋战十个月、造地三万亩”专项行动,新增入库补充耕地项目136个,新增耕地数量4737亩、水田10491亩、粮食产能458万千克,新增入库建设用地复垦项目103个,拆旧复垦新增耕地面积750亩,水田面积578亩。加强征地拆迁规范管理,编制台州市中心城区土地征收成片开发方案2个,审核批准县级土地征收成片开发方案11个,共涉及163个片区,总规模2108.89公顷,拟征收集体土地面积1455.25公顷,均已报省归档、报部备案;印发《防范化解集体土地上房屋与补偿信访十条措施》,落实长效管理措施,规范征收行为。

【地质灾害防治】 2022年,台州市投入地质灾害防治经费7418.34万元,完成6个乡镇(街道)地质灾害调查评价成果验收,建成地质灾害专业监测点60处,完成6处地质灾害隐患综合治理。加强地灾监测预警与应急处置,利用台州市地质灾害风险等级预警预报系统发布地质灾害风险“五色图”,加强地质灾害风险隐患巡查排查,全年未发生因地质灾害引发的人员伤亡情况。持续开展地面沉降监测防治,2021年度温黄平原地面沉降量年平均速率计为0.23毫米,低于8毫米的省控指标。推进城市运行地质风险防控工作,完成台州市城市地质风险“一张图”编制。

【矿业权管理】 2022年,台州市发布实施《浙江省台州市矿产资源规划(2021—2035年)》,因地制宜合理设置采矿权,新设建筑用石料采矿权3个,新增建筑用石料投放储量0.88亿吨,保障经济发展和重大项目建设建筑用石料资源需求。加强矿产资源勘查开采监管，对全市4个矿业权进行矿产督察和年度公示信息实地核查，及时整改发现问题。组织专家对全市应建矿山开展绿色矿山入库全面复核，2家矿山企业纳入绿色矿山省级库管理，17家矿山企业纳入绿色矿山市级库管理。

【海域海岛海岸线管理】 2022年台州市加快推进历史围填海处置，继续开展处理方案单报，完成玉环市零星围填海历史遗留问题处理方案报备，至2022年底全市获部备案批准历史围填海共计5.4万亩；推进已批未完成填海区块处置，按照自然资源部办公厅《关于已批准但尚未完成填海项目处置有关事宜的函》要求，完成三门洋市涂等8个项目生态评估报告编审；推进备案区域用海项目报批，备案区域共完成用海报批23宗2240亩，另上报省政府待批2宗面积371亩；台州湾新区文信机电项目额外获新增建设用地指标奖励40亩。保障重大项目用海空间，完成台州湾新区月湖东、三山北、椒江口南海塘、玉环太平塘、五门塘海堤、五门塘短堤、鲜叠大坝、玉环普竹塘8个海塘项目用海报批，合计1657亩获省政府批准，海域使用金减免1.44亿元；保障海上新能源项目，三门县、温岭市两地共确权滩涂光伏项目4825亩，临海市确权海上风电项目2900亩。从严推进违法违规管控，完成自然资源部下发疑点疑区核查整改12处；做好海洋重点领域监管，市自然资源和规划局联合市港航口岸和渔业管理局制定《台州市海洋重点领域监管事项清单》，6月30日组织开展首次台州南部海域联合巡查。推进涉海试点改革，台州湾新区历史围填海区域“集中连片论证　分期分块出让”用海审批改革试点实现项目用海审批效率、集约节约用海水平、海洋要素保障能力“三提升”，分块用海报批时间和省级审批时间“双减半”，试点区块内的7宗450亩用海全部获省政府批准；三门县临港船舶低效用海有机更新试点方案于7月20日获省自然资源厅批复，首宗台州北部湾区经济开发集团有限公司年产30万载重吨船舶修造项目用途转变获批；启动历史围填海区域公益性配套基础设施备案试点，在台州湾新区历史围填海区域选择绿轴三期项目先行先试，简化用海报批流程、加快用海报批速度，规范公益性项目用海管理，初步形成试点实施方案。

【国土测绘】 2022年，台州全域完成1∶2000数字线划图数据资源更新，实现“市域全覆盖”，其中市区完成1∶500数据更新约800平方千米，实现市区平原区域“一年一覆盖”，省市统筹采购市域9411平方千米分辨率优于0.5米遥感影像，省市统筹完成9411平方千米优于0.2米航空影像数据获取及正射影像图制作，实现“市域全覆盖”，开展路桥区约115平方千米，台州湾新区约26平方千米三维地理信息数据采集，实现“市区全覆盖”。深化“多测合一”改革，召开建筑工程竣工测绘技术论证会，形成会议记录统一全市做法，进一步提升综合测绘成果质量，开展“综合测绘”成果质量监督检查，市、县两级共组织19次检查，检查建设工程项目128个。全面完成城市地下市政基础设施普查，全市普查成果质量检查优良率达90%，各县（市、区）自然资源和规划局会同住房和城乡建设局按规定程序完成普查项目县级验收，全市累计普查范围面积共约451.1平方千米，其中市区约157.5平方千米，全市共完成25类管线普查长度约26239.37千米，完成地下空间普查519.9万平方米，其中三维模型建模200.9万平方米。

【地理信息管理】 2022年，台州市自然资源和规划局开展省级基础测绘成果使用情况核查，完成全市领用单位现状核查498家，领用成果核查830批次。会同天台县人民政府承办全省测绘应急演练，台州市测绘应急保障队伍获第2名，开展全市测绘应急演练，11支测绘应急队伍参演。落实市、县（市、区）测量标志管理员11人，落实各乡镇（街道）测量标志巡查员97人，实现测量标志保护属地管理。编制《台州影记》地图集并出版。完成天地图重要要素在线更新、矢量数据年度更新、地理信息资源目录更新、特色亮点建设等工作，精准提供稳定及现势性好的地图服务，有效支撑空间治理数字化2.0平台；通过国家级节点“典型应用”频道在线上报6个典型党委政府中心工作的应用案例。升级改造空间规划地理数据库，提升数据库管理能力，支持地下市政基础设施基础信息数据、应急测绘数据的管理。

【自然资源执法和督察】 2022年，台州市自然资源和规划局落实2021年度卫片执法整改，整改扣减后违法占用耕地面积占新增建设用地比例下降至0.6%；抓好“大棚房”问题专项清理整治回头看，分别于6月、12月，对各地进行检查，共计抽查81个点位，对个别存在问题的点位，及时落实整改；继续推进违建别墅清查整治专项行动，全年无新增违建别墅；落实上海督察局例行督察整改，历年挂账问题整改率91.06%，2021年土地例行督察问题整改率72.9%；开展常态化扫黑除恶工作，全市各级自然资源系统共收到“三书一函”(《监察建议书》《司法建议书》《检察建议书》和《公安机关的提示(建议)函）2件，均已完成整治。

【自然资源科技创新】 2022年，台州市加强自然资源科技创新支撑和引领，《临海“地灾智治”数字孪生建模与智能指挥决策技术研究》《自然资源三维地籍多源数据集成技术研究项目》2个项目成功入选2022年度厅级科技项目。强化自然资源科普宣传，组织开展全国土地日、世界地球日、世界海洋日、测绘法宣传日暨国家版图意识宣传周等活动，累计制作宣传展板450余块、发放宣传手册6万余份。现有市级学会（协会、研究会）8个，高质量开展学术活动，徐霞客研究会成功举办第四届“中国徐霞客诗歌散文奖”征文、首届中国青少年自然资源成语主题征文大赛评比等活动。

【法治营商环境优化】 2022年，台州市自然资源和规划局审查全系统涉及市场经济主体政策措施文件217件，推行数字化监管方式，全系统共实施“双随机、一公开”任务145个，监管事项覆盖率、掌上执法率、公示率均为100%。严格规范性文件管理，规范性文件100%经过合法性审查，全年共清理规范文件78件，保留64件，废止14件，并印发规范性文件汇编。推动重大行政决策目录化管理，实现重大行政决策目录化管理全覆盖，编制并公布1个重大行政决策目录。落实以案释法和典型案例发布制度，印发全市复议应诉工作分析报告。开展重点领域“以案治本”专项活动，提升行政争议调解质量，全市系统新发的复议和诉讼案件数量同比下降11.6%，行政案件败诉败复纠错率同比下降65%，全年调解率达28.75%，行政争议化解率成效明显。加强普法阵地建设，成功申报省级自然资源法治教育宣传基地2处。

【数字化改革】 2022年，台州市自然资源和规划局加强数据归集，累计归集、治理、空间化数据11大类、24小类数据，共计4.8万条，其中总规五线数据9579条、控规数据18599条、各级行政范围4322条、重大项目86个、储备地块717个、民政机构2400个、批而未供地块2978个、低效用地5712个、三维数据815G等。加强场景贯通，既承接贯通又先行先试，实现多规合一、地灾智治、耕地智保、空间利用、不动产智治、天巡地查、浙地智用、阳光征迁等场景全面贯通实施，台州市“不动产智治”国有土地及商业（办公）用房产权全链智治子场景、临海市地灾智治数字孪生场景建设列入省自然资源厅试点，三门工业用地管理服务应用获省数字经济系统最佳应用，临海地灾智治、三门海洋综合服务管理应用获省自然资源厅、省大数据局最优场景，临海市、玉环市、天台县获省自然资源厅、省大数据局县（市、区）级最佳节点。

【综合管理】 2022年，台州市自然资源和规划局加强政务公开，通过政务公开专栏主动公开政务信息275条，门户网站公开信息10908条，“台州自然资源和规划”微信公众号发布信息579条，市本级受理政府信息依申请135件，均在规定时间内按要求规范办理。推动建议提案办理，受理市六届一次党代会代表提案22件、市六届人大一次会议代表建议112件、市政协六届一次会议委员提案79件，办结率、面商率、满意率均达到100%。加强信息宣传，协调组织召开新闻发布会4场，在省自然资源厅、市委办、市府办录用政务信息76篇，市级及以上主流媒体发表报道累计81篇。

（王佳倩）

财　政

【概况】 2022年，台州市财政总收入726.54亿元，下降5.7%；一般公共预算收入440.75亿元，同口径增长6.6%，其中税收收入355.78亿元，同口径增长4.5%；一般公共预算支出834.93，增长13.6%。市本级财政总收入65.38亿元，下降22.1%；一般公共预算收入29.98亿元，同口径增长2.4%，其中税收收入26.34亿元，下降18.6%；一般公共预算支出112.77亿元，增长8.1%。全年全市及市本级财政收支平衡。

【财政收入组织】 2022年，台州市一般公共预算收入占地区生产总值的7.3%、占财政总收入的60.7%，税收收入占一般公共预算收入的80.7%。强化非税收入征收管理，全市非税收入814.79亿元，增长7.8%，其中纳入一般公共预算管理的非税收入84.97亿元，增长18.5%。向上争资金，争取上级转移支付资金608.13亿元，其中新增债券额度252.24亿元，争取中央、省各项政策性、激励性、补助性等资金355.89亿元。

【支持经济发展】 2022年，台州市全年落实新的组合式税费支持政策优惠295.80亿元，其中，增值税留抵退税151.10亿元，占全省退税金额的8.3%，高于全市税收占全省比重1.7个百分点，惠及企业近2万家。按照“第一时间+顶格优惠”原则，出台23项财政推动稳进提质政策措施。其中，切实加大政府采购对中小企业的倾斜惠顾力度，面向中小企业采购金额达90.72亿元，增长57.8%，并通过降低企业参与政府采购成本，为企业减负28.24亿元，增长44.2%；兑现涉企政府性补助补贴资金77.21亿元；减免行政事业单位国有房屋租金0.46亿元，惠及市场主体2653户；依托“政采贷”平台，全市授信规模9.55亿元。全市投入政府投资项目建设资金353.49亿元，拉动包括台州机场改扩建、“两高”温岭联络线和三门联络线、朱溪水库续建在内的1430个总投资达2826.28亿元的项目建设。全市投入重大项目前期经费2.53亿元，重点支持市域铁路S2线一期、台州1号公路、甬台温高速改扩建、椒江河口水利枢纽等项目的前期谋划。支持科技事业发展，全市科技支出26.86亿元，增长21.3%。落实《关于坚持创新制胜高水平建设创新型城市的若干政策意见》精神，支持科技企业“双倍增”、关键核心技术攻坚等工作实施，全市新增国家高新技术企业441家、省科技型中小企业1229家。支持商贸发展，围绕推进“双循环”战略，扶持外贸出口，推动企业出国拓业务抢订单，支持义新欧班列“台州号”实现组货首发及常态化运行；促进商务经济发展，全市兑现商务促进专项资金4.28亿元，发放各类消费券3.10亿元，拉动消费61.20亿元，扶持“购车狂欢节”“双品购物节”等活动。加快促进“绿色低碳”，助力实施“6+1”领域碳达峰行动，建立台州财税支持碳达峰碳中和政策体系。落实“陆改铁”“公转水”等资金1.95亿元，推动交通运输行业绿色低碳转型。探索政府采购支持绿色建材促进建筑品质提升工作，台州成为财政部政府采购支持绿色建材促进建筑品质提升试点城市。

7月6日，台州市财政局、民政局、税务局、慈善总会共同举行“浙里捐赠”一日捐场景上线仪式　　（市财政局　提供）

【民生支出保障】 2022年，台州市民生支出636.66亿元，增长15.3%，占一般公共预算支出76.3%。支持教育事业发展，全市教育支出174.69亿元，增长10.5%。保障镇海中学台州分校等“民转公”、义务教育生均经费标准提高、台州学院升大学、国家职业教育创新高地建设等重要工作实施，确保教育经费两个指标“只增不减”。支持社会保障事业发展，全市社会保障和就业支出102.02亿元，增长19.5%。城乡居民基础养老金月标准由每人每月235元提高至每人每月280元；低保边缘户范围由1.5倍扩大到2倍，最低生活保障年标准从11400元提高至12492元；养老托育投入不断加大，“一老一小”健康服务实现扩面提质；联合出台《台州市构建因病致贫返贫防范长效实施方案》，构建具有台州特色的共富型医保制度体系；全市近10万贫困人员“台州利民保”保费实现兜底保障。支持文化旅游事业发展，全市文化旅游体育与传媒经费17.06亿元，增长0.9%。推动台州府城文化旅游区成功晋级国家AAAAA级旅游景区，神仙居旅游度假区入选国家级旅游度假区意向名单；全市投入0.27亿元文旅消费券刺激消费，支持文旅产业快速复苏。支持医疗卫生事业发展，全市卫生健康支出85.12亿元，增长20.0%。重点推动“三医联动”“六医统筹”，率先在全省实现60岁以上老人免费接种新冠疫苗等项目，基本公共卫生服务人均补助标准提高到97元，增长5.4%。投入疫情防控资金和医疗卫生发展专项资金等48.52亿元，保障疫苗接种、核酸检测及隔离点、方舱医院和核酸检测基地建设。支持乡村振兴事业发展，全市投入乡村振兴资金48.33亿元，重点支持农业“双强”行动、“千万工程”、传统村落保护利用，营造生产、生活、生态“三生融合”环境，推动台州实现“国家现代农业产业园”零的突破。在全省率先设立财金支农试点风险资金池，精准解决农业贷款难问题，特色产业年担保费率由0.8%降为0.5%。保障安全生产，落实应急、消防、粮食安全及平安、综治、维稳、政法等各项经费保障，支持实现平安台州“十连创、满堂红”目标。台州作为全省首批巨灾保险试点地区，利用财政杠杆撬动风险保障金，最高可达2亿元以上，有效缓解灾后重建的资金压力。

【数字化改革推进】 2022年，台州市财政局深入推进预算管理一体化系统应用，全流程整合优化预算管理各环节业务规范。推广“浙里报账”，以财务报销为“小切口”，实现财政财务整体智治，台州成为全省第一个市域全面上线、市县乡三级贯通的地市。在全国率先上线政府采购评审专家管理平台，实现专家入库、学习培训、履职评价、解聘退出等全过程“闭环”管理，优化政府采购营商环境。开展“浙里垫付2.0”改革，提高内部审批效率。

【推动共同富裕】 2022年，台州市围绕走深走实“九富”路径，开展“扩中家庭”财税政策体系综合试点，支持建成共富工坊1015家，带动农民就业3万余人；从慈善角度切入，开展“浙里捐赠”数字平台建设试点，探索“三次分配”新路径，相关工作得到省委书记袁家军肯定；支持推动山海协作，在黄岩、天台、仙居和三门谋划实施共富项目78个；支持推动东西协作，全市投入对口援建专项资金3.15亿元，组织全市1564家预算单位采购脱贫地区农副产品0.19亿元。

【财政监管】 2022年，台州市财政局在全省率先出台《台州市市本级预算绩效管理办法》；不断夯实事前绩效管理基础和事中事后管理实效，全市累计开展重大政策和项目事前绩效评估64项，对15家市五届人大预算重点审查部门开展部门整体预算绩效试点改革，针对“市区公交”等市区联动、群众关注度高的领域的资金奖补情况开展绩效评估，推动有限资金用在刀刃上。加强风险管控，严格执行省委、省政府“三个不得立项”政策，严控新增隐性债务，化解隐性债务。坚持“三保”（保基本民生、保工资、保运转）支出在财政支出中的优先顺序，提升运行监测和预警能力，兜牢底线。拓宽社保风险准备金筹集渠道，防范社保基金风险。健全完善财务内控建设，持续推进行政事业单位内控建设；出台《关于进一步强化和规范乡镇财政监管工作的指导意见》，压实乡镇内控建设责任。

（杜依霖）

税　务

【概况】 2022年，台州市税务系统组织税收收入667.5亿元，减少64.9亿元，下降8.9%；组织社会保险费收入（含职业年金）403亿元，比上年增长10.60%；组织非税收入594.56亿元，比上年增长146.23%。

【税费政策落实】 2022年，台州市税务系统建立“政府主导、部门协同、税务主责、系统联动”工作格局，完善“机审+人工”“提级+会审”“抽查+稽查”“督察+纪检”系列工作机制，推动政策落准落稳落好。全年累计落实新的组合式税费支持政策295.9亿元，其中办理留抵退税151.1亿元，减免税费48亿元，缓税缓费96.8亿元。

【服务地方中心工作】 2022年，台州市税务系统出台推动经济稳进提质、助力共同富裕等系列文件。聚焦临港产业带五大城建设，服务三门核电等重大项目。支持全市创新能级提升，企业享受加计扣除金额136.9亿元、高新技术企业所得税减免16.2亿元。支持台州综保区建设，优化出口退税服务，办理出口退（免）税249.2亿元，同比增长6.2%。发挥参谋辅政作用，获得各级党委政府领导批示肯定23次。

【办税缴费服务】 2022年，台州市税务系统在2022年全国纳税人满意度调查中位居全国第2、地级市第1。“不动产登记办税缴费网办新模式”在全省推广，被评为全市营商环境改革创新典型案例。推进“便民办税春风行动”“春雨润苗”等专项行动。走访纳税人、缴费人16.9万户次。推广“办问协同”税费服务新模式，深化“微呼

11月30日，国家税务总局临海市税务局干部深入吉利汽车临海基地机器人车间，辅导企业用好税收优惠政策　　（市税务局　提供）

中心”建设。升级智慧办税缴费，全市涉税事项网上综合办税率98.3%，“掌上”办税率居全省第1位。“银税互动”项目扩围升级，助2.3万户企业获得165.2亿元信用贷款。

【税种管理】 2022年，台州市税务系统落实“一户式”管理和增值税发票风险全链条快反机制。推进企业所得税“核转查”，开展“跟票管”“按户管”税前扣除凭证管理。开展个人所得税征管质量核查，加强文娱等重点领域监管。开展土地增值税“攻坚行动”，完成清算项目212个。做好房土两税、资源税等税种征期调整，推进《中华人民共和国印花税法》实施落地。做好社保费和非税收入征收工作，推进社保费“统模式”改革，推进税费同征共管。加强国际税收管理，反避税立案实现“零的突破”。

【税务法治】 2022年，台州市税务系统推进柔性执法，对722户纳税人落实“首违不罚”。开展上市企业风险提示服务470户次，降低涉税风险。加强司法协作，推进建立税检合作机制。创建“枫桥式”税务所，不断提升基层税收管理服务水平。加大执法督察力度，严肃执法过错责任追究，防范税收执法风险。加强法治宣传教育，“双普基地”数量居全市各部门第1名，普法宣传作品获评全国青少年普法视频第1名，获评“七五”普法全国、全省先进单位各1个。

【税务监管】 2022年，台州市税务系统开展数据质量监控。完善“税电智管”“欠税精管”等特色项目，“跨境利润水平监控”项目入围税务总局复制推广创新措施。全年完成风险应对4371户次，入库税款5.2亿元。开展成品油行业专项整治，补缴税款2133万元。联合多部门常态化打击虚开骗税违法犯罪行为，查办“4·29”团伙骗税案件。全年立案检查企业525户，查补收入8.6亿元。

【电子税务】 2022年，台州税务系统推进全面数字化的电子发票受票扩围试点，推广“浙里办票”应用。拓展“亲农在线”惠农应用，项目分别入选全国深化改革典型案例、浙江数字乡村“金翼奖”十佳应用。继续扩大备案单证数字化试点范围，开通数字化单证备案企业6566户，开通率100%；累计备案数字化单证249.92万份。

（罗柳燕）

2022年台州市各项收入分县市、分税种统计表

表5 单位：万元

地区	台州市税务局	台州经济开发区税务局	台州市椒江区税务局	台州市黄岩区税务局	台州市路桥区税务局	玉环市税务局	三门县税务局	天台县税务局	仙居县税务局	温岭市税务局	临海市税务局	台州市税务局第二税务分局
税费合计	16650837	1262454	1927822	1640473	1939933	1624228	866375	998480	1038794	2728855	2357703	265720
一、税收合计	6675264	463918	685579	565145	846192	823567	285043	357689	284478	1249877	995746	118030
1.国内增值税	2513323	−75970	285407	266826	220948	465614	147217	129244	130070	517592	425417	958
2.国内消费税	264988	180236	76	299	23227	274	40	7700	144	32592	20400	0
3.企业所得税	1644005	145311	146869	109484	357987	147618	59120	85652	60777	296530	231697	2960
4.个人所得税	657568	52943	80586	56847	69942	51423	19964	37492	45242	116793	111443	14893
5.资源税	8740	0	36	311	2634	343	344	2186	767	1362	757	0
6.城市维护建设税	225649	34733	25875	22849	20071	27183	8310	9206	7321	37727	32275	99
7.房产税	230687	26441	20206	22088	29699	28461	13854	9655	7387	39715	32952	229
8.印花税	70956	7557	8191	5745	15281	6181	3615	2928	2362	10450	8639	7
9.城镇土地使用税	107407	6267	8609	10802	12045	14989	5532	2612	2450	21069	23009	23
10.土地增值税	292817	21901	44850	28817	22249	29924	9254	34506	3176	65389	32751	0
11.车船税	68074	14261	4447	6114	9176	5321	1959	3420	3035	12400	7941	0
12.车辆购置税	170462	0	0	447	6466	11973	2293	3256	2784	25570	18812	98861

续表5

地区	台州市税务局	台州经济开发区税务局	台州市椒江区税务局	台州市黄岩区税务局	台州市路桥区税务局	玉环市税务局	三门县税务局	天台县税务局	仙居县税务局	温岭市税务局	临海市税务局	台州市税务局第二税务分局
13.烟叶税	0	0	0	0	0	0	0	0	0	0	0	0
14.耕地占用税	27848	1959	2678	1330	175	7475	3976	1683	1145	2993	4434	0
15.契税	386343	48258	57414	32817	56119	25388	8985	27904	17666	68022	43770	0
16.环境保护税	3491	16	220	91	152	1346	467	14	166	777	242	0
17.其他税收	2906	5	115	278	21	54	113	231	−14	896	1207	0
二、社会保险基金收入合计	3831553	277652	335664	402167	338964	370064	219220	280374	238671	690754	565794	112229
1.企业职工基本养老保险基金收入	1996149	177836	184165	217011	194060	195532	107848	141738	114352	362094	293768	7745
2.失业保险基金收入	76021	8944	7206	7614	6877	8437	3308	4311	3696	12922	10496	2210
3.职工基本医疗保险基金收入	870708	80816	77325	91450	78841	84677	48739	61035	52221	152257	125145	18202
4.工伤保险基金收入	101415	6865	7674	8723	8349	21197	6127	4131	4573	20996	12144	636
5.城乡居民基本养老保险基金收入	65707	0	3357	13136	2579	2386	4697	3923	9619	11346	14664	0
6.机关事业单位基本养老保险基金收入	395517	2502	29316	31642	25189	33579	25145	33724	25811	66740	53960	67909
7.城乡居民基本医疗保险基金收入	219112	0	18669	21948	16504	15082	15927	21214	19407	46383	43978	0
8.其他社会保险基金收入	106924	689	7952	10643	6565	9174	7429	10298	8992	18016	11639	15527
三、非税收入合计	5945591	519633	891920	657327	742183	413853	348585	344477	502726	754852	769159	876
1.教育费附加收入	106302	13413	11073	10197	9520	12966	4936	5489	4533	18986	15147	42
2.地方教育附加	70884	8944	7411	6778	6346	8647	3291	3660	3022	12659	10098	28
3.文化事业建设费收入	1157	347	154	59	83	111	23	32	22	230	96	0
4.海上石油矿区使用费收入	0	0	0	0	0	0	0	0	0	0	0	0
5.税务部门罚没收入	1178	232	64	246	83	60	46	95	44	106	202	0
6.残疾人就业保障金收入	86010	8018	6283	8870	8531	14992	4454	2335	3647	15426	12648	806
7.废弃电器电子产品处理基金收入	2	0	0	1	1	0	0	0	0	0	0	0
8.农网还贷资金收入	0	0	0	0	0	0	0	0	0	0	0	0
9.大中型水库移民后期扶持基金收入	0	0	0	0	0	0	0	0	0	0	0	0
10.中央大中型水库库区基金收入	0	0	0	0	0	0	0	0	0	0	0	0
11.三峡水库库区基金收入	0	0	0	0	0	0	0	0	0	0	0	0
12.国家重大水利工程建设基金收入	33	0	0	0	0	0	0	0	0	33	0	0
13.核电站乏燃料处理处置基金收入	0	0	0	0	0	0	0	0	0	0	0	0
14.可再生能源发展基金	154	0	0	0	0	0	0	0	0	154	0	0

续表5

地　区	台州市税务局	台州经济开发区税务局	台州市椒江区税务局	台州市黄岩区税务局	台州市路桥区税务局	玉环市税务局	三门县税务局	天台县税务局	仙居县税务局	温岭市税务局	临海市税务局	台州市税务局第二税务分局
15.场外核应急准备收入	56	0	0	0	0	0	56	0	0	0	0	0
16.油价调控风险准备金收入	0	0	0	0	0	0	0	0	0	0	0	0
17.石油特别收益金	0	0	0	0	0	0	0	0	0	0	0	0
18.三峡电站水资源费收入	0	0	0	0	0	0	0	0	0	0	0	0
19.国家留成油上缴收入	0	0	0	0	0	0	0	0	0	0	0	0
20.免税商品特许经营费收入	0	0	0	0	0	0	0	0	0	0	0	0
21.水利建设基金	39	1	0	2	1	5	0	1	0	0	29	0
22.土地闲置费	0	0	0	0	0	0	0	0	0	0	0	0
23.城镇垃圾处理费	0	0	0	0	0	0	0	0	0	0	0	0
24.水土保持补偿费	1944	142	172	201	269	120	133	315	198	173	221	0
25.防空地下室易地建设费	9456	2880	603	1510	1120	893	256	700	530	708	256	0
26.国有土地使用权出让收入	5149518	462034	840629	575304	655107	355672	115848	321390	476196	665993	681345	0
27.矿产资源专项收入	278890	1	0	33001	40871	0	204600	0	386	0	31	0
28.海域使用金	59250	7889	476	0	57	3316	9911	0	0	15744	21857	0
29.无居民海岛使用金	244	0	0	0	0	0	0	0	0	244	0	0
30.地方水库移民扶持基金	0	0	0	0	0	0	0	0	0	0	0	0
31.排污权出让收入	9442	1037	1026	468	738	337	367	382	546	1407	3134	0
32.其他	171032	14695	24029	20690	19456	16734	4664	10078	13602	22989	24095	0
四、其他收入合计	198429	1251	14659	15834	12594	16744	13527	15940	12919	33372	27004	34585
1.工会经费收入	0	0	0	0	0	0	0	0	0	0	0	0
2.职业年金	198429	1251	14659	15834	12594	16744	13527	15940	12919	33372	27004	34585

市场监管和质量监督

【概况】 2022年，台州市市场监管局全年共有11项工作列入市厅级及以上改革试点，19项工作受到市厅级以上领导批示肯定，3项工作得到国家部委通报表扬，全省系统“双五竞赛”总成绩名列第1，台州深化商事制度改革成效明显获国务院督查激励。

【营商环境优化】 2022年，台州市市场监管局全面推进极简开办，实现企业开办“一件事”一日办结，全流程网办率97%，一般经营事项办照“秒批”“秒办”。试点探索商事登记“智办”模式，注册登记时间从2小时压缩至5分钟，提效95.8%，市场主体活力进一步激发。全市新设市场主体13.27万户，总量突破80万户大关、达82.18万户，同比增长10.86%，居全省第2位；新增小微企业3.01万家。推进极简化审批改革，深化“证照分离”改革2.0版，牵头市级部门压缩和优化审批事项，在市级部门193个审批事项中，直接取消9个，改备案7个，改告知承诺76个，优化审批方式101个。

【市场主体纾困】 2022年，台州市市场监管局持续深化“小微企业三

11月17—18日，浙江省首届知识产权快速协同保护技能比武大赛在台州市举办　　（市市场监管局　提供）

年成长计划”工作，实现全年新增小微企业29844家，完成率165.8%。牵头建立个体工商户联席会议制度，出台市级纾困29条政策和市场监管系统纾困15条政策。开展首届“全国个体工商服务月”活动,集中开展各类专题宣传活动149场次。建立完善歇业制度，优化金融服务供给，成为全省市场主体歇业登记“一件事”改革试点，入选上半年全省优化营商环境十佳创新案例。全年共减免国有场所个体工商户租金1.4亿元，兑现惠企政策资金1.36亿元，办理歇业登记1827件，新增小微企业和个体工商户信用贷款256.39亿元，个体工商户信用融资试点工作获省政府督查激励。

【知识产权保护】 2022年，台州市市场监管局知识产权行政保护工作绩效考核连续三年位居全国前十，获批国家知识产权强市建设试点城市。完善知识产权支撑产业发展机制，创新开展规上企业发明专利全覆盖三年行动，建成全省第三个专利导航服务基地，大陈黄鱼获批建设国家地理标志保护示范区，24家企业入选国家知识产权示范优势企业，7件专利获第二3届中国专利奖，数量均创历史新高。全年新增发布“浙江制造”标准44项，培育“品字标”企业76家。

【质量动能提升】 2022年，台州市市场监管局实施品牌梯度培育提升工程，推进企业管理创新三年行动，280家规上企业导入卓越绩效管理模式。构建完善五级政府质量奖创奖培育体系，6个工业强镇设立镇级政府质量奖。8家企业品牌上榜“2022中国品牌价值榜”。《质量基础设施“一站式”服务平台建设与管理规范》获评省数字化改革“最优规则”成果，新增发布“浙江制造”标准44项，培育“品字标”企业76家。全国首创“质量贷”融资产品。组建“质量管家”团队，实施质量管理万人培训计划，孵化培育企业首席质量官254名。建成省级质量基础“一站式”服务平台18家，5家被评为省级示范点。

【数字智治赋能】 2022年，台州市市场监管局率先在全省上线网络直播与移动互联网监测平台，覆盖全市1.2万家网络直播间;“台州智能药物警戒系统”升格为“浙药警戒”，面向全省推广应用;“台州小微智惠平台”获评全省数字经济系统“最佳应用”;开展“GM2D”实体转码工作，所有在产的30个食品大类实现产品二维码应用全覆盖;搭建“数字餐饮”智治街区管理系统，新建10个阳光餐饮街区。

【“互联网+监管”深化】 2022年，台州市市场监管局健全完善新型监

7月1日，台州市推进国家食品安全示范城市创建暨2022年食品安全宣传周启动仪式举行　　（市市场监管局　提供）

管机制，推进“互联网+监管”平台深度应用，深化企业信用风险分类管理，推动有限监管资源针对性向“高风险、低信用”型企业倾斜。全年开展“双随机”检查4.1万次，跨部门监管率达44.84%，信用结果分类应用率达97.8%，信用监管效能不断提升，相关经验被国务院《“放管服”改革简报》刊发推广。

【柔性监管落实】 2022年，台州市市场监管局创新开展柔性监管，落实轻微违法行为告知承诺和“首违不罚”，出台实施“认罚择轻”制度，严格执行不予实施行政强制措施清单，在兼顾“法理情”、统筹“时度效”中，做到对市场主体干扰最小化。全年全市市场监管系统共落实“首违不罚”617起、从轻或减轻处罚1541起。将复议诉讼情况纳入“三张清单”兜底性清单，直接挂钩年终考核及评先评优，全年未发生复议被纠错、诉讼败诉情况。

【案件规范办理】 2022年，台州市市场监管局健全执法重点领域大要案分类赋分机制，落实重大案件即时报告制度，引导推动全市系统上下深挖查办大案要案，以重点领域的重点监管放大示范效应。开展“铁拳”“亮剑”系列专项执法行动，全年共立案1.03万起，大要案1625起，移送公安机关190起，入选国家总局典型案例4起、全省典型案例37起、涉疫高质量案件32起。全面规范系统执法行为，全年未发生复议被纠错、诉讼败诉情况。自觉接受人大、政协监督，高质高效完成79件建议提案办理，实现面商率、办结率、满意率、公开率和问题解决率“五个100%”。

【疫情防控】 2022年，台州市市场监管局发挥牵头职责，强化顶层设计，扩面物防领域，迭代联控体系，首创“台州物防在线”，实现入台进口物品全链条全要素追溯管控，全年科学处置涉阳事件52起。防疫政策调整后，迅速转变防控重心，加强药械“稳价保质”，保障疫情防控平稳转段。

【食品安全护航】 2022年，台州市市场监管局实施食品安全“守底线、查隐患、保安全”专项行动，防范各类风险隐患，全市共计检查生产经营单位141214家，检查覆盖率达100%，发现并处置风险问题数10178个。建立市、县、乡、村四级包保主体、包保干部台账，实施“三清单一承诺书”，市领导包保A级企业，全市完成17605名包保干部、129088家食品生产经营主体分层分级工作。推进食责险提质扩面，共有6.5万家食品经营单位投保，全省首创“忧”系列保险助力纾困，以138.48万元保费撬动8.74亿元保额，理赔3起。出台台州市地方标准《食品安全责任保险服务规范》和《食品安全责任保险费用测算规范》，走在全省前列。

（杨婉佳）

台州市市场监管局近三年重点指标统计表

表6

序号	具　体　指　标	2020年	2021年	2022年
1	市场主体总量（家）	695198	741020	825357
2	民营企业数量（家）	213389	234867	250836
3	新增小微企业数量（家）	36777	34074	30446
4	万人高价值发明专利拥有量（件/万人）（累计数）	6.1	7.4	9.6
5	PCT国际专利申请量（件）	250	800	386
6	马德里商标国际注册量（件）（累计数）	1109	1265	1350
7	专利质押融资（件/亿元）	320/105.8	595/181.77	765/191.6
8	商标质押融资（件/亿元）	538/49.68	561/138.8	648/150.53
9	品字标企业（家）（累计数）	158	231	306
10	发布“浙江制造”标准（项）	49	68	45
11	获中国质量奖企业数量（家）（累计数）			1（提名奖）
12	获省政府质量奖企业数量（家）（累计数）			2（正奖）+3（提名奖）
13	通过仿制药质量与疗效一致性评价品种数（个）（累计数）	41	71	95

2022年台州市专利授权量统计表

表7 单位:件

市县名称	专利类型			申请人类型					职务/非职务		合计
	发明	实用新型	外观设计	大专院校	科研院所	企业	机关团体	个人	职务	非职务	授权量
市本级	1244	7075	9223	524	136	9883	223	6776	10766	6776	17542
椒江区	873	3378	1998	451	116	4411	132	1139	5110	1139	6249
黄岩区	191	1969	5324	73	14	2975	80	4342	3142	4342	7484
路桥区	180	1728	1901	0	6	2497	11	1295	2514	1295	3809
临海市	438	2521	1706	25	8	3396	267	969	3696	969	4665
温岭市	557	3261	1717	20	0	4425	40	1050	4485	1050	5535
玉环市	301	3118	1288	5	3	4084	4	611	4096	611	4707
天台县	102	871	560	0	0	1071	26	436	1097	436	1533
仙居县	115	638	325	4	0	836	50	188	890	188	1078
三门县	184	1011	301	1	0	1209	23	263	1233	263	1496
合计	2941	18495	15120	579	147	24904	633	10293	26263	10293	36556

2022年台州市有效发明专利拥有量和每万人有效发明专利拥有量统计表

表8

地　　区		有效发明专利拥有量(件)	万人发明专利拥有量(件/万人)	地　区	有效发明专利拥有量(件)	万人发明专利拥有量(件/万人)
台州	椒江区	4762	57.65	玉环市	2338	36.3
	黄岩区	1771	25.03	天台县	849	17.88
	路桥区	2429	38.62	仙居县	639	14.8
	临海市	3869	34.73	三门县	975	25.69
	温岭市	2726	19.25	合计	20358	30.74

2022年台州市实体市场发展情况统计表

表9

项　　　　目	市场数(个)	成交量	单位	成交额(万元)	摊位费(万元)
合计	304	—	—	12814998.34	182350.98
一、消费品市场	254	—	—	7739712.38	153601.08
(一)消费品综合市场	107	—	—	978207.03	21081.23
其中:农村农贸市场	99	—	—	797829.03	18243.33
(二)农副产品市场	90	—	—	3537733.35	35591.20
1.农副产品综合市场	70	—	—	1741832.35	28508.03
其中:城市农贸市场	68	—	—	1372847.69	21401.03

续表9

项　　　　目	市场数(个)	成交量	单位	成交额(万元)	摊位费(万元)
2.农副产品专业市场	20	—	—	1795901.00	7083.17
其中:粮油市场	3	245569	吨	133217.00	997.50
禽蛋市场	0	0	吨	0.00	0.00
肉类市场	0	0	吨	0.00	0.00
水产品市场	6	662256	吨	1100573.00	2133.61
蔬菜市场	3	652800	吨	257877.00	2415.56
果品市场	3	180011	吨	234360.00	880.00
花鸟鱼虫、宠物、苗木市场	4	—	—	67464.00	556.50
茶叶市场	0	0	吨	0.00	0.00
其他农副产品专业市场	1	—	—	2410.00	100.00
(三)工业消费品市场	57	—	—	3223772.00	96928.65
1.工业消费品综合市场	14	—	—	2178597.00	59402.56
2.工业消费品专业市场	43	—	—	1045175.00	37526.09
其中:针纺织品市场	1	—	—	100010.00	430.00
日用百货杂品市场	2	—	—	60036.00	1410.00
服装鞋帽市场	4	—	—	22717.00	1145.00
家用电器市场	0	—	—	0.00	0.00
家具市场	11	—	—	126129.00	11234.74
装修装饰材料市场	13	—	—	314378.00	13943.24
旧货市场	1	—	—	13893.00	430.11
食品和副食品市场	6	—	—	193094.00	2329.00
体育文化用品市场(含图书市场)	0	—	—	0.00	0.00
收藏品(工艺美术品、集邮)市场	1	—	—	1005.00	134.00
电子通信电脑市场(含电子、通信、电脑及其他电脑外围设备)	3	—	—	212678.00	6142.00
其他工业消费品专业市场	1	—	—	1235.00	328.00
二、生产资料市场	49	—	—	5062230.96	28608.77
(一)生产资料综合市场	1	—	—	5216.00	222.50
(二)工业生产资料市场	48	—	—	5057014.96	28386.27
1.工业生产资料综合市场	0	—	—	0.00	0.00
2.工业生产资料专业市场	48	—	—	5057014.96	28386.27
其中:煤炭市场	0	0	吨	0.00	0.00
化工原材料市场(含液体化工、石油、成品油、塑料)	1	235035	吨	196930.00	885.00
木材市场	3	125046	立方米	35534.00	1903.50
建筑工程材料市场	1	—	—	1080.00	98.00
钢材市场	6	608512	吨	385931.00	5252.70

续表9

项　　目	市场数（个）	成交量	单位	成交额（万元）	摊位费（万元）
有色金属市场	2	15581	吨	16885.00	803.10
机械设备市场	4	—	—	89510.00	726.00
五金及工具市场	5	—	—	974001.00	11232.17
机动车市场	3	66191	辆	1278379.00	2149.00
旧机动车市场	14	174753	辆	1828167.36	2360.35
汽车配件市场	1	—	—	1423.00	224.00
废旧物资市场（含再生物资市场）	1	—	—	36245.00	892.00
其他工业生产资料专业市场	7	—	—	212929.60	1860.45
（三）农业生产资料市场	0	0	吨	0.00	0.00
三、服务市场	1	—	—	13055.00	141.13
其中：物流市场	1	—	—	13055.00	80.00

2022年台州市省级重点市场发展情况统计表

表10

市场名称	市场类型	所属机构	成交额（万元）	成交量	单位	经营户数（个）	摊位费（万元）
浙江方林二手车市场	旧机动车市场	台州市路桥区市场监督管理局	1190500	66030	辆	156	200
路桥中国日用品商城	工业消费品综合市场	台州市路桥区市场监督管理局	1080000	0	—	1450	42500

2022年台州市亿元以上市场情况统计表

表11

市场名称	市场类型	成交额（万元）	成交量	单位	经营户数（个）	摊位费（万元）
温岭天岭装饰城	装修装饰材料市场	69084	0	—	400	1617
温岭市花鸟市场	花鸟鱼虫、宠物、苗木市场	63500	0	—	18	140
温岭市果蔬批发市场	果品市场	175960	137411	吨	30	400
浙江方林二手车市场	旧机动车市场	1190500	66030	辆	156	200
临海第二中心菜场	城市农贸市场	10430	0	—	79	475
临海市粮油综合批发市场	粮油市场	42576	87418	吨	10	132
台州（中国）农港城	其他农副产品综合市场	366504.66	0	—	850	6634
临海市浙东休闲家居城	家具市场	56979	0	—	32	1472.05
温岭市汽车城	机动车市场	160638	4323	辆	10	213
温岭市山市农贸市场	农村农贸市场	18866	0	—	68	109
温岭市购物中心	工业消费品综合市场	316301	0	—	941	4272
浙江工量刃具交易中心	五金及工具市场	580000	0	—	606	5618
浙江泽国机电五金城	五金及工具市场	181675	0	—	890	387

续表11

市场名称	市场类型	成交额（万元）	成交量	单位	经营户数（个）	摊位费（万元）
浙江松门水产品批发市场	水产品市场	666810	272377	吨	810	593
浙江松门水产品批发市场钓浜分场	水产品市场	19500	8000	吨	0	25
台州泽国水产品批发市场	水产品市场	80111	32253	吨	26	86
温岭市箬横副食品批发市场	食品和副食品市场	32830	0	—	32	219
温岭市牧屿农贸市场	农村农贸市场	33115	0	—	244	281
台州市旧货交易中心	旧货市场	13893	0	—	127	430.11
台州市装潢城	木材市场	10800	104200	立方米	42	1458
台州市中盛城市广场	工业消费品综合市场	19885	0	—	42	5030
玉环现代家具城	家具市场	10711	0	—	20	770
温岭市箬横小商品市场	工业消费品综合市场	22726	0	—	37	142
路桥金清菜市场	农村农贸市场	10810	0	—	100	917.5
路桥中心菜市场	城市农贸市场	65100	0	—	244	1200
临海市果品副食综合批发市场	其他消费品综合市场	24913	0	—	59	297.3
临海市江南物流市场	物流市场	13055	0	—	11	80
临海恒大国际家居建材城	装修装饰材料市场	78900	0	—	210	1021.5
临海市中心菜场	城市农贸市场	76710	0	—	177	180
临海市金属材料交易市场	钢材市场	14080	23821	吨	38	251.6
临海市蔬菜批发市场	蔬菜市场	23587	68600	吨	60	75.56
临海市台运二手车交易市场	旧机动车市场	71952	10473	辆	100	898
温岭市泽国菜场	农村农贸市场	63009	0	—	389	314
温岭市松门第二菜场	农村农贸市场	17700	0	—	0	160
台州市塑料化工市场	化工原材料市场（含液体化工、石油、成品油、塑料）	196930	235035	吨	220	885
温岭市箬横木材市场	木材市场	13732	8225	立方米	32	160
温岭市泽国粮油批发市场	粮油市场	28987	27441	吨	10	49
三门县三港建材市场	装修装饰材料市场	13289	0	—	46	152
温岭市大溪中心菜场	农村农贸市场	106754	0	—	115	408
天台县平镇中心菜场	农村农贸市场	15375	0	—	80	220
天台县中心农贸市场	城市农贸市场	20155	0	—	219	390
天台金恒德中国汽车用品城	其他消费品综合市场	130180	0	—	389	445
仙居县城关中心菜场	城市农贸市场	28011	0	—	340	550
玉环商展中心	家具市场	10686	0	—	12	995
温岭市淋川农贸市场	农村农贸市场	13827	0	—	140	125
温岭市太平街道西门菜市场	城市农贸市场	16154	0	—	63	224

续表11

市场名称	市场类型	成交额（万元）	成交量	单位	经营户数（个）	摊位费（万元）
温岭市箬横埭头菜市场	农村农贸市场	11156	0	—	16	132
温岭市太平路菜市场	城市农贸市场	207220	0	—	265	1810
温岭市文化桥菜市场	城市农贸市场	67550	0	—	146	626
温岭市横峰农贸市场	城市农贸市场	66105	0	—	226	401
温岭市新河镇市民大道菜市场	农村农贸市场	29204	0	—	120	486
温岭市万昌菜市场	城市农贸市场	15940	0	—	38	324
温岭市泽国镇夹屿菜场	农村农贸市场	17771	0	—	78	197
温岭市泽国第二菜场	农村农贸市场	21271	0	—	111	124
温岭市大溪麻车屿农贸市场	农村农贸市场	11380	0	—	20	48.1
温岭市城北街道农贸市场	城市农贸市场	56689	0	—	85	162
温岭市松门育英菜场	农村农贸市场	10314	0	—	56	30
温岭市城北南山闸综合市场	农村农贸市场	21707	0	—	38	114
温岭市莞田菜市场	城市农贸市场	14621	0	—	49	82.26
台州市椒江万济池菜市场	城市农贸市场	169099	0	—	362	2286.05
玉环水产市场	水产品市场	17558	17998	吨	15	55
路桥钢材市场	钢材市场	40816	74040	吨	79	1300
浙江方林汽车城	机动车市场	1037800	57800	辆	31	1436
三门县城关农副产品综合市场	城市农贸市场	11546	0	—	58	232
台州电子数码城	电子通信电脑市场	108488	0	—	487	4066
路桥水果批发市场	果品市场	11400	6600	吨	38	80
台州市粮食批发市场	粮油市场	61654	130710	吨	23	816.5
路桥兴路市场	日用百货杂品市场	11000	0	—	100	685
浙江东南副食品批发市场	食品和副食品市场	110122	0	—	293	1226
台州市建筑五金采购中心	五金及工具市场	12000	0	—	110	416
台州市路桥小商品批发市场	工业消费品综合市场	373680	0	—	816	4200
台州市家私城	家具市场	20092	0	—	106	880
台州水产品交易中心	水产品市场	256000	317100	吨	203	787
台州国际家居陶瓷城	装修装饰材料市场	18398	0	—	129	3210
台州市椒江花园菜市场	城市农贸市场	49355	0	—	129	789.63
台州市洪家钢材五金市场	钢材市场	22010	55050	吨	140	1572
台州市椒江白云菜场	城市农贸市场	30460	0	—	101	195.4735
台州奥特莱斯广场	工业消费品综合市场	255000	0	—	63	700
黄岩生产资料市场（有证）	钢材市场	12000	40000	吨	35	300

续表11

市场名称	市场类型	成交额（万元）	成交量	单位	经营户数（个）	摊位费（万元）
台州市农副产品批发中心（有证）	蔬菜市场	96000	140000	吨	250	1800
台州市椒江星辉菜场	城市农贸市场	11754	0	—	66	1198.75
黄岩·中国模具博览城	五金及工具市场	68000	0	—	300	1600
台州市黄岩装饰城	装修装饰材料市场	24000	0	—	150	440
玉环方林汽车城	机动车市场	79941	4068	辆	37	500
天台县白鹤镇中心菜场	农村农贸市场	11025	0	—	55	160
三门青蟹批发交易中心	水产品市场	21429	1275	—	67	100
台州市德逸车之星汽车文化广场	旧机动车市场	156420	16058	辆	78	290.75
黄岩头陀菜市场	农村农贸市场	12000	0	—	68	200
台州市恒通二手车交易市场	旧机动车市场	102939	13488	辆	59	263
台州洪家装饰城	装修装饰材料市场	11200	0	—	147	747.2
温岭市太平街道东门路综合市场	食品和副食品市场	34860	0	—	155	514
浙江泽国鞋革商城	工业消费品综合市场	58059	0	—	303	280
温岭国际数码城	电子通信电脑市场	97820	0	—	470	1995
温岭市横峰鞋料批发市场	其他工业生产资料专业市场	67197	0	—	75	0
温岭市旧机动车调剂市场	旧机动车市场	63324	11268	辆	48	138
台州横峰国际鞋材城	其他工业生产资料专业市场	89610	0	—	120	159.6
浙江下张钢铁市场	钢材市场	292106	401866	吨	250	1428
温岭市泽国第二旧机床交易市场	机械设备市场	61772	0	—	18	199
玉环中心菜场	城市农贸市场	81579	0	—	495	1810
台州市椒江三甲菜场	城市农贸市场	11788.5	0	—	77	272.1
台州市机电五金城	五金及工具市场	126626	0		951	1961.17
台州手拉手二手车交易市场	旧机动车市场	16000	4000	辆	0	0
台州市自动化设备市场	机械设备市场	13075	0	—	76	263
路桥中国日用品商城	工业消费品综合市场	1080000	0	—	1450	42500
路桥建筑装饰城	装修装饰材料市场	21000	0	—	0	90
台州居然之家家居建材广场	装修装饰材料市场	37468	0	—	64	3326.54
玉环商城	工业消费品综合市场	10583	0	—	255	480
仙居县旧机动车交易市场	旧机动车市场	82756.36	36798	辆	3	4
温岭市二手车交易市场	旧机动车市场	63868	4427	辆	16	0
温岭市发电机市场	机械设备市场	13546	0	—	16	204
温岭市泽国建材装饰城	装修装饰材料市场	12610	0	—	51	285
浙江眼镜城	日用百货杂品市场	40050	0	—	152	525
天台白鹤国际袜业城	针纺织品市场	100010	0	—	289	430

续表11

市场名称	市场类型	成交额（万元）	成交量	单位	经营户数（个）	摊位费（万元）
三门县城关中心市场	城市农贸市场	19640	0	—	106	240
台州泉井拓展不锈钢市场	有色金属市场	11150	6567	吨	70	615.1
台州巨东再生资源交易市场	废旧物资市场（含再生物资市场）	36245	0	—	19	892
天台县旧机动车交易市场	旧机动车市场	12307	1093	辆		16
温岭市横湖桥菜市场	城市农贸市场	11229	0	—	204	280
温岭市箬山农贸市场	农村农贸市场	17200	0	—	64	35.25
温岭市箬横菜场	农村农贸市场	40848	0	—	132	1400
台州市蔬菜批发中心	蔬菜市场	134610	439000	吨	55	440
三门装饰城家居生活广场	装修装饰材料市场	13444	0	—	124	392
黄岩久隆二手车交易市场	旧机动车市场	18000	3000	辆	25	20
台州财富儿童用品博览城	工业消费品综合市场	10655	0	—	360	690
温岭市大溪商城	工业消费品综合市场	15781	0	—	210	69
黄岩中心菜市场（有证）	城市农贸市场	140000	0	—	250	1200
黄岩柑橘果品副食品综合市场	果品市场	47000	36000	吨	85	400
温岭市鸣翔旧机动车交易市场	旧机动车市场	34594	4380	—	2	22
台州国际塑料城	其他工业生产资料专业市场	29000	0	—	201	820
温岭市北山菜场	城市农贸市场	43880	0	—	199	659
浙江松门水产品批发市场箬山分场	水产品市场	26000	11000	吨	0	25
温岭市温峤菜市场	农村农贸市场	15347.09	0	—	109	450
玉环市楚门农贸综合市场	农村农贸市场	10690	0	—	280	600

审　计

【概况】 2022年，台州市审计机关共完成审计项目138个，其中审计115个、专项审计调查23个。查处主要问题金额122.86亿元，其中违规金额4.28万元、管理不规范金额118.47亿元；发现非金额计量问题2229个。移送司法机关、纪检监察机关和有关部门处理事项94件，移送处理人员127人，审计处理处罚金额22.37亿元。推动整改落实问题资金16.98亿元。提出建议487条，采纳470条；推动被审计单位制定整改措施544项，促进被审计单位建立、健全规章制度89项。提交审计信息650篇，被批示、采用388篇次；向社会公告审计结果84项。1个项目获省优一等奖，3个项目获省优二等奖，1个项目获省表彰；1个审计报告获省单项类优秀。

【政策落实跟踪审计】 2022年，台州市审计机关组织开展“5+4”稳进提质政策、人才政策落实、单一来源采购、招商引资政策落实等一批重点审计项目、专题，以审计监督保障执行、促进发展，一体化推进揭示问题、规范管理、深化改革，提出的人才政策相关建议被市委组织部和市委人才办采纳，撰写的审计专报《三因素致我市“亩均论英雄”改革难深化》得到市委、市政府主要领导批示。

【财政审计】 2022年，台州市审计局实施市本级预算执行和决算（草案）审计、部门预算执行审计，推动市财政局出台《重大政策和项目事前绩效评估作业指导书》《台州市级国有资本经营预算管理办法》，督促9家单位15个已竣工验收合格并交付使用的基建项目按规定转入固定资产11.85亿元，3家执法部门罚

3月30日，市审计局赴华能玉环电厂实地调研“七张问题清单”整改情况
（俞璟瑶　摄）

没收入、财政专户挂账管理的城市基础设施配套费及预算项目结余资金等共计2.16亿元缴入国库。出台《台州市审计局关于加强乡镇（街道）财政财务管理突出问题审计若干意见》，推动市委办、市府办出台《关于进一步强化和规范乡镇财政监管工作的指导意见》。

【经济责任审计】 2022年，台州市审计局以“五审五评”检视9家单位12名主要领导干部经济责任履行落实情况。完成台州鉴洋湖城市湿地公园保护中心领导干部任期经济责任和自然资源资产责任审计，发现保护中心存在总体规划未及时修编、土地流转存在返租不到位、工程重大设计变更未经集体决策等问题，移送有关问题线索。其单位原主要领导被纪检部门留置，相关报告得到省委书记袁家军批示。

【审计整改】 2022年，台州市审计局借力市委、市人大、市政府督查力量联合推进有效整改，对整改不力的被审计单位，提请纪检监察、组织人事或主管部门处理。探索审计整改“1+1”四步工作法，创新“研究型整改”“穿透式整改”，实现“重大审计问题清单”高质量清零，“重大审计问题清单闭环管理”全省考核排名第1。

【民生审计】 2022年，台州市审计机关坚持兜牢民生保障底线、促进全民共同富裕，组织开展市本级、黄岩区、温岭市三地的困难群众救助补助资金专项调查，推动市民政局等8个部门联合出台《关于建立困难群众救助主动发现和数据共享工作机制的通知》，建立涉艾儿童、失业人员、伤残军人、工伤保险等14类信息每月共享机制，解决救助对象主动发现和精准识别问题。对就业补助资金和失业保险基金分配管理使用情况、就业重大政策贯彻落实情况，重点群体就业创业政策落实情况等事项进行审计，揭示部分人力资源服务机构职业技能培训中重点保障人群参培率低、重点产业紧缺工种培训率低、培训时长达标率低等问题。

【国有企业审计】 2022年，台州市审计机关实施台州市城市建设投资发展集团有限公司主要领导干部经济责任情况、台州循环经济发展有限公司2020年至2021年度财务收支审计，推动市属国企落实宏观政策、深化国有企业改革、防控重大风险、维护国有资产安全，相关专报获市委书记李跃旗批示。

【研究型审计】 2022年，台州市审计机关编印《审计典型问题及案例》。联合内审力量推进研究性审计，内部审计论文和案例获省二等奖9篇、三等奖13篇、提名奖4篇；内部审计项目获省优秀项目3个、表彰项目5个。推动研究型审计和审计科研融合发展，市审计学会完成换届，5篇文章被评为省优秀论文和调研文章。
（施盈馨）

统计管理

【概况】 2022年，台州市统计局以统计数字化改革牵引统计现代化改革为主线，提高统计数据质量，推进清廉统计建设，在助推“两个先行”“三高三新”现代化新征程中提供统计保障，实现省对市局综合考核、市级目标责任制考核“双优秀”。

【统计监测】 2022年，台州市统计局参与市委、市政府组织的县（市、区）考核评价体系构建和调整工作，承担市对县、市对部门重点指标考核的方案设计、过程监测、结果测算等工作。围绕台州民营经济特点，开展民营经济发展监测预警，加强民营经济生产总值核算和县（市、区）经济指标的分析预警，定期开展监测分析和相关性分析，在全市经济研判中把握主动。首次开展对县（市、区）民营经济增加值的统一核算，探索完成2001年、2011年全市民营经济增加值核算工作，完成重点课题《台州民营经济二十年发展变化与启示》。开展民众“共同富裕”、美好生活需求、乡村振兴、消费环境满意度等调查。共完成调查项目45个，撰写报告21篇，采集样本10万余个，收集社会各阶层意见建议2000余条，《台州共同富裕示范区建设民众“四感”评价调查报告》《聚焦民生需求热点　提升民众生活品质》和《2021年法治台州建设满意度调查分析报告》获市主要领导批示肯定。

【统计服务】 2022年，台州市统计局开展统计价值研究和统计服务指导，建立常态化、制度化、规范化的月度和季度经济形势分析机制，强化对主要指标、重点项目的跟踪监测，对苗头性、趋势性问题进行预报预警。全年共编写统计分析、统计信息、专送信息等110篇，其中有12篇得到市委、市政府主要领导批示。每月开展全市GDP相关指标的数据模拟预测，通过相关性分析、对比性分析和波动性分析等，全面查找数据背后的规律，提出的意见建议多次被市委、市政府领导引用。结合国内外经济环境、行业年度走势、人口老龄化等时政热点，确定《2022年全市经济运行形势及2023年走势分析》等15个重点调研课题并均已完稿，为重点领域、重点行业、重点产业发展提供决策参考。《中等收入群体规模测算及识别研究》获全省统计系统“统计当参谋·分析助决策”优秀统计分析报告评比一等奖，《城市流通能力对城市消费水平的影响研究——基于长三角城市群内循环视角》在2022年（第八届）全国统计建模大赛中获三等奖。

【基层基础】 2022年，椒江区、临海市、天台县作为全市基层统计单元治理改革试点，共建成1～4级统计单元472个，成员10312人，“统计之家”133个，形成4类32项管理制度。台州基层统计网格化治理改革试点成果得到省统计局在全省全面推广，受到国家统计局肯定。全面推动全市各级党委、政府学习习近平总书记关于统计工作的重要讲话指示批示精神，以及相关法规文件内容。开展对乡镇、企业统计人员特别是新进“四上企业”（规模以上工业企业、资质等级建筑业企业、限额以上批零住餐企业、规模以上服务业企业等这四类规模以上企业）统计员的业务培训。迭代完善名录库工作考核制度，实行市对县、县对乡两级同步考核，重视带好市、县、乡三级基本单位名录库队伍，全年新入库单位共3万家，剔除单位4000家，变更主要指标的单位3.5万家。

【数据质量】 2022年，台州市统计局做好数据审核、查询、评估、核查，形成数据质量闭环管理系统。发挥GDP核算龙头作用，加强数据关联性、逻辑性、趋势性审核，提高基础数据质量。加强数据报送期间的审核查询与现场核实，做到即知即查即改。推进依法治统，通过跨部门联合执法、执法部门与专业处室一体融合、市县上下执法力量有机整合、统计监督与纪检监督协同配合等多种方式，实现统计执法监督检查全覆盖。全年全市共执法检查企业584家，立案54起，罚款20.4万元，进一步压实防范和惩治统计造假、弄虚作假责任，及时消除数据风险隐患。

【大型国情国力普查】 2022年，台州市统计局在全省率先完成市县两级第五次全国经济普查筹备机构组建。配合国家统计局做好统计名录库管理新机制测试工作，做好投入产出调查基础台账建设。承接组织国民经济行业智能编码国家专项试点（临海），先后完成试点样本抽取、调查人员选培等工作，并向国家统计局反馈四大方面13条改进建议意见。全面推进普查成果展示运用，开辟4个专题，通过媒体向社会进行普查数据解读。与人力资源社保局联合开展第七次人口普查行政嘉奖。完成人口普查档案资料整理和移交。

【统计数字化改革】 2022年，台州市统计局推进统计现代化改革，在全省统计数字化改革推进会上作典型经验介绍2次，获评2022年全省统计数字化改革最佳实践一等奖。推进全省统计大脑、一体化统计监督、浙江民调在线等试点工作。全市统计系统上下联动、一体推进应用贯通工作走在全省前列，为全省统计数字化改革提供台州经验、台州样板。

（金　谦）

统计调查

【概况】 2022年，国家统计局台州调查队提高数据质量，优化服务水平，年度工作获市领导批示肯定。蝉联市级单位目标责任制考核优秀单位，获评2022年高质量发展建设共同富裕先行市——共同富裕工作先进集体，“双建争先”工作在全市进行经验推介，获评“台州市清廉文化进机关”示范点。

【统计调查业务开展】 2022年，国家统计局台州调查队完成住户调查大样本轮换和农作物对地抽样调查样本轮换工作。加强走访检查督查，强化全流程质量管控。实行“卡片式”上门培训、“点单式”量身培训、“案例化”导向培训、“随堂测”实战培训、“云课堂”直线培训等"五合一"、全覆盖的"立体式"培训。评选优秀辅调员，挖掘基层调查员经典案例，分享工作经验，多渠道宣传调查风采，发挥优秀调查员示范引领作用。依托统计网格化平台，探索建立县、乡、片区、企业四级网格化管理机制。完成浙江省全面从严治党情况民意调查、浙江省城市公共交通分担率和城市交通满意度调查、台州市城市公共交通分担率和交通满意度调查等民生类专项调查。对台州文明城市创建情况开展定期自查，助力全市创建工作。

【统计调查改革创新】 2022年，国家统计局台州调查队初步形成企情平台一体化建设、畜牧业大数据共享名录库等5个数字化场景应用项目。开发"调查智能助理"等一批应用。开发的住户调查样本轮换抽样框信息审核程序，在全国推广应用。粮食、农民工监测等专业开发的相关审核、汇总程序在全省乃至全国推广使用。进一步探索大数据在CPI中的应用，电子扫描数据采价工作持续推进。公共数据常态化共享进程加速，住户、价格、农业、畜牧业等实现数据"归仓"。

【统计调查服务】 2022年，国家统计局台州调查队开展的高质量发展、乡村振兴、稳进提质等统计监测稳步推进，收入消费、粮食、价格等"钱袋子""菜篮子""米袋子"数据更贴民情，对经济社会发展的全息映射更为立体。全年编发信息分析专送237期，被国家局采用21篇，被省市"两办"采用52篇次。完成专题调研84个，获市级以上领导批示34篇次。围绕缩小"三大差距"，深入开展居民人均可支配收入、城乡收入倍差等指标的常态化监测。以共同富裕39项调研项目清单为主题，形成相关文章47篇，获市领导批示15篇。聚焦"扩中提低"，探索建立"共富工坊"增富监测体系。选派业务骨干赴市共富办帮助工作，助力"一路共富"数字化督导平台应用开发。全年完成经济类、方法制度类课题31个，其中《台州民营经济高质量发展研究——基于台州、嘉兴和金华的比较分析》获全省调查队系统优秀调查分析报告二等奖。《基于不敏感经济因素对村级"发展水平位次"的回归研究》获全省调查队系统"统计建模"岗位技能竞赛三等奖。

【统计执法监督】 2022年，国家统计局台州调查队联合市统计局制定《监督意见》实施方案和任务分工，明确32项重点工作任务；推动市政府专题学习《监督意见》等重要文件精神3次。建立健全全过程质量管理和全员责任体系，完善干部法治建设考核评价机制，实行"一票否决"制。落实统计法进党校长效机制，推动将统计法纳入领导干部培训必修课。全年开展大型普法宣传活动3次，开展统计违纪违法案件解读8次，发放普法资料4000余册。全年开展"双随机"统计执法检查企业50家。完成首次对县级统计局统计执法暨数据质量检查工作。完成对行政处罚当事人的"回头看"，确保整改落实到位。持续推进统计信用评价建设，加强信用评价建设部分专业中的成果运用。

（王　笑）

台州海关

【概况】 2022年，台州海关全年审核报关单5.77万份，同比增长4.5%。征收两税入库26.2亿元，同比增长67.1%。监管货运值112.4亿美元，同比增长46%。监管货运量1069.9万吨，同比增长1.6%。加工贸易备案金额7.8亿美元，同比增长32.5%。审批减免税货值4971.7万美元，同比下降2.4%。检验检疫10万批次，同比下降14.5%，货值312.1亿元，同比增长20.4%。签发原产地证书66514份，同比下降18.6%，货值37.5亿美元，同比下降9.3%。新增备案企业1812家。

【进口物品监管】 2022年，台州海关加大"洋垃圾"打击力度，查获退运"洋垃圾"7票686吨。严格检疫高风险冷链货物，监管进口猕猴桃860批，取样送检107批；监管远洋自捕水产品26批3.79万吨，货值3680万美元。严把进出口商品质量关，查获不合格进出口食品化妆品2批次；检出进口再生金属原料不合格34批。严防加工贸易风险，健全落实"月查月报、季度例会"机制，常态化开展加工贸易业务风险排查整改。提升后续监管效能，稽查发现问题27起，案值2.7亿元。

【服务外贸发展】 2022年，台州海关出台促进外贸保稳提质细化措施二十条，开展"十地百团助千企""三走进""三找准"活动，走访地方政府27次、调研企业211家，解决疑难问题147个。支持中欧班列"台州号"首发、大麦屿港与越南近洋直航航线开通。培育AEO即"认证的经营者"企业3家。帮助25家企业完成知识产权海关备案。支持仙居杨梅、临海蜜橘、西蓝花、三门小海鲜等特色农产品优进优出。连续第3年获评市级单位工作目标责任制考核优秀单位。

【疫情防控】 2022年，台州海关召开新冠疫情指挥部会议、专题会和

6月1日，台州海关对集装箱货物进行监管　　（台州海关　提供）

碰头会20余次，制发加强内防通知15个，开展应急处置演练10次。6月，以零不符合项通过海关总署“双百”督查现场检查。加强口岸疫情防控，2名关领导带头参加集中封闭管理；登临检疫进境船舶316艘次、人员6746人次，检出核酸阳性案例12人，被全省海港口岸疫情防控工作会议通报表扬案例1个。

【安全生产】 2022年，台州海关落实监管作业现场、口岸卫生检疫、口岸危险品综合治理、进出口食品检验检疫监管等安全生产工作。全年开展口岸食品生产经营企业卫生监督14次，监督检查国际航行船舶供应饮用水52批次，检查结果均符合要求；查获危险品伪瞒报情事3批；检出出口危险化学品、出口危险货物包装不合格43批；查发国外通报出口食品问题1起。

【查缉走私】 2022年，台州海关缉私分局聚焦主责、深耕主业，开展“国门利剑2022”联合行动，着力深化全员打私和反走私综合治理，密切与海关部门联系配合，完善线索移交反馈沟通机制。加强对简易和快办案件的指导力度，提高主动发现、专业打击和规范执法能力。围绕海关通关环节、货运渠道，加大走私违规风险的联合研判力度。立案走私违法违规案件79起，案值1.9亿元。其中，刑事立案16起，案值1.47亿元；行政立案63起，案值0.43亿元。

【台州口岸获批全国首个再生金属进口转关检验试点】 2022年3月，海关总署发布再生金属进口新政，自2022年10月1日起进口再生黄铜原料、再生铜原料和再生铸造铝合金原料须在第一入境口岸实施检验，海关不再受理转关申请。台州是“中国再生金属之都”，拥有国内规模最大的金属资源再生产业基地，但台州口岸尚无海运直达集装箱国际航线，台州相关进口再生金属企业迫切希望进口再生金属原料能运抵台州口岸实施检验。台州海关多方调研，研究应对方案，争取全国首个再生金属进口转关检验试点。9月30日，海关总署商品检验司复函杭州海关，同意海运全程提单显示目的地为台州的集装箱装运的进口再生金属原料在台州口岸实施检验试点。

【杭州海关与台州市政府签订战略合作框架协议】 2022年，台州海关发挥职能作用，贯彻落实海关总署促进外贸保稳提质十条措施和杭州海关“十地百团助千企”精准服务细化举措，助推杭州海关与台州市政府签订战略合作框架协议。7月31日，杭州海关与台州市人民政府签订战略合作框架协议，在高能级开放平台建设、优化跨境贸易营商环境、促进贸易新业态发展、维护国门安全、加强反走私综合治理等领域开展深度合作，助推台州市打造“长三角高能级、双循环节点城市”。

【大麦屿口岸成为2022年全国最大新西兰猕猴桃进口口岸】 自2022年4月大麦屿港进口水果指定监管场地首次开展进口业务以来，台州海关梳理流程环节，明确提前审核内容及现场查验重点，制定专项登临检疫方案。加强与船方联系，及时掌握船舶动态、船员旅居及健康监测情况，指导船员健康申报并提前核验，尽可能前置需现场查验的书面材料。开展7×24小时登临查验，严格实施体温监测、医学巡查、病媒生物监测，助力船舶快速通关。全年保障新西兰进口猕猴桃15船次、6.9万吨、货值19.6亿元高效通关，助力大麦屿口岸从“零起步”跃居成为2022年全国最大的猕猴桃进口口岸。

（蒋鹏程）

农 业

农业农村工作综述

【概况】 2022年，台州市实现农林牧渔业574.53亿元，增速3.1%；实现农村居民人均可支配收入37700元，增长6.4%；实现低收入农户人均可支配收入17798元，增长14.3%。台州市农业农村工作获得国务院领导批示2次、省部级领导批示肯定7次。工作亮点和获得的各类荣誉共有55项。

【粮食蔬菜瓜果生产】 2022年，台州市粮食播种面积133.44万亩，产量56.67万吨，与上年相比分别增长1.41%、1.20%。油菜籽播种面积9.34万亩，产量1.24万吨，同比分别增长2.61%、12.87%。蔬菜播种面积123.39万亩，产量238.91万吨，同比分别减少0.2%、增长3.1%。果用瓜播种面积20.43万亩，产量43.86万吨，同比分别下降7.6%、7.0%。

【现代农业园区创建】 2022年，温岭市南部省级现代农业园区被评为浙江省十佳优秀现代农业园区。全市新增国家级现代农业产业园、国家级农业产业强镇、省级现代农业园区各1个；其中天台国家级现代农业产业园列入创建，实现台州市国家级园区“零的突破”。仙居、温岭新列入全国农产品产地冷藏保鲜整县推进试点，累计创建数全省第1。4个市级农业特色产业小镇启动创建。临海市涌泉镇（柑橘）入选第十二批全国“一村一品”示范村镇名单。

【生态绿色农业发展】 2022年，台州市完成国家级农产品质量安省级第三方评估，待农业农村部验收。全市主要农产品监测合格率连续4年保持在99%以上。玉环市、天台县、三门县建成省级“肥药两制”改革综合试点县。黄岩茭白生产模式入选农业农村部农业绿色发展典型案例（全国51个）。台州市农业农村局查处的“跨省违法调运生猪和未经定点从事生猪屠宰活动案”被农业农村部评为全国农业执法典型案例（全国10个、全省2个）。查处的“未取得兽药生产许可证生产兽药案”涉案金额1.68亿元，入选全省农业行政执法十大典型案例。做好农机、农家乐行业管理，未出现重大安全事故。农业农村领域安全生产形势平稳向好。

【农业龙头企业培育】 2022年，台州市累计培育农业龙头企业210家，其中国家级3家、省级45家；建成市级示范性农民专业合作社502家、示范性家庭农场275家，培育农创客1955名。路桥区列入全国农业社会化服务创新试点（全省5家）。仙居县入选全国农业全产业链典型县（全省2家）。浙江得乐康食品股份有限公司入选全国油料作物行业头部企业名单（全省2家）。玉环、天台列入农业农村部全国农民合作社质量提升整县推进试点，黄岩区列入全省第二批家庭农场整体提升县（市、区）建设单位。台州龙头企业培育模式作为“地方支持民营企业改革发展典型做法”被国家发改委发文向全国推广。临海市春树水果专业合作社入选全国第四批新型农业经营主体典型案例。

【农产品品牌建设】 2022年，台州市有农产品注册商标8000多件，其中中国驰名商标7件、地理标志证明商标33件、地理标志保护产品11件、农产品地理标志13件，数量居全省前列。推进“台九鲜”区域公用品牌建设，推出“椒子农心”“温岭农耕”“神仙大农”“鲜甜三门”等县域品牌，形成“台九鲜+县域品牌+企业品牌”的发展格局。台九鲜“山海台州鲜美九州”之“蟹逅三门”“阳光温岭”“和合天台”顺利举办。

（李 娀）

种植业

【概况】 2022年，全市粮食播种面积、产量均创十二年新高。台州市推动早稻扩面增产做法入选全省保障粮食安全典型案例。临海稳粮保供案例获国务院领导两次批示肯定。在全省率先开展粮食生产降本增效试点“揭榜挂帅”，首创的“共富粮农贷”实现种粮农户贷款利率全省最低。台州市连续第4次被浙江省人民政府表彰为“河姆渡杯”粮食生产先进市。

【粮食生产】 2022年，台州市粮食播种面积133.44万亩，产量56.67万吨，与上年相比分别增长1.41%、1.20%。其中早稻面积29.82万亩，产量12.76万吨，实现面积“十一连增”、产量“十二连增”。推广粮—经轮作、水稻钵苗机械摆栽、轻简化栽培、耐盐碱种植等先进技术，水稻主导品种覆盖率87.4%、良种覆盖率98%以上。全市新建成高标准农田3.95万亩，完成粮食生产功能区“非粮化”整治优化面积19.86万亩。

【蔬菜生产】 2022年，台州市蔬菜播种面积123.59万亩，产量231.66万吨，同比分别增长4.3%、2.9%。其中，果用瓜播种面积22.11万亩，产量47.18万吨，同比分别下降8.9%、9.5%。

【水果生产】 2022年，台州市水果总面积124.4万亩，总产量104.2万吨，同比分别下降4.0%、7.4%。其中，柑橘面积44.92万亩，产量52.26万吨，同比分别下降4.85%、4.95%；杨梅面积43.7万亩，产量27.2万吨，同比分别增长0.52%、下降5.4%。

【茶叶生产】 2022年，台州市茶园面积20.16万亩，与上年同期持平；产量5682.8吨，增长0.5%，其中名优茶产量3228.8吨，产值5.9亿元，同比分别增长1.0%、4.2%。

【食用菌生产】 2022年，台州市食用菌生产总量935.36万棒（平方尺），总产量6389吨，总产值6892万元，同比二增一减，分别为增长8.8%、减少3.9%、增长7%。主要生产品种有香菇、金针菇和双孢蘑菇。

【中药材生产】 2022年，台州市中药材种植面积7.23万亩，干品产量0.88万吨，总产值6.47亿元，同比分别增长2.3%、6%、0.9%。种植种类近40种，主要品种有覆盆子、元胡、铁皮石斛、浙贝母、乌药和黄精等。

（高洪勤）

畜牧业

【概况】 2022年，台州市生猪出栏66.47万头，同比增长29.85%。家禽出栏2791.12万羽，同比增长2.16%。牛存栏1.93万头，同比下降9.81%，其中奶牛存栏1009头，同比下降13.24%。羊出栏3.71万只，同比下降5.12%。兔存栏18.71万只，同比下降11.49%。全市肉类总产量9.85万吨，同比增长16.6%。禽蛋产量2.32万吨，同比增长4.84%。牛奶产量4521吨，同比增长14.48%。

【畜牧业转型升级】 2022年，台州市新建成万头以上生猪项目2个，完成8个美丽牧场创建。动物防疫一件事、县级平台生猪生产一件事、兽医卫生数字化应用、生猪养殖精密智管应用场景继续推行。兽用抗菌药减量化和饲料环保化试点顺利推进，28个试点场通过成效评估。

【生猪增产保供】 2022年，新建成万头以上保供猪场2个，保供猪场总数达到13个，核定新增产能累计达78万头。其中的11个场已投产，年底总存栏达23.14万头，能繁母猪存栏达2.43万头。

【畜牧业绿色发展】 2022年，台州市农业农村局落实110家规模养殖场制定年度畜禽粪污资源化利用计划，开展规模养殖场畜禽粪污利用台账数字化填报，完成4个规模养殖场节水改造。

【畜禽遗传资源保护管理】 2022年，温岭高峰牛、天台黄牛、仙居花猪、仙居鸡、丝羽乌骨鸡等5个地方畜禽遗传资源得到有效保护。温岭高峰牛总存栏达到171头，共6个血统，种母牛72头，种公牛14头；天台黄牛种群174头，共6个血统，种母牛88头，种公牛6头；仙居花猪总存栏238头，种母猪141头，种公猪15头，共12个血统；仙居鸡原种总存栏达14850羽，其中母鸡3200羽、公鸡1580羽，共70个家系；丝羽乌骨鸡总存栏3300羽，其中公鸡100羽，母鸡1000羽。

（郑卫兵）

农业现代化发展

【数字农业应用】 2022年，台州市4个应用入选省典型案例、2个应用入选浙江“金翼奖”十佳应用、9个项目入选省农业农村厅第一批“先行先试”名单，6个县（市、区）入选全国数字乡村百强县，数量均为全省第1位。2个应用入选省数字政府系统优秀应用案例集，省数字化改革“最系列”中最优规则《省动物防疫条例》路桥区、天台县列为主要参与单位（除省级单位外，其他的全省为9个），三门县入选全国县域农业农村信息化发展先进县。“亲农在线”获农业农村部副部长张桃林批示肯定，“瓜果天下”入选全省“一地创新、全省共享”一本账，在全省推广应用。

【农业“双强”行动】 2022年，台州市出台台州市农业“双强”（科技强农、机械强农）行动五年行动方案，实施农业科技项目15个，新建成省级高品质绿色科技示范基地22个，育成新品种3个（水稻2个、西蓝花1个），连续5年举办浙江西蓝花新品种大会，水稻主导品种覆盖率达87.4%。台州市承办全省农业“科技下乡”启动仪式。举办全省丘陵山区农业机械化现场推进会。温岭、三门入选全省农业“双强”行动“赛马”激励地区，临海市、温岭市2个项目列入省农业“双强”十大重点突破试点，数量均居全省前列。

【产业融合】 2022年，2022浙江（台州）RCEP经贸合作论坛暨海洋经济重大项目签约仪式举行，发布《RCEP农业百问》研究成果。省农博会上台州市农产品获金奖数连续20年保持前列；网上农博会上，台州市金奖数连续三年全省第一。仙居杨梅入选全国农业品牌培育名单（全省2个）。温岭市石塘镇海利村入选2022年中国美丽休闲乡村。13条线路入选“浙里田园”休闲农业与乡村旅游精品线路，入选数居全省第1位。

（梁　健）

新时代美丽乡村建设

【农村人居环境提升】 2022年，台州市全域开展农村人居环境提升行动，推进农村生活垃圾、污水、厕所、庭院“四大革命”高水平覆盖。全市农村生活垃圾分类行政村覆盖率达100%，生活污水运维机制实现全覆盖，评定省级星级公厕290座，其中示范性公厕23座。

【星级美丽乡村建设】 2022年，台州市建成星级美丽乡村600个，其中一星级500个，三星级100个。全市91.2%行政村达到浙江省新时代美丽乡村标准，累计建成市级美丽乡村精品村263个、精品示范区29个、省级美丽乡村示范县3个。第七批省级历史文化村落重点村绩效评估全优，优秀率连续第七年居全省第1位。在全省深化“千万工程”建设新时代美丽乡村现场会上，台州作为全省唯一地市作典型发言。

【未来乡村建设】 2022年，台州市迭代升级新时代美丽乡村，集成推进“美丽乡村+数字乡村+共富乡村+人文乡村+善治乡村”建设。出台《台州市未来乡村建设实施方案》，启动建设省级未来乡村33个，建成20个。玉环市上栈头村在全省共富现代化基本单元建设工作现场会上作典型发言。

（周才勇）

农村改革

【乡村综合集成改革】 2022年，台州市共启动建设20条“三新”（新农民、新产业、新农村）农村共富综合改革精品示范带，涉及425个行政村、村域面积1749.14平方千米。统一流转土地4万余亩、农房1100余宗；新增耕地指标3188亩，建设用地复垦1700亩。全市共建成农业“标准地”12万亩，6地入选全省标准地改革试点，数量居全省第1位。在国家乡村振兴局召开的东部地区乡村振兴座谈会上，台州市农业农村局作为东部地区2个地市之一作典型发言。

【闲置农房盘活】 2022年，台州市落实闲置农房盘活利用“1+5”政策，创新“六法”联动盘活利用机制，新建设闲置宅基地和农房盘活重点村20个，盘活闲置农房12087幢，年促村集体和农民增收2亿元以上。玉环市入选全省强村富民乡村集成改革“宅基地改革+乡村建设”试点。台州市农业农村局被省政府表彰为农村宅基地工作成绩突出集体。

【乡村治理】 2022年，台州市新创建省善治（示范）村250个，累计超1200个。推进清廉村居示范创建，做好“基层公权力大数据监督”与“浙农经管”应用全面贯通，全市建成1000家示范（达标）清廉村居，数量居全省第1位。温岭市、三门县总结推广全国乡村治理体系建设试点经验。

（饶建仁）

农民增收

【农民增收】 2022年，台州市农民人均可支配收入37700元，同比增长6.4%，高于城镇居民收入增速2.5个百分点；城乡居民收入倍差为1.88，再创历史新低。台州市4地入选全省强村富民乡村集成改革实践试点，入选数居全省第1位。全面消除家庭人均可支配收入10000元以下现象。市农业农村局被省委农办、省农业农村厅表彰为全省农民农村共同富裕工作成绩突出集体，被市委、市政府表彰为2022年度高质量发展建设共同富裕先行市工作先进集体。

【共富工坊建设】 2022年，台州市建成共富工坊1015家、示范工坊50家，吸纳从业人员近3.4万余人，发放报酬2.7亿多元，帮助896家入驻企业降低运营成本，助力集体经济增收4000多万元。台州市低收入农户有劳动能力就业率居全省第1位，相关工作经验得到省领导的批示肯定，省委组织部等6部门发文推广，被中组部《组工信息》、国家乡村振兴局官网转载刊发，《新华每日电讯》、央视《经济半小时》《瞭望》等央媒重点报道。承办全省新型帮共体现场会、全省侨界助力乡村振兴现场会。

4月7日，市委农村工作会议召开　　（市农业农村局　提供）

【集体经济增强】 2022年，台州市全面消除集体经济相对薄弱村，全市40%行政村实现年收入100万元以上。椒江区、路桥区入选全省强村富民乡村集成改革"市场化+集体经济"试点，走在全省前列。玉环市农村集体经济改革发展模式入选浙江省高质量发展建设共同富裕示范区第二批试点名单。全市组建强村公司45家，开展农民持股试点项目9个，涉及955个行政村。台州市探索强村公司做法被浙江卫视《浙江新闻联播》专题报道。

（李　娥）

2022年主要农作物播种面积和产量一览表

表12

指标名称	面积（万亩）			产量（吨）		
	2022年	2021年	2022年比2021年增减（%）	2022年	2021年	2022年比2021年增减（%）
粮食作物合计	133.44	131.58	1.41	566699.19	559968.65	1.20
1.谷　物	108.84	106.81	1.90	505114.15	497316.00	1.57
(1)稻　谷	96.80	95.08	1.81	472713.17	466269.35	1.38
按季节分：①早　稻	29.82	29.35	1.60	127605.74	124176.98	2.76
②单 季 稻	42.31	44.57	-5.07	230012.08	243855.88	-5.68
③连作晚稻	24.67	21.15	16.65	115095.34	98236.49	17.16
(2)小　麦	7.80	7.16	9.00	19515.81	17826.20	9.48
(3)玉　米	3.72	3.66	1.73	11440.11	10824.48	5.69
(4)其他谷物	0.51	0.91	-44.23	1445.07	2395.96	-39.69
2.豆　类	12.85	12.32	4.34	22369.16	21213.03	5.45
(1)大　豆	4.96	4.63	7.06	9088.31	8690.41	4.58
(2)其他小豆类	7.90	7.69	2.70	13280.85	12522.62	6.05
3.薯　类	11.74	12.45	-5.67	39215.87	41439.62	-5.37
(1)番　薯	6.51	6.74	-3.48	25318.07	27425.48	-7.68
(2)马 铃 薯	7.94	5.71	39.08	13897.80	14014.14	-0.83
4.油 菜 籽	9.34	9.10	2.61	12428.62	11011.00	12.87

2022年台州市主要水果生产情况统计表

表13

指标名称	计量名称	上年同期	2022年数量	同比（%）	指标名称	计量名称	上年同期	2022年数量	同比（%）
水果合计（含果用瓜）	面积（亩）	1414100.5	1377761.6	-2.57	9.青梅	面积（亩）	1429	1459	2.10
	产量（吨）	1483178.92	1466036.89	-1.16		产量（吨）	211	210	-0.47
	产值（万元）	942805.05	983229.45	4.29		产值（万元）	74	74	0
一、园林水果	面积（亩）	1221705.5	1192696.6	-2.37	10.樱桃	面积（亩）	3887.3	3660	-5.85
	产量（吨）	1085322.82	1071258.75	-1.30		产量（吨）	990.07	1152	16.36
	产值（万元）	768947.67	826706.42	7.51		产值（万元）	3517.42	3942	12.07
1.柑橘类	面积（亩）	449280.9	437201.3	-2.69	11.蓝莓	面积（亩）	7366.3	7475	1.48
	产量（吨）	522655.99	499057.96	-4.52		产量（吨）	3199.75	3168.01	-0.99
	产值（万元）	236323.55	270598.84	14.50		产值（万元）	10394.8	10610.1	2.07
2.杨梅	面积（亩）	437053.5	431233	-1.33	12.枇杷	面积（亩）	58609	61842	5.52
	产量（吨）	276968	264140	-4.63		产量（吨）	19645.1	41965.7	113.62
	产值（万元）	290420.1	290409.7	0.00		产值（万元）	30547.24	42315	38.52
3.葡萄	面积（亩）	99976	93779	-6.20	13.其他	面积（亩）	14109.6	12886.3	-8.67
	产量（吨）	128463.81	128867.3	0.31		产量（吨）	5246.89	5983.08	14.03
	产值（万元）	128127.2	134420.31	4.91		产值（万元）	5859.23	6269.79	7.01
4.桃子	面积（亩）	65464.4	63342	-3.24	二、果用瓜	面积（亩）	192395	185065	-3.81
	产量（吨）	66337.44	66254.5	-0.13		产量（吨）	397856.1	394778.14	-0.77
	产值（万元）	32164.93	33468.5	4.05		产值（万元）	173857.38	156523.03	-9.97
5.猕猴桃	面积（亩）	15281	14489	-5.18	1.草莓	面积（亩）	13877	14219	2.46
	产量（吨）	16528.92	15469.57	-6.41		产量（吨）	14196.5	14973	5.47
	产值（万元）	13693.55	13387.02	-2.24		产值（万元）	23672.3	25692.5	8.53
6.梨头	面积（亩）	43044	39925	-7.25	2.西瓜	面积（亩）	98773	100192	1.44
	产量（吨）	28639.35	29090.5	1.58		产量（吨）	245534.8	257957.94	5.06
	产值（万元）	14954.44	18182.1	21.58		产值（万元）	66738.4	70711.03	5.95
7.柿子	面积（亩）	22299	21706	-2.66	3.甜瓜	面积（亩）	79745	70654	-11.40
	产量（吨）	14605	14151	-3.11		产量（吨）	138124.8	121847.2	-11.78
	产值（万元）	1630.58	1775.6	8.89		产值（万元）	83446.68	60119.5	-27.95
8.李子	面积（亩）	3910.5	3699	-5.41					
	产量（吨）	1831.5	1749.13	-4.50					
	产值（万元）	1240.63	1253.46	1.03					

“鲜甜台州”农产品区域公用品牌创建

【概况】 2022年，台州市立足自然资源优势和悠久的历史文化，创建“鲜甜台州”农产品区域公用品牌，对“鲜甜台州”人文历史进行深入挖掘，做好品牌建设各项基础性工作，对品牌进行宣传推介，擦亮“鲜甜台州”金字招牌。

【人文因素分析】 台州黄岩是“中国蜜橘之乡”“世界蜜橘之源”，蜜橘栽培已有两千多年的历史。南宋理学家朱熹作诗“君家池上几时栽，千树玲珑亦富哉”赞美黄岩蜜橘。玉环文旦声名远扬，被誉为“中华第一柚”，清朝光绪年间被选为皇家贡品。仙居杨梅栽培历史始于东晋，延及唐宋，兴于明清，盛于当代，杨梅栽培系统被列入第三批中国重要农业文化遗产。古代文人墨客盛赞台州农产品，苏东坡曾说：“闽广荔枝，西凉葡萄，未若吴越杨梅。”台州优质农产品奠定美食文化基础，“鲜嗒嗒、糯叽叽、甜蜜蜜”是社会大众对台州美食的共同评价。台州籍作家王寒的新作《东海寻鲜》，写了40余种东海海鲜。出版的《无鲜勿落饭》，将“鲜甜台州”的特点体现得淋漓尽致。《江南小吃记》介绍台州64种特色鲜甜小吃。作家庞珍出版的《台州味道》等书籍鲜明体现了“鲜甜台州”的特质。至2022年年底，台州拥有省、市级饮食类非遗项目34个，各类餐饮经营单位近5.5万家，诞生新荣记、林家一等一批以“鲜甜台州”美食为特色的优质餐饮企业，为推广台州鲜甜美食文化作出重要贡献。

【“鲜甜台州”品牌创建】 2022年，市供销社制定“鲜甜台州”农产品品牌建设工作方案，推动建立市农产品区域公用品牌建设工作专班，统筹协调和推进各项工作。注册“TAIZHOUXIANTIAN”集体商标和“XIANTIANTAIZHOU”普通商标。制定“鲜甜台州”集体商标管理使用规则，规范品牌管理，申报的拼音商标已经被国家市场监督管理总局知识产权局受理并公示。协助相关部门做好文史资料的收集、记录，梳理提炼“鲜甜台州”特定品质、自然生态环境及人文因素，开展拼音、图形、文字设计、注册，彰显台州农产品特色，赋予价值灵魂。持续开展“鲜甜台州”品牌形象推广和使用，“鲜甜台州”品牌首次亮相浙江省农博会，在全市各地举办“鲜甜台州”农产品展销展示活动，以及“百县千碗·鲜在台州”“海味椒江”“鲜甜三门”等美食节庆活动。联合多个部门举办“鲜甜台州”有关文旅活动，让“鲜甜台州”的品牌认知度和美誉度持续提高，品牌效益提升。借力抖音等直播平台，组织开展“鲜甜台州·台州市特色农产品直播”等，扩大品牌影响力。

（市供销社）

渔 业

【概况】 2022年，台州市港航口岸和渔业管理局以港促产兴城、全面扩大开放、推动渔业转型、守护海上安全，推动港航口岸渔业事业高质量发展。台州市海洋与渔业执法连续第六年获农业农村部表彰；“渔省心”应用入选国家社科基金重大项目案例集，省委书记袁家军专程到台州市调研，并予以高度评价；渔业产值、海水养殖产量均居全省第1位；涉海涉渔安全生产事故同比下降52.4%，死亡人数同比下降95.6%，在全省渔业安全考核中名列第1位。

【渔业产业】 2022年，台州市共有海洋捕捞渔船和渔业辅助船4130艘，其中生产船3442艘，辅助船566艘，休闲渔船44艘，养殖船78艘。海洋捕捞渔船总功率85.63万千瓦。渔业产值328.86亿元，水产品总量145.68万吨，其中海洋捕捞81.15万吨，海水养殖55.01万吨，淡水渔业4.18万吨，远洋渔业5.35万吨。三门县、玉环市（县级单位）以及临海宏野海产品有限公司（生产主体单位）成功创建国家水产健康养殖和生态养殖示范区；沿海六个县（市、区）创成渔业健康养殖示范县。

【渔港建设】 2022年，台州市港航口岸和渔业管理局致力推进渔港和渔港经济区建设，全年全市完成投资2.87亿元。温岭国家级沿海渔港经济区建设全面启动，其中礁山渔港渔业码头工程开工建设；路桥金清渔船避风锚地升级改造工程和海滨渔港护岸工程完成建设；大麦屿渔港升级改造工程形象进度95%。临海朱门山渔港完成工可批复；继续推进玉环坎门渔船避风锚地工程。玉环鸡山二级渔港建设工程、玉环灵门渔船避风锚地升级改造和整治维护工程、临海红脚岩一级渔港疏浚维护工程和东矶二级渔港（升级改造）工程竣工验收资料通过省级验收。

【渔业安全生产】 2022年，台州市推进涉海涉渔“春雷行动”“‘四化’建设”“五大攻坚”“百日攻坚”“老旧渔船整治”“船员配备管理整治”“商渔共治2022”等专项行动，组织开展渔船安全执法大检查和隐患大整治，落实隐患起底、闭环整治、动态干预、高压严打、常态培训等管控措施，筑牢渔船安全生产屏障。全年较大以上事故“零发生”，是全省沿海唯一没有发生较大以上事故的地市。开展初级水产品质量安全“利剑”专项执法行动，严打以所谓“非药品”“动保产品”添加兽药和禁用药品及其他化合物等行为，全市未发生重大初级水产品质量安全事件。

【口岸扩大开放】 2022年，台州市制定《台州港口岸扩大开放验收工作计划》，有序推进头门港区、龙门港区和健跳港区口岸查验办公场所及现场查验设施建设。台州港口岸扩大开放通过省级预验收。台州业已成为继上海后第二个新西兰猕猴桃散货船入境口岸，进口量居全国第1位，实现进境水果业务与外贸集装箱业务双双“零的突破”。台州的做法得到人民网、中国新闻网等国家级主流媒体的宣传报道。

【海洋监测设施建设】 2022年，台州市港航口岸和渔业管理局更换气象观测场草皮和观测设施3个，验潮设施更换或大修5个，3米波浪浮标大修1次，共更换仪器设备及设施40个，维修仪器设备10个，保证海洋观测数据的准确率和获取率，海洋预报准确率达90%以上；致灾调查与评估率、重点隐患调查与评估率均为100%，居全省第1位。推进“海灾智防”场景工程建设工作，“海洋观测志愿船”成为全省首个集海洋预报、灾害预警、应急救援于一体的全流程、智能化、数字化的海洋业务平台。

【精密智控工程建设】 2022年，台州市港航口岸和渔业管理局推进渔船精密智控终端设备安装，全市共完成2873艘安装任务，全面实现出港生产渔船终端设备应装尽装。椒江、路桥、临海、温岭、玉环、三门等沿海6个智慧渔港口门铁塔建设和监控设备均全部安装并完成联网测试。全面贯通应用“浙渔安”和“船港通”，“浙渔安”系统通达县（市、区）、渔业乡镇、村级基层管理组织以及渔民，渔船码申领率100%，“船港通”用户数至7723个，完成任务数的171.6%。全市渔船进出港报告近10万艘次，报告率达99%，稳居全省第1位。

【“千万工程”创建】 2022年，台州市港航口岸和渔业管理局围绕“安全、智慧、生态、环保、美观、舒适”六大场景示范的标准，致力打造引领船，推进整治船，推动船容船貌、设施设备、生产生活环境等软硬件水平提升，相继出台《关于深入推进海上“千船引领、万船整治”工程的通知》《关于印发“引领船”创建指导意见的通知》《台州市“引领船”验收实施办法》。全市完成139艘引领船创建及1562艘渔船整治，完成率分别为139%、156%。同时，完成涉氨渔业冷藏船整治28艘，完成数居全省之最。

（金洋兵）

林 业

【概况】 2022年，根据林、草、湿资源调查监测数据显示，台州市森林面积59.21万公顷，较上年增长0.05万公顷；森林覆盖率58.78%，较上年增长0.04%。在森林面积中，乔木林面积为46.79万公顷，占森林总面积的79.02%。乔木林蓄积量3707.95万立方米，较上年增长258.97万立方米；林木总蓄积量3776.61万立方米，较上年增长250万立方米。

【林长制实施】 2022年，台州市林业局出台《全面推行林长制的实施意见》，逐步构建市—县—乡—村四级林长（警长）管理体系，全市共设立林长、警长6276名，其中各级林长5494名、林区警长782名，实现管护全覆盖、网格化。全市各级总林长开展督导检查99次，全面推动以“林长制”促“林长治”。

【生态资源保护】 2022年，台州市林业局编制《台州市林业发展“十四五”规划》《台州市湿地保护利用规划（2022—2030年）》《台州市天然林保护修复工作方案》；完成自然保护地（包括风景名胜区）整合优化成果确认，全市自然保护地由原34个面积1055.56平方千米，整合优化到25个面积997.05平方千米，开展《台州市自然保护地整合优化调整方案》《台州市野生动植物分布图鉴》编制。加强珍稀濒危动植物种保护监测，落实天台鹅耳枥、花榈木、中华斑羚、黑脸琵鹭、朱鹮、中华凤头燕鸥、海南荚蒾7个珍稀濒危物种的就地和迁地保护；全年救护收容野生动物51种317只（头、条），其中国家二级以上191只（头、条）；累计巡护野生动物栖息地4982小时17384千米，监测到鸟类300余种，未发现异常死亡野生动物。严格执行林地用途管制和林木采伐限额管理制度，全市共获取林地指标9479亩（其中，额外争取指标5687亩），办理建设项目占用林地363个，占用林地面积9099亩；全域禁止天然林商业性采伐，全市发放林木采伐许可1803份，审批采伐蓄积21.94万立方米，占年度限额的50.88%。落实森林湿地生态补偿和占补平衡机制，全市省级以上公益林享受财政补偿的面积为411.3967万亩，发放补偿资金11636.8万元；做好全市6个省重要湿地生态绩效评价，落实绿色奖补发放；落实林地占补调控政策，开展全市林地占补平衡库建设，完成率100%。

【林业生态产业发展】 2022年，台州市林业局加强现代林业经济示范区建设，全市共取得浙江省森林休闲养生城市1个、森林人家6个、森林氧吧11个。深化林业改革，推动林业股份合作、工商资本上山入林。新培育各类新型林业经营主体25家，政策性林木综合保险在保面积464万亩，新增省级林业重点龙头企业1家。完成油茶专项调查和生产保供工作，全市共完成油茶低产林改造1.2778万亩，油茶籽产量0.6826万吨。完成2021年度、2022年度“千村万元”林下经济增收帮扶工程项目30个，面积9000亩。申报省自然保护地融合发展镇（村）2个，分别是临海市桃渚镇城里村、仙居县淡竹乡下叶村。

【国土绿化】 2022年，台州市林业局深入实施新增百万亩国土绿化行动，新造林1.77万亩，完成率120%；有序开展千万亩森林质量精准提升工程，完成率123%；创建“一村万树”示范村25个、推进村105个；开展“我为亚运种棵树 助力台州碳中和”义务植树活动，全市共77.6万人次参与，栽植各类苗木195万株；探索林业固碳增汇发展，椒江大陈岛、临海林场林业碳汇先行基地试点工作有序推进。

【林业有害生物防控】 2022年，台州市林业局编制《2021—2022年度松材线虫病防控方案》，开展三轮专项执法检查，严格检查违规调运、加工疫木及其制品等行为，全市组织行动190次，出动执法人员667人次，检查涉松企业480家，检查非松企业648家、使用松木企业235家，查处案件7起，罚款1.99万元，没收、销毁疫木75.66立方米；在全省率先应用无人机、遥感影像等数字化手段开展全域普查，清理枯死松树143.4万株，完成率119%，打孔注射35.5万余瓶。

【林业技术推广】 2022年，台州市林业局林业科技取得硕果，完成“台州市林草种质资源普查方案”编制，引进国内外新品种高山杜鹃7个，造林51亩，营造浙江楠、闽楠、杉木混交林372亩，获得科技兴林一等奖1项，制定市级地方标准1个，县级地方规范2个；食用林产品质量安全监管不放松，完成省级例行监测任务数155批次，合格率100%；林业种苗工作推进，完成省级珍贵彩色树种容器苗赠送33.8万株，市级赠送容器苗11万株；加强林木种苗市场执法监管，抽查浙江楠、山樱花、南方红豆杉等主要造林树种17个56批次，质量合格率100%。

8月24日，全省新型帮扶共同体推进山区26县乡村振兴现场会暨结对帮扶团组长会议在三门县召开　　（市农业农村局　提供）

【森林防火】 2022年，台州市林业局加快基础设施建设，新建蓄水点876个、生物防火林带38.48千米、防火道路85.59千米、监控视频268处，开展“森林智眼”森林防火综合风险评估与监测预警系统建设；提升护林队伍能力，完成近1700名护林员全员培训，承办浙江省林业局森林火情扑救“一月一演练”首站活动，举办全市首届国有林场森林消防技能大比武；营造森林防火宣传氛围，在重点区域建设太阳能感应式语音宣传杆258个，在重点山林路口新增警示宣传牌1265块。同时，张贴禁火令90054余份，悬挂森林防火横幅标语19673幅，举行宣传活动大大小小145场，印发宣传资料26.6万余份，群发森林防火警示短信120万条，播放警示教育片178场次。

（王佳倩）

水　利

【概况】 2022年，台州市水利系统以满足人民群众对水安全可靠、水资源优质、水生态健康、水城市宜居、水管理智控的需求为根本目的，全面开展安水、兴水、碧水、美水、知水“五大行动”，加快构建综合立体、安全美丽的台州现代水网，全域打造独具魅力、人水和谐的幸福水城。椒江河口水利枢纽工程、温岭市九龙汇调蓄工程等一批重大项目前期加快推进；椒江江南城西段海塘、临海尤汛分洪等多个重大项目实现新开工，开工数历年最多；方溪水库等重点水利工程建设加快推进；临海市洪池区块排洪应急工程等47个项目完成竣工验收，验收完成率全省第1位。台州市、临海市水库系统治理(除险加固)工作获浙江省政府督查激励;台州市在2020年度全省水土保持目标责任制考核中,连续第四年获优秀等次;台州市、玉环市入选全国首批典型地区再生水利用配置试点城市;台州市入榜全国首批区域再生水循环利用试点城市,台州市水利局被水利部评为"全国水土保持工作先进集体",82省道(S325)延伸线黄岩北洋至宁溪段公路、新建杭州经绍兴至台州铁路2项工程获评"国家水土保持示范工程"。

9月3日,台风"轩岚诺"来临前,三门县抢抓时间封堵海塘缺口

(市水利局　提供)

【水文水资源状况】 2022年,雨情:全市面平均降雨量1369.3毫米,较多年平均偏少近20%,其中梅汛期雨量503.5毫米,较多年平均偏少10%;台汛期雨量294.0毫米,不到多年平均一半,台风"轩岚诺"影响期间全市降雨量51.3毫米,台风"梅花"影响期间全市降雨量84.5毫米。按月度分析,全年有7个月降雨偏少,5个月偏多,其中5月份降雨量最多为198.3毫米,较往年偏多15%;10月份降雨量最少为17.2毫米,较往年偏少近80%。按区域分析,9个县(市、区)降雨量均偏少,呈现空间分布不均,其中降雨最多为仙居县1562.1毫米,较往年偏少10%;最少为椒江区1074.5毫米,较往年偏少27%。按站点分析,全市最大降雨量站点为仙居道人辽水库站,降雨量2146.0毫米。水情:椒(灵)江流域未发生流域性洪水,平原河网短暂出现过超警戒水位。出梅后,大范围长时间的高温少雨,导致台州市出现较为严重的旱情,江河水位大部分时间在中低水位运行,8月台州市、临海市、温岭市、天台县、三门县发布水利旱情蓝色预警,仙居县发布水利旱情黄色预警,10月13日椒江区、黄岩区、路桥区、台州湾新区水利旱情预警由蓝色预警提升至黄色预警。水库水位1—3月份有所上涨,但4月份之后水库水位持续下降,15座大中型水库正常蓄水率从4月初83.3%降至年末42.8%,水库蓄水大幅度减少,年末长潭水库蓄水率仅有35.5%。11月底至12月初出现几次明显降雨,江河水位特别是平原河网水位有所回升,旱情得到缓解。水资源:台州市水资源总量为71.48亿立方米,较上年减少49.7%,较多年平均值减少21.4%;产水系数为0.52,产水模数为76.0万立方米/平方千米;4座大型水库、10座中型水库(有供水功能)年末蓄水总量为4.37亿立方米,较上年末减少3.79亿立方米;总供水量与总用水量均为14.15亿立方米,较上年增加0.21亿立方米,平均水资源利用率为19.8%;耗水量为8.15亿立方米,平均耗水率为57.6%;退水量为2.85亿立方米;农田灌溉亩均用水量为411立方米;万元国内生产总值(当年价)用水量为23.43立方米。

【水旱灾害防御】 2022年,台州市水利系统多时段多层次多环节开展水旱灾害防御隐患排查整治,共出动11565人次,抽查各类责任人4464人次,检查点位9069处,对发现的102处隐患点、高风险点、薄弱点及隐患问题实行销号管理,逐一落实整改措施,排查出的12个水毁修复项目均完成修复。印发《台州市水利局水旱灾害防御应急工作预案》《市水利局关于成立水旱灾害防御工作指挥中心的通知》等文件,编制修订《椒(灵)江流域水工程防洪调度规则》《椒(灵)江流域洪水预报预警规则》《台州市山洪灾害预警叫应规则》等制度。与台州市气象局建立联合预警机制,并签署水利气象合作协议,进一步加强预警的及时性精准性,拓宽公众预警发布渠道。严格执行水库控运计划,因地制宜、因库制宜,进行科学预排预泄,全年共下发温黄平原河网调度单127份,累计排涝量约8.13亿立方米。印发《台州市水利局处置水利工程险情应急预案》,进一步规范水利工程险情应急处置流程,并组织全市水利系统核查补充抢险物资,充实抢险队伍,开展抢险演练,共组建水利工程专业抢险队伍12支193人。

【水利规划计划编制实施】 2022年，台州市水利系统编制完成《浙江省椒江流域防洪规划》，并获市政府批复；编制《浙江省椒江流域综合规划（2020—2035年）环境影响报告书》，并完成审查。临海市尤汛分洪工程、台州市黄岩区海塘安澜工程（椒江黄岩段海塘）、温岭市海塘安澜工程（东部新区海塘）3个项目可研获批。新开工建设台州市椒江区海塘安澜工程（江南、城西段海塘）、温岭市海塘安澜工程（东部新区海塘）、台州市黄岩区海塘安澜工程（椒江黄岩段海塘）、台州市椒江区海塘安澜工程（椒北片海塘）、台州市椒江区海塘安澜工程（台电厂海塘）、临海市海塘安澜工程（南洋海塘）、台州市七条河拓浚工程（椒江段）、临海市方溪水库引水及配套水厂工程、台州市椒江治理工程（临海段）、临海市尤汛分洪工程10个重大项目。全年累计争取中央资金2.40亿元、省级资金8.30亿元，落实专项债券8.50亿元、一般债券4.50亿元；全年完成水利全口径投资56.30亿元，其中完成重点水利项目建设投资34.90亿元，完成水利管理业投资38.28亿元，水利管理业投资同比增长13.3%。

【水利基本建设】 2022年，台州市水利系统加快推进水利建设，推动海塘安澜建设走前列，累计开工长度137.8千米，椒江江南城西段海塘、临海南洋海塘等6个项目开工建设；提速水资源保障工程，方溪水库基本完工，朱溪水库大坝结顶，台州市引水工程、南部湾区引水工程通水投运；加快推进城市内涝治理工程体系建设，七条河拓浚（椒江段）、椒江治理（临海段）、临海尤汛分洪3项工程开工建设，椒江治理天台始丰溪段、仙居永安溪综合治理与生态修复二期等10项防洪排涝工程全面建设。

【水资源管理与节约保护】 2022年，台州市水利系统加强水资源管理和节约保护，取得显著成效。节水行动：4月29日，台州市水利局牵头14个市级部门联合印发《台州市2022年度节水行动计划》，并定期督导推动各项年度目标任务完成。全年全市创建省级节水型企业18家、市级节水型企业57家、市级公共机构节水型单位11家，创建省级节水标杆34家，其中酒店2家、校园7家、企业16家、小区9家。遴选台州制造2个坐便器产品，创成国家级“用水产品水效领跑者”。深入推进非常规水利用，成功申报玉环市作为水利部典型地区再生水利用配置国家试点城市，温岭市推进上马工业园区分质供水试点工程（工业水厂）项目建设。结合玉环市海水淡化工程打造3000平方米节水宣传教育基地，建成全省最具规模和地方特色的节水科普基地。水资源管理：持续强化水资源刚性约束作用，实施用水总量强度双控，将省级下达的“十四五”用水总量和强度双控目标分解到县级，形成省、市、县三级双控指标体系。严格落实取用水管理，下达自备取水户计划340家，实现所有自备取水户计划下达全覆盖，截至年底，全市保有有效许可证773本，全面实施数据治理，督促完成全市676本取水许可电子证照数据治理工作。开展取用水管理专项整治行动回头看，完成台州市工作自查报告。落实生态流量管控要求，椒江流域柏枝岙、沙段断面达到生态流量泄放管控要求。提升水资源优化配置与高效利用，完成长潭水库2022年度水量分配方案和调度计划编制，对长潭水库、朱溪水库水权分配进行探索研究。开展水源地保护：实施水源地安全保障达标建设，完成长潭水库等9个县级以上重要饮用水水源地自评估工作。加强农村饮用水水源地规范化管护，台州市开展8个县（市、区）47处农村饮用水水源地的现场监督检查。

10月9日，台州市朱溪水库大坝全线结顶　　（市水利局　提供）

【河湖管理与保护】 2022年，台州市水利系统加强河湖管理与保护，编制治理保护规划。河湖建设：全年台州市“美丽河湖”建设累计完成投资约1.32亿元，治理提升河道177千米，创建省级“美丽河湖”12条（个）、市级“美丽河湖”19条（个），创建水美乡镇14个、美丽池塘83个。累计完成中小河流治理104.8千米，其中完成仙居十三都坑等民生实事河道治理20.17千米。按照轮疏机制科学开展淤积常态化监测和疏浚，累计完成河道清淤疏浚118.5千米，清淤153.3万立方米，并完成幸福水岸建设147.5千米。河湖管理：台州市开展永安溪、白溪、南官河、金清大港、西江等19条（个）河湖健康评价，并推进河湖“清四乱”常态化、规范化，全年累计发现河湖“四乱”问题241个，已销号241个，销号率100%。规划编制：统筹全市开展编制中小河流治理方案、县级全域幸福河湖规划编制。各县（市、区）编制完成县级水域保护规划，并于12月21日经省水利厅复审，其中天台县水域保护规划于12月27日经本级人民政府批复。编制完成《台州市幸福堰坝建设导则》。水文化：全面完成重要水文化遗产调查并顺利通过验收，水文化作品《浙水遗韵·潮起台州》形成样稿。《台州水文化脉络体系和评价研究》和《台州水文化建设规划》编制完成并通过评审。

【水利工程运行管理】 2022年，台州市水利系统围绕病险水库山塘除险整治三年行动，持续开展水库山塘除险整治，年度完成病险水库除险加固47座、病险山塘除险整治100座。完成水库、水闸、海塘等安全鉴定任务39个，完成年度任务的130%。推进水库系统治理工作，完成水库系统治理配套设施改造30座，完成年度任务的150%。加快推进水利工程“三化”（产权化、物业化、数字化）改革，水利工程产权化率、物业化率均超额完成年度目标。

【重点水利项目建设】 2022年，台州市在建重点水利工程22项，完成年度投资30.7亿元。其中续建骨干工程17项，新开工项目5项，台州市循环经济产业集聚区海塘提升工程三山北涂闸施工，完成部分用海审批；台州市朱溪水库工程隧洞贯通，大坝结顶；台州市东官河综合整治工程河道工程外东浦泵站结顶；台州市引水工程、台州市南部湾区引水工程通水投运；台州市椒江区洪家场浦排涝调蓄工程东山湖东片湖区累计完成开挖58万立方米；台州市永宁江闸强排工程（一期）王林洋东、西闸主体完工，永宁江闸管理房验收着手准备；台州市路桥区青龙浦排涝工程十塘节制闸、海昌路桥标段基本完工；临海市东部平原排涝工程（一期）南洋塘排涝闸完工验收，新开河道完成50%；临海市方溪水库下闸蓄水；临海市大田平原排涝二期工程（外排工程）隧洞完成开挖，主城区河道整治累计完成3.9千米；温岭市南排工程完成用地批复，北向河道开工；玉环市漩门湾拓浚扩排工程累计完成隔堤石渣回填181万吨、疏浚清淤55万立方米；椒（灵）江治理工程天台始丰溪段累计完成干堤加固28千米；仙居县永安溪综合治理及生态修复二期工程完成干堤加固8.8千米；三门县海塘加固工程六敖北塘基本完工，托岙塘、铁强塘完工验收；三门县东屏水库工程输水隧洞全线贯通，长林大坝底板浇筑完成。

【水利行业监督】 2022年，台州市水利系统开展标准化工地创建，台州市永宁江闸强排工程（一期）、仙居县永安溪综合治理与生态修复二期工程等在建重大项目开展标准化工地建设，其中三门县海塘加固工程健跳塘标段、玉环市太平塘海堤安全生态建设工程、玉环市漩门湾拓浚扩排工程I标段获评浙江省水利文明标化工地示范工程。台州市朱溪水库、台州市循环经济产业集聚区海塘提升等35个标段开展考勤抽查系统建设，满勤率大幅提升，关键人员到岗率有效提升。加强安全生产监管，开展水利建设施工领域安全生产百日整治专项行动、安全生产“四化”（网格化、标准化、集成化、数字化）建设、水利设施风险隐患排查整治和水利安全生产大检查等专项安全生产监督检查，共检查水利生产经营单位228个，其中“回头看”检查118个，检查发现隐患303个；水利生产经营单位自查发现隐患765个，其中重大隐患3个；自查和检查发现的隐患1068个已全部完成整改。委托第三方服务

7月20日，台州市朱溪水库输水隧洞全线贯通

（市水利局　提供）

机构对台州市17个重点水利工程开展多轮安全巡查，下发整改通知书，水利工程危险源排查率和整改率达100%。6月，台州市水利局组织开展全市水利安全生产标准化管理和全市水利质量与安全监督人员教育培训，培训内容涵盖水利安全生产标准化管理和强化水利工程质量与安全监督管理，250余人参加培训。

【水利科技工作】 2022年，台州市水利局协助推进温岭市、玉环市“九龙联动治水”应用试点建设。完成6个已建/在建应用在IRS上的编目，并完成公共数据平台的数据归集和更新工作。“数字孪生椒江”项目成功入选水利部数字孪生流域建设先行先试试点，并于11月底顺利通过水利部中期评估，成为水利部推荐应用案例。开展水利重大问题研究，完成“利奇马”台风后椒（灵）江建闸对临海防洪排涝影响分析，“利奇马”台风后与新规划工况下椒（灵）江洪水冲淤特征、调度冲淤和洪水影响研究，椒（灵）江建闸闸下淤积风险分析及应对措施，椒（灵）江干流涉水建筑物累积影响效应分析等4项专题研究。深化台州市椒江河口水利枢纽工程前期论证工作，项目建议书完成送审稿并召开审查会；完成生态环境及渔业资源调查、椒（灵）江水下地形测量及水文测验（2020—2021年）、必要性及规模初步论证、防洪排涝风险分析、调度运行研究、船闸通过能力分析与航道通航保证率研究等专题研究；工程总体布局与河口系统治理方案征集、两岸基本情况调查等专题形成初步成果；加快水沙模型试验、航评、环评、渔评、地形测量及水文测验（2022—2023年）等专题可行性研究。

【水利法制建设】 2022年，台州市水利局根据台州市“大综合一体化”行政执法改革工作部署，进一步厘清执法部门的法定执法依据，进一步划转处罚事项76+100项，基本实现处罚事项全划转。开展市政府（含市政府办公室）涉水规范性文件专项清理，共排查涉水利文件10件，因上位法失效、工作任务完成等原因，建议取消其中5件，继续保留5件。开展市本级规范性文件清理，废止、失效的规范性文件2件。探索地方立法工作，拟定《台州市节约用水条例》地方立法可行性报告，《台州市节约用水条例》列入市人大常委会2023年立法预备审议项目。规范开展合同审查工作，全年共审查合同114份，提出审查意见75件，送司法局备案7件，有效减少法律风险。开展政府合同（2020—2021年）专项清理工作，对合同履约情况进行全面排查，除尚未履约完毕的合同外，均未发生纠纷情况。台州市水利局专门委托第三方对2018—2020年期间对外签订的397份合同进行复核，并就复核情况组织全局各处室及下属单位负责人及合同经办人召开合同复核反馈会暨合同事务培训会。开展全市行政许可案卷抽查评议活动，并且督促整改落实，有效提高案卷质量。规范重大事项管理，制定年度局重大行政决策事项目录，完成《加快构建现代化水网 全面建设幸福水城实施意见》合法性审查。

【临港产业带建设】 2022年，台州市水利局推动市政府出台《关于加快构建现代水网 全面建设幸福水城的实施意见》，并根据市委、市政府“建设全球一流临港产业带”战略部署，印发《关于加快构建现代水网 助力临港产业带建设的通知》，谋划水利助力“全球一流临港产业带建设”的22类、182个重大项目，明确当前和今后一个时期台州水利发展的总体架构、指标体系和重要节点。谋划“幸福水城”目标责任制考核指标体系，并形成以市级水利部门为主导的市对县涉水工作考核载体。

【河长制工作】 2022年，台州市在全省率先建立市级河湖长制联席会议制度，河长办转设到市水利局。市委、市政府主要领导、总河长签发2022年第一号总河长令《关于切实履行河（湖）长职责的通知》，压实河长职责；签发第二号总河长令《关于完善工作交办机制提升河湖长制效能的通知》，加强工作交办执行力。调整更新5755名河（湖）长信息，共巡河31.1万次。推行公众护水“绿水币”制度，42.6万人参与注册。完成19条河湖健康评价，制定市县两级“一河一策”年度实施计划。

【水土保持】 2022年，台州市完成水土流失综合治理34.94平方千米，为年度目标任务的205.5%，减少土壤流失量4.46万吨，增产粮食461.25吨。全市共审批生产建设项目水土保持方案894项，对1145个在建项目水土保持进行监督检查，覆盖率100%。开展椒（灵）江流域“一江两溪”等重点小流域生态修复，结合国家森林城市创建、矿山复绿、新农村建设，推进水库库区退耕还林、废弃矿山生态修复，持续打造一批打造“水相连、林成荫、地连片”的水土保持示范工程，其中82省道（S325）延伸线黄岩北洋至宁溪段公路、新建杭州经绍兴至台州铁路2个工程获评国家水土保持示范工程。12月，台州市水利局获评全国水土保持工作先进集体。

（奚　林）

气　象

【概况】 2022年，台州市气象部门坚持趋利避害并举，提高防灾减灾救灾和重大突发公共事件处置保障能力。聚焦农业、交通、卫生健康等多领域，“气象+”赋能各行各业。创新气象服务，在气象灾害来临前将气象监测预报信息迅速转化为台州政府和社会公众防灾减灾的行动力。努力做到监测精密，预报精准，让“知天而作”成为可能。开展连续人工增雨作业，为台州丰收助力。

【基础能力建设】 2022年，台州市气象部门推动构建海空天一体化海洋气象综合观测系统。新增区域自动站125个，站网间距缩减到4.15千米，提前超额完成“十四五”建设任务，形成5千米分钟级的地面气象灾害监测站网；国家天气雷达站完成S波段雷达双偏振改造和技术升级，13部气象垂直廓线观测设备进入试运行；新增农气站6个，增建全天空仪31套，洪家、大陈分别建成城市、海洋温室气体监测功能站并进入调试。提升基于台风海洋业务的整体预报能力，推进渔场和渔区大风预报产品优化升级和开发，推出近海13个渔场极大风等级预报和36个大渔港未来七天风力变化产品，利用渔场渔区智能网格释用产品开展涉海涉渔气象服务，开展渔船调度现场决策服务5次，完成影响台州市台风暴雨精细化落区产品开发，制定椒江—大陈客运航线梯次化预报、预警服务指标、通航气象阈值。编写《暴雨、大风预警检验》，实现全市暴雨预警统一检验程序。常态化落实开展重大天气过程业务复盘会。按照“早准快广实”要求，做好“梯次化”预报预警服务。做好台风、暴雨、高温、气象干旱等重大气象灾害气象服务应急响应工作，市本级全年共启动业务服务应急响应14次，指导全市发布气象预警1763期，联合预警316期，发布各类预警等服务短信2706.16万人次，点对点叫应1200余人次。

【防灾减灾机制完善】 2022年，台州市政府首次将自动站建设、防灾减灾标准化村建设纳入2022年民生实事项目，至年底，全市气象部门已完成全部建设任务。市政府建立台州市气象水文海洋监测预报联席会议制度，明确市气象局局长担任召集人，与市水利局、国家海洋局台州海洋环境监测站开展联席会议；市委、市政府出台《台州市防汛能力提升30条措施》，将重视“以预警为先导的应急联动机制”“健全极端天气预警信息全媒体发布体系”纳入措施清单；市防指印发《气象、地质灾害、山洪灾害预警和应急响应联动工作机制地（试行）》，明确《台州市极端灾害性天气气象服务业务应急响应规则》，市防指印发《台州市应对极端天气灾害（台风洪涝）“五停”“五断”工作机制（试行）》，将台风、暴雨等极端天气高级别预警信号作为启动“五停”工作机制的重要前置条件，各县（市、区）均出台相应机制。构建“气象部门‘叫应’+市防指‘督办’”的全链条式闭环体系。

【气象赋能社会发展】 2022年，台州市人民政府办公室出台《关于关心关爱人工影响天气作业人员的通知》。台州市气象部门全年共开展作业292次，发射火箭弹471枚，燃烧烟条305根，有效增雨约8549.97万吨，受益面积7000多平方千米，作业规模和增雨量再创历史新高。台州人工影响天气工作得到中国气象局副局长张祖强批示肯定，获市、县两级党政领导批示50余次，市长吴晓东给予“人工增雨也是一个地方的竞争力”的评价，浙江卫视《新闻联播》、学习强国、台州市各主流媒体宣传报道40余次。挖掘气候资源，年内获评2022年浙江省避暑气候胜地1个，乡村氧吧1个，气候康养村2个，农产品气候品质认证1个，同时持续释放国字号气候品牌潜力，“深化中国天然氧吧建设”项目落地天台。组织召开乡村振兴气象服务视频会议和现场会议各1次。“千乡万村气象科普行　气象科技下乡”浙江主会场活动在台州市启动。开展气象科技活动周宣传活动。玉环《追寻渔村里的气象》获中国气象学会第十二届全国气象科普优秀作品（音视频类）。椒江下陈街道横河村获评全国气象科普教育基地，仙居四季系列科普视频在学习强国平台发布。全年累计录制气象节目2900期，微博、微信、抖音累计阅读量约200万人次。发布5G天气消息6059万条。配合好省气象服务中心开展323世界气象日直播，市气象科普馆建成并开始设备调试。

【气象现代化建设】 2022年，台州市本级“台州防灾决策气象服务平台”投入使用，“台州市台风暴雨预报预警服务系统”完成平台的框架搭建。推动大陈国家气候观象台建设、大陈台风综合探测基地向亚太台风研究中心野外试验基地提升。

【气象人才能力提升】 2022年，台州市气象局共发表论文17篇，其中SCI、EI各1篇，核心期刊5篇，获软件著作权2个。1人新入选省级导师库，5人次入选“浙江省气象高层次科技创新人才计划”。1人获中国气象局气象宣传与科普中心2021年度新闻宣传工作优秀通讯员。

（陈华文）

工业

工业经济和信息化综述

【概况】 2022年，台州市实现全部工业增加值2238.61亿元，同比增长1.1%，总量居全省第6位。其中，规上工业增加值1538.7亿元，同比增长0.3%，总量居全省第5位；规下工业增加值同比增长2.9%，增速居全省第4位。高新技术产业、工业战略性新兴产业增加值分别同比增长13.2%和11.2%；数字经济核心产业增加值同比增长25.2%。

【现代产业体系构建】 2022年，台州市推进临港产业带建设引领产业发展，出台未来汽车城、新医药健康城、精密制造城发展规划，分产城编制产业链图谱，实施“百项千亿”项目攻坚行动，推进产业集群能级提升。推进智能光电（元宇宙）、航空航天、医疗器械与生物医药、机器人与数控机床、新能源智能汽车软件与电子五大赛道，培育空天一体化、智能光电、前沿新材料等新兴产业。椒江精密光电产业群等4个产业群入选第二批省级“新星”产业群。台州湾空天产业（无人机、卫星互联网）未来产业先导区入选首批省未来产业先导区培育创建名单。出台《台州市传统产业创新提升行动方案（2022—2026年）》，市县联动推进“5+N”传统产业创新提升，出台14个“一业一策”方案。出台《台州市工业有机更新行动方案（2022—2025年）》，全市共整治高耗低效企业1490家，腾出低效工业用地17098亩。出台《台州市先进制造业高质量发展倍增计划（2022—2025年）》，实施“百项千亿”项目攻坚行动。全年制造业投资累计完成471.4亿元，同比增幅20%。全市新落地亿元以上产业项目81个、10亿元以上制造业项目15个，均创历史新高。推动晶科新能源、弗迪新能源电池和吉利新能源汽车产业园等重大制造业项目签约落地，百亿级项目招引实现新突破。

【数字产业新生态发展】 2022年，台州市以“产业大脑+未来工厂”建设为核心，推进数字经济系统整体建设。无人机行业产业大脑、智能光电行业产业大脑新列入省建设名单，新增上线化学原料药和泵阀（泵业）产业大脑，86个能力组件入选省产业大脑能力中心。2家企业入选省未来工厂名单；新增智能工厂（数字化车间）20家，琦星智能入选省数字工厂标杆企业（培育类）名单。出台《台州市数字产业新一轮倍增行动（2022—2025年）》《“浙里光谷”光电产业中长期发展规划》，打造以光电、智能汽车电子两大千亿级产业为引领的数字产业集群，观宇科技、热刺激光、里阳半导体等一批项目建成投产。吉利汽车软件生态产业园、比亚迪电池、晶科能源光伏组件等一批大型数字产业项目签约落地。台州卫星超级工厂量产的9颗低轨卫星成功发射，入围浙江省数字经济创新发展重大事件。出台《台州市推进产业数字化改造全覆盖行动方案》，分层分类推进规上企业数字化改造全覆盖、细分行业中小企业数字化改造全覆盖、百亿产业集群工业互联网平台全覆盖。化学原料药工业互联网平台成功入选国家新型工业化产业示范基地工业互联网平台赋能数字化转型提升试点项目名单，12家企业列入2022年度省级工业互联网平台创建名单，规上企业数字化改造提升覆盖率近50%。全市建成5G基站16320个，实现重点行政村及以上区域5G信号全覆盖，成功入围国家千兆城市名单。

【主体培育体系建设】 2022年，台州市出台《台州市关于打造专精特新示范城市的若干意见》，新增国家重点“小巨人”企业5家，省第三批“雄鹰行动”培育企业4家，单项冠军企业4家；58家企业入选工信部第四批专精特新“小巨人”企业名单，创历史最好成绩；新增省级服务型制造示范企业4家；获评省五星级、四星级小微企业工业园各2家。以吉利、华海、水晶光电等龙头企业和陈十一院士等战略性领军创新人才团队为核心，启动建设国际原料药创新中心、国际汽车自动化工程中心等一批创新研发平台。加快推进产业技术联盟、产业链上下游企业共同体建设，全市累计建成省重点产业技术联盟7家、企业共同体11家。

（杨　洋）

汽车及零部件产业

【概况】 2022年，台州市462家规上汽车及零部件企业产值915.1亿元，同比增长16.4%。

【整车生产】 2022年，吉利头门港基地、亚欧工厂全年合计生产整车18.67万辆，同比增长41.3%；实现产值329.68亿元，同比增长56.5%。吉利豪情生产整车9.65万辆，同比增长15.1%；实现产值130.3亿元，同比增长27.7%。亚欧汽车生产整车9.02万辆，同比增长86.7%；实现产值199.38亿元，同比增长83.9%。新吉奥全年共生产6889辆,同比增长146.6%，实现产值5.31亿元，同比增长138.1%。

【零部件生产】 2022年，台州汽车零部件企业产值15亿元以上的企业有15家，上市公司12家。汽车冷却器、刹车管、齿轮、减震器等均在国内外市场拥有较高知名度，其中银轮的热交换器产销量连续十多年保持国内第1位，西格迈减震器出口排名国内第1位，双环中高端新能源传动齿轮占比高达70%，天成工程机械类座椅国内市场占有率高达50%、国际市场占有率20%，兴宇汽车进入比亚迪供应体系后产值同比增长106%。

【市政府与吉利集团签订战略合作协议】 2022年10月10日，台州市政府与浙江吉利控股集团举行战略合作框架协议及合作项目签约仪式，台州与浙江吉利控股集团将围绕新能源整车、电驱动总成、智能汽车零部件产业、绿色交通服务和汽车产业生态等方面开展合作，签约新能源汽车新车型、智能汽车零部件产业园、汽车软件工程、新能源高压燃油箱、智能底盘线控制动等项目，总投资约200亿元，投产后预计年产值约600亿元，全产业链、全生态打造新能源汽车产业新体系，共同推进建设“国际知名、全球一流”的台州未来汽车城。

（项林君）

通用航空产业

【概况】 2022年，彩虹无人机台州基地实现产值24亿元，全市民用航空企业完成工业总产值5.81亿元。依托“万亩千亿”平台，台州湾新区空天产业（无人机与卫星互联网）未来产业先导区成功入选浙江省第一批未来产业先导区培育创建名单，无人机行业产业大脑成功入选第二批工业领域行业产业大脑建设名单。

【吉利一箭九星成功入轨】 2022年6月2日12时00分，“吉利未来出行星座”在西昌卫星发射中心以“一箭九星”方式成功发射，卫星顺利进入预定轨道，发射任务获得成功。吉利此次发射的“未来出行星座”首轨九星，是由浙江时空道宇科技有限公司完全自主研制，由时空道宇旗下台州卫星超级工厂出厂的高可靠、高性能、量产低轨卫星，制造效能及系统可靠性均达到行业领先水平，将推动我国空间基础设施建设和商业航天产业快速发展。

（项林君）

模具与塑料产业

【概况】 2022年，台州市高端模具产业实现规上产值98.78亿元，同比增加9.8%；塑料制品产业实现产值459.33亿元，同比下降0.7%。

【模具行业生产】 2022年，台州市注塑模具占全国1/3以上、挤塑模具占全国80%以上、吹塑模具占全国40%以上，拥有全国最大的模具生产资料市场——模具博览城、省内唯一的模具检测中心和省级塑料制品检测中心，黄岩·中国模具指数是国内乃至全球模具行业的首个专业指数。全市模具产业规上企业144家，从业人员5万余人。

【塑料行业生产】 2022年，台州市年产各类塑料（模塑）制品600多万吨，占全国近1/12,其中日用塑料占全国70%；全市生产的塑料制品中，生活用塑料制品占50%，汽车摩托车塑料配件占16%，工程用塑料型材、板、管及水道配件占15%，生产用塑料包装用品占8%，农渔用塑料制品占3%，玩具及工艺品其他塑料制品占8%。全市塑料制品产业规上企业524家（上市企业7家，其中塑料4家，分别为伟星、公元、富岭和大自然，橡胶3家，分别为天铁、三维、祥和），平均用工人数6万余人。

（项林君　胡海平）

医药化工产业

【概况】 截至2022年底，台州市共有规上医药化工企业154家，上市公司20家，上市公司子公司20家，上市公司数量跻身全国城市前列，华海药业、海正药业、仙琚药业、九洲药业4家企业进入2022年中国医药工业百强榜，华海药业、海正药业、仙琚制药、天宇药业、司太立制药、海翔药业6家企业入选全国化药百强榜，永宁制药、万邦德制药2家企业入选中国中药百强，九洲药业入选工信部制造业单项冠军。2022年实现总产值731.37亿元（其中，医药501.67亿元、化工177亿、医疗器械52.7亿元），较上年增长18.4%，出口交货值190.90亿元。行业共有国家级企业技术中心7个，省级研究院6个，院士工作站7个，博士后科研工作站18个（国家级10个）、省级高新技术研究开发中心20个、省级海外高层次人才创业创新基地2家，已经形成从精细化工产品到医药中间体、原料药、制剂的完整产业链和“一核两翼多极”的产业布局。

（胡海平）

智能马桶产业

【概况】 截至2022年底，台州市共有30多家智能马桶整机生产企业，其中规上企业7家，实现总产值65亿元左右，其中规上产值11.33亿元，同比负增长16.5%。规上企业出口9453万元，增长10.3%。拥有一批以怡和、欧路莎、西马、特洁尔、星星便洁宝等为代表的行业优势企业。行业内共有国家高新技术企业6家，省级企业技术中心（研发中心）6家，专利技术300余项，形成一批获得“红点奖”“红棉奖”“沸腾杯”等工业设计标杆大奖的拳头产品。欧路莎、星星便洁宝、西马均推出具备体脂、心率、体重等监测功能的大健康概念马桶，英士利和为尔健康公司开发出基于试纸检测的便检健康马桶，其中为尔健康公司联合广东省人民医院，实现包括大小便常规、消化道肿瘤在内的近三十项指标的健康检测功能。怡和自主研发的控制器、加热器、电磁阀集成模块达到国际先进水平，并成为包括伊奈（日本）、汉斯格雅（德国）、恒洁（广东）在内的国内外优势企业的供应商。台州获批创建“全国智能马桶产业质量提升示范区”“全国智能马桶产业知名品牌示范区”“浙江省产业创新服务综合体”，获得“中国智能马桶产业示范基地”“浙江区域名牌”“浙江省专业商标品牌基地”等荣誉。

（胡海平）

缝制设备产业

【概况】 截至2022年底，台州市共有规模以上缝制设备企业61家，零配件企业150多家。受国际经济形势下行和行业周期性等综合因素影响，2022年台州缝制设备全行业实现总产值300多亿元，其中规上工业产值82.98亿元，同比负增长24.1%；出口交货值43.11亿元，同比增长24.3%。2022年，全市实现工业缝纫机年产量约300万台，占国内份额60%左右，占全球份额40%左右，其中平缝机、包缝机、绷缝机以及模板机产量约占国内份额的70%、全球的60%，集群化和规模化制造优势极强。台州市缝制设备企业共有中国名牌2个，驰名商标5个。中国工业缝纫机十大品牌台州占七席；中国缝制设备零部件企业十强台州占三席。

（胡海平）

泵与电机产业

【概况】 截至2022年底，台州市有泵与电机产业相关企业3000余家，其中规上企业485家，上市公司5家，从业人员6万余人。2022年完成规上产值515.5亿元。泵产品涉足小型潜水泵、螺旋泵、污水泵、自吸泵、微型泵等五大系列500多个品种，远销美国、德国、中东等180多个国家和地区，其中水泵产量占全国40%以上、真空泵占全国20%左右、小型空压机约占全国一半。泵与电机专业展览会在业内享有较高声誉。

【2022浙江泵与电机展览会】 2022年7月30日—8月1日，由中国机电产品进出口商会、浙江省商务厅和温岭市人民政府联合主办的2022浙江泵与电机展览会在温岭举行。本届展会共设955个展位，展览面积2万多平方米，吸引来自全国的350多家企业参展，展品上万种，采购商及专业观众达1.05万人次。展会还首次引入高校院所成果展，组织10家高校院所，精选40余项泵与电机相关科技成果及技术进行展示。

（项林君）

商贸服务业

商贸粮食和外贸

【概况】 2022年，台州市商务局（粮食和物资储备局）在全省首创出入境“白名单”动态管理，实现出口增长15%，进口增长20.9%，出口占全国份额提高至10.5‰。建立开放型经济“1+X+Y”工作体系，编制完成《开放新格局下台州港口发展规划》，创成浙江（台州）RCEP高水平开放合作示范区。上榜浙江本土民营跨国公司“领航企业”2家，海外并购台州模式获省商务厅主要领导批示肯定。获批省级县域商业体系建设试点县、供应链创新与应用试点城市数量全省第1。临海稳粮保供案例获胡春华副总理批示，累计获评省粮食五优联动示范县5个，居全省第1位。

【商贸消费】 2022年，台州市社会消费品零售总额2586亿元，同比增长3.2%，增速居全省第8位。其中，限上社会消费品零售总额680.8亿元，增长6.7%，增速居全省第9位。限上批发、零售、住宿、餐饮分别增长20.1%、12.0%、4.1%和4.5%，居全省第3、第7、第5和第7位。促进消费，以“浙里来消费·欢购台有惠”为主线，开展“购车狂欢节”“双品购物节”“欢乐盛夏”等促消费活动62场，共发放汽车、家电、餐饮、商超等各类消费券3.13亿元，拉动消费61.23亿元。加快商业体系建设，编制《县域商业体系建设工作方案2022—2025年》，临海市、三门县获评首批省级县域商业体系建设试点县，临海市、玉环市、三门县获评省级供应链创新与应用试点城市，培育全国供应链创新与应用示范企业、国家级服务业标准化试点、省级商贸流通龙头企业各1家。深化“一街一圈一区”创建，临海紫阳古街商圈、台州南官—中盛商圈获评省级智慧商圈，路桥十里长街历史文化街被评为省级高品质步行街，椒江区被列入省级夜间经济试点（培育）城市。推进商贸镇村建设，9个镇（街）和7个村（社）分别获评省级现代商贸特色镇和商贸发展示范村。开展预付卡专项治理，“付省心”被评为省数字化改革“最佳应用”。

【电子商务】 2022年，台州市网络零售额1349.3亿元，同比增长9.9%，增速居全省第5位；跨境电商出口额120.5亿元，同比增长39%。深入开展“数商兴农促共富”专项行动，在全省率先出台《数商兴农共富建设实施方案》，建成“数商兴农共富工坊”示范点20个，承办浙南片区电商直播式“共富工坊”建设工作现场推进会并作经验介绍。推动县域电子商务发展，温岭市、天台县、临海市3地被列入全国县市电商竞争力百佳样本，椒江区、黄岩区、临海市、温岭市获评省级数字生活新服务标杆县，新创成14个省级数字生活新服务特色镇（街道），共有421个村、52个镇被认定为2022年浙江电商专业村、电商镇。促进跨境电商高质量发展，开展跨境电商“一店一品一站”行动，全市新增跨境电商网店380家，正式上线台州首家跨境电商供应链服务平台“云上台州”，并获2022“之江创客”全球电子商务创业创新大赛跨境电商赛区决赛一等奖。

【对外贸易】 2022年，台州市进出口总额2771.84亿元，同比增长15.5%，增速居全省第7位，其中出口2526.69亿元，增长15.0%，占全国份额的10.5‰，增速居全省第5位，进口245.15亿元，增长20.9%，增速居全省第3位。台州市商务局出台《台州市进一步推动外贸稳进提质新政策措施》《关于推进市场采购贸易方式健康有序发展的若干政策》《关于支持企业出国境抢订单拓市场的若干意见》等外贸新政。开展“千企百场”拓市场行动，发布重点支持境内外展会项目共三批

165项，举办2022中国（阿联酋）国际贸易博览会台州智造商品展。支持600家企业参加百场线上展。组织参加第131届、第132届广交会线上展，意向成交金额超2亿美元。支持企业"走出去"，全省首创出入境"白名单"动态管理，便利商务人员出入境。疫情三年来首次组建台州经贸团出访阿联酋，促进经贸交流。新增省级外综服企业、省级公共海外仓各1家。发展外贸新业态，举办中国（台州）"一带一路"跨国采购对接会等，全年市场采购出口180.7亿元，同比增长39.5%；全年二手车出口累计13696台、出口金额3.19亿美元，出口台数和出口金额皆位列全国前列。创新数字贸易方式，"台州云展会"外贸数字化展贸平台被纳入浙江省商务厅数字经济系统数字贸易子系统第二批应用场景先行示范点。

【服务贸易】 2022年，台州市服务贸易进出口总额40.12亿元，同比增长9.97%，增速居全省第七，其中出口11.68亿元，同比增长6.72%；进口28.44亿元，同比增长11.36%。离岸合同额1.77亿美元，执行额1.64亿美元，同比下降2.6%。台州市商务局出台《台州市展览业促进政策》。组织台州企业参加2022年中国国际服务贸易交易会、杭州全球数字贸易博览会。

【外资利用和对外经济合作】 2022年，台州市全年新批36家境外投资企业，中方投资额23674万美元，同比增长32.1%，增速居全省第5位。新设外商投资企业67家，实际使用外资24143万美元。在全省率先出台"RCEP高水平开放合作示范区建设三年行动计划"，创成浙江（台州）RCEP高水平开放合作示范区。2家企业上榜浙江本土民营跨国公司"领航企业"，海外并购台州模式获省商务厅主要领导批示肯定，在全省商务系统推广学习。海外并购列入台州民营经济发展具有全国影响力和辨识度"十大标识"之一。评选2022年台州市本土（民营）企业跨国经营领航企业、风云人物和优秀案例，开展"跨国经营 领航台州高水平开放"系列视频展播。

【粮食物资储备】 2022年，台州市商务局（粮食和物资储备局）做好"七张问题清单"涉粮问题整改，开展社会化储粮宣传工作，制作台州"粮情图"。落实43.29万吨储备粮、2350吨冻肉储备任务。粮食收购顺利推进，全市共收购订单早稻12.03万吨，早稻订单收购创历史新高。深入实施"五优联动"稳进提质，仙居县获评浙江省"粮食五优联动示范县"，全市数量达5个，居全省首位。推进粮食生产优质化、绿色化、品牌化，仙居县"得乐康米糠油"获评2021年度"浙江好粮油"称号。制定《台州市粮食安全应急预案》，市区联动开展应急演练，提升协同作战及应急处置能力。全面提升数字化水平，温岭市、天台县揭榜全省数字化政府应用场景项目，分别完成"收购服务一条龙""应急保供"子场景系统框架搭建，接入"浙里办"系统上线运行。全市各中心粮库实现"浙江粮仓"数字化平台省市县三级贯通。全市59家涉粮企业在全国粮食企业信用监管平台完成信用评价，并实施动态管理。持续提升储备保障能力，通过新建、改扩建、老旧库点置换，推进温岭市、玉环市、天台县、仙居县等地在建的共10.3万吨粮油仓储设施项目。完成2022年度市本级救灾物资采购。有序开展粮食市场监测、军粮供应。

【散装水泥使用】 2022年，台州市全年完成散装水泥使用量973.46万吨，使用率75.36%，同比增长0.5%；预拌砂浆供应量126.36万吨，同比下降13.24%；预拌混凝土供应量2199.87万立方米，同比下降0.1%。发布《预拌混凝土行业清洁生产管理规范》台州地方标准，印发《台州市预拌混凝土行业环保整治实施方案》，开展预拌混凝土行业环保整治，对61家企业厂区内雨污分流、污水系统和废渣减量化、规范化管理进行精准改造，在全省率先完成14家砂浆企业清洁生产改造。开展《水泥搅拌车安全行车技术与事故预防》主题防御性驾驶安全培训，更换新证211本，完成228名新入职专用车辆驾驶员岗前培训。出台《全市散装水泥行业道路交通安全重大风险防范化解工作实施意见》，做好专用车辆"双随机"检查。加强行业日常监管，做好预拌混凝土市场价格的监督，加大预拌砂浆产品质量和试验室监管。

【开放型经济发展】 2022年，台州市商务局建立开放型经济"1+X+Y"工作体系，编制完成《开放新格局下台州港口发展规划》，有序推进九大标志性工程和70个重点项目。成功举办浙江（台州）RCEP经贸合作论坛暨海洋经济重大项目签约仪式。国家级台州湾经济技术开发区（台州综合保税区）挂牌成立。畅通贸易通道，4月新西兰进口水果首航首靠大麦屿港区，实现台州港进境水果业务"从无到有"。开通首条大麦屿——越南RCEP国家出口直航航线，并实行常态化双周班运作。出台《台州市推进义新欧班列组货的若干意见》，义新欧班列"台州号"常态化开行，全年开行39列，货值2600余万美元。

（郑沛沛）

供　销

【概况】 2022年，台州市供销社深化农合联改革，融入供销社深化综合改革，加快为农服务体系建设，推进社有经济稳进提质，多项工作得到各级领导肯定批示和媒体的关注报道。

【“三位一体”改革】 2022年，台州市本级、临海市、温岭市列入全省持续深化“三位一体”改革示范创建。以十件实事深度推进改革，凝聚部门合力开展扩大现代农业社会化服务等“三位一体”改革十件实事稳步推进，提升农合联为农服务整体水平。培育新型合作经济发展样板，开展“点型”“链型”“群型”合作经济发展试点创建。创新发展“点型”合作经济路桥省级试点，组建村股份经济合作社联合会，吸收228个村股份经济合作社，盘活村集体资金9000万余元，培育7个发展项目，带动集体经济增收达1000万余元。创新发展“链型”合作经济玉环省级试点，依托坎门渔合联，探索创新“合作社+渔民+渔合联”的合作机制，形成“渔业共同体”，打造全国首个海捕虾全产业链海上加工中心，年助渔民增收5亿元，辐射带动辖内渔船351艘，惠及渔民3000余人。开展市级临海河头“点型”，三门花桥、椒江下陈、温岭石桥头和仙居杨梅产业、天台和盈禽业“链型”试点，黄岩西部“群型”合作经济试点，共推动组建10个合作化实体，14个创新性项目。

【“供富大篷车”服务活动】 2022年，台州市供销社创新“供富大篷车”服务活动，聚焦偏远山区海岛群众急难愁盼，注重供知识、技能之富，为农民群众送上系列综合服务，帮助山区海岛农户渔民对接市场，解决农产品“滞销”难题，打通流通的“最先一公里”和“最后一公里”，实现山海共建。全市共投入供富大篷车59辆，19艘大篷船，33个经营主体参与开展服务。在3+3区域开展的基础上，创新开展“海上共富”，组建“海上供销”4个，实现服务全域开展，全省唯一。至年底，服务覆盖全市63个乡镇（线路），连接393个村庄（服务点），惠及89550名群众，收购农产品424.18吨，收购额6684.55万元，销售额8869.84万元。全省首创“海上供富大篷车（船）”，通过陆岛车船联动，帮助海岛产地直接对接销售，实现服务“捕捞+加工+储运+销售”一站式服务。此项工作入选全市首批市委“九富”路径最佳案例。

【农业社会化服务】 2022年，台州市供销社举办“云上春耕”系列活动，服务春耕生产，助力农业丰收，，稳住农业“基本盘”。以“线上+线下”“主会场+分会场”“市县联动”等方式开展“云上春耕”等系列服务活动11场次，受众15万人次。新建7家现代农业（农事）服务中心，总数达到42家。中心为农户集成式提供“一条龙”现代农业社会化服务。通过制定各类标准、出台中心管理办法、开展星级评定等，提升农业（农事）服务中心水平。台州的农事服务中心工作在《浙江政务信息（专报）》刊发并得到省政府领导批示肯定，仙居供销现代化农事服务中心入选首批省级现代化农事服务中心创建单位。年内，全市新建产业农合联9家，总数达到55家，覆盖全市柑橘、杨梅、茶叶、粮油、小海鲜等重点特色产业，2家产业农合联入选省级首批五星级产业农业农合联。各产业农合联全年带动农户实现农产品销售5亿余元。在全省乡村振兴考核中台州市供销社连续第二年满分。

【农资供应】 2022年，台州市有9家农资经营企业、16个农资配送中心、505个经营门店，形成涵盖药、肥、种、膜、械的全品类农业生产资料体系，覆盖市、县、乡镇的三级购销网络和集合储、供、配的“三位一体”服务体系。全年全系统共供应销售化肥56253吨、农药3959吨、农膜2172吨、种子124吨，占全市农资供应80%以上。发挥供应主渠道作用，强化保供稳价。市、县供销社承接当地政府农资应急储备工作，完成市、县两级11700吨化肥、48吨农药储备任务，其中市本级3344吨化肥、13.5吨农药应急储备。指导农资企业建立“点对点”保供和应急配送机制，通过工厂直运等方式，降低物流运输成本。全年向市场投放优惠化肥5.6万余吨，赠送农资36吨多，为农户节省成本1000万余元。农资保供稳价工作两次得到浙江卫视《新闻联播》报道。

【农技创新推广】 2022年，台州市供销社与上游厂商对接，因地制宜制定作物专属配方肥，实行肥料专用化、定制化、统施化，全年举办配方肥推广使用技术培训20余场次，推广配方肥2.3万吨。开发定制的西蓝花专属定制控释配方肥，通过生物膜控释技术，氮肥利用率从30%提高到60%，在临海市上盘镇、温岭市滨海镇等地广泛应用，助力台州市实现从西蓝花传统种植基地向现代出口基地转型，成为全国最大规模的冬春季西蓝花生产基地。取得农业育种国家知识产权2个，联合选育浙江省审定水稻品种3个，优质杂交水稻品种开发经营权11个。台农种业公司入选浙江省首批农作物种业阵型企业。创新水稻种子干籽包衣技术，强健根系，增强抗病性，全年在全市推广应用达3.1万余亩。以异色瓢虫吃蚜虫天敌工厂进入田间应用阶段，实现服务面积673亩。该技术应用使亩化学农药使用减少50%以上，可有效改良土壤。建成天敌工厂、开展绿色防控工作得到中央电视台等媒体的广泛报道。根据农民习惯、测土配方、试验筛选等，量身设计“1079”作物解决方案，采用优质、高效、安全的绿色农资商品，配合生态调控、生物防治、物理防治等环境友好型措施及农民培训、田间指导，实现种植技术标准化。全年筛选优化柑橘、西蓝花、西瓜等12个方案，5个获国家发明技术专利。其中，“1079”西瓜解决方案，解决瓜农种什么、怎么种的问题，实现西瓜种植病虫害处理、保障西瓜健康生长及土壤综合治理“方案化”管理，助推台州成为中国大棚西瓜之乡。水稻种植方案应用经专家现场测产评定使每亩水稻平均增收40千克以上，全年应用2万亩，帮助农民水稻增产80万千克。开展涉农培训218期惠及1.4万人次。举办山区26县柑橘生产技术和管理水平提升活动，推广柑橘种植新技术和管理新模式。联合省农合联开展科技对接，将科技培训作为“六送下乡”的重要内容，年内开展2期全省“红美人”柑橘产业科技对接活动，受训人员遍及全省11个地市120余名“红美人”柑橘种植户。领办的合作社台州翼龙西蓝花专业合作社“机器换人绿色生产推进西蓝花产业链延伸”项目入选2022年蔬菜初加工机械化典型案例，成为全省3个入选案例之一。

【金融服务】 2022年，台州市供销社系统全面开展农合联会员信用评定、有效数据采集整理和分析，全市3391个合作社会员全部完成信用评定，评定率、授信率均100%。推行产业农合联认定、金融机构审核的免担保贷款，提升免担保额度，全年联合农商银行为1181户农合联会员推行100万元以下免担保贷款服务2145笔，为农服务融资额达11.8亿元。引导金融机构更好地服务产业农合联，开展产业农合联推荐、金融机构免担保融资服务，帮助32家产业农合联会员实现30万元以下免担保贷款900万元。开展小微担保服务，全市4家农信担保公司，10个农信代办点实现为农担保贷款1100笔4.4亿元，其中10万元以下贷款1545万元。坚持低担保费或免担保，为农户节约担保费用77.33万元。联合农信机构对经农信担保的贷款实行利率优惠，全年为农民节约贷款成本353.07万元。争取380万元省财政资金支持，作为全省唯一试点开展新型特色农业保险。通过对标“农民满意”，找差“特色农险”，实现农业保险“提质、扩面、增品”。创新开展文旦低温指数、黄鱼气象指数、“惠农保”雇主责任险（田间作业人身意外综合险）等8个险种。投保实行“先保后补”，对地方特色农险保费补贴最高可至10%、雇主责任险直补70%，探索实行连保费率下浮，下浮覆盖面已扩大至12个险种，受益种植养（殖）面积达17万亩和海水鱼气象指数保险（大陈黄鱼）165.47万尾，保障金额超120亿元，已赔付近200万元，惠及农户2684户。

（张　萍）

烟草专卖

【概况】 2022年，台州市批发销售卷烟29.08万箱，同比增长1.69%；销售额142.29亿元，同比增长4.15%；税利42.6亿元，同比增长4.90%。

【卷烟打假打私】 2022年，全市查获涉烟违法案件2584起，查获违法卷烟1.37万件，总案值11875万元。坚持海陆同防，连续破获海上走私案件2起，总案值2688万元，专车运假案件37起，总案值3667万元。

【行政许可服务】 2022年，台州市烟草专卖局实施新版《台州市烟草制品零售点合理布局规定》，落实“好差评”制度，聚焦办事群众的热点、难点问题，耐心细致做好咨询解答，一名员工获评“市行政服务中心优秀政务工作者”。全年共计新办证3778本，网上办证率达到99.9%。

【电子烟监管】 2022年，台州市烟草专卖局做好电子烟政策宣传、培训、解读，有序开展批发物流等工作，推动电子烟监管平稳步入法治化、规范化轨道。核发电子烟零售许可证171本。落实电子烟市场监管要求，查处向未成年人销售电子烟案件4起；清理校园周边电子烟销售网点15个，清理自动售卖机5台。

【卷烟绿色物流】 2022年，台州市建成现代终端11045家，建成“曙光·红色驿站”232家。实行物流低碳绿色循环发展方式，建成一套绿色物流指标体系、搭建一个绿色园区管控系统、推进一组绿色新技术应用，深化新能源车配送应用，完成分布式光伏车棚建设。

【社会责任履行】 2022年，台州市烟草专卖局共计向慈善总会、红十字会捐赠419万元。推进“香溢帮扶”，推荐三门芹溪村成为全省烟草系统重点结对帮扶村，落地“香溢”青创农场、“香溢”共富工坊等帮扶项目，打造“红色+旅游+农业”特色品牌。

（谢家豪）

盐　业

【概况】 2022年，台州市盐业公司抓好政策宣传、企业维稳、品牌推广、渠道建设等相关工作，强化内部管理，提速增效拓宽发展渠道，全年全市共销售各类盐产品28815吨，其中销售小包装盐9432吨。

【食盐保供】 2022年，台州市盐业公司与市政府签订市级食盐储备承储协议，并做好政府食盐储备工作，做好食盐储备仓库管理，增强应对各类突发事件能力，保障食盐供应安全，维护食盐市场供应稳定。完善食品安全应急管理和突发事故报告制度，加强统筹协调、加强追踪监控、做好相关数据汇总和信息公布，提高应急预案响应能力。

【碘缺乏病防治宣传】 2022年，台州盐业公司联系市级职能部门，在台州各地分别开展主题为“智慧人生健康路，科学补碘第一步”的防治碘缺乏病宣传活动，市盐业公司联合市卫健委、市疾控中心、市妇幼保健院等单位专门制定针对孕妇保健医生的“浙盐雪涛助力全省重点人群碘营养可持续提升”碘营养提示牌，全市已开展妇保门诊和工作的医院大多数将纳入孕妇碘盐知识宣导工作范围。覆盖孕期产检单位约250家。

【渠道建设和品牌推广】 2022年，台州市盐业公司按照渠道建设和网格化管理的总要求，实施“精品盐”战略，不断优化产品销售结构。通过雪涛产品专柜的模式，以5+2重品陈列销售为主要目标，提高产品的出柜率，以大健康理念为先导，加大对孕妇专用盐、学生专用盐的宣传力度，与有关部门进行深度合作，增强全民科学补碘的意识；改变营销模式，加强与经销商的深度合作；做好特通渠道，提高高端产品的市场份额。同时不断提高品牌宣传力度，继续在台州电视台《阿福讲白搭》等热门栏目播出产品宣传广告，不断提高老百姓对雪涛产品的消费认知度；维护好全市各地的盐业服务群，普及碘盐知识；开展客户经理销售技能培训。

【产品质量管理】 2022年，台州市盐业公司执行产品入库先检验、生产过程中半成品每10分钟检验、车间内成品每30分钟进行检测以及仓库成品盐抽检制度。公司全年共采购入库盐产品484批次，合格率100%；生产盐产品580批次，未出现批量不合格情况，批次合格率100%；及时检测盐产品638批次，检测及时率100%；检测仪器设备均已经过浙江省计量技术研究院和台州市计量技术研究院进行检定，仪器设备检定率达到100%。

（朱倩倩）

经济合作

【概况】 2022年，台州市新招引超百亿元项目5个，当年落地2个；招引10亿元以上项目33个，完成年度计划的110%，其中制造业项目27个，占总数的81.82%；招引亿元以上项目落地187个，项目协议总投资额2538.97亿元，其中，制造业项目137个，占总数的73.26%；亿元以上制造业项目新开工119个，其中10亿元以上制造业项目新开工15个；引进专精特新和国家高新技术企业9家；实际利用外资2.41亿美元。

【招商引资机制建设】 2022年，台州市构建市投资促进委员会统一领导、投资促进中心抓牵头、市级部门管行业管招商、县（市、区）为主体、国家级省级开发区为主战场的全市大招商体系，优化顶层设计，统筹调度土地、能源、资金等要素保障。建立重大项目市级牵头主谈、市县合力攻坚的协同作战机制，在市级层面，组建“双招双引”专班，强化“五城十链”大项目攻坚；在县（市、区）层面，突出样板示范，梳理重点产业链，统一调度、错位发展。全面改革招商引资考核方式，重点考核项目落地与开工。

【产业链招商】 2022年，台州市聚焦新能源城、新材料城、新医药健康城、未来汽车城、精密制造城五大产城，瞄准新兴产业的黄金赛道，对主导产业进行精致细分，编制五大产城重点招商目录和产业链图谱，画好“鱼骨图”，建立重点头部企业库和上下游企业库，形成“龙头企业+本土企业+关键短板+突破方向”的产业链全景图。按照“八个一”标准模式（一链一专班、一链一目录、一链一智库、一链一图谱、一链一平台、一链一政策、一链一基金、一链一活动）推动产业链招商，形成“链长带头、专班攻坚、市县联动、系统支撑”的工作体系。

【投资推介】 2022年，台州市完成“投资台州”VI设计，编制《2022年度台州投资环境评估报告》《未来汽车城招商手册》和《新医药健康城招商手册》，制作台州招商推介PPT和五大产城招商宣传片。举办2022台州・世界500强医药产业投资云洽会，推介台州新医药健康城。举办台州・跨国企业投资交流会、跨国企业走进台州等专场活动，加强与世界500强企业、跨国公司投资合作。

（黄　昱）

国际贸易促进

【概况】 2022年,台州市国际贸易促进会紧扣习近平总书记对台州提出的"再创民营经济新辉煌"嘱托20周年等重要节点,着眼"织密服务企业网、扩大国际朋友圈"谋举措、抓落实,围绕展览、认证、法律、信息、联络等国际贸易促进领域为全市经济稳进提质发挥作用。

【线上展会举办】 2022年,台州市国际贸易促进会搭建足不出户外贸交流平台,举办"台州云展览"19场,参展企业991家(次),邀请国际采购商1725人(次),完成网上精准配对4003次,达成意向成交额约7473万美元。加强对黄岩区、仙居县等地线上办展的指导,举办"2022浙江名品橡塑模具产业网上交易会(台州黄岩—东盟专场)"以及"浙江名品医疗器械与医药行业线上展览会(台州专场)",面向海外展销橡塑模具、医药医械产品。

【第十九届中国(玉环)国际机床展会】 2022年11月8—21日恢复举办,台州市贸促会、台州市国际商会联合中国机电进出口商会、玉环市人民政府首次在玉环商展中心和玉环会展中心两馆联动举办第十九届中国(玉环)国际机床展会。作为华东地区一年一届重要的制造设备与技术展览会和台州的"国字号"专业机床展,本届展会规模再创新高,展位近2000个,较上年增加7.5%,参展企业700多家,展出面积约45000平方米。为期四天的展会吸引参观采购40000多人次,现场成交额7.59亿元,意向成交额8.23亿元。

【出"海"参展】 2022年,台州市国际贸易促进会提前开展法兰克福礼品展、汽配展、科隆五金展等项目规划,着力宣传"代参展"、商务包机(舱)等举措,推动企业出"海"参展。10月14日,台州首趟企业包机(舱)欧洲行启程,19家企业、39人赴德国参加杜塞尔多夫国际塑料及橡胶展;10月28日,针对法兰克福CPHI展的第二批58人的包机(舱)团组启程。

【国际商事认证】 2022年,台州市国际贸易促进会持续提供优质办证服务,办理原产地证、商事证明书、使领馆认证等各类证书57246份,与上年基本持平。推广原产地证电子化,新增1085家企业开通自主打印,总数达1171家,通过"单一窗口"申报原产地证28329份,覆盖率达54.6%。关注路桥区、天台县疫情对企业生产经营的影响,市县联动,及时开展不可抗力事实性证明出具服务,为18家企业免费办理相关证明25份,涉及合同金额1011.4万元。

6月14日,2022台州·上海医药产业投资洽谈会举行

(市投资促进中心　提供)

【国际商事调解】 2022年,中国国际贸易促进委员会台州调解中心与台州市知识产权保护中心就共同推进海外知识产权纠纷应对签订合作协议。强化调解服务宣传,开展107家外贸企业参与的需求调研,通过《台州日报》宣传调解成功案例,继续推出"涉外商法服务进企业"活动,联合台州市知识产权保护中心举办国际贸易及知识产权纠纷应对主题培训1场,组织定制化上门培训5场,培训650余人次。发挥县(市、区)联络点和杭州调解云平台作用,拓宽案源渠道,受理中外商事案件33件,总标的额1822万余元。

【国际商会服务】 2022年,市贸促会恢复开通台州市国际商会微信公众号,健全完善信息服务矩阵,向企业传递信息1600余条。持续完善"一站式"资讯平台——"台州市贸促会外贸服务超市"微信小程序和网页端服务功能,提供信息、办证、法律、展览、联络、投资、外贸综合7大类服务,下设30个子栏目,及时发布各级惠企政策、国内外经贸资讯、贸易风险预警等动态信息,累计推送信息2000余条。发挥商会组织效应,在省贸促会示范引领下,开展与中国移动台州分公司的战略合作,组织企业参加专家报告会、外贸形势报告会等活动。树牢“服务为本”理念，发挥商会身份优势，提供市场采购出口申报等各类代办服务，帮助企业享受补贴、节约成本，服务企业16909家次。

【RCEP系列经贸交流活动】 2022年，台州市贸促会联合市委统战部、市侨联举办“同心助力、稳进提质——走进RCEP国家经贸投资系列交流会”。7月4日举办首场菲律宾站活动，15家台州企业现场听取菲律宾贸工部、投资署介绍情况；12月15日以“线上+线下”的方式举办泰国专场活动，泰国、老挝等8家台州驻海外贸易联络站负责人、台州企业代表20余人参加主会场活动，在泰国曼谷的泰国浙江商会设分会场。7月31日，台州市贸促会联合承办以“开放台州 共襄RCEP”为主题的2022浙江（台州）RCEP经贸合作论坛暨海洋经济重大项目签约仪式，助力台州市获批浙江省RCEP高水平开放合作示范区。

【国际联络对接】 2022年台州市，在俄罗斯、巴西、阿联酋、菲律宾、澳大利亚、罗马尼亚、南非、日本、德国等国和温哥华、多伦多等地设立的15家台州海外贸易联络站基础上，新增泰国、老挝2个新站点。加强上下内外联系，借力兄弟贸促会等单位拓宽信息资源渠道，对接美中商会等境内外机构，推荐、组织企业与美国商超、俄罗斯贸易平台洽谈合作。

（李亦心）

现代物流

【概况】 2022年，台州市交通运输、仓储和邮政业实现增加值132.09亿元，完成货物周转量2034.3亿吨公里，比上年增长8.3%。台州港完成货物吞吐量6240.82万吨，其中外贸吞吐量1082.33万吨；完成集装箱吞吐量57.36万标箱。民航完成旅客吞吐量92.73万人次，货邮吞吐量8275吨。全年快递服务企业业务量完成13.98亿件，同比增长5.7%；业务收入完成73.27亿元，同比增长1.73%。浙江协海集团成为全市首家国家AAAAA级物流企业，实现AAAAA级物流企业“零”的突破。截至年底，全市共有A级企业98家，其中AAAAA级物流企业1家，AAAA级物流企业16家，AAA级物流企业55家，AA级物流企业26家。

【运输结构优化】 2022年，台州市推进台州湾区公铁水多式联运示范工程和台州南铁路智慧陆港新区等项目建设，深入优化多式联运“公转水”“公转铁”的低碳运输结构调整；围绕台州市城市绿色货运配送示范工程创建目标，结合物流通道规划布局，建成“3+6+140”的三级物流配送服务体系，实现城际干线运输和城市末端配送的有机衔接，促进物流产业转型发展。

【冷链物流基地建设】 2022年，台州市完善“骨干基地—物流园区—分拨中心—配送网点”四级功能布局体系，金太水产冷链物流骨干基地、台州兴旺冷链物流园和浙江世通冷链物流园列入省级冷链物流骨干基地。

【中欧班列“台州号”首发】 2022年，中欧班列义欧“台州号”自2月28日在头门港顺利首发后，全年共开行39列，运输标箱共290个，货品总价值约2.03亿元。该班列线路覆盖13个国家的19个主要城市，包括德国杜伊斯堡、汉堡，波兰马拉，意大利米兰，匈牙利布达佩斯，捷克布拉格，西班牙马德里，俄罗斯莫斯科、叶卡捷琳堡、沃尔西诺、别雷拉斯特、霍夫里诺，白俄罗斯明斯克以及中亚五国的主要城市；货品以水泵配件、水路组件、工业缝纫机、扎啤桶、摩托车及汽摩配件为主。

（陈　青）

金融·保险

金融业综述

【概况】 截至2022年末，台州市共有银行业金融机构46家；保险业金融机构58家，其中财险公司27家，寿险公司31家；证券期货分公司及营业部133家；小额贷款公司26家，融资担保公司32家，典当行29家，民间融资服务企业6家。全年全市实现金融业增加值520.05亿元，同比增长9.2%，高于地区生产总值增速（2.7%）6.5个百分点。金融业增加值占服务业增加值（服务业增速3.8%）和地区生产总值的比重分别为16.93%（服务业增加值3071.56亿元）和8.61%（地区生产总值6040.72亿元）。社会融资规模增量2628.68亿元，较上年同期多增376.13亿元。全市金融业对税收的贡献达到998258万元，同比上升21.52%（821484万元），占全市税收收入（6675264万元）比重达14.95%。其中银行业金融机构上交的税收达768657万元，同比上升37.79%（557833万元），占全部金融业上缴税收的77.00%。银行业稳步运行，截至年末，全市银行业各项存款余额13937.42亿元、较年初增加1887.83亿元、同比多增468.56亿元，存款增速15.67%，较上年同期上升2.32个百分点、高于全省0.73个百分点；各项贷款余额13764.78亿元，较年初增加2094.82亿元、同比增加297.1亿元，贷款增速17.95%，同比下降0.26个百分点。直接融资节奏减缓，全年全市实现直接融资353.21亿元，同比减少33.71%。其中，股权融资84.61亿元，同比下降28.22%，全省排名第5位。非金融机构债券融资268.60亿元，同比（414.92亿元）下降35.26%。保险业稳定增长，全年全市实现保费收入239.59亿元，同比增速9.47%。其中，财产险公司保费收入107.13亿元；人身险公司保费收入132.46亿元；发生赔付支出91.31亿元。证券期货交易规模下降，全市证券经营机构代理总交易额41527.81亿元，同比减少8.82%，其中股票交易额28804.86亿元，同比减少17.52%；全市期货经营机构代理交易额25186亿元，同比减少14.90%。

【小微金融改革】 2022年，台州市在中国人民银行向国务院提请的结束台州金改试验区的请示中，明确提出支持台州创建金改示范区，该请示已经国务院总理李克强、副总理刘鹤等领导圈阅。省委书记袁家军、省长王浩也对台州金改工作作出相应批示。经省政府同意，省金改领导小组发文对台州小微金改经验进行复制推广。市政府已正式向省政府报送请示，争创小微金融示范区，深化小微金融服务“台州模式”。争创国家级普惠小微金融改革示范区，加强与央行、省局对接。在央行对全国普惠类试验区的评估中，台州市名列前茅。台州市金融办起草《普惠金融服务小微企业改革示范区总体方案》，委托浙江大学金融研究院、浙江省金融研究院召开专家座谈会。加强与普惠金融研究院合作，双方开展互访交流。进一步推进数智金融综合应用一期项目建设，完成原台州市小微企业金融服务信用信息共享平台存量数据的迁移，规范建设基于一体化智能化公共数据平台的金融数据主题库，打造“平台+大脑”数智底座，具备为更多金融服务子场景上线的基础支撑能力，已支撑绿色金融“微绿达”子场景顺利上线。截至12月末，归集30个部门118大类4.58亿条信用信息，开设查询账户2730个，累计查询量约1456万次。台州市信保基金融资担保有限责任公司全年累计承保笔数91810笔，累计担保授信金额800.98亿元，累计服务企业46491家，在保户数22774家，在保余额174.87亿元，业务规模稳居全国地级市政府性担保机构前列。全市累计办理商标质押登记3735件，涉及注册商标8272件，质押金额483.3亿元，累计发放贷款272.62亿元。

其中1—12月共办理商标质押登记651件，涉及注册商标1343件，质押金额150.56亿元，发放贷款53.53亿元，贷款余额35.75亿元。台州市小微企业贷款余额6689.44亿元，同比增长27.18%，占全部贷款余额的48.60%；小微企业贷款户数57.81万户，同比增加10.53万户；小微企业申贷获得率为93.53%。小微企业不良贷款率0.39%，同比下降0.11个百分点。在改革的过程中，联合地方法人金融机构、台州学院、上海财经大学，以“政产学研”合作运营模式，在全国率先创设以“小微金融”为主题的台州小微金融学院。通过市场化运作，探索小微金融后备人才库“定向培训”模式，多层次满足金融机构对于小微金融专业人才培养的需求。建立台州小微金融研究合作机制，整合市外知名台州籍金融研究专家、地方高校智库、金融管理部门和金融机构研究资源，开展小微金融“台州模式”、小微金融支持共同富裕、金融数字化创新等主题研究。与中国人民大学中国普惠金融研究院深化合作，拟进一步开展联合举办高端论坛、课题研究等合作。

【金融保障服务】 2022年，台州市深入实施融资通工程，打造金融与经济良性互动的“台州经验”。贯彻落实省“5+4”政策体系，台州市金融办出台《金融支持高质量发展推动台州再创民营经济新辉煌18条》，加大金融对重大项目、科创、绿色、外贸等重点领域和微弱群体的支持，建立与台州民营和小微企业相匹配的融资畅通工程服务体系。通过争取货币信贷支持、深化银政保企合作、增加中长期融资比重、加强金融科技应用等举措，保障民营经济发展资金需求，为稳住经济基本盘提供充足的资金总量。鼓励金融机构减费让利，用好用足央行货币政策工具，推广政策性转贷款、无还本续贷等方式，继续向实体经济合理让利。打造金融助富联盟，建立“政银证保担”联动助富机制。推进融辅体系建设，全省首创小微企业融资辅导。出台《关于开展小微企业融资辅导体系建设的实施意见（试行）》，探索构建市县联动、政金企合作、共商共享的小微企业融辅建设模式。推动团体辅导、专案辅导、直融辅导等融辅业务，先后开展“融辅启航·金融知识线上竞答”“全市政府性融资担保支持小微企业汇率避险政策宣讲会”“全市跨境人民币和出口风险管控业务线上培训会”等活动87场次，辅导人数3.5万人次。

【企业上市挂牌】 2022年，台州市推进企业“上市100行动”，定期开展工作督查。台州市金融办邀请上交所、深交所、北交所专家开展走访、举办培训。建立“一对一”服务专班，提升上市“一件事”办理效能。年内共为22家企业协调解决重大问题、难题40多项，为47家企业协调出具合规证明211项。全年全市实现新上市7家、新报会12家、新报辅导9家、新挂牌省股交中心135家。截至12月底，全市共有上市公司71家，过会企业3家，在会企业6家，在辅导企业22家，新三板挂牌企业45家，省股交中心挂牌企业1123家。出台《台州市“双创苗圃板”建设方案》，通过探索打造“双创苗圃板”，优选一批“专精特新”等科技型中小企业精准对接多层次资本市场。至年底，首期4亿元出资已落实，基金正在组建中。首批“双创苗圃板”150家挂牌企业已完成筛选。优化上市公司高质量发展政策，修订《支持企业上市挂牌和高质量发展二十条》。加强产业基金对上市公司高质量发展的赋能，出台《台州市上市公司高质量发展基金组建运行方案》的相关操作指引——《台州市上市公司高质量发展基金操作指引（适用于科创类、并购上市类项目）》，持续征集上市公司高质量发展基金意向项目。

【金融风险防范】 2022年，台州市落实万名干部进万企活动，助力企

9月29日，台州市深化“清廉金融“建设现场会召开

（市金融办　提供）

业复工复产。台州市金融办开展金融“三服务”活动，联合市内金融顾问、金融专业人士，对全市企业、金融机构进行大走访，提供知识宣讲、政策解读等服务。建立金融工作议事协调联席会议制度，搭建金融业内学习、交流、协调的平台。出台《台州市建立和完善财政金融风险处置工作机制的实施意见》，建立“1+8+N”的财政金融风险处置机制，加强市县两级地方金融执法建设，形成市、县、乡三级监管网络。年内先后组织开展互联网领域、非法集资、第三方财富管理公司等领域专项排查整治。全年全市共新立非法集资案件20起，涉案金额7.76亿元，涉案人数1822人；与上年同期相比，案件数、涉案金额、涉案人数同比下降25.93%、35.49%、52.86%。在全市金融系统深入实施清廉金融单元建设，有效推动金融系统廉洁从业。构建“四廉十二项”工作体系，坚决守牢金融风险底线。强化清廉金融工作经验提炼和示范引领，评选出清廉金融“双十佳”工作制度和工作案例、20家清廉金融示范点。其中民泰银行路桥支行获评全省清廉建设成绩突出单位，路桥区“守护金融领域‘源头活水’”案例获评全省基层清廉建设十大创新经验。

（张慧霞）

8月15日，2022年全市人民银行暨外汇管理工作电视会议召开

（中国人民银行台州市中心支行　提供）

中国人民银行台州市中心支行

【概况】 2022年，中国人民银行台州市中心支行坚持稳中求进工作总基调，加快构建新发展格局，做好有效信贷投放，稳定信贷增长，以高质量金融支持全市经济高质量发展。

【金融改革】 2022年，中国人民银行台州市中心支行全国首创普惠绿色金融应用场景“微绿达”，实现“流动贷款绿色认定、小微企业绿色评价、环境效益测算与企业碳核算”，研制全国首个《小微企业绿色评价规范》，“微绿达”应用场景获评浙江省“2022年度数字经济系统最佳应用”和台州“九富”最佳实践案例一等奖。依托台州数智金融平台开发“农村小微经营主体资金流量融资模式”“农创客”数字画像应用，开展“公共数据授权运营”工作，推动金融机构接入长三角征信链，相关经验在人民银行总行工作会上交流。复制推广改革成果，改革经验、创新举措被省金改办、杭州中心支行等发文推广，小微金改试验区结束试点请示得到多位领导圈阅批示。

【货币政策调整】 2022年，台州市各项贷款余额1.38万亿元，同比增长17.95%，处于历史高位；全年累计为优质小微市场主体授信1080.39亿元，为物流业、旅游业融资超45亿元，延期还本付息12.86万笔、1035.3亿元。中国人民银行台州市中心支行参与制定“台40条”，出台《全力做好疫情防控期间金融服务保障工作的通知》《支持台州市稳外贸稳外资的实施意见》。成立稳进提质工作专班、稳进提质攻坚行动组，推进央行政策工具和信贷支持落地。集中性开展小微主体融资破难攻坚月、“金融活水润百业”个体工商户服务月、40万名优质小微主体走访等行动。

【金融工作助力共富】 2022年，中国人民银行台州市中心支行出台《2022年金融工作助力台州建设高质量发展共同富裕先行市意见》，开展“普惠小微、乡村振兴、绿色、科创、制造业、畅通双循环”六项金融服务提升工程。“六项提升工程”纳入全市“金融支持台州再创民营经济新辉煌18条”；中国人民银行台州市中心支行与市市场监管局签订《助力小微市场主体高质量发展合作备忘录》，牵头市发改委等12部门签订“金融赋能山区县高质量发展合作备忘录”，“一县一策”支持山区县发展。创推利率下浮、担保费优惠的“台富贷”产品和免息、免担保费的“帮富贷”产品，“台富贷”惠及9166家、87.77亿元，节约融资成本超1.7亿元，“帮富贷”落地208户、1522万元。

【金融服务】 2022年，台州市提升支付服务，共建台州市域铁路S1线移动支付场景，本外币合一银行结算账户体系试点落地，全年为24.05万家小微市场主体减免支付服务费用6804.03万元。开通国库退税快速通道，全年累计落实新组合式税费支持政策优惠共295.8亿元，居全省前列。实施征信保护，全年调整还款安排或征信记录5616家（次），建成市县主要区域征信自助查询“十分钟车程”触达网络。深化区域现金处理中心试点建设，实行现金服务网格化管理并全覆盖市本级484个社区，全市假币浓度为0.03/100万。建设金融纠纷多元化解机制，指导银行机构建好“共享法庭”，推动公证机关大幅降低赋强公证费用，因地制宜推进支付令运用。

【金融稳定】 2022年末，台州市银行业不良贷款率0.42%，关注类贷款率0.43%，信贷质量保持全省最优水平。中国人民银行台州市中心支行开展金融风险“排雷”行动，制定《台州市金融机构挤兑风险防控工作方案》，修订《台州市金融机构突发风险事件应急预案》并开展演练。持续治理电信诈骗，联合台州市公安局开展打击治理电信网络诈骗秋冬攻坚专项行动、涉诈异常取现治理专项行动，统筹建设银行系统“技防”“人防”防线，全年拒绝异常开户1078户，识别高危潜在受骗人员88.2万余人次，为1.77万个账户实施保护性止付3.1亿元，柜面劝阻受害人316名，防止3978万元资金转出。加强金融市场违规整治，“拉网式”推进“征信修复”乱象治理，全年处置189家企业；推动洗钱罪立案18起，8起成功宣判，数量创历史新高。按日监测房地产市场，引导金融机构有效满足市场合理资金需求。依法开展行政检查和处罚工作，全年共处罚9家机构、6名个人共1292.64万元。

【外汇管理】 2022年，台州市新增优质企业贸易外汇收支便利化试点企业367家，新增数列全省第1位。跨境金融服务平台应用增量扩面，出口应收账款融资规模持续增长，服务企业612家，金额7.01亿美元，分别同比增长42%、4.6%，出口信保保单应用场景融资笔数282笔、金额2815万美元，分别同比增长63%、61.9%。中国人民银行台州市中心支行牵头多部门升级联网信息平台，新增人民币线上收款、贸易融资、汇率避险三大功能，提升市场采购贸易结算便利化。拓宽跨境电商结算渠道，推动泰隆银行凭电子单证为385家跨境电商经营户办理无感收结汇1.06亿美元。优化汇率避险服务，全年全市银行办理汇率避险增信业务签约283户、723笔，签约金额2.12亿美元，减免企业担保费用212万元，签约户数位居全省前列。

（郭美玲）

2022年台州市银行机构本外币存款情况统计表

表14

机　构	存款（亿元）	比年初增减数（亿元）	同比（%）
金融机构合计	13937.42	1887.83	15.67
人民银行	90.40	−14.94	−14.19
农业发展银行	51.64	16.54	47.11
工商银行	1655.58	139.20	9.18
农业银行	1556.46	175.86	12.74
中国银行	694.68	97.46	16.32
建设银行	676.59	127.28	23.17
交通银行	100.92	21.87	27.66
中信银行	130.62	9.56	6.19
光大银行	45.96	−21.43	−31.8
华夏银行	81.31	5.51	7.27
广发银行	76.11	−10.09	−11.7
平安银行	69.67	17.33	33.12
招商银行	101.39	4.69	4.85
浦发银行	222.57	−1.53	−0.68
兴业银行	263.36	−13.18	−4.77
民生银行	68.54	12.26	21.79
浙商银行	329.15	−16.60	−4.8
恒丰银行	13.65	−27.12	−66.52
台州银行	1923.13	370.13	23.83
泰隆银行	893.48	184.93	26.1
民泰商业银行	564.66	80.28	16.57
稠州商业银行	87.82	18.58	26.83
绍兴银行	74.17	4.14	5.91
温州银行	82.65	42.90	107.94
宁波银行	203.49	47.09	30.11

续表

机　　构	存款（亿元）	比年初增减数（亿元）	同比（%）
金华银行	20.06	3.80	23.35
杭州银行	34.90	11.60	49.78
农村合作机构	3084.66	504.90	19.57
邮政储蓄银行	589.32	85.63	17
村镇银行	163.67	23.84	17.05

2022年台州市银行机构本外币贷款情况统计表

表15

机　　构	贷款（亿元）	比年初增减数（亿元）	同比（%）
金融机构合计	13764.78	2094.82	17.95
农业发展银行	277.27	117.24	73.26
工商银行	1626.53	205.82	14.49
农业银行	1622.98	274.14	20.32
中国银行	934.26	165.79	21.57
建设银行	914.76	175.63	23.76
交通银行	145.84	13.47	10.18
中信银行	245.10	45.00	22.49
光大银行	118.68	14.87	14.32
华夏银行	136.36	24.12	21.49
广发银行	125.75	2.91	2.37
平安银行	63.78	4.25	7.14
招商银行	154.99	3.73	2.46
浦发银行	404.04	22.11	5.79
兴业银行	460.31	104.69	29.44
民生银行	111.55	12.01	12.07
浙商银行	410.81	36.62	9.79
恒丰银行	30.81	−3.15	−9.29
台州银行	840.31	57.38	7.33
泰隆银行	616.59	46.44	8.14
民泰商业银行	757.29	92.96	13.99
稠州商业银行	71.92	10.18	16.48
绍兴银行	116.01	28.99	33.31
温州银行	90.23	37.51	71.15
宁波银行	247.63	65.51	35.97
金华银行	23.73	2.49	11.73
杭州银行	51.51	9.55	22.75
农村合作机构	2456.51	420.76	20.67
邮政储蓄银行	532.21	96.19	22.06
村镇银行	198.09	22.24	12.65

台州银保监分局

【概况】 2022年，台州银保监分局提升金融服务质效，着力稳定宏观经济大盘，防范重点领域风险，助力台州建设社会主义现代化先行市和共同富裕示范区先行市。相关工作得到2021年金融系统省政府督查激励，获浙江省高质量发展建设共同富裕示范区最佳实践、2022年度浙江省改革创新银奖、台州市高质量发展建设共同富裕示范区十大突破性项目等荣誉，获市级单位工作目标责任制考核优秀单位。

【企业金融帮扶】 2022年，台州银保监分局推动设立政策宣讲专区，组织“三个全覆盖”巡回宣讲，用好“融媒大直播”、“惠企政策我来说”视频展播、政策图解漫画，推动政策入村进企。组织“重点企业大走访”“万员助万企”等帮扶活动，与37家重点行业协会进行结对，制定航运金融扶持方案，组织文旅稳进提质对接会，推动开发“民宿贷”“货车司机综合保险”“食疫无忧责任险”等特色产品。做实降本减负，落实延期还本付息政策，升级“连续贷+灵活贷”机制、“双保”助力融资支持机制，拓展保险替代保证金应用范围，降低企业融资成本。开展常态化跟进督导，创新触发式督导、场景式督导、集成式督导等督导方式，将接续督导与日常监管工作全面融合。

【共同富裕护航】 2022年，台州银保监分局支持优势产业发展壮大，组织制造业“供需精准对接、服务质效提升”活动，为链主企业、核心企业建立综合金融服务方案。落地全国首笔“质量贷”，全省率先引入制造业小微企业设备更新改造专项政策性转贷款，开展首台（套）提升工作。出台北三县"一县一品"扶持计划，加大资金政策倾斜力度，升级"农户家庭资产负债表融资"模式，建设全市普惠金融地图，完善农险共保体运行机制。创新"共富工坊"综合金融服务模式，打造15家样板网点，推出"共富·工坊贷""共富·工坊保"等"共富+"系列产品，提供全流程伙伴式金融支持。推进惠民型商业补充医疗保险深化扩面，开展专属商业养老保险试点，加大低收入群体保障力度。修订行业自然灾害及重大事故应急工作预案，全省率先落地市县统保的巨灾保险，在应对"梅花"等台风中发挥作用。

【金融风险防控】 2022年，台州银保监分局深化信用风险防控机制建设，推进信用风险防控三年行动计划，创新探索绘制信用风险"五维三色"图，即将各银行机构信用风险指数以雷达图形式展现，引导机构持续加大不良资产处置力度，全市资产质量保持全省领先。优化联合会商帮扶模式，推动压降建筑业等重点行业风险。整治中小法人机构突出风险，持续做好表内外投资业务、存款异常波动、跨区域经营等的排查监管，对重点法人机构有序开展全面现场检查。加大对重点房企贷款资金监测，落实台州4个恒大项目联系帮扶工作，支持"保交楼"。在全省率先创新二手房交易预告登记制度，保护总量超过53%的二手房交易安全。纠正无序竞争市场乱象，建设"大案防"体系，编制典型案件汇编，面向全行业开展大宣讲、大测试。严厉打击"代理退保"等违法违规行为，持续整治保险中介机构"多散乱"问题。

【金融改革】 2022年，台州银保监分局引领普惠金融差异化发展，建立普惠金融综合评价体系和差异监管机制，引导机构找准深耕领域，解决政策"一刀切"问题。推动机构主动对接台州"引人留人"计划，政银联动简化资信证明，结合本行特色创新"人才贷"、租赁用房贷款等新市民专属金融产品。打造小微企业绿色金融路径，建立"绿色金融+绿色能源"合作机制，加强小微企业用能数据应用。指导机构打造"绿色金融服务中心"，参与"微绿达"数字场景建设，推广"环保管家"等模式。制定科技金融助力创新台州建设行动方案，探索制定"科技力+"辅助评审规则，更大范围复制推广数字赋能初创期科技型小微企业金融服务试点经验。依托省金综平台，迭代台州市掌上数字金融平台，打造两级功能联通的桥梁、数据交互的基站。建设"信易贷"台州站，试点意健险在线理赔，带动行业融入"亲农在线""椒惠富"等多跨场景。

【监管效能提升】 2022年，台州银保监分局推动党的领导融入公司治理，召开党建工作交流会，督促中小法人机构制定党委议事规则，配备党建专职副书记，设立纪检监察部门，提升强化党组织在公司治理中的地位。探索法人银行治理"共富"模式，推动3家法人城商行签订治理"共富"联盟协议，围绕表内外投资、数字化转型、流动性风险等方面推进成员合作，探索行业性风险联建联防，会商解决非良性竞争行为。推动完善股权治理和关联交易整治，做好公司治理三年行动方案收官工作，推动个别法人城商行制定股权结构优化方案。开展股东股权排查及关联交易数据专项治理，从严审查股权变更事项、股东资质和入股资金来源关口，严防股东控制行为。提升治理主体履职质效，督促法人城商行完善董事监事履职评价标准，健全独立董事的提名及选举程序。指导台州银行、泰隆银行完成"两会一层"换届，压实专业委员会责任。

（蔡嗣杭）

中国工商银行台州分行

【概况】 2022年，中国工商银行台州分行年末本外币各项存贷款总量达3282亿元，首次迈上3000亿元台阶。其中各项存款余额1655亿元、贷款余额1627亿元，分别较年初新增139亿元、206亿元，贷款增量连续第二年突破200亿元大关并创历史新高，资产质量重回历史最优，监管评级保持同业领先，实现助稳经济大盘同比多增优增的要求。获评2022年度金融支持地方经济发展优秀单位、浙江省"民企最满意银行"称号。分行营业部客服经理—冯灵芝光荣当选党的二十大代表。

【服务实体经济发展】 2022年，中国工商银行台州分行开展各层级"规上企业大走访"活动，完成全市5614户规上企业走访全覆盖，制造业有贷户增至3176户，居全省工行系统内首位，全年新增民营企业贷款7.2亿元，年末余额达460亿元，惠及民营企业3935家。加大汽车、医药健康、高端模具等"456"产业集群的支持力度，全年新增战略新兴产业贷款71亿元，增幅达79%。全年新增非住房贷款55亿元、新发放住房贷款73亿元。

【助推乡村振兴】 2022年，中国工商银行台州分行新增涉农贷款112亿元，增幅达21%。新建16家"兴农通”普惠金融服务点，实现县域支行全覆盖。推广“兴农贷”系列产品，全年累计为7万余户农户授信超70亿元。5月，通过在“亲农在线”嵌入“兴农贷”产品为农户发放融资、打造全链条数字化助农服务的做法在《人民日报》头版报道。

【助力小微金融改革】 2022年，中国工商银行台州分行作为台州小微金改实验室，坚持走“专营化、小额化、网络化、集群化”的发展道路，加大普惠金融领域资源倾斜力度，推出税务贷、跨境贷、e抵快贷、e企快贷、数字供应链融资等融资产品。年末实现全市84个网点普惠业务全覆盖，全年新增普惠贷款71亿元、增速达32%，完成“三年翻一番”的目标。加大惠企利民力度，普惠贷款利率较上年优惠29个BP，同比下降10BP。

【项目建设保障】 2022年，中国工商银行台州分行立足台州“三高三新”战略谋局和临港产业带布局，主动对接重大项目建设，创新盘活存量国有资产领域的融资模式,高效率满足重点督导领域项目。全年累计为市域铁路S1线、天台抽水蓄能电站、神仙居索道等项目投放贷款275亿元、同比新增71%；完成设备更新改造贷款项目审批24个、居全省工行系统内首位，有效助推台州高能级城市建设提速增效。

【绿色金融发展】 2022年，中国工商银行台州分行支持企业绿色转型，清退重点移位行业客户融资6.7亿元，压降高耗能、高排放行业客户融资2.8亿元，全年新增绿色贷款90.48亿元，增速达53.25%，高于各项贷款增速38.76个百分点，持续推动信贷资产结构向绿色低碳转型。

【金融风险防范】 2022年，中国工商银行台州分行共计清收处置不良贷款4.42亿元，年末不良贷款额2.36亿元，不良率0.14%，分别较年初下降2.16亿元、0.18个百分点，年末不良率、拨备覆盖率、近三年累计裂变率居全省工行系统内最优，资产质量整体保持平稳可控。

（陈劲宇）

中国农业银行台州分行

【概况】 2022年，中国农业银行台州分行年末各项存款余额1556亿元，比年初增加176亿元，各项存款日均余额1476亿元，存款增量实现高平台上的新增长。各项贷款余额1623亿元，比年初增加274亿元，再创历史新高，增量连续第六年居全市银行机构前列。在保持存贷规模稳定增长同时，兼顾量价平衡，效益指标完成总体超预期。全年实现营业收入49.14亿元、净利润25.86亿元。

【服务实体经济】 2022年，中国农业银行台州分行出台助力稳经济28条措施，支持重大基础设施和产业升级项目，全年共审批通过项目100多个、金额超700亿元，发放三门核电、神仙居景区、天台抽水蓄能等项目贷款近300亿元。全年新增制造业贷款74亿元、战略新兴产业贷款41亿元、绿色信贷54亿元，列全市银行机构前列。全方位支持乡村振兴项目，县域贷款增速20.48%，高于全行贷款0.15个百分点。全面对接数字经济一号工程升级版，新增“惠农e贷”25.68亿元，智慧食堂、智慧校园、薪资管家等有效场景总量达204户，建成掌银示范村442个。

【服务质效提升】 2022年，中国农业银行台州分行营业部营业室“百佳”现场验收成绩居全省金融机构第1名，并作为全国农行系统两家单位之一和台州唯一一家金融机构，获评“全国工人先锋号”。推出“台州孝心卡”与“孝心贷”，深耕农村广阔市场。定制临港产业带“经略蓝海　共富台州”系列产品，得到市政府肯定。提升窗口服务，开展“十大品牌网点”“十大优秀网点”创建评选，组建服务传导师队伍，彰显高品质的大行形象。

（朱亚茜）

9月28日，台州农行在温岭马鞍村举行“孝心卡”首发仪式

（中国农业银行台州分行　提供）

中国银行台州分行

【概况】 2022年，中国银行台州分行年末实现营业收入23.45亿元，本外币贷款余额942.51亿元，本外币存款余额696.02亿元，本外币贷存比135.41%，高标准落实全年贷存比高于100%的目标；不良贷款余额1.92亿元，不良率0.2%，全年保持"无案件、无重大差错事故"的管理目标。获评台州市小微企业金融服务考核评价优秀单位、台州市第七轮银行业金融机构安全评估工作成绩突出集体、人民银行消保评估A级评价等荣誉。

【政策性金融支持】 2022年，中国银行台州分行加大政策性金融资源支持力度，涉农贷款较年初新增85.37亿元，增速23.78%，高于全行贷款平均增速3.47个百分点。山区3县贷款增幅36.39%，高于全辖平均12.61个百分点。三门涛头村共富工坊整村授信5亿元的创新服务，得到台州市委书记李跃旗的肯定。

【普惠金融增量拓面】 2022年，中国银行台州分行提升小微企业信贷投放覆盖面，普惠金融KPI考核居全省第1。普惠贷款余额新增55.24亿元，普惠客户数增速33.49%。小微企业信用、中长期贷款和续贷累放占比等结构性指标全部达标，小微企业服务质量有效提升。

【场景金融潜能提升】 2022年，中国银行台州分行强化金融服务与场景建设融合，持续提升引流和拓客能力。全年拓展项目场景294个，落地项目288个，均居全省第2位，沉淀个人日均存款1.96亿元、年日均金融资产5.70亿元。与台州科技职业学院签署战略合作协议，探索银校合作新领域。

【支持实体经济转型升级】 2022年，中国银行台州分行制定"台州市分行稳经济25条"，精准服务重点领域。全年获批新增项目195户，金额839.61亿元，全省占比12.31%、16.08%，其中基础设施类项目新增批复金额207.75亿元，超过全省批复总金额的四分之一。民营贷款余额新增56.67亿元，增幅16.75%；绿色信贷余额新增62.04亿元，增幅58.6%、居四大行第1位，余额占比提升4.2个百分点、居四大行第2位。

【特色业务优势巩固】 2022年，中国银行台州分行加强跨境客群建设，支持外贸新业态发展，落地台州首单"新型离岸国际贸易——委托境外加工"业务，实现两家省级海外仓开户。全年国际贸易结算量93.74亿美元，跨境人民币业务量83.67亿元，市场份额均居同业第1位。推动财富金融发展，落地全省首单慈善信托，家信业务笔数与规模均居全省第1位。

（潘　阳）

中国建设银行台州分行

【概况】 2022年，中国建设银行台州分行坚持加强项目投放、民营经济、普惠金融等重点工作，信贷投放、不良化解、存贷款总量保持稳健向上良好趋势。至年末，全行一般性存款余额660亿元，当年新增114亿元；各项贷款余额915亿元，当年新增176亿元；不良贷款余额1.59亿元，当年减少0.35亿元，不良率0.17%，当年下降0.09个百分点；拨备前利润15.9亿元，同比增长2.0亿元。分行被中国人民银行台州市中心支行评为"2022年度台州市银行机构综合评价A类银行"。台州椒江支行、台州黄岩支行先后获得"中国建设银行五一劳动奖状"、建总行"金智惠民品牌公益项目"等荣誉。

【信贷投放】 2022年，中国建设银行台州分行开展"资产业务年""深化服务年"等活动，对接国家及地方战略，把握投放节点，凝聚投向共识，重点推出"稳经济一揽子政策"二十条，推动"共同富裕""乡村振兴"金融服务，推进绿色低碳等重点领域信贷投放。基础设施基金项目授信230.2亿元，当年累计投放48.66亿元，基础设施基金项目授信230.2亿元，投放37.41亿元，投放额占全省70%；绿色信贷当年新增70.49亿元、涉农贷款当年新增71.2亿元、县域经济信贷当年新增102.7亿元。

【民企服务】 2022年，中国建设银行台州分行服务优化营商环境，推进市场规模主体培育，支持民营企业高质量发展，再创民营经济新辉煌，民营企业贷款余额181.21亿元，当年新增22.18亿元。提升制造业信贷支持能力，"批量申报、批量审批"，优化主动授信工作模式。制造业贷款余额115.61亿元，当年新增21.54亿元，增速22.9%；高新技术企业贷款余额131.58亿元，当年新增93.52亿元，增长率245.7%。助力国内国际双循环，丰富融资方式、降低融资成本，加强国内+国际全面金融服务。当年跨境融资7.17亿元，国际业务信贷投放62.84亿元，同比增长9.22%。

【普惠金融发展】 2022年，中国建设银行台州分行以数字化经营，推进小微金改创新，提高服务效率，发展普惠金融。普惠金融贷款余额168.59亿元，当年新增53.16亿元，增速达到46%；普惠客户14615户，较年初新增4173户，增长率为40%；普惠不良贷款余额5795万元，不良率0.34%，较年初下降0.01个百分点。普惠小微企业贷款平均利率3.81%，较上年下降15BP。推广运用“建行惠懂你”App，创新银企双向沟通方式，提供农村地区小微企业随时、随地、随需的自助金融服务，以金融科技手段解决小微企业融资难、融资贵和融资慢的问题。

（朱圣高　俞尧龙）

中国农业发展银行台州市分行

【概况】 2022年，中国农业发展银行台州市分行践行“执行国家意志、服务‘三农’需求、遵循银行规律”办行理念，围绕服务台州粮食安全、农业农村基础设施建设、普惠小微企业等领域释放信贷资源。全年全行累放贷款156.01亿元，同比多投放102.47亿元，年末贷款余额277.27亿元，比年初净增117.24亿元，贷款增速73.26%，列全市银行系统第1位；累计投放政策性金融工具15笔14.49亿元，笔数位列农发行全省系统第1位；年末日均存款余额50.13亿元，比年初增加3.33亿元。农发行台州市分行发挥优惠支农、政策支农、专业支农优势，全年为台州引入资金超过130亿元，起到“引北京水浇台州田”的作用。农发行的工作得到市委、市政府肯定。

【共同富裕服务】 2022年，农发行台州市分行发挥“当先导、补短板、逆周期”职能作用，奋力打造农业政策性金融服务“共同富裕”示范窗口。粮食安全保障有力，累放粮棉油贷款金额11.29亿元，完成粮食市场化份额71.97%。服务“藏粮于地、藏粮于技”，提高土地集约利用，全年共对接农地项目4个，涉及金额41.5亿元，累计投放金额3.48亿元。县域城镇化补短板，累放农村路网和城乡一体化贷款112.5亿元、累计投放长江大保护贷款金额34.99亿元（其中水利建设贷款11.45亿元）。深化服务小微金改，践行普惠金融，累计支持普惠小微企业22家、发放贷款1.48亿元；深化支农转贷款业务，向辖内8家金融机构授信115.5亿元，全年累放支农转贷款87.45亿元。绿色品牌更加凸显，全年全行绿色信贷余额81亿元，比年初增加35.31亿元，余额增幅77.27%。

（林心怡）

中国邮政储蓄银行台州市分行

【概况】 2022年，中国邮政储蓄银行台州市分行统筹推进疫情防控和经营发展，加大金融支持实体经济力度，服务地方经济稳进提质。获年度金融支持地方经济发展优秀单位、服务乡村振兴考核评估优秀单位等多项荣誉。截至年末，资产规模达605.70亿元，较年初增长15.98%。各项存款589.32亿元，增长17.00%。各项贷款余额532.21亿元，较年初增长22.06%。其中，制造业中长期贷款余额16.55亿元，较年初增长172.75%；重大战略和重大项目贷款余额46.02亿元，同比增长29.05%；民营经济贷款余额302.40亿元，同比增长25.06%；普惠小微企业贷款余额184.46亿元，同比增长22.00%；涉农贷款余额298.63亿元，同比增长15.16%；绿色融资贷款余额41.17亿元，同比增速37.79%。小微实体贷款不良率0.04%。

【民营经济服务】 2022年末，中国邮政储蓄银行台州市分行民营经济贷款余额302.40亿元，较年初增加60.60亿元，增幅25.06%，民营经济贷款结余规模占全行各项贷款一半以上。普惠型小微贷款余额184.46亿元，较年初增长22.00%。全年普惠小微贷款新发放利率为4.12%，较上年下降22个BP，让利小微企业2.09亿元；完善“连续贷+灵活贷”机制，实施延期还本付息306笔、金额25.68亿元，办理“连续贷+灵活贷”机制贷款176.85亿元。设立总行级科创支行2家，通过规则模型、算法模型等形成精准营销白名单，加大走访营销主动服务力度；年末科技型企业贷款余额41.86亿元，本年净增15.08亿元，增速达56%。其中专精特新企业贷款余额2.25亿元。

【重点领域支持】 2022年，中国邮政储蓄银行台州市分行累计投放公司贷款30.64亿元，同比多放5.35亿元，累计投放房开贷5.45亿元，发放住房消费贷款43.56亿元，发放汽车消费贷款2.46亿元，累计对“国家重点项目库”制造业中长期贷款新增授信5.2亿元。持续加大重大项目贷款投放，全年新增公贷授信23户、306亿元。

【乡村振兴服务】 2022年，中国邮政储蓄银行台州市分行发展涉农普惠金融，普惠型涉农贷款FTP减点调高至75BP，提高不良容忍度至3%；加快涉农产品特色创新，创新推出“农村电商贷”，创新推广农户家庭资产负债表融资模式，累计采集农户信息3.1万户；扶持“台九鲜”特

11月9日，邮储银行台州市分行与中国电信台州分公司签订“廉洁伙伴共建协议”（中国邮政储蓄银行台州市分行　提供）

色农业产业、旅游民宿等新业态，打造仙居“仙梅贷”、三门“青蟹贷”等七大特色农业贷样板，累计放款27.98亿元，结余13.32亿元；全年新发展信用村1191个、信用户3.04万户；涉农贷款余额298.63亿元，全年净增39.31亿元，其中普惠涉农贷款净增17.61亿元，增幅16.21%。制定专项行动方案，印发《中国邮政储蓄银行台州市分行支持台州高质量发展建设共同富裕先行市行动方案》《中国邮政储蓄银行台州市分行支持北三县跨越式高质量发展行动方案》《台州市分行贯彻落实稳经济一揽子政策措施实施方案》。

【绿色金融发展】　2022年，中国邮政储蓄银行台州市分行下发《落实碳达峰碳中和行动方案》，提高FTP减点至15BP，建成系统内首批绿色支行1家；2022年末绿色贷款余额22.94亿元、较年初增长81.13%，占各项贷款比重4.31%、较年初提高1.41个百分点。

【普惠金融服务】　2022年年末，中国邮政储蓄银行台州市分行“新市民”个人经营性贷款结余8.92亿元，新市民卡“U+卡”累计发放2172张，为退役军人提供综合金融服务，军人优待证申领4.95万张，市场占比34.03%。对接服务“共富工坊”，在辖内各一级支行建立“共富金融服务队”，各网点配备一名“共富金融服务员”，开展常态化对接服务，推动金融服务助企进村入坊。

【管理模式创新】　2022年，中国邮政储蓄银行台州市分行实施信贷规模计划前瞻性管理，常态化开展RWA限额监测，优先支持重点领域贷款投放。发挥绩效考核导向作用，根据稳经济工作需要，提升社会责任指标得分占比、增设落实重大战略部署评价指标。全年完成4家支行营业用房及网点装修改造、9家网点微改造。自主研发建设新开户管理平台，高效助力网点反电诈账户管理；顺利上线“培省心”“付省心”平台，助力教培账户开户数系统内排名全省第1位。

【金融风险防范】　2022年，中国邮政储蓄银行台州市分行实现零案件，未发生重大风险事件、安全事件、大额赔付、重大负面舆情、泄密事件及重大不良事件，至年末，不良贷款率为0.24%，低于台州金融机构平均水平0.19个百分点。

（夏　琦）

上海浦东发展银行台州分行

【概况】　2022年，上海浦东发展银行台州分行年末本外币资产总额401.88亿元，较上年末增加17亿元；本外币负债总额395.59亿元，较上年末增加14.9亿元；各项贷款余额404.04亿元，各项存款余额222.57亿元。

【制造业中长期融资支持】　2022年，上海浦东发展银行台州分行支持企业将资金投入研发和技术改造等回报周期较长的实体项目，为制造企业实施重大项目提供稳定的中长期资金来源。新增豪达（浙江）汽车配件有限公司、浙江清和新材料科技有限公司、浙江国药景岳气雾剂有限公司等多家民营企业项目贷款投放。年末，浦发银行台州分行制造业中长期贷款余额38.25亿元，比年初增加14.75亿元，增速62.77%，高于制造业贷款增速57.47个百分点。

【投资业务发展】　2022年，上海浦东发展银行台州分行完成3期浙江海正药业股份有限公司超短期融资券承销，累计发行金额11亿元，其中独立承销金额9亿元。促进浙江永太科技股份有限公司对接浦银租赁完成2亿元融资租赁项目立项，投资浙江泰隆银行股份有限公司2022年小型微型企业贷款专项金融债券7000万元，投资临海市国有资产投资控股集团有限公司2022年度第一期定向债务融资工具4000万元，投资台州市金融投资集团有限公司2022年度第一期超短期融资券2000万元。

【普惠金融发展】 2022年年末，上海浦东发展银行台州分行普惠口径小微企业（含个人经营性）贷款余额77.6亿元，较年初增长7.94亿元，增速11.39%，高于各项贷款增速5.6个百分点，完成年度新增计划111.36%；普惠口径小微企业无还本续贷（延期还本）余额32.1亿元，较年初增长11.23亿元；本年度普惠口径小微企业贷款平均利率4.06%，较上年下降0.2个百分点。个体工商户贷款余额31.69亿元，较年初增长17.93亿元；户数36681户，较年初增长36130户。

【专项融资支持】 2022年，上海浦东发展银行台州分行落实《上海浦东发展银行环境和社会风险管理办法》，对于纳入"两高一剩"行业的客户，从严核定客户分类。对主要产品属于"高污染、高环境风险产品目录"的企业，审慎评估其生产工艺、技术水平及对环境、社会的潜在风险。对主要产品纳入"环境保护重点设备名录"、掌握核心技术、经营情况稳健的客户予以支持。年末，绿色金融贷款余额31.13亿元，较年初增长8.05亿元，增幅34.87%。持台州争创国家级高新技术产业开发区，加快推进"一城一区一廊"建设。科技型中小企业贷款余额63.26亿元，较年初增长7.9亿元。

（文凌志）

兴业银行台州分行

【概况】 2022年，兴业银行台州分行年末本外币一般性存款余额263.34亿元，较上年增加84.76亿元，增长47.46%；一般性存款日均227.68亿元，较上年增加43.05亿元，增长23.32%。表内外各项资产余额612.78亿元，较上年增加139.6亿元，增长29.5%；本外币各项贷款余额460.31亿元，较上年增加104.69亿元，增长29.44%。不良贷款余额888万元，较上年增加338万元，不良贷款率0.02%。实现本外币利润7.45亿元，较上年增加26316万元。市场份额进一步扩大，在台州同类型股份制银行中贷款市场份额提升2.52个百分点，贷款余额排名和增量排名均居第1位；存款市场份额提升2.45个百分点，存款余额排名和增量排名均居第2位。全年在台州市各项入库税收17723.77万元。

【实体经济支持】 2022年，兴业银行台州分行鼓励和支持民营企业发展，制造业贷款余额和占比呈逐年增长趋势。聚焦台州七大千亿产业集群、科创科技型中小企业、进出口贸易型企业等，以优质上市公司、"凤凰计划"、"隐形冠军"及培育企业为重点，挖掘金融服务制造业企业的机会。年末民营贷款余额138.72亿元，较年初增加38.08亿元，增长37.84%。制造业贷款余额为83.89亿元，较上年增长24.16亿元，增幅为40.44%，占全部贷款比例为18.23%。

【特色业务发展】 2022年，兴业银行台州分行通过与台州银行建立合作样板和良好口碑效应，带动两家农商行实现基金投资交易。截至12月末，银银平台产品新增上线客户数10户，金融机构AUM累计交易量18.5亿元，银银平台三方存管开户数1979户，交易笔数268490笔。运用绿色金融创新工具，通过差异化产品模式，成功落地台州首单碳中和挂钩贷款和杭州首单湿地碳汇贷。截至12月末，绿融贷款余额112.48亿元，比年初增加34.86亿元，绿融客户446户，比年初增加137户。国企授信户数229户，授信金额565亿元，使用敞口300亿元。

【普惠金融推进】 2022年，兴业银行台州分行年末普惠型小微贷款余额31.27亿元，较年初增加13.55亿元，增长76.47%。新增恒金产业园区开发贷3亿元、路桥高压清洗机园区开发贷5.5亿元；支持台州市入园企业工业厂房按揭贷款户数57户、贷款余额7.74亿元。办理应收账款质押项下融资贷款余额18.41亿元，办理商标权专利权质押融资贷款余额1.24亿元；供应链业务带动上下游客户100余户，余额19.33亿元，累计为9户供应商办理国内反向保理融资业务，贷款余额721.5万元。"无还本续贷"业务落地260户，贷款余额11.10亿元；"线上普惠贷"业务户数42户，贷款余额2.56亿元。

【社会责任践行】 2022年12月末兴业银行台州分行智慧城市业务交易客户数138户，交易笔数319.02万元，交易量19.58亿元。主动提供社会化服务，包括普及金融知识、反诈反洗钱宣传、便民服务、参与社区建设、参加公益活动等。累计完成进企现场宣传17次，进社区宣传14次，进市场宣传10次，派发宣传手册1万余份，覆盖人数1.8万人。开展助力城市治理、植绿护水等活动；结对帮扶三门县花桥镇连下村困难农户脱贫，送上慰问物品及扶贫资金逾8万元；助力台州市文明城市创建活动，累计上街160人次；持续开展志愿服务活动，出动志愿者100余人次。

（陈颖璇）

中国光大银行台州支行

【概况】 2022年，光大银行台州支行年末各项存款余额459616万元，较年初减少214281万元，降幅31.8%；日均存款628016万元，较上年减少196925万元，降幅23.87%；各项贷款余额1186802万元，较年初增加148691万元，增幅14.32%；日均贷款1129169万元，较上年增加255932万元，增幅29.31%。全年实现营业收入56164万元，账面利润17254万元。

【服务实体经济】 2022年，光大银行台州支行下发《关于进一步加强服务民营企业工作的通知》，支持民营企业发展；加大民营项目储备，重点聚焦制造业、绿色低碳、乡村振兴等符合国家产业政策导向的行业；制定定向用于支持实体经济重点领域优质市场主体的专项FTP优惠政策。截至年末，支行民营企业贷款余额26.78亿元，较年初增加5.16亿元，增幅23.87%。制造业贷款余额21.66亿元，较年初增加6.16亿元，增幅39.74%，高于全口径贷款增幅25.42个百分点；制造业中长期贷款余额6.45亿元，较年初增加3.49亿元，增幅117.91%，高于全口径制造业贷款增幅78.17个百分点，制造业三个不低于指标全面完成全年目标。

【零售业务转型发展】 2022年，兴业银行台州分行年末对私存款日均余额103088万元，较年初新增17703万元；AUM时点余额292499万元，较年初新增47159万元，两项指标均位列二级分行第1，被中国光大银行杭州分行评为2022年零售业务先进机构。房抵经营贷、住房按揭规模增长显著，截至年末，光大银行台州支行个贷余额15.29亿元，较年初增加1.76亿元，增幅13.00%；零售普惠余额6.63亿元，较年初增加1.79亿元，增幅36.88%。

（徐王者）

交通银行台州分行

【概况】 2022年，交通银行台州分行被监管部门评为“外汇业务合规与审慎经营情况评级B+”，被交通银行浙江省分行评为“平安浙江创建”先进集体。截至年末，全行本外币各项存款余额100.91亿元，较上年末增加21.86亿元，增幅27.65%；本外币各项贷款余额145.84亿元，较上年末增加13.47亿元，增幅10.18%；不良率0.15%，降至历年低位；实现经营利润2.38亿元，较上年增加0.31亿元，增幅14.98%；实现净经营收入3.39亿元，较上年增加0.35亿元，增幅11.51%。

【存款业务增长】 2022年，交通银行台州分行中标台盐商业及5个事业单位存款6800万元。大额存单存款余额较上年末新增11.49亿元；加大结构性存款销售力度，续做标准款结构性存款2.05亿元，定制结构性存款2.62亿元。争取到台州璟懿实业履约保函保证金1亿元，新开立破产管理人账户7户，累计32户、存款日均5000余万元。坚定不移抓好储蓄存款，年末储蓄存款时点余额40.81亿元，较年初净增11.89亿元，AUM季日均63.81亿元，较年初新增5.91亿元。

【信贷投放增多】 2022年，交通银行台州分行年末民营企业贷款余额45.16亿元，比年初增加7.52亿元；公司中长期贷款余额30.9亿元，比年初增加6.12亿元；绿色信贷余额19.82亿元，比年初增加6.26亿元。以房贷储备项目为重点营销目标，加强与总分行级重点合作房企、二手房中介公司的合作。截至年末，累计发放个人房产按揭贷款875笔，合计10.86亿元；上报审批通过包括灵湖名著园、梧桐府、琅樾府、雲起玖珑等13个按揭项目，授信额度近50亿元。聚焦“普惠数字化转型”发展线上业务，截至年末，线上类贷款占比提升至76.51%，普惠e贷（企业+个人）余额29.63亿元，较年初净增10.15亿元，增幅52.10%。

【客户拓展】 2022年，交通银行台州分行共走访公司客户1725户次，其中存量客户560户次，新客户1165户次，成功批复新授信25户。强化各经营机构日常营销拓展，全年新拓展法人小企业46户，新增授信敞口1.49亿元。截至年末，有效客户净增1543.8户，中端客户净增231户，沃德客户净增233户，全省排名第4位，私银客户净增10户，信用卡新增活户3201户。

【资产质量提升】 交通银行台州分行年末处置不良贷款3737万元，不良贷款余额2117万元，比年初减少3257万元。“两高一剩”（两高行业指高污染、高能耗的资源性的行业；一剩行业即产能过剩行业）行业融资余额为0，较年初减少3700万元；政府类业务融资余额5.68亿元，比年初减少0.92亿元；房地产贷款无不良、逾期和欠息；个人住房贷款不良率0.09%，较年初下降0.08个百分点。开展政府类融资业务、大宗商品贸易企业、违法放贷等多项专项排查，开展内控案防专项治理，并对排查发现的问题及时完成整改。

（潘唯仟）

招商银行台州分行

【概况】 2022年，招商银行台州分行年末全折资产总额156.05亿元，比年初增加3.92亿元；人民币自营存款时点余额99.59亿元，比年初增加5.55亿元；人民币自营贷款余额153.98亿元，比年初增加5.11亿元。实现营业净收入3.12亿元；账面税前利润1.71亿元。不良贷款率0.11%，较年初下降0.15个百分点。

【零售业务发展】 2022年，招商银行台州分行在总行15家三等行中综合排名第7位。“直奔主题拓私钻”做法打开零售发展的突破口，钻石客户数349户，私行客户数220户，超高端客户数14户。利民保项目实现为民服务。为客户解决投融资需求，减轻企业负担，实现政银企多赢。

【批发业务发展】 2022年，招商银行台州分行跨境业务保持稳步增长，衍生交易中收、客户数在总行全部二级分行中保持第1的好成绩。票据业务继续保持优势，分行作为首批上线机构，落地总行新一代系统首单银承业务。服务联盛化学、丰立智能、济民健康台州三家拟上市公司定向增发募集资金账户。“投商私科研”多维服务逐步推进，组织开展稳经济一揽子政策措施落地。实现小微企业首贷户319户，较上年增加70户。通过名单制实施延期还本付息，累计对48户实施延期还本付息合计1亿元；运用金融与产业政策协同支持模式，累计对51户企业发放“双保”助力融资贷款合计16.46亿元；累计发放“连续贷+灵活贷”机制贷款合计26.9亿元。累计对22户复工达产“白名单”企业发放贷款金额合计11.64亿元；累计为111户外贸企业发放贷款金额合计29.9亿元；实现减费让利合计880万余元。

【数字化转型和移动支付】 2022年，招商银行台州分行当年云闪付活跃用户数、手机银行交易笔数，居台州当地股份制银行第1名。数字产品协助企业数字化转型，批发外汇落地台州地区首笔资本项目数字化试点业务，台州外汇管理局对该业务落地给予高度评价。

（王炳华）

中信银行台州分行

【概况】 2022年，中信银行台州分行年末本外币各项存款余额130.62亿元，较年初增加9.56亿元，增幅7.89%；本外币各项贷款余额245.08亿元，较年初增加45亿元，增幅22.49%，增量在中小股份制银行中位列第2。全行不良贷款余额1550.65万元，不良率0.06%，创近十年最低，全年累计处置不良贷款5236.21万元。获评2022年度台州市级金融支持地方经济发展业绩考评优秀单位、市级银行外汇业务合规和审慎经营评估A类行。

【实体经济服务】 2022年，中信银行台州分行落实稳经济政策措施，坚持稳字当头、稳中求进，围绕经济重点领域和薄弱环节聚焦发力，推动经济金融政策不折不扣落实到位。落实监管延期还本付息“应延尽延”“能延尽延”政策，加快推进“连续贷+灵活贷”机制建设和服务落地。服务实体经济，加大对实体企业的信贷支持和综合金融服务，全年实体授信领域重要指标均超额年度计划目标，制造业贷款余额增量8亿元，民营企业贷款余额增量13.84亿元，战略性新兴产业贷款余额增量15.91亿元，绿色信贷余额增量21.27亿元。

【综合融资投放】 2022年，中信银行台州分行全年实现对公综合融资投放216亿元，位列辖内第四。投行业务优势进一步扩大，年末债券承销市场份额达26.04%，连续三年位列全市场前二，先后落地可转债配资、理财非标融资、银团贷款、投贷联动等创新产品。个贷保持快速增长，年末个贷余额59.57亿元，较年初新增2.58亿元，普惠个贷、信用贷增量均超额完成年度计划。

【财富管理转型】 2022年，中信银行台州分行实现管理资产日均余额99.3亿元，较上年增长11.72亿元，增量同比增幅38%；管理资产余额101亿元，迈上百亿台阶。全年持续开展4个全量资产重配项目和1个资产配置标准化销售项目成效明显，非货币理财保有余额较年初增长5.3亿元，期缴保险销量是上年同期的5.1倍。两大单品形成常态化销售，家族信托全年销售1.2亿元，全权委托4.16亿元，分别较上年同期增长166%和117%。

（潘婷婷）

浙江农村商业联合银行台州管理部（市农商银行）

【概况】 2022年，台州农商银行系统存贷款规模在全市银行业中率先突破5000亿元。市政府主要领导等批示肯定台州农商银行系统助力经济稳进提质等工作。台州管理部在2022年全市乡村振兴实绩考核中获评“优秀”，获评“2022年度市级银行支持地方经济发展业绩考评优秀单位”“2022年度金融助力共同富裕突出贡献奖”。截至12月末，各项存款余额3084.66亿元，较年初增504.91亿元，增幅19.57%，增量增速均为近年最高，2022年增量是前两年的增量总和，比全市银行业高3.9个百分点。储蓄存款市场份额28.74%，较年初增0.16个百分点。各项贷款余额2456.51亿元，较年初增加420.76亿元，增幅20.67%，增幅居全省第3位，增幅比全市银行业高2.72个百分点。各项贷款日均余额2270.23亿元，比年初增加400.38亿元，增幅21.41%，增幅居全省第2位。贷款市场份额17.85%，较年初增加0.40个百分点。五级贷款不良率0.72%，较年初下降0.08个百分点。营业净收入103.33亿元，同比增加11.23亿元，增幅12.19%；利息净收入94.09亿元，同比增加8.20亿元，增幅9.55%；利润总额50.12亿元，同比增加6.07亿元，增幅13.79%；拨备前利润69.39亿元，同比增加7.81亿元，增幅12.68%；税收入库18亿元。

【兴企强村助富行动】 2022年，台州农商银行系统全年新增347亿元支持乡村振兴领域。落实金融助力浙江省山区26县跨越式发展行动计划，开展专项部署会与推进会，辖内9家行建立“2+1”结对协作机制。3家山区县农商银行日均贷款余额年增96亿元，增幅25%，比全市平均高3个百分点。台州管理部与三门县政府签订助富战略合作协议。配合省财政厅开展全省家庭财金助力扩中项目试点工作。开展“助企强村惠民”百日攻坚共富大走访活动。累计向52万农户发放涉农贷款1949亿元，普惠贷款授信覆盖面100%。推出“共富粮农贷”，贷款余额2.4亿元。与省农担公司合作推进政银担业务，台州作为全省首个整市试点，贷款余额12亿元。新增小微企业、小微企业主及个体工商户贷款362亿元；小微企业贷款客户覆盖率17.09%，较年初提升3.61个百分点；拓展小微企业首贷户10133户、个体工商户首贷户2991户。全年累计走访17万户小微企业、48万户个体工商户，通过移动展业平台走访客户53万户。推广“放心贷”产品，累计为5029户个体工商户授信73亿元，用信3771户、52亿元。小微企业贷款利率下降68BP，为企业减免利息4.8亿元。推广延期还本付息、无还本续贷等服务，累计向2.9万户企业发放“小微续贷通”404亿元，为企业节省周转成本1亿元。推广数字信用产品，累计为21万户个人、2万户小微企业发放“共富信易贷”395亿元、“小微易贷”138亿元，小微企业信用贷款户数占小微企业贷款总户数的60%。

【金融生态创优行动】 2022年，台州农商银行系统共组建2754个“就近帮办”政务服务移动站点网点，“政银合作”2.0大厅收件总数24万件，移动端收件12万件。拓展社保卡586万张，市场份额保持在81%以上，社保卡存款余额176亿元，较年初新增38亿元，增幅27%。获得商品房预售资金账户准入资格；辖内7家农商银行获得市融资担保有限公司风险补偿金专用项目账户开立资格。参与人社部基本公共服务“社银通”标准化试点工作，椒江农商银行在大陈岛创建全市唯一的“社银通垦荒红色驿站”。开展“网点财富产能示范工程”。全年非存款类财富管理业务余额40.67亿元，年增16.37亿元，增幅67%。1万元以上财富业务有效客户2.3万户，年增1.3万户，增幅124%。全年新入网收单商户6.6万户，收单商户存款余额107亿元，较年初新增13亿元，增幅14%。与全市23家未来社区、10家未来乡村签订战略协议。

【风险防范化解行动】 2022年，台州农商银行系统开展“清核增效”专项活动，全年累计收回核销贷款本息3.25亿元。定期开展员工风险行为排查，对违规行为实行“零容忍”，全年共问责240人。推进“四类业务库”建设，节约网点运营成本，该项工作在全省农商银行系统安全保卫培训会上作典型交流。台州管理部和各行审计部门共完成审计项目254个。不断强化审计整改和处罚力度，全年共行政处理83人次。辖内3家农商银行审计项目获2022年全省农商银行系统优秀审计项目一、二等奖。台州管理部审计科、温岭农商银行审计部获“2021年全省农商银行系统先进审计部门”。

（吴梦婷）

浙商银行台州分行

【概况】 2022年，浙商银行台州分行年末各项存款余额329.15亿元，各项贷款余额410.81亿元，存贷款总规模居台州当地11家股份制银行首位。在2022年度台州市银行外汇业务合规和审慎经营评估中获评A类银行（连续四年）；在人民银行台州市中心支行的消保工作评估中被评为A级单位，获评台州市2022年金融消费权益保护优秀案例一等奖。

【实体经济服务】 2022年，浙商银行台州分行落实省“千项万亿”工程、“4+1”、省重点建设项目、省重大制造业项目、省千亿技改等重大项目落地；与台州市政府签署1000亿元意向性融资支持额度的全面战略合作协议，争取业务资格和专户。全年落地“4+1”“千亿技改”等重点项目7个，投放金额合计10.17亿元；合作“专精特新”企业147户，贷款余额13.46亿元。

【普惠金融践行】 2022年，浙商银行台州分行借助金融科技，打造台州特色的“杨梅贷”“青蟹贷”“车品贷”等普惠数智贷产品，全年共为93户普惠主体发放“数智共富贷”0.48亿元，助力北三县跨越式高质量发展。年底普惠小企业贷款余额110.93亿元，较年初增加17.98亿元，增幅19.3%，历史性突破百亿元大关。

【国际业务发展】 2022年，浙商银行台州分行落地全市首笔美式期权业务；落地全市第2笔、全行首单政府性融资担保项下外贸综合服务企业外汇交易业务等。全年完成结算量16.16亿美元，较上年增长2.96亿美元；对客外汇资金交易量实现24.84亿美元，完成率117%。衍生业务交易量14.03亿美元，同比增长112%。截至年末，分行美元存款余额超11亿元人民币，较年初增长6.62亿元人民币，同比增长151%。

【票据业务增大】 2022年，浙商银行台州分行全年办理票据贴现业务3097笔，金额64.93亿元；转贴现414笔，金额272.88亿元；再贴现44笔，金额3.61亿元。

（王　婷）

广发银行台州分行

【概况】 2022年，广发银行台州分行夯实客群基础，主动防范化解风险，坚持稳中求进总基调，整体经营业绩保持稳健。截至年末，各项存款余额76.11亿元；各项贷款余额125.75亿元。

【制造业信贷支持】 通过支持高端新兴制造业，重点营销高端制造、战略新兴、绿色环保等符合国家政策导向的优质民营制造企业，落实房地产监管政策等手段，优化贷款结构。截至12月末，制造业贷款新增34户，其中新增上市公司5家，专精特新企业5家；制造业贷款28.08亿元，较年初净增10.71亿元，增速61.64%；制造业中长期贷款6.30亿元，净增5.55亿元，增速736.75%；绿色贷款余额6.08亿元，净增4.08亿元；战略新兴产业贷款余额12.01亿元，净增8.56亿元。

【普惠金融信贷支持】 2022年，广发银行台州分行提升普惠贷款占比，加大服务普惠小微客户力度。普惠型小微企业贷款余额11.96亿元，净增0.79亿元，完成年度新增计划121.54%；新增小型微型企业首贷户9户；小微企业信用贷款余额1463.17万元，净增431.87万元，普惠小微信用贷款占比提升0.30%；小微融资成本较年初下降0.46%。

【国际业务发展】 2022年，广发银行台州分行在国际结算业务上创新突破，落地辖内多个首笔。分行年内首笔外汇套保业务，首笔外汇套保组合产品远期购汇+风险逆转期权，首笔双保项下套保业务，首笔外币风参直贷，首笔跨境人民币风参直贷，首笔外币资金池业务。截至12月末，国际结算量18816万美元，同比增加10144.2万美元，增幅117%；外汇套保签约额1335万美元。

【综合金融开展】 2022年，广发银行台州分行加强与当地国寿寿险、财险公司的业务交流及协同合作，开展国寿协同有效户及国寿联名信用卡的营销工作。截至12月末，国寿期交保险销售量767.5万元，其中5年期国寿期交保险272.4万；国寿财险25.3万元；保银协同零售有效户4973户，较年初增加378户。

（蔡蔚媚）

中国民生银行台州分行

【概况】 2022年，中国民生银行台州分行围绕杭州分行“四五六”工程，坚定转型发展，坚持人才立行，坚守合规底线；以“拓市场、调结构、扩客群”为目标，推进各项工作再上台阶。截至12月31日，各项存款余额63.60亿元，各项贷款余额113.62亿元。

【特色业务发展】 2022年，中国民生银行台州分行创新推出开户E系列产品及订单收银等支付产品。整合物流、信息流、资金流为供应链上下游企业提供定制化的结算、信贷、资产管理等综合金融服务。针对供应链上游推出“赊销E”“信融E”“票融E”产品，针对供应链下游推出“采购E”产品。打造特色的“专精特新”金融服务，助推更多的专精特新中小企业成为各个领域的“小巨人”。承办“易成长创未来”科创金融峰会，为专精特新企业与北交所、专业中介机构、投资机构搭建沟通等投行生态圈。为提高中小外贸企业通关效率，降低关税资金占用，提高周转效率，推出关税保函业务。针对出口企业，联合浙江电子口岸，推出线上的出口退税E融资产品。通过与信保基金合作，加大对外汇保的推广和宣传，提升企业汇率风险管理能力。

【零售业务发展】 2022年，中国民生银行台州分行践行总行小微新模式改革转型，由传统小微个人业务向“小微个人+法人”业务转变，小微规模实现高质量增长。以增加产品覆盖率和客户合作黏度为目标，开展分支行、条线协同营销和综合开发。加强小微批量渠道建设，通过与园区、协会、商会、市场方平台合作，形成常态化宣传和营销，获取小微企业资源。

（赵陈胤）

华夏银行台州分行

【概况】 2022年，华夏银行台州分行年末存贷款总量217.59亿元，同比增加29.56亿元，增速15.72%。其中，贷款余额136.35亿元，同比增加24.12亿元，增速21.49%，小微贷款（小型企业）余额60.52亿元，同比增加2.05亿元，增速15.98%，全面完成上级行“两增两控”目标。全年累计投放各项贷款104.53亿元，贷款加权平均利率4.42%，同比下降0.48个百分点。华夏银行台州分行被台州市人民政府金融工作办公室授予“2022年度市级银行支持地方经济发展业绩考核优秀单位”；在中国人民银行台州市中心支行开展的2022年度金融机构金融消费者权益保护工作评估工作中被评为A等金融机构；在中国人民银行台州市中心支行2022年度台州市小微企业金融服务考核评价中被评为良好单位。

【高质量发展服务】 2022年，华夏银行台州分行加强重点领域金融保障，年末，分行民营企业、制造业贷款规模分别达62.28亿元、41.91亿元，增长29.05%、35.46%；分别高于各项贷款增速7.56个百分点、13.97个百分点。支持高新技术企业发展，分行战略性新兴产业贷款余额23.49亿元，增长97.39%；科技型企业贷款余额19.76亿元，增长181.63%。落地稳经济一揽子政策措施，引导机构加大信贷投放力度，年末，分行贷款余额136.35亿元，增长21.49%。推动小微金融服务“增量扩面、降本提质”，普惠型小微企业贷款余额14.85亿元，较年初增加2.05亿元，贷款增速15.98%；普惠型贷款平均利率4.16%，低于上年平均利率0.8个百分点。分行绿色贷款余额51.26亿元，较年初增加16.73亿元，增幅48.45%，绿色贷占全部贷款比例37.59%。9月28日，助力台州玉环商展中心屋顶分布式光伏及新能源汽车光储充放示范项目成功落地，该项目是浙江省内首个“世界银行贷款电池储能促进”项目，推动绿色金融创新发展，《经济日报》、新浪财经、《浙江日报》均对此进行报道。

【资产质量管控】 2022年，华夏银行台州分行全年累计处置不良贷款872.1万元，其中，现金清收不良贷款486.57万元，核销处置不良贷款385.53万元，全面完成全年处置计划。年末，分行不良贷款余额643.95万元，不良贷款余额较年初降幅54.13%；不良贷款率0.05%，较年初下降0.08个百分点。开展“合规护航　行稳致远”主题活动，夯实内控合规管理基础。整治各类员工异常行为及违规操作问题，实现案防关口有效前移，实现全年“零案件”。强化内外部检查问题自查自纠，建立问题及整改台账，持续跟踪整改进度。行长办公会议按季听取消保投诉分析报告，通报典型案例和服务考评结果。制定投诉管理实施方案，消保教育宣传、金融纠纷多元化解工作实施细则等制度，配备专项消保经费，投诉处理实行首问负责制，按季召开投诉分析会，组织各层级员工开展监管制度学习和消保专题培训。做好推动金融纠纷多元化解机制建设，全年5起纠纷案件中1件采用支付令、2件采用调解进行化解。推进电信网络诈骗和跨境赌博“资金链”治理。加强反洗钱管理，确保守住洗钱风险底线。加强风险事件堵截，全年堵截风险事件2起。做好重要时点和节假日期间等安全维稳，开展安全检查及演练16次，覆盖率100%。

（龚　晨）

台州银行

【概况】 2022年，台州银行（含主发起设立的村镇银行）年末资产总额3725.8亿元，各项存款余额为3167.1亿元，各项贷款余额为2148.7亿元，同比分别增长17.8%、24.3%、11.71%，不良贷款率为0.9%。国际权威财经媒体英国《银行家》杂志公布的2022“全球银行1000强”排名中，位列全球银行第343位。“陀螺”评价体系中位列全国非上市城商行第1位，位列台州市民营企业纳税第1名。

【金融机构发展】 2022年，台州银行（含主发起设立的村镇银行）年末共设有舟山、温州、杭州、宁波、金华、湖州、衢州、绍兴、嘉兴、丽水10家分行和323家支行（含62家小微综合支行，43家小微专营支行，115家小微企业专营支行，8家社区支行），并在北京、重庆、深圳、江西赣州以及浙江三门、景宁等地主发起设立7家村镇银行和108家支行，共有各类分支机构448家。

【惠企减负助企纾困】 2022年，台州银行组建14个金融宣讲团，开展巡回宣讲和客户大拜访活动。累计向4330户小微客户提供58.04亿元专项资金支持。落实名单制延期还本付息支持政策，惠及9948户、116.74亿元贷款。提高"连续贷+灵活贷"余额占比，累计发放872.33亿元，余额638.72亿元。

【数字平台助力转型】 2022年，台州银行"生意圈"平台为入驻商户提供线上商品交易和经营管理工具，帮助小微企业建立私域能力。依托"生活圈"平台及自有直播系统，帮助小微商户、农户提升短视频拍摄、自媒体宣传、社群引流等线上运营能力。全年共开展直播活动1227场，免费为1200多家商（农）户带货。

【乡村振兴金融服务体系建设】 2022年，台州银行涉农贷款较年初增长16.61%，金额占比65.13%。成立乡村振兴县域专班，设立乡村振兴特色支行。推广"村聚易贷·兴农卡"业务，以"整村建档+整村授信"模式，覆盖12503个村居，授信44.60万户、836.99亿元。推出村居"扫码贷"，村民只需扫描二维码操作即可获得授信，全程后台自动审批、自动放款。推出"两山茶商共富贷""杨梅贷""枇杷贷"等乡村振兴特色金融产品。通过"直播站""兴农站""共富工坊"平台看展农产品展销，帮助从事农、林、牧、渔行业的商户进行销售。组织"乡村振兴大讲堂"，送技术送资金下乡。

【绿色金融推广】 2022年，台州银行推广"绿色节能贷款"，全年共发放546笔，6.98亿元，预计全年能节约用电9663万度，相当于减少二氧化碳排放8.59万吨。推出排污权质押贷款，为符合国家政策的绿色企业提供资金支持。在衢州分行试点推出个人碳账户产品"节碳经营贷"，根据企业动态的碳排放量确定利率。在湖州分行试点"绿色改革创新"，全年支持210家企业，授信2.26亿元。对接人民银行"微绿达"平台，向企业提供综合化、数智化绿色金融服务。开发应用绿色支付工具。推出"易收款"用于商超、学校、餐馆、水果店、便利店的日常经营收款结算，为近20万个商户提供服务。联合台州公交集团推出"公交一卡通联名卡"。

【社会责任履行】 2022年，台州银行深入小微企业、乡镇街道、社区、村居、学校等，践行各类公益活动。向台州市黄岩区瑞岩村捐助8万元。向台州市青苗公益基金捐赠10万元，帮助当地留守儿童及家境困难少先队员完成微心愿。向路桥区慈善总会（特困群众大病重病救助项目）捐赠80万元。

（陈　超）

浙江民泰商业银行

【概况】 2022年，浙江民泰商业银行单体口径存贷规模突破3000亿元、资产总额突破2000亿元。年内设立23家分支机构，全行共有机构320家（含筹、含村行），其中分行14家，下设支行214家，发起设立10家村镇银行，下设支行66家。截至年末，按合并报表，资产总额2372.03亿元，同比增长16.69%；存款余额1817.78亿元，同比增长19.02%，存款日均1607.62亿元，同比增长17.66%；贷款余额1620.54亿元，同比增长17.33%，贷款日均1525.21亿元，同比增长18.91%；全年实现净利润13.58亿元，同比增长17.17%。在英国《银行家》杂志"2022年全球银行1000强"排名中列第533名，同比提升20名。

【服务模式深化】 2022年，浙江民泰商业银行建设14家乡村振兴专营支行，合作村居2391个；资产池融资余额32.37亿，户数9297户。开发小微企业ESG评级模型、开展小微绿色金融领航行动、推进衢州碳账户应用，绿色产品贷款余额较上年末增幅99.8%。在第二季度中国人民银行台州市分行绿色金融业绩评价中，浙江民泰商业银行台州地区排名第2。在台州分行试点开展直播模式探索，启用企业微信线上对客经营。截至年末，企业微信全行累计添客量22.5万人。推进存款产品化，开发

7月25日，浙江工商大学金融学院与浙江民泰金融研究院签订战略合作协议

（浙江民泰商业银行　提供）

专项信贷产品“新市民贷”。开发小微快贷1.0版——信闪贷模式，升级小微快贷2.0版——随e行。落地全媒体智能客服系统。数字人民币业务场景上线，个人电子银行功能敏捷迭代，推出企业电子渠道一揽子金融功能，手机银行云闪付便民生活场景、电子银行生活缴费场景获得全面应用。

【综合经营推进】 2022年，浙江民泰商业银行国际业务发展成效渐显，产品竞争力提升明显，外汇买卖业务正式上线，正式推出“外汇保”合作办理远期结售汇产品，国际结算量98.25亿美元，同比增幅178.80%；国际业务净收入4177.14万元，较上年同期增加593.97万元。金融市场业务克服外部市场不利因素，落实“三个只减不增”监管要求，业务发展逐步转型。理财全面净值化运作首年整体平稳，成功发行20亿元永续债、40亿元小微金融债，当年发行总量创历史新高，发行利率历史最低。电子银行业务蓄势而发，信用卡业务持续向好，搭建数字信用卡厅堂营销场景，在2022年“卓越信用卡”评选活动中获评“活力之星”称号。截至年末，全行信用卡透支余额90.86亿元，同比增幅为13.47%，实现信用卡收入8.01亿元，同比增幅13.49%。互金业务稳健开展。新二维码收单商户比上年末新增4.12万户，智慧社区平台比上年末新增入驻机构41个，浙里信—浙农优品项目入选浙江省金融科技创新监管工具创新应用，互联网贷款正式投诉件同比下降76%，协商一致率83.33%。整改结果和投诉处理均获得监管部门认可。基金、保险、贵金属等在售产品分别达到260只、100只和221只，财富业务手续费收入（税后）达到6243.07万元。小企业业务条线存款余额76.52亿元，较上年末增幅99.6%；贷款余额86.85亿元，较上年末增幅143.69%。截至年末，全行e链通贷款突破10亿元，始终维持0不良率，授信总量及贷款余额同比分别提升115%及131.8%。

【风控能力提升】 2022年，浙江民泰商业银行设定12项风险管理优化方案；更新确定10大类42中类136项风险限额指标库；开展“业务连续性两年整治项目”收尾工作，实现11个重要信息系统的“同城双活”建设；完善信息科技风险评估机制。全面启动全流程风控咨询项目。风控机制和流程优化渠道取得实质进展，明确贷款业务准入复议流程、微业贷业务准入等9个标准，改造授信模块影像、延期还本付息业务系统等6个系统。优化“三人小组”、微信端征信授权、线上受托支付确认等5个流程。实现历史性变革、整体性重构。账面不良率1.17%，较上年末下降0.18个百分点，不良底数得到有效压降，历史包袱明显减轻。

【社会影响力提升】 2022年，浙江民泰商业银行编纂《浙江民泰商业银行年鉴》2021卷。聘任12名智库专家，协办第二届长三角金融研究智库联盟高峰论坛“金融发展与共同富裕”研讨会。发布《民泰惠企“19条”》，印发《惠企政策服务指南》，加强重点领域、重点行业小微客户的金融支持力度。获评在浙金融机构支持浙江省经济社会发展优秀单位三等奖。

（洪奔奔）

泰隆银行

【概况】 2022年，泰隆银行在“全球银行1000强”排名第363名，较上年上升28名。截至年末，全行共有机构457家。总资产3769.53亿元，较年初增加642.96亿元，增幅20.56%，总负债3491.62亿元，较年初增加609.04亿元，增幅21.13%。各项贷款2265.74亿元，较年初增加353.34亿元，增幅18.48%。各项存款2597.01亿元，较年初增加521.77亿元，增幅25.14%。净利润43.13亿元，资产收益率1.21%，资本收益率16.06%。不良贷款率0.94%。资本充足率14.41%。拨贷比2.84%，拨备覆盖率305.35%。流动性比例54.29%，流动性缺口率-3.13%，流动性匹配率166.56%。泰隆银行发起设立的13家村镇银行下设机构网点64个，实现总资产157.31亿元、总负债140.72亿元，贷款108.38亿元、存款83.58亿元，不良贷款率0.62%，各项指标走在全国村行前列。

【助力共同富裕】 2022年，泰隆银行推出农村“人人可贷”，为“三农”提供创业保障、产业升级、助农助销、财富增值、环境自治、绿色发展、数字赋能、知识入户、文化下乡、健康保障等“一揽子”综合产品服务包。截至年末，超60%的机构网点及一线客户经理分布在农村，涉农贷款余额1233.92亿元，户数33.33万户，占比均超50%。

【绿色金融发展】 2022年，泰隆银行制定《绿色信贷业务三年发展规划（2021—2023）年》，专设绿色金融部，全年孵化7家小微绿色支行，建设“小微绿色信贷员”队伍。创新推出《浙江泰隆银行绿色信贷认定标准》，解决小微绿色信贷识别难的痛点；探索设立小微绿色信贷客户ESG评估指标，引导信贷资产投向环境风险等级较低的客群。发行全国首笔绿色小微企业金融债15亿元，研发推出排污权抵押、碳排放权抵押、绿色知识产权抵押等一系列绿色信贷特色产品，截至年末，全行绿色信贷余额79.64亿元，绿色贷款户数7055户，户均112.88万元。

【“社区化”模式落地】 2022年，泰隆银行推动以“社区化”为核心的商业模式落地，截至年末，全行近1.48万个子社区，服务范围内的乡镇（街道）覆盖率达90.96%。引入工商、司法等外部数据，并将“三品三表”“两有一无”风控模型线上化，实现批量授信、远程授信、精准授信。推出纯信用线上贷款“泰e贷”，从客户到放款全程线上操作，实现客户“一次都不用跑”，截至年末，授信客户数已达13.26万户，授信总额234亿元。全面整合手机银行、微信银行、柜面等线上线下渠道，提升客户体验，同时客户经理送金融服务上门。

【“融资+融智”服务探索】 2022年，泰隆银行挖掘客户需求，一户一档提供一揽子金融产品及个性化定制服务。分层分类提供市场营销、企业信息化建设、法律税务等“非金融”服务。全面启动网点变革，提出“跳出银行做银行”，一行一策打造特色网点生态。钱塘支行以“连接、共享”为理念，80%的厅堂面积落地多媒体宣传平台、创业产品展示区、共享多功能厅等，为网点周边社区的创业园区及14所高校提供创业、就业、休闲、娱乐等增值服务。

【合规优化风控体系建设】 2022年，泰隆银行从推进反洗钱集中作业、交易数据治理、可疑交易监测、尽职调查系统升级等方面，强化反洗钱内控体系。建立消保问题监测、分析、问责和源头修复机制，强化消费者权益保护。常态化对重点领域、重点机构、新设机构开展全面审计，守牢合规底线。深化堵新清旧，资产质量持续向好。持续提升数字化风控水平，推进风险数据集市、云调查系统、贷后智能催收体系建设，同时加强对品牌声誉、“三防一保”、业务连续性、外包管理等方面的风险管控。以“平安泰隆”创建为主线完成全省银行业金融机构第七轮安全评估，实现全年零发案，获评“浙江省第七轮银行业金融机构安全评估工作成效突出集体”。

（叶昱辰）

保险业综述

【概况】 2022年底，台州市共有市级保险主体58家，其中财产险27家、人身险31家。台州保险业全年实现保险保费收入239.59亿元，全省排名第5位，同比增长9.47%，增幅高于全省平均水平0.06个百分点，增速居全省排名第5位。其中，财产险保费收入107.13亿元，同比增长17.27%，增幅高于全省平均水平7.10个百分点。人身险保费收入132.46亿元，同比增长3.88%，增幅低于全省平均水平5.10个百分点。台州保险业全年赔付支出91.31亿元，同比增长13.22%。其中，财产险赔付支出57.18亿元，同比增长8.58%；人身险赔付支出34.12亿元，同比增长21.93%。

（贾博红）

中国人民财产保险公司台州市分公司

【概况】 2022年，中国人民财产保险股份有限公司台州市分公司全年共实现保费收入392340万元，保费

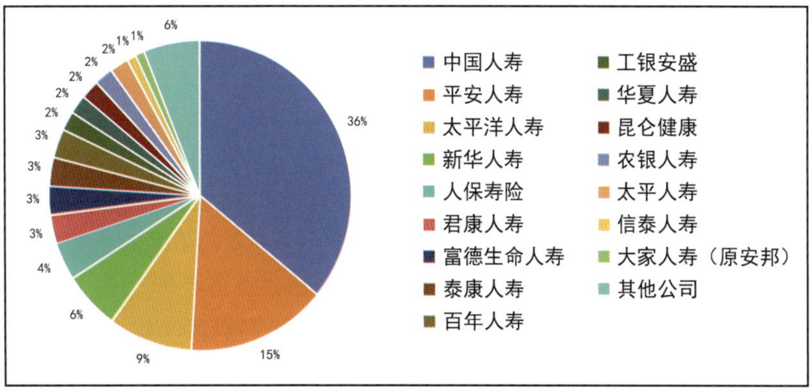

台州市2022年寿险公司市场份额

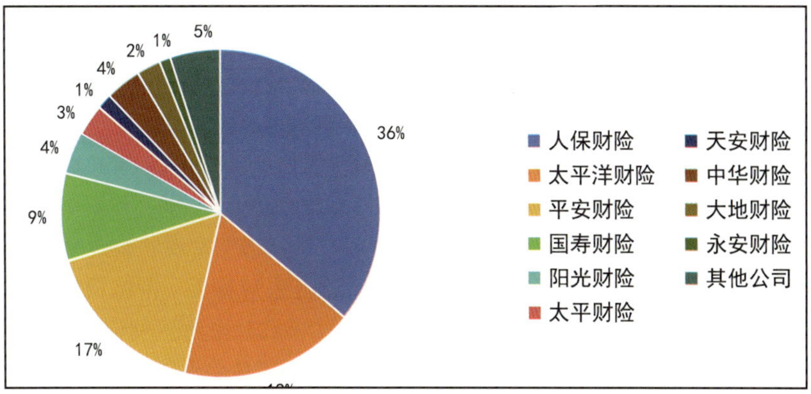

台州市2022年财险公司市场份额

规模在全国292家地市分公司中排名第12位，保费同比增速15.77%，剔除异地互联网业务后市场份额40.89%，同比上升0.94个百分点，自2007年以来首次年度市场份额回升至40%以上；承担各类风险责任金额75312亿元，累计缴纳税金和代收代缴车船税3.2亿元，处理各种赔案30.14万余起，支付赔款25.97亿元。

【产业转型升级】 2022年，中国人民财产保险股份有限公司台州市分公司发展重大技术装备首台套、新材料首批次保险，为全市24个重点项目提供超3.69亿元风险保障。与台州市市场监管局签署知识产权保险合作协议，助力强化知识产权“全链条”保护工作，累计为600余项专利技术提供超2.53亿元风险保障。推广出口信用险，累计为300多家出口企业提供163亿美元应收账款保障。加强对重点行业企业和重大工程建设项目的跟踪服务和配套支持，基本实现台州辖内重要项目主承保全覆盖，并组建专业服务团队为台州域内的交通、水利、市政等工程项目提供保险服务。落地首笔核心企业供应链融资业务，从供应链产业链整体出发，利用第三方供应链金融平台做到物流流程监控、债务关系确权以及证据链固化，为企业提供贸易订单融资、应收账款融资和供应链金融融资。

【“三农”保险领域扩大】 2022年，中国人民财产保险股份有限公司台州市分公司在全市共设立23个“三农”营销服务部，建立129个“三农”服务站和3102个“三农”村级服务点，聘请3102名农村协保员提供专业化服务，实现服务点对点、面对面。创新开拓三门西蓝花保险、天台桃综合保险等4个地方特色农险产品，已累计开办地方特色农产品保险37个。实现全市政策性农村住房保险全覆盖，承保农房129万间，承担赔偿责任290亿元，向610户（次）农户支付赔款617万元。承保黄岩区、仙居县、天台县和三门县4个县域的农村公路企财险，为各级道路提供89.3亿元的风险保障，累计赔款3168万元。

【“幸福台州”建设服务】 2022年，中国人民财产保险股份有限公司台州市分公司推出台州市首款政策性惠民补充医疗保险“台州利民保”，发挥主承保作用，“台州利民保”参保率达到46.2%，共报销54.7万人次，待遇享受人数12.3万人，报销金额21284万元，单人累计最高赔付金额59.63万元。截至年底，已承办大病保险、基本医疗意外险、政策性惠民保险、长期护理保险、工伤保险等各类社保业务10余项，覆盖参保人群达600余万人，年支付赔款超8.42亿元。创新巨灾保险制度，推动台风风力指数保险和强降雨指数保险全市统保项目落地。承保全市所有县（市、区）的城镇住房保险，风险保障金额超409亿元，并依托自主研发的“城房金盾”系统，将保险服务延伸至房屋的安全监测，建立城镇老旧房屋管理的长效机制。

【风险保障推行】 2022年，中国人民财产保险股份有限公司台州市分公司推动建筑施工行业安全生产责任险，在保项目720个，累计提供风险保障超47.5亿元，共开展安全检查服务1298家次，发现并有效整改安全隐患问题3728处。围绕绿色保险需求，承保23家企业的环境污染责任保险，提供风险保障超2543万元，并提供投保前和承保中的环境风险评估和检查服务。与台州公交集团共建智慧公交云脑项目，共同研究新技术、新产品、新模式。推出“学幼险+监护人责任险”组合险种，风险保障达1481亿元。

【“数智金融”创新探索】 2022年，中国人民财产保险股份有限公司台州市分公司推动黄岩模具行业内贸险项目，该项目通过黄岩区“模具（塑料）产业大脑”应用平台的金融板块上线，规上模具企业可直接在线申请，降低时间和人工成本。开发“智能水浸平台”，在相关企业厂房、地下车库、低洼路段共设置智能水浸监控点146个。在温岭试点重点车辆“云智慧”管理平台，构建云端远程监控主动安全防御系统，实现重点车辆事故风险大幅下降。以“浙江人保财险”微信公众号为主要载体，为客户提供在线客服、理赔、续期、保全、回执回访、保单下载、保单查询、增值服务、营销活动等全方位的线上保险服务，推出“零单证不等待的拇指理赔”等增值服务，全年办理无证明化案件4508件，变“群众跑腿”为“数据跑腿”“机构跑腿”。

（朱知俊）

中国人寿财产保险公司台州中心支公司

【概况】 2022年，中国人寿财险台州中心支公司实现保费收入93622万元，同比增长3.48%，总保费居台州市场第4位，市场份额为8.58%。

【金融服务】 2022年，中国人寿财险台州中心支公司创新推出食责险“无忧”系列产品，最低保费仅100元，助力食品行业个体工商户纾困发展；宣传推广退役军人防癌抗癌保险，为退役军人及其家属提供1344亿元的风险保障；创新推出知识产权类保险，共提供保险保障1109万元。在仙居县安创小微园开展“绿色保险+服务”模式试点，引进环保领域专业第三方机构“环保管家”为投保企业提供一揽子环保解决方案以及协助日常环保管理。助力乡村振兴战略实施，玉环文旦低温指数险种承保数量8846亩，三门杨梅采摘期降雨气象指数保险共承保3695亩，提供保险保障369万元；7月份参与天台桃综合保险项目，历年承保项目已涵盖台州所有县域，实现地方特色农险业务扩面增量。

【业务结构优化】 2022年，中国人寿财险台州中心支公司持续优化车险业务结构，通过严控高赔付非营业货车、提升家自车占比等一系列举措，车险承保品质不断提升；加大非车险业务的拓展力度，发展优质责任险业务、交叉销售业务及分散性业务，加大创新型险种的开发力度，推动非车险跨越式发展。公司理赔部建立严格的考核机制，加强对关键岗位人员的管理和监督，全年完成减损近两亿元。全年公司全险种综合赔付率78.37%，较上年优化3.55个百分点，承保利润267万元。其中车险综合赔付率81.28%，承保利润-420万元；非车险综合赔付率60.42%，承保利润687万元。加强科技赋能推广数字化应用，开发“车险承保AI智能出单机器人”，提高出单时效；通过“简道云”系统开发续保管理、业务数据管理、送回修辅助管理等模块，提升管理水平。

【合规经营】 2022年，中国人寿财险台州中心支公司坚持重点风险防治和底线思维，深入推进反洗钱工作，牢牢守住不发生系统性区域性风险的底线。贯彻国家金融监督管理总局“反洗钱宣传培训月”活动精神，按照市人民银行要求，全年组织全市相关岗位反洗钱培训2次，接受培训人数100余人次。

（黄文慧）

中国太平洋财产保险公司台州中心支公司

【概况】 2022年，中国太平洋财产保险股份有限公司台州中心支公司贯彻落实上级公司下达的年度经营指标，推进各项工作。全年实现保费收入19.375亿元，同比增长56.7%；市场份额为17.73%，同比上升4.58个百分点；累计承担风险责任20489.49亿元，处理赔案13.8万余起，支付赔款17.57亿元，为建设美丽台州、和谐台州履行企业义务。

【地方发展服务】 2022年，中国太保产险台州中支地方纳税金额为14175万元，引荐总部互联网业务险资入台累计93351万元，增量57944万元，同比增长163.65%。发挥专业优势，履行台州市人民政府和中国太平洋财产保险股份有限公司浙江分公司签订的退货运费险项目合作备忘录，共同推动台州经济社会创新发展和转型升级，共享发展成果。

【“三农”服务】 2022年，中国太保产险台州中支首席承保浙江省政策性农业保险（台州地区）项目，全年实现全市所有乡镇街道政策性农险100%覆盖，为台州地区66165个农户提供保险保障，累计赔付5430万元，赔付率61.89%，为台州地区农业产业发展提供坚实保险保障。其中水稻种植参保率达75.02%，超过省农业农村厅70%的考核值，同比提升5%，水稻整体参保完成量和参保率均创近年来新高，获农业相关部门高度肯定。应对2022年严酷干旱天气、台风天气以及病虫害等突发灾害，为确保参保农户灾后及时定损赔付、迅速恢复生产，以最大的努力补偿农户损失，快处理、快赔付，为台州市农业生产保驾护航，彰显太保服务速度，发挥好政策性农险促进农村现代化、助力乡村振兴战略实施的作用。

【工作创新】 2022年，台州市作为省级支持巨灾保险试点地区之一，台州银保监分局联合台州市应急管理局、财政局成立试点工作专班，因地制宜完善试点方案。中国太保产险台州中支作为台州市巨灾保险三标段（椒江区、台州湾新区）的承保机构，在2022年“梅花”台风期间第一时间响应，简化查勘定损流程，快速完成首笔赔款支付，发挥巨灾保险辅助灾后快速重建的经济补偿作用。为破解仙居县工艺品厂环保难题，中国太保产险台州中支在上级公司的支持下，与浙江省环科院签订合作协议、组建专业团队，走访当地相关工艺品厂区，经过多次拜访、沟通，以太保在当地的良好口碑得到企业的认同，成功落地省内首单“绿色保险+”，全年累计签署11单环境污染责任险，总计提供1953万元保险金额，为仙居地区工艺品行业环污整治做出金融贡献。为落实“小微金改实验室”项目建设，建立新型农业经营主体综合保险补偿机制，中国太保产险台州中支在仙居落地试点工作。2022年为新型农业经营主体综合保险试点第三年，其间承保桃、柑橘（红美人）2个品种，保险时间为2022年12月31日至2023年12月30日，承保经营主体为1家农业开发有限公司、7家专业合作社、3家农场，1家大户，保费共计118976元，总保险金额4793800元，其中2021—2022年度已决赔款53881.2元。

【助力共同富裕】 为全面落实浙江省加强山区26县结对帮扶工作决策部署，中国太保产险台州中支作为仙居团组淡竹乡林坑村的结对帮扶单位，坚决贯彻省农业农村厅指导意见，结合林坑村实际情况，制定5年帮扶计划，精准帮扶，持续强化政策落实、发展地方特色农产品、推进民宿产业、消费帮扶、拓展旅游及产品销售平台等方面工作，助力乡村振兴，推进共同富裕。

【清廉金融建设】 2022年，中国太保产险台州中支参照“推进清廉金融文化建设工作”清单，围绕市委、市纪委和市委直属机关工委的部署要求，开展清廉金融建设工作，推进公司清廉金融建设。在“2021年清廉金融十件事”的基础上继续推行“廉洁码”、清廉墙等形式多样，生动活泼的清廉元素载体，把清廉文化融入干部员工日常工作履职之中，让“以廉为荣，以清为美”的理念深入人性、成为共识。

【合规管理】 2022年，中国太保产险台州中支实现全年无举报、无监管处罚等违法违规行为。全年围绕集团“一体化风控再巩固、专业化能力再提升、先进性体系再保持”的总体目标，持续开展第二届风险合规月活动；围绕“聚焦能力提升 共建风控生态”主题，广泛发动全辖“开展专项检视、组织建言献策、发布一套风控措施、创建一批风控标杆、一把手讲风控、开展一次专题承诺”等六项工作，提升发现问题、解决问题和防范问题能力。

（鲍智涛）

中国平安财产保险公司台州中心支公司

【概况】 2022年，中国平安财产保险公司台州中心支公司共实现保费收入18.2亿元，同比增速-0.64%；台州市保险行业协会报表市场份额为16.6%；累计缴纳税金2.17亿元，同比增长12.1%；处理各种赔案44.86万余起，支付赔款8.98亿元。

【助力共同富裕】 2022年，中国平安财产保险股份有限公司在各县域落地党建共建村，逐步推进台州辖区的“一县一共建”，率先形成保险助力共同富裕建设模式。5月与温岭下呈村建立党建共建，为坞根金菊枇杷专业合作社送上保额100万元的枇杷溯源保险，落地首个“枇杷溯源保险”，被评为金融赋能乡村振兴“优秀产品”，实现在疫情防控期间销售量不降反增；6月与仙居县上料村建立党建共建，为仙居县双庙乡上料村240多位60岁以上老人配送免费体检套餐，搭建一体化的健康平台，借助综合金融优势探索“医疗下乡”；11月，为仙居安岭希望小学送去价值2万多元的图书和教学用具，助力学校提升硬件设施。全年共为全市80家企业850辆营业车辆提供政策支持，现场走访218家重点企业，现场或带回解决问题150多个，保障企业复工复产需求。

【非车发展】 2022年，中国平安财产保险股份有限公司深化改革创新，支持科创高地建设，研发自然灾害风险系统，推动农业保险“提质、扩面、拓链”，通过多渠道并行发展，推进非车提质提速。全年为台州市重点发展领域的3家装备生产和1家新材料生产企业提供1.477亿元风险保障，为市内24家企业提供近4600万元的知识产权风险保障，其中临海对虾地理标志商标申请费用补偿保险为全国首单，为区域品牌发展保驾护航。建立自然灾害风险实验室系统，实现对客户精准预警同时，对台州市台风、暴雨、洪涝进行精细化风险评估。汛期期间，台州好车主个人客户总触达量368493次，企业宝弹窗预警触达企业客户共1300次，微信公众号共发送9篇防汛预警指引软文，总阅读量13000次左右。4月起，公司履行台州市区域中央、省定政策性农业保险的共保职责，配合首席承保人开展区域内省政策性农业保险各项工作。全年承接省共保体保费1502.94万元，份额内提供风险保障3.91亿元；共参与政策性地方特色项目2个，保费规模达23.85万元。

【保险服务质量提升】 2022年，中国平安财产保险股份有限公司通过企业宝、好车主等App协助投保企业开展风险评估、隐患排查、监测预警等工作，提升自然灾害保障能力。通过完善全流程投诉管理体系，事前源头治理，优化投诉产生或升级案件，取得显著成效，亿元保费投诉量0.44件，行业第1，同比下降62.5%，改善幅度居主要财产险公司首位。整体消保定量定性考核全省排名前三位、投诉治理表彰单位等荣誉。通过平台+数据驱动，实现以客户为中心的理赔流程重构，推动理赔从以我为主向以客户为主转型，持续优化客户体验，提高作业效能，同时管控住理赔成本。非理赔方面，从对内部员工态度类问题零容忍，一旦发生从严从重处理；将第三方服务合作机构的投诉处理情况纳入准入退出评估机制，不断提升对一线人员及第三方服务质量的标准，提升服务水平，树立行业标杆。

（徐杰慧）

中国平安人寿保险公司台州中心支公司

【概况】 2022年，中国平安人寿保险股份有限公司台州中心支公司全年保费收入合计20.67亿元，市场份额占比15.24%，位居台州寿险市场第2；全年赔付3.46亿元，其中重大疾病赔付9741.7万元，疾病医疗赔付2122.5万元，意外死亡赔付1096.4万元；全年累计纳税1816.91万元。公司被台州市金融支持地方经济发展业绩考评领导小组评为金融支持地方经济发展优秀单位，公司党支部被中国平安人寿浙江分公司党委、中共中国平安集团驻浙江省机构委员会评为“先进基层党组织”。

【客户体验提升】 2022年，中国平安人寿保险股份有限公司台州中心支公司推出“不忘初心、平安‘赔’您”服务，一路省心赔，温暖伴您行。深化科技助力理赔，打造有温度的理赔服务。平安科技成果广泛应用于保险业务和服务场景，寿险“闪赔”服务升级，超过60%理赔案件可实现“30分钟极速理赔”，同时为解决客户看病的“难点、痛点”，推出“智能预赔”服务，将理赔环节前置到住院治疗中，通过构建理赔客户画像及大数据模型，综合分析客户疾病、保单等情况预测赔付金额，为符合条件的客户在治疗过程中提前赔付部分理赔金，缓解其就医经济压力。

【社会责任履行】 中国平安人寿保险股份有限公司台州中心支公司贯彻落实“稳经济一揽子政策措施”工作，开展入驻企业宣讲、设立摊点宣传、商场流动宣讲等宣传活动。开展募捐倡议，向温岭市第四中学捐赠体育器材和书籍，助力乡村教育事业发展。通过采购扶贫农产品，助力实现共同富裕。开展献血活动，用热血凝聚爱心，以行动彰显担当。中国平安人寿台州中心支公司党支部开展公益无偿献血活动，该项活动已连续开展10余年。

（徐　基）

中华联合财产保险公司台州中心支公司

【概况】 2022年，中华联合财产保险股份有限公司台州中心支公司全年共实现保费收入39193万元，实际增速11.06%。全年累计缴纳税金和代收代缴车船税3976万余元，处理各种赔案6.98万起，支付赔款21746万元，公司获评浙江分公司经营管理二等奖。

【社会责任履行】 2022年，中华联合财产保险股份有限公司台州中心支公司入驻市政府交易中心，实现工程领域各类保证保险保费817万余元，释放保证金19亿元。研究新能源车经营模式，为新能源汽车提供保险保障服务。推动产品创新，全省系统内首单知识产权类保险——专利代理人职业责任保险落地黄岩支公司，玉环电瓶车责任险获评总公司“虎虎生威”产品创新奖。独家承保台州市公共安全责任险，保费1192万余元，是全省系统内建司以来独家承保的、财政资金支付的最大保险项目。

【消费者权益保护】 2022年，中华联合财产保险股份有限公司台州中心支公司加强消保制度体系建立，加强投诉案件管理，专人负责、限时处理，逐级跟踪和反馈，监管投诉案件量全省系统内最低。深入践行新时代“枫桥经验”，成立专职调解队伍，助力维护社会和谐稳定。全年共组织三方调解2612件，最大限度将各类矛盾纠纷解决在基层、化解在萌芽状态。推动金融知识普及工作，把金融知识普及工作贯穿于日常经营活动中，就广大金融消费者关心、关切的热点问题进行多层面、深层次的普及宣教。

（金　艳）

中国人寿保险公司台州分公司

【概况】 2022年，中国人寿保险股份有限公司台州分公司全市系统实现总保费收入49.26亿元，规模排名台州寿险市场第1位、全省系统第4位，其中首年标保实现2.15亿元，首年期交8.13亿元，十年期及以上2.93亿元，大短险保费2.80亿元。收展渠道孤单年度职能指标考核排名全省第1位，全年累计服务客户1.43万人次，孤单二开率6.11%，同比提升1.69个百分点。年末，公司在册营销人力达到3254人。

【社会服务】 2022年，中国人寿保险股份有限公司台州分公司联合承保“台州利民保”项目，承办温岭职工外伤、玉环少儿医保、玉环外伤等商业补充医疗保险，总参保人数348.2万人（含共保），赔付金额超1亿元。发展乡村振兴普惠保险业务，实现乡村振兴保费106万元。制定“北三县金融支持政策清单”，落实上级公司年度消费帮扶任务，全市累计购买集团定点四县农产品12万元。成立“贯彻落实稳经济一揽子政策措施专项领导小组”，推出特殊复效免息、垫交还款免息；提供团体业务“非接触式”业务办理服务；对受疫情管控影响的客户，提供7×24小时线上理赔、简化理赔申请资料、指定专人服务跟进服务等政策。

【保险赔付】 2022年，中国人寿保险股份有限公司台州分公司处理各类赔案8.67万件，赔付金额3.26亿元，申请支付时效1.26天。满期给付3158件，给付金额8015.27万元。搭建客户服务平台，组织开展“700健行”“国寿客户节”“国寿小画家”等活动。“重疾一日赔”年度累计赔付724件，赔付金额4955.94万元；“舒心理赔”案件374件，赔付金额40.38万元。推进群众身后“一件事”涉财查询事项数字化联办工作，年度共协助查询事项8083件。

【合规经营】 2022年，中国人寿保险股份有限公司台州分公司深入贯彻落实上级公司党委关于做好第十九届中央第八轮巡视反馈问题整改工作的部署要求，全面落实各项整改任务，开展“地毯式”整改工作，对照“三项清单”完成整改。持续推进纪检风控辅导式教育，全年共开展辅导式教育39场，累计受训人数达1000多人次。持续开展销售人员“合规宣导日”活动，微信朋友圈自查8156人次、合规教育宣导5139场次，累计5.07万人次参与。开展安全生产大排查。严格落实疫情防控工作措施，修订完善疫情防控极端情况应急预案。

（王　鑫）

交通·邮电

交通综述

【概况】 截至2022年底，台州市公路通车总里程13297.9千米，公路密度132.3千米/百平方千米。全市甬台温高速、上三高速、沿海高速、台金高速、诸永高速、杭绍台高速、台金高速东延市区连接线等7条高速公路合计500.3千米；普通国道407.5千米；普通省道504.9千米；农村公路11885.2千米，全市建制村100%通等级公路。共有甬台温铁路、金台铁路、杭台高铁3条铁路，通车运营里程365千米，约占全省（3800千米）的9.6%。市域铁路S1线建成运营，运营里程52.4千米。在建杭温铁路台州段里程33.4千米，总投资40亿元，计划2023年底基本建成，2024年6月通车运营；在建温玉铁路里程37.8千米，总投资76.2亿元，计划2025年底建成；在建市域铁路S2线里程62千米，总投资307.3亿元，计划2027年底建成。根据《台州港总体规划（2017—2030年）》，台州港设"一港六区多港点"，自北向南布置健跳港区、头门港区、黄岩港区、海门港区、龙门港区和大麦屿港区等6个港区。截至2022年底，全市沿海船舶运力规模达404艘、511.62万载重吨（同比增长5.27%）；全市港口货物吞吐量达到6240.82万吨，同比增长5.1%，港口集装箱吞吐量达到57.4万标箱，同比增长4.2%。台州机场为军民合用机场，2022年共开通国内航线24条、通航城市22座；受新冠疫情影响，2022年完成旅客吞吐量92.73万人次，同比下降30.75%；完成货邮吞吐量8725吨，同比下降18.48%；完成起降架次8917架次，同比下降26.19%。横向比较，生产恢复水平好于省内同类中小机场，客货运总量首次超越义乌、舟山，居全省第4位，跃居省内中小机场首位，在全国252家机场中列第71位。

【重大项目建设】 2022年，台州市完成综合交通固定资产投资204.4亿元，其中公路114.6亿元、铁路41亿元、轨道30.1亿元、水运8.7亿元、机场10亿元。204省道沿江至一江山大道段、104国道临海段改建、228国道玉环清港连接线、323省道路桥南山至洋屿段、323省道路桥肖王至洋屿段高架桥建成通车，市域铁路S1线开通运营；甬台温高速改扩建台州段、甬台温高速三门联络线、台州1号公路先行段、351国道仙居段开工建设；杭温高铁台州段、温玉铁路、台州机场改扩建工程、台州机场进场道路工程一期、甬台温高速温岭联络线等项目有序推进。

【"四好农村路"建设】 2022年，台州市完成农村公路新改建98千米，实施养护工程786千米，建成美丽公路243千米。台州市获评省级"四好

12月28日，台州市域铁路S1线开通运营

（市交通运输局　提供）

9月16日，104国道江南至尤溪段改建工程正式通车

（市交通运输局　提供）

农村路”示范市，临海创成省级示范县，临海市、仙居县入围全国示范县创建名单；环神仙居旅游公路获评全省“十大最美农村路”。

【改革试点】 2022年，台州“1号公路”、天台“快进慢游”通景公路体系成为浙江省交通与旅游融合发展试点；三门县、天台县、仙居县入选省级农村公路管理养护体制改革试点名单。市交通运输局作为唯一地市级协同单位参与建设的省厅“浙运安”应用，获评2022年浙江数字政府“最佳应用”；交通执法基层站所“星空图”、从业人员“信立批”等13个场景列入全省交通数字化改革基层与社会试点项目清单，其中疫情防控“快转运”等4个场景获评年度“最佳实践”，总数均居全省第1位。

【低碳物流】 2022年，台州市加快推进台州湾区公铁水“多式联运”国家示范工程创建，完成头门港区二期、头门新区站物流仓储基地一期、临海东物流园区等工程；开工建设铁路仓储工程；推进台州湾区公铁水“多式联运”示范项目四港联动信息化平台建设，入围全省首批“浙江省交通强国建设试点揭榜挂帅”项目名单。稳步推进城市绿色货运配送示范工程创建，推行“统仓统配”、多仓共配等先进物流模式和碳达峰应用场景建设，新开发并上线运行共同/集中配送小程序。

【运输行业安全治理】 2022年，台州市交通运输局动态优化调整疫情防控政策和措施，实现行业科学化精准化防控；打赢天台“4·28”、路桥“10·15”等疫情防控“快转运”突围战。全方位推进“除险保安”工作，构建公路设施“双重预防”工作机制，有效提升公路路况水平；提前完成150座“桥头跳”整治任务，完成率及完成数均居全省第1位；加强行业安全执法，非现场执法“双百”车辆处罚率100%；强化“两客一危一货”安全管控，创新建立安全生产风险管控与隐患排查治理“双重预防”体系，覆盖全市78家“两客一危”企业；26家50辆车以上的普货运输企业车辆实现GPS监控设备上线率100%。全市交通工程建设连续6年保持“零死亡”。全市运输行业安全形势总体平稳。

（应　杰）

海事管理

【概况】 2022年，台州海事局服务台州海洋强市建设，围绕水上安全监管中心工作，保障全市水上安全形势持续稳定和海洋经济高质发展。在2022年度市级单位工作目标责任制考核中获“优秀”等次。

【港口能级提升】 2022年，台州海事局定期向市委、市政府汇报，在岸线资源规划使用、倾倒区建设、集装箱“弃陆走水”、海上风电选址等港口发展方面提供意见。促成浙江海事局与市政府会晤并支持台州港口岸扩大开放事宜，落实专班人员跟踪保障健跳港区、龙门港区口岸开放配套锚地超前完成建设，助力口岸扩大开放，具备省级验收条件。建立涉水工程全过程跟踪服务机制，保障玉环海上一号风电完成建设并投入运营，保障台州一号风电、三门六敖区块码头、头门港一期进港航道等重点项目安全推进。

【海上保通保畅】 2022年，台州海事局保障台州港首条RCEP贸易航线船舶安全进出港15航次。专题报告保障近洋集装箱航线和头门港首条集装箱航线开通相关工作建议，确保航线顺利开通，工作成效获市委领导批示肯定。建立煤炭、油品等重点民生物资高效进港保障机制，全年保障2458艘重点物资运输船舶、1200余万吨煤炭、220余万吨成品油安全抵港。建立沿海内贸船舶疫情防控死角盲区查找机制，排查并整改关闭市海港口岸疫情防控死角盲区等风险点40个，核查国内航行船舶信息24862艘次，保障船员换班2688人次，成功防止疫情从海港口岸输入。

【服务港口发展】 2022年，“台州市海船船员维权服务中心”挂牌成立，浙江首家“海上共享法庭”成立，成功处置15起船员维权纠纷，协助船员调解追讨金额近百万元，获评全国水运系统服务船员优秀示范案例、第五届浙江省青工创新创效大赛铜奖。推动将商船污染物（含油污水、生活污水）接收转运处置纳入海洋云仓“渔省心”应用场景，突破性解决台州港区船舶生活污水岸上接收设施缺乏、无法纳入城市管网的难题。建立辖区防污染应急处置协调机制和资源共享机制，举行台州港大型海上船舶溢油、消防综合应急演习，协调东海救助局“东海救151”进驻大陈海事码头。

【重点船舶整治】 2022年，台州海事局牵头推进全市“三无”（无船、名船号、无船舶证书）船舶联合清剿，查扣“三无”船1140艘，拆解507艘。牵头制定《台州市“三无”船舶联合认定实施办法》，并完成6艘“三无”船舶联合认定。推进全市海砂运输领域产、运、销全链条整治，清单化管控全市64处砂石装卸点，查处违法砂石船1168艘次，清退低质量船舶64艘。

【风险隐患防治】 2022年，台州海事局聚焦“客危桥渔砂”传统领域和新业态领域，形成风险隐患和管控措施“两个清单”，动态评估、逐项销号，32项主要风险隐患安全可控。会同渔业部门建立商渔共治“十大工作机制”，联合开展动态管控和干预。推进温岭水域37艘长期锚泊船、玉环岛际液化气瓶运输等隐患治理。

【政务服务优化】 2022年，台州海事局推行海事政务办理“一件事一次办”，以及政务办理和轻微违法告知承诺制，全年共办理125件（节约办理总时间300天）、政务告知承诺3174件、行政处罚实施轻微违法告知承诺制42个。推行疫情防控期间政务办理非接触身份核验服务，编制疫情疫情期间政务办理非接触身份核验工作指南。

【便民举措创新】 2022年，台州海事局实施长三角部分地区海船转籍登记“不停航办证”工作，办理完成浙江省首例“不停航办证”业务，全年共办理9件，为企业节约成本600万余元。建立“急难愁盼”工作清单，解决21项企业、群众难点事项。常态化走访调研辖区重点港口企业。

（杜　飞）

港航管理

【概况】 2022年，台州市全年完成水运工程投资8.7亿元，同比增长172%；完成港口货物吞吐量6240万吨，同比增长5.1%；集装箱吞吐量57.35万标箱，同比增加4.19%；台州水路运输船舶共计381艘，净载重量为548.71万吨，全部为沿海运输船舶，与上年底相比船舶运力增加7.25%。万吨级以上大型海运船舶达到162艘、498.30万净载重吨，占海运总运力的90.81%；完成水路货物周转量1774亿吨千米，同比增长4.8%；完成检验船舶914艘，2405237总吨，受理新造船59艘，158433总吨；完成引航任务1474艘次，同比增加1.9%，总吨2087.9401万吨，同比增加8.3%。

【水运基础设施建设】 2022年，台州市新增生产性码头泊位4个，新增码头通过能力262万吨/年。大麦屿港区3万吨级多用途码头及陆域工程、头门港区二期工程等项目完成验收。台州市北部湾区现代建材产业配套码头、浙东南现代大宗商品物流园区码头等6个项目集中开工，总投资25.3亿元；头门进港航道一期工程开工建设。推进头门三期（5个5万吨级泊位）、大麦屿港区10万吨级集装箱码头等项目的前期工作。谋划健跳港区洋士涂产业园区配套码头、大麦屿LPG油气化工码头等10个项目，做好前期项目储备。

【运输生产管理】 2022年，台州港航水路运输生产保持稳定，全市水运工程投资完成8.7亿元，同比增长172%；完成港口货物吞吐量6240万吨，同比增长5.1%；集装箱吞吐量57.35万标箱，同比增加4.19%，台州市水路运输船舶共计381艘，全部为沿海运输船舶，净载重量为548.71万吨，同比运力增加7.25%。万吨级以上大型海运船舶达到162艘、498.30万净载重吨，占海运总运力的90.81%；完成水路货物周转量1774亿吨千米，同比增长4.8%。

【水上交通安全管理】 2022年，台州市港口企业、航运企业、渡口渡运和在建水运工程安全生产形势平稳，无等级事故发生。市港航事业发展中心将日常安全监管和各类安全活动载体有机结合，开展全面常态化排查，以及阶段性重点集中检查与隐患排查，全年共排查港口经营生产单位76家次，水路运输生产单位101家次，在建水运工程20家次，共发现一般隐患310起，已整改309起，整改率99.7%。做好港航疫情防控工作，实现疫情零输入。印发《2022年安全生产（消防安全）工作计划及工作重点》和《2022年度安全检查计划》。开展港口安全检查各项工作，重点抓港口危货和港口客运企业安全生产主体责任落实。开展第三方安全检查，完成40家企业的现场安全核查和问题清单制作。开展2022年水上涉客运输安全生产检查工作和全省内河客渡运安全大检查。开展砂石运输“春雷行动”、安全生产“四化”建设、危险货物水路运输安全风险集中治理、港航系统安全生产大检查、除险保安百日攻坚等安全专项行动。开展“除险保安”百日攻坚专项活动。

【船舶检验】 2022年，台州市造船业有所回落，在建船舶检验量仍居于高位。市港航事业发展中心探索建立云报检平台，借助远程检验平台，扩充自检文档、视频上传等功能，构建云报检平台，用于建造检验、产品检验、营运检验，用于报检、检验等环节。全年共完成检验船舶914艘，2405237总吨。其中完成建造检验船舶145艘，826479总吨，营运检验船舶769艘，1578758总吨。建造审图80套，完工图166套，产品审图5套。产品检验8619套。2022年受理新造船59艘，158433总吨。

【航政管理】 2022年，台州市港航事业发展中心指导帮助为椒江过江隧道项目、椒江口水利枢纽建设项目、三门核电取排水口工程等项目，按照要求编制航道条件影响评价报告，涉及部、省审查项目，做好与上级部门对接汇报。全年共计完成台州柔性低频输电示范工程、玉环大麦屿君安能源10万吨级LNG码头、甬台温高速公路改扩建工程跨灵江大桥工程、甬台温高速公路改扩建工程7座跨航桥梁等航评项目、台州市域铁路S2线一期工程17座跨航桥梁等21个航评项目的许可工作，其中7个为上报省港航中心的初审许可。全年全系统航道巡察总里程10409千米。在涉航项目开工前、施工期间和完工后的关键节点做好监管工作，对省交通运输厅许可的项目进行事中事后监管，建立监管档案。对县（市、区）港航管理单位涉航建筑物事中事后监管工作开展监管档案抽查。

【航道养护】 2022年，台州市港航事业发展中心全年用于航道养护投资970万元，其中例行养护390万元（骨干航道例行养护19.6万元，其他航道例行养护370.4万元），水深测量20.45平方千米，打捞沉船34艘，其他清障49处，其他维护工程4次。专项养护580万元，分别为台州市内河航道全覆盖调查，海门港区公用码头前沿疏浚和三门健跳港区进港航道工程可研究项目。开展船舶碰撞桥梁隐患治理专项行动，共排查出10座桥梁23个隐患，督促桥梁运行管理单位开展桥梁隐患整治，23个隐患整改到位。

【交通信息化建设】 2022年6月，台州市港航事业发展中心台州港航监控平台正式投入使用。平台接入港口危货企业、普货企业、水路客运企业和渡口等各类视频监控，基本覆盖中心管理范围内的港口企业，在防台、疫情防控、安全检查等方面发挥良好的远程检查作用。

【水运建设市场管理】 2022年，台州市港航事业发展中心完成华能玉环电厂码头改扩建工程等5个项目的施工图设计审批。开展对台州市北部湾区集团现代建材产业项目码头工程等10个项目的招投标监管。配合开展水运工程招投标领域违法行为专项治理工作，加强日常信用评价管理，开展农民工工资支付工作检查。

【水运工程质量监管】 2022年，台州市港航事业发展中心受理对浙东南现代大宗商品物流园区码头工程等7个项目的质量监督受理。台州市北部湾区集团现代建材产业项目码头工程施工合同段获评2022年度省级水运工程示范施工合同段。

【交通环保工作】 2022年，台州市港航事业发展中心修订提升整治标准，对流域21家砂石装卸码头开展“一企一策”综合巩固提升行动。落实“碳达峰、碳中和”要求，推进长江经济带船舶和港口污染突出问题整治，推广全市船舶污染物接收转运处置全过程监管联单电子化项目应用，完善进出船舶污染物岸上接收全过程监管，做到“船—港—岸”无缝衔接。引导港口、航运船舶使用岸电设施设备，推动台州辖区航运船舶开展船舶受电设施改造，新增港口岸电设施2套，船舶受电设施改造23艘。

【数字化改革】 2022年，台州市港航事业发展中心数字化重点项目“云船检”获得省交通运输厅2022年交通数字化改革基层和社会“最佳实践”。该项目主要是根据交通运输部提出船舶检验高质量发展的要求，以及传统船舶检验存在行业监管难、质量管控难、效率提升难，以及期间防控难的四大难题，以船舶远程检验为突破口，将5G通信、移动互联网技术、云计算、AR可穿戴设备等新技术、新装备与传统船舶检验模式深度融合，针对性谋划云船检项目应用场景打造。截至年底，远程检验、数据统计、第三方检验机构监督、建造检验可视化等模块功能已开发完成，初步实现云端船检业务的基本应用和远程服务。

【港航法治建设】 2022年，台州市港航事业发展中心制定《台州市港航事业发展中心2022年“双随机”工作计划》，更新全市水路运输企业、港口企业名录库和执法人员库，按照《浙江省交通运输行业随机抽查事项清单》全年共开展13次23家企业的“双随机”抽查。依据浙江省行政执法监管平台推送的“双告知”涉证港航企业信息，完成23次企业信息认领工作，按时认领率100%。修订并发布中心合同管理办法。加强中心合同的合法性审查管理，全年共审查中心合同66件，提出审查意见302条。4月，开展规范性文件清理工作，对4件市政府制定的规范性文件提出保留意见。印发《台州市港航事业发展中心关于建立公平竞争审查内部工作程序的通知》。对2016年以来制定的规范性文件、其他政策性文件进行梳理清查和补审，形成书面审查结论。

（何大伟）

民用航空

【概况】 2022年，台州路桥机场完成旅客吞吐量92.73万人次、货邮吞吐量8275吨、飞机起降架次8917架次，分别同比增长-30.75%、-18.48%、-26.19%。

【航班恢复】 2022年，台州路桥机场夏航季计划每周航班起降388架次，同比增加19.75%，新增天津、南宁、长春、宜昌4个国内通航城市，达到每天3架飞机过夜；冬航季每周航班起降322架次，同比增加8.05%，过夜机增至4架。全年横向比较，台州机场的生产恢复好于全国平均水平，客运量全国252家机场排名第71位，比上年上升10位。

【安全管理】 2022年，台州路桥机场在国家民航局关于运输机场运行安全保障能力2022年上半年综合评估情况的通报中，台州机场以98.5的高分位列全国D类机场第4名。2022年平安民航考核分数115.5分，位于华东同类机场第1名。

【数字化改革】 2022年，台州路桥机场开展数字化改革“揭榜挂帅”活动，打造塔台军民协同指挥系统、净空巡视数智化管理系统和应急救援智慧管理系统等一批台州机场数字化改革标志性成果，其中台州机场应急救援智慧管理平台获评省国资委2021年度省属企业安全生产示范项目，工作经验成果被民航华东地区管理局专刊刊登。军民航塔台远程协调统一指挥系统入选民航局机场司举办的2022年中小机场四型机场建设优秀案例。

【企业经营】 2022年，台州路桥机场通过健全经营管理机制、严格财务预算管理、全面压缩非刚性开支等措施，降本增效。公司主要领导受邀参加中国民用航空局综合司举办的ATT论坛研讨会，分享疫情之下秉持“沟通协调、开源节流、开明精明、总体把控”理念。每月刊出应收账款分析简报，将航司应收账款回款风险划分为高中低风险三种等级，用红黄绿三色予以标识提醒，对中高风险航司加大催收力度。在业务量大幅下降的情况下，全年收入和支出的差距在可控范围内。

（阮辉辉）

铁路运输

【铁路台州站】 2022年1月8日，铁路台州站正式投入使用。车站站房建筑面积84793平方米，由站房、站前东西广场、候车大厅、售票大厅、站台、站台雨棚、出口厅等组成。候车厅面积是9900平方米，检票口西售票厅面积229.46平方米，东售票厅面积227.51平方米。站前广场东西各一个，西广场占地64.97亩，面积约43314平方米，东广场还未竣工。车站共有10条股道、8个站台、候车区1个、售票厅2个、检票口8个，配备自动售取票机29台、检票闸机60台。全年共计发送旅客90.56万人，运输收入9754万元。日均旅客发送量6700余人，节假日最高旅客流量2.1万余人。全年帮助服务重点旅客690人次，收到旅客遗失物品342件，收到旅客来电表扬68次，收到表扬信19封，锦旗22面。铁路台州站图定办客列车54趟，开行方向主要为上海、杭州、厦门、深圳、温州、广州、合肥、武汉、南京、郑州。

（杨明卉）

【铁路台州西站】 2022年，铁路台州西站全年共计旅客发送量192.7万人次，运输收入23953.3万元。为适应铁路高质量发展需要，台州西站营造优质服务氛围，不断完善设施设备，强化服务理念入脑入心。全年帮助服务重点旅客335人，收到旅客遗失物品工单788件，收到旅客表扬工单139件，收到锦旗24余面。

（冯　茜）

铁路建设

【概况】 2022年，台州市铁路办推动项目建设提速、项目前期提质、项目运营提效，实现内外畅通循环聚富。我国首条民资控股铁路——杭台高铁正式通车运营，杭台高铁温岭至玉环段项目建设全面推进，台州南站智慧陆港新区项目主体工程基本建成。年度铁路项目投资总额37亿元。

8月9日，温玉铁路控制性工程漩门湾特大桥首桩开钻

（市铁路建设领导小组办公室　提供）

【杭台高铁通车运营】　2022年，我国首条民资控股铁路——杭台高铁于1月8日正式通车运营，成为可复制、可推广的社会资本投资铁路建设样本。为解决开行初期列车班次少、北京及上海等重点城市班次安排不合理等问题，市铁路办统筹沿线县（市、区）客流需求，争取国铁集团、铁路上海局、宁波车务段逐步提升开行密度、优化班次安排。经过三次列车运行图调整，杭台高铁图定班次增至72趟，其中跨线班次增至47趟。

【杭台高铁温岭至玉环段项目建设】　2022年，杭台高铁温岭至玉环段项目于3月召开全面建设动员会，5月实现漩门湾特大桥钢线桥贯通，6月完成所有控制性工程交地，8月实现漩门湾特大桥水中墩首根桩基施工完成。截至年末，政策处理方面已完成红线内交地95%，房屋拆迁90%，光缆、通信、给排水管道等迁改90%，影响全线工程桥梁桩基、路基等施工的110千伏、220千伏电力线迁改完成90%，工程建设方面已完成路基工程5%，桥涵工程21%，隧道工程8%。

【台州南站智慧陆港新区项目建设】　2022年3月，甬台温货场、配套土地下达开工令，项目正式全面启动建设。截至年末，甬台温货场完成工程总量的90%，金台货场已完成工程总量的95%，主体工程基本建成，配套土地完成工程总量的30%。

【头门港铁路支线二期项目前期工作】　2022年，市铁路办会同台州市财政局、临海市政府重点破解项目财评堵点问题，争取省财政厅同意完成截至上年底化债任务视同完成年度化债计划。5月，项目可行性研究报告通过国铁集团审查；7月，取得国铁集团经规院关于项目可行性研究咨询报告；12月，取得省发改委关于项目可行性研究报告的批复。

1月8日，杭台高铁通车仪式台州分会场

（市铁路建设领导小组办公室　提供）

【甬台温高铁前期工作】　2022年1月，甬台温高铁项目正式列入国家《“十四五”铁路发展规划》。深化项目前期工作，委托国铁集团经规院开展沿海通道课题研究，进一步完善运输需求、运输组织、线路走向、接轨方案及经济评价等方面工作。

【金台高铁前期工作】　2022年，市铁路办委托国铁集团经规院开展《浙东—浙西南通道优化方案研究》，从区域角度统筹研究金台高铁东西向通道规划方案，并邀请国家发改委、国家铁路局、国铁集团专家，组织相关单位召开《浙东—浙西南通道优化方案研究》专家咨询评审会。专家意见认为，浙东—浙西南铁路客运通道对支撑国家和区域重大发展战略、带动沿线地区经济社会高质量发展、完善区域综合交通运输体系、促进沿线旅游资源开发具有重要意义。

（张晨璐）

邮　政

【概况】 2022年，中国邮政集团有限公司台州市分公司年末共有从业人员3517人。全市邮政（含寄递事业部）拥有固定资产净值2.06亿元、自有房屋建筑面积24.35万平方米、邮政汽车508辆。全市共有邮政支局（所）144处，邮政代理储蓄网点103处；建成邮乐购站点3538个（其中商超型站点1659个）。全市共有邮运汽车邮路240条，邮路总长度（单程）76778千米，全市农村投递道段650条，总长度（单程）22860.7千米；城市投递道段435条，总长度（单程）10394.85千米。

【邮政普遍服务】 2022年，台州市邮政普遍服务红线类及其他行政处罚"零"发生，"11185"申诉处理满意率100%，营业时长及四项业务开办100%，建制村实地打卡率、新一代建制村打卡率、党报监控点扫描率全省第1位，普服邮件全程时限全面达标,普遍服务关键看版指标综合排名全省第3位。机要通信无失密丢损"二十九连冠"。全市创建"扫黄打非"示范点10个，3个网点获全省首批示范站点，临海台州府路支局获评全省首批"扫黄打非"示范标兵；开展邮政普遍服务网点示范窗口建设，4个网点获省邮政管理局、省分公司联合考评的首批"邮政普遍服务网点示范窗口"荣誉，示范网点数占比全省第1位。获评"2021年度全国邮政用户满意企业"称号。

【邮政服务社会】 2022年，中国邮政集团有限公司台州市分公司落实"一企一策"疫情防控工作机制，强化疫情防控培训，提升全员防疫意识，加强重点场所及关键岗位管理，日常现场与非现场检查相结合，发布检查情况通报38期。天台邮政在"4·28"疫情防控期间，先后共抽调53名干部职工、24辆运输车奔赴一线参与防疫物资配送服务。甘南突发疫情防控期间，按时送达台州市税务局援助当地的防疫物资。走访调研结对村黄岩区上垟村，为乡政府送上8万元的慰问金。台州邮政各级企业与当地农业农村局对接，利用邮政线上邮乐网和线下"地方品牌农品馆+社区团购"模式。

【邮政金融业务运营】 2022年，中国邮政集团有限公司台州市分公司金融业务累计收入6.25亿元，同比增15.8%，完成率为104.7%。点均收入600.7万元，列全省第2位，温岭、玉环、临海点均收入列全省前十位。全市AUM规模达552.3亿元，年增73.9亿元，点均0.7亿元，列全省第3位。余额规模达420亿元，年增68.5亿元，新增价值余额占比较存量提升6个百分点；市占率年增0.1个百分点。建立"分管总、金融部经理、财富管理员（财富顾问）、支行长、理财经理"5支队伍培训机制，全市推进资配半月谈49场、财富周周讲2124场。结对中邮和易方达基金公司开展线上培训24次。新建仙居、市本级2个财富中心，为财富客户打造专属区域，改造装修19个网点。从"资产配置课程、家庭旅行套餐、好友聚会基地采摘"等活动出发，个性化定制财富活动。建立1个省级财富转型网点和6个市级财富转型网点，均完成财富转型验收。

【寄递业务运营】 2022年，中国邮政集团有限公司台州市分公司全年寄递业务累计收入6.45亿元，同比增20.1%，完成率为105.3%。寄递业务实现利润7118万元，完成率为133.47%，规模列全省第4位。特快业务聚焦项目推进，完成极速鲜项目收入1740万元，规模列全省第2位。其中橘柚类收入924万元，同比增15%，收入规模居全省第1位。中标中国银行2022—2025年凭证业务，标的额近百万元。建立快递行业三轮车上牌点，成为全省第一个快递行业三轮车上牌点。完成浙江汽车职业技术学院、台州科技职业技术学院校园进驻工作。开展烟草三级配项目，全年收入超600万元。深挖存量代煎客户中药配送项目，新增收入近20万元；同时中标温岭中医院项目，标的额150万元。快包业务量质并举，全市快包业务收入4.84亿元，收入规模居全省第3，完成率为103.4%，同比增16.2%；业务量累计1.76亿件，同比增17.6%，规模居全省第5位。参与市商务局义新欧"台州号"的组货工作，成为铁路组货的首批试点单位。全市共完成海运、铁路整柜发运470个，服务客户50多家。

【农村电商服务】 2022年，中国邮政集团有限公司台州市分公司全年累计发展农民会员4.95万户，推荐融资E客户341位，发放融资E贷款2.05亿元。搭建邮政"互联网+"农产品进城全渠道产销对接体系，累计销售农产品5848万元，打造1个全国级示范社（临海蜜橘）、3个区域级示范社（仙居杨梅、玉环文旦、三门青蟹），示范社完成率100%。全市完成优质站点建设1656个。通过在网点和站点叠加“高频便民服务”、常态化开展网点与站点“双引流”活动。全面完成活跃站点、优质站点、网点+站点标杆、邮乐购站点叠加代收代投站点建设。

【邮政传统业务运营】 2022年，中国邮政集团有限公司台州市分公司举办第二届阿拉尔线上年货节活动，实现线上线下产品销售额近千万元，销售量900余吨。冬奥会期间推广吉祥物钢制明信片，累计营销3300余套。临海分公司实现文化礼堂收入80万余元，展厅项目收入20万余元；温岭分公司开展温岭市税务局、温岭市邮政业安全中心日常采购等项目，实现政采云业务收入68万元；三门分公司成功开发三门县总工会对联采购、水利局日常采购等，实现政务采购项目收入38万余元。开发台州海正药业、玉环双环传动公司定制2500册。开展个性化定制业务，以台州广电春晚、一线战疫最美逆行者、路桥诗画东海塘系列主题，实现业务收入83万余元。完成2023年度“报刊大收订”工作，实现一次性流转额1.46亿元。

（伍重浩）

邮政管理

【概况】 2022年，台州市邮政管理局开展行业安全生产监管、疫情防控，完成党的二十大等重大活动安保任务，打造天台党建引领快递进村样板，得到国家局、省局主要领导，以及市政府领导批示和肯定。截至12月底，全市共有邮政支局（所）144处（其中空白乡镇补建局所19处，邮政报刊亭72个，村邮站1708个）。

【邮政快递】 2022年，台州辖区内共有邮政公司、邮政速递（EMS）、顺丰、申通、圆通等18个邮政快递品牌，法人企业104家，市级分拨中心15家，企业分支机构290家，末端网点1816家，快递从业人员18436人，快递运行车辆3852辆，快递专用电动三轮车4189辆。全年邮政行业业务收入（不包括邮政储蓄银行直接营业收入）累计完成90.0亿元，同比增长4.9%；业务总量累计完成127.0亿元，同比增长7.1%。全年全市快递服务企业业务量累计完成139797.4万件，同比增长5.7%；业务收入累计完成73.3元，同比增长1.7%。全年立案80起，对51家企业共处罚款103.71万元。

【快递发展环境优化】 2022年，中国邮政集团有限公司台州市分公司推动邮政快递均等化服务纳入《台州市基本公共服务标准》，市政府出台《推动物流高质量发展的若干意见》，对邮政快递企业购置分拣设备设施、智能安检机以及规模企业给予一定的财政补助。温岭、临海市政府先后出台《关于支持邮政快递业发展的若干意见》政策文件。全市各地共争取2536万元专项经费推进三级物流体系建设。京东温岭智能供应链基地项目正式投产；温岭鞋业智造创新服务产业园、圆通速递台州区域总部项目即将投入使用；台州邮政速递物流电商仓储中心二期工程完成土建工程建设；县级快递物流分拣中心天台县银轮普天物流园进行升级改造。

【普遍服务监督管理】 2022年，中国邮政集团有限公司台州市分公司开展普服、快递、邮票3类监督21人次。加强“巡视专用邮政信箱”寄递服务监管。做好高校录取通知书和学生档案的寄递服务保障工作，确保“零误投、零丢失”。做好党报党刊发行和建制村通邮工作，实现《人民日报》县级党政机关当日见报和3033个建制村直接通邮。

【寄递安全管理】 2022年，中国邮政集团有限公司台州市分公司建立行业疫情防控日报制度，强化部门联动，全年联合检查企业17233家次，发现问题845家次，关停企业221家。天台邮政快递业志愿者团队获评天台县“4·28”抗疫一线工作表现突出先进集体。组织开展全市邮政快递业安全生产大检查、生产作业场所重大安全风险隐患排查整治，全年共立案查处80起违法行为，适用反恐法处罚2起，实现行业安全零事故，市邮政管理局获评2022年度全省邮政管理系统平安建设工作先进集体，1人获评全省平安护航党的二十大成绩突出个人，全市3人获评全省邮政管理系统平安建设工作先进个人。壮大执法力量，全市执法证持证率达89%。

【“两进一出”工程建设】 2022年，台州市村级综合服务站建成星级“共富驿站”105家。天台“1+12+N”三级物流体系建设成为党建引领快递进村样板，承办全省党建引领快递进村现场会。天台快递进村项目被评为浙江省七张问题清单优秀典型案例。推进农村客货邮融合发展，打造“一市一品”“一县一品”农产品直通车，培育快递服务仙居杨梅、涌泉蜜橘两个快递服务现代农业示范项目，全年服务农产品产值超10亿元。创新“快递进厂”服务模式，支撑制造业产值80.25亿元。搭建信息共享平台，畅通欧美、东南亚、非洲等50余条海运通道，通过“义新欧”班列出口货物总货值超过2亿元。

【行业党建】 2022年，中国邮政集团有限公司台州市分公司推动13名党组织书记兼任企业高层职务，成立80多个行业党群团组织，组建11个青年读书班、10支党员突击队、2个行业宣讲团，推动行业党员学习党的政治理论知识，组织行业党员到烈士陵园等红色点位开展党性实践活动。打造大陈岛垦荒邮局、台州学院心湖邮局等红色网点，培育天台“党建引领快递进村 打造乡村共富新邮路”红色项目。中通快递永锦达支部获评省级快递行业党建示范点。椒江邮政快递系统党员人才工程“先蜂行动”App上线。强化网格管理有效融入，推动2000多名快递小哥到社区或服务站点报到备案，组织1600多名小哥参与驰援上海、“红蜂”志愿服务、人员物资转运、垃圾分类等活动。

【行业绿色发展】 2022年，中国邮政集团有限公司台州市分公司持续推进“9917”工程，开展邮政“绿色网点”建设，实现144个邮政营业网点包装废弃物回收装置全覆盖。全市符合标准的包装材料比例94.2%，更新提升快递新能源车72辆，新增快递专用电动三轮车1500辆，对10家快递企业作出行政处罚。

【快递小哥关心关爱】 2022年，中国邮政集团有限公司台州市分公司加强先进典型选树，全市19名快递小哥获得市级最美快递员，1名获省级最美快递员，3名快递小哥获评省级快递员职业技能大赛二等奖，10多位快递小哥获得获“台州市五一劳动奖章”“台州市级青年岗位能手”和“台州好人”等荣誉称号，2名椒江快递员入选区团代表，多名快递员入选属地人大代表、政协委员，小哥项志满救人、快递小哥参与疫情区防疫等事件受到社会高度关注和肯定，从业人员荣誉感不断提升。新建12个暖心暖锋驿站，升级改造驿站90多个；广泛开展形式多样的慰问活动和暖心服务活动，推动12000多名小哥投保工伤保险、5200多名小哥投保50万免费意外险；举办职业技能大赛、留台过大年、情暖中秋、关爱小候鸟等活动20多场次，增强小哥群体凝聚力和归属感。

（陈思思）

电 信

【概况】 2022年，中国电信股份有限公司台州分公司（以下简称台州电信）深入开展企业改革，以“建设网络强国、数字中国，维护网信安全”为己任，聚焦公司“143”工作主线（坚持长期主义、聚焦四项重点、搭建三大平台），持续推进“改革再深化、发展再聚焦”，通过经营管理改革综合施策，探索实践具有台州特色的改革发展道路，实现企业收入与员工收入双提升，为台州共富先行贡献央企力量。全年超额完成主营收入，同比增长8.82%；超额完成码号收入，同比增长5.74%；员工收入首次实现两位数增长。

【云网建设】 2022年，台州电信全年完成投资2014.5万元，累计开通5G基站1448个，完善城乡镇区深度覆盖，完成超过40%的行政村5G网络覆盖。在光网建设方面，累计建设光缆合计15.7万皮长千米，覆盖台州市城市、乡镇和农村区域195.9万户，建成台州本地网高带宽、低时延、全覆盖的OTN政企专网，根据工业和信息化部公布的2022年国家千兆城市建设情况，台州成功入围千兆城市行列。在国家云建设方面，台州电信通过新型城域网改造，实现云网融合，云网资源统一采集控制、实时加载，云网能力灵活组装、自动适配；自主研发面向SRv6的IPSDN新城控制器，打造云网一体智慧运营底座，向用户提供一张差异化、可定制的智能云网；基于SRv6可编程技术实现网络与业务有机融合，实现端到端可管可视可控；布局“天翼云”一城一池，打造分级算力部署，实现泛在计算，围绕工业、教育、医疗、交通物流等千行百业，推进边缘云、5G、工业PON定制组网，扩容省干传输网实现境内重点行业OTN全覆盖。

【服务水平提升】 2022年，台州电信以“专班+专项”形式融入台州数改，投入信息化专业人才120余人，深入推动5G、云计算、人工智能、大数据、物联网等信息技术在台州数字化中的全面应用，先后在政务云安全及灾备、阳光厨房、基层治理大脑、一体化智能化公共数据平台、视频分析总平台、党政机关整体智治等各方面作出贡献，同时以市县一体优势，为数改市、县、乡镇三级贯通做好支撑服务。推动5G+工业互联网发展，深入参与工业互联网创新发展战略，探索5G+AGV、数据采集、AR、视频AI等技术应用，其中西马5G智能工厂项目、公元5G+智能工厂项目成功入选“台州市2022年双千兆十佳应用”，西马5G智能工厂项目同时获得第五届“绽放杯”优秀奖。做优万号服务，“10000号”作为台州电信对外服务的重要窗口，集话费查询、业务咨询、业务办理、障碍申告、服务投诉等功能于一体，7×24小时不间断为客户提供服务。为加快推进集团大数据和AI中心数字人平台的试点落地，台州万号参与产品开发与内测，助力打造中国电信数字人客服体系。数字人客服模块聚焦TOP业务场景，在查话费、查流量、查套餐等基础服务上新增PUK码查询、复开机、挂失、解挂、补卡、换卡及补换卡激活7个场景全流程办理，增强线上办理能力，分流人工话务，为用户提供更智能更精细化的个性服务。坚定公益服务，全市依托自有营业厅，共建93家“爱心翼站”，为全市老年人、残疾人、孕妇、快递小哥、外卖骑手、环卫工人等有需求的群体，及时提供进厅休息、饮水供给、手机充电、手机免费贴膜、餐食加热等爱心服务。在17家核心厅坚持每周开展一场“幸福学堂”公益课或专题讲座，向不同群体根据不同需求普及反诈防诈、智能手机使用、高考志愿填报等知识。全年全市共开展670多场公益课、200多场爱心活动，受惠群众达2万多人。

【网信安全】 2022年，台州电信打造具备顶级安全资质、覆盖市区县三级的专业安全工程师队伍，持续提升互联网信息传播管控、云网安全防护、终端安全管控、安全服务四大核心安全能力，统筹规划数据融通、能力聚合、架构统一、生态开放的云网端到端安全能力体系，持续拓展安全产品，推广天翼安全大脑、量子密话、网络反诈等系列产品与服务，建成“云堤”平台，为用户提供业界领先的网安、信安、数安的定制化安全服务。持续推进防范打击通信网络诈骗专项工作，抓好源头防控，优化涉诈白名单管控，持续迭代防诈风控模型，强化防诈宣传，创新推出风险号码有奖举报机制，全年向公安部门推送有效断卡线索和打猫线索50多起，有效线索20多起。台州互联网暴露面从2022年3月的28个减少至1个，台州电信连续12个月在全省安全日考核中获满分，并获得省通信管理局“2022年浙江省公共互联网和工业互联网网络安全攻防演练优秀演练防守单位”以及“台州市第二届网络安全大赛”二等奖。

（金丽珍）

移　动

【概况】 2022年，中国移动通信集团浙江有限公司台州分公司（以下简称台州移动）实现通信服务收入61.34亿元，上缴国家税收约4亿元，其中地方税收约2000万元。至年底，公司基站总数4.22万个，客户总数594.10户，宽带用户186.94万户。公司在全市共开设营业厅121家，签约渠道1284家，互联网渠道客户用户484.7万人。

【台州迈向“千兆之城”联合推进发布会】 2022年5月17日，“千兆智连全城　移启数字未来”——台州迈向“千兆之城”联合推进发布会在台州移动举行。会上举行台州迈向“千兆之城”联合推进启动仪式，台州分公司负责人作《千兆智联全城　移启数字未来》主题演讲，钱江摩托、市下控股两家企业被授牌“千兆智慧工厂”，椒江海棠花苑小区、新明半岛小区被授牌“千兆示范社区”，台州市科协与台州移动签署银龄科普战略合作协议，台州移动联合铁通、华为、台州市建筑装饰行业协会、绿城物业、开元物业5家合作单位成立智慧家庭战略联盟，举行《对话·千兆台州》论坛直播活动，与会领导共同畅谈千兆城市推进计划。

【市场经营】 2022年，台州移动全年累计放号159.4万户，新增份额57.5%；日通话份额79.6%，基期提升0.08%；5G发展保持领先，5G网络客户净增84.2万户。中标黄岩、温岭县域个性化社会治理平台，承建未来社区2个、未来乡村11个，建成5个产业大脑，赋能制造业企业产业升级。助推政府数字化改革工作，建成数改项目75个，8个方案获2022年度台州市数字化改革第一批最佳应用，6个应用获评浙江省数字化改革“最系列”成果，承建数字文化总门户，打造“摊省心”“海洋云仓”“房省心”等优秀项目，亮相浙江省数字化改革成果展、第五届数字中国建设成果展、世界互联网大会。

【网络建设】 2022年，台州移动全年开通5G站点3977个，5G站点总数9881个，实现行政村100%覆盖、乡镇以上区域连续覆盖，杭台高铁、甬台温、S1轻轨全线覆盖。完成千兆光网全覆盖，全面支持230万用户千兆接入，助力台州建成千兆城市；强化装维履约实效性、

5月17日，台州迈向“千兆之城”联合推进发布会在中国移动台州分公司召开　（移动台州分公司　提供）

7月，中国移动台州分公司在浙江蓝景科技有限公司成功搭建全国首台5G“海洋云仓”　（移动台州分公司　提供）

服务规范性，全触点服务满意度到达率99.39%。DICT项目售前支撑、交维及时率、故障处理满意度均达100%，率先在全省试点5G MEC端到端硬切片；完善算网基础设施，扩容外沙边缘云，新建温岭边缘云，打造算网创新项目41项；加快小微场景覆盖，新增政企楼宇覆盖604栋，沿街商铺覆盖1.05万户。省库疑难站实现清零，恢复历史关停站39个，节点机房数量增至589个，完成各类重大活动保障任务，获评浙江省通管局“优秀演练防守单位”称号。至年底，建成2G基站和覆盖延伸系统6千多个，4G基站和覆盖延伸系统2.6万多个，5G基站和覆盖延伸系统近1万个，杆路2.06万，管道1.44万千米，光缆20.5万千米，开通与200多个国家和地区移动通信运营商的国际自动漫游。

【项目发展】 2022年，台州移动以国网台州供电公司金属园区多元融合高弹性电网建设项目为试点，在全省率先实现端到端硬切片业务随流检测技术应用。联合省公司网络部、中兴公司打通全国中兴首个4G/5G融合核心网5G高清通话。联合省公司规划技术部、国网台州供电公司、中兴通讯公司，在全省首创“基站+卫星”联合组网策略，保障“国内首个柔性低频输电示范工程海缆敷设”央视直播。在国内率先完成大话务场景下700M小区语数协同压力测试。全量完成台州434个行政村站点开通，实现全市行政村5G信号全覆盖。协助天台抽水蓄能电站成功搭建全省水电行业首个B3专网尊享+A4入驻式UPF的5G抽水蓄能电站。开展防御2022年第11号台风“轩岚诺”、第12号台风“梅花”及灾后抢修工作。与台州科技职业学院共建“5G大数据智慧服务生产性实训基地”。数字化改革成果“蓝色循环”应用入选2022年浙江省数字化改革“最佳应用”，获评浙江省高质量发展建设共同富裕“最佳实践”殊荣。

（朱红雨　潘程炜）

联　通

【概况】 2022年，中国联通台州分公司（以下简称台州联通）在网络强国、数字中国、乡村振兴等大事要事上彰显央企责任，在改革转型、构筑优势等重点难点上展现担当作为。全年实现主营收入12.3亿元，同比增长9.1%。

【数字信息基础设施建设】 2022年，台州联通全年5G投资2.7亿元，新建5G网络基站1534站、室分709站，基本实现台州乡镇及以上5G网络连续覆盖，人口覆盖率提升至90%。自启动5G建设至年底，累计投入专项资金超过11亿元，5G站点规模达到6811个。建设千兆小区1000多个，新增千兆小区覆盖31.2万户，城市覆盖率达到91%，城市10GPON端口占比提升至34.1%，新增乡镇村覆盖10.2万户，各项指标均高于千兆城市标准，助力台州超过金华、绍兴亚运城市入选国家千兆城市。打造广覆盖、低时延、高可靠的政企精品网，中小企业宽带和专线平均资费再降10%。新建骨干云池和政务云，实现融合新型数据中心和算力网络一体化。全市5G良好覆盖率达到94.2%，5G质量优良率达到98.89%。完成冬奥会、市党代会、市“两会”重要保障，完成校园秋季开学及中高考保障、杭台高铁及S1轻轨网络保障，做好方舱及隔离酒店网络保障。

【《舍得》获第五届央企优秀故事奖】 2022年4月，国资委联合人民网启动“砥砺辉煌十年　强国复兴有我”第五届中央企业优秀故事创作展示活动。台州联通选送的两件作品——《舍得》《数字乡村为浙江后庄村增“智”更增“质”》，在3200多件中央企业申报的图文及视频作品中脱颖而出，入围优秀央企故事在官网集中展示，其中《舍得》获评三等奖，是此次中国联通三个获奖作品的最高荣誉。《舍得》讲述台州联通人传承以大陈岛垦荒精神，以实现数字化转型为目标，一次次地在“大家”与“小家”间做出人生无悔的选

《舍得》在“砥砺辉煌十年 强国复兴有我”第五届中央企业优秀故事创作展中展示 （联通台州市分公司 提供）

择，在“舍”与“得”之间坚守初心的故事。

【客户服务】 2022年，台州联通在工业和信息化部TCSI综合满意度评测中保持行业领先，年度客户服务专业考核评价获全省第1名。发布《高品质服务白皮书》。坚持问题导向推进服务问题根治闭环。面向数字消费品质升级需求，推出“八金八银”重点产品，发布银龄专项服务计划，丰富智慧教育、智慧医疗、智慧文旅等创新应用，促进社会民生服务普惠。开展“我为群众办实事”专项行动，累计举行81场助老、助残、助农公益活动。

【数字化改革服务】 2022年，台州联通协助各级党委、政府打造21个具有台州联通辨识度和显示度的重大标志性成果，其中台州市一体全链隐患排查系统和民政“益童护”纳入S2一本账，安全生产“四化”（防护标准化、制度法制化、行动规范化、管理科学化）建设作为一地创新全省共享典型项目3个项目进入“一地创新、全省共享”试点项目，省数字社会最佳应用“云上中医”、市数字化改革第一批最佳应用人大“立法民意通”2个项目纳入市政府数字化改革推广的省市最佳应用项目，台州首个医卫数字化改革项目外输四川省，打造省最佳应用“村社传播通”、数字文化最佳应用“东篱之家”、省数字经济最佳应用“台惠富”、省数据开放创新大赛优胜奖“踢开心”、省科技创新揭榜挂帅项目“科企飞”、省数字药监最佳应用“数字辩装”等。健康“一卡通”平台、掌上教育专区“学省心”成为浙里办台州区域的重要流量源，活跃度居全市第2名，实现“真好用”目标。全面升级联通云，实现20大应用场景全覆盖，赋能千行百业数字化转型升级。在浙江省第一批30个产业大脑项目中，台州联通参与建设3个产业大脑（泵阀产业大脑、模具产业大脑、化工原料药产业大脑）及2个5G未来工厂（双环5G未来工厂和杰克5G未来工厂）。

【未成年人德育智护应用】 2022年，台州联通打造的多跨协同、综合集成的留守儿童德育工作平台“东篱之家”，贯通县、乡、村、家、校、社会6个层级，协同教育、民政、公安、妇联等13个部门，打通17个数源系统和20个数据类别，形成“主动发现、预警研判、快速处置、精准帮扶、责任监督”（五环智护）的全链条闭环管理机制。该平台被新华社、人民网等主流媒体相继报道，作为全省首个数字文化系统在省委改革办《数字化改革（工作动态）》上刊发，并在《中国改革报》上专版宣传。

【“5G未来工厂”建设】 2022年9月21日，由台州联通、联通服装军团和杰克科技股份有限公司联合申报的“杰克5G未来工厂”项目获评第五届“绽放杯”5G应用征集大赛绿色智能制造专题赛二等奖。台州联通联合杰克科技打造弹性化、安全化的5G专网，5G+MEC下行速率可达800兆，时延可达10毫秒，保障非生产数据与生产数据的隔离，大幅降低业务时延、提高生产效率。台州联通还建设诸如5G+数字孪生，5G+数据

7月21日，仙居县大战乡第四届水蜜桃采摘节暨“桃源里”共富工坊启动仪式新闻发布会举行 （联通台州分公司 提供）

采集，5G+AI视觉检测、5G+AGV等5G应用，服务于生产监测规划、数据中台、AI质检、物流等场景，形成5G应用矩阵。通过“未来工厂”系统，产品良品率、生产效率、运营效能及能源利用率都有显著提升。

【结对帮扶助力共富】 2022年，台州联通打推进仙居县大战乡对山村结对帮扶工作。共同规划以对山村为主体、带动周边村及全乡产业发展的总蓝图。打造对山村沿线景观带、新建网红打卡点。帮扶“神仙大农”品牌申请进驻中国联通沃百富商城（全国联通员工内部商城），让对山水蜜桃走向全国。对山村村集体收入和水蜜桃批发价再次创历史新高，村集体收入突破100万元大关，水蜜桃批发价从2018年1.6元/千克提升到7元/千克。开展黄岩区金林村、后庄村共富帮扶工作，搭建“善治后庄”智慧平台，囊括“适老化智慧养老平台”“出租房数字化管理平台”“智慧党建+‘125’片网自治协同办事平台”三大功能，“后庄数村”入围中国联通首批“数字乡村”典型案例。

（赵年希）

无线电管理

【概况】 2022年，台州市无线电管理局做好管频率、管台站、管空中电波秩序，做好服务经济社会发展、服务党政机关、服务国防建设。

【频率与台站管理】 2022年，台州市无线电管理局全年共受理行政许可1040件，比上年增长172.25%。全年共完成“双随机”检查51个，其中频率许可对象5个，台站许可对象28个，识别码许可对象12个，与市统计局的联合检查任务6个，完成率100%。针对6个月内获得台站许可的单位和24个月内获得频率许可的单位，全年共进行现场抽查9次。将台州市域铁路S1线一期工程、台州湾通用机场、路桥机场改扩建等3个项目作为2022年我局赋能产业发展重点服务对象，走访企事业单位22家，形成调研文章1篇。有序推进台州市低频段5G网络建设，服务好相关用频设台单位，主动走访移动、联通、电信等相关单位；与市经信局、发改委、公安局等12个部门共同签发《关于印发〈台州市2022年5G通信基础设施建设“一件事”优化改革工作方案〉的通知》。联合市港航口岸和渔业局、台州海事局和中国船级社台州办事处等相关部门召开台州市水上无线电业务交流座谈会；深入台州台中轨道交通有限公司、三门核电有限公司和台州星空智联有限公司等重要单位开展频率需求调研，给予频率需求支持，满足其业务和安全保障的需要。

【监测与设施建设】 2022年，台州市无线电管理局持续开展日常监测和“黑广播”伪基站专项监测，截至12月底，利用固定站累计监测15161小时，移动监测车累计出车时间599小时，行程共计8465千米；排查不明信号61个，处理干扰申诉5件（其中机场塔台调度频率干扰1起，干扰公众移动通信2起，GPS干扰2起），立案8起。全年共标注信号504个，完成率168%。完成椒江、临海两个二类固定站升级改造与便携式设备项目采购。临海、椒江两个固定站升级后达到国家二类站标准。完成2023年建设项目（三个小型站更新）可研报告、项目申报书。2024年拟建的边海防固定站完成选址工作。配合省无线电系统数字化改革，在一体化平台上线“船舶监测”应用。

【宣传与法治建设】 2022年，台州市无线电管理局于“2·13世界无线电日”“5·17世界电信日”，在市科技馆开展主题为“无线电红色印记”宣传活动。在9个县（市、区）政府网站等多个公共载体播放宣传短片；在临海、玉环、天台、三门、路桥等地行政服务中心，台州市图书馆、路桥国际数码城、路桥机电五金城等场馆摆放宣传海报；路桥区还结合基层党组织主题党日活动，开展无线电安全知识及法律法规宣传。会同路桥区府办、市联通公司赴路桥区南官小学开展“我们与无线电的第一场美丽邂逅暨无线电科普进校园”主题活动。现场共发放无线电管理科普宣传手册500余本，宣传用品200余份和DIY发报机110个，宣传群众3000余人次。参加乌镇互联网大会保障；节假日期间使用移动监测车赴辖区内机场周边、铁路沿线监测，提前排查干扰隐患，使用机场站对航空专用频率开展保护性监测，全年监测近246小时，完成春节、两会、二十大等重要时期的无线电安全防范工作。全年共完成普通高校招生考试、一级建造师考试等各类考试保障15次。完善无线电应急保障机制，履行无线电管理在反恐怖、安全播出、人民防空等协调机构成员单位职责，参加市反恐电视电话会议1次，反恐演练1次。全年共办结无线电管理行政处罚案件23起，罚款3.5万元，罚没设备14台。约谈台州出入境边防检查站、市港航口岸和渔业局、国家电网台州分公司等5家单位，开展一对一服务。主动承接“行政处罚一场景一清单”揭榜挂帅项目和课题研究，共形成研究报告1份，行政处罚事项场景树状图3张，调查取证清单5张，各类行政处罚决定书模板35张。

（王　滔）

城建 · 环保

城乡建设综述

【概况】 2022年，台州市住房和城乡建设局做好稳增长、促改革、惠民生、防风险、强党建各项工作，先后被评为全国住房和城乡建设系统先进集体、台州市除险保安先进集体、台州市高质量城市建设“五大攻坚”行动先进集体，拆迁领域腐败问题“三不一体治理体系”（“拆省心”）获浙江省改革突破奖，连续第12年获得省建设厅和市委、市政府年度目标责任制考核“双优秀”。

【数字化改革】 2022年，台州市“拆省心”和“房省心”两大应用实现迭代升级，并上架浙里办正式应用，在全省推广。“拆省心”已完成台州市拆迁数字化应用项目终验工作。“房省心”应用亮相由国家网信办、发改委、科技部、工信部等共同主办的第五届数字中国建设峰会，获得广泛好评。市住房和城乡建设局下发《关于加快“房省心”应用推进落地的通知》，全面推进应用场景落地落实。场景上线以来，全市329个在建住宅项目共96288套商品房全部上线，11.8万名群众通过“浙里办”客户端参与质量监管，工程质量信访数量同比下降33.1%，维修质量满意率86.3%。“公租房申请一件事”应用和“安心租房”应用获得省数字社会2022年度最佳应用。数字赋能工程质量监管工作作为全国唯一代表，在住房和城乡建设部全国建设系统“质量月”暨工程质量数字监管交流观摩活动上展示。

（朱海珍）

城市建设

【城市品质提升】 2022年，台州市住房和城乡建设局推进市区高质量建设“五大攻坚”行动（重点区块建设攻坚、主干道路风貌整治攻坚、“老大难”问题解决攻坚、村留地开发利用攻坚、“断头路”“桥头跳”治理攻坚），通过区块征迁、做地开发为城市发展腾出空间，解决一批多年梗阻的“老大难”问题，建成一批群众关切的民生项目，“五大攻坚”行动方案获评省建设厅评选的2022年度城市体检成果应用优秀案例，攻坚成果获省领导批示点赞。全市重点区块累计征迁拆除298.76万平方米，全市做地开发1.03万亩，村留地处置2322亩，年度经营性土地出让金达412.5亿元，同比逆势上扬10.3%，为历年最高。市府大道快速化改造、路泽太高架二期、葭沚转盘提升改造、和合大道等重大项目加快推进。完成道路风貌整治11条、入城口改造11个，打通断头路29条，治理“桥头跳”323座、“窨井跳”3450处，整治城市道路病害点段37千米。全年新建供水管网81.3千米，新建天然气高压管线9.28千米，新增公共停车位7524个。

【老旧小区改造】 2022年，台州市住房和城乡建设局探索“最多改一次”机制，因地制宜开展适老化改造、资源高效利用、智能化建设、管理高效创新、特色风貌塑造等改造提升。全年累计投入约2.63亿元，实施改造老旧小区55个，建筑面积约141万平方米，惠及居民1.2万户。

【未来社区建设】 2022年，台州市全年新增创建未来社区38个，建成验收椒江城隍浦、椒江云海、黄岩南苑、黄岩嘉盛、临海大洋、临海南门、温岭西溪、玉环湖滨、三门平安9个未来社区，年度完成投资约100亿元。城隍浦社区列入全省首批28个建成验收社区，椒江区未来社区建设工作获省政府督查激励，市本级被列入全域推进未来社区建设和城镇社区公共服务集成落地改革第一批试点名单。

【污水处理】 2022年，台州市生活小区“污水零直排区”创建完成工程建设204个，通过考核验收157个；新建污水管网137.63千米；黄岩江口污水处理厂三期、三门洞港工业园区污水处理厂污水处理设施新扩建项目完成建设，通水试运行，新增污水处理能力4.5万吨/日；玉环干江污水处理厂二期、大麦屿污水处理厂二期继续建设；椒江太和净水厂、温岭坞根污水处理厂迁建、天台苍山污水处理厂二期扩建、石梁镇污水处理厂4个污水处理设施新扩建工程开工。

【园林绿化】 2022年，台州市新建（改造）永宁河绿道、官河古道、中央山景区（绿道）改造提升、临海市绿道新建工程（含靖江壹号、金侨郡、龙浦湖公园等12个子项目）、天台山寒岩明岩景区游路系统建设项目、仙居绿道提升工程、三门县骑行绿道网贯通工程等城乡绿道共计263千米，实现省级绿道主线基本贯通。仙居县如意湖绿道获评第六届“浙江最美绿道”称号。新增绿地2177亩，其中新增绿轴生态公园一期、金洋湿地公园、模具主题公园、方特主题园、堂山公园、仙居县市民广场体育公园提升工程等各类公园面积48公顷。

（朱海珍）

村镇建设

【城乡风貌整治提升】 2022年，台州全市首批19个样板区完成建设项目338个，累计完成投资额47.1亿元。创成省级样板区9个，其中黄岩南苑社区传统风貌样板区、路桥“十里长街”传统风貌样板区、三门健跳—蛇蟠“海岸仙境”县域风貌样板区被冠名为“新时代富春山居图样板区”。仙居白塔—淡竹“神仙画游”县域风貌样板区作为省首批共富现代化基本单元项目之一被授牌，被列为全省“共同富裕现代化基本单元建设工作实践成果”典型案例。

【美丽城镇建设】 2022年，台州市美丽城镇建设收官。全面推进105个美丽城镇建设，2020—2022年，共创成省级样板镇37个，市级样板镇24个，3个街道获评山区县县城城镇省级样板。2022年美丽城镇专项考核居全省第3名，连续第3年获评优秀设区市。

【农村生活污水治理】 2022年，台州市农村生活污水处理设施建设改造项目开工416个，完成处理设施标准化运维3267个，行政村覆盖率、出水达标率达90.2%和90.1%，并在全省率先启动绿色处理设施试点建设评价。农村生活污水治理专项考核成绩居全省第3名，连续五年获省级考核优秀地市。台州市住房和城乡建设局作为主编单位，会同浙江工业大学共同编制完成《浙江省农村生活污水绿色处理设施评价导则》，8月29日出台。首批试点已完成建设和评价，其中已评定二星级5个，申报评定三星级3个，为全省全面推广绿色处理设施建设提供优秀案例和先进经验。定制个性化数字赋能，完成黄岩区等8个农村生活污水治理数字化应用监管系统全贯通，其中天台县作为全省“农污全链条管理”数字化改革工作第一批试点，在全省率先在省级农污监管平台现有基础上定制具有鲜明地方特色的三个专项功能，并在2022年全省农村生活污水治理现场会上作典型交流发言。编制全省首个水源保护区治理方案，探索饮用水源保护库库区范围内农污治理方案，编制《长潭水库保护区农村生活污水治理方案》，从农污现状、治理模式、排放标准、污染减排、投资费用、运行费用等多角度进行全方位分析，填补全省水库库区农村生活污水治理的空白。

【农房建设管理】 2022年，台州市聚焦城乡接合部、城中村、安置区、学校医院周边以及工业园区等重点区域，开展经营性自建房排查整治“百日行动”，经营性自建房“百日行动”于6月底全面完成排查，8月底全面收官，全市累计排查经营性自建房287559户，鉴定发现存在安全隐患的经营性自建房1198户，完成危房整治743户，实现排查完成率、鉴定完成率、危房整治完成率三个“100%”。11月底全面完成三层及以上、人员密集、违规改扩建三类重点自建房排查工作，累计排查三类重点自建房1439091户，实现三类重点自建房排查率100%。截至12月底，共累计完成自建房排查205万多户，排查出疑似危房10741户，完成鉴定9168户，确定危房4477户，已整治4145户，危房整治率达86.4%。

【美丽宜居示范村建设】 2022年，台州市新增的18个省级美丽宜居示范村的创建工作全面启动实施。组织第六批中国传统村落、第二批省级传统村落和第四批市级传统村落申报工作，其中3个中国传统村落进入公示名单，新增市级名录3个。完成全市33个2021年度美丽宜居示范村（传统村落保护提升）省级验收工作，33个村庄全部通过验收，其中12个获省级优秀。需验收的41个村庄（包括30个传统村落保护提升）已全部完成项目建设。17个村入选2023年省级美丽宜居示范村创建名单。

（朱海珍）

城镇住房管理

【房地产市场运行】 2022年，台州市通过调整住房限售政策、商品房预售许可条件，实施购房补贴、推行房票安置政策，加大住房信贷、公积金支持力度等政策，激活市场购房需求，防范化解房地产市场风险情况。全年全市新建商品房销售面积765.5万平方米，比上年下降19.8%。完成房地产开发投资972.4亿元，比上年增长1.1%。全市住宅用地价格、新建商品住宅销售价格、二手住宅销售价格年涨幅均在±5%调控目标内。房地产税收入库115.3亿元，占全市税收总额的17.3%。取消三年限售政策，5月25日起在台州市区新购买的住房不再限制转让时间。优化房屋征迁安置方式，各地通过提高奖励和补贴标准、实行分时段阶梯式优惠、税收减免等优惠政策，吸引更多被征收户选择房票安置，推动房票尽早使用。全年全市发放房票2912张，已使用房票购房2479套。黄岩区、路桥区、临海市、天台县、仙居县、三门县、台州湾新区出台购房补贴政策。全年全市发放各类购房补贴1521户，补贴金额累计1.73亿元。两次调整住房公积金政策，通过缩小认房区域、提高最高贷款额度、下调首付比例、缩短留存月份等方式，最大限度释放住房公积金支持力度。落实商业性个人住房信贷政策，加大对刚性和改善性需求的支持力度，商业性个人住房贷款首付比例和贷款利率均达下限水平。8月底启动2022台州线上房展会，结合专属特价房、千万元购房消费券等活动，线上浏览量322万人次，促进成交量近5亿元。加强房地产项目融资对接，满足房企合理融资需求。全年全市房地产贷款余额2275.4亿元，比上年增长4.4%；其中房地产开发贷款余额484.2亿元，比上年增长40.8%。构建税务、财政、人民银行三方协作机制，统筹加快留抵退税进度。全年全市房地产企业增值税留抵退税共47.1亿元。土地增值税预征率执行2%的下限，企业所得税计税毛利率台州市区从15%下调至12%，县市从10%下调至8%，减轻企业负担。降低商品房预售许可规模和形象进度要求，促进项目加快上市，全年全市批准商品房预售面积836万平方米，其中住宅530万平方米。根据市场需求安排住宅用地出让，中心区域及重点发展区域加快优质住宅用地供应。全年住宅用地出让面积5477亩，比上年增长3.1%；其中市区出让面积2784亩，比上年增长18.4%。结合高质量建设“五大攻坚”（重点区块建设攻坚、主干道路风貌整治攻坚、“老大难”问题解决攻坚、村留地开发利用攻坚、“断头路”“桥头跳”治理攻坚）行动，推进城市更新和经营性用地做地，全市累计拆除重点区块建筑面积283万平方米，完成做地开发近1万亩，为住宅用地出让储备充足地块。台州市建设局、人民银行台州市中心支行、台州银保监分局联合制定台州市商品房预售资金监管细则，公开开展监管银行招标，全面上线使用预售资金监管系统。全年全市预售资金监管系统共启用29家监管银行，50个监管项目，监管资金32.69亿元。落实房地产市场秩序整治规范专项行动工作要求，全年累计开展检查196次，检查企业（机构）632家，发现违法违规线索16个，均落实整改。加强中介机构管理，推行经纪机构和人员备案制度，全市共有1319家经纪机构及4653名从业人员办理备案登记，备案信息动态更新，并在台州房管网和“台州房管”微信公众号向全社会公示。对房地产经纪机构和从业人员开展信用评价，推进信用体系建设。

【城镇房屋使用安全管理】 2022年，台州市根据省建设厅推进城镇危房解危三年行动方案（2021—2023年）要求，按照60%、30%、10%比例加快城镇危房实质性解危，截至6月底，全市35幢城镇住宅危房全部解危，提前一年半完成三年行动方案确定的目标任务。4月，台州市启动第三次城镇房屋调查登记，同时结合开展全市自建房排查整治工作，全面排摸城镇房屋风险隐患。全市累计排查国有土地上自建房181068户；累计调查登记城镇房屋103379幢，并录入省城镇房屋安全信息系统建立“一楼一档”。

【住房保障体系建设】 2022年，台州市城镇住房保障受益覆盖率从上年的22.96%提高到23%以上，略高于全省平均水平。推进“三房”工程，即推进公租房、保障性租赁住房和城镇棚改安置房。深化公租房工程，加大租赁补贴力度，形成实物配租和租赁补贴并举的保障方式，逐步减少公租房保障对象长期轮候的问题。全年全市发放公租房租赁补贴4197户，较上年增加1302户。持续抓好城镇住房、收入“双困”家庭公租房保障，全市动态实现城镇低保、低收入住房困难家庭依申请公租房“应保尽保”。依托住房保障管理信息系统，实现窗口端、电脑端、手机端“三端”均可办理，满足各类群体的办理需要。全省数字社会“揭榜挂帅”项目黄岩区公租房申请“一件事”数字化改造试点通过专家验收，入选省数字社会系统2022年度“最佳应用”和数字社会第五批案例集，在全市推广；完善住房保障数据应用协同机制，组织推进全市公租房审核数据共享工作。通过数字化应用，公租房申请、年审等时限更快、结果更准、群众满意度更高，其中公租房申请办理时限压缩至25个工作日以内。推进保障性租赁住房工程，市住房和城乡建设局出台《关于规范保障性租赁住房项目认定工作的通知》等文件，统一解决全市保障性租赁住房项目怎么认的问题，全年共发放项目认定书169份。台州市区和临海市、温岭市、玉环市等省政府确定的重点发展城市开展项目摸排，加快任务落实，全年全市建设筹集保障性租赁住房项目123个36518套（间），争取中央财政补助资金2.77亿元。按照“分类、从宽”的原则，起草《台州市区保障性租赁住房准入标准》，明确准入对象的具体要求。在分类上，根据投资或者持有主体的不同，分为政府、国有企事业单位投资或者持有的保障性租赁住房、其他主体投资或者持有的保障性租赁住房两类。在从宽上，主要从项目所在区域无房和具有相对稳定职业两个方面进行准入规范，包括准入条件、排除条件和授权条件，对户籍、收入等不作限制。推进城镇棚改安置房巩固工程，新建项目抓开工，在完成原已申报的新开工城镇棚改安置房2个项目1200套基础上，根据各地棚改专项债需求，争取省建设厅支持，调整增加符合棚改标准、开工进度要求的新开工项目16个9442套，并盯牢进度，按月督查，每周提醒，确保10月底前18个项目10642套全部开工。在建项目抓进度，加快2018年底前开工建设的城镇棚改安置房项目建设进度，纳入市委、市政府对县（市、区）党委政府工作目标责任制考核。截至12月底，竣工率达100%、交付率达90.6%，超额完成省建设厅确定的考核任务。争取棚改专项债券17.74亿元。

（朱海珍）

建筑业

【概况】 2022年，台州市完成建筑业总产值1372.6亿元，比上年增长8.8%，其中省内建筑业产值1173亿元，比上年增长14.1%，全省排名第1位。实现建筑业增加值401.98亿元，占全市GDP的6.7%。建筑业入库税金48.05亿元，占全市入库税收7.2%。

【建筑工业化】 2022年，《台州市建筑工业化示范基地和示范项目认定办法》出台；《台州市装配式建筑认定管理办法》出台。全年全市新开工装配式建筑面积1232.1万平方米（其中装配式住宅面积572.64万平方米），装配式建筑占新建建筑比例为41%。

【建筑市场整治】 2022年，台州市开展台州市建筑市场监督检查专项行动，对违法发包、转包、违法分包及挂靠等问题开展检查。开展招投标领域专项整治，台州市住房和城乡建设局开展房建市政领域突出问题专项整治行动，对各地在工程建设项目招投标领域存在的规避招标、弄虚作假、围标串标、专家违法违规等突出问题进行专项整治。开展建筑业企业“双随机”检查。

【农民工资保障体系建设】 2022年，台州市住房和城乡建设局联合台州市人力社保局印发《关于深化房屋建筑和市政工程领域农民工工资保障工作的通知》，保障农民工工资发放。定期要求各县（市、区）建设部门对本辖区内所有在建工程农民工工资支付情况进行全面排查，形成欠薪重点隐患项目清单，并列入各地重点监管项目清单。开展全面治理建筑施工领域拖欠工程款和农民工工资专项行动，推动化解拖欠工程款和欠薪情况，确保不发生因欠款欠薪引发的重大群体性事件、突发事件或恶性极端事件。有序开展“建筑工人保障在线”项目试点工作，工程建设领域实行实名制管理。全市建筑工人实名制管理平台实现和全国、省级建筑工人管理服务平台对接。在建工程“实名制”管理覆盖率达到100%，全国以及省级建筑工人管理服务信息平台项目更新率达到96.88%，项目经理到岗率达到83.75%，总监到岗率达到68.25%。

【建筑产业工人培训】 2022年，方远建设集团股份有限公司、腾达建设集团股份有限公司2家建筑施工企业作为当地建筑产业工人队伍培育先行企业，开展建筑产业工人培训。年内，方远、腾达共培训技能工人4351人，其中中级及以上技能工人培训389人。

【国家智能建造试点城市建设】 2022年11月9日，台州同北京、天津、深圳、重庆等24个城市共同入选国家智能建造试点城市。台州入选国家智能建造试点城市被评选为2022年度“台州经济十件大事”。

【建筑领域“双碳”工作】 2022年，台州市实施可再生能源建筑应用面积812.4万平方米，实施既有公共建筑节能改造面积21.2万平方米。产业转型步伐加快，成功遴选政府采购支持绿色建材促进建筑品质提升政策全国试点，建筑行业绿色化、智能化、工业化水平不断提高。组织开展四期建筑领域“双碳”云课堂培训，通过线上授课线下学习的方式，对“双碳”工作、既有建筑节能改造、未来社区以及高星级绿色建筑、超低能耗建筑及近零（零）能耗建筑等重要领域、重点环节进行培训。

【勘察设计行业发展】 2022年，台州市住房和城乡建设局建成并上线应用全过程图纸数字化管理系统，设置施工图管理、设计变更管理、竣工图管理、数字图档中心4大功能模块。正面激励勘察设计企业，组织开展2022年度台州市建设工程勘察设计行业“括苍杯”评选活动，评选表彰优秀勘察设计企业，评出优秀勘察设计企业35个，其中一等奖7个，二等奖11个，三等奖17个。组织开展勘察设计市场和质量监管专项整治行动，严肃通报隐患问题，严厉查处违法行为。全市建设部门共抽查检查项目185个，制发问题整改函10份，查处企业3个，查实违法行为5个，行政处罚27.9万元。

【工程招标投标管理】 2022年，台州市完成建设工程招标项目1290个，比上年增加3.04%，招标造价382.83亿元、中标价339.02亿元，比上年分别增加5.67%、5.33%，下浮率11.44%。台州市区完成招标项目441个，比上年减少13.53%，招标造价127.27亿元、中标价112.54亿元，比上年分别减少28.62%、28.63%，下浮率11.57%。其中市本级完成项目126个，比上年减少29.61%，招标造价38.87亿元、中标价33.83亿元，比上年分别减少65.81%、66.25%，下浮率12.97%。市住房和城乡建设局与市纪委市监委驻市委办纪检监察组联合开展市建设工程招投标领域专项监督调研，实地走访路桥区、温岭市、玉环市、天台县、仙居县。通过纪检监察部门参与招投标监督，提升全市招投标管理水平，净化招标市场环境。

【建设工程造价管理】 2022年，台州市住房和城乡建设局开展合同履约评价和检查，全市参加评价施工企业800多家，审核施工合同评价3300多个，采用"双随机"抽查6个在建房建项目，涉及建筑面积51.79万平方米、合同价款10.55亿元，履约结果好的占20.83%、较好的占41.67%、一般的占20.83%，检查情况总体良好。全年共组织调解10余个项目，涉及金额13.17亿元，建立临海等2家基层"红色调解驿站"。建设仲裁受理各类案件31件；标的额2.18亿元；总办结案件53件。完成2022年度造价咨询企业成果质量检查和招标代理机构市场行为专项检查。组织编辑《建设工程造价管理实用文件汇编》（2022版）。举办造价、招标行业新人培训班，近100人参加。举办台州造价讲堂和造价嘉年华活动，近500人参加。举办台州市第七届造价技能大赛。全年完成《台州造价》（正刊、建材商情）期刊12期发布工作，正刊发布约30000条、建材商情发布约150000条；定期发布主材周快报52期、周价格波动趋势简报48期、月主材价格走势9期；不定期通过新闻媒体平台发布建材价格预警10余次；解决服务对象反馈问题需求30余个。不断完善《台州造价》价格信息网和"台州造价"App期刊发布平台，系统注册用户15000余人，比上年增加2690余人，增幅21.85%，提供期刊免费使用，为企业和个人节省年度期刊征订费用约400万余元。完善信息发布管理制度，出台《台州市建设工程价格信息发布管理制度》。

【工程质量管理】 2022年，台州市住房和城乡建设局出台《关于进一步加强建设工程质量检测管理的通知》加强工程质量管理的刚性文件，从制度上保障工程质量安全。连续下发《关于开展预拌混凝土及装配式预制构件生产企业质量管理检查的通知》《关于开展预应力混凝土管桩生产企业质量管理专项检查的通知》《关于开展全市建筑工程主要功能性材料质量抽查的通知》《关于立即开展全市预拌混凝土用砂石材料质量专项检查的通知》等一系列检查文件，助力"质量强市"。开展违规海砂、功能性材料抽查等一系列质量安全专项整治活动，集中整治商品混凝土配合比不合理、前期强度不足、淡化海砂氯离子超标，盲目抢工期影响混凝土构件质量，施工过程中偷工减料等违规行为，处理一批违规企业和违规项目。在全市各地专项治理基础上，台州市住房和城乡建设局组织多次用砂及材料专项抽查，共抽查65家次预拌混凝土生产企业，发现3家企业混凝土芯样强度抽检不合格、1家企业混凝土坍落度不合格、2家企业用砂不合格；对全市52个在建工程的建筑节能材料及防水材料进行抽样检测，抽取样品98组，涉及生产厂家49家，发现1家企业生产的墙体材料及4家企业生产的预拌砂浆检测结果为不合格，不合格情况均已督促落实整改和管控措施。8月5日，召开全市预拌混凝土及装配式预制构件生产企业质量管理检查反馈会。探索开展质量评价活动，制定建筑工程质量评价试点工作方案，推行建筑工程质量评价制度，对椒江区、路桥区10个在建工程进行实体质量评价、10个已交付使用住宅小区开展住宅满意度评价。全面推进"房省心"应用场景落地落实。全面推进"浙砼管"落地，将台州市商砼企业与浙砼管信息对接，生产数据全部纳入监管，从源头规范混凝土使用集中下单模式。

【建设工程施工安全生产治理】 2022年，台州市住房和城乡建设局开展隐患全面排查整治。出台《关于加强施工现场人员实名制考勤的紧急通知》，强化项目关键岗位人员履职到位管理，并将近年来发生过生产安全事故、日常检查发现问题较多的施工、监理单位作为重点，推行人员到位智能化管理，建立履职留痕和履职质量评价机制。出台《关于立即开展房屋建筑市政公用工程安全生产隐患大排查大整治的紧急通知》，不定期对企业落实安全自查情况进行专项检查，督促项目参建各方主体责任落实。全年各项目部和企业共自查项目1514个，发现隐患9325处，均已整改到位；各县（市、区）建设行政主管部门共检查在建工程242个，发现隐患448个，均已整改到位；晨会落实率达到80%以上。将全市9423台建筑起重机械（含3693台塔吊、3512台施工升降机、2218台物料提升机和174761个标准节）全部纳入台州市建筑工程质量安全综合服务平台管理，其中备案入库7723台，注销1700台，出具检测报告15686份，记录维保记录185951条，有效保证全市建筑起重机械安全使用。全市设备成功经受住“轩岚诺”和“梅花”两次台风的严峻考验，设备零倒塌、人员零伤亡。持续开展购买监理巡查试点工作，弥补政府主管部门力量不足，探索工程监理服务转型方式，提升建设工程安全管理水平，提高工程监理行业服务能力。组织对全市房屋市政在建工程开展滚动式安全生产（消防）飞行检查，抽查项目137个，下发整改（停工）督办通知书98份，当场责令停工项目39个。出台《推进台州市建筑施工安全生产责任保险工作的实施意见（试行）》，将商业保险的风险专业化控制和社会保障功能引入安全生产监管体系，以“服务+安全+保险”的模式，形成政府主导、企业负责、社会化保险的风险防控体系，全市房屋建筑与市政基础设施工程安责险投保率达100%。

【消防管理】 2022年，台州市住房和城乡建设局会同市消防救援支队下发《关于建立全市建设工程消防安全监督管理协作机制的通知》，通过建立联席会议定期会商机制、消防审批业务协同机制、消防安全监管协作机制和信息共享互通机制，强化建设工程领域消防安全全过程管控。将消防安全纳入建设施工领域安全管控范畴，一并开展施工现场安全生产（消防）飞行检查，集中整治一批火灾隐患，查处一批消防违法违规行为，倒逼工程建设各方消防安全主体责任落实，确保工程建设领域不发生亡人或有影响的火灾事故。吸取杭州冰雪大世界“6·9”较大火灾事故的教训，组织开展图审合格项目消防专项检查行动，重点检查在消防审验方面有无违法行为，消防设计和施工质量是否符合技术标准。下发《关于加强建筑内部装修材料防火性能核查的通知》，明确消防审验环节内部装修材料见证取样相关事项，加强装修材料防火性能核查，提升建筑抵御火灾能力。

（朱海珍）

环境保护

【概况】 2022年，台州市生态环境局打好污染防治攻坚战，环境质量持续改善。污染防治攻坚战成效考核居全省第1位；生态保护与环境治理业完成投资28亿元，增长119.5%，增长率居全省第1位；全市水环境质量综合评价实现从良好向优秀的历史性转变；主要大气环境指标均居全省前3位，环境空气质量状况在全国168个重点城市中排名第14位；实施配套办法五类案件办理数量连续6年居全省第1；获评生态环境部“三线一单”工作表现突出集体。

【环境治理】 2022年，台州市生态环境局推动优化能源结构、产业结构、交通结构，从源头上推进减污降碳协同增效，建成空气质量预警预报系统，基本实现全市未来7天空气质量预报、污染源分析及溯源。强化$PM_{2.5}$和O_3协同控制，推进挥发性有机物和氮氧化物协同治理，推广低VOCs含量原辅材料源头替代，眼镜、水泵、电动车制造等特色行业源头替代进展顺利。深化整治大气面源污染，加强扬尘污染治理和秸秆露天焚烧管控。台州城市AQI优良率为95.9%，$PM_{2.5}$平均浓度为21微克/米^3，环境空气质量持续改善。编制省控断面“一点一策”方案、金清水系流域共治实施方案等，实施水环境质量提升行动，推进椒江、黄岩、仙居3个工业污水处理厂建设和沿海工业城污水处理厂提标改造，完成9个省定重点工作园区“污水零直排区”建设，在全省率先建成水质“监测天网”，实现重点流域镇级以上交接断面、重要支流水质监测全覆盖。获批区域再生水循环利用国家试点（全省唯一）和汛期污染防治省级试点。国控断面水环境质量综合指数改善幅度居全省第1位，省控以上断面优良率改善幅度居全省第2位，县控以上断面优良率首次达到90%以上，水环境功能区达标率首次达到100%。开展建设用地土壤污染状况调查评估和管控修复质控“一件事”改革，完成187个土壤污染状况调查报告评审，实施污染地块风险管控或修复项目7个，全市重污染和高风险地块风险管控率100%。纵深推进土壤污染源头防控，提前完成受污染耕地“源解析”年度任务。完成7个重点化工园区、1个危险废物处置场、1个垃圾填埋场地下水环境状况调查，全市国考地下水点位水质基本保持稳定。有序开展农业农村污染防治，完成35个农村环境综合整治任务，农村小微水体水质维护长效机制实现全覆盖。深化“清废”行动，编制出台《台州市国家级“无废城市”建设实施方案（2022—2025年）》，7个案例入选省级“无废窗口”，全市1073个“无废细胞”、130个“无废载体”通过市级验收。推动25个危险废物处置设施建设，新增危险废物利用处置能力18万吨/年，总处理能力约达75万吨/年，基本实现危废产处平衡。开展超期贮存危险废物清零处置，小微产废企业危险废物集中统一收集以及一般工业固废收运体系实现全覆盖，环境风险有效降低。加强疫情防控期间医疗废物管理处置，确保医疗废物应收尽收、及时转运。推进重点海域综合治理攻坚，联合8个部门印发《台州市重点海域综合治理攻坚战实施方案》，突出台州湾、三门湾、乐清湾等重点海域攻坚治理，制定12项主要指标，开展11大攻坚行动，落实17项重点工程措施。推进入海排污口规范化整治，在全省率先开展入海排污口“查测溯治”行动，完成全市800个入海排污口核查、监测和溯源，实施分类整治，构建入海排污口监视监管体系。开展美丽海湾监测与评价，掌握各湾区海洋生态环境状况。实施“一湾一策”，强化台州湾美丽海湾建设试点先行，构建美丽海湾保护与建设成效指标体系并在全省推广应用。2022年台州市近岸海域国控点水质优良率为64.5%，较上年上升9.7个百分点，居全省第1位；7个主要入海河流断面水质均达到国家考核要求，省控主要入海河流总氮浓度明显削减。

【环保督察整改】 2022年，台州市做好中央生态环境保护督察整改，第二轮中央生态环境保护督察反馈的16项问题完成整改13项，交办的518件信访件已办结513件。做好省级生态环境保护督察整改，2021年省委专项督察反馈台州的21个问题，完成整改18个。省对市“重大生态环保督察清单”64个问题，完成销号办结31个。2个案例入选“七张问题清单”省级总界面示范榜，4个案例入选省级分清单界面示范榜。2022年台州市“重大生态环保督察清单”指数考核居全省第2位。

【美丽台州建设】 2022年，台州市开展国家级、省级生态文明建设示范区创建，仙居县生物多样性科教中心入选全省首批4个生物多样性体验地名单，仙居生态文明建设实践体验地入选全省第一批13个生态文明建设实践体验地。统筹山水林田湖海湾等生态要素，谋划椒灵江流域山水林田湖海岛一体化生态保护与修复项目。全市3个绿色低碳项目被推荐为生态环境部绿色低碳系列典型案例。“蓝色循环——海洋塑料污染治理”数字化项目获评全省数字化改革最佳应用和改革突破奖铜奖，入选全省高质量发展建设共同富裕示范区最佳实践案例。天台县“排污许可与温室气体管控衔接”纳入省级试点。“全生态圈”环保大脑场景入选台州市数字政府优秀案例集。创新引进水质指纹监测溯源新技术，探索建立台州市污染源水质指纹数据库建设规范。出台助企纾困稳进提质20条硬核实招，服务企业1000余次，解决问题近1500个。开展建设项目排污许可与环评审批“双许可一次办”，完成190个项目办理。快速推进台州湾新材料产业园项目规划环评、化工园区扩园、近岸海域环境功能区调整等关键节点事项，服务甬台温改扩建、S2线等重大项目环评审批。强化中介机构管理，对7家环评单位和12位环评工程师失信记分（分别为50分和66分），评定五星级环评机构3家、三星级环评机构35家、二星级环评机构30家。推进饮用水源地“划、立、治”，开展饮用水水源保护区划分方案编制；推进县级以上饮用水水源保护区勘界定标及电子围栏建设，完成6个水源地定标立标及7个水源地电子围栏建设；深入实施水源地生态环境问题排查整治，全面完成44个饮用水水源地保护区基础环境状况调查，组织开展饮用水水源地安全隐患大排查行动，确保饮用水源地风险隐患及时得到消除。

【环境法治】 2022年，台州市分级深入开展“绿剑2022”清废、净水、蓝天系列等专项执法行动。全市2个集体和3个个人获评2022年全国生态环境保护执法大练兵突出集体和突出个人；1个集体和2个个人分别获评全省环境执法大练兵技能比武集体三等奖、个人一等奖和个人二等奖。全年全市共作出行政处罚决定书549件、罚款8363万元，实施配套办法按日计罚、查封扣押、移送公安机关案件等五类案件153件；1个案件入选司法部首次发布的全国行政执法典型案例，3个案件入选生态环境部典型案例发布。主动柔性执法，拓展不予行政处罚、从轻处罚等情形，累计为企业减轻或免除罚款2700多万元。做好行政复议、行政诉讼应对和行政强制执行申请工作，办理行政复议案件18件、行政诉讼案件10件，协助办理生态环境损害赔偿诉讼3件，移送申请法院强制执行案件100件。仙居县2家医化企业污染大气生态环境损害赔偿案入选全省第二批生态环境损害赔偿磋商典型案例。落实重大行政决策和规范性文件管理制度，审核重大行政决策事项1项，完成规范性文件法制审核4件。制定年度普法责任清单，做好《噪声污染防治法》《浙江省生态环境保护条例》等新法的宣贯工作。组织开展生态环境普法讲师团成员培训，在各县（市、区）举办多期讲师普法讲座。

（管和根）

2022年台州市空气质量状况统计表

表16

序号	县市区	综合指数	排名	同比变化率（%）	$PM_{2.5}$		PM_{10}		NO_2		O_3		AQI			最大单项指数	首要污染物
					浓度均值（μg/m³）	同比变化率（%）	浓度均值（μg/m³）	同比变化率（%）	浓度均值（μg/m³）	同比变化率（%）	浓度均值（μg/m³）	同比变化率（%）	优良率（%）	优良率排名	同比变化率（%）		
1	椒江区（台州湾新区）	2.84	8	−1.4	22	−4.3	41	−8.9	19	−9.5	138	7.8	94.4	8	−4.2	0.86	O_3
2	黄岩区	2.74	7	−4.9	19	−9.5	39	−9.3	19	−20.8	140	8.5	95.6	7	−3.9	0.88	O_3
3	路桥区	2.88	9	−3.7	24	−7.7	40	−11.1	19	−13.6	137	7	94.3	9	−4.5	0.86	O_3
4	台州城市	2.80	/	−4.8	21	−8.7	40	−9.1	19	−17.4	139	7.8	95.9	/	−3.3	0.87	O_3
5	临海市	2.66	4	−8.0	21	−4.5	37	−9.8	19	−17.4	124	6.9	99.5	1	−0.2	0.78	O_3
6	温岭市	2.39	2	−5.2	19	0.0	36	−5.3	17	−5.6	96	−5.9	99.5	1	−0.5	0.6	O_3
7	玉环市	2.27	1	−3.0	17	−5.6	30	−14.3	12	−7.7	124	5.1	98.6	4	−1.1	0.78	O_3
8	天台县	2.70	6	2.3	22	−4.3	36	−14.3	20	11.1	124	19.2	98.1	5	−1.4	0.78	O_3
9	仙居县	2.43	3	−8.0	22	−8.3	35	−12.5	15	−21.1	103	4	98.9	3	−0.8	0.64	O_3
10	三门县	2.69	5	2.7	22	4.8	36	−2.7	18	−5.3	131	20.2	96.4	6	−3.3	0.82	O_3
全市平均		2.56	/	−3.8	21	0.0	36	−10.0	17	−10.5	120	8.1	98.1	/	−1.5	0.75	—

注：O_3浓度为日最大8小时平均第90百分位数浓度；全市平均代表序号4～10的均值；台州城市采用“十四五”国控点位数据统计

2022年台州市地表水环境质量状况统计表

表17

序号	县（市、区）	综合指数	排名	综合指数变化率（%）	排名	省控断面				县控断面			
						优良率（%）	较上年同期（%）	达标率（%）	较上年同期（%）	优良率（%）	较上年同期（%）	达标率（%）	较上年同期（%）
1	椒江区（台州湾新区）	5.18	6	−11.64	2	100	+25	100	0	80	+40	100	+20
2	黄岩区	3.79	5	−11.53	3	100	0	100	0	100	0	100	0
3	路桥区	6.55	9	−7.11	4	66.7	0	100	0	71.4	+28.5	100	+28.6
4	临海市	3.47	3	−12.23	1	100	0	100	0	100	+6.7	100	+6.7
5	温岭市	5.8	7	0.68	6	66.7	+33.4	100	+33.3	71.4	+21.4	100	+14.3
6	玉环市	6.48	8	−2.12	5	100	+33.3	100	+33.3	87.5	+12.5	100	+6.2
7	天台县	3.23	2	不参与	/	100	0	100	0	100	0	100	0
8	仙居县	2.46	1	不参与	/	100	0	100	0	100	0	100	0
9	三门县	3.54	4	不参与	/	100	0	100	0	100	0	100	0

注：综合指数越小表明地表水环境质量状况越好，综合指数变化率为负数表明地表水环境质量改善；北三县基准年和现状年省控断面满足或优于Ⅱ类水质，不参与变化情况排名

城市管理行政执法

【概况】 2022年，台州市综合行政执法局在全省住建系统考核中获评优秀等次，考核综合评价获评全省第1名；在市委、市政府对市级部门目标责任制考核中获评优秀等次；"摊省心"项目获评省改革突破奖；在住建部对全国地级以上城市生活垃圾分类考评中，台州市连续四个季度获评大城市组"第一档、成效显著"。

【重点领域改革】 2022年，台州市综合行政执法局推进"大综合一体化"改革，实现全市执法队伍和编制"双下降"、执法事项和力量"双下沉"、执法规范和效能"双提升"，效能指数居全省第3名，改革指数居全省第6名，综合排名居全省第5名，形成全省率先全域挂牌成立乡镇（街道）综合行政执法队、"行政执法证据共享应用""首违不罚+公益减罚+轻微速罚"柔性执法机制等系列标志性成果。执法事项清单全面理清，"金字塔型"队伍体系基本形成，下沉乡镇（街道）人员3468人，实有下沉比例从50.5%提升至73.18%。全域推开"一支队伍管执法"，以乡镇（街道）为执法主体办结案件10389件，无一败诉。黄岩区"一支队伍管执法"做法得到副省长高兴夫的批示肯定。温岭市"一支队伍管执法"与镇街社会治理中心全面融合，开展"零办案"唤醒行动，有15起全市首例案件。开展"综合查一次"，减少企业干扰数6011次。承建全省唯一的"证据共享应用"，搭建行政执法协同桥梁，行政执法效能提升60%。制度建设初显成果，市本级出台8大类42个系列制度，其中《行政执法证据电子化收集共享工作指引》填补行政执法证据电子化收集标准的空白。玉环市率先建立全省首个县级案审中心，创新县乡法制协审机制。"摊省心"项目获评省改革突破奖，并被省住房和城乡建设厅提升为"摊助富"在全省推广。污水治理在线成为住建部城市基础设施安全运行监测试点。证据共享应用和"智慧排水一体化管控应用"获评全市年度第一批"最佳应用"。城市治理系统构建网格化、扁平化城市共建共治格局，"浙政钉"端访问量逾27.7万次，居全市第2名。

【民生服务保障】 2022年，台州市建成生活垃圾集中投放亭3339个，97.8%的物业小区推行"撤桶并点、定时定点"，生活垃圾总量同比减少0.68%，全市生活垃圾资源化利用率、无害化处置率、城镇分类收集覆盖率均达100%。在住建部对全国地级以上城市生活垃圾分类考评中，台州市连续四个季度获评大城市组"第一档、成效显著"，其中第四季度排名为全国第6位。椒江区全域实施"撤桶并点、两定四分"，做法得到副省长高兴夫批示肯定。"桥头跳"整治、路不平治理、高层住宅二次供水设施改造等民生实事均超额完成，其中省民生实事"桥头跳"整治完成率居全省第1，做法得到省长王浩、副省长高兴夫批示肯定，路桥区创新"桥头跳"整治工艺，在沥青路面施工中使用防裂基布，有效延长道路服务年限，100个列入市政府民生实事办理的高层小区二次供水改造项目全部完成改造并移交，全市治理"窨井跳"问题3450处。实施"口袋公园"、优质人行道、示范公厕等高质内涵的更新项目150个，其中"口袋公园"50个，逐步实现居民出行10分钟即可享受到城市公共休闲绿地，椒江大润发超市口袋公园、黄岩环城南路口袋公园、天台山水和合广场等一批特色项目，成为群众休闲游乐的打卡点。应对防汛排涝应急管理，完善应急预案。落实现存易涝区域"一点一策"整改，全市54处易涝区域的整改率达100%。全市城市供水企业出厂水、管网水综合合格率均达100%。

【城市管理执法】 2022年，台州市综合行政执法局统筹推进全国文明城市创建复评、"干干净净迎新年"市区环境整洁行动等工作。推进环卫一体化改革，基本实现区级"一把扫帚"。开展园林、环卫系列创建，创成省级优质综合公园、省级园林式居住区（单位）、省级绿化美化示范路、省级高品质示范街区、省级街容示范街等示范项目54个。温岭市市容环卫处获评省城市市容环境卫生成绩突出集体。其他类"污水零直排"建设成果持续巩固，常态化开展排水许可批后监管工作。玉环市污水零直排建设工作做法在全省"五水共治"会议上作典型介绍。开展执法护航城乡自建房安全专项整治、水行政执法护航防汛专项行动、城市餐饮业"净烟"行动、养老诈骗整治、烟花爆竹整治、燃气整治等重点领域专项执法行动，全年立案12575件，办结10654件，行政复议纠错率2.5%，行政诉讼败诉率1.5%，分别同比下降3.9%和8.9%。台州湾新区建筑垃圾领域行刑衔接工作突出，1起擅自处置建筑垃圾案入选省住房和城乡建设厅典型案例。开展"有事找街长""街长帮忙办"等活动，形成共建共治共享基层治理新格局，全市新创成示范"和合街区"59个。"和合街区"创建案例入选中宣部《中国关键词：和合篇》中英文双语版。"百日攻坚"排查整改燃气隐患9121个，提前2个月完成全市25755户餐饮等非居民用户燃气报警器安装。出台《台州市瓶装燃气企业管理办法》，深化瓶装燃气管理"12分制"，搭建"储配站—供应站—送气工”三级管理架构。仙居县全面推进老旧小区管道天然气置换成效明显。全市299个住宅小区和46处零星房屋全部实现物业管理，完成率100%。新创成红色物业104个，全市城市物业小区功能性党组织覆盖率达100%。三门县综合执法局联合法院打造“和合·物业共享法庭”，化解物业纠纷290件。

（林德赛）

住房公积金管理

【概况】 2022年，台州市住房公积金管理中心推进“惠民公积金”“智慧公积金”“安全公积金”建设，努力形成覆盖更广泛、政策更精准、管理更规范、服务更高效、运行更安全的工作格局，为全市稳住经济大盘、提振市场信心发挥积极作用。

【制度扩面】 2022年，全市住房公积金缴存新开户单位38054家，净增单位3400家；新开户职工11.46万人，净增职工4.67万人；实缴单位25034家，实缴职工64.65万人，缴存额124.73亿元，同比分别增长15.72%、7.79%、8.06%。年末，缴存总额1001.57亿元，同比增长14.22%；缴存余额321.70亿元，同比增长10.95%。受委托办理住房公积金缴存业务的银行7家。与社保参保、工商登记等数据关联匹配，新设立企业在办理社保和开户业务的同时一并办理住房公积金单位开户，实现一次登记、一网提交、全程联办。加大与业务受托银行的合作力度，与全市293家住房公积金业务延伸网点形成“线上线下同构、共建共享共赢、服务延伸叠加”的合作态势，推动73家企业建缴住房公积金，涉及职工1300余名。深入30余家企业开展走访调研，宣传住房公积金惠企政策，现场提供业务咨询服务。全市共走访企业411家，举办专题讲座69次，上门服务98次，发放各类宣传资料4.5万余份，提供现场咨询服务3.2万人次。全市住房公积金实际缴存人数64.65万人，首次突破60万人大关；7—12月，全市住房公积金归集额分别为10.1亿元、10.2亿元、10.7亿元、10.72亿元、10.44亿元、10.4亿元，连续六个月突破10亿元，10月份创单月历史归集新高。

【住房保障】 2022年，全市25.38万名缴存职工提取住房公积金；提取额92.98亿元，同比下降0.22%；提取额占当年缴存额的74.54%，比上年减少6.19个百分点。年末，提取总额679.87亿元，同比增长15.84%。提取金额中，购买、建造、翻建、大修自住住房占17.05%，偿还购房贷款本息占55.6%，租赁住房占6.09%，其他住房消费提取占1.08%，离休和退休提取占11.01%，完全丧失劳动能力并与单位终止劳动关系提取占3.24%，其他占5.93%。提取职工中，中、低收入占97.78%，高收入占2.22%。发放个人住房贷款1.28万笔48.29亿元，支持职工购建房155.76万平方米，年末个人住房贷款市场占有率（含公转商贴息贷款）为14.51%，比上年增长0.45个百分点。增值收益5.31亿元，同比增长8.32%。提取贷款风险准备金3.37亿元，提取管理费用0.43亿元，提取城市廉租住房（公共租赁住房）建设补充资金1.5亿元。

【政策调整】 2022年，台州市修订《台州市住房公积金个人住房贷款管理实施细则》，出台《关于进一步调整住房公积金支持政策的通知》《关于调整台州市住房公积金个人住房贷款有关政策的通知》等。调整“认房”范围，由原来台州行政区域调整为县（市、区）级行政区域；贷款额度创历史新高，单方最高贷款额度从原来的30万元调整为50万元，夫妻双方最高贷款额度从原来的50万元调整为100万元，首次和第二次住房公积金贷款均可享受最高贷款额度；下调首付比例，首次申请住房公积金贷款首付比例从30%下调到20%；取消贷款时间间隔，取消第二次住房公积金贷款12个月的时间间隔，首次住房公积金贷款结清后即可申请第二次住房公积金贷款；扩大提取范围，购买、建制、翻建、大修自住住房不申请住房公积金贷款的，可以提取本人、配偶、父母、子女住房公积金缴存余额（不超过实际总价款），父母、子女可以提取住房公积金偿还个人住房贷款；减少留存余额，申请住房公积金贷款的，购房提取时，本人、配偶从之前须留存不少于当前缴存额12倍的缴存余额减少到6倍的缴存余额。全市全年共发放住房公积金贷款1.28万户、48.29亿元，支持职工购房面积约155.76万平方米。截至年末，全市累计调剂资金42.48亿元，调剂余额为12.4亿元。允许缴存职工不受企业缓缴影响，其间能正常提取和申请住房公积金贷款；不能正常偿还住房公积金贷款的，不作逾期处理，不作为逾期记录报送征信部门；住房公积金租房提取额度提高50%，即月提取额从原来的1000元/人提高至1500元/人。截至年末，全市共17家企业办理延缓缴存住房公积金手续，涉及职工599人、金额51.05万元；共97笔不作逾期处理的贷款，不作逾期处理的贷款余额为2403.76万元；7877人享受提高租房提取额度政策，涉及金额1.35亿元。高层次人才及高校毕业生在全市购买新建商品住房时，可以提取个人、配偶及父母住房公积金直接支付首付，特优以下和特优以上高层次人才的贷款最高额度分别提高50%和3倍；开通绿色服务通道，在全市住房公积金窗口设立人才服务专窗，建立人才服务信息档案库，优先保障住房公积金贷款发放，不受轮候限制，打造贯穿住房公积金业务全流程的高层次人才服务体系。1—12月，全市共发放高层次人才住房公积金贷款20笔、1439万元。截至12月末，全市累计发放高层次人才住房公积金贷款282笔、1.93亿元。

【风险防控】 2022年，台州市住房公积金管理中心增加有关个人信用报告的审核规定，降低住房公积金贷款坏账率；通过向未办理预告登记转正式抵押登记发送信息、催办函等方式，加快预告登记转正式抵押登记办理进度，降低预告登记失效潜在风险；实行“1+2+3”逾期贷款催收制度，做好新老逾期贷款提醒和清理工作，确保住房公积金资金安全高效运转。筑牢安全发展底线，每月做好电子化稽查工作，及时跟进住建部数据平台反馈的数据问题，共核查治理数据6500余条，整改完善数据100余万笔；针对职工利用购买小套房骗提等现象，下发《关于进一步加强购房提取审核工作的通知》《关于进一步治理违规购房提取住房公积金有关事项的通知》等，从严提取审核。

【服务优化】 2022年4月，台州市被列入长三角退休提取建设首批试点城市，通过跨区域数据共享、业务流程再造，实现长三角区域内住房公积金离退休提取零材料、多地联办实时审核；拓宽线上办理提取的业务范围，增加省内异地偿还房贷提取功能，让贷款职工不必在“缴存城市”和“贷款城市”之间两头跑；成功对接全国住房公积金数据共享接口，实现全国范围内的住房公积金缴存、贷款基本情况及还款明细的信息通查；根据台州市“牵肠挂肚”改革项目申报要求，“租金提取智办”项目获批立项，及时制定并落实建设方案，紧扣时间节点加快进度，成功通过评审。台州市住房公积金管理中心作为协办单位，配合温州、嘉兴住房公积金管理中心，通过视频会议等形式，研讨《浙惠公积金·金心惠企平台建设方案》，推进“惠企增信”“惠企上市”“惠企阶段性纾困”子场景试点建设；对线上住房公积金贷款提前还款（结清）功能进行优化升级，实现自由资金还款由“预约还款”变为“实时扣款”、线上直接提取住房公积金还款等功能；做好“浙里办”App“省心办事”模块应用和“全国住房公积金”微信小程序的宣传推广，指定专人及时做好网上业务的审核审批，保障网上办事简单、快捷、高效运行。提升市行政服务中心公积金窗口服务效能，严格落实新修订的《审批（服务）工作人员智慧化考核办法》。中心服务窗口分别在第一季度和第三季度的现场标准化评比中获得“流动红旗”，进驻3人连续三季度被评为“服务标兵”，走在进驻各部门的前列。

（朱　颖）

电　业

【概况】 2022年，国网台州供电公司落实便民利企服务，电力“最多跑一次”率先实践，服务举措实现多个全省首创，全面推广“复工电力指数”、欠费不停供等一系列措施，帮助企业纾困解难。公司获评国家电网公司先进集体，公司纪委办公室获评国网公司纪检监察工作先进集体，业绩考核历史性进入全省前六，天台公司获评卓越管理示范单位，获评省公司精神文明建设先进单位。建成投运世界首个柔性低频输电示范工程、全国首个海岛绿氢示范工程；推动出台全省首个融合新型电力系统建设的地方专项规划；建成全省首个新型电力系统人工智能重点实验室。全年完成固定资产投资23.3亿元；售电量384亿千瓦时、同比增长2.7%；营业收入266.6亿元、同比增长23.9%，利润3.1亿元；资产总额210.6亿元。电网投资累计182.4亿元，建成500千伏“东西互济、南北互供”、220千伏“分片成环、联络可靠”、各电压等级协调发展的坚强智能电网，全社会最高用电负荷突破800万千瓦，清洁能源装机增长近27倍，累计消纳清洁能源164.1亿千瓦时。至年底，全市共有500千伏变电站5座，220千伏变电站32座，110变电站153座，总变电容量4051万千伏安；已建成500千伏输电线路752千米，220千伏输电线路2193千米，110千伏输电线路2524千米；供电户数313.10万户。

【电力保供】 2022年，国网台州供电公司推进市县两级电力负荷管理中心建设，开展需求侧精准负荷管理，有序用电期间用电指标达标率居全省第1位。促成空调负荷调控支持政策市县全覆盖，全省率先完成迎峰度冬10万千瓦调控能力建设。落实欠费不停供、电费补贴等助企纾困政策，促成电力接入工程费用分担机制市县全覆盖，全年为企业减负1.5亿元。完成“空调进教室”电力改造工作。打赢“轩岚诺”“梅花”台风防御战，促成政府出台小区地下配电设施防涝等支持政策，上线数字化“防汛防台”应用，灾后24小时复电率100%。完成党的二十大、央视跨年晚会等重大保电任务。

【安全生产】 2022年，2022年，国网台州供电公司安全生产专项整治三年行动收官，243个问题隐患全部整改。开展"零违章班组"创建工作，推广应用"安全管理十必查""严重违章安全交底单"等多项措施，基层自查自纠数量和质量显著提升。整治防雷、防外破隐患，雷击跳闸压降70.9%，外破跳闸压降79.2%。推进老旧设备改造升级，完成121基拉线塔、60套老旧保护改造。开展配网管理提升专项行动，供电可靠性提升幅度居全省前三。配网无人机自主巡检工作入选国网公司"十市百县"示范单位。完成国家网络安全专项演习。

【电网发展】 2022年，国网台州供电公司滚动优化台州电网"十四五"规划，推进台州新能源城源网协同发展。滨海500千伏输变电工程、滨海—柏树500千伏线路工程完成可研收口，东佛变获评浙江省建设工程"钱江杯"，全年开工投产110千伏及以上项目24项，变电容量202万千伏安、线路规模391千米。全年并网新能源69.5万千瓦，创历史新高。4个项目入选浙江省2023年新型电力系统示范，2个项目纳入省公司"全域八景八图"示范。在全省率先实现能源大数据中心市县全覆盖，多能企业能源数据完成全接入。发挥国宏公司机制优势，在路桥落地全省单体容量最大的屋顶分布式光伏，三门电网侧储能电站入选省级"十四五"新型储能示范，仙居县安岭能源共富模式获评台州市"九富"最佳实践案例。

【经营管理】 2022年，国网台州供电公司深化提质增效106项重点任务，全年增效7亿元、新增有效资产32亿元，盘活存量资产1.6亿元。完成临海智慧检储配基地置换协议签订。开展"五维双向"业绩赛马，可控费用完成率、项目"两率"等主要经营指标稳居全省前列。推广实施供电所"一所一策"绩效管理，开展市场化单位薪酬激励改革试点，探索"末位起立"机制，推动"人少绩优薪酬高"。创新"三三制"外包管控模式，试点建设"核心业务无外包"供电所，举办供电所全员技能大比武。全面整治住宅小区供配电工程等领域违规问题。成立全省首家地市级数字化审计工作室。全省首个数字形综合专业仓落地玉环。完成"营销2.0"推广上线，建成全省首家融合营销大脑的供电营业厅，实现数智化供电所全覆盖。推进"三清理、两提高"，宏创集团存量应收账款实现压降90.9%。

【科技管理创新】 2022年，国网台州供电公司完成110千伏输电线路属地化运维下放。高分获评中电联5A级"标准化良好行为企业"。首次成功牵头1项国网总部科技项目。公司专家首次入选国际标委会、国网总部科技项目指南编写组。1项QC成果首次荣获国际金奖。35千伏柔性低频输电成套设备、海岛氢能综合利用成套设备2个"首台首套"成果获评国际领先。牵头项目首次获评省公司科技进步一等奖、技术标准创新贡献一等奖。3个项目分获全国电力北斗应用创新竞赛最高奖、浙江省青工创新创效大赛银奖、浙江省能源数据创新应用大赛一等奖。3项管理创新成果分获中电联、浙江省企联二等奖。1个团队获评全国质量协会优秀质量管理小组。

【"党建+"工程建设】 2022年，国网台州供电公司一体推进11项"党建+"工程项目，完成市县"一部门一支部"优化调整。1部广播剧入围全国"五个一工程奖"，1个微电影获评全国品牌故事大赛一等奖。开展庆祝建团百年活动，变电检修中心团支部获评"全国五四红旗团支部"。三门芹溪村"休憩小站"获评"全国最美工会户外劳动者服务站点"，温岭公司职工书屋获评"全国职工书屋示范点"。3个团体项目分获中电联、国家电网公司团体第1。

（官　云）

2022年台州市社会用电情况表

表18

行　　业	用电量（万千瓦时）	同比（%）
全社会用电总计	4108678.93	3.42
1.全行业用电合计	3203790.91	-0.89
第一产业	17575.66	26.3
第二产业	2578186.78	-3.42
第三产业	608028.47	10.7
2.城乡居民生活用电合计	904888.02	22.28
城镇居民	257068.27	1.79
乡村居民	647819.76	32.9
全行业用电分类	3203790.91	-0.89
1.农、林、牧、渔业	25877.11	23.67
2.工业	2510203.75	-3.33
3.建筑业	71000.49	-6.49
4.交通运输、仓储和邮政业	50795.18	15.22
5.信息传输、软件和信息技术	51201.52	15.30
6.批发和零售业	156172.40	10.20
7.住宿和餐饮业	54413.33	5.70
8.金融业	13341.78	5.07
9.房地产业	53215.91	16.98
10.租赁和商务服务业	23988.94	15.84
11.公共服务及管理组织	193580.51	8.46

市属国有企业

台州市城市建设投资发展集团有限公司

【概况】 2022年，台州市城市建设投资发展集团有限公司（以下简称市城投集团）实现营业收入29.16亿元，实现扣非净利润1.65亿，完成投资额36.9亿元。截至年底，集团总资产448.33亿元，净资产165.30亿元，资产负债率63.13%。在市级单位工作目标责任制考核中获优秀等次。

【管理创新】 2022年，市城投集团修订《党委会议事规则》等66项相关制度，出台《集团董事会授权管理办法》，建立决策事项跟踪落实机制。通过财务管理中心统筹开展税务谋划工作，累计完成增值税留抵退税1.25亿元，获综合授信总额110亿元。统筹完善集团保融资金系统，减少外部融资需求。数字城投一期项目进入全面上线测试阶段，实现对集团"人、财、物、事"的全方位管理。出台《市场化薪酬改革指导意见》，推行子公司经理层任期制和契约化管理。完成改革实施方案确定的32项改革任务，总资产、营业收入、净利润分别达到2019年末的1.6倍、1.7倍、7倍。

【产业经营】 2022年，市城投集团发行一期总额为人民币11亿元的私募公司债券，创下台州地区历史以来私募公司债券最低利率。成立50亿元规模的母基金，3只总规模为15亿元的子基金已完成对宇谷科技等10家企业的投资约2.62亿元。对接投资招商项目66个，完成14个有效招商备案项目，其中10亿元以上产业项目4个，超额完成年度招商目标。集团被评为"全市经济稳进提质先进集体"。市政集团、地理测绘公司分别拿下建筑一级资质和测绘甲级资质；市政检测中心检测参数拓展至450多项；大数据公司连续中标临海、温岭等区域数据服务项目；智慧信息公司取得8项软件著作权，完成全市10个县（市、区）能源大数据平台全覆盖；建设咨询公司获评省优秀监理企业。资管公司在杭州成立子公司作为资本市场前哨站，实现营业收入超1亿元。城投置业公司两度斩获优质地块，首次自主操盘的仙居春熙云和项目已开工建设。"晓风印月"开盘即售罄。"昱湖上城"等房产项目签约金额近60亿元。三合特来电公司上线浙江省首座液冷超充示范站、全市首座光储充放一体示范站。台州绿配公共信息服务平台，完成140家末端配送站授牌，国家绿色货运配送示范城市整体项目完成预验收。农港城获评"省AA级食品安全规范化建设单位"，总交易额超36亿元。福星环境将全市3500多家单位、学校和餐饮企业纳入收运体系，实现主城区范围覆盖率90%以上。西门子数字赋能中心引进20多家机构合作或入驻，推进台州中小企业的数字化改造。

【项目攻坚】 2022年，市城投集团成立"三大专班"，其中国际农产品交易中心专班完成国际农产品数贸中心项目整体方案谋划，受到市委主要领导批示肯定。与玉环市政府、中外运普菲斯签署建设国际生鲜冷链产业园投资意向合作书，并争取到国际泥炭大会在台州举办权的承诺。江口片区开发专班成立台州市三江新城开发建设有限公司，已进入实体化运作。大宗固废综合利用示范基地专班完成基地策划方案编制。高铁新区"山水客厅""台州云谷"地块已完成土地挂牌前所有工作，集中安置房土地完成出让并启动建设。杭台铁路台州站配套市政工程竣工验收并具备通车条件。国博中心项目超额完成项目建设任务，与全球排名第一的酒管公司万豪签订技术咨询服务协议。飞龙山庄13栋主体结构全部结顶，项目室内装修设计获评国际环艺创新设计作品酒店设计方案类金钻奖等奖项。东官河水利工程外东浦泵站主体结构顺利封顶，进入机电设备安装及调试阶段。农港城二期第二阶段主体结构结顶，进入内部水电暖通等安装阶段。有机物循环中心改扩建项目完成桩基和设备承台施工，进入车间设备安装阶段。（除南洋村段915米外）完成管廊主体结构建设，进入机电、排水、消防、通风等安装调试阶段。台州数字科技园、教七路（东山河—现代大道）及现代大道跨线桥工程等项目不断推进。

（蔡　峰）

台州机场改扩建工程施工进行时

（市交通投资集团有限公司　提供）

台州市交通投资集团有限公司

【概况】 2022年，台州市交通投资集团有限公司（以下简称市交投集团）重点投资项目9个，全年完成重点项目投资约56.2亿元。产业板块全年实现营业收入约7亿元，净利润约1.1亿元。

【项目建设】 2022年，台州市域铁路S1线一期工程2月底实现全线轨通，4月底实现电通，6月底启动试运行试验，12月28日正式开通运营。市域铁路台州中心站110千伏输变电工程作为市域铁路S1线的重要配套附属工程，于S1线开通运营前完成竣工验收，并实现送电投产。台州路桥机场改扩建工程打响航站楼、配套单体、停机坪、滑行道四大攻坚战。台州路桥机场进场道路一期工程基本完成软基处理、路基填筑、桥梁桩基、“三改”（改河、改路、改渠）工作。台州市域铁路综合服务基地项目主楼主体结构完成施工，裙楼于6月30日投入使用，并通过S1线初期运营前安全评估。台州市域铁路S2线10月份取得工可批复，完成初步设计审查，12月取得初步设计批复，完成先行段施工招标，正谋划在“轨道+TOD”的投融资实施路径下，探索开展轨道交通TOD物业开发。甬台温高速至沿海高速三门联络线项目于8月10日开工建设，主体工程施工多点布局，隧道、桥梁、路基工程相继开工建设。台州1号公路项目开展规划选线、现场调研、方案对接，其中，临海示范段（市政配套部分）、玉环段西沙门大桥已于10月份开工建设。甬台温改扩建工程临海青岭至温岭大溪岭段于6月先行启动温岭大溪枢纽建设，项目已取得工可、初步设计和先行用地批复，围绕施工图设计、项目招标、“三集中”（钢筋集中加工、梁板集中预制、混凝土集中拌合）场地选址等工作加快开工准备。台州路桥机场进场道路二期工程项目取得工可批复，召开初步设计审查会，初步设计报批和施工招标等工作加快推进。

【产业板块发展】 2022年，市交投集团搭建新的运营架构，重点推进养护板块优化整合，3月7日，台州交投公路养护工程有限公司正式揭牌成立，整合工作步入正轨，上半年养护公司新签订合同45个，较上年同期增长12.5%；全年累计新签订合同金额38492万元，较上年同期增长45%，实现净利润2611万元，初步实现优化整合的规模效应和聚集效应。进一步加强与央企、省企以及国内大型上市企业的合作，通过产业合资、供应链合作等机制，依托S1项目运营筹建，与唐山中车合作成立台州唐车轨道交通装备有限公司，打造轨道车辆修造基地，进军动车产业成立义新欧台州号联运有限公司，推动台州深度融入“一带一路”，截至12月，开行43个班列，运输290个标箱，运输总货值约2.03亿元，服务企业58家。强化产业链拓展延伸，与三维控股集团股份有限公司合作，共同出资组建合资公司，开展预制构件生产制造。与台州循环经济发展有限公司、黄岩交旅集团、路桥交建集团，在矿山资源开发、沥青拌和与道路养护、建材物资销售、港口物流开发等方面整体联动、相互赋能，实现资源共享和互利共赢。实施国企改革三年行动，打好企业转型发展的基础，集团工程咨询板块实施资质提升攻坚，打破纯监理模式，探索开展招标代理和技术咨询业务，成功落地市政工程全过程咨询项目，实现业务转型；申报国家级高新技术企业，台州公路水运和台州检测两家所属公司已通过省级审核，在获得税收优惠的同时，夯实集团产业技术创新和资质升级的基层基础。

（陈依雯）

台州市社会事业发展集团有限公司

【概况】 2022年底，台州市社会事业发展集团有限公司（以下简称市社发集团）总资产75.99亿元，较上年增长7.03%；净资产总额21.85亿元，较上年增长36.05%。全年营业收入3.69亿元，较上年增长100.54%，成功通过AA信用评级。

【战略布局】 2022年，市社发集团以市场需求和民生需求为导向，梳理并聚焦打造“社会事业综合服务商”的企业定位，明确“让城市更有温度、更加温馨、更具风情”的企业使命，基本确立大基建产业、民生事业、现代服务业三大板块八大产业发展方向。

【项目建设】 2022年，市社发集团承担市级房屋建筑集中统一管理项目和集团公司项目共计42个项目，总投资约103亿元。全年完成固定资产投资额11.597亿元，完成年度计划的109.41%。市三梅中学迁建工程桩基完成60%以上；台州技师学院、台州护士学校迁建项目通过主体结构验收；市永宁中学基本完工；市公共卫生中心、市社会福利院一期工程、台州学院师范教育实践实训基地、台州职业技术学院实验实训工程4个项目完工；市科技馆展教工程二期和市城市大脑运营中心、台州职业技术学院实验实训工程、台州市路桥中学学生公寓男生宿舍、市科技馆展教工程二期和市城市大脑运营中心，台州市中心医院（台州学院附属医院）学生公寓楼、台州市中心医院新食堂、宋庆龄幼儿园西侧绿化景观提升工程、台州市第一中学艺术剧场建设工程8个项目交付使用；台州大剧院、台州体育馆、台州大道快速路3个项目前期工作有序推进。

【产业拓展】 2022年，市社发集团拓展施工、监理、咨询、装配式建筑、建材供应链、智能停车、物业运维、新能源开发利用等上下游产业链，构建“1+2+N”结构体系，组建台州建工集团，并取得建筑工程施工总承包一级、建筑装饰装修工程专业承包一级、消防设施工程专业承包二级资质。推进市区体育一体化融合，举办各类国家级、省市级赛事活动38余场，并在多项省级赛事举办上实现从零到一的突破，接待健身市民超过70万人次，举办各类体育培训约4300人次，举办夜经济主题活动2期，招引商家150余家，共吸引市民超15万人次。临海市大孚幼儿园开园；贯彻落实全市教育提质大会精神，与台州湾新区签署合作办学战略协议拟对新区内的幼儿园、小学、中学等实施集中管理；与市科协及杭州阿优文化科技有限公司合作推进台州市少年科学院项目。与台州市民政局合作组建殡仪服务公司；对接国内知名养老机构，做好台州市社会福利院项目运营准备。文旅产业，与仙居县、雪诺必克签订战略合作协议，合力推进Snowpeak野奢营地项目。组建台州商贸集团，收购台州华联超市资产，36家沃老大超市新门店实现如期开业并运营平稳。组建数字工程公司，加强与华为、中兴通信等全球电信运营商合作，推动数字经济产业和集团其他产业协同发展。

（陈平野）

11月9日，台州市社发集团旗下沃老大生活超市36家门店同步开业

（台州市社会事业发展集团有限公司　提供）

台州市公共交通集团有限公司

【概况】 2022年，台州市公共交通集团（以下简称市公交集团）市区公交运行线路共计145条，线网里程2799.05千米；校车线路95条。运营车辆1681辆，包括公交车1487辆（其中新能源公交车787辆，占比52.93%）、公务用车131辆、校车63辆。公交年客运量4158.59万人次，同比下降21.43%；运营里程8425.38万千米，同比增长3.67%；运营班次231.40万次，同比增长0.41%。集团

全年合并营业收入11777.42万元，其中公交客运收入5834.60万元。下属竞争性子公司持续保持全面盈利，利润同比增长14.43%，并实现东平路TOD项目开盘销售、台州交运新瑞立汽配有限公司合资成立、物业公司战略升级实施市场化运营，公交公益性事业市场化转型取得历史最好成绩。

【市区公交一体化改革】 2022年，市公交集团配合市交通局成功申报并开展国家级“公交都市”示范城市创建工作。推进市区公交一体化改革，编制《市区公交基础设施“建管养”一体化方案（建议稿）》，争取公交停保场、枢纽站、首末站、公交站亭等归属权，努力实现市区公交基础设施规划、建设、管理、经营“四统一”。编制《市区大型建筑配建公交场站管理办法（建议稿）》及技术指引，明确大型社区、城市综合体、交通枢纽、医院高校、旅游区等需规划配建公交首末站，强化规划引领和用地支撑，推动公交场站社会配建制度落实落地。

【市公交成本规制改革】 2022年，集团会同市财政局、市交通局，全面推进新一轮公交成本规制改革。按照“财政可负担、企业可持续、市民可承受”的政策目标，推动出台《台州市区公交运营成本规制办法》《台州市区公交发展专项资金管理办法》，强化运营管理、成本管控、质量考核，提高财政补贴资金使用效率。

【智慧公交应用】 2022年，市公交集团完成“公交云脑”一期建设，推进营运调度、维保监测、安全管控、应急指挥、ERP管理、掌上公交等应用功能一体操控。完成浙里办“畅行台州”平台适老化、无障碍化改造，完善智能手机“碰一碰”乘车功能。持续推进智能化站台改造建设，承建市区公交候车亭项目73个。建设城市级“碳普惠”平台，上线“碳惠台城”微信小程序，以碳积分兑换出行优惠进行正向引导激励。

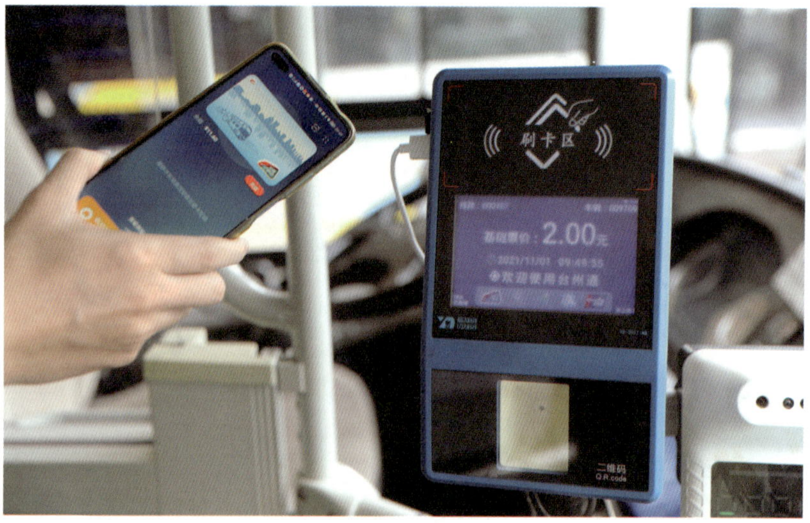

NFC手机碰一碰乘车 （市公共交通集团有限公司　提供）

【全市首个汽配领域混改公司运营】 2022年9月16日，市公交集团联合瑞立集团合资成立台州交运新瑞立汽配有限公司，成为台州市首个汽配领域混改公司。公司做强汽配物资采购业务，首季实现营收233.47万元。

【场站综合开发】 2022年，集团投资建设台州湾新区聚英路公交首末站、黄岩公交综合场站、台州湾新区方特大道公交首末站、黄岩高桥街道公交首末站、东平路TOD场站5个自有场站项目。因地制宜发展更多的“交通枢纽+商业中心+开放空间”。公交场站充电桩配建率达45.83%，充电车位170个，逐步构建以公交场站、智慧站亭为网点的充电服务网络，探索打造集“光储充换”于一体的城市综合电港模式形态。

【竞争性子公司盈利】 2022年，市公交集团推动竞争性子公司市场化转型，保持全面盈利，同比增长14.43%。其中，公务用车公司持续做优公务出行保障、车辆租赁、旅游包车服务，以品牌输出模式拓展市区外业务。校车公司持续提高接送服务全市域运营能力，争取政策支持开展研学出游等定制服务。广告公司拓展直客品牌，媒体合作从“一地签约，全域投放”往全权代理合作发展。智慧交通公司持续完善智慧出行服务平台应用开发，承接小区智慧安防、智慧停车、道路交通信号控制等业务，智慧城市占比达82.49%。

【疫情防控服务】 2022年，市公交集团完成上海市及省内各地防疫“快转运”工作，全年投入人员400余人，提供应急备勤车辆250辆以上，完成防疫公务保障用车7800趟次以上，接送人员3万人次以上。公交司机“转岗”为120急救驾驶员，确保特殊时期公交运营稳定、应急转运及时。多项事迹获“学习强国”《人民日报》《浙江日报》等主流媒体点赞报道，受到上海市委市政府、浙江省交通运输厅等单位表彰和嘉奖。

（卢呈橙）

台州市水务集团股份有限公司

【概况】 2022年，台州市水务集团股份有限公司（以下简称市水务集团）供水形势保持平稳，实现合并收入5.48亿元，利润总额0.89亿元，净利润0.51亿元。

【供水主业运营】 2022年，市水务集团运营台州市供水工程（一期）、台州市供水工程（二期），推动台州市供水工程（三期）和台州市供水工程（四期）实现一体化投运。全年集团共销售原水1.3亿吨，同比增长10.44%，销售市政水1.41亿吨，同比增长1.17%，供水保障能力稳步提升。面对持续高温少雨天气导致台州南片部分县（市）发生不同程度的旱情，集团开展抗旱保供水工作，提前摸排各地的供水需求及水源地水量情况，加强供水形势研判，定方案、明举措、强保障，科学调度，精准控水用水，统筹管线运维，挖掘生产能力，最大限度保障台州市南片区域的生产和生活用水。集团所属各城市、城镇水厂各项出厂水水质检测数值均达到国家生活饮用水卫生标准和浙江省现代化水厂指标，供水管网漏失率、单位电耗药耗控制有效，设施设备运行稳定，全年未发生大范围事故性停水事件。

【项目建设】 2022年，市水务集团两大重点工程台州市供水系统（三期）和台州市供水系统（四期）主线完工并实现通水运行，在台州南片区域形成"三横三纵"的高标准供水格局，基本解决台州南片区域长期存在的工程性缺水矛盾。截至12月底，台州市供水系统（三期）和台州市供水系统（四期）累计完成投资额分别为27.35亿元和12.87亿元，分别占总投资的91.32%和94.29%。在实现两大重点工程如期通水的同时，集团进一步优化泵站、管网布局，台州水厂扩建工程主体结构完工、洪家泵站扩容工程和台州湾新区配水主干管完工并投运。

台州市引水工程东部水厂　　（市水务集团股份有限公司　提供）

【水务一体化管理】 2022年，市水务集团启动市区自来水公司"三定"方案编制，完成市区自来水公司人员接转工作。开展自来水公司的大监督活动。优化用水营商环境，强化供水服务，对标"210"工作法要求简化流程和环节，对用户用水实现"零次跑"服务。

【国企改革】 2022年，市水务集团建立董事会决议跟踪落实及评价机制，制定出台董事会授权管理办法。编制人力资源规划。全面推行子公司经理层成员任期制和契约化管理。构建"统一物联、统一接口、统一数据"智慧水务平台。截至12月底，基本完成GIS系统的开发，业财统一管理平台、物联智控平台、移动协同平台、东部水厂数字孪生系统已上线运行。

【融资工作】 2022年，市水务集团新增授信1亿元，新增银行贷款8.06亿元。重点拓展企业债、境外债等直接融资方式。其中，境外债发获得国家发改委境外债备案登记证明，并完成发行的各项前期工作，可视市场行情及监管政策择机发行。利用境内量化宽松的货币政策和财政政策，开展非公开定向债务融资前期工作。科学引入竞争机制，动态控制资金流量，减少资金沉淀，融资成本同比下降幅度远高于LPR的下调幅度。

（陈兴多）

台州市金融投资集团有限公司

【概况】 2022年，台州市金融投资集团有限公司（以下简称市金投集团）发挥产业基金引导作用和金融平台服务功能，服务实体经济，促进国有资产保值增值。截至年末，集团总资产193.86亿元，总负债82.97亿元，净资产110.89亿元（其中归母公司净资产87.36亿元），资产负债率42.80%。全年合并营业收入7.54亿元，净利润4.32亿元，上缴税费0.95亿元。

【融资工作】 2022年，市金投集团拓展融资渠道，保障资金链顺畅。主体及债项跟踪评级均为AA+。注册非公开发行债券19亿元，成功发行超短融5亿元、PPN20亿元、私募公司债6亿元，平均成本3.15%，实现同比明显下降；同时按期兑付到期债券20亿元。新增银行授信12.6亿元，存量可用授信额度达17.60亿元；新增贷款16.54亿元，其中项目贷3.31亿元，利率为LPR下浮110个BP。

【产业基金设立】 2022年，市金投集团新设100亿元规模市临港产业带母基金，通过省、市、县三级联动，围绕台州"五城十链"建设，以重大产业项目为牵引，实现资本、项目、技术、人才集聚。与财通资本签订市临港产业带精密制造产业基金合作备忘录。筹设4亿元苗圃基金，培育"专精特新"企业。以"产业项目+基金"模式助推科创项目落地发展，有序推进创王光电二阶段3.5亿元融资，引导国开基金返投对其增资9100万元；参设4亿元华睿新能基金，支持黄岩落地清陶能源项目。天使梦想基金助爱申特科技、埃比半导体等20家人才创业创新企业3100万元。

【金融服务】 2022年，市金投集团出资约14亿元收购浙江仙通，成为全市第一家并购上市公司的市属国企。参与组建14.5亿元浙股晶际基金，化解水晶光电大股东流动性风险。融租保理投放11.14亿元支持企业35家。完成产交所股权优化，上线"浙交汇"交易平台，成交金额77.24亿元，成功进入省内第一梯队。为163家农户提供担保金额超1亿元。转贷基金帮助279家企业解决应急周转资金82.08亿元，节省融资成本超1700万元。转融通出借证券247笔，实现利息收入136万元；认购财通证券配股2.17亿元，浙商证券可转债配售2.05亿元，减持后盈利约5100万元；领投1.42亿元带动14家投资机构共同参与杰克股份非公开发行项目。利用集团既有物业资源，促进机构、资源、人才等要素融合，打造投融资服务中心，已集聚14家基金和管理机构，规模超62亿元。

（杨　洁）

台州市人才发展（集团）有限公司

【概况】 2022年，台州市人才发展（集团）有限公司（以下简称市人才公司）贯彻落实市委、市政府"人才强市、创新强市"的战略部署，探索市场化发展路径。截至年末，集团总资产9556.86万元，实现93.6%的增长；营业规模历史性突破3.3亿元，同比增长25.19%，实质性运营8个月即实现基本盈亏平衡。

【人才及科创项目招引】 2022年，市人才公司以科技类项目、高层次人才招引为主攻方向，打造人才科创项目承接平台。攻坚"鲲鹏计划"、院士项目招引，汇聚海内外高层次项目人才资源及科创项目，搭建高校资源库、导师智库、机构渠道库、人才库、科创项目库五大资源库，在库名单超1500余家（名），推荐鲲鹏计划人才1名、院士项目1个，入选"500精英"人才项目5个，人才项目年度实际投资投产近9000万元。

【企业人才供给】 2022年，市人才公司以保障企业人才需求为职责，构建"招聘+培育"的人才引育渠道体系。畅通高校毕业生对接平台，全年共举办赴外引才、直播带岗、空中双选会等引才活动85场，收集有效简历9532份，达成就业意向2500多人。跟进落地在台企业人力资源问题困难和服务需求，开发并解决用工需求2000余名。开办"民营经济学堂"，建立涵盖世界名校专家学者、500强企业高管、投融资专家等202人的师资库，搭建合作交流、政企互动和校企对接平台，打造台州民营企业家商学院，培训企业家300多人次，举办多场"学堂26号"系列人才资本沙龙、标杆企业游学等活动。

【人才公共服务】 2022年，市人才公司承办2022"智汇台州"人才周、博士云招聘、"退役军人"走进未来汽车城及500精英创新创业大赛总决赛等系列人才活动，全方位搭建人才、资本、企业之间信息互通、合作洽谈的平台，致力产城人融合引才。上线"台州人才发展贷"人才金融产品，解决人才创业发展、生活消费等金融需求，助力人才链、金融链、产业链融合发展。构建专注人才服务的新媒体矩阵，制作人才话题、企业探厂等短视频，宣介台州城市形象、特色产业及人才政策，吸引更多人才关注台州、了解台州，上线5个月，累计浏览量突破770万，多件作品单条播放量超100万。

【数字化平台建设】 2022年，市人才公司上线长三角人才服务"数字广场"，开设企业直联、高校直通、人才直聘等7大板块，打通台州与长三角地区人才交流的合作渠道，推动人力资本服务产业供需服务线上集聚、展示对接、要素流动和互联互通。吸引全国290余家国家级人力资源服务产业园、高校和博管办、国内外引智机构等踊跃入驻。迭代升级台州人才网，上线"主动匹配""精准推送"等功能，用数据算法打造更具效率的人才供需对接平台，200多家规上企业发布需求信息9600余条，人才投递简历10万余份。

（朱兴舜）

台州市国有资本运营集团有限公司

【概况】 2022年，台州市国有资本运营集团有限公司（以下简称市国运集团）资产总额995.6亿元，净资产总额358.1亿元，截至年底实现营业收入81.23亿元。

【民生工程推进】 2022年，市国运集团推进省、市重点民生工程“台州市区天然气高压输配工程”建设，截至年底，累计完成高压管道建设87公里（占总工程量81%）。推动市区燃气一体化改革，与台州新奥和椒江城发集团达成合作意向。取得特许经营许可证，建成高压天然气智慧调控中心，完成台州2022年首批首项群众“牵肠挂肚”改革项目——燃气管网智慧改造工程，全年安全供气量逾2亿立方米。有效降低企业群众用气成本，受惠群众100万人。

【主业投资】 2022年，市国运集团加速投资布局“泛金融”业务，落地投资项目10个，计划投资金额达24.76亿元，同比增加68.46%，完成出资7.92亿元，同比增长114%。其中成功参股国家级技术要素市场平台“上海技术交易所”，持有其10.3%股权，合力打造具有全国影响力的科技要素交易平台；联合上海国盛集团合作设立上海国企改革发展三期股权投资基金，总规模64.15亿元，聚焦投向于战略性新兴产业等混改项目；联合新加坡政府投资公司、椒江区国资委共同参与国内生物医药自身免疫行业领先的博锐生物股权投资项目；支持参股单位浙江海正生物材料股份有限公司（海正生材688203）于8月成功登陆上交所科创板上市等。

8月16日，浙江海正生物材料股份有限公司（海正生材688203）登陆上交所科创板 （市国有资本运营集团有限公司 提供）

【服务中心大局】 2022年，市国运集团协助落实组建市海投集团的工作任务，完成公司注册、股权划转等前期筹建事项，完成首期出资，持有市海投集团15%股权。联合上海交大苏州人工智能研究院、中健智慧公司签订台州大健康人工智能产学研合作框架协议，注册成立合资公司浙江中隽智能科技有限公司作为市场化招商引资平台，整合大健康领域的产、学、政、研等优质资源。取得新台州大厦裙楼产权，助推打造台州市政府工业4.0展示中心。

【融资评级统筹】 2022年，市国运集团推动各类债券融资项目的注册申报发行工作，成功申报注册2022年15亿元公开发行公司债项目，于6月发行首期公司债，发行利率2.85%，创2021年以来全国地级市同期限公司债利率新低；推动中期票据（不超过15亿元）、超短融资券（不超过10亿元）注册申报；完成第二期10亿元优质企业债项目发行备案材料的申报工作，不断为公司投资运营提供强有力的资金保障。克服企业与地方数据的双重压力，成功维护双AAA信用评级。

【国企改革】 2022年，市国运集团探索建立董事会授权经营层机制，研究制定董事会授权管理办法及授权事项清单，出台《董事会决策跟踪落实管理办法》。深化劳动、人事、分配三项制度改革，全面梳理用工分类，开展企业副职考核试点工作，推行经理层任期制与契约化，重新划分企业经理层薪酬结构。

【国资联盟建设】 2022年，市国运集团规范推进台州国资运营联盟建设，7月完成民政部门注册工作，台州市县国资运营联盟成为浙江省首个正式注册成立的国资运营联盟。牵头联盟召开2次专题研讨会探讨合作空间，与椒江国运集团、路桥公投集团等县（市、区）国企签订招投标领域战略合作框架协议，合力推进市域国资国企协同发展。

（张 琛）

科技·教育

科技综述

【概况】 2022年，台州市推进台州湾科创走廊建设、省技术创新中心创建、科技型企业培育、高层次人才引育、重大科技项目攻关等重点工作。1月，台州市入选国家创新型城市建设名单。

【科创平台建设】 2022年11月，《台州湾科创走廊发展规划》印发，台州湾科创走廊正式成为省级科创走廊体系的重要组成部分。仙居绿色医药高新技术产业园区、临海高端医药高新技术产业园区进入省级高新园区创建名单。创成省高档数控机床技术创新中心，实现台州在省级科创“塔尖重器”零的突破。新引进中国计量大学、杭州电子科技大学等合作共建科创平台（包括技术转移中心等）15家。

【“双创”载体新增】 2022年，台州市新增国家级众创空间4家、省级备案众创空间4家，新认定市级科技企业孵化器8家、众创空间8家。新增省级国际科技合作载体2家，其中海外创新孵化中心、外资研发中心各1家，入选数居全省第四。

【科技企业发展】 2022年，腾达建设集团股份有限公司、浙江美可达摩托车有限公司等3家企业入选省科技领军企业，数量居全省第3位。新增国家高新技术企业441家、省科技型中小企业1229家，国家科技型中小企业入库2432家。33家企业入选浙江省高新技术企业创新能力500强，华海药业、仙琚制药在生命健康高地十强榜单中分别居第2名、第8名。

【科技研发】 2022年，台州市新增省级新型研发机构1家、省重点企业研究院4家（数量居全省第3名）、省企业研究院23家、省高新技术企业研究开发中心65家，认定市级企业研发机构328家。全年全市规上工业企业研发费用为206.55亿元，同比增长9.3%；高新技术产业研发费用为175.94亿元，同比增长4.6%。

【科技攻关】 2022年，台州市19项科技成果获浙江省科学技术奖励，其中一等奖2项、二等奖5项，较上年有较大增长。24个攻关项目入选2023年度省“尖兵”“领雁”研发攻关计划，较上年增长26.3%。19个项目列入省进口替代清单，较上年增长近一倍。

【产学研合作】 2022年，台州市组织开展“台州市首届科创活动周”“科技赋能 一起益企”等各类产学研活动90场，全年实现技术交易额223.46亿元、创历史新高。推进“揭榜挂帅”机制，发榜643项，揭榜比例18%。

【科技人才选入】 2022年，台州市1人入选国家级高层次人才特殊支持

浙江省高档数控机床技术创新中心　　（市科技局　提供）

计划创业领军人才，3人入选省级高层次人才特殊支持计划领军型创新创业人才。新入选省领军型创新团队1个、省级“海外工程师”13人。入选省外国专家工作站1家，入选数并列全省第1名。

【科技金融支持】 2022年，台州市金融机构对科技企业贷款余额1423.05亿元，较上年初增长101.5亿元，贷款余额同比增长7.66%。全市科技银行总数达44家，服务科技型企业2261家，贷款余额478.51亿元。“浙科贷”惠及台州企业1451家、居全省第4位，贷款余额112.06亿元。梦想基金共资助44家人才双创企业，发放资助5410万元，耀合基金投资台州医疗技术类企业2550万元。

【创新生态优化】 2022年，台州市召开全市科技创新大会，举办第一届台州市科创活动周。出台实施《台州市人民政府关于坚持创新制胜高水平建设创新型城市的若干政策意见》《坚持创新制胜高水平建设创新型城市三年行动计划》。落实研发费用加计扣除、高新技术企业所得税减免等科技惠企政策，兑现涉企奖补资金8.39亿元，其中市级奖励企业研发投入补助2亿元、是上年的2.72倍。发放创新券7651.9万元，接收企业服务5932次，接收企业服务次数连续多年居全省第1位。全市科技支出26.86亿元，较上年增长21.3%。

【科技改革创新】 2022年，台州市“科企飞”数字化应用场景投入使用，实现全市“科创飞地”数字化管理应用全覆盖。全省首创“乡镇科创指数”发布制度，全面开展乡镇科创指数排名和创新型乡镇评选。在仙居县开展科技特派团省试点、科技成果转移支付体系应用试点建设。印发《台州市碳达峰碳中和科技创新行动方案》。浙江清华长三角研究院台州创新中心成立工业碳中和技术应用研究中心。航天环保工程技术研究院落户临海。

（叶　斌）

台州市省级重点实验室（工程技术研究中心）名单

表19

序号	名　　称	依托企业	产业领域	所在地	申报立项时间（年/月/日）
1	浙江省抗真菌药物重点实验室	海正药业股份有限公司	C15化学制药	椒江区	2007/12/18
2	浙江省植物进化生态学与保护重点实验室	台州学院	C2资源与环境	市本级	2013/07/04
3	浙江省绿色农药清洁生产技术研究重点实验室	浙江工业大学、浙江新农化工股份有限公司		仙居县	2013/07/04
4	浙江省工量刃具检测及深加工技术研究重点实验室	台州学院、温岭市天工工量刃具科技服务中心	A43金属材料	市本级	2011/11/23
5	浙江省消化系肿瘤微创治诊与快速康复研究重点实验室	台州医院		临海市	2020/11/04
6	浙江省汽车智能热管理科学与技术重点实验室	浙江银轮机械股份有限公司		天台县	2021/12/31
7	浙江省甾体药物工程技术研究中心	浙江仙琚制药股份有限公司	C15化学制药	仙居县	2014/08/01
8	浙江省中枢神经系统药物工程技术研究中心	浙江华海药业股份有限公司	C15化学制药	临海市	2014/08/01
9	浙江省抗病毒药物工程技术研究中心	浙江车头制药有限公司	C15化学制药	仙居县	2011/11/01
10	浙江省缝制设备机电一体化工程技术研究中心	杰克缝纫机股份有限公司	A91机电一体化	椒江区	2011/11/23
11	浙江省制药化工废弃物循环综合利用工程技术研究中心	台州学院	A5化工	市本级	2018/06/27

台州市省级产业创新服务综合体名单

表20

序号	区域	名　　称	运　行　主　体	认定时间（年/月）
1	椒江	台州市椒江区智能马桶产业创新服务综合体	台州市智能马桶特色小镇建设指挥部、浙江大学台州研究院、台州市质量技术监督检测研究院	2018/01
2	黄岩	台州市黄岩模塑产业创新服务综合体	台州市黄岩模塑工业设计有限公司、台州市黄岩智能模具小镇开发有限公司、台州市黄岩模具博览城经营管理有限公司	2018/01

续表20

序号	区域	名称	运行主体	认定时间（年/月）
3	路桥	台州市路桥机电产业创新服务综合体	浙大台州研究院机电研究所	2019创建
4	临海	台州市现代医药化工产业创新服务综合体	浙江头门港经济开发区管理委员会	2019/02
5	温岭	台州市温岭市泵产业创新服务综合体	温岭市科技创业发展有限公司	2019/02
6	温岭	台州市温岭工量刃具产业创新服务综合体	温岭工联工量刃具科技服务有限公司	2019培育，2020创建
7	玉环	台州市玉环汽车零部件产业创新服务综合体	浙江大学台州研究院汽摩配研究所	2019创建
8	玉环	台州市玉环水暖阀门产业创新服务综合体	浙江清华长三角研究院台州创新中心	2019/02
9	天台	台州市天台大车配产业创新服务综合体	天台县大车配科技创新服务有限公司、天台县产品质量监督检验所	2019创建
10	仙居	台州市仙居县甾体药物和特色原料药产业创新服务综合体	台州融创科技投资发展有限公司	2019培育，2020创建
11	三门	台州市三门县橡胶产业创新服务综合体	三门县科技创新投资有限公司、浙江省橡胶制品质量检验中心（三门）	2019/02
12	三门	台州市三门冲锋衣产业创新服务综合体	三门县科创服务有限公司	2020创建
13	台州湾新区	台州市集聚区智能缝制装备产业创新服务综合体	台州学院、杰克缝纫机股份有限公司、浙江杰克智能缝制科技有限公司	2019创建

台州市市级产业创新服务综合体名单

表21

序号	区域	名称	运行主体	认定时间（年/月）
1	椒江	台州市椒江服饰产业创新服务综合体	台州市椒江区洪家商贸市场联合会	2020/09
2	路桥	台州市植保与清洗机械产业创新服务综合体	浙江大学台州研究院机电研究所	2019/01
3	路桥	浙江省路桥卫浴产业创新服务综合体	浙江大学台州研究院机电研究所	2020/09
4	路桥	台州市路桥工业4.0智能装备产业创新服务综合体	横街镇人民政府、台州万驰孵化器有限公司	2021/10
5	临海	临海市彩灯产业创新服务综合体	东塍镇、临海市灯饰行业协会	2019/08
6	临海	台州市眼镜产业创新服务综合体	杜桥镇、临海市眼镜行业协会	2020/09
7	临海	台州市休闲用品产业创新服务综合体	浙江永强集团股份有限公司	2021/10
8	温岭	台州市温岭鞋帽产业创新服务综合体	浙江汇富春天电商产业有限公司	2020/09
9	玉环	台州市玉环时尚家居（家具）产业创新服务综合体	杭州极家云科技有限公司	2019/08
10	玉环	台州市玉环智能制造装备产业创新服务综合体	天大玉环数控与智能制造技术创新中心	2019/08
11	玉环	台州玉环智慧建筑产业创新服务综合体	永德信智慧建筑产业服务（台州）有限公司	2021/10
12	玉环	台州市玉环无菌医疗器械智能装备产业创新服务综合体	玉环市清港镇人民政府	2021/10
13	天台	台州市天台时尚车品产业创新服务综合体	天台县金恒德汽车用品百货有限公司、浙江省汽车用品质量检验中心	2019/01
14	天台	天台县产业用布产业创新服务综合体	天台县新时代城镇建设开发有限公司	2019/08
15	天台	天台县果蔬产业创新服务综合体	天台县现代农业园区管理委员会	2019/08
16	天台	天台县橡塑新材料产业创新服务综合体	天台县兴橡技术服务有限公司、浙江天铁实业股份有限公司	2020/09
17	仙居	仙居县医疗器械产业创新服务综合体	仙居县经济开发区管委会	2020/09
18	仙居	台州市橡胶产业创新服务综合体	仙居县经济开发区管委会	2021/10
19	三门	台州市三门汽摩配产业创新服务综合体	三门县科创服务有限公司	2020/09

续表21

序号	区域	名　　称	运　行　主　体	认定时间（年/月）
20	三门	台州市三门青蟹产业创新服务综合体	三门县科创服务有限公司	2021/10（培育）
21	台州湾新区	台州高新区新能源汽车及零部件产业创新服务综合体	台州高新区管委会	2019/08
22		台州湾航空航天产业创新服务综合体	台州湾新区管理委员会	2021/10

2022年度台州市获浙江省科学技术奖名单

表22

序号	项目名称	完成单位	完成人
科学技术进步奖一等奖			
1	非牛顿流体雾化射流装置关键技术及应用	中国计量大学,浙江瑞丰五福气动工具有限公司,市下控股有限公司,浙江大学,北京航空航天大学	钱丽娟,林建忠,陈忠利,朱晨琳,潘灵钢,邵先月,富庆飞,熊红兵,李冠军
2	甾体药物核心原料连续化柔性智能生物制造关键技术及千吨级产业化	浙江仙居君业药业有限公司,中国科学院天津工业生物技术研究所	马延和,张汝金,张峥斌,吴洽庆,冯进辉,李雪梅,高成华,王平产,王孟强,王辉,连恒积,张瑞,杨兴荣
3	高性能柔性材料裁切成型装备设计与制造工艺关键技术及应用	浙江大学,杰克科技股份有限公司,华中科技大学,拓卡奔马机电科技有限公司（临海）,浙江泰仑电力集团有限责任公司,浙江省军工集团股份有限公司	冯毅雄,潘建国,黄禹,程锦,邱卫明,胡炳涛,洪兆溪,胡文海,徐仙国,钱伟,周超,祝红军,丁建明
科学技术进步奖二等奖			
1	新冠病毒感染中医药防控体系构建及重要代谢标志物快速发现和转化	浙江中医药大学附属第一医院,杭州凯莱谱精准医疗检测技术有限公司（浙江迪赛思诊断技术有限公司）,浙江中医药大学,迪安诊断技术集团股份有限公司,温州市中心医院,台州恩泽医疗中心（集团）,温岭市第一人民医院,杭州市临平区第一人民医院,杭州市富阳区第一人民医院	毛威,杨珺超,季聪华,孔子青,高润娣,王真,钱晓,杨军,袁红,刘华芬,王京霞,陈君峰,刘姗
2	大型装备制造复杂曲面现场高精测量关键技术及应用	思看科技（杭州）股份有限公司,浙江工业大学,浙江省工业设备安装集团有限公司,浙江九洲新能源科技有限公司,浙江工业大学台州研究院	谭大鹏,王江峰,潘柏松,舒伯乐,蒲道勇,陈尚俭,于宁宁,刘毅,郑俊,王安阳,金凤昕,王扬渝,沈观富
3	有机固废清洁热转化及产物资源化关键技术与应用	浙江工业大学,上海市市政规划设计研究院有限公司,浙江特富发展股份有限公司,嘉兴新嘉爱斯热电有限公司,天津大学,浙江建桦环保科技有限公司	胡艳军,过震文,邓龙强,邓凯,徐斌,赵欣刚,郭倩倩,李廉明,颜蓓蓓
4	肺癌中医分子辨证诊治关键技术与体系的创新及应用	浙江省中医药研究院,中国中医科学院广安门医院,广州中医药大学第一附属医院,浙江大学,浙江省肿瘤医院,台州恩泽医疗中心（集团）	柴可群,侯炜,林丽珠,陈新,陈嘉斌,沈建飞,张永军,胡琴琴,周颖
5	精密滚动轴承智能制造关键技术研发及应用	八环科技集团股份有限公司,浙江大学,华中科技大学,浙江工商大学,宁波中大力德智能传动股份有限公司,无锡双益精密机械有限公司	陈振林,张志峰,戴之钧,朱金萍,郑兵,张云清,罗利敏,赵飞,资小林
6	叉车与装载机专用液压阀关键技术及产业化应用	浙江海宏液压科技股份有限公司,浙江工业大学,浙江高宇液压机电有限公司（临海）,宁波市鄞州通力液压电器厂	钟麒,何贤剑,蔡铮,王军,陈晓齐,徐恩光,张辉,冯贻江,贺犇
科学技术进步奖三等奖			
1	高抗汽蚀泵关键技术及系列产品开发应用	浙江水利水电学院,浙江理工大学,利欧集团浙江泵业有限公司,浙江天德泵业有限公司	郭晓梅,崔宝玲,施高萍,林仁勇,林哲,张灵波,许浩浩
2	软土地区地铁盾构隧道运营期灾害防控关键技术与应用	浙大城市学院,浙江工业大学,中国电建集团华东勘测设计研究院有限公司,上海隧道地基基础工程有限公司,腾达建设集团股份有限公司	魏纲,王哲,吴勇,冯师,梁禄钜,孙九春,张勇

续表22

序号	项目名称	完成单位	完成人
3	智能坐便器质量提升关键技术及产业应用	台州市产品质量安全检测研究院,浙江怡和卫浴有限公司(椒江),浙江大学台州研究院,浙江星星便洁宝有限公司(椒江),西马智能科技股份有限公司(路桥)	翁晓伟,吴意园,郑军,林普根,张宋达,刘日志,林鹏
4	抗抑郁药物草酸艾司西酞普兰及其制剂的绿色关键技术开发及产业化	浙江华海药业股份有限公司	黄文锋,梁尊俊,施祥杰,胡佳兴,金永君,张剑,涂国良
5	无菌医疗器械智能装配系统的研发与应用	迈得医疗工业设备股份有限公司,浙江理工大学,普昂(杭州)医疗科技股份有限公司	林军华,吴文俊,罗坚,胡超宇,鲁文其,郑龙,潘波
6	季铵系列产品绿色清洁制造关键共性技术及产业化应用	肯特催化材料股份有限公司	项飞勇,吴尖平,陈征海,王新伟,黄小东,林永平,张志明
7	淡水鱼类设施养殖数字化管控关键技术与装备应用	浙江大学,中国水产科学研究院渔业机械仪器研究所,浙江富地机械有限公司,上海海洋大学,四川渔光物联技术有限公司	叶章颖,刘兴国,吴为国,饶勇,陈明,赵建,钱晓明
8	基于医用内窥镜评价和术式创新实现标准化微创技术的推广应用	浙江大学,南阳市中心医院,浙江省医疗器械检验研究院,浙江优亿医疗器械股份有限公司	胡坚,汪路明,马洪海,王新,郑骏,吕望,颜青来
自然科学奖三等奖			
1	重大疾病标志物传感检测新方法研究	台州学院	韩得满,陈逢灶,张思奇,厉凯彬,施伟
2	音视频情感识别的关键技术研究	台州学院	张石清,赵小明,陶欣,阎跃龙
技术发明奖三等奖			
1	新型碳青霉烯类抗生素连续微反应技术的研发与应用	浙江九洲药业股份有限公司,浙江瑞博制药有限公司	李原强,位军辉,严普查,蔡亚祥,吴立猛

台州市农业科学研究院

【概况】 2022年,台州市农业科学研究院以科技强农、机械强农促进农业提质增效,以振兴农业产业推动台州农业先行,为助力打造“三新”(新农村、新农民、新产业)农村共富台州模式提供强有力科技支撑。

【科研成果取得】 2022年,台州市农业科学研究院承担省市科研项目42项,其中省级项目9项、市重大农业科技“揭榜挂帅”研发攻关计划项目1项、市科技计划项目20项;新上项目14项,其中市科技计划项目4项、市农业科技项目7项,新到位科研经费379.2万元。取得科技成果14项,其中水稻新品种‘台恢3514’‘台恢1890’获农业农村部植物新品种权授权,西蓝花新品种‘台绿6号’、水稻新品种‘广8优4856’‘台科早3号’通过省级审定(认定),获得国家发明专利授权8件、国家实用新型专利授权1个。8个项目通过市级验收,获各级科技成果奖励4项次,其中省科技进步三等奖1项、省农业丰收一等奖1项、省农业农村厅技术进步二等奖2项。发表科技论文22篇,出版《台州农业》4期。

【科研进展】 2022年,台州市农业科学研究院发明的‘台绿’系列西蓝花全年测配新组合1000余份,筛选出‘台绿330’‘台绿620’等10余个产量高、品性佳、适应广的优质新组合,在全国各级测试点表现出良好综合性状。水稻新品种选育全年测交配组材料15600份,配制新组合(品系)52个,筛选出早稻苗头新品系8个、杂交稻新组合13个,种植加代筛选材料130多亩。引进粳稻品种78个,筛选出5个品种用于早稻试验、示范,最高亩产达479.7千克,收获期提早15天以上,早粳稻+连作晚稻最高亩产达1210.8千克,比传统双季稻、单季稻分别增产10.07%、21.08%。建立“早粳稻—连作晚稻—西蓝花”种植模式,比种植单季水稻亩产效益增加49.9%。甜樱桃育种开展短低温甜樱桃选育,收获实生苗350余株,实施胚挽救试验,探索出相对成熟的生根培养及移栽关键技术,自主选育的甜樱桃新品系‘台樱1号’‘台樱2号’‘台樱3号’繁苗1500余株。甘薯新品种选育收获实生苗913株,4个新品种申报植物品种权保护。草莓新品种选育收获实生苗1000余株,筛选出1个优质粉果新品系。切花菊新品种选育测配新组合1000余份，筛选出50个适合台州地区种植的优质新组合。

【科技推广】 2022年，台州市农业科学研究院完成2021浙江西蓝花新品种大会展示示范任务，展示种植75个品种，示范种植8个品种，‘台绿6号’‘台绿5号’获评国家西蓝花良种重大科研攻关2021年度优秀品种；承办2022浙江西蓝花新品种大会，展示种植61个品种，示范种植8个品种，国产替代种植17个品种，‘台绿630’‘台绿132’获2022年度十大优秀品种，‘台绿’系列西蓝花新品种在全国范围内推广种植10.2万亩。水稻新品种推广种植41.4万亩，春季早粳稻在全市范围内建立试验示范基地13个，推广种植350亩。‘台樱’系列甜樱桃新品系示范种植20余亩，引进甜樱桃品种“布鲁克斯”在全省推广种植400亩。

【科技服务】 2022年，台州市农业科学研究院发挥助力乡村振兴科技帮扶服务队、科技特派员和农村工作指导员等科技人才队伍的作用，围绕粮食、水果、蔬菜等作物，对农户、农民专业合作社和基层农技人员进行答疑解惑，开展各类技术指导、培训99场次，指导培训农民1028人次，提升农民现代化新技能，帮助解决农业生产中遇到的实际问题，在防台防汛、抗旱保收等工作中展现科技担当。按照“一村一计、造血帮扶”工作机制，对2个结对帮扶村实施精准帮扶，落实帮扶资金13万元。树立“一人派出，全院支持”工作导向，深入走访科技特派员所在乡（镇）、村，帮助申报各类项目，引进各类新品种、新技术，指导开展各类试验。

【科创平台建设】 2022年，台州农业科技创新园全年完成投资额6457万元，台州市农业科研楼、科研基地主体工程全面完工，室外配套工程有序推进，西蓝花育繁推、甜樱桃科研、耐盐水稻选育、瓜菜科研、果树科研、薯芋类种植资源保护等课题组依托农创园开展日常性工作，共展示示范瓜菜新品种36个，接待各级考察调研30余次。树立“大农创园”发展理念，以农创园为核心，辐射带动现代农业综合试验站、西蓝花育繁基地、南繁基地和多个新品种新技术试验示范基地有机融合发展。

（刘敏霞）

浙江省柑橘研究所

【概况】 2022年，浙江省柑橘研究所承担各级课题53项，14项发明专利获得授权，7个实用新型专利获得授权，发表论文38篇，举办各类学术会议3次。

【科研工作】 2022年，浙江省柑橘研究所承担各级课题53项，科研经费到位1206万元。2022年新立项目12项：其中国家青年科学基金项目2项、国家重点研发计划子课题1项、省基金1项、2023年度第一批“尖兵”“领雁”研发攻关计划项目2项、台州市科技项目6项。参与完成“甜橘柚良种引选及高品质栽培技术推广应用”，获浙江省科技兴林奖三等奖。完成国家级团体标准1项“红美人柑橘等级与包装储运”（T/CFMA03-2022）。申报浙江省科学进步奖一等奖1项、浙江省知识产权奖门类奖1项。14项发明专利获得授权，7个实用新型专利获得授权，软件著作权28件，参与获奖1项，项目验收10项。发表论文38篇（其中SCI论文8篇，影响因子5以上论文5篇，一级期刊10篇）。

【乡村振兴及共同富裕行动】 2022年，浙江省柑橘研究所“浙江黄岩柑橘科创中心数字化基地”项目完成建设，总经费1000万元。25.96亩智能化大棚设施投入使用。全年开展线上线下技术培训近40场次，其中面向格林纳达、缅甸、巴基斯坦等发展中国家开展技术培训2场次，累计现场培训农技人员和各类新型经营主体2700余人次，在线培训听众累计超5万人次；以科技小分队、特派员、博士服务台、党支部、青年团干等形式开展现场指导，或通过微信、电话等形式提供技术咨询，全年接受咨询者1200余人次，发放各类技术资料3000余份，对接服务种植大户、合作社、企业等新型经营主体50余家。

【平台建设】 2022年，浙江省柑橘研究所“浙江黄岩柑橘科创中心数字化基地”项目完成建设。25.96亩智能化大棚设施投入使用。筹建黄岩蜜橘种源研究中心，一期无病毒苗木繁育基地项目正在落实中，预计项目经费1280万元。CMA认证工作顺利推进，完成准备工作，等待验收；“台州市果蔬功能与健康研究重点实验室”获得台州市重点实验室认定；浙江省柑橘种质资源圃列入“首批省级农作物种质资源库（圃）”；获评“浙江省商业秘密保护示范指导站”。国家柑橘品种改良中心浙江分中心收集柑橘品种资源610份，收集杨梅、枇杷种质资源82份，该资源圃为国内第二大柑橘种质资源圃。

【学术交流】 2022年，浙江省柑橘研究所邀请中国工程院副院长邓秀新院士、华中农业大学张宏宇教授、马洪菊副教授来所作专题学术报告3次。召开所第2届青年学术论文报告会。全年组织34名科技人员参加黄岩蜜橘种源高质量发展论坛、中国农业技术推广协会杨梅产业促进分会等学术交流2次。

（吕霞敏）

浙江大学台州研究院

【概况】 2022年，浙江大学台州研究院（以下简称浙大台州研究院）获批4项省"尖兵""领雁"研发攻关计划项目（2项牵头、2项参与）、2项省基础公益研究计划项目；获批8项台州市科技计划项目；全年新增横向科研合同152项，合同额达4220余万元；横向项目到款533.2万元，同比增长41%；申请发明专利72件，授权发明专利61件，授权软件著作7项，发表论文18篇，参与制定团体标准11项；作为参与单位的国家重点研发计划项目——"老年人足部辅具关键技术研究及应用推广"正式立项，实现研究院国家重点项目新突破。

【高能级平台建设】 2022年，浙大台州研究院作为牵头共建单位，协助台州市共同创建浙江省高档数控机床技术创新中心，全面开展创新中心的筹建与迎检工作。与仙居县签订共建仙居医疗器械产业创新转化基地协议，并落实研究院在仙居的医疗器械示范基地的第一期场地。推进与中国铁建电气化局集团合作共建"轨道交通智慧电气化工程研究中心"。申报的"医疗器械与先进材料重点实验室"入选台州市重点实验室。承担运营的浙江省台州路桥机电产业创新服务综合体在年度省级产业创新服务综合体绩效评价中获"优"。

【重点横向项目研究】 2022年，浙大台州研究院牵头承担的省研发计划项目——"典型化工园区大气污染事故的快速检测装备及预警溯源系统研发"按既定计划开展研究工作并顺利通过省科技厅组织的中期检查。与中国铁建电气化局集团合作开展的铁路电气化工程施工智能装备首批创新项目接近尾声，其中两个项目于8月顺利结题验收。为台州多家头部企业量身打造车间物联网系统，切实解决企业人工统计产量费时费力，生产进度不明等问题。

【成果产业化】 2022年，浙大台州研究院机电所研制缝纫机C4曲轴机加工成套智联、汽车发电机传动轴机加工成套智联、曲柄/曲轴机加工成套智联等产品，与浙江杰克机床股份有限公司等头部企业达成合作。汽摩配所承担的IGBT芯片自动固化设备三期项目（属国际招标项目）顺利完成结题验收，四期项目的顺利中标，与杰克缝纫机股份持续开展合作。光电所的卷材检测与尺寸测量系统等成果的产业化规模有显著增长。传感中心联合企业共同研发近红外组织氧检测仪，实现无创、连续、实时地监测人体组织的氧合状况，具有重大临床意义，并完成健康智能马桶中多参数生理传感检测模块应用研究中试项目，基于健康物联网技术，构建围绕智能马桶的健康监测系统。强电实验室制备出金属型单壁碳纳米管粉料，项目进入中试阶段。

【高端人才引进与人才平台创建】 2022年，浙大台州研究院全年自主申报国家级引才计划6人、省级引才计划17人并有7人通过省级初评进入答辩环节，为台州市科创平台入选省级初评人数之最，海外引才工作连续五年走在科创平台前列。全职引进相关领域外籍教授2名，其中高端教授1名；柔性引进相关领域教授1名。做优做强博士后工作站，发挥加强人才引培、推进产学研合作的重要载体作用，新引进全职博士后5人，出站1人，在站10人。

【工程师分院筹建】 2022年，浙大台州研究院全年共录取研究生49名，其中全日制研究生40名，非全定向补助研究生9名；预录取推免生32名。截至年底，台州分院（筹）共录取研究生308名。以创新型人才培养为切入点，对接台州市重点产业领域企业，与启臻合成生物技术

3月15日，浙江大学台州研究院"小微金融研训中心"揭牌

（浙江大学台州研究院　提供）

研究院、博锐生物制药合作新建2个产教融合联合培养基地，总计6个，为台州市企事业单位输送专业实践研究生80余人。构建适应卓越工程师培养要求的教育教学体系，完成2022级“智能装备创新设计”卓越培养项目硕士研究生培养方案，优化培养方案课程体系结构。完成2020级45名研究生专业实践训练及答辩考核，其间申请或授权发明专利16项，发表论文7篇，软著登记6项。

【技术转移服务】 2022年，浙大台州研究院技术转移中心促成横向合同24项，新增项目合同额1760万元，同比增长69%，横向项目到款533.2万元，同比增长41%。涌现出一批具有重大行业影响力的优质科研项目：与浙江航塑科技合作的砂型打印机设备研发项目、与浙江荣鹏气动工具股份合作的钉枪零部件智能仓储系统研发项目合作金额近百万元；与西格迈股份合作的静电喷涂、阴极电泳环保涂装线研发项目，合作金额近千万元。构建辐射整个台州的技术转移网络，在三门以孵化企业与科技服务相结合，与以西格迈、爱利浦科技为主的龙头企业建立长期的合作关系。

【高端技术培训】 2022年，浙大台州研究院推进技术大讲堂系列活动，开展近10场科技创新大会、科技成果对接大会等活动。开展“智能制造专家委员会”工作，组织专家对接活动近30次，服务企业1200余家次，走访浙江严牌过滤技术股份有限公司、浙江三凯机电有限公司等头部企业，解决技术难题近10项。全年共计开展20个班次培训，培训金额361.1万元，培训1977人次。

（屈　颖）

浙江清华长三角研究院台州创新中心

【概况】 2022年，浙江清华长三角台州创新中心（以下简称清华台州创新中心）紧扣台州市加快推进“三高三新”的发展目标，重点在科技孵化体系建设、科技赋能产业优化、重大科技成果转化、科技人才集聚创新等方面开展科学实践。建成国家级学会服务站、省级工业互联网平台，鸿鹄翼无人机代表清华大学出展第十四届中国国际航空航天博览会并获得业内专家的认可，泵阀（水暖阀门）产业大脑再次获评全省优秀产业大脑。

【科技孵化】 2022年，清华台州创新中心发挥北京飞地孵化器、西雅图海纳孵化器的联动效应，开展产业孵育。新引进涉及智能制造、电子信息、节能环保等领域的高新技术孵化企业30家，新增达到毕业条件企业6家，入库国家科技型中小企业21家，新培育出国家高新技术企业5家、浙江省科技型中小企业20家。

【科技赋能】 2022年，清华台州创新中心阀门产业互联网平台服务企业近200次，贸易额超16亿元，获评省级工业互联网平台、省级供应链创新与应用试点企业称号，并入选省级产业数字化服务商名单。“泵阀（水暖阀门）产业大脑”服务企业超1000家，再次获评2022年度全省优秀产业大脑（连续两年获评），并作为浙江省唯一入选项目参加第五届数字中国建设成果展览会。中心引进建设的中国机械工程学会台州（玉环）服务站被认定为国家级学会服务站，服务区域产业创新能力进一步增强。

【重大科技成果转化】 2022年，清华台州创新中心自主研发的鸿鹄翼无人机代表清华大学再次出展第十四届中国国际航空航天博览会，获得中国人民解放军空军司令员常丁求将军、歼-20总师杨伟院士、运-20总师唐长红院士等业内专家的高度认可。在前期鸿鹄翼固定翼无人机成功研制的基础上，开展神州鹞垂直起降无人机研制，启动无人机光电吊舱和机翼整体油箱研制，其军用察打一体、通信中继的功能及18小时以上长航时飞行的性能优势，得到军方的高度关注。

【人才集聚创新】 2022年，清华台州创新中心举办“海纳孵化器智造领域创业项目专场路演”等引才活动，新引进创新创业人才18名，其中院士1名，副高以上6名，博士10名，清华人才1名，入选台州市500精英创业人才3名，其中B类1名。中心高层次人才创业创新服务中心为台州市申报高层次人才15人次（其中国家级引才计划8人次，省级引才计划7人次），通过初评10人次（其中国家级引才计划6人次，省级引才计划4人次）。

【技术应用研究】 2022年，清华台州创新中心新建生物医药研发中心、工业碳中和技术应用研究中心、热能控制系统研究及应用中心、零碳技术应用示范中心等平台。各类平台申请知识产权83项，其中发明专利9项；授权知识产权72项，其中发明专利8项。截至年底，中心共建有包括智能技术应用重点实验室（台州市级）、功率半导体及应用研究重点实验室（台州市级）在内的各类产业技术应用研发及服务平台10个。

（李汶锦）

南方科技大学台州研究院

【概况】 2022年，南方科技大学台州研究院推动科技成果转化精准落地，聚焦“456”先进产业集群建设，赋能产业技术升级，开展突破共性关键技术难题，加强企业培育服务，强化科技人才智力支撑，加快科技成果转移转化。

【科研项目孵化】 2022年，南方科技大学台州研究院自主孵化9个项目，成立9家产业化公司。推进项目公司形成具有独家知识产权和核心竞争力的高科技产品和高科技服务；聚集海内外行业顶尖人才，做好企业发展的人才支撑；引入政府引导基金、社会基金，引导企业以上市为初步阶段进行规划部署；加强与台州龙头企业深入合作。推进3个新项目，组建项目公司，加快“智慧养老人工智能物联网平台”“自身免疫性疾病诊断试剂产业化”以及“西那卡塞原料药的绿色合成”项目落地，开展项目小试、中试工作，落实三方协议、注册资金到位、科技公司注册、团队实体化运营。

【科研投入产出】 2022年，南方科技大学台州研究院孵化及入驻企业研发投入共2187.41万元；签订技术服务合同21项，金额358.56万元；科技成果转化9项，金额347.05万元，帮助合作企业新增产值1.34亿元，新增就业人数57人。全院企业产值共计6807.26万元。11月24日，研究院与中车电机智造配套产业园签约合作共建示范点；12月14日，研究院与中国移动台州分公司签署全面战略合作协议。

【科技推广】 2022年，南方科技大学台州研究院推进药物、环境、航空、新材料、智能制造等12个项目建设，加强与市经信局、科技局、环保局、市场监督管理局等市级相关部门联动，举行行业座谈会、对接会、项目路演等活动，促进科技项目推广。

【科技服务】 2022年，南方科技大学台州研究院打造研究院分院、技术转移中心，推进地方性高新技术企业、民营科技企业及重点骨干企业与南方科技大学台州研究院共建以企业为主体的联合共建创新载体、科技研发中心和技术孵化器；联合申报国家、省、市级联合共建创新载体、研发中心等机构，共同承担国家、省、市科技攻关计划、高新技术产业化计划、科技型中小企业创新基金、新产品试制计划等各类科技计划项目。

【科创平台建设】 2022年，南方科技大学台州研究院天台智能制造分院全面启动，在智能制造、大数据、数控机床、数据孪生、大健康产业等领域推动天台县科技创新高质量发展。三门技术转移中心合作方案已经三门县政府办公会议通过。研究院仙居能源创新中心前期对接工作正在进行，与仙居相关产业园以及企业合作深入开展。

（吴炳锋）

教育综述

【概况】 2022年，台州市共有各级各类全日制学校和幼儿园1643所，在校生107.95万人，教职工8.94万人。九年义务教育完成率100%，巩固率100%；小学入学率与巩固率均达100%；初中毕业生升入高中段学校的比例99.47%，高中段教育学生毛入学率99.57%；学前三年入园率99.12%；15年教育普及率99.40%。特殊教育学校10所，在校学生1834人。全日制普通高校4所，在校生4.47万人；成人高校1所，在校生3.39万人。全市生均一般公共预算教育经费：小学16909元、初中23722元、普通高中29574元、中职22269元。全市地方教育经费总投入259.81亿元，比上年增长11.64%。其中地方国家财政性教育经费205.47亿元，比上年增长12.41%；地方一般公共预算教育经费174.69亿元，比上年增长10.46%，占一般公共预算支出的比例为20.92%。台州市教育局获2022年度全省教育工作业绩考核单项奖和市级单位工作目标责任制年度考核优秀，被评为全省规范民办义务教育发展专项工作成绩突出集体和台州市高质量发展建设共同富裕先行市先进集体、疫情防控工作先进集体、依法治市工作成绩突出集体，在全省教育系统工作会议和全省清廉浙江建设视频调度会上作典型发言。

【教育评价改革】 2022年，台州市创新建立县（市、区）委书记述教大会运行机制，形成县（市、区）委（工委）书记述教模板化清单，在县（市、区）党建工作责任制考核办法中新增教育工作述职考核，分值达到15分。构建台州市“1+10+100”教育评价改革体系，健全市—县—校三级矩阵。深入推进“百名校长谈教育”行动，邀请172位校长谈教育理念和治校感悟。“1+10+100”教育评价改革体系和“百名校长谈教育”活动被市委办列为台州市重点工作。入选省级教育评价改革试点8个，其中台州市改革党委和政府教育工作评价试点被省委教育工作领导小组秘书组赋予探路先行的改革使命。入选浙江省教育评价改革典型案例4项、省小学生综合评价改革试点地区3个，评选出市级优秀案例20项。

【创建评估工作】 2022年，台州市印发《台州市创建全国学前教育普及普惠县推进计划（2022—2025年）》，天台县通过全国义务教育优质均衡发展县省级复评和全国学前教育普及普惠县省级初评，三门通过全国义务教育优质均衡发展县省级初评。创成53所省现代化学校。2021年度教育现代化发展水平监测结果与上年相比提升明显，由8C1D提升为4B5C。做好省对市政府和市对县（市、区）政府履行教育职责评价工作，对椒江区、天台县、三门县政府下发市对县级政府教育履职情况督导意见。

【教育提质工作】 2022年，市委、市政府召开全市教育提质大会，出台《台州市教育提质三年行动方案（2022—2024年）》，成立教育提质推进委员会及工作专班。建立常态化“日碰头、周梳理、月例会、季开工、年对账”制度，召开教育提质工作例会3次，市领导专题调研会议10次，教育提质专班会议7次。构建“教育提质e张图”数字化平台，对各县（市、区）党委和政府教育主要任务开展情况进行动态更新、实时监测。强化晾晒督导，印发《台州教育提质工作动态》《台州教育提质简报》共30期，及时反馈教育提质督办单办理情况。做好教育提质咨询委工作，台州市教育提质咨询委员会第一次会议于11月21日在椒江召开；市教育提质咨询委主要领导赴路桥中学、黄岩中学、黄岩第二高级中学和温岭中学等地进行教育提质专题调研指导；教育提质咨询报告《共同富裕背景下加快城乡义务教育共同体的建议》获省委书记袁家军、省委副书记黄建发等领导的批示肯定。

【教育规划编制】 2022年，台州市编制《台州市区中小学及幼儿园布局专项规划（2021—2035年）》《台州市区义务教育三年行动布局规划（2022—2024年）》《台州市区幼儿园（托育）三年行动布局规划（2022—2024年）》。

【民生实事项目推进】 2022年，台州市完成新（改、扩）建公办幼儿园18所，新增学位5310个，完成率295%；完成新（改、扩）建中小学校14所，新增学位14058个，完成率175.73%。推动市民生实事项目，完成新（改、扩）建公办幼儿园25所、新增学位7320个，完成率104.6%，项目总投资5.12亿元；完成新（改、扩）建中小学校15所、新增学位14180个，完成率141.8%，项目总投资19.1亿元。

11月21日，台州市教育提质咨询委员会第一次全体会议在椒江召开

（市教育局　提供）

【教育项目建设谋划】 2022年，台州市编制《台州市教育提质三年行动项目清单》，2022—2024年计划实施教育建设项目343个，其中幼儿园（托育）项目149个、义务教育学校项目133个、中职学校项目17个、普通高中项目31个、高校项目13个。动态管理完善项目清单，教育建设项目增加到469个，其中幼儿园（托育）项目222个，义务教育项目175个、普通高中项目35个、中职学校项目23个、高校项目14个。12月5日举行台州市幼儿园（托育）建设项目集中开工暨椒江区第二中心幼儿园开工仪式，市委书记李跃旗宣布项目开工，此次集中开工幼儿园（托育）项目45个，建成投用后可新增幼儿园学位12915个、托位1660个。全年全市新开工项目100个、完工项目95个，可增加各类学位合计3.3万个。加快推进市直公办高中续建工程，路桥中学女生公寓建成投用、男生公寓基本完成，永宁中学建设工程基本完成，三梅中学迁建工程9月份开工建设。

【“中小学空调进教室”项目完成】 2022年，台州市印发《台州市“空调进教室”项目实施方案》，成立由教育、发改、财政、建设、自规、电力等部门组成的工作专班。截至8月底，全市共投入2.47亿元，完成494所中小学（幼儿园）10012间普通教室共计15321台空调的加装，并完成校园线路改造和变压器扩容。

【教育经费投入】 2022年，台州市一般公共预算教育经费总投入167.56亿元，市本级资金投入20.95亿元，较2021年增加1.32亿元。其中教育发展专项经费为1.375亿元，较上年增长5.8%。完成全市82.8亿元较大教育项目投资，较上年增长10.4%。提高义务教育阶段生均公用经费标准，小学每生每年从650元提至800元，初中每生每年从850元提至1000元。提高教育资金使用效益，全年市本级教育系统经费执行率为96.47%。

【教育乱收费专项治理】 2022年，台州市成立工作专班，组建2个市级重点检查组及10个县（市、区）交叉检查组，严格治理进度月报制度，常态追踪和落实问题整改。全市发现违规问题74个并全部完成整改。

【资助和对口援助工作】 2022年，台州市义务教育阶段享受营养餐2.4万余人，1500万余元，其他免保育费、免学费、助学金、生活补助等各类资助约3.2万人、4000万余元。市直学校全年共资助学生1194人次，资助金额236.57万元。完成15名援川校长教师和6名援藏教师选派任务。接收9名阿拉尔管理干部和21名甘孜教育管理干部到台州市学校和相关单位挂职锻炼。

【师德师风建设】 2022年，台州市出台《台州市教育系统开展中小学教师侵害学生身心健康问题专项整治工作实施方案》《关于被判刑教育从业人员从业资格监督管理办法（试行）》等相关文件。创建师德涵养基地，全年创建认定28家，其中6家入选省级实践教育基地。组织开展教师侵害学生身心健康问题专项整治，开展教职工准入查询等工作，开展师德负面清单档案记录“回头看”。中小学教师违规有偿补课现象有所好转，全市共有34名在职教师因违规补课等被查处。

6月2日，台州市大中小学思政课一体化建设联盟及研究中心成立大会召开　（市教育局　提供）

【人才引育】 2022年，台州市新招引好校长2名，好教师22名，全市中小学柔性引进各类高层次教育人才67名；新入选国万、省杰出教师、省教书育人楷模、省思政课教师年度人物各1名，新入选省春蚕奖32名、绿叶奖11名、红烛奖20名，专技二级岗3名；推荐认定30个台州市教育工作成绩突出集体和300名先进个人；审核认定台州学院新引进二级院长2名、专技三级岗7名。高校新引进各类高层次人才7人、博士研究生81人，台州学院入选全球前2%顶尖科学家2022榜单教师数居全省同类高校前列。新增正高级教师20人（全省第5）、省特级教师27人（全省第4）。全市招录2681名中小学新教师，全市500余名中小学在职教师参与研究生学历提升，定向培养全科、双学科等教师近百名，银龄教师受聘111人，其中22年新聘任33人、聘任在农村学校84人。新建2家省级以上知名工作站，引进“中国教育三十人”领军人物杨东平教授和上海姚星钢特级校长。王燕红获“浙江省杰出教师”、项香女获“首届浙江省教书育人楷模”，3名校长入选“长三角中小学名校长联合培养项目”、46人入选“浙派名师名校长培养工程”，19名教师入选台州市高层次人才特殊支持计划，其中第一层次1人，第二层次人才4人，第三层次人才10人，青年人才4人。叶海辉老师获全国“五一劳动奖章”。

【大中小学思政课一体化推进】 2022年，台州市成立台州市大中小学思政课一体化建设联盟及研究中心。举办大中小学思政课一体化研讨会，被《光明日报》《中国教育报》等多家媒体报道。举行台州市大中小学思政课一体化课堂教学展示活动、“思政一体化背景下的道德与法治学科核心素养培育”主题活动和初中、小学的道德与法治新课标培训活动，开展大中小学思政课一体化课堂教学评比活动。

【教育人事改革】 2022年，台州市扩大高级教师及以下职称自主评聘范围，在高中学校全面推开的基础上4所初中学校开展试点工作。深入开展教师"县管校聘"，推进校长教师交流，全市义务教育骨干教师交流比例达到符合交流条件的20%以上，校长交流比例达到符合条件的88%，初步建立起中小学教师良性流动的常态机制。

【中小学教师培训】 2022年，台州市启动普通高中卓越中青年校长培养三年行动计划，出台《关于推进台州市"啃读经典"教师成长坊建设的指导意见》《台州市"走进经典教育家书院"建设标准指导意见（试行）》《全面加强台州市中小学（幼儿园）校本研训工作的指导意见》和《台州市中小学校本研训示范校认定办法》（2.0版）。全年高质量实施12个高端培训项目，共培训校长、教师1100多人，其中参加国家级培训164人，省级培训260人，市级培训700余人。新建4个台州教师培训基地。建立市县校三级啃读坊508家，30余所学校建成"走进经典教育家书院"，认定第二批台州市校本研训示范校19所，评选出市第三批中小学（幼儿园）校本研训精品项目42项。入选浙江省教师教育创新实验区第二批建设项目1个，10所学校获评2019—2022年省校本研训先进集体，椒江在省师干训年会上作典型发言。

【中小学德育工作】 2022年，台州市举办"红领巾学院"思政微队课大赛，获省赛一等奖1人。开展第四届中小学中华经典诵写讲大赛，选送作品获省一等奖39个，其中小学组选送作品获全国总决赛第1名，初中组选送作品获全国总决赛第2名，创该项赛事历史新高。持续开展全国爱国主义读书教育活动，连续第29次获评全国特等组织奖，台州一中学生傅朗逸获爱国读书演讲比赛全国第1名，创造台州市此项活动最好成绩。组织开展第七届全市中小学生"学宪法·讲宪法"活动，全市中小学活动参与率达100%，学生参与率达88.43%，黄岩实验中学夏馨逸和黄岩实验小学王禹心代表浙江省参加宪法演讲比赛初中组和小学组的全国总决赛，夏馨逸获全国总决赛初中组冠军，创造浙江省参加该赛事新高。评选第五批台州市文明校园24所。新创成"低碳校园"9所，累计创成18所。组织全市中小学收看"百名科学家进中小学课堂"活动，活动覆盖率达100%。

【体艺健康教育】 2022年，台州市召开儿童青少年近视综合防控工作联席会议，儿童青少年总体近视率下降至52.7%，比上年降低1个百分点。18所学校通过省健康促进学校（金牌）评估，11所学校获第三批省近视防控特色学校称号。做好市政府民生实事项目"中小学校卫生室（保健室）规范化建设"工作，完成率为106.9%。组队参加全省第十五届中学生运动会，获武术比赛金牌27枚、初中组团体总分第1名、高中组团体总分第2名，田径比赛获高中市队组总分第1名，29名小将入选省青少年校园足球最佳阵容。参加2022年浙江省中小学生艺术节，4个单位获优秀组织奖，获声乐器乐一等奖19个、书法绘画等一等奖40个。市教育局获全国第七届中小学生艺术展演活动优秀组织奖，获舞蹈、朗诵、学生艺术实践工作坊二等奖各1个，声乐三等奖1个，绘画摄影一等奖2个、二等奖1个、三等奖2个，中小学美育改革创新优秀案例一等奖1个、三等奖1个。2所学校获"全国中小学国防教育示范学校"称号。

【劳动实践教育】 2022年，台州市举办台州市中小学劳动教育推进会，出台《劳动教育实验学校评估体系》，建立市区综合实践基地联盟，评选出五星级基地3家、四星级基地7家、三星级基地15家，创建劳动教育实践基地10家，联合台州市文旅局新认定31家研学实践教育基地和

11月5日，第七届浙江省学生"学宪法 讲宪法"活动省级决赛在杭州举行。台州选手获演讲比赛特等奖2个，知识竞赛一等奖2个，二等奖1个

（市教育局　提供）

营地。建成“台州研学港”平台，全市中小学生研学实践教育基地近100家，共推出研学实践精品线路6条。

【心理健康教育】 2022年，台州市建立“预警、监测、信息评估、预报、危机处理”等工作小组，建成台州市“牵肠挂肚”项目“儿童青少年心理健康关爱保护平台”。对全市学生开展心理健康状况筛查工作50万余人次，筛查率100%。全市中小学均建成标准化心理健康辅导室，全市学校均开通心理热线电话或网络咨询通道。全市学校面向学生开设心理辅导活动课近1500节，举办心理健康教育专题讲座和培训729次，向家长推送家庭教育资源2000次，惠及82万家长。中小学线下家长学校实现全覆盖，建成数字家长学校250多所，学习平台总注册人数超过75万。全市3万多中小学教师开展家访，了解近50万名学生心理状况。每年开展心理健康教育骨干教师培训31次，7600余人次。

【“双减”改革】 2022年，台州市深入实施“双减”工作“六大行动”。全市583家义务教育学科类培训机构实现清零。率先全省在全国监管平台开通支付渠道，实现全省“零”的突破；全市全国校外教育培训监管与服务综合平台上线297家，上线机构数居全省第2名；监管账户合格率、支付渠道开通率、订单产生率均为100%，居全省之首。联合非学科类主管部门出台校外培训机构监督管理实施意见。全国首创“区域双减指数测评”机制，动态调整核心指标和指数设计，实行“排名通报制度”，更新迭代至5.0版本，发布30轮测评结果，发出2期督办单、11期提示单。“双减”工作报告顺利通过市人大常委会工作审议。央视5次报道台州“双减”做法，教育部“双减”改革每日快报共19次报道台州经验；《浙江教育报》头版报道台州经验；台州1案例被评为浙江“双减”年度十佳样本。市府办出台《关于建立台州市义务教育阶段课后服务联席会议制度的通知》，建立由市政府秘书长和教育局长牵头，15家单位为成员的联席会议。印发《义务教育阶段学校课后服务工作指南》。10个县（市、区）全部制定校内托管服务的实施意见，所有义务教育学校开展课后服务，覆盖率达到100%；全市约55万名中小学生自愿参加课后服务，参与率达88.75%；约3.8万名中小学教师主动参加课后服务，参与率93.59%。11个案例获得省“双减”优秀实践案例，天台县石梁学校的案例入选浙江“双减”年度十佳样本，被《浙江日报》头版报道。

【教育考试招生工作】 2022年，台州市组织各类考试38次，参考人次共计130万，创历史之最。其中学历考试13次，参考人次119.8万；非学历证书考试25次，参考人次10.2万。完成近34万份中考试卷和28.6万份全省数学学考评卷工作。全市参加高考体检考生4.54万人，其中市区参检考生1.36万人。全市普通高考录取率91.59%（含艺术、体育类），高职录取率84.45%。2022年台州市区中考录取新生11510人。

【教育宣传工作】 2022年，台州市教育局全年报送政务信息和媒体信息100多条，组织4次新闻发布会，参加1次“12345”阳光热线。市教育局在全省教育系统信息宣传工作排名中位列第5名，获2021年度台州市党委信息工作先进单位（一等奖）。深化教育政务新媒体创新行动，创新推出工作月报12期，“台州教育”微信公众号全年发布信息1009条，阅读量达771万+，较上年增长50%，阅读量居全省设区市教育局第1位；在2021年度浙江省政府系统政务微信影响力指数中排全省第19位，是全省唯一入选的设区市教育局政务微信。“台州市教育”微博发布信息2636条，阅读量达263万+。市教育局政务新媒体入选“2021年度浙江省教育新媒体综合力十强”，在2022年全市政务公开中期测评中排市级单位第1位。

【教育领域数字化改革】 2022年，台州市入选2022年全省教育领域数字化改革创新试点项目8个，总数位居全省前列。全面推进“学在台州”一站式教育服务专区、全民数字学习平台建设，打造“教育大脑+智慧学习”未来教育图景。建成入园入学系统、体质健康、视力筛查、疫警通、培省心、匠才荟、教育地图、研学基地港、网络教研、教育监测等应用场景。浙里办“台州掌上教育”，访问量一直遥遥领先，成为浙里办台州应用实战实效的样板。“匠才荟”应用获批台州市数字化改革第一批重点建设项目，“培省心”场景获批浙江省电子证照社会化应用试点。

【教育信息化推进】 2022年，台州市在全省率先开展市级“教育魔方”建设工程，率先实现与省魔方数据中枢的互联互通。新增建设省市名师网络工作室34个。全市新建800多个市级教学微课程、180门网络同步课程、25门省级名师金课程、10门高中精品微课程，其中281个教学微课程和5门课后服务精品课程被纳入省级出版资源库。确定台州市首批人工智能教育专家45位，遴选出台州市首批人工智能教育实验区5个和人工智能教育实验校86个。

【智慧校园品牌培育】 2022年，台州市椒江区等4个区域和北师大台州实验学校等10所学校成为国家智慧教育应用省级试点单位。全市评出328所智慧校园，其中标杆校22所、良好等第81所、达标等第225所。台州49个精品教学空间获得省级奖项，临海市杜桥小学知溪校区入选教育部2022年度网络学习空间应用普及活动优秀学校。新建113个市级新型教学空间，其中9个新型空间案例被评为省级案例，温岭市石桥头小学“未来小镇的打造”空间范例被评为浙江省“基于学习方式变革的新型教学空间重点培育学校”。玉环市入选省第二批“人工智能+教育”实验区，天台县实验小学等6所学校成为省“人工智能+教育”实验校。建成教育装备智慧管理示范校22所。三门县入选国家级信息化教学实验区，并在全国教育数字化战略与教师发展变革在线论坛中作经验分享。

【教育装备建设】 2022年，台州市发布中小学基础性实验装备指南和拓展性实验装备指南。新增13所中小学书香校园和19个示范性图书馆，组建全市中小学阅读指导工作站和10个阅读共同体。深入实施中小学教室灯光改造工程，两年内全市一共改造教室7440间，灯光合格率达到100%；其中智能灯光教室共改造5703间，占比76.65%，超过省规定的70%要求。

【教育监测工作】 2022年，台州市教育质量监测与评价有关工作被评为年度中国基础教育典型案例（全省2个），并在《人民教育》刊登；在第七届中国基础教育质量监测与评价学术年会“区域教育质量监测服务与提升”分会场作经验交流。组织实施全市义务教育阅读素养和数学学习能力监测并对外发布监测报告，共有135所学校和18000多名师生参加。在2021年全省中小学教育质量评价监测中，台州市小学语文、数学、科学的学业质量分列全省第六、第八、第四名，创历史最好成绩。完成高中生体质健康抽测报告，共有82所学校和8000多名师生参加。

【校园安全稳定工作】 2022年，台州市持续开展“护校安园”专项行动、“学生平安夏季百日倒计时”活动、信访积案化解、“除险保安”工作，全年学生非正常死亡人数、万人比、事故起数实现“三个持续下降”，18件信访积案提前实现100%化解，全市教育领域诉求类信访量同比下降50.84%，“五防联动”实现“零溺亡”工作经验得到省委副书记黄建发的批示肯定。平稳有序组织普通高考等考试38项130万人次，实现疫情防控和考试组织“双安全”。

【党建工作】 2022年，8月10日，市委发文设立中共台州市委教育工作委员会、中共台州市教育局党组；市、县党委教育工作领导小组、政府教育督导委在“双减”、规范民办义务教育发展和督政督学等工作中统筹抓推进，党委统一领导、党政齐抓共管、部门各负其责的教育领导体制更加完善。市委教育工作领导小组召开各类会议7次。推动出台《关于全面落实“红色根脉工程”推进台州高校党建提质创优的实施方案》，推进中小学党组织领导的校长负责制试点，组织两轮中小学校党建巡查，选树21家市级党建工作示范学校，新增5个省高校党建工作标杆院系、样板支部培育创建单位，民办中小学校党的工作覆盖率达100%、党的组织覆盖率达96%。组织全市152名党组织书记参加第六期全国中小学校党组织书记网络培训示范班，组织10名学校书记参加2022年全国中小学党组织书记示范培训班，局党委全年发展党员94名。推进清廉学校扩面提质，实现县（市、区）清廉学校创建、教育部门清廉班子创建和公办学校清廉学校子单元创建三个全覆盖，9所学校入选首批省清廉学校建设示范校，4所学校获全市清廉建设先进集体称号，认定32所学校为第二批台州市清廉学校示范校。

（台州市教育局）

2022年台州市教育事业一览表

表23

项　目	学校数（所）	毕业生数（人）	招生数（人）	在校生数（人）	教职工数（人）	
					合计	其中：专任教师
合计	1638	262625	257392	1000828	85634	67867
其中：女		121763	118788	462111	64679	50750
民办	702	65935	49000	195938	24009	14751
一、基础教育	1613	237374	233351	926765	81130	63388

续表23

项　目	学校数（所）	毕业生数（人）	招生数（人）	在校生数（人）	教职工数（人）	
					合计	其中：专任教师
其中：女		110544	108602	430221	62020	48058
民办	693	61335	43492	178326	23132	13757
1.幼儿园	985	65006	59765	191097	26793	13869
其中：女		30770	28042	89976	25060	13702
民办	617	38546	27119	94231	13958	6991
2.小学	343	69393	67645	420073	25560	24501
其中：女		31055	31624	192876	19472	18835
民办	20	7561	4165	42207	3240	2447
3.初中	195	68928	67873	205040	17283	15542
其中：女		31463	30342	92979	10105	9954
民办	21	10222	5764	24704	2670	1868
4.高中	80	33666	37678	108721	11111	9131
其中：女		17122	18442	53739	7082	5294
民办	35	8131	10668	29951	3264	2451
5.特殊教育	10	568	639	3087	383	345
其中：女		208	226	1114	301	273
特殊教育学校	10	381	390	1834	383	345
其中：女		134	152	651	301	273
二、中等职业教育	25	25251	24041	74063	4504	4479
其中：女		11219	10186	31890	2659	2692
民办	9	4600	5508	17612	877	994
1.普通中专	2	1275	1218	4103	236	208
其中：女		515	431	1445	131	118
民办	1	877	897	3093	193	172
2.成人中专	1	534	636	1659	19	15
其中：女		325	329	931	15	11
民办						
3.职业高中	22	23442	22187	68301	4249	4256
其中：女		10379	9426	29514	2513	2563
民办	8	3723	4611	14519	684	822

2022年台州市高等学校基本情况表

表24　　单位：人

项　目	普通高校			成人高校			教职工数	
	毕业生数	招生数	在校生数	毕业生数	招生数	在校生数	合计	其中：专任教师
合计	11531	14607	44744	10424	13446	33917	3801	2712
台州学院	3990	4579	16031	1068	1325	2610	1725	1260
专科				461	513	1080		
本科	3990	4579	16031	607	812	1530		

续表24

项　目	普通高校			成人高校			教职工数	
	毕业生数	招生数	在校生数	毕业生数	招生数	在校生数	合计	其中：专任教师
台州职业技术学院	3589	4230	13116	920	1646	2671	799	613
专科	3589	4230	13116	920	1646	2671		
本科								
台州科技职业学院	3190	3443	9752	2			618	363
专科	3190	3443	9752	2				
本科								
浙江汽车职业技术学院	762	2355	5845	270	495	795	322	235
专科	762	2355	5845	270	495	795		
本科								
台州开放大学				8164	9980	27841	337	241
成人高校				1110	891	2244		
开放教育				5394	8767	22606		
网络教育				1660	322	2991		

2022年台州市各级各类学校办学条件情况表

表25

	占地面积（平方米）	校舍建筑面积（平方米）		图书（册）	固定资产总值（万元）	
		合计	其中：教学及辅助用房		合计	其中：仪器设备总值
总计	26327425	14732503	7346339	38607573	2573553	510531
1.幼儿园	3049399	2150499	1471203	2766971	265303	34401
2.小学	8142208	3975933	2245065	15432557	822207	180998
3.初中	6759392	3684195	1578346	10848868	581639	126193
初级中学	5228397	2669774	1178023	8213608	418727	102100
九年一贯制学校	1530995	1014421	400323	2635260	162912	24093
4.高中	6078060	3477585	1317538	6951255	675008	101032
完全中学	1038739	595943	206228	1260355	87373	16827
高级中学	4544727	2543856	986752	4993984	529478	73118
十二年一贯制学校	494594	337785	124557	696916	58158	11087
5.特殊教育	121007	72579	27672	38606	10976	1335
6.中等职业学校（产权+非产权）	2177358	1371713	706516	2569316	218420	66572

2022年台州市学前三年入园率、15年教育普及率一览表

表26　　单位：人、%

县（市、区）	学前三年入园率			15年教育普及率		
	3～5岁在校生	3～5岁人口数	入园率	3～17岁在校生	3～17岁人口数	普及率
上年	193593	195851	98.85	994538	999956	99.46
本年	191097	192797	99.12	986218	992172	99.40
椒江区	25241	25241	100.00	126093	126156	99.95
黄岩区	21160	21319	99.25	98509	98874	99.63

续表26

县（市、区）	学前三年入园率			15年教育普及率		
	3～5岁在校生	3～5岁人口数	入园率	3～17岁在校生	3～17岁人口数	普及率
路桥区	18756	18892	99.28	93917	94360	99.53
三门县	10720	10819	99.08	58845	59664	98.63
天台县	14060	14274	98.50	78336	79119	99.01
仙居县	13261	13314	99.60	75158	75158	100.00
温岭市	35889	36244	99.02	184628	185313	99.63
临海市	32556	33213	98.02	176798	179472	98.51
玉环市	19454	19481	99.86	93934	94056	99.87

2022年台州市高中段毛入学率、九年义务教育完成率一览表

表27　　单位：人、%

县（市、区）	高中段毛入学率			九年义务教育完成率				
	在校生	15—17岁人口数	入学率	初中毕业人数			2013年一年级招生数	完成率
				合计	本地毕业生	转外地毕业生		
上年	181656	182365	99.61	85023	71390	13633	85023	100
本年	182784	183570	99.57	82605	68928	13677	82605	100
椒江区	19750	19753	99.98	8405	8127	278	8405	100
黄岩区	15745	15797	99.67	7750	6447	1303	7750	100
路桥区	14848	14871	99.84	8429	6437	1992	8429	100
三门县	11622	11669	99.60	4563	4392	171	4563	100
天台县	18713	18898	99.02	5705	6297	−592	5705	100
仙居县	19479	19479	100.00	6361	6709	−348	6361	100
温岭市	28562	28584	99.92	17910	11645	6265	17910	100
临海市	40816	41249	98.95	14680	13327	1353	14680	100
玉环市	13249	13270	99.84	8802	5547	3255	8802	100

2022年台州市初升高学生数情况一览表

表28　　单位：人、所

县（市、区）	初中毕业生数	当年初中毕业生升入高中段各类学校学生数							
		合计	普通高中	中等职业教育					
				小计	职业高中	普通中专	成人中专普通班	技工学校	其他
上年	71390	70903	36134	34769	23481	1587	508	2197	6996
本年	68928	68565	37337	31228	22187	1218	636	2431	4756
椒江区	8127	8093	4844	3249	1717		636	302	594
黄岩区	6447	6384	3695	2689	1885			419	385
路桥区	6437	6392	3354	3038	1878				1160
三门县	4392	4378	2640	1738	902			836	0
天台县	6297	6284	3787	2497	2289				208

续表28

县（市、区）	初中毕业生数	当年初中毕业生升入高中段各类学校学生数							
		合计	普通高中	中等职业教育					
				小计	职业高中	普通中专	成人中专普通班	技工学校	其他
仙居县	6709	6649	3447	3202	2622				580
温岭市	11645	11614	6209	5405	3544			749	1112
临海市	13327	13230	6503	6727	5384	1218		125	0
玉环市	5547	5541	2858	2683	1966				717

2022年台州市初升高比例情况一览表

表29　　单位：%

县（市、区）	合计	普通高中	中等职业教育					
			小计	职业高中	普通中专	成人中专普通班	技工学校	其他
上年	99.32	50.61	48.70	32.89	2.22	0.71	3.08	9.80
本年	99.47	54.17	45.31	32.19	1.77	0.92	3.53	6.90
椒江区	99.58	59.60	39.98	21.13	0.00	7.83	3.72	7.31
黄岩区	99.02	57.31	41.71	29.24	0.00	0.00	6.50	5.97
路桥区	99.30	52.11	47.20	29.18	0.00	0.00	0.00	18.02
三门县	99.68	60.11	39.57	20.54	0.00	0.00	19.03	0.00
天台县	99.79	60.14	39.65	36.35	0.00	0.00	0.00	3.30
仙居县	99.11	51.38	47.73	39.08	0.00	0.00	0.00	8.65
温岭市	99.73	53.32	46.41	30.43	0.00	0.00	6.43	9.55
临海市	99.27	48.80	50.48	40.40	9.14	0.00	0.94	0.00
玉环市	99.89	51.52	48.37	35.44	0.00	0.00	0.00	12.93

2022年台州市小学教育普及情况一览表

表30

县（市、区）	入学率				巩固率（%）		小学升初中比例（%）
	合计		其中：女入学率		合计	其中：女	
	学龄人口（人）	入学率（%）	学龄人口（人）	入学率（%）			
上年	420419	100.00	191896	100.00	100.00	100.00	100.00
本年	418408	100.00	192210	100.00	100.00	100.00	100.00
椒江区	58320	100.00	26875	100.00	100.00	100.00	100.00
黄岩区	43640	100.00	20305	100.00	100.00	100.00	100.00
路桥区	41337	100.00	19145	100.00	100.00	100.00	100.00
三门县	24927	100.00	11302	100.00	100.00	100.00	100.00
天台县	29115	100.00	13416	100.00	100.00	100.00	100.00
仙居县	26774	100.00	12371	100.00	100.00	100.00	100.00
温岭市	82779	100.00	38105	100.00	100.00	100.00	100.00
临海市	68361	100.00	30850	100.00	100.00	100.00	100.00
玉环市	43155	100.00	19841	100.00	100.00	100.00	100.00

2022年台州市初中教育普及情况一览表

表31

县（市、区）	入学率				巩固率（%）	
	合计		其中：女入学率		合计	其中：女
	学龄人口（人）	入学率（%）	学龄人口（人）	入学率（%）		
上年	202124	99.79	92292	99.83	100.00	100.00
本年	198863	100.00	90385	100.00	100.00	100.00
椒江区	23018	100.00	10583	100.00	100.00	100.00
黄岩区	19418	100.00	9121	100.00	100.00	100.00
路桥区	18460	100.00	8642	100.00	100.00	100.00
三门县	13013	100.00	5666	100.00	100.00	100.00
天台县	17283	100.00	7787	100.00	100.00	100.00
仙居县	16566	100.00	7478	100.00	100.00	100.00
温岭市	37011	100.00	17003	100.00	100.00	100.00
临海市	35666	100.00	15575	100.00	100.00	100.00
玉环市	18428	100.00	8530	100.00	100.00	100.00

学前教育

【概况】 2022年，台州市有幼儿园985所，在园幼儿19.11万人。在公办园就读幼儿9.69万人，公办率50.69%，比上年增加7.02个百分点。专任教师1.39万人，比上年增加290人；生师比13.78，比上年的14.26下降0.48；接受过专业教育的专任教师占比97.75%。占地面积305万平方米，比上年增长6.05%；生均占地面积15.96平方米，比上年增加1.11平方米。校舍总面积215万平方米，比上年增长10.35%；生均校舍建筑面积11.25平方米，比上年增加1.19平方米。玩教具资产值3.44亿元，比上年增长9.94%；生均玩教具资产值1800元，比上年增加184元。图书276.7万册，比上年增长22.37%；生均图书14.48册，比上年增加2.8册。全市学前三年入园率为99.12%，比上年增加0.27个百分点。

【政策落实】 2022年，台州市教育局联合11个市直部门在全省率先出台《台州市学前发展第四轮行动计划（2021—2025年）》，联合4个部门出台《台州市城镇住宅小区配套幼儿园建设管理实施办法（2022年修订）》，构建覆盖城乡、布局合理、公益普惠的学前教育公共服务体系。

【补短提升工程实施】 2022年，台州市实施农村幼儿园补短提升工程，评选台州市普惠性民办幼儿园示范园19所，下达学前教育专项经费701.47万元；加快升等创优进程，37所幼儿园达到预评二级园认定标准，28所幼儿园达到新评二级园认定标准。全市二级以上幼儿园在园幼儿占比达73.17%，普惠性幼儿园在园幼儿占比达94.11%，公办幼儿园在园幼儿占比达50.69%。

【规范治理】 2022年，台州市完成城镇小区配套幼儿园治理“回头看”专项行动；关停70所“低小散”幼儿园；开展幼儿名称规范清理行动，排查出名称不规范幼儿园共10所，完成更名8所，关停2所。

【课改深化】 2022年，台州市打造具有地方文化特质的台州和合幼教课程群，台州市“和合幼教”“自主发展”两个项目获浙江省基础教育教学成果奖二等奖。开展学前教育十年改革发展重大历史性成就典型案例遴选。开展“幼小衔接，我们在行动！”主题宣传月行动，评选展示40个优秀视频案例，在省教育厅官网专栏推送展示3个视频案例。承办浙江省“幼小衔接”推进会。

【招生服务区改革】 2022年，台州市有序推进学前教育招生服务区改革试点，确定首批“服务区”幼儿园197所，其中公办幼儿园154所，保障学龄前儿童就近就便入园。鼓励有条件的幼儿园举办托班，有237所幼儿园提供托班学位，满足2～3

岁幼儿入托需求。台州市1篇学前教育发展专报被浙江政务信息录用，2位教师入选“浙江省幼儿教师师德样本”。

（台州市教育局）

义务教育

【概况】 2022年，台州市有义务教育学校538所，在校生总数62.51万人。专任教师4万人，本科及以上学历占92.33%。校舍总面积766.01万平方米，比上年增长0.52%。仪器设备值30.72亿元，比上年增长8.33%。图书2628.14万册，比上年增长2.03%。义务教育入学率、巩固率、完成率均为100%。义务教育学生就读公办率89.3%。其中小学学校343所，在校生42万人。专任教师2.45万人，生师比17.15，专任教师本科及以上学历占88.44%。占地面积814.22万平方米，生均占地面积19.38平方米。校舍总面积397.59万平方米，生均校舍建筑面积为9.46平方米。教学仪器设备值18.1亿元，生均教学仪器设备值4309元。图书1543万册，生均图书36.74册。初中学校195所，在校生20.5万人。专任教师1.55万人，生师比13.19，专任教师本科及以上学历占98.46%。占地面积676万平方米，生均占地面积32.97平方米。校舍总面积368.42万平方米，生均校舍建筑面积为17.97平方米。教学仪器设备值12.62亿元，生均教学仪器设备值6155元。图书1085万册，生均图书52.91册。义务教育随迁子女在校生14.73万人，在公办学校就读随迁子女10.86万人。其中，在小学就读学生11.1万人，公办小学就读学生7.95万人。在初中就读学生3.63万人，公办初中就读学生2.91万人。小学校均规模增加到1224.7人，初中校均规模增加到1051.49人。全市小学6个班及以下的小规模学校（含教学点）67所，初中6个班及以下的学校27所。小学班均规模增加到39.15人，初中班均规模增加到43.68人。

【“公民同招”规范】 2022年，台州市完成义务教育阶段学校“公民同招”工作，全市共录取义务教育阶段学生122250人。12所“公参民”转公学校均顺利完成招生，共招收5129人，整体平稳有序。

【随迁子女教育水平提升】 2022年，台州市制定《2022年台州市进城务工人员随迁子女义务教育提升工作实施计划》，落实以居住证为主要依据的随迁子女义务教育入学政策，实现公办学位供给率100%（含购买服务）。市教育局联合5个市直部门出台《关于进一步做好非台州户籍进城务工人员随迁子女在台州市接受高中段教育工作的实施意见》，全面放宽随迁子女报考台州市普通高中条件。

【城乡教共体建设】 2022年，台州市新增142所市级教共体结对学校，全市义务教育教共体结对学校结对覆盖率92.36%，实现公办学校全覆盖，其中融合型结对校共118所、共建型结对学校共378所、协作型结对学校共84所，初步形成以融合、共建型为主的城乡教共体创建格局。6月12日和9月28日在天台分别召开“城乡教共体建设高峰论坛暨现场推进会”和“城乡教共体建设标准研制学术研讨会”，全国28个省市近3万人观看直播，省内外10多位专家莅临指导。

【乡村名校建设】 2022年6月24日，《中国教育报》头版头条以“点亮乡村教育的熠熠星光”为题，报道台州乡村名校建设成功经验与做法，并配发评论员文章，报道得到市委书记李跃旗批示肯定。《浙江教育科学》2022年第二期聚焦《乡村名校建设》栏目用20个页码专题刊登台州市教育局等七个单位学校的实践案例。11月9日，天台石梁学校作为台州乡村名校代表，在2022年全国小学教育发展论坛上作典型发言。在全国首创“乡村好课”评选，全市1300多位乡村教师参加，评出一等奖21名、二等奖38名、三

6月13—14日，共同富裕背景下城乡教共体建设机制研究现场推进会暨首届“乡村好课”颁奖活动在天台县石梁学校举行

（市教育局　提供）

等奖72名；拍摄制作《乡村好课》微电影，《中国教育报》《浙江教育报》作专题报道。《振兴乡村教育，实现教育共富》被评为台州市“九富”最佳实践案例二等奖，《打造“乡村名校”，走实教育共富路》被评为浙江省高质量发展建设共同富裕示范区最佳实践共富案例。认定50所学校为台州市2022年度乡村名校。建立名师工作室乡村基地学校175家，聘请30位全国知名教育专家担任30家工作室“常设顾问”，新建市名师名班主任工作室6家，遴选工作室学员83名。实施“乡村教师发展特别支持计划”666行动三年规划实施方案，举办2期乡村校长、班主任高级研修班；挂牌建立名师工作室乡村基地学校60家。

（台州市教育局）

普通高中教育

【概况】 2022年，台州市有普通高中学校80所，毕业生3.37万人，招生数为3.77万人，在校生10.87万人。专任教师9131人，生师比11.91，专任教师本科及以上学历比例99.77%。占地面积607.81万平方米，生均占地面积55.91平方米。校舍建筑面积347.76万平方米，生均校舍建筑面积31.99平方米。教学仪器设备值10.1亿元，生均教学仪器设备值9293元。图书695万册，生均图书63.94册。

【普通高中招生规范】 2022年，台州市首次实现全市统一平台录取，全市报名参加中考人数共67843人，共录取高一新生37829人。增加市区普通高中学位，通过挖潜扩容新增学位1474个，其中优质普通高中新增学位484个，使市区优质普通高中招生分配指标提高到80%。

【体质健康水平“双跃升”】 2022年，台州市在2021学年全省高校新生（浙江籍高中毕业生）体质健康测试中，学生按生源地和生源高中学校在全省排序（位）中有显著提升，合格率为90.28%，居全省排名第8位，优良率为18.38%，居全省第7位，特别是优良率摆脱多年来一直在末位的现象。市直高中在全省总成绩优良率排名中居第25位，居全市第1位。

【体教融合发展】 2022年，台州市完善竞技体育后备人才高中入学办法，招收竞技体育后备人才28人，其中台州市黄岩第二高级中学学生黄雨婷获2022年开罗世锦赛10米气步枪两金一银的好成绩。以台州市路桥中学高二学生为主力的台州市足球队获浙江省第十七届运动会足球男子甲组冠军，台州市首次登上省运会足球项目冠军领奖台。

【普通高中提质】 2022年，台州市建立“双一流”大学优质生源培养基地11个、拔尖创新人才早期培养基地31个，健全高考研究体系，率先搭建“市域互联网生涯教育平台”，承办全省第二届普通高中生涯规划教育论坛，五大学科竞赛水平整体提升。

【市直教育质量提升】 2022年，台州市开展市直教育质量提升工作述职活动，12所公办普通高中校长作现场述职，评出优秀4个、良好5个、合格3个。全面提升教学质量，市直普通高中学生高校上线比例由88.32%上升到98.46%，普通本科上线比例从55.93%上升到59.19%。加强拔尖创新人才培养，修订《市直普通高中拔尖创新人才培养方案》，强化学科竞赛基地建设，推进拔尖创新人才早期培养基地建设，依托台州一中与北京大学教育学院合作开展创新人才培养行动研究，加强市直普通高中学科教室、实验室建设。开展特色项目评比，认定优秀项目7个、良好项目10个、合格项目8个。

【市直学校学生综合素质提升】 2022年，台州市在全国“永远跟党走　奋斗新征程”爱国主义读书教育活动中，台州一中傅朗逸同学获演讲比赛第1名，征文比赛获特等奖1人、一等奖2人、二等奖3人、三等奖3人，北师大台州附中被评为组织特等奖，两位老师分别被评为辅导特等奖和优秀奖。组织参加全国关工委“新时代好少年·强国有我”主题教育读书活动，台州一中张雯趣在省演讲比赛中获一等奖。科技创新教育实现新突破，在第36届浙江省青少年科技创新大赛中，市直普通高中学生获奖10项，其中国家级入围展示3项，省一等奖4项、二等奖2项、三等奖1项，台州一中获优秀组织奖。

【市直学校队伍建设】 2022年，台州市调整路桥中学等4所学校的校长，提拔副校长8人，免去校长书记3人、副校长6人，交流校级领导2人；选拔第三期市直高中校长后备干部26人；开展市直高中校长职级考核，新评定2位新校长职级。组织市直中小学（幼儿园）教师课堂教学评比活动，选送77位教师参加市级评比。组织首届市直普通高中思政课教师综合能力比赛，市直学校教师分别获全市第一、第三、第四名的好成绩。54位教师被评为市直中小学（幼儿园）教育工作突出贡献个人；2所学校评为台州市教育工作成绩突出集体、20位教师评为台州市教育工作成绩突出个人。

（台州市教育局）

7月16日，“新时代好少年·强国有我”浙江省中小学生演讲展示活动在台州市文渊小学举行　　（市教育局　提供）

中等职业教育

【概况】 2022年，台州市有中等职业学校25所，毕业生2.53万人，招生数2.4万人，在校生7.41万人。专任教师4479人（含附设中职班），生师比16.54，专任教师本科及以上学历比例97.16%。占地面积（产权+非产权的独立使用）213.47万平方米，生均占地面积28.82平方米。校舍建筑面积（产权+非产权的独立使用）136.78万平方米，生均校舍建筑面积18.47平方米。教学仪器设备值6.66亿元，生均教学仪器设备值8989元。图书257万册，生均图书34.69册。

【产教深度融合】 2022年，台州市遴选立项市级产教融合项目70个，16个项目获批省级产教融合项目。台州科技职业学院、北京精雕科技集团、浙江凯华模具有限公司三家投入近4000万元共建精雕产业学院、凯华模具产业学院，台州科技职业学院打造“政校行企”产教融合生态圈入选教育部2021年度产教融合校企合作典型案例。台州职业技术学院与阿里巴巴（中国）网络技术有限公司等共同开展的就业实习基地项目获批教育部第一期供需对接就业育人项目立项，台州职业技术学院案例《德国IHK标准引领、双学习工厂赋能:“永高产业学院”的人才培养创新实践》获评教育部“产教融合校企合作典型案例”。

【师生技能竞赛】 2022年，台州市组织开展全市职业院校师生技能竞赛，实施匠苗成长行动计划，遴选工匠之星100名。台州职业技术学院获世界职业院校学生技能竞赛铜牌1项（浙江省唯一）；台州科技职业学院获全国教师教学能力大赛一等奖1项、二等奖1项，省赛特等奖2项、一等奖1项，比赛总成绩位居全国高职院校第10位、全省第2位；中职学校获全国中职学生技能比赛一等奖2项、二等奖7项、三等奖2项，创历史最好成绩。

【创新高地建设】 2022年，台州市完成教育部当年的目标要求，创建工作得到省委书记袁家军、副书记黄建发和市委书记李跃旗的批示肯定。相关做法和经验在《中国教育报》《浙江日报》等媒体刊登报道。出台《台州市职技融通改革实施方案》《台州市临港产业带职业教育发展规划》等9个文件，为职教创新高地建设提供政策供给。开展混合所有制办学改革培育试点32个，长学制人才培养改革培育项目12个，温岭市职业技术学校入选省首批13所“区域中高职一体化”改革试点学校，《台州：以“混改”激发职校办学活力》被《中国教育报》刊登报道。

11月25日，台州市中高职一体化和混合所有制办学工作推进会在温岭市举行　　（市教育局　提供）

【职教助力共富先行行动】 2022年，台州市教育局印发《台州职业教育助推共同富裕行动计划（2022—2025年）》。台州职教助力共富的经验做法在第五届现代职业教育西湖论坛作主题发言，《强化技能人才供给，助推民营经济创富》案例获台州市“九富”最佳实践案例评选活动二等奖。推进北三县教育共富，市直各高校编制《支持北三县教育提质行动方案》。

【“职技融通”改革】 2022年，台州市在全省率先出台《台州市职技融通改革实施方案》，开展11所学校32个专业“双证融通”人才培养改革试点。探索“技师+高职+企业”五年制“双培养”育人模式。《浙江省台州市畅通“三链”改革组合拳 推动产业技术工人“扩中”提质》刊发在国家发改委网站地方改革经验板块，《台州市：构建职技融通“双培养”育人体系打通技术工人学历能力“双提升”成长通道》在省教育厅“教育参阅”上刊发。

【职业院校德育工作】 2022年，台州市遴选8所“三全育人”典型学校、10个校园文化建设“一校一品”项目、6个中小学生职业体验中心项目。

（台州市教育局）

高等教育

【概况】 2022年，台州市有高等学校5所，招生数2.81万人，毕业生2.2万人。教职工总数3801人，专任教师2712人。其中：普通高等学校4所，毕业生1.15万人，比上年增加417人；招生数1.46万人，比上年增加740人；在校生4.47万人，比上年增加2388人；教职工3464人，比上年增加186人；专任教师2471人，比上年增加149人。成人高等学校1所，招生数1.34万人（其中开放和网络教育0.91万人），比上年增加1615人（其中开放和网络教育增加1212人）；在校生3.39万人（其中开放和网络教育2.56万人），比上年减少2572人（其中开放和网络教育减少1521人）；毕业生1.04万人（其中开放和网络教育0.71万人），比上年减少91人（其中开放和网络教育增加64人）；教职工337人，比上年减少21人；专任教师241人，比上年减少7人。

11月17日，2022年浙江省暨台州市“全民终身学习活动周”总开幕式在临海市巾山广场举行　（市教育局　提供）

【台州学院内涵发展】 2022年，台州学院多项关键办学指标实现新突破，跻身中国校友会大学排行榜全国第22位、省内第10位，位居自然指数省内高校第9位和国内高校第129位，跃升至ESI全国大学排行榜第262位，并首次跻身US News世界大学排行榜。获批新设4个本专科专业，新增2个省级、2个国家级一流本科专业建设点；获国家自然科学基金项目28项，国家社科基金重点、一般项目4项，教育部项目5项。自然科学、人文社科项目立项数取得新突破，位居全省同类高校前列。

【高职院校办学质量提升】 2022年，台州市高校获全省教学成果奖特等奖1项、二等奖7项。在全省高职高专院校督导评估中，台州职业技术学院位居全省第9，台州科技职业学院位居27名、浙江汽车职业技术学院位居第39名。台州职业技术学院首次进入“2022中国高等职业院校改革活力指数排行榜”，在2022年全国高等院校专利成果转化排行榜中列全国高校第69位、全国高职院校第3位，在全国高职院校发明专利授权排行榜中列第69位。台州科技职业学院以改革促发展的相关经验做法被《中国教育报》报道，学校被浙江省发展和改革委员会评为“浙江省双创示范基地”。

【终身教育发展】 2022年，台州成为全省第一个完成广播电视大学更名为开放大学的地级市。出台《台州市教育局等九部门关于推进社区教育高质量发展的实施意见》。台州职业技术学院获评全国首批“职业教育服务终身学习”实验校和乡村振兴电商人才培育基地。台州科技职业学院进入2022中国高职院校科研与社会服务竞争力前20%。举办2022年浙江省暨台州市“全民终身学习活动周”总开幕式。实施社会人员学历提升行动。全年完成成人初高中学历提升14141人，成人大专及以上学历提升36122人，职业院校培训149164人次，老年人智能技术培训152115人次。

【成教品牌培育】 2022年，台州市选送的《“仙学汇”助推“仙乡小吃”富民培训工程》获国家级“终身学习品牌项目”，入选教育部“智慧助老”优秀工作案例1个、优质教育培训项目1个、优质课程资源9个、“能者为师”实践创新项目3个。创建省级未来社区（乡村）教育场景优秀案例1个，省终身学习品牌项目2个，省百姓学习之星2人，省终身教育学分银行先进单位4家，省终身教育学分银行先进工作者4人。

（台州市教育局）

特殊教育

【概况】 2022年，台州市有特殊教育学校10所。特殊教育学校和普通学校招收残疾学生639人，特殊教育在校生3087人。其中，在特殊教育学校就读学生1834人，占特殊教育在校生总数的59.41%；在普通学校就读学生1253人，占特殊教育在校生总数的40.59%。特殊教育学前教育阶段在校生66人，占特殊教育在校生总数的2.14%；小学阶段在校生1567人，占特殊教育在校生总数的50.76%；初中阶段在校生1003人，占特殊教育在校生总数的32.49%；高中阶段在校生451人，占特殊教育在校生总数的14.61%。专任教师345人，比上年增长13.49%；生师比5.32，比上年下降0.16。占地面积12.1万平方米，比上年增长34.29%；生均占地面积65.98平方米，比上年的54.09平方米增加11.89平方米。校舍总面积7.26万平方米，比上年增长34.69%；生均校舍建筑面积39.57平方米，比上年增加7.23平方米。教学仪器设备值1335万元，比上年增长15.93%；生均教学仪器设备值7280元，比上年增加367元。图书3.86万册，比上年增长23.11%；生均图书21.05册，比上年增加2.23册。

【特殊教育发展】 2022年，台州市教育局联合7个部门出台《台州市“十四五”特殊教育发展提升行动计划》。承办全省学前听障教育研讨活动。做好残疾儿童少年入学监测工作。学前教育入学率达96.31%，义务教育入学率达99.70%，高中教育入学率达95.21%。

【特教师资队伍建设】 2022年，台州市教育局开展全市特殊教育教师教学基本功展示和融合教育优秀教育教学案例遴选活动，共遴选27节优秀展示课和16篇优秀案例上报省厅，其中1个融合教育案例经省级遴选上送至教育部。开展全市特殊教育学校骨干教师融合教育培训，2名教师获“浙江省特教园丁提名奖”。

（台州市教育局）

民办教育

【概况】 2022年，台州市有各级民办学校728所，在校生20.26万人，教职工2.43万人，比上年减少3273人，其中专任教师1.5万人。其中：民办幼儿园617所，占幼儿园总所数的62.64%。在园幼儿9.42万人，占在园幼儿总数的49.31%；教职工1.4万人，占幼儿园教职工总数的52.1%，其中专任教师6991人，占幼儿园专任教师总数的50.44%。普惠性民办幼儿园558所，在园幼儿8.3万人，教职工1.19万人，其中专任教师6042人。普通民办小学20所，在校生4.22万人，教职工3240人，其中专任教师2447人。民办普通中学56所，在校生5.47万人，教职工5934人，其中专任教师4319人。民办中职学校9所，在校生1.76万人，教职工877人，其中专任教师994人（含附设中职班）。民办普通高校1所，在校生6640人，教职工322人，其中专任教师235人。

【民办义务教育发展】 2022年，台州市委教育工作领导小组成立专项工作领导小组，组建“1+9”工作专班。5月24日，印发《台州市规范民办义务教育发展专项工作实施方案》。5月27日，市委教育工作领导小组召开全市规范民办义务教育发展专项工作部署会。在全国率先推出区域指数测评机制，设定8项核心指标体系，实行指标体系和量化权重动态调整，每半月进行一次测评和晾晒，确保目标任务落细落实。7月18日，台州市提前完成规范民办义务教育发展专项工作重点任务。8月25日，顺利通过省专项工作阶段性完成情况核验。截至10月31日，全市民办义务教育在校生规模县域占比均控制在5%以内，全市17所“公参民”学校完成规范治理任务。

【“双选”工作推进】 2022年，台州市教育局成立市直现有民办学校选登记营利性民办学校工作专班，确定市直试点学校先行。指导和办结市直12所选登记为非营利性民办学校许可事项。召开市选登记工作专班专题会议。拟定营利性(非营利性)民办学校章程模板,把党的建设有关要求写入章程,明确非营利性民办学校经费使用业务范围。

【年检和等级评定工作】 2022年4—6月,台州市教育局对台州市双语高级中学等18所民办教育机构开展2021年度检查工作。镇海中学台州分校、台州市九峰高级中学等11所民办教育机构年检结果为合格,台州市蓬街私立中学、台州市明珠外国语学校等2所民办教育机构年检结果为基本合格。9月,出台《台州市直民办学校办学水平等级评定标准(暂行)》。11月,组织开展2022年度市直民办学校办学水平等级评定,台州市双语高级中学等3所学校被评定为市直一级民办学校,台州市蓬街私立中学等3所学校被评定为市直二级民办学校,台州市启超中学等7所学校被评定为市直三级民办学校。

【民办学校党建工作】 2022年,台州市94家民办义务教育学校单建、联建党组织79家,党的工作实现全覆盖。9个县(市、区)民办学校党组织隶属关系已理顺并调整到位。

(台州市教育局)

台州学院

【概况】 2022年,台州学院多项关键办学指标实现新突破,跻身中国校友会大学排行榜全国第202位、省内第10位,位居自然指数省内高校第9位(含浙大)和国内高校第129位(含港澳台高校),跃升至ESI全国大学排行榜第262位,首次跻身US News世界大学排行榜。连续第六年获台州市工作目标责任制考核优秀等次。学校占地1585.85亩,建筑面积616847.34万平方米,教学科研设备总值44664.19万元,馆藏纸质图书234.9407万册,教学用计算机7873台。教职工1725人,其中专任教师1260人。学校下设14个二级学院,开设本科专业55个,招收新生4589人,全日制在校生16031人。

6月26日,台州学院材料科学与工程学院、药学院揭牌成立

(台州学院　提供)

【教学改革】 2022年,台州学院对接产业拓展网络与新媒体、应用化学2个新专业,申报药学、环境生态工程、智能建造3个新专业;临床医学、旅游管理获批国家级一流专业建设点,数学与应用数学、土木工程获批省级一流专业建设点;4个专业通过认证,2个专业完成专家组进校考查,15个专业启动首批微认证。加强"金课"建设,67门课程获省级一流课程认定,较上年增长45.7%,2门课程入选国家实验教学应用型示范课,获省教师教学创新大赛奖3项,"新材料专业教材研究基地"获批省首批教材建设研究基地,8部教材入选省高校"十四五"首批"四新"重点教材建设项目,学校跻身新建本科院校教师教学发展指数前50名。会同市人社局、市教育局报批成立台州工程师学院,出台产教融合型地方合作平台考核实施细则,实施产业学院升级改造方案,学科竞赛获省级及以上奖项1029项,较上年增长27%,实现"互联网+"国赛主赛道银奖零的突破和省"挑战杯"获奖数历年之最,育人成果受到《光明日报》《中国教育报》报道。加大标志性成果培育,获批教育部产学协同育人项目19项、省级"十四五"教学改革项目14项、省产教融合"五个一批"建设项目7项、省深化新时代教育评价改革试点项目1项。推进招生、就业双提升,302名考生录取分超过重点本科线,同比增幅达20%;毕业生留台率达31.07%,连续四年保持在30%以上,对母校满意度超过全省高校平均值。

【学科提质】 2022年,台州学院紧盯地方主导和战略性新兴产业发展需求,将学科划分为优先发展、重点发展、扶持发展三个梯次,推动形成各学科"你追我赶、奋力争先"生动局面;以学科发展带动学位点培育,对标夯实内涵建设,已有10个学位培育点达到申报条件;以省"十四五"一流学科申报为契机,加强学科和学科资源交叉融合,化学

11月17日，浙江省温岭工量刃具产业创新服务综合体启动仪式暨台州学院温岭研究院揭牌成立大会举行　　（台州学院　提供）

工程与技术入选省“十四五”一流学科A类培育学科，实现零的突破，5个学科入选省“十四五”一流学科B类学科，材料科学进入ESI全球前1%学科，为继化学学科之后的第2个全球前1%学科。瞄准地方产业提质升级对工科人才的迫切需求，抓好3个专业硕士学位点首次招生；突出应用性办学定位，共遴选校内导师164人、行业导师54人；与国内33所高校开展研究生联合培养，全年新增联培生113人；与三门县政府共建台州学院三门县研究生人才培养基地，通过省级研究生人才培育基地认定，实现全市省级研究生培养基地零突破。

【科研精品成果培育】 2022年，台州学院获国家级、省级重大重点项目46项，其中国家自然科学基金29项、国家社科基金7项，并首次获国家自然科学基金重点支持项目，立项数和资助金额均取得新突破，位居全国同类高校最前列；获浙江省“尖兵”“领雁”攻关项目2项，位于全省同类高校前列；获省科学技术奖一等奖1项（参与单位）、二等奖1项、三等奖3项，国家一级行业协会奖6项，创历年最好成绩；论文发表在SCI一区76篇、二区111篇，TOP期刊133篇，高被引论文19篇，热点5篇；科研项目经费首次破亿元，较上年增长29%；高层次人才“传帮带”作用日益凸显，22人次入选全球前2%顶尖科学家2022榜单，其中内培教师占比达50%。深入实施“三服务”2.0版，打造高校服务地方“金字招牌”，累计组建103支“1139科技小分队”开展企业痛点、难点、堵点技术攻关，共服务企业343家，参与科技服务3600余人次，对接技术难题200余个，实现成果转化39项；总结推广三门研究院、模具与塑料产业研究院成功做法设立温岭研究院，“浙江模具（塑料）产业大脑”平台创建的“模具专利”应用场景获评2022年度台州市数字化改革第一批“最佳应用”，并被央视《新闻联播》报道；建立乡村旅游赋能乡村振兴研究实践基地，开展“社科赋能山区县高质量跨越式发展”行动，20余个建议报告得到省、市领导以及县（市、区）主要领导批示，3项调研成果直接获省社科规划课题立项，为基层治理、乡村振兴、文旅融合等提供高校智慧。

【人才强校战略实施】 2022年，台州学院加入宁波都市圈高层次教育人才发展联盟，共建高层次教育人才服务共同体。全职引进国家级引才计划青年专家1人、中科院“百人计划”专家1人、省“151人才工程”第二层次1人、省杰青1人、省151重点资助对象1人；引进中国科学院、上海工程技术大学教授担任材料科学与工程、外国语学院院长；新增博士76人，博士总数达619人，约占专任教师总数的50%，较上年提高4个百分点。入选省“万人计划”领军人才、省卫生高层次人才培养对象第二层次（创新人才）、省宣传文化系统“五个一批”青年英才各1人，入选市“500精英计划”12人、市高层次特支计划人才11人；分别完成国家级、省级高层次引才计划申报17人、24人，入围答辩11人，创历史新高。

【合作办学】 2022年，台州学院做好“台州复旦药物创新联合研究中心”筹建，参与筹建长三角（台州）海洋产业技术研究院，配合市科技局引进共建国家技术转移东部中心台州分中心、中部知光技术转移有限公司、工业废盐无害化处理项目平台、杭州电子科技大学天台数字产业研究院、台州微小卫星研究中心等创新平台。加快推进与俄罗斯沃罗涅日国立技术大学申办联合学院，加强与美国新墨西哥州立大学合作办学项目监管，联系加拿大麦克马斯特大学、韦仕敦大学等谋划筹建国际护理学院；以线上会议形式举办小微金融与贸易融资国际学术研讨会，提升小微金融“台州模式”推广力度；引进美英澳俄等国10多个高校交流及国际组织实习项目。

【党建工作创新】 2022年，台州学院建立二级党组织书记例会制度、完善二级党组织议事决策机制；与三门县亭旁镇共建党员教育实践基地，联合三门县委申报科技部“火炬计划”；完成创建验收全国党建工作样板支部、全省高校党建工作标杆院系、全省高校党建工作样板支部各1个，支部书记领衔实施师生群众“急难愁盼”攻坚项目近百个，获台州市党员志愿服务项目大赛“十佳项目”等2项，全年发展党员826名，智慧党建数字化系统建设顺利推进。开展“喜迎二十大，奋进新征程”同心系列活动，民革支部顺利换届，当选市人大常委1人、各级政协委员8人，提交“两会”提（议）案等近30件，党派团体获党派市委会表彰4项，个人获省委会表彰1人、市委会表彰26人。

【数字化改革】 2022年，台州学院统筹落实300万元数字化专项经费，选派1人到省教育厅数改办挂职。加快数字化改革成果凝练，整体智治、智慧思政、智慧党建等数字化改革项目立项建设，“科转通”入选省教育领域数字化改革创新试点项目，“科转通”“多场景数据融合”2个案例入选省高校数字化改革成果线上巡展，“教师一张表”数据构建基本完成，“学生一张表”数据不断完善，基于“多场景数据融合”的应用场景“毕业印记”“你好新生”等广受学生好评，在数字化改革方向和智慧校园建设方向获评浙江省高校网络信息化建设先进单位。

【校友会排名创新高】 2022年，在台州学院第三方评价机构艾瑞深校友会网正式公布《2022校友会中国大学排名——高考志愿填报指南》中，居2022校友会中国大学排名第202位，较上年提升10名，省内主榜排名第10位，两项排名均创新高，位居中国应用型大学排行榜国内前10强。

【一流本科专业建设点入选】 2022年6月13日，教育部、省教育厅公布2021年度国家级、省级一流本科专业建设点名单，台州学院临床医学、旅游管理2个专业入选国家级一流本科专业建设点，数学与应用数学、土木工程2个专业入选省级一流本科专业建设点。

【科学技术奖创佳绩】 2022年，台州学院及附属医院作为主持单位获省科学技术奖二等奖1项、三等奖5项，作为参与单位获一等奖1项，创历年最好成绩，并在全省同类高校中名列前茅。

【长三角（台州）产教融合联盟入选省联盟】 2022年，省发展改革委等10部门发文公布的浙江省2021—2022年度产教融合“五个一批”名单中，台州学院牵头成立的长三角（台州）医药大健康产教融合联盟入选。该联盟为集“政、校、医、企、行”跨界合作、协同创新、资源共享的产教融合联盟，旨在推进教育链、人才链与产业链、创新链有机衔接，助力长三角区域内医药大健康产业高质量发展。全省仅有16个产教融合联盟被评为2021—2022年度省产教融合联盟。

【22人次入选科学家榜单】 2022年，美国斯坦福大学发布的全球前2%顶尖科学家2022榜单（World's TOP 2% Scientists 2022）中，台州学院教师22人次入选，其中苏春翌、吴劼、王磊、王家成、张石清、胡金锋、黄小华7位教师入选“全球前2%顶尖科学家终身科学影响力排行榜”，苏春翌、吴劼、王家成、王磊、陈伟、钟文武、叶盛青、黄国波、朱华跃、赵凯、张石清、林宪政、马达、胡金锋、韩得满15位教师入选“全球前2%顶尖科学家年度科学影响力排行榜”，总入选数位居全省同类高校前列。

（陈文逸）

台州职业技术学院

【概况】 2022年，台州职业技术学院占地面积550余亩，建筑面积约30.6万平方米，固定资产总值7.3亿元（其中教研仪器设备总值2.1亿元）。下设马克思主义学院、机电工程学院、信息技术工程学院、建筑工程学院、医学与制药工程学院、管理学院、经贸学院、人文学院、汽车学院、中德学院、艺术学院11个二级学院。招收2022级新生4213人。截至年底，全日制在校生13126人。有教职工694人，其中高级职称217人，硕士、博士学位479人。拥有省级教学团队3个、省级专业带头人13名、1人入选省青年科学家培养计划、1人入选省“百千万”高技能领军人才，有浙江省首席技师1人、省技能大师工作室1个。开设33个专业，其中教育部教学改革试点专业2个，教育部骨干专业3个，省示范专业3个、省优势专业5个、省特色专业8个，省高水平专业群2个。拥有国家级精品课程1门，省级精品课程11门，省级教学和课堂改革项目64项，国家规划、省级重点等教材50部，省教学成果奖7项。建有校内实训基地38个、实训实验室226个，拥有国家数控技术紧缺人才培养培训基地1个、中央和省财政专项资金支持实训基地2个、教育部生产性实训基地2个、教育部“双师型”教师培养培训基地1个、教育部协同创新中心1个、教育部智能制造领域中外人文

11月17日，台州职业技术学院玉环校区正式揭牌

（台州职业技术学院　提供）

交流人才培养基地1个、省级示范性实训基地9个。学校坚持“高教性、职教性、地方性”的“三性”办学定位，以服务区域经济发展为宗旨，秉承服务民营经济、面向产城融合、精于台州制造的办学理念，深入推进产教融合、校企合作。围绕“双高计划”建设、“温台高地”建设、“提质培优”行动年度任务，实现跨越式高质量特色化发展。

【玉环校区成立】 2022年11月17日，台州职业技术学院玉环校区正式揭牌成立，玉环校区过渡校园正式投入使用。学校在产教融合、校地合作的道路上迈出更坚实的步伐。玉环校区紧盯玉环精密制造产业，布局区域特色优势专业，开设机电、数控、电气自动化、企业管理4个专业，在校生850余人。

【办学实力提升】 2022年，台州职业技术学院在全省高职高专院校教学工作及业绩考核、督导评估排名中，学校排名从2018年的全省第15位上升至2022年第9位，首次进入前十，稳居全省高职院校第一方阵。在2022年中国高等职业院校改革活力指数排行榜之科技创新活力排行榜中，学校位列全国第28位、全省第6位。获得省级教学成果奖特等奖1项、二等奖2项，1项被省教育厅推荐参评国家教学成果奖。推进中德学院“双元制”人才培养模式，入选教育部中德先进职业教育合作项目（SGAVE）首批试点院校名单。学生参加各级各类竞赛，获省级及以上竞赛（含体育竞赛）奖项73项，省赛一等奖以上27项，其中世赛铜奖1项。1门课程入选2022年职业教育国家在线精品课程，共获省级课程思政建设项目立项12项，其中省级课程思政研究示范中心1个，全省仅7所高职院校获此称号。

【产教融合】 2022年，台州职业技术学院获批国家级第一期供需对接就业育人项目2项、省级产教融合工程项目4项，助力“长鹰信质”等6家企业获批省级产教融合型企业。4个项目获批台州市职业院校混合所有制改革试点培育项目，《“司院一体，专创融合”的机电类创新人才培养模式探索》等27个项目获市产教融合工程项目和产学协作育人项目立项。永高产业学院的人才培养创新实践入选教育部产教融合典型案例。探索多元化办学模式，在全省职业教育大会上，省委副书记黄建发高度肯定学校混合所有制办学模式。省委教育工委、省教育厅主办的《今日择报》和市委《每日汇报》等多次刊发学校混合所有制办学、多元合作办学情况。

【服务地方发展】 在2022年全国高等院校专利成果转化排行榜中，学校列全国所有高校第69位，在全国高职院校中排名第3位；在全国高职院校发明专利授权排行榜中，位列第69位。2022届3681名毕业生初次就业率98.72%，平均起薪4649.16元/月，较上届毕业生提升230多元，留台率达到53.03%，与32.49%的台州生源比较，净流入超20%，居台州市高校第1位。面向社会开展各类技能等级培训、考证鉴定工作，全年完成培训62820人次，各类技能鉴定和特种工考证3398人次，社会服务到账经费2077万元。获评全国第一批“职业院校服务全民终身学习”实验校、“乡村振兴电商人才”培育基地，6个项目入选浙江省2022年终身学习品牌项目、省人社厅专技人员高级研修班项目、省乡村振兴服务案例、省高校助力乡村振兴联盟“科技助农”重要素材；新增3个省职业技能等级认定资格（养老护理员、化学检验员、铣工）。

【人才层次提升】 2022年，台州职业技术学院获批省级职业教育教师教学创新团队1个、浙江工匠1人、浙江省青年工匠3人。柔性引进和聘任产业教授4人（其中国家优青1人、千人计划1人、省重点学科负责人1人)、产业工匠2人(浙江工匠、浙江省技能大师工作室负责人各1人);引进博士3人,12名博士拟聘用。

【全省高职院校书记院(校)长培训班承办】 2022年9月20—22日,由浙江省教育厅主办、浙江省教育考试院协办、台州职业技术学院承办的全省高职院校书记院(校)长培训班在台州举行。省教育厅领导班子部分成员,全省高职院校书记、院(校)长,厅机关相关处室、直属单位主要负责人参会。与会代表实地考察台州"城市大脑"运营中心(数字馆)、云海社区党群服务中心,深入调研沃尔沃汽车(台州工厂)车间、中国彩虹无人机台州基地,打开思路,拓宽视野,详细了解地方发展情况和企业发展需求,着力推动高职院校与区域、行业、产业的深度融合。

【新媒体建设】 2022年,台州职业技术学院官微获评2021—2022年度全国高职院校官微50强(第16名),学校大学生记者团获评2021—2022年度全国影响力高校可视化融媒团队,官方视频号入围2022年度全国高等职业院校官方视频号综合影响力百强榜高校视频号。

【思想政治工作】 2022年,台州职业技术学院获评台州市"三全育人"典型学校,"3+X"工匠文化获台州市校园文化建设"一校一品"立项。2名辅导员分别获"2022年度高校辅导员年度人物"提名、浙江省高校"最美资助人"称号。志愿服务团队获国家和省级荣誉各1项,获全国"三下乡"社会实践优秀团队、优秀调研报告、优秀视频团队等荣誉4项,省暑期社会实践优秀团队5个,1个团队获团中央表扬信。学生非遗技艺技能作品针刺无骨花灯《信念》入围教育部、文旅部"技能传承中华优秀传统文化"展示活动项目决赛,1个项目获浙江省大学生艺术节一等奖。

【办学条件改善】 2022年,台州职业技术学院中德实训大楼、学生宿舍楼建成并投入使用,缓解学生实训与住宿紧张问题。优化校园环境,学校获评浙江省"十三五"实行最严格水资源管理制度成绩突出集体、浙江省节水标杆单位(节水型高校)、第一批浙江省"绿色学校(高等学校)"、浙江省"节水行动十佳实践案例"等荣誉。

(顾佳晨)

9月20—22日,台州职业技术学院承办全省高职院校书记院(校)长培训班　　(台州职业技术学院　提供)

台州科技职业学院

【概况】 2022年,台州科技职业学院校园占地525亩,建筑面积22万平方米,规划用地760亩。拥有教学科研仪器设备总值上亿元,纸质图书83万余册,电子图书资料42万余册,报刊560种。下设农业与生物工程学院(乡村振兴学院)、机电与模具工程学院(长鹰无人机学院)、信息工程学院、经贸管理学院、会计与金融学院、人文教育学院、公共基础学院、马克思主义学院、继续教育学院(创业学院)9个二级学院,开设园艺技术、模具设计与制造、信息安全技术应用、现代物流管理、大数据与会计、学前教育等30个专业,其中国家骨干专业1个,省高水平专业群2个。招收2022级新生3444人。截至年底,在校生9700人;在编教职工575人,其中副高及以上人才123人,博士、教授49人,"双师"素质教师287人。拥有全国技术能手1人,省级荣誉称号人才10人,市级荣誉称号人才54人。获浙江省双创示范基地、绿色学校(高等学校)三星等级、浙江省2022年度节水标杆单位等称号,获评全国职业院校技能大赛教学能力比赛一等奖。全年发展党员340人,其中教师党员3人。

【专业群建设】 2022年,台州科技职业学院完成高水平专业群建设绩效指标制定和中期绩效自评,园艺技术和模具设计与制造专业基本满足本科专业设置条件。新增工业互联网应用、电子商务、商务应用数据分析等专业,暂停商务英语等3个专业招生。制定《台州科技

6月8日，台州科技职业学院举办走进台科院“产教融合 校企合作”校园活动日系列活动，台州湾产业学院揭牌成立　（台州科技职业学院　提供）

职业学院提质培优行动计划实施方案（2021—2023年）》，推进32项提质培优任务建设。推进对标建设和整改落实，省高职院校督导评估成绩排第27名。2022届毕业生3217人，初次去向落实率97.39%，留台率44.34%。专升本录取439人，同比提升43.5%。

【产教融合】　2022年，台州科技职业学院制定实施《台州科技职业学院支持北三县教育事业发展方案》。与三门技师学院签订合作协议，推进职技融通改革试点，完成首批2个班90人招生工作。凯华模具产业学院、精雕产业学院、正保财税产业学院入选台州市职业院校混合所有制改革试点培育项目。牵头成立温台供应链管理产教联盟。长三角模具产教联盟等7个项目入选省“五个一批”产教融合工程项目，6个案例入选浙江省现代学徒制典型案例。新增紧密型合作企业25家，共建校内生产性实训基地14个、校外实习实训基地276个。稳步推进数字农业综合体、智能模具协同创新中心建设。在《中国教育报》等国家级报刊发表6篇总结学校产教融合经验做法的文章。横向技术服务到款额1500万元，获得专利授权101项（其中发明专利13项），市厅级以上立项课题53项，2篇资政报告获市领导批示。完成职业培训2.7万余人次，同比增加107%，培训到款额550万余元。获批国家职业技能等级认定单位，获评“浙江省双创示范基地”，入选台州市农创客发展联合会第一届理事会会长单位。乡村振兴研究院入选浙江省“三农”智库联盟。

【师资队伍建设】　2022年，台州科技职业学院制定《高层次人才引进实施办法》《专业教师企业实践锻炼管理办法（试行）》《教师访问进修管理办法（试行）》《教职工继续教育培训学时管理办法（试行）》等文件。深入实施“1551”人才计划，引进硕博人才80人，其中博士13人（博士后3人），教授4人（三级教授3人），全国技术能手、台州市高端人才1人，省教学名师1人，专业带头人3人。评聘教授3人、副高18人。评选“教授培养工程”培养对象10人和“嘉木英才”培养对象17人。构建“数字技术+教师教育”培训模式，实施教职工全员培训专项行动，开展各类讲座95场，参培超14900人次。选派3名教师参加教育部“职教国培”示范项目。落实“博士培养工程”，13名优秀青年教师在职攻读博士学位。

【育人生态优化】　2022年，台州科技职业学院推进课程思政全覆盖“5510”实施方案，推进“一专业（群）一思政”“一师一课一教案”，巩固完善领导干部带头走进思政课堂等特色做法。深化学生公寓“双组长负责制”，领导干部、辅导员、班

11月17日，首届“活力温台”职教创新发展高峰论坛开幕

（台州科技职业学院　提供）

主任下寝室5000余人次，育人合力进一步增强。开展辅导员、班主任业务能力大赛，评选名班主任工作室和名辅导员工作室。开展“永宁畅谈”“嘉木有约”“第三课堂”“台科院大讲堂”等具有“台科特色”的各类活动42期。“老黄牛”文化品牌获2022年台州市职业院校校园文化“一院一品”立项。二期工程第一批项目——学生与教工宿舍项目开工建设，9号学生宿舍楼预计2023年8月底投入使用。完成台科邮局建设项目等10件为师生办实事项目。全面构建“511”安全工作体系，层层落实安全工作责任制。科学精准做好疫情防控，严守校园防疫阵地。创建浙江省节水标杆单位，浙江省绿色学校创建工作通过专家组验收。

【“三教”改革】 2022年，台州科技职业学院获全国职业院校技能大赛教学能力比赛一等奖、二等奖各1项，总成绩并列全国第6名。获浙江省教师教学能力比赛特等奖2项、一等奖1项、二等奖2项、三等奖1项，总成绩并列全省第2名。学生技能竞赛获国家一类赛二等奖4项、三等奖1项，其中银行业务综合技能赛项、园艺赛项、网络安全赛项和数学建模赛项获二等奖，农产品质量安全检测赛项获三等奖。飞行器制造技术专业2020级学生江程通获国家奖学金特别奖。

【创新发展高峰论坛举办】 2022年11月17日，首届“活力温台”职教创新发展高峰论坛在学校开幕。论坛以“改革创新激活力　提质赋能强适应”为主题，紧扣“职业教育与民营经济融合发展”主线，集中展示职教高地建设阶段性成果，总结分享建设经验，探讨产教融合、校企合作体制机制和人才培养新模式。“活力温台”职教创新高地建设是温台职业教育一次重大的改革和创新，对深化温台区域产教融合、校企合作、高素质技术技能人才培养，助力区域经济社会高质量发展具有重要意义。

【“五育学分制”探索】 2022年，台州科技职业学院实施“五育学分制”，制定《德育学分制实施办法（试行）》《体育学分制实施办法（试行）》《美育学分制实施办法（试行）》《劳动教育学分实施方案（试行）》，学校“五育学分制”经验做法《探索“五育学分制”助力高职教育发展》被《中国教育报》报道，《五育学分制度优化与标准研制》课题研究有序推进。

【“校园活动日”举办】 2022年6月8日，台州科技职业学院举办“走进台科院‘产教融合　校企合作’校园活动日”系列活动。路桥区人民政府、台州市金融办、浙江大学台州研究院以及浙江钱江摩托股份有限公司等19家深度合作企业谋划产教融合发展大计。活动集中展示政校行企合作成效，共享产教融合丰硕成果，揭牌成立台州湾产业学院，为进一步深化产教融合、推进协同育人奠定基础。

（蒋佳芳）

台州开放大学

【概况】 2022年，台州开放大学全年共获市级及以上荣誉40项，其中全国性荣誉11项，全省性荣誉19项，全省系统综合业务考核第1名。学校“智慧乐龄”数字赋能养教结合老年教育实践创新项目、“和合E学”台州智慧助老行动工作案例、“智慧助老”系列微课和“智慧助老”读本等获评教育部8项大奖；短视频《台州开放大学“企创联盟”助力“共同富裕”》获“盈丰杯”美丽浙江共富共享短视频大赛二等奖；“互联网+”智慧学习中心项目获国家开放大学重点项目立项；获评“2022年全省开大办学业绩突出单位”。

【开放大学建设】 2022年，台州开放大学完成各项更名审批手续，成为全省第一个完成更名的地级市开放大学。市委编办批复增加学校编制50名，调整后，学校编制总量为201名，其中事业编制98名、备案编制103名；市财政局同意协助学校解决更名涉及的财政相关问题；市人社局同意协助学校创新开放大学建设激励保障机制。5月7日，学校举行台州开放大学揭牌仪式。

【招生与就业】 2022年学校招收各类学历教育新生4694人，其中开放教育招生2874人、成人教育招生1178人（含自考本科284人）、中专教育招生642人。学校非学历教育体量实现突破性增长，全年非学历培训15794人次，其中农民学院2883人次、社区学院12435人次、培训学院476人次。学校各类在校生人数总计近15000人，其中全日制在校生人数稳定在近5000人规模，被评为“浙江开放大学招生先进集体单位”。开展创新创业教育，鼓励在校生、毕业生创业。强化校内共同富裕创业孵化园平台建设，开放教育学员创业社提供电商销售等岗位给全日制学生，带动全日制学生一起创业，创造就业机会。

【师资业务提升】 2022年，台州开放大学教师中有10人成功申报2022年省开大人才培养工程；5人通过省开大第三批次312人才考核；1人入选台州市高层次人才特支计划第一层次人才。教师获评国家开放大学首届工学科类专业教师教学技能大赛一等奖，第二十一届当代杯全国幼儿教师职业技能大赛2个一等奖、3个二等奖，浙江省高校教师教育技术成果评比二等奖、三等奖，省委宣传部、省委网信办、省教育厅主办活动“我最喜爱的思政课老师”荣誉（全省仅10人）。在全省开放大学体系2022年工作会议上获评浙江开放大学体系突出贡献奖、浙江开放大学体系先进工作者。

【乡村振兴服务】 2022年，台州开放大学共组织招收农民大学生本专科2901人，其中市校本级招生568人。对接市委宣传部开展百场宣讲进乡村礼堂活动，统筹全市开大完成300场考核任务。开展“育新农、促共富”百万农民大培训工作，完成农民培训1129人次；完成市水库移民、县（市、区）头雁、农村工作指导员、新乡贤等其他培训847人次；开展以“乡村治理”和“农村创业创新”为主题的农民大学生现场教学活动。相关案例入选全国农民职业教育典型案例，获国家开放大学“教育部‘一村一名大学生计划’”学生创新创业案例三等奖。

【社区教育】 2022年，台州开放大学指导全市社区教育系统获得全国性荣誉53项，省级荣誉79项。牵头成立台州市市民终身学习体验基地联盟，联盟成员单位43家。开通“台学通”，指导各乡镇（街道）社区教育机构（老年教育机构）进行认证，全市覆盖率达100%。与市妇联合作成立全省首家地市级社区家庭教育指导服务中心——台州市社区家庭教育指导服务中心。协助市教育局承办2022年浙江省暨台州市全民终身学习活动周总开幕式。

【老年教育】 2022年，台州开放大学在全市范围内开展老年人智能技术日常应用普及活动2910场次，服务148041人次。编有老年智能手机应用教材23本，建成视频资源67个。制作老年智慧生活教学视频30个，其中全市11个项目（市本级5个）入选教育部“智慧助老”优质工作案例、教育培训项目及课程资源推介名单。市本级老年教育全年办学63个班次，累积招生2674人次。根据学员需求采用分层式教学模式，针对不同学习需求的老年人开设智能手机应用、手机摄影、无人机驾驶培训等不同类别的课程，其中无人机班为全省老年教育首创。

【产教融合】 2022年，台州开放大学与市应急管理局共建“应急管理学院”，与市红十字会共建“红十字学院”，与市金融办、社发集团合作成立“金融职业学院”，与市总工会、市人力社保局合作共建“台州工匠学院”，与市建设局合作共建“台州市建筑业现代化产业学院分院”，与市司法局合作成立“台州市法治教育培训基地”，通过跨部门联合培训办学，实现全市终身教育资源共建共享。联合农民大学生和涉农企业成立农创联盟，全面助推农村创业人才培养。推进“千名工匠”“千名企业家”等培育工程，进一步壮大企创联盟成员规模，助力社会人员学历与技能“双提升”。

【社会影响扩大】 2022年，台州开放大学在市级及以上媒体宣传报道达367篇次，其中国家级媒体33篇次，省级媒体19篇次。《人民日报》、新华社、“学习强国”、《中国青年报》等国家级媒体均有报道。学校受邀台州广电98.7阳光热线访谈，走进直播间解答群众关心的终身教育热点问题。承办浙江开放大学“潮头说”宣讲团成立仪式，中国蓝新闻客户端进行全程直播，浙江卫视《正午播报》进行报道，宣讲直播视频阅读量超过122万人次。学校获评全省开放大学办学体系新闻宣传工作先进单位。

【校园文化建设】 2022年，台州开放大学开设非遗类、体育类、棋类、艺术类、理论类、双创类、养生类等60余个社团，五子棋社在2022年台州市首届青少年智力运动会五子棋比赛中获得男子甲组个人第6名。推进建设“书香校园”，开通图书“通借通还”功能和“线上检索”功能，实现“一馆有证、多馆借书，一馆借书、多馆还书”，零距离享受台州市11家图书馆的图书资源。开展“书香”系列活动，学校获浙开大“世界读书日”阅读活动最佳组织奖。

【信息化校园建设】 2022年，台州开放大学启用网上一站式师生服务大厅，实现集管理审批、招生报名、信息查导、教学管理、学工事务、缴费办证等功能于一体的集成化服务系统。完善网上办事大厅平台，实现校内师生高频服务事项“一次都不用跑”。启动“平安校园大脑”数字化改革，聚焦“智慧安防一体化”建设。加快“平安智治大脑”领导驾驶舱建设。打造科学决策“数据分析模型”，实现平安校园“一屏掌控”“一览无余”。学校数字化改革的有关经验与做法，多次在省、市会议上介绍，得到各级领导的高度肯定。

（龚文姝）

台州技师学院

【概况】 2022年，台州技师学院在校生规模突破3400人，2022届毕业生就业率99.23%，留台率93%。4月，学院入选浙江省首批10所一流技师学院建设名单，附建智能装备应用与维护、医药健康两个高水平专业群。

【校园建设】 2022年，台州技师学院新校区各建筑主体全部完工，精装修、室外市政配套、正式用电、电梯、空调、智能化等均完成招标并进场施工，整体进度按计划实施。计划2023年9月学院整体搬迁至新校园办学。

【专业布局】 2022年，台州技师学院开设数控、汽修、模具、自动化4个技师层次专业，工业机器人、建筑施工、云计算、药物制剂等15个高级工层次专业。初步形成先进制造、智能装备、车辆工程、医药健康、建筑工程和现代服务六大专业集群，其中智能装备应用与维护、医药健康专业群入选省级高水平专业群建设项目，智能装备应用与维护专业群同时入围市职业院校高水平专业群建设项目。

【人才质量提升】 2022年，台州技师学院坚持学生双证书管理制度，2022届毕业生中445人获得三级（高级工）、59人获取二级（技师）职业技能等级证书，“双证率”超过98%。学院获奖人次、频次、层次远超往年，师生在各级各类竞赛中累计获奖100多人次，其中国家级获奖超过20人次。

【产教融合】 2022年，台州技师学院牵头政校企行、科研院所，汇聚128家优质会员单位，成立全省首家技工教育集团——台州市技工教育集团。以集团为合作平台，技工院校与行业龙头企业共建未来汽车、缝制设备、精密机床、智能模具、数字建筑五大产业学院。新增校企合作企业10家，新开订单班5个、学徒制班2个。产教融合平台建设实现新突破，智能装备应用与维护产教融合实训中心项目入选省发改委等10个部门产教融合工程项目，为全省唯一入选技工学院。

【师资队伍建设】 2022年，台州技师学院新招聘在编教师16名，其中全国技术能手2名、省技术能手1名、硕士研究生7名，外聘行业内大师名匠11名担任客座教授。新培育正高级讲师1名，高级讲师2名，高级实习指导教师3名，高级技师6名，浙江工匠1名，浙江青年工匠4名，浙江省青年岗位能手2名，在职博士生1名。组织68名专任教师到企业一线开展实践锻炼，选派教职工参加线上线下集中培训700余人次、外出专业培训90余人次，具有一体化教学能力的教师占专业课教师总数的88%。

【社会服务】 2022年，台州技师学院加强社会培训，开展台州行政办事员职业技能认定业务培训7个班次、420人，全年培训3200人、完成职业技能等级鉴定1000余人次。参与全国文明城市创建、疫情防控等志愿服务活动50余次，多次赴黄岩岭脚村开展结对帮扶和慰问困难群众。

（姜璐希）

文体·旅游

文化综述

【概况】 2022年，台州市围绕党的二十大报告关于“健全现代公共文化服务体系，创新实施文化惠民工程”要求，创新文化产品供给，补齐文化设施短板，精心培育文化品牌，不断推动公共文化服务提质扩面，提升群众文化获得感。围绕市有“五馆一院一厅”、县有“四馆一院”、区有“三馆”要求,打造地标性文化设施，先后建成运营黄岩图书馆、玉环图书馆、路桥博物馆等文化场馆。拓展新型公共文化空间。

【公共文化服务】 2022年，台州市印发《关于高质量建设公共文化服务现代化先行市的实施意见》，出台《台州市公共文化服务现代化标准（2021—2025年）》。温岭市获得省第一批先行县创建资格，构建“全生命周期阅读体系”项目获得省第一批领航项目创建资格。创新探索文化保障卡实践方案，椒江区、温岭市获评浙江省文化保障卡试点单位，发放“文化保障卡”4000张。做好“国家公共文化服务体系示范区”创新发展复核迎检工作。开展公共文化场馆服务功能拓展先行先试验收工作。《浙江台州：建设公共文化服务现代化先行市》《“和合书吧”让阅读空间从“1”到“∞”》等在《中国文化报》等主流媒体上刊登。创新实施文化惠民工程，举办“喜迎二十大·共绘富裕路”长三角中国画名家邀请展，常态化开展群众舞蹈大赛、市民艺术节、少儿艺术大赛等高品质文艺活动赛事。实施2022年度台州市文艺名家（名团）展演工程，开展“三送一走”文化惠民活动，全市全年开展送戏下乡3026场，送书下乡51.2万册，送展览讲座下乡7814场，文化走亲146场，覆盖所有新时代文明实践中心和农村文化礼堂。出台《关于进一步打造“文化大超市”推动全民艺术普及的实施意见》。发挥文化馆（站）的文化阵地作用，以公益艺术培训服务体系为重点，建立市县乡村四级服务网络，全面开展全民艺术普及工作。深化椒江“365公益课堂”、黄岩“文化体育超市”、路桥“艺多多”等“文化超市”个性化子品牌，打造老百姓家门口的艺术培训平台，实现多维品牌效应。常态化开展“童萌汇小书坊”“嗨皮小书坊”“台州市民讲堂”“台州朗诵团”等品牌活动，借助图书馆平台拓宽阅读形式。加强新品牌培育，开展书香校园活动，深化与台州教育系统合作，依托馆校阵地，布局建设校园“阅读角”，多方联动构建“三位一体”阅读推广模式。推出有特色、高质量的原创文艺作品，持续开展文艺名家工程，激发文艺创作活力。原创文艺歌曲《共同富裕的路》在央视播出，现代戏《我的大陈岛》获2021

8月6日，浙江省公共文化服务现代化理论研讨会在温岭市召开

（市文广旅体局　提供）

《我的芳林村》剧照　　（市文广旅体局　提供）

浙江十佳红色经典剧目，《济公之降龙降世》《海之谣》《我的芳林村》《山海万里只为你》4部作品入选省第十五届精神文明建设“五个一工程”。开展“浙东唐诗之路”美术作品主题创作活动，以艺术作品形式助力唐诗之路文化带建设。台州乱弹剧团获评中宣部第九届全国服务农民、服务基层文化建设先进集体。打造地标性文化设施，全面推进市有“五馆一院一厅”、县有“四馆一院”、区有“三馆”建设，营造一批集成多种功能的公共文化场所和特色开放空间。推动台州大剧院、温岭市文化中心、天台县文化中心、仙居县城市综合体等地标性公共文化设施建设，黄岩图书馆、玉环图书馆、路桥博物馆等新馆先后建成运营。黄岩白鹭湾村入选首批浙江省美育示范村，4家单位上榜全省最美公共文化空间。朵云书院·黄岩店入选全国文采会“最受欢迎公共文化空间”TOP50。完成文化元素普查入库3865个和174项重点文化元素解码工作，基本建成“台州文化基因库”。编制《台州市文化标识成果汇编》。全市9个项目入选首批“浙江文化标识”，天台县、三门县文化基因解码成果被评为“优秀”，“大陈岛垦荒”等35个项目被评为“优秀解码项目”。“和合文化基因解码暨文化标识建设成果展”在浙江图书馆、温州文化馆、丽水图书馆等地巡展。“和合文化”入选浙江省首批文化标识建设创新项目。路桥十里长街传统风貌样板区、“江南雅诗追梦古城”临海多媒体音乐会上榜浙江省首批文化基因解码成果转化利用示范项目。温岭市石塘海韵风情等6个视频在浙江省文化基因解码工程短视频大赛中获奖。黄岩区官河古道建设项目在全省文化标识建设推进会上作典型发言，天台和合文化标识成果展亮相中国儒学馆。黄岩区官河古道南宋特色文化重塑项目获省政府督查奖励。椒江区大陈岛垦荒精神等9个项目入选首批“浙江文化标识”。

【对外文旅交流】　2022年，台州市文广旅体局推进对外文旅交流合作，天台县和合人间文化园被评为第二批浙江省国际人文交流基地。组织台州市文旅企业参加云南昆明2022中国国际旅游交易会、四川甘孜州文化和旅游发展大会、中国—东盟博览会旅游展。联合市外办举办第二届“外国友人看台州”活动。加强对口援建城市文化交流，组织文艺队伍赴新疆阿拉尔、四川甘孜等地开展文化走亲，组织文艺节目参加“我爱浙疆”浙阿农村文化礼堂优秀节目展演。举办“哈尔滨交响乐团”“浙江交响乐团”专场音乐会。“塔河源　东海情”摄影展在椒江、黄岩、临海三地巡展。甘孜州文化交流演出在椒江、黄岩、玉环三地巡演。台州乱弹折子戏入选第一批浙江省公共文化国际交流项目。

【文化遗产保护】　2022年，仙居下汤、椒江章安故城、黄岩沙埠窑、临海梅浦窑址等考古发掘工作有序推进，“仙居下汤考古工作站”挂牌成立，仙居下汤遗址和临海延恩寺宋墓入选2022年度浙江考古重要发现。全市新增台州市级非遗代表性项目代表性传承人31位；新增市级非遗主题小镇3个、民俗文化村4个；新评选台州市非遗主题旅游线路10条，天台县“访佛道名山　悟和合之道之旅”入选省级非遗主题旅游线路；“和合文化”省级传统工艺工作站入选浙江省传统工艺工作站创建名单；“台州刺绣”省级非遗工坊、“温岭草编”省级非遗工坊、“玉环火山茶”非遗工坊、“天台红曲酒”省级非遗工坊入选浙江省非遗工坊创建名单；玉环市坎门鳌龙鱼灯舞在浙江省“非遗薪传”传统舞蹈展演展评活动中获非遗薪传奖。以市委义印发文件加强历史文化研究，成立天台山文化保护和申遗工作领导小组，统筹推进天台山文化申报世界文化遗产工作。市文广旅体局和临海市委宣传部举办浙东唐诗之路与台州文化理论研讨会、开展“诗路匠心”台州市文化遗产文创大赛，面向全球征集台州文创作品千余件。打造宋韵文化台州版图，宋韵台州“一记三展”系列活动宣传阅读量超过百万，筛查宋代不可移动文物106处、可移动文物4119件（套），唐诗之路、宋韵文化成为主打品牌。强化古籍整理，出版《宝纶堂文钞》等影印本和《台州古籍存佚录》等点校本9本，《台州古代经济史研究》等著作4本。

10月19日，仙居下汤考古工作站揭牌成立

（市文广旅体局　提供）

【文旅市场治理】 2022年，台州市深化行政审批制度改革，市本级办理行政审批事项381件。市文广旅体局被文旅部评为“七五”普法先进单位。旅游领域安全生产“四化”建设推进，累计开展文旅场所防疫督查10279家次。加快全国旅游投诉调解与仲裁衔接试点城市、旅游服务质量保证金改革试点工作。《台州市文化市场行政执法全过程记录规范》视频受到文旅部肯定推介。高质量完成党的二十大期间广电安全播出保障，“双减”工作有效落实，“培省心”平台入驻机构1053家，完成资金监管机构871家。

（沈娇飞）

台州市重点文物保护单位名录

表32

序号	名　　称	序号	名　　称
全国重点文物保护单位			
1	台州府城墙	10	坎门验潮所
2	桃渚城	11	椒江戚继光祠
3	国清寺	12	一江山岛战役遗址
4	新河闸桥群	13	沙埠窑遗址
5	大溪东瓯古城遗址	14	金清大桥
6	瑞隆感应塔	15	林应麒功德牌坊
7	南峰塔和福应山塔	16	江厦潮汐试验电站
8	巾山塔群（千佛塔、巾山东大塔、南山殿塔）	17	恩泽医局旧址
9	仙居古越族岩画群		
省级文物保护单位			
1	黄岩孔庙	12	石塘陈宅
2	五洞桥	13	温岭碉楼
3	净土寺塔	14	三池窟大寨屋
4	水口石塔	15	石塘天后宫
5	委羽山大有宫	16	温岭石塘石屋
6	徐昌积宅	17	郑虔墓
7	镇锁桥	18	溪口、涌泉窑址群
8	新桥“爱吾庐”	19	谭伦画像碑与戚继光表功碑
9	陈安宝烈士陵园（含陈氏旧宅）	20	峙山头遗址
10	灵山遗址	21	下旧城遗址
11	长屿石宕遗址	22	王士性墓

续表32

序号	名　　称	序号	名　　称
23	王士琦墓	47	大房文昌阁
24	台州府文庙大成殿	48	街头曹氏民居
25	五洞桥	49	桐柏山摩崖题记
26	卢氏节孝牌坊	50	下汤遗址
27	马氏庄园	51	安洲塔
28	王文庆故居	52	石灯柱
29	周至柔故居	53	卜家岙李氏家族墓
30	东湖	54	刘光求雨摩崖题记
31	三合潭遗址	55	吴芾“赐谥敕牒”碑
32	玉环硐楼	56	岩石殿石棚墓
33	泗边小鹿巡检司城遗址	57	下各东桥
34	《圣训诗》摩崖题记	58	上江垟古建筑群
35	莒山寨城遗址	59	羊棚头王氏宗祠
36	纪恩诗摩崖题记	60	黄梁陈武庙及陈氏宗祠
37	海山潮汐电站	61	苍岭古道
38	张文郁旧居	62	羊棚头成氏宗祠
39	石梁摩崖题记	63	亭旁起义旧址
40	张思村乡土建筑	64	健跳所城遗址（含蒲西巡检司城）
41	妙山陈氏宗祠	65	东屏陈氏亚魁第
42	九遮山环桥群	66	义丰路160号民居
43	水南许氏宗祠群	67	仙岩洞摩崖石刻
44	红旗渡槽	68	三门宗祠群
45	妙山花楼民居群	69	祁家祁宅
46	玉湖七里庙		

台州市非物质文化遗产名录

表33

序号	名　　称	项目类别	序号	名　　称	项目类别
国家级非物质文化遗产代表性项目					
1	乱弹	传统戏剧	8	七夕节（石塘七夕习俗）	民间文学
2	农历二十四节气（送大暑船）	民俗	9	龙舞（坎门花龙）	民间文学
3	竹刻（黄岩翻簧竹雕）	传统美术	10	天台山干漆夹苎技艺	传统医药
4	中医正骨疗法（章氏骨伤疗法）	传统舞蹈	11	济公传说	传统舞蹈
5	（狮舞）黄沙狮子	民　俗	12	刘阮传说	曲艺
6	临海词调	传统舞蹈	13	天台山易筋经	传统体育、游艺与杂技
7	鼓舞(大奏鼓)	传统技艺	14	（灯彩）仙居花灯	传统美术

续表33

序号	名　　称	项目类别	序号	名　　称	项目类别
15	线狮（九狮图）	传统体育、游艺与杂技	17	农历二十四节气（三门祭冬）	民俗
16	（镶嵌）彩石镶嵌	传统美术			
省级非物质文化遗产代表性项目					
1	台州乱弹		35	枧桥鼓制作技艺	
2	台州道情		36	台州府城民谣	
3	台州刺绣		37	绿茶制作技艺（临海羊岩勾青茶制作技艺）	
4	台州玻璃雕刻技艺		38	豆制品传统制作技艺（白水洋豆腐制作技艺）	
5	戚继光抗倭传说		39	木杆秤制作技艺（永利木杆秤制作技艺）	
6	送大暑船		40	临海古长城建筑艺术	
7	黄岩翻簧竹雕		41	蒋家山接骨	
8	新前采茶舞		42	临海民间谜语	
9	新前武术		43	草编工艺（岭根草编）	
10	黄岩漆金木雕		44	台州府城传统小吃制作技艺	
11	二月二灯会		45	缩山拳	
12	剪纸		46	临海犀皮漆艺	
13	竹纸制作技艺		47	夹苎脱胎漆艺	
14	传统中医药文化（沈宝山中药文化）		48	戚家军鸳鸯阵	
15	院桥高台狮舞		49	大奏鼓	
16	南太极拳		50	石雕（温岭石雕）	
17	宁溪传统糟烧酿制技艺		51	海洋鱼类传统加工技艺（松门白鲞传统加工技艺）	
18	路桥莲花		52	王氏大花灯制作技艺	
19	路桥气象谚语		53	石塘小人节	
20	路桥灰雕		54	草编工艺（温岭草编）	
21	拷绢手工技艺		55	剪纸（温岭剪纸）	
22	晒盐技艺（路桥盐业生产加工技艺）		56	木杆秤制作技艺（戥秤制作技艺）	
23	章氏骨伤科		57	三月三（泽国三月三）	
24	草编工艺（桐屿草席编织技艺）		58	温岭洞房经	
25	戏剧服装制作技艺		59	天皇花鼓	
26	剪纸（路桥保安剪纸）		60	石塘元宵习俗	
27	台州理森皮肤病诊疗技艺		61	温岭传统食补品制作技艺	
28	临海词调		62	坎门鳌龙鱼灯舞	
29	黄沙狮子		63	坎门花龙	
30	板龙（大田板龙）		64	渔民号子（玉环渔民号子）	
31	上盘花鼓		65	剪纸（玉环剪纸）	
32	大石车灯戏		66	延绳钓捕捞技艺	
33	剪纸（临海剪纸）		67	鼓词（玉环鼓词）	
34	临海泥塑		68	章氏中医肾病疗法	

续表33

序号	名　　称	项目类别	序号	名　　称	项目类别
69	济公传说		92	彩石镶嵌	
70	寒山拾得传说		93	石窗艺术（仙居石窗艺术）	
71	天台山干漆夹苎髹饰技艺		94	蓝花布印染技艺	
72	台州玻璃雕刻技艺		95	三十六行说唱	
73	刘阮传说		96	香沉木雕	
74	天台山佛教音乐		97	豆制品传统制作技艺（仙居豆腐制作技艺）	
75	南拳（天台皇都南拳）		98	卵石镶嵌技艺	
76	传统纺织技艺（天台苎布制作技艺）		99	皤滩盐埠商号和民居建筑艺术	
77	金漆造像技艺		100	清音寺庙会	
78	道教音乐（天台山道教南宗洞经音乐）		101	撒梁皇	
79	灵溪奚家拳		102	根雕（仙景根雕）	
80	打油奏		103	板龙（花桥龙灯）	
81	绿茶制作技艺（天台云雾茶制作技艺）		104	板龙（杨家板龙）	
82	天台山易筋经		105	石窗艺术（三门石窗艺术）	
83	“一根藤”制作技艺		106	高枧古亭台阁	
84	台州食饼筒制作技艺		107	海游六兽	
85	红曲酒酿制技艺（天台红曲酒传统酿造技艺）		108	缠足苦	
86	天台铃医文化		109	单档布袋戏（上鲍布袋木偶戏）	
87	山歌（仙居山歌）		110	杨家祭冬	
88	仙居鲤鱼跳龙门		111	小蜜蜂	
89	九狮图		112	平调	
90	十八罗汉		113	小坑七星拳	
91	仙居花灯		114	三门讨小海习俗	

文化馆

【概况】 2022年，台州市文化馆开展“文化超市”公益艺术培训、精品剧目展演、诸子艺术空间展览、“周三有约”艺术门诊、艺术大讲堂、周二艺术影院、专家讲师团等。

【公共文化服务】 2022年，台州市文化馆举办“文化超市4.0”第30期和第31期公益文化活动，针对老年人、未成年人、青少年等群体的年龄特点和文化需求，开设涵盖多项艺术门类的课程共71个，培训学员近47636人次；诸子艺术展览厅举办美术、书法、摄影展览11场，接待观众10000余人次；举办全民艺术普及公益讲座2场，全天候对外预约供群众使用功能用室场次达245次，累计服务群众达5386余人次；举办台州市第二届青年演奏家独奏音乐会，台州市第三届原创流行音乐大赛，2022台州市“越美台州　文化惠民”戏曲周等群文活动；主办“欢庆二十大·同奔共富路”2022城市艺术角台州市优秀群众文艺团队展演活动；“童心向未来.喜迎二十大”台州市首届少儿艺术大赛，累计举办赛事6场次，超52万名线上线下群众参与活动，活动颁奖晚会超7.5万观众在线收看直播；创意打造“红色影厅”，突破传统电影播放模式，周二艺术影院、独立电影人沙龙、“一人一故事”、组织电影社群，不定期举办露天观影会、剧本杀等活动；开展“苔花开”2022年台州市文艺志愿服务走进文化礼堂及乡村美育课堂志愿服务，建立农村文化礼堂教学点50个，针对乡村青少年开展美育培训200余期；注册志愿者总数为125人，总服务时长165小时。

【数字资源建设】 2022年，台州市文化馆新增原创数字资源总时长4299分钟，共享共建文化特色数据库原创资源新增0.34T；生产原创微视频数字资源261条，抖音、视频号同步发布推广，线上点击率共计594万人次；录制展演、培训等视频资源31场2949分钟；“文化超市4.0”云课堂直播视频剪辑加工47集1350分钟；开展活动直录播57场，其中省内市际联动42场；多个视频资源入选2022年国家公共文化云网络直录播。全年数字服务人次合计925万。

【文艺创作】 2022年，台州市群文精品创作获得省级以上奖项120余件。摄影作品《大陈岛》获第19届浙江省摄影艺术展览艺术类金质典藏；舞蹈《石窗物语》获浙江省三十二届舞蹈大赛金奖；歌曲《壮志凌云》获评2022中国人民解放军空军飞行战歌征集活动优秀作品奖，《爱之光》发表于《歌曲》杂志2022年第十期（总713期），《小人物的小时代》被中国当代音乐家优秀歌曲CD选集录用并由中国录音录像出版总社出版；音乐作品《山海告诉我》《幸福生活亮闪闪》入选文化润疆工程优秀文艺精品；阳光合唱团获评第十六届中国国际合唱节比赛成人组混声合唱二级团称号；论文《共同富裕背景下全民艺术普及创新发展——以台州市文化馆为例》获2022浙江省新时代文化馆理论体系构建征文活动二等奖；快板书《一碗“天价”面》入选“浙江有礼”省域文明新实践主题曲艺作品征稿十佳作品；2022年第二届台州群众舞蹈大赛消息登上《人民日报》；台州市第三届原创流行音乐大赛被浙江文化网、中华网报道；2022台州市城市艺术角的相关内容在中国网、新华网、浙江在线、浙江新闻等多个线上媒体上发布；原创歌曲《共同富裕的路》登上《人民日报》，在浙江电视台播出。

【文艺人才培养】 2022年，台州市文化馆组织开展培训班6个，全年培训基层管理人员和业务骨干750人次。培养出一批优秀文艺人才，获浙江省第三十三届戏剧小品大赛金奖、浙江省第三十二届群众舞蹈大赛金奖、浙江省群星书法大展金奖等。

（吴佳佳）

11月19日，“欢庆二十大 同奔共富路”2022城市艺术角台州市优秀群众文艺团队展演活动举办 （市文化馆 提供）

图书馆

【概况】 2022年，台州市有公共图书馆10个，其中，市级图书馆1个，县（市、区）级图书馆9个。台州市图书馆通过浙江省公共文化场馆服务功能先行先试验收，并获得优秀等次；读者服务部获2020—2021年度“浙江省青年文明号”称号。

【服务体系建设】 2022年，台州地区新建和合书吧10家，总量达到138家；以文旅融合为契机，打造书香民宿，评选出第二批8家民宿图书馆。台州市图书馆和台州市检察院合作建成“检察驿站”，拓展主题服务。路桥区图书馆的“水心草堂”流通点入选首届浙江省最美公共文化空间。

【图书馆基础设施建设】 2022年1月27日，玉环市图书馆新馆试运行，5月17日正式开馆，总建筑面积1.05万平方米，设计藏书量48万册，阅览座位500余个。4月23日，黄岩区图书馆新馆开放运行，总建筑面积1.47万平方米，设计总藏量为50万册，阅览座位700余个。温岭市图书馆、天台县图书馆、仙居县图书馆新馆在建中。台州市图书馆开辟邻市民广场一侧文化空间，丰富和拓展阅读、休闲、体验等功能。

【图书馆信息服务】 2022年，台州市图书馆为市委、市政府、市人大、市政协开展信息参考服务，编发《看台州》《履职资讯》《文旅报道选编》等固定信息刊物；围绕数字化改革、宋韵文化、共同富裕三个主题，新编制《政协委员履职咨讯》专刊3期。依托在浙里办上线的台州市政协悦读委员工作室，为群众提供咨询服务。

【读者服务】 2022年，台州市图书馆联合教育部门推出“班级书香驿站”项目，以台州市范围中小学班级为单位，每期至图书馆借阅100册图书在班级内流动共享，并配套开展少儿科普、少儿阅经典等活动，以阅读助力双减。围绕“信用阅读服务改革”，打造读者直接参与图书采购的信用点借平台，实现“你选书 我买单”服务升级。新推出虚拟馆长“翁森先生”、图书管理员“喜阅妹妹”、台图团宠“嗨皮猫”三款IP形象，并以此衍生开发了一批包括《四时读书乐》笔记本、节气帆布袋、IP表情包、充气人偶在内的文创产品，同时开展“喜阅妹妹”进校园活动，丰富图书馆服务内涵。

【阅读推广活动】 2022年，台州市图书馆围绕全生命周期理念，新推出“双语小剧场”，以戏剧空间的视频构图，用外语进行视频配音，为低幼儿童开启外语启蒙；打造“台图课堂”，形成有受年轻读者追捧的“宋韵点茶”“篆刻”“香文化”等系列课程，全年开课14期；围绕“书香浙里 阅享共富”主题，开展听书马拉松、童心绘共富、在风景里阅读等主题活动，联合县市区图书馆，通过直播访谈、讲座展览、主题阅游等方式推动阅读资源串珠成链；连续九年举办盲人节特别活动，丰富视障读者的文化生活；举办欢庆党的二十大系列文化活动，推出“温经典 润初心”觉醒年代配音秀、“全面深入学习贯彻党的二十大精神”展览等22个专题活动，传承红色精神。路桥区图书馆承办区第九届读者文化节，开展寻找“锦鲤”、说说我的阅读时光、“路图有约”送服务、“为书找人”儿童节专场等系列活动。在长三角公共图书馆阅读马拉松比赛中，台州市图书馆、椒江区图书馆等获评优秀组织奖。

【古籍与地方文献】 2022年，台州市图书馆成功竞拍清末民初台州名贤自作诗文辑录《百朋集》；接收中华文化促进会王氏历史文化研究会浙江工作站赠送的《中华王氏大成总谱》39册。黄岩区图书馆继《台学统一百卷》等五部古籍列入国务院公布的首批《国家珍贵古籍名录》后，又有《卧虎山人日记》、《耘轩居士初稿》等17部古籍入选浙江省珍贵古籍名录。

【业界交流合作】 2022年，台州市图书馆当选中国图书馆学会阅读推广委员会藏书与阅读推广专业组主任单位，吸纳全国各级、各类型图书馆20家加入，并成功承办2022年中图学会学术论文和案例征集分主题、浙江省图书馆学会“图书馆特色藏书创新案例”征集活动。8月24日，由浙江省图书馆学会、玉环市文化和广电旅游体育局主办，玉环市图书馆承办的第六届“浙思享”学术研讨会在玉环召开。本届研讨会的主题为“智慧图书馆建设与服务的高质量发展”，以4场主旨报告和互动交流的形式展开，来自全省公共图书馆、高校图书馆界的40余位专家学者与会。

（庄　选）

博物馆（非物质文化遗产展示馆）

【概况】 2022年，台州市博物馆（台州市非遗馆）共计接待观众22.8万人次，接待团队129个，提供讲解609场次，全年共开展线上线下活动共479场，与7所学校建立馆校合作关系。百名志愿者为市民提供志愿讲解近1000场次，1158人次学生志愿者提供文明劝导服务。台州市博物馆（台州市非遗馆）在“全省博物馆展览海报十佳案例推介活动”中获评优秀展览海报、在“浙江省博物馆文创产品大赛”中“和合箸筷”获评铜奖、在“讲好浙江故事——全省博物馆讲解员大赛”中获评十佳优秀讲解员与优秀讲解员。

【展览活动】 2022年，台州市博物馆（台州市非遗馆）举办临展活动10个，丰富市民精神文化，近20万名观众受益。特别推出《恐龙木乃伊——浓缩的生命》展览，参观流量达10万人次，被台州一套、二套、日报等多家主流媒体和自媒体报道，相关报道浏览量达到2.4万。

【品牌项目进校园】 2022年，品牌教育项目“台博君进校园”走进下陈中学、白云中学2所学校，开展30场教育活动，上千名学生受益。“台博君动漫版台州历史文化图文展”先后走进天台洪畴中学、北大书生中学、三门初级中学等8所学校，受益人数超1万多人。“台博君研学之旅”系列课程先后走进洪家中学、黄岩中学、东方理想学校，实现“意见”中博物馆教育在小学、初中、高中全覆盖。台州市博物馆非遗部开展“非遗进校园”项目，活动开展的形式为请非遗传承人或非遗部非遗保护人员赴结对学校定期进行非遗教学。结对的学校有：台州市特殊教育学校、椒江区第二实验小学（沿海校区）、学院路小学，共开展活动81场，参加人数3580人次。

【特色活动进社区】 2022年，台州市博物馆（台州市非遗馆）开展的拓印体验、仙居无骨花灯等特色活动走进黄岩区净土岙文化礼堂、南野份村文化礼堂、翠华社区、枫南社区，开辟文化宣传新阵地。举办12场宋韵文化系列活动，走进和合大院、大隐书局、同康酒业、钟书阁，讲述宋朝人生活的一天，让千年宋韵在新时代流动起来。台州市博物馆（非遗部）开展“非遗进社区”项目，活动开展的形式为请非遗传承人或非遗部非遗保护人员赴结对社区定期进行非遗教学，结对社区为椒江云海社区，共开展活动4场，参加人数114人。

【文创设计开发】 2022年，台州市博物馆（台州市非遗馆）开发设计“新风有礼”台博文明城市主题系列文创，以垃圾分类、文明出行、文明生活为切入点，以文创新礼弘扬文明风尚，共开发设计文创产品6款，包含四色垃圾袋、宠物牵引绳、双面渔夫帽、创意飞盘、志愿者马甲。

【藏品征集】 2022年，台州市博物馆（台州市非遗馆）新增藏品数43件（套），通过征集购买新增文物藏品8件（套），资料藏品3件（套），其中通过拍卖征集藏品一件，是建馆以来首次以拍卖形式征集文物，为藏品征集开拓新的渠道；接受捐赠新增文物藏品10件（套），资料藏品16件（套）；拆分原有文物藏品新增6件（套）。通过接受捐赠，新增未登记账23件（套）。

【创意讲解】 2022年，台州市博物馆（台州市非遗馆）参加“讲好浙江故事——全省博物馆讲解员大赛”，以“守正创新”为导向，以打造观众喜欢听、愿意听、记得住的讲解方式为目标，创新讲解形式，讲解员方琳萍的《“盘”活了》将单口相声、情景剧等表演形式融入讲解，形成观众喜闻乐见的讲解方式，得到现场专家的一致好评，“盘活了”整个比赛现场。

（项超英）

2022年台州市博物馆（台州市非遗馆）展览活动一览表

表34

展览名称	起讫日期
东南都会——台州六朝古砖瓦上的社会图景展	2021年12月19日—2022年2月27日
兰亭的故事	2021年12月31日—2022年2月27日
器道之约	3月5日—4月10日
博戏—中国古今体育文化展	3月8日—5月18日
“器道之约”——胡嗣雄、胡一皓父子的瓯窑收藏与美学现象	3月8日—5月18日
台州市黄岩牟氏宗谱展	4月16日—5月12日
等闲识得宋人面—宋代器物风情展	6月23日—9月23日
学习党史“打卡”红色纪念地	7月1日—8月1日
恐龙木乃伊——浓缩的生命	7月16日—10月16日
全国百佳博物馆文化创意展	2022年10月12日—2023年2月8日
非遗——山花烂漫向阳开	11月13日—12月12日
湖山寻梦——蒲华和他的台州师友们	11月17日—12月18日
於越吉金—越国青铜展	11月27日—12月26日
家国情怀—贵州省博物馆馆藏徐悲鸿作品展	2022年12月31日—2023年3月16日

台州市社会科学界联合会

【概况】 2022年，台州市社会科学界联合会开展思想理论研究、市情社科研究、文化研究、社科普及和社科人才建设，获评2022年度省社科联测评综合优秀单位，获评市工作目标责任制考核优秀单位，全市社科工作获得市委书记李跃旗批示鼓励。

【思想理论研究】 2022年，台州市社会科学界联合会组织学者编写《潮起台州湾　再创新辉煌——“八八战略”台州卷》，书稿进入出版程序。围绕学习贯彻党的二十大、省第十五次党代会精神组织召开全市社科界理论研讨会，在《台州社会科学》开设专栏，在《台州日报》“学习思考”栏目整版刊发代表学者理论文章。“党的十九届六中全会和省委十四届十次全会、市委六届一次党代会精神研究阐释专项课题”3项课题立项。组织开展“党的二十大精神研究阐释专项课题”申报立项工作。

【市情社科研究】 2022年，台州市社会科学界联合会全年共申报市哲社规划课题、社科联研究课题211项。共立项课题111项，其中市规划课题67项，研究课题41项,研究出版补助课题3项。研究制定《台州市哲学社会科学规划课题、社科联研究课题结题实施细则（试行）》，明确结题办法、结题程序，形成课题闭环管理机制，全年完成课题结题94项。邀请浙江大学董雪兵和杨柳勇教授两大研究团队分别开展《中国民营经济台州发展经验研究》和《关于深化台州小微企业金融服务改革的建议》课题项目研究，其中《关于深化台州小微企业金融服务改革的建议》获省市领导肯定批示。全年报送《浙江社科要报》、省社科院决策参阅件等7件，编发《台州社科要报》、报送《台州信息》（内参）等稿件共24期，立项应用对策类课题9项，各类建议成果获得省领导肯定批示7件次，市领导肯定批示42件次。

【文化研究】 2022年，台州市社会科学界联合会启动台州文化研究工程（第一期）项目申报工作，发布《2022年度台州文化研究工程课题申报公告》，印发《台州文化研究工程（第一期）实施方案》《台州文化研究工程（第一期）项目管理办法》，立项第一期系列研究重大项目4项，共计子课题13项，后期资助项目1项，预计产生专著14部。《三台宋韵系列研究》入选2022年浙江文化研究工程重大项目，下设5个子课题均为重点课题，在全省宋韵文化研究中极大提升台州辨识度和影响力。推进前期浙江文化研究工程项目《大陈岛垦荒精神研究》《司马承祯研究》2项课题研究。推动《台州通史》《中华和合文化通史》等10大项目纳入《关于加快推进新时代文化台州工程的实施意见》，“建设中华和合文化展陈中心”等项目纳入市委宣传部出台的《台州市“和合文化国际传播基地”建设三年行动方案》，并将相关项目纳入市政协常委会通过的《关于厚植文化优势 打造高能级城市的建议案》，获得市政府主要领导批示。组织编写的《浙江文史记忆丛书·台州卷》及县（市、区）分卷共10册，进入出版审核程序。

【社科普及】 2022年，台州市社会科学界联合会与省社科联、市委宣传部、温岭市委联合主办“喜迎二十大 奋进共富路”2022年浙江省社科普及周启动仪式，创新推出社科小博士“浙哲”虚拟动漫人物，用生动形象的图文、视频开展社科知识“云科普”，启动仪式线上观看人次1017万。牵头组织编写《和合文化关键词》，纳入外文局“中国关键词”系列图书，中英文等多语种版本出版。牵头组织的反映台州历史文化脉络的学术文章——《越文化的鲜活样本：台州文化的理路与特质》被收录到《长三角——更高质量一体化发展这四年》（浙江）册宣传报道集，作为会议资料呈送给长三角地区主要领导和参会国家部委领导参阅。成立数字化改革工作专班，揭榜挂帅全省数字化改革项目，完成“云上社科普及平台”基础功能建设。推出“宋韵·奇妙说”趣味科普小视频，全年编发“品读台州”抖音号14条。联合台州日报社推出“好读好听”“探寻宋韵文化台州版图”“和合文化在台州”系列专栏共60期。组织开展“社科理论走基层”系列宣讲活动，全年开展活动402场，其中开展党的二十大精神宣讲220场次，受众15000余人次，增强人民群众对党的创新理论的深度认同。12月1—2日，联合省社科联在三门县举办全省红色科普基地联盟现场推进会，召开全省红色科普基地联盟“学习贯彻党的二十大精神”专题学习会，11个地市红色科普基地代表交流发言。

【社科人才建设】 2022年，台州市社会科学界联合会举行台州市第十九届哲学社会科学优秀成果奖颁奖仪式，社科工作得到市委书记李跃旗批示鼓励，市委常委、宣传部部长潘军明出席并讲话，市哲社工作领导小组成员、市社科联理事、获奖作者代表等近100人参加活动。动态管理评审专家库，启动第二轮台州市哲社课题评审专家入库遴选工作，共有40余位专家（含市外）入库。联合承办2022浙学论坛，论坛以“宋韵与浙学：文化基因的新时代解码与传承”为主题，来自海内外知名高校、研究机构的百余位学者线上线下参加会议。组织开展第五届台州市社会科学界学术年会活动，举办22个分论坛活动。联合台州广电总台、台州学院，赴新疆第一师阿拉尔市开展“南疆东海两明珠 万里相聚共富行”主题和合文化百场讲坛进新疆活动，成立阿拉尔市“和合文化大讲堂”，建立两地专家合作交流机制。11月15—19日，在杭州国际城市学研究中心举办社科理论骨干“学习贯彻党的二十大精神”培训班，来自县（市、区）、高校、学会、市级单位社科理论骨干40余人参加。

【社团管理】 2022年，台州市社会科学界联合会指导收藏文化研究会、道学文化促进会、道德文化研究会、经济学会、经济信息研究会、台州商人研究会完成换届，指导台州市行政服务和公共资源交易学会完成政务服务"标准化规范化便利化"课题研讨培训会，并作"课题研究与申报"的主题辅导报告。依托钟书阁腾达中心店建立台州社科之家，打造集展示展览台州地方文化、学术交流、社科普及、阅读联盟于一体的综合性社科平台，12月9日正式挂牌。

（张筱林）

9月23日，台州市获浙江省第十七届运动会"核金建设杯"足球（男子甲组）比赛金牌　　（市体育事业发展中心　提供）

体　育

【概况】 2022年，台州市体育工作围绕现代化体育强市建设目标，完成《台州市全民健身计划（2021—2025）》制定发布、省运会金牌"保五"等各项目标任务。台州首创基层体育委员工作机制在全省推广。温岭市创建首批省级体育现代化县（市、区）。台州市体育事业发展中心获2022年度浙江省体育改革创新奖。全市9家单位获2018—2021年度全省群众体育工作成绩突出集体。台州市运动员黄雨婷在世界射击锦标赛上获得二金一银，为中国夺得法国巴黎奥运会参赛席位。

【群众体育】 2022年，台州市共建设100个微型便民体育公园、56家百姓健身房、全民健身游步道128千米，5个体育公园（体育设施进公园），6个足球场（含笼式足球场），9个全民健身广场，21个社区多功能运动场，项目覆盖各县（市、区）大部分乡镇（街道）、村居。举办浙江省暨台州市全民健身日活动、台州市第二十七个全民健身月活动、第三届台州市农村文化礼堂运动会、台州市首届青少年智力运动会等活动共50多场，参与人数3万人次。做好2022年度国民体质监测工作，共完成监测有效样本量1900例。开展"浙里健身"体质服务工作，完成23838人次目标任务。开展运动促进健康科学健身大讲堂活动39场。

【竞技体育】 2022年，台州市代表团近1300名运动员参加2022年浙江省第十七届运动会30个大项，41个分项的比赛，参赛项目及参赛人数均创历史新高。最终以实时比赛金牌86枚、奖牌238枚出色完成金牌、奖牌数全省排名"保5"的目标，其中"三大球"项目均有金牌入账，田径项目奖牌数、团体总分列全省第1位。"省队市办"空手道队参加2022年全国空手道系列锦标赛（第一站）暨亚运测试赛获得3金2银2铜的成绩，金牌和奖牌数居全国第1位。承办2022年浙江省青少年田径锦标赛，创浙江省田径比赛参赛人数历史之最。出台《台州市区竞技体育后备人才普通高中入学实施办法》，落实解决28名运动员就读三区普通高中。抓好等级运动员审核审批和运动员注册的规范化管理，共审批二级运动员203人次、审核申报一级运动员52人次，全市各项目运动员新增注册人数1489人次。

【体育产业】 2022年，台州市出台体育稳企助企6条措施。举办台州市第三届体育线上消费展等活动，全市发放体育消费券总金额达900万元。拨付产业扶持资金440万元用于支持市级重点体育产业企业和项目，评选8个优秀项目进入2022年度浙江省体育产业发展资金台州项目库，4个优秀项目进入2022年度台州市体育产业发展扶持项目库。全年体育彩票销量达18.40亿元，创历史新高。打造201千米"环浙步道"主线台州段品质路线。指导创建1个浙江省体育休闲基地，2条浙江省运动休闲旅游精品线路，2个浙江省运动休闲旅游优秀项目。截至年底，全市实现国家体育产业示范基地、示范项目、浙江省体育运动休闲基地、精品线路、优秀项目、运动休闲小镇等各种产业平台全覆盖。

【体育改革】 2022年，台州市创新“我们的村运”“乡村体校”等有效载体，总结提炼“望闻问切”等系列工作方法，联合台州职业技术学院共建“台州基层体育委员培训学院”。截至年底，全市基层体育委员已完成全市行政村、社区全覆盖，全市基层体育委员人数达3601名，并在“浙里办”App上完成实名制注册。深化数字化应用牵引赋能，体育场地设施管理服务等4个应用场景纳入全省2022年度体育数字化改革试点，数量居全省前列。

（吴安佶）

8月8日，2022年浙江省“全民健身日”主会场活动在玉环举办

（市体育事业发展中心 提供）

2022年台州籍运动员参加大赛第一名成绩一览表

表35

序号	姓名	性别	项目	小项	比赛名称	比赛地点	比赛名次
1	黄雨婷	女	射击	女子10米气步枪团体成年组	2022年国际射联步手枪世锦赛	埃及 开罗	第一名
2	黄雨婷	女	射击	10米气步枪混合团体成年组			第一名
3	张清颖	女	体操	男女混合团体	2022年“体总杯”全国体操团体锦标赛	山东	第一名
4	张清颖	女	体操	女子平衡木团体			第一名
5	张清颖	女	体操	女子跳马团体			第一名
6	张清颖	女	体操	女子自由体操团体			第一名
7	张清颖	女	体操	女子高低杠团体			第一名
8	张清颖	女	体操	女子团体			第一名
9	张清颖	女	体操	女子甲组跳马	2022年全国青年体操锦标赛暨全国青年体操U系列锦标赛	山东	第一名
10	张清颖	女	体操	女子甲组高低杠			第一名
11	张清颖	女	体操	女子甲组平衡木			第一名
12	张清颖	女	体操	女子甲组个人全能			第一名
13	王兰心	女	帆船	混合470级U21场地赛	2022年全国青年帆船锦标赛	宁波	第一名
14	王兰心	女	帆船	混合470级U21长距离赛			第一名
15	陈妍菲	女	体操	男女混合团体	2022年全国体操团体锦标赛	浙江省黄龙体育中心	第一名
16	陈妍菲	女	体操	女子团体			第一名
17	陈妍菲	女	体操	女子平衡木团体			第一名
18	陈妍菲	女	体操	女子自由体操团体			第一名
19	陈妍菲	女	体操	女子跳马团体			第一名
20	陈妍菲	女	体操	女子高低杠团体			第一名
21	彭宇璐	女	摔跤	女子62kg	2022年全国中国式摔跤锦标赛	广西钟山	第一名

续表35

序号	姓名	性别	项目	小项	比赛名称	比赛地点	比赛名次
22	马章志	男	赛艇	U19混合四人双桨	2022年全国锦标赛	丽水南明湖	第一名
23	王梦婷	女	帆船	女子49erFX级场地赛	2022年全国帆船锦标赛	海南海口	第一名
24	王梦婷	女	帆船	49er级团体			第一名
25	池清斌	男	团体	水翼帆板级	2022年全国帆板锦标赛暨全国青年锦标赛	广西北海	第一名
26	池清斌	男	场地赛	男子水翼帆板	2022年全国翻波板锦标赛	广西北海	第一名
27	池清斌	男	团体	水翼帆板级			第一名
28	李敏怡	女	帆板	水翼帆板级团体赛			第一名
29	李敏怡	女	帆板	水翼帆板级U21团体赛	2022年全国帆板锦标赛	广西北海	第一名
30	陈奕诺	女	羽毛球	女子团体	2022年全国羽毛球锦标赛	福建厦门	第一名
31	李巧巧	女	空手道	女子68kg	2022年全国空手道锦标系列赛总成绩	浙江台州	第一名
32	项佳豪	男	空手道	男子60kg			第一名
33	陈锦超	男	空手道	男子75kg			第一名

报业传媒

【概况】 2022年，台州日报报业传媒集团（台州日报社）坚持党建引领，坚守主阵地，弘扬主旋律，拓展经营渠道，优化管理机制，推进媒体融合。《台州日报》《台州晚报》征订任务均超额完成，征订数分别为9.45万份、5.46万份。至年底，全媒体矩阵总用户数435.3万户，其中，台州新闻App注册用户147万户，中国台州网微博粉丝67.4万户；台州日报抖音号粉丝8.7万人，台州日报微信粉丝31万人，台州日报人民号（人民日报客户端）粉丝数8.8万人；台州晚报微信粉丝76万人，台州晚报微博粉丝45万人，台州晚报抖音号44万人，台州晚报头条号（今日头条）粉丝数7.4万人。

【新闻宣传】 党的二十大期间，报社在各类媒体平台推出《领航中国》《奋进新征程　建功新时代·非凡十年》《中国这十年·系列主题新闻发布》《喜迎二十大》《二十大代表风采》《聚焦党的二十大》《二十大时光》系列专题专栏。省党代会期间，《台州日报》开设《聚焦省党代会》专栏，先后推出《省党代表热议人才引领高质量发展》《在推进“两个先行”中笃力奋楫——我市干部群众热议省第十五次党代会报告》等报道。市党代会、“两会”前后，《台州日报》推出《喜迎党代会　奋进新征程》《奋进新征程　建功新时代·逐梦“三高三新”》《喜迎市两会　聚焦重大标志性工程》等栏目。围绕市委、市政府中心工作，《台州日报》策划推出《迈向共同富裕的脚步》《台州民营经济中的共富基因》《台州九富路径实践》《经略海洋　向海图强》《数字化改革　现代化先行》等栏目，推出“探寻宋韵文化‘台州版图’”大型融媒体行动，全面展示台州宋韵文化遗存。组织采集和编纂《台州古村之美》系列丛书。《台州晚报》策划推出“共富先行　同心圆梦”探索共同富裕一年间大型融媒体行动。整组报道综合运用融媒体报道手段，通过多平台联动、多渠道分发，扩大重大主题报道的传播力和影响力。办好《人物》专版，选取台州市内外具有行业广泛影响力、知名度、作出重大贡献的台州籍人士，以人物特写加评论的组合方式进行报道。《彰显核心价值观·身边的感动》栏目，陆续推出法医柯伟力、信访工作者阮晨、“最美浙江人”林素平等人物以及玉环看守所等群体报道。《台州晚报》与阿里巴巴天天正能量开展合作，报道王伟旗、王子悦、郭文标、阮香妹等人物故事，弘扬社会正能量。其中集市里的流动书摊、右手给左手做手术的医生等文章被《人民日报》、新华社微信号头条转发，王伟旗被推选为“台州好人”“浙江好人”。做好疫情防控报道，派专人蹲点市防疫指挥部，开设多个专栏专题，挖掘防控工作亮点，宣传一线优秀典型，在天台县、路桥区等地出现疫情后，第一时间派记者进驻，发布大量权威报道。围绕贯彻落实党的二十大、十九届六中全会、市党代会等会议精神，推出“学习贯彻党的二十大精神”“十九届六中全会精神大家谈”“贯彻市党代会精神　开创现代化新局面”“垦荒精神立心”主题征文选粹等专栏，接连刊出理念新、目标明、措施实的理论文章。围绕市党代会、市“两会”等重要节点，及时推出社论。聚焦“稳企助企　稳进提质”“五大攻坚”行动、民营经济、临港产业带建设等中心工作推出诸多有影响力的评论。新闻佳作迭出，2021年度浙江省新闻奖获奖名单中，《玉环干江镇“股份众筹”改革》获系列报道一等奖，组照《拯救瓜头鲸》获摄影类一等奖。短视频《从村民到专家的一场“鲸”险接力大营救》获评2021年度“赵超构新闻奖”（摄影类、短视频类）短视频类一等奖。

【报业经营】　2022年，台州日报报业传媒集团（台州日报社）实现总收入12627万元（不含财政补贴），同比增加151万元，增幅1.21%。总支出13621万元，同比增加380万元，增幅2.9%。自主经营净利润-994万元，同比下降229万元。联合台州银保监分局等部门推出“共同富裕的金融担当”大型融媒体新闻行动，集中展现台州市近30家银行、保险机构助企新举措。举办2022台州线上房展会，吸引17家房企、38个楼盘参展，共推出19场楼盘云直播活动，房展会成交总额4.8亿元，吸引322万人次浏览，是“新闻+政务服务商务”的全媒体实践创新案例。围绕“稳经济40条”，携手20余家车企经销商，举行台州市夏季车展。推出2022秋季征兵线上直播和2场高考填报志愿线上公益讲座活动，探索“直播+商业合作”模式。举办台州市第二届中学生英语演讲大赛。推出“区花说车”短视频栏目和系列汽车品牌短视频。发行公司全年组织开展各类小记者活动200多场，1万余人次参加；精挑细选场地、路线，打造精品化夏令营；联合台州市教育局开展“双减”示范案例评选活动；台报展示馆再次被列入台州市消费帮扶产品指定采购渠道，对接服务扶贫产品采购订单600多万元。印务公司开展护航党的二十大百日攻坚活动，增设报纸巡检等系列管理措施，在2022年度浙江省党报印刷质量评比中，获评优质级报纸印刷单位；承接台州学院文印项目；成立文创中心打造文创大脑，推进文创实验室建设，开启大美堂和纸艺工坊两个文创品牌，产品在台州市新华书店、朵云书院黄岩店等上市销售，并在学校开辟美学教育实践基地试点。印务公司全年实现营业收入3049万元，累计利润340多万元。文化传媒公司联合有关单位组织开展创建国家农产品质量安全市活动、沃尔沃新能源汽车“整车零配件”对接专场活动等。户外公司经营收入共计518.7万元，较上年同期增长4.59%。

【媒体融合】　2022年，台州日报报业传媒集团（台州日报社）实施《台州新闻客户端首页推荐与稿件转发考核办法》。推出《路桥战“疫”》《浙江好人　疫线面孔》《疫情诉求专栏》《同心战疫迎春归》等多个专题专栏。年内，台州新闻客户端共刊发稿件63182条，原创报道19661条，总阅读量5.25亿次，中国台州网全年共刊发稿件32586条，日均点击量达300万。台州新闻客户端推出各类新闻专题58个，网站推出各类新闻专题59个，各类H5、海报、短视频等融媒体产品853条，拍摄制作“台视频”693条，台州新闻客户端10万+作品27条。继续实施台州新闻客户端全员推广计划，全年新增47万注册用户，总用户数达147万。继续推进台报智媒云建设。建立和合号、金镜头、首席荐，吸引一些优质创作者加入。新建台报智媒云驾驶舱。媒体融合系统完成验收。“台报智媒云平台建设”入选中国新闻技术工作者联合会主办的2022年度技术赋能“新闻+”推荐案例。基本完成历史报纸数字化二期项目，历史数字报资源入库资源中心，并为集团70周年报庆筹备工作提供大量珍贵历史资料。结合疫情防控、反诈宣传、垃圾分类、共同富裕等宣传重点，推出“反诈进校园有奖答题”“看防疫小知识签到赢好礼”“垃圾分类小游戏赢大奖”“万人万句话共富”等多个活动。重新开发全市停电信息，上线11个便民类服务信息。11月，台州日报社（台州日报报业传媒集团）与台州广电总台（台州广播电影电视集团）组建成为台州市新闻传媒中心（集团）。

【党建引领】　2022年，台州日报报业传媒集团（台州日报社）联合市委组织部、市委宣传部、市委直属机关工委共同推出党的二十大知识竞赛活动，吸引73万人次参与答题。组织党员参加“六讲六做”话百年宣讲短视频活动，选送的《执“青春之笔”　绘“时代画卷”》从68个参赛作品中脱颖而出，获“十佳”宣讲短视频。报社拍摄的作品《城西故事》参与2022年全市党员教育电视片观摩交流活动，获文艺片类二等奖。《党建》杂志发表题为《在党报传播中彰显党建力量》的文章，介绍台州日报社推动党建工作与业务工作深度融合的工作经验，引起多方关注。邀请党的二十大代表阮玲斐作《党的二十大精神传达及参会感受》专题辅导报告。举办“我的台报我的梦”主题演讲比赛，发动“8090”及“00后”青年谈党的二十大精神学习之感悟，论报社70年发展之历程，说新闻工作之梦想。

（俞文爽）

广播电视

【概况】 2022年，台州广电集团（总台）立足新发展阶段，贯彻新发展理念，融入新发展格局，围绕党委、政府中心工作，把握正确舆论导向，实施新闻立台和媒体融合战略，克服疫情带来的不利影响，完成各项既定任务。

【重大主题宣传】 2022年，台州广电集团（总台）做好党的二十大宣传报道。会前，推出“奋进新征程　建功新时代”“喜迎二十大·这十年‘台’精彩”“非凡十年·重返‘一线’”“了不起的你”等11个系列的主题报道，反映近十年来台州经济社会各领域改革发展的良好态势和巨大成就，表达人民群众的幸福感和安全感。会中，推出“喜庆二十大”“二十大时光”等专栏，报道全市广大党员干部群众收听收看大会开幕盛况，记录各条战线热议党的二十大报告的场景。会后推出“党的二十大精神在台州”“八学八讲做示范”“党的二十大精神在社区”“党的二十大精神在乡村”等系列融媒策划，引领全市上下形成大学习大落实的热潮。选派40名骨干记者和优秀主持人，组建“台州广电记者宣讲队”，以融媒创新互动讲的形式开展党的二十大精神宣讲活动。抓好省第十五次党代会、台州市六届一次党代会和市“两会”报道，组织做好一系列重大主题宣传等重点工作。推出“践行‘八八战略’投身‘两个先行’”“两个先行　台州奋进”等专题专栏；推出“一起向未来　再创新辉煌”“奋进‘三高三新’”“向海图强正当时”等融媒专题，推出“聚焦招大引强　聚力项目突破”“共同富裕新征程”“蹲点‘九富’路径微样本”等融媒专栏，以及“新春走基层”“我在台州过大年”“技术工人‘扩中’‘提低’的台州样本”“夸夸我的村”等系列报道，对市党代会、市“两会”、高质量发展建设共同富裕先行市、数字化改革、“五大攻坚”行动、杭台高铁建成通车、天台路桥疫情防控等全市政治经济社会重大事件进行全方位、立体式宣传报道。

【创优工作】 2022年，台州广电集团（总台）发挥一月一主题一策划的引领作用，改进、组织做好季度优秀作品评选工作，开展好每月广播电视节目评析评议，建立新媒体发布内容品质每月抽评制度，加强与市文广旅体局节目监测中心的沟通联系，组织开展集群节目栏目发展现状调研，协调集群做好节目的调改与提升。强化栏目品牌化建设，改进节目评析评议制度，促进广播电视节目与新媒体品质同步提升。落实创优节目奖励制度，激励采编人员多出精品佳作。在2022年组织的各类省级新闻奖、节目奖评选中，集团（总台）再创佳绩，获得13个一等奖，大幅突破此前9个省一等奖的历史最好成绩，新媒体新闻专栏《台州“屏”论》、电视系列报道《拯救瓜头鲸》等三件作品被省记协推荐报送参评第三十二届中国新闻奖。

【外宣工作】 2022年，台州广电集团（总台）在浙江卫视发稿639条，其中《浙江新闻联播》278条，包括71条单条新闻稿件，内容围绕市委、市政府中心工作，聚焦二十大精神在台州、数字化改革之道、蹲点跨省招工一线、助企“开门红”、推动经济企稳回升稳进提质等重大选题。在央视新闻频道各栏目用稿72条，在《新闻联播》用稿19条，其中7月21日在《奋进新征程　建功新时代·非凡十年》栏目播出的《浙江：干在实处走在前　勇立潮头敢为先》，以台州企业“产业大脑+未来工厂”模式为例，介绍浙江创新驱动发展的经验。7月29日播出的《高举伟大旗帜　奋力谱写崭新篇章——习近平总书记在省部级主要领导干部专题研讨班上的重要讲话在全国各地干部群众中引起强烈反响》，点赞台州大陈岛用生态底色走出红色旅游的共富之路。12月18日播出的央视《新闻联播》头条《坚定信心　步调一致　汇聚高质量发展的强大合力——中央经济工作会议精神引发热烈反响》中，台州企业作表态：中央经济工作会议提振企业发展信心。新媒体外宣继续走在全省前列。

【媒体融合】 2022年，台州广电集团（总台）通过融媒集群化改革，对各要素资源进行重新配置和有机整合，初步实现各要素的有效融合和各媒介的联动发展。以融合思维开展节目创意、研发，强化融媒传播节目的改造、转型、提升。支持《台州“屏”论》等5个融媒评论工作室建设，集团申报的“广电媒体融媒评论创新项目”获评长三角广播电视媒体融合优秀案例。利用集广播、电视、新媒体于一身的融合传播优势，带动内容生产和广告经营，形成融合突破的阵势、气势和声势，全媒体生产成常态，每日全媒化选题实现占比六成以上。“无限台州”客户端用户和阅读量稳步增长，“10万+”作品超过

73条次，年度总阅读量超过2.56亿人次。全媒体经营格局已经形成，全媒体政企服务势头良好；全媒化管理制度体系基本建立，各集群运行机制顺畅。落实好市委宣传部牵头的台州广播电影电视集团、台州日报社的融合工作，12月9日，台州市新闻传媒中心（集团）正式挂牌成立。

【广告经营】 2022年，台州广电集团（总台）总营收3.06亿元，同比增长5.95%，其中事业板块实现创收1.38亿元，同比增长7.5%；产业板块实现创收1.68亿元，同比增长4.71%。融媒改革之后，集团（总台）改变传统的指标考核模式，对集群实行利润考核和预算管理。各集群以利润为导向，整合全媒体经营要素，利用全媒体渠道、全媒体手段为经营赋予新的动能。全年实现政企资源创收6527万元。创新推出见习副总监制度，16位见习副总监创造新增业务量965.46万元。机关职能部门全体人员全年共创收369.71万元，人均创收远远超过3万元。全年跟进数字项目150个，其中进入实施阶段的达31个。与台州市文化和广电旅游体育局联合制造的“旅游调庭”入选全省文化和旅游数字化改革最佳应用；“安全码”数字化改革项目被市发改委列为第二批“牵肠挂肚”项目，这些项目为集团（总台）的数改转型之路增添动力。户外广告全年利润180万元。拓展少儿培训市场和音视频制作市场。在省广告监测中心发布的报告中，集团（总台）广告信用指数100分，居全省城市台并列第1位。

【安全播出】 2022年，台州广电集团（总台）召开除险保安百日攻坚工作部署会，筑牢安全防线。在省广电局召开的全省网络攻防演练中，台州广电在396家各级重点单位中脱颖而出，名列第51位，相关工作得到省广电局的肯定。通过各级大检查和自查发现问题隐患梳理形成整改清单共计19项，全部得到快速整改。落实市委宣传部《关于开展新闻宣传战线除险保安百日攻坚行动的通知》，修订完善《演播室使用管理规定》《广播电视机房管理补充规定》《电视播出系统安全播出应急操作流程》《广播总控系统安全播出应急操作流程》。针对防疫安全，出台《防疫应急预案》。

（周　影）

旅　游

【概况】 2022年，台州市累计接待游客3209.92万人次，实现旅游总收入381.2亿元。台州入选“2022年中国城市旅游影响力排名”前50强。台州府城文化旅游区创成国家AAAAA级旅游景区，“台州1号公路”入选省交通和文旅融合发展试点名单，1号公路文化和旅游资源一张图绘制已完成。全省旅游业“微改造、精提升”推进现场会在台州召开。临海紫阳街列入省旅游休闲街区，路桥十里长街历史文化街区入选省级夜间文旅消费集聚区。台州府城文化旅游区、神仙居、神仙氧吧小镇上榜省第二批大花园“耀眼明珠”。天台山风景名胜区、神仙居景区、台州府城文化旅游区入选省千万级核心大景区培育名单。

【旅游业发展】 2022年，仙居创成国家全域旅游示范区，神仙居旅游度假区入选国家级旅游度假区意向名单，临海、温岭、天台、仙居、玉环入选全国县域旅游综合实力百强县。临海、三门、玉环获省政府命名创成省级全域旅游示范县（市、区）。深化“十百千”景区城（镇、村）创建，创成AAA级以上景区城8个、AAA级以上景区镇98个，景区村庄1585家，其中AAA级景区村庄200家。全市全年排定“微改精提”项目2309个，已竣工2137个，实际完成投资70.15亿元，共梳理整改“微改造”问题13210多个，277个项目被认定为全省“微改精提”示范点。天台县、仙居县获评浙江省旅游业“微改造、精提升”2021年度综合实践奖。“绣花”功夫绣出“诗和远方”美丽图景——“微改造、精提升”的台州实践被中国旅游报等媒体报道。以诗路为脉，串联沿线文化名山、人文水脉、森林古道、名城古镇等优质资源，彰显天台“和合文化”、临海“千年府城”、仙居“神游栖居”的文化“金名片”，打造“新天仙配”山水人文精品游等5条浙东唐诗之路精品线路。打造“共富八景”乡村旅游品牌，在省级层面成立“台温金丽‘沿边村’乡村旅游发展联盟”，举办台州市“沿边百村”促共富现场推进大会、万人自驾共富沿边乡村游等活动，助力共同富裕。温岭花溪村、玉环上栈头村、天台塔后村入选全省首批金AAA级旅游景区村庄。天台县街头镇入选第二批全国乡村旅游重点镇名单。制定《台州市“四十百千”2022年项目实施计划》以及2022年度台州市文旅项目投资促进实施方案，加快推进“四十百千”文旅项目投资，举办台州市2022年重大文旅项目集中开工仪式、台州市首届文旅项目谋划设计大赛，全市在建文旅项目287个，其中新开工项目92个，续建项目197个，总投资1168.99亿元，年度计划投资272.57亿元，实际完成投资300.78亿元，完成率110.3%。

7月18日，台州市首届文旅项目谋划设计大赛决赛在台州市图书馆学术报告厅举行　　（市文广旅体局　提供）

诗路重点文旅项目完成投资18亿元，超额完成年度目标。台州首家大型主题乐园方特·狂野大陆、椒江葭沚老街样板段等年内陆续投入运营。

【文旅产业发展】 2022年，市文广旅体局推动3家以上文旅企业纳入省级文旅企业梯度培育名单。实施《台州市服务业纾困帮扶政策50条》，兑现游客招徕奖励办法、文旅产业发展扶持资金系列政策，发放补助资金、招徕奖励3207万元，市县联动安排文旅消费专项资金2720万元，其中市级部门安排资金500万元。全市金融机构向文旅行业市场主体提供专项授信额度40亿元，为3200余家旅游业市场主体提供贷款支持21亿元，被央视新闻频道关注推介。创建省级“百县千碗”体验店18家，市级百县千碗体验店、示范店、旗舰店37家，评出“百县千碗·台州十大碗”，开展百县千碗台州味道进省文旅厅机关食堂等活动。长城宾馆获评省级“百县千碗”旗舰店。临海紫阳街被评为省级百县千碗美食街区。

【旅游市场管理】 2022年，台州市创成四星级旅游饭店1家，三星级旅游饭店1家，金（银）桂级品质饭店、金树叶级绿色饭店、金（银）鼎级特色文化主题9家。台州旅游饭店品牌创建经验在全省作典型介绍。神仙居景区和浙江华顶国际旅行社创成首批“浙江省文明旅游示范单位”，数量居全省第1位。创成四星级品质旅行社3家，三星级品质旅行社3家。11家旅行社入选省百强旅行社名单。线上线下同步开展2022旅游饭店餐饮接待服务培训、旅行社品质提升培训等活动，推动经营规范化和管理品质化。举办2022台州市金牌导游大赛，评定“金牌导游”10名、“台州市技术能手”3名。在省导游大赛中获团体平均成绩第2名和最佳组织奖。

【文旅数字化改革】 2022年，台州市文旅数字化改革破题见效，“旅游调庭”与“游提升”两个应用入选浙江省文化和旅游数字化改革“最佳应用”；“浙里有戏”应用在全省示范推广，入选浙江省数字文化系统第四批优秀应用；浙里自驾、匠e通、浙里有戏三个应用入选浙江省文化和旅游数字化改革第二批试点应用；天台文旅大脑支撑模块、仙居县文旅大脑支撑模块入选浙江省文化和旅游“文旅大脑”改革试点；“馆校联盟共建书香驿站再提升行动”和“文旅行业安全再提升行动”入选台州市第二批群众牵肠挂肚项目。依托一体化智能化公共数据平台，打造“游省心”应用，提供一站式信息服务平台，实现文旅一站式精准惠民。应用“AI+大数据”技术，推进多跨部门协同涉旅信息服务，打造

临海紫阳街列入省旅游休闲街区　　（市文广旅体局　提供）

“惠民共富、文化润富、产业创富、治理安富”四个场景，移动端重点打造台好吃、台游四季、跟着视频去打卡、浙东唐诗之路研学游等板块，构建1+5+N的创新模式，构建台州文旅促共富数字化综合应用平台，游客点击量超过300万人次。

【文旅宣传推广】 2022年，央视“非遗里的中国”在葭沚老街录制、启航2023央视跨年晚会在台州举办，浙东唐诗之路文化旅游消费季启动仪式、“浙东唐诗之路·跟着唐诗游山海”文化旅游短视频大赛等形成宣传声势，“台州——浙东唐诗之路目的地”“追着阳光去台州”高铁冠名专列发车，推出台州文旅logo和IP形象代言人，发布“山海万里只为你”、台州文旅9个县（市、区）委书记文旅宣传视频播放量突破千万人次，受到新华网、《人民日报》、美丽浙江视频号等关注点赞。

（沈娇飞）

台州市AAAA级及以上旅游景区名录

表36

序号	景区名称	所在县市	等级	序号	景区名称	所在县市	等级
1	天台山景区	天台县	AAAAA	12	台州天台后岸乡居旅游景区	天台县	AAAA
2	天台国清景区	天台县	AAAAA	13	台州仙居永安溪休闲绿道	仙居县	AAAA
3	天台石梁	天台县	AAAAA	14	天台南屏旅游景区	天台县	AAAA
4	浙江省台州市神仙居景区	仙居县	AAAAA	15	黄岩柔川景区	黄岩区	AAAA
5	浙江省台州市台州府城文化旅游区	临海市	AAAAA	16	临海灵湖景区	临海市	AAAA
6	温岭长屿硐天	温岭市	AAAA	17	黄岩九峰景区	黄岩区	AAAA
7	玉环市大鹿岛景区	玉环市	AAAA	18	仙居氧吧小镇	仙居县	AAAA
8	台州市海洋世界	椒江区	AAAA	19	玉环漩门湾湿地景区	玉环市	AAAA
9	台州市玉环漩门湾农业观光园景区	玉环市	AAAA	20	天台山大瀑布（琼台仙谷）	天台县	AAAA
10	台州市三门蛇蟠岛景区	三门县	AAAA	21	椒江大陈岛景区	椒江区	AAAA
11	台州温岭方山景区	温岭市	AAAA	22	黄岩博物馆	黄岩区	AAAA

台州市等级民宿名录

表37

序号	民宿名称	等级	辖区	序号	民宿名称	等级	辖区
1	草宿	白金宿	临海市	14	甘棠里不如方民宿	金宿	仙居县
2	奢野一宅	白金宿	温岭市	15	乐屿民宿	金宿	仙居县
3	杜若山居	白金宿	仙居县	16	望汐民宿	银宿	椒江区
4	浙江省仙居县尚仁善居民宿	白金宿	仙居县	17	椒江海巢客栈	银宿	椒江区
5	临海三抚一宅民宿	白金宿	临海市	18	蜂巢民宿	银宿	椒江区
6	天台县舍不得民宿	金宿	天台县	19	大陈岛步云亭民宿	银宿	椒江区
7	风来半山民宿	金宿	天台县	20	枕山民宿	银宿	黄岩区
8	栖衡石舍民宿	金宿	温岭市	21	黄岩佳妮民宿	银宿	黄岩区
9	花语堂民宿	金宿	黄岩区	22	黄岩花果山民宿	银宿	黄岩区
10	台州市椒江有家客栈	金宿	椒江区	23	黄岩吾悦溪里民宿	银宿	黄岩区
11	途秀民宿	金宿	仙居县	24	无问西东民宿	银宿	路桥区
12	慕然海谷度假民宿	金宿	温岭市	25	临海山时民宿	银宿	临海市
13	在海边（三合院子）	金宿	温岭市	26	临海泊星小筑民宿	银宿	临海市

续表37

序号	民宿名称	等级	辖区	序号	民宿名称	等级	辖区
27	临海市未文山舍民宿	银宿	临海市	55	月牙居民宿	银宿	天台县
28	临海周园民宿	银宿	临海市	56	燕栖民宿	银宿	天台县
29	临海市括苍山米筛浪农家乐园	银宿	临海市	57	临峰小栖	银宿	仙居县
30	山涧度假（山居生活度假民宿）	银宿	临海市	58	仙居县彬枫雅筑民宿客栈	银宿	仙居县
31	云朵姐姐的花园民宿	银宿	临海市	59	仙居县任光阴民宿	银宿	仙居县
32	鹿寻呈岐山居	银宿	临海市	60	仙居今夕何夕客栈	银宿	仙居县
33	爱琴海沙滩民宿	银宿	温岭市	61	仙居不舍·半卷民宿	银宿	仙居县
34	温岭风从海上来音乐主题民宿	银宿	温岭市	62	仙居县陌上花开暖宿	银宿	仙居县
35	渔村影像民宿	银宿	温岭市	63	湖山我居客栈	银宿	仙居县
36	温岭石尚逸想石屋民宿	银宿	温岭市	64	仙居县坐看云起度假民宿	银宿	仙居县
37	梦情海湾	银宿	温岭市	65	四喜宿	银宿	仙居县
38	喜柿山谷	银宿	温岭市	66	仙居县青丙时光民宿	银宿	仙居县
39	暖暖一舍	银宿	温岭市	67	仙居县淡烟流水民宿	银宿	仙居县
40	天台县清泉民宿	银宿	天台县	68	仙居县倚水居客栈	银宿	仙居县
41	天台县隐泉民宿	银宿	天台县	69	仙居县诗画田园民宿	银宿	仙居县
42	天台县花谷闲农民宿	银宿	天台县	70	山与久舍	银宿	仙居县
43	天台县遇见民宿	银宿	天台县	71	竹轩居民宿	银宿	仙居县
44	天台景和居民宿	银宿	天台县	72	玺原居	银宿	仙居县
45	寒山隐院	银宿	天台县	73	涵霞夕舍	银宿	仙居县
46	天台寻山等你民宿	银宿	天台县	74	玉环花涧堂乡村度假别院	银宿	玉环市
47	天台浪水溪山居	银宿	天台县	75	玉环市听海民宿	银宿	玉环市
48	天台竹町民宿	银宿	天台县	76	玉环村曼里养生民宿	银宿	玉环市
49	天台县水车缘民宿	银宿	天台县	77	玉环市沧海一宿	银宿	玉环市
50	天台县木兮民宿	银宿	天台县	78	三门县辉敏民宿	银宿	三门县
51	天台县清舍民宿	银宿	天台县	79	竹蓬里民宿	银宿	三门县
52	天台县遥见民宿	银宿	天台县	80	三门县半亩堂民宿	银宿	三门县
53	雨谷小住	银宿	天台县	81	三门县靓馨民宿	银宿	三门县
54	度过民宿	银宿	天台县				

台州市星级饭店名录

表38

序号	名　称	辖区	星级	序号	名　称	辖区	星级
1	台州耀达国际酒店有限公司	椒江区	五星	4	临海华侨大酒店	临海市	五星
2	台州黄岩耀达酒店	黄岩区	五星	5	温岭国际大酒店	温岭市	五星
3	路桥台州国际大酒店	路桥区	五星	6	温岭耀达国际大酒店	温岭市	五星

续表38

序号	名　　称	辖区	星级	序号	名　　称	辖区	星级
7	台州花园山庄	椒江区	四星	20	格林大酒店	黄岩区	三星
8	台州方远国际大酒店	椒江区	四星	21	台州市山海水城大酒店	路桥区	三星
9	台州远洲凤凰山庄	椒江区	四星	22	临海桃渚大酒店	临海市	三星
10	台州开元大酒店有限公司	台州湾新区	四星	23	临海市羊岩山庄	临海市	三星
11	三友国际饭店	路桥区	四星	24	温岭华美国际大酒店	温岭市	三星
12	鑫都国际大酒店	路桥区	四星	25	温岭市汇其乐大厦实业有限公司	温岭市	三星
13	台州太平洋王子国际饭店	路桥区	四星	26	温岭市富日国际酒店	温岭市	三星
14	临海远洲国际大酒店	临海市	四星	27	玉环县天鸿饭店有限公司	玉环县	三星
15	温岭市新世界国际大酒店	温岭市	四星	28	玉环长城宾馆有限公司	玉环县	三星
16	天台宾馆	天台县	四星	29	仙居东方嘉元酒店	仙居县	三星
17	台州东方大酒店有限公司	仙居县	四星	30	三门大酒店	三门县	三星
18	台州市椒江大酒店	椒江区	三星	31	椒江甲午岩度假村	椒江区	二星
19	黄岩国际大酒店	黄岩区	三星	32	温岭市城东铜锣湾假日酒店	温岭市	二星

台州市星级旅行社名录

表39

序号	民宿名称	辖区	星级	序号	民宿名称	辖区	星级
1	浙江华夏国际旅行社有限公司	椒江区	五星	19	温岭春秋国际旅游有限公司	温岭市	四星
2	浙江商务国际旅行社有限公司	路桥区	五星	20	温岭市江南旅行社有限公司	温岭市	四星
3	浙江假日国际旅行社有限公司	温岭市	五星	21	玉环大地国际旅行社有限公司	玉环市	四星
4	浙江华顶国际旅行社有限公司	天台县	五星	22	玉环春秋国际旅行社有限公司	玉环市	四星
5	台州市国立国际旅行社有限公司	台州湾新区	四星	23	玉环天马旅行社	玉环市	四星
6	台州市友好国际旅行社有限公司	台州湾新区	四星	24	玉环新天地国际旅行社有限公司	玉环市	四星
7	台州中国青年旅行社股份有限公司	椒江区	四星	25	天台县唐兴旅行社有限公司	天台县	四星
8	浙江神州国际旅行社股份有限公司	椒江区	四星	26	浙江省天台交通旅游有限公司	天台县	四星
9	台州市凤凰旅行社股份有限公司	椒江区	四星	27	天台海峡旅行社有限公司	天台县	四星
10	台州市海霞国际旅游有限公司	椒江区	四星	28	天台县济公旅行社有限公司	天台县	四星
11	台州阳光国际旅行社有限公司	椒江区	四星	29	仙居县东方国际旅行社有限公司	仙居县	四星
12	台州环球海外国际旅游发展有限公司	黄岩区	四星	30	仙居县安达交通旅游有限公司	仙居县	四星
13	浙江黄岩天马旅行有限公司	黄岩区	四星	31	浙江纵横新世界国际旅行社有限公司	椒江区	四星
14	台州市商都旅行社有限公司	路桥区	四星	32	三门天马国际旅行社	三门县	四星
15	浙江台运国际旅行社有限公司	临海市	四星	33	中国国旅（台州）国际旅行社有限公司	台州湾新区	四星
16	浙江康远国际旅行社有限公司	临海市	四星	34	台州永宁国际旅行社有限公司	黄岩区	四星
17	台州东亚国际旅行社有限公司	温岭市	四星	35	台州假日运通国际旅游有限公司	椒江区	四星
18	台州市天下行国际旅行社有限公司	温岭市	四星	36	台州光大旅行社有限公司	临海市	四星

续表39

序号	民宿名称	辖区	星级	序号	民宿名称	辖区	星级
37	温岭市青年国际旅行社有限公司	温岭市	四星	53	天台县万众国际旅行社有限公司	天台县	三星
38	仙居华顶国际旅行社有限公司	仙居县	四星	54	仙居县大唐旅行社有限公司	仙居县	三星
39	台州妇女旅行社有限公司	台州湾新区	三星	55	仙居县九洲旅游服务有限公司	仙居县	三星
40	台州市州洋旅行社有限公司	椒江区	三星	56	仙居县永安旅行社有限公司	仙居县	三星
41	台州市旅游集散中心有限公司	黄岩区	三星	57	仙居县汉嘉旅行社有限公司	仙居县	三星
42	台州欢乐假期旅游有限公司	黄岩区	三星	58	台州市心路旅行社有限公司	临海市	三星
43	台州当代国际旅行社有限公司	路桥区	三星	59	仙居县烟霞旅行社有限公司	仙居县	三星
44	台州市浙商国际旅游发展有限公司	路桥区	三星	60	台州春日旅游有限公司	三门县	三星
45	台州市路桥兴安旅行社有限公司	路桥区	三星	61	仙居神仙居旅行社有限公司	仙居县	三星
46	台州市路桥梦之旅旅行社有限公司	路桥区	三星	62	仙居县春秋旅行社有限公司	仙居县	三星
47	临海市中国旅行社（有限公司）	临海市	三星	63	仙居县鼎誉旅行社有限公司	仙居县	三星
48	台州海景旅游有限公司	临海市	三星	64	温岭市交通旅行社有限公司	温岭市	三星
49	台州市畅游旅行社有限公司	临海市	三星	65	浙江蛇蟠岛旅行社有限公司	三门县	三星
50	温岭市中兴旅行有限公司	温岭市	三星	66	温岭市旅行社有限公司	温岭市	三星
51	温岭市观光旅行社有限公司	温岭市	三星	67	台州山海国际旅行社有限公司	椒江区	三星
52	玉环假日旅行社有限公司	玉环市	三星	68	台州市天虹国际旅行社有限公司	椒江区	三星

卫 生

卫生综述

【概况】 2022年，台州市卫生健康委聚焦人的全生命周期多层次多元化健康服务需求，实施卫生健康事业高质量发展“十大行动”，深化医药卫生体制改革，扩大优质、普惠、贴心的健康服务供给，当好战“疫”主力军，提升健康服务的全民优享水平。深化医药卫生体制改革获国务院办公厅督查激励，全市新增4家三甲医院、2家三乙医院。截至年底，全市共有各级各类医疗卫生机构3896家，其中医院138家，基层医疗卫生机构3708家，专业公共卫生机构34家，其他卫生机构16家。实际开放床位3.36万张，在岗职工6.38万人，门急诊总量7336.53万人次。

【医疗服务能力提升】 2022年，台州市卫生健康委推进医学高峰、医疗高原、县域高地建设，推动市域医疗服务水平整体跃升，台州市第一人民医院、温岭市第一人民医院创成三级甲等综合医院，温岭市中医院、台州骨伤医院创成三级甲等中医院，玉环市人民医院、三门县人民医院创成三级乙等综合医院，8个县级医院列入国家“千县工程”名单。遴选出临床重点专科30个、临床差异化扶持专科12个，着力打造一批群众口碑好、技术精湛、全省一流的单病种专科。黄岩区、温岭市省中医药综合改革示范区创建稳步推进。

【基层医疗服务】 2022年，台州市卫生健康委聚焦服务乡村振兴、现代社区建设，整合县域内医疗资源，推进乡村医疗机构标准化提升、慢性病一体化门诊建设、骨干医生下基层、家庭医生签约服务等工作。累计创成“优质服务基层行”达标推荐单位13家，新改扩建政府办村卫生室（社区卫生服务站）75家。继续实施60岁以上老年人流感疫苗、新冠疫苗免费接种行动，完成“两苗”接种70.35万人次。超额完成高危人群肺癌、结直肠癌、胃癌“三癌”免费筛查任务。开展同质同标城乡居民免费健康体检，完成免费健康体检186.91万人。

【综合医改】 2022年，台州市卫生健康委推进“三医联动、六医统筹”集成改革，推动药耗集采、价格调整、薪酬制度、综合监管等重点领域和关键环节的联动改革取得成效，深化医药卫生体制改革获国务院办公厅督查激励。坚持转型与升级双变革、质量与效率双提升，推进现代医院管理制度建设，推动公立医院综合改革继续走在全省前列，公立医院综合改革绩效考核连续3年居全省第2位。组建5个城市医联体和18个县域医共体，推动优质医疗资源“沉”到基层，县域就诊率达到90.40%，基层就诊率达到69.53%。

【托育服务】 2022年，台州市卫生健康委在全国率先将备受关注的“普惠托育服务”列入地方基本公

台州市全面实施慢性病标准化一体化管理　　（市卫健委　提供）

台州市在全国率先将“3岁以下婴幼儿照护服务普惠托育服务”列入基本公共服务标准（市卫健委 提供）

共服务标准，制定《台州市“一老一小”整体解决方案》，出台住房公积金、生育保险等支持政策。在全国率先探索“依托总园、社区嵌入、普惠小微”的新型托育服务模式——家庭托育点，发放全国第一张合规注册并备案的家庭托育点牌照。突出扩面提质，深入推进“5+X”托育服务模式建设（“家庭照护+社区配建+托幼一体+单位自建+社会兴办”+托育点等X种托育服务模式），每千人口3岁以下婴幼儿托位数3.87个，居全省第2位。

【老年健康服务】 2022年，台州市卫生健康委拓宽为老服务功能，加强医疗机构适老化改造和老年专科建设，提升二级以上综合医院、中医医院设立老年医学科占比。发挥中医药在老年健康中的作用，乡镇医疗机构中医药健康服务覆盖率99%，65岁以上老年中医药健康管理率62%。发展集医疗护理、康复理疗、健康管理、长期住养于一体的高质量医养结合模式，设立医养结合机构29家，拥有床位6829张。探索安宁疗护服务体系建设，全市共有17家医疗卫生机构开展安宁疗护服务。新增全国示范性老年友好型社区3个，建成老年友善医疗机构30家，获评全国“敬老文明号”12家、省“敬老文明号”45家。

【数字化改革】 2022年，台州市卫生健康委围绕“健康大脑+”体系架构，培育“一地创新、全省共享”的创新性改革成果。健康地图项目获评省数字社会“最佳应用”“最优理论”，入选全省数字社会案例集。云上中医项目入选省数字社会案例集、省数字化改革实践创新案例库，并入选省中医药传承创新十大事件。8个项目入选省卫生健康委基层创新储备库。推进“浙医互认”，全市38家二级及以上医院和142家二级以下公立医疗机构（含基层医疗机构）已100%实现医学检查检验结果互认共享。“5G+院前急救”实现县（市、区）全覆盖，群众满意率达98%以上。

【健康浙江建设】 2022年，台州市卫生健康委健全党委政府主导、卫健牵头、部门协同、市县联动的工作体系，完善定期会商、督查考核、指标预警、通报表彰四项争先创优机制，将健康浙江建设26项行动分解到36个职能部门，列入市对县目标责任制考核，推动健康浙江建设任务精准落地。市本级和9个县（市、区）连续4年获健康浙江建设考核优秀，市本级在2021年度健康浙江考核中居全省第2位。

【医院党建和人才引育】 2022年，台州市卫生健康委实施“德医双强、院科两优”工程，完善公立医院党建工作质量、党支部堡垒指数、党员先锋指数、清廉医院指数“四大”评价体系，进一步抬升全系统党建水平。获省卫生健康委“院科两优德医双强”公立医院5家、“双强六好”民营医院6家、先锋党支部6个。实施“人才强卫”战略，深化体制机制改革，创新人才引育模式，迭代人才服务体系，新入选省创新人才4人、医坛新秀13人，入围人数连续3年居全省设区市前列。

（施海鹏）

中医药事业

【概况】 2022年，台州市实施中医药强市行动，推进建名院、树名科、育名医活动，推动中医药服务能力提升。新增2家三甲中医医院，黄岩区、温岭市入选浙江省中医药综合改革先行区建设单位。截至2022年底，全市有县级以上（含县级）公立中医医院9家，民营中医医院13家，中医类门诊部（诊所）278家，中医备案诊所110家，18家县级以上综合医院设有中医科、中药房，8家县级妇保院设有中医科、中药房，95.8%的乡镇卫生院（社区卫生服务中心）已设置中医馆，99%的乡镇卫生院（社区卫生服务中心）能提供6类以上的中医非药物疗法，85%的村卫生室（社区卫生服务站）能提供中医药服务。

【发展政策完善】 2022年，台州市印发《关于加强中医药服务能力建设 推进区域均衡优质发展的若干意见》《台州市中医药适宜技术推广应用工作实施方案》等政策文件。

【学科建设】 2022年，台州市开展第二轮市中医（中西医结合）重点（扶持）学科中期建设评估，完成对14个省中医药重点（培育）专科的评估。开展第二批市基层中医药特色优势专科（专病）“一院一品”共建项目中期建设评估，3家基层医疗机构中医馆入选国家“旗舰中医馆”建设项目，台州市学院路小学等3家单位入选国家中医药文化弘扬工程建设项目单位。获评全省卫健系统中药炮制调剂鉴定技能竞赛团体三等奖。

【人才培养】 2022年，台州市推进中医“三名”（名院、名科、名医）建设，新增全国名老中医药专家传承工作室1家，第七批全国名老中医药专家学术继承人指导老师1名，继承人2名，产生第二届台州市中青年名中医20名。

（江志勇）

家庭妇幼

【托育服务】 2022年，台州市在全国率先将普惠托育纳入基本公共服务，落实政府财政保障，实行普惠托育政府兜底补助。在路桥建成全国首家依法注册（工商登记）、合规备案（卫健备案）的家庭托育点，提炼形成“依托总园、嵌入社区、普惠小微”经验做法，国家卫健委指定台州上报试点经验及制度规范创新成果，被评为省委、省政府健康浙江行动示范样板和市共富办“九富”最佳实践案例一等奖。会同教育、自规等部门，打通托育与学前教育体系，全面编制（修订）市区及其余6个县市的幼儿园（含托育）布局专项规划，实施“托幼一体化”集成改革。全市累计建成已备案托育服务机构519家、托位数25764个，千人托位数达3.87个。实现新增托育覆盖乡镇22个，总体覆盖率已达80%。椒江、路桥、临海、温岭4个区（市）确定为省级普惠托育基本公共服务先行试点，获评全国爱心托育用人单位2家。共建成14家山区、海岛托育志愿服务点，已评定53家星级托育服务机构。

【母婴室建设】 2022年，台州市建成公共场所母婴室327家，其中四星级母婴室22家、五星级母婴室7家，所有母婴室信息均及时上传浙里办，并提前一年完成省级标准化要求。

【计生奖励扶助】 2022年，台州市有85807人纳入农村部分计划生育家庭奖励扶助、6228人纳入特别扶助政策，发放补助资金分别为8229万元和5496万元。建成暖心家园26个，实现9个县（市、区）全覆盖。

（孙海渝）

疾病预防控制

【概况】 2022年，台州市共报告传染病21种60374例，报告发病率为903.67/10万，其中甲、乙类传染病共报告14种12199例，报告发病率为182.59/10万。

【传染病监测】 2022年，台州市新报告艾滋病病毒感染者和艾滋病病人424例，较上年下降10.17%。现住址在台州市并存活的艾滋病感染者和病人治疗覆盖率为96.53%，治疗病人的病毒成功抑制比例为97.09%。报告肺结核病例2352例，报告发病率35.20/10万，较上年下降3.05%。登记耐药肺结核患者39例，登记的耐药肺结核患者纳入治疗率达到97.44%。报告5种性病病例8348例，报告发病率为126.05/10万，较2021年下降4.33%。报告发热伴血小板减少综合征病例19例，死亡4例，病死率21.05%（4/19）。病例数较上年（27例）下降29.63%，病死数较上年（3例）增加1例。国家流感哨点监测医院数据显示，2022年流感样病例百分比（ILI%）为2.70%，高于2021年（1.66%）；共采集ILI标本2610份，病原学检出阳性标本366份，阳性率为14.02%。

【疾病控制与管理】 2022年，台州市登记高血压患者716695例，发现率为10.78%。登记糖尿病患者239977例，发现率为3.61%。报告糖尿病新发病例30078例，报告发病率为496.79/10万。报告脑卒中新发病例27525例，报告发病率为454.62/10万。报告冠心病急性事件3819例，报告发病率为63.08/10万。报告恶性肿瘤新发病例30553例，报告发病率为504.64/10万。发病居前10位的恶性肿瘤依次为肺癌、甲状腺癌、结直肠癌、乳腺癌、肝癌、胃癌、前列腺癌、脑瘤、食管癌和淋巴瘤，占80.04%。

【健康教育与健康促进】 2022年，台州市居民健康素养水平为38.31%，较上年（35.19%）提升3.12个百分点。居民现在吸烟率为20.12%。健康素养进农村文化礼堂实现100%全覆盖，全年共计开展健康讲座7638场次，健康服务4060场次，中医药服务3456场次，急救技能培训2982场次。新建戒烟门诊5家，累计建成戒烟门诊29家，其中国家级戒烟门诊2个、省级规范化戒烟门诊8个。健康县区、健康促进学校、健康促进医院覆盖率分别为55.56%、97.06%和100%。

【职业病监测】 2022年，台州市2家诊断机构报告职业病107例，其中新发职业病27例，历史遗留尘肺80例。对323家企业5145个岗位开展工作场所职业病危害因素监测，岗位超标率16.9%。对42家企业1640名重点岗位工人开展主动体检，接噪工人双耳高频异常率10.7%（41/383），接铅工人血铅超标率13.8%（4/29），接尘工人尘肺样改变率0（0/544），接苯工人白细胞降低率1.75%（12/686）、血小板降低率0.15%（1/686）。对4个重点行业28家企业1136名工人开展重点人群职业健康素养调查，职业健康素养良好水平率为1.63%，金属制品业、纺织服装服饰业、橡胶和塑料制品业、皮革毛皮羽毛及其制品和制鞋业良好水平率分别为4.13%、1.64%、1.42%、0.68%。年度随访尘肺病例2856例，现存活病例2621例、死亡217例。

【疫苗接种】 2022年，台州市免疫规划疫苗（卡介苗、乙肝疫苗、脊灰疫苗、百白破疫苗、乙脑疫苗、甲肝疫苗等）报告接种率均达到99%以上。60岁以上老年人免费接种流感疫苗48.99万剂次，接种率37.80%。60岁以上老年人免费接种肺炎疫苗项目累计接种80.35万剂次，接种率62.01%。

（尹灵富）

卫生监督

【概况】 2022年，台州市卫生监督所统筹推进疫情防控、卫生行政执法、数智卫监建设，全面推进卫生监督执法能力提质增效，被市委、市政府授予“疫情防控工作先进集体”称号，被省卫健委党委授予“浙江省卫生健康系统先锋党支部”称号。

【执法效能提升】 2022年，台州市卫生监督机构依法查处违法案件（行为）3374件，罚没款1953万元，受理办结举报投诉320件，执法效能居全省前列。其中，疫情防控常态化监督检查2.31万家次，出具卫生监督意见书1070份。

【违法行为查处】 2022年，台州市卫生监督机构对全市医疗机构存在的违法行为开展严格规范执法，为守序遵法的医疗机构“撑腰”。全市共查处非法行医案件115起，罚没款370万元；共发现医疗机构违反医疗法律法规行为1125起，立案1010件，罚没款433万元。为守护群众“餐桌上的安全”，对全市17家餐饮具集中消毒监管开展每季度抽检，共抽检产品754件，合格率达98.3%。为有效保障劳动者权益，全市开展用人单位职业卫生专项监督检查，共查处案件345起，罚款金额共计为787万元。

【“双随机”检查】 2022年，台州市卫生监督机构共抽取国家双随机任务2356家，任务总完成率100%，立案查处70件，查处率3%；抽取省级“双随机”任务4836件，任务总完成率100%，立案查处1350件，查处率27.9%。

（许佳佳）

献　血

【概况】 2022年，台州市共有54907人次参加全血献血，献血量97004单位，比上年同期分别增长6.80%和7.15%；有5626人次无偿捐献机采血小板，献血量为8076治疗量，比上年同期分别增长11.08%和8.88%。共向全市各医疗机构提供红细胞类92727单位，比上年同期增加4.39%，机采血小板8074.1治疗量，冷沉淀16550单位。全年因疫情原因支援上海、长春、新疆等地区及兄弟血站红细胞悬液3285单位。

【用血费用减负】 2022年，台州市推进“用血服务不用跑”和荣誉证获得者门诊诊查费用直接减免专项工作。全年全市各医院通过平台进行免费用血直报的共计1380人次，实现血液报销直接减免，全年献血者本人及亲属血费报销总金额150万余元。2022年全市各医疗卫生机构为献血者直接减免门诊诊查费共计306063.66元，减免人次为28360人次。

【无偿献血奉献奖申报】 2022年，台州市中心血站完成2020—2021年度全国无偿献血奉献奖的申报工作，全市共有3245人符合申报条件。完成2019—2021年度浙江省无偿献血表彰（奉献奖）申报条件，全市共有6829人符合申报条件。

（符　徽）

急　救

【概况】 2022年，台州市急救中心受理急救电话超15万次，日均425次；派出“120”救护车49269次，日均135次；共救治病人41650人，急救满意度98.62%。开展公众急救知识宣传，普及人群达上万人，中心发挥120疫情防控前线“哨点”作用，年底疫情高峰期间单日最高接警量达到829次，最高出车量达到423次。迅速启动新冠疫情应急预案，调度席位扩容至日常的6倍，增加值班救护车辆，紧急招募调度员，并多渠道扩充院前急救医护人员及驾驶员，保障市区急救生命线通畅。

【急救信息化建设】 2022年，台州市急救中心打造全市院前急救大平台，统一全市指挥调度系统，实现省市县无缝对接。完成“浙里急救”接口2.0迭代升级工作，统一电子病历模板，提升数据准确性、传输稳定性和多跨协同应用能力。

（潘仙花）

新冠疫情防控

【概况】 2022年，台州市深入贯彻习近平总书记关于疫情防控工作的重要讲话和指示批示精神，全面落实省委、省政府决策部署，平稳度过疫情高峰。

【体制机制完善】 2022年，台州市在全省率先编制行政版和技术版《台州市新冠肺炎应急处置标准手册》，绘制“作战鱼骨图”和“疫情应急响应时间轴”，搭建由市主要领导任总指挥长，市领导定向联系县（市、区）的战时指挥体系，为疫情应急处置提供规范化、流程化指引。实施县（市、区）委书记“战疫八启动”，明确出现疫情时县（市、区）委书记第一时间要启动的工作事项，抢抓疫情防控黄金期。建立市级对县（市、区）域新冠疫情风险评估和应急叫应、下沉前置机制，提升作战效率。国家“二十条”和省“二十三条”措施实施后，制定《台州市疫情防控常态化和应急处置“九大”核心业务场景工作标准》《台州市居家隔离医学观察标准》等标准，推动最新防控措施在基层落实落细。迭代形成“1办15组4大协调机制”的指挥运行体系，落实日会商、日报告、零报告制度和24小时值班值守。实行“清单+闭环”全过程督查机制，开展督查101次，发现问题点位2417个。

【疫情高峰平稳度过】 2022年，台州市构建“全市一盘棋、全院一张床”的医疗救治模式，120急救能力扩容5倍以上，市、县、医院三级专家会诊团队动态开展巡诊，全市平稳度过感染高峰、急诊高峰、重症危重症救治高峰。解决企业人力短缺、供应链紧张等问题，保障小分子抗病毒药物、医用氧气、救治药品等重点物资生产保供。超过80%小分子抗病毒药物投放至基层医疗机构，做到全市乡镇（街道）全覆盖。以网格为单元组建8000多支服务小分队落实暖心服务“十条举措”。开展“五包一”服务，市县两级下沉干部7204名，为老人、留守儿童等提供服务。多形式开展一线工作人员关心关爱，落实激励保障政策。

（范嘉明）

台州恩泽医疗中心（集团）

【概况】 2022年，台州恩泽医疗中心获评2021年度市级单位工作目标责任制考核优秀单位、2021年度弘扬新时代台州城市精神疫情防控工作先进集体。下属浙江省台州医院获评2021年度电子病历系统功能应用水平分级评价通过远程评审六级、临床营养科建设试点单位、高级认知障碍诊疗中心、浙江省卫生健康系统“院科双优　德医双强”公立医院选树单位、浙江省VTE防治联盟优秀单位。恩泽医院获浙江省肿瘤规范化无呕示范病房、首批省级医疗保障服务示范点。台州市康复医院获第二批老龄健康医养结合远程协同服务试点机构、2021年度国家医疗健康信息互联互通标准化成熟度测评结果四级甲等（第一批）、2021年度老年友善医疗机构。

【疫情防控】 2022年，台州恩泽医疗中心加强新冠病毒感染患者收治，根据政策和形势变化，及时调整优化新冠病毒感染患者诊治措施。加强发热门诊服务承载能力和人力资源配备，本着“应收尽收”原则，短时扩容重症床位数达456张，亚重症床位达877张；按普通病房、亚重症病房和重症病房进行分类收治和动态流动。中心各院区急门诊单日接诊峰值近4000人，单日最高收治患者超过420人，在院患者最高峰值达4500人。中心陆续派出多支医疗队支援宁波、杭州等地，据不完全统计共支援各地累计超过2100人次。台州市援沪疫情防控工作队、台州医院检验科被评为全市疫情防控一线表现突出先进集体，1人被评为省级抗击新冠肺炎疫情先进个人、3人被评为台州市疫情防控一线表现突出先进个人。

【医院发展新动力培育】 2022年，台州恩泽医疗中心强化技术培育与储备，冲击临床重点专科创建，入围国家临床重点专科（建设单位）1个、省级重点专科3个、省级培育专科3个、市级重点专科7个、市级培育专科5个，真正意义上首次实现省级及以上重点学科新突破。全面推广多学科诊疗（MDT）、整体护理、日间病房、加速康复外科诊疗等，成立台州淋巴水肿中心及心脏大血管中心，实现诊疗模式转型。台州医院乳腺癌科学化管理项目为国家卫健委医政医管局批准全国首批、台州市唯一入选的项目。提升恩泽医疗区域辐射能力，依托5G和智慧医疗，恩泽医院牵头构建路桥区数字化综合急救体系，实现智能任务分派、上车即入院、高清会诊等区域化急救业务。以温岭东方医院为试点，实现“5G+远程诊断”的医疗健康场景的应用，初步构建区域化协同诊疗体系。城市医联体建设取得新进展，中心牵头分别与路桥区、黄岩区签订医联体建设合作框架协议，通过体系创新、管理创新、技术创新、模式创新四大创新理念，提升区域医疗服务能力。康复中医等学科取得新突破，路桥医院正式更名为台州市康复医院，同时成为台州市康复医疗诊疗中心，重症康复科被评为台州市公立医院差异化发展扶持专科。发挥名中医引领作用，台州医院继续推进柯干名中医药工作室建设；恩泽医院引进成立牟重临名中医工作室，开展中医疑难诊疗和带教工作。

【科教研管理改革】 2022年，台州恩泽医疗中心成立消化病研究院、肝肿瘤研究中心和循证医学研究中心、恩泽医工协同创新中心等。台州医院在中国医院竞争力排行中位列地级城市医院第25位、9个学科入围地级城市专科排名30强；5个学科入选年度中国医学科学院STEM科技量值百强学科。规范国家GCP基地项目过程管理和质量控制体系建设，年度签订GCP项目合同95项、临床试验经费共计4470万元。年度发表SCI论文195篇，获省级及以上课题立项15项，其中国家自然科学基金2项、省尖兵领雁项目1项，获省科技进步奖2项。董道兴博士和何赛灵兼聘教授分别入选2022年全球前2%顶尖科学家“年度影响力排行榜”和“终身成就排行榜”。教学改革深化落地，带教能力和质量进一步提升。构建教学管理平台，持续推进教学督导工作，基地督导平均分超过90分。完善住培招生管理，全年招录122名住院医师；年度业务水平测试成绩提升，19人排名全国前10%。硕博士生导师扩量至81人，首次独立组织完成2022届温州医科大学及绍兴文理学院全日制研究生答辩，以二级学院名义为32名研究生举行学位授予仪式。

【医疗提质增效】 2022年，台州恩泽医疗中心推进公立医院绩效考核工作，以“结构—过程—结果”三维模式完善公立医院绩效管理，优化56项指标测量系统，完善指标采集方法，重点聚焦出院患者相关手术占比、合理用药、科研项目经费、收支结余等指标。2020年度、2021年度全国三级公立医院绩效考核国家监测考核结果出炉，浙江省台州医院排名分别位列第33位、第37位，考评等级A+。推进卓越绩效模式落地，根据全国质量奖评审管理办法，围绕获奖后改进与创新，完成全国质量奖获奖三年后确认工作。各院区改进创新项目共413项、A3项目87项、科室改善建议728条。组织起草国家卫健委“千县工程”质量控制中心管理指南；28个项目在全国医院擂台赛、浙江省品管圈大赛中获奖。深入开展平安医院创建，完善平安医院创建组织构架，强化消防安全管理，科主任、护士长为科室消防安全第一责任人，明确主体责任岗位职责。遵循“预防为主，确保安全”的原则，开展重点区域巡查及突发事件早期应急处置，开展各院区安全大排查专项整改活动，排查整改消防安全隐患168项。

【“三全”服务优化】 2022年，台州恩泽医疗中心推进全生命周期健康管理，为患者提供全流程服务。启动2022年“改善医疗服务百日行动”，成立门诊、住院、医技等多个项目组，落实改进项目37个。设立综合服务中心，实现“一窗受理、一章管理”，完成两卡融合，推出“医后付”新型医疗费用支付模式。推进创新智慧医疗便民举措，整合在线复诊、医保结算、药品快递到家等系列服务。完善孕产妇、婴幼儿、老年人和残障人士的基础设施建设和配套服务流程；组建门诊导引队，为患者住院、医技检查提供全流程服务。设立“恩泽助老服务”平台、老年服务专岗和就医绿色通道，开设老年综合门诊，成立认知障碍亚专科组，完善适老化健康指导体系。开展家庭式病房特需服务，推出病房管家、特需快速通道等增值服务，病人满意度达99.8%。探索公立医院医中办养新模式，完成路桥医院医养中心认知障碍专区建设，提供医疗护理及康复服务1.14万例次。增挂台州市荣军康复医院，提供退役军人短期疗休养服务，全年接待台州市优抚对象164人、满意度达到99%以上。健康老龄化创新模式和成效得到省市卫健委、老龄办“点赞”，并在国家老龄工作调研座谈会中获认可。

【智慧医疗建设】 2022年，台州恩泽医疗中心全面落实工信部5G+远程诊断项目，同多家下级医疗机构达成5G合作协议，开展5G远程诊疗业务。以电子病历六级为抓手，全面实现病历无纸化闭环管理。优化流程节点，实现各系统病历文书电子签名功能，保障信息安全性；推进闭环系统改造，完成全流程闭环系统25个、新增闭环系统27个。浙江省台州医院顺利通过国家电子病历系统功能应用水平六级评审，为全省第二家通过该评审的医疗机构。

【基础工程建设】 2022年，台州医院新老院区差异化协同发展，东院区稳步推进学科搬迁，门诊诊间及病区楼层根据学科群理念，设置心胸、骨科、神经、胃肠等系统疾病学科群；启用26个病区、开放床位1266张。本部优化结构调整，拓展妇产科、感染科、康复学科等空间配置；重新布局日间病区、开设综合外科，更好满足病人的需求。根据专科与急诊、ICU及两院并行关联性，初步形成两院区门诊全覆盖、病区差异化设置的学科布局。恩泽医院社会公益支持基建工程顺利推进，恩泽停车楼工程改建平急结合医院工程结顶，进入装饰工程阶段；台州市国际会展中心方舱医院建设完成，建设床位1480张，保证在接到启用要求48小时内投入使用。路桥医院医养小楼改造工程完成。

【红色根脉强基工程建设】 2022年，台州恩泽医疗中心组织“共同富裕·健康先行”健康公益系列活动，全年党支部开展义诊服务、健康宣教、养老院走访等志愿服务210次，党员志愿者参与服务3100多人次。夯实组织基础跃级提升，台州医院、恩泽/路桥医院分别获评浙江省、台州市卫生健康系统“院科两优、德医双强”公立医院。深化党建共建工作，新增黄岩第二高级中学、台州市人民警察培训学校等8家党建共建单位。选树典型，徐有祖获“全国五一劳动奖章”、叶丽萍获“全国三八红旗手”荣誉称号。中心被评为台州市慈善工作突出贡献集体，中心团工委被评为台州市五四红旗团委，台州医院放射科团支部被评为五四红旗团支部。持续推进清廉医院建设，深入完善“四责协同”，制定“五张责任清单”，细化104项子清单，落实主体责任和监督责任。围绕“医心向廉、清风兴院”主题持续开展清廉医院建设专项行动，在中心163个科室全面推广“五好”清廉示范科室创建工作，中心获全省清廉建设成绩突出单位。

（蒋　振）

台州市中心医院（台州学院附属医院）

【概况】 2022年，台州市中心医院保持全国公立医院绩效考核A等级，实现医院综合服务质量、服务能力稳步提升，较好地落实各项任务。全年门诊服务205.1万人次，同比增长11.12%；出院服务6.73万人次，同比增长11.10%；手术2.70万人次，同比增长11.70%；平均住院日5.55天，同比缩短0.44天；职工可支配收入（税前）同比增长10.76%。

【疫情防控】 2022年，台州市中心医院建立新冠疫情防控日报系统，构建医院新冠病毒感染防控和医疗救治体系。推进发热门诊新冠诊治区域扩容。由5个诊间改扩建至14个诊间，规划最高日接诊人次可达3000人次；增设中医发热门诊及呼吸综合门诊有效分流新冠病人。化整为零，统一调配全院医护人员。组织开展新冠肺炎救治的专项培训，调配全院医务人员支援一线诊疗，共抽调医生241人次，护理253人次；整体规划，统筹分配住院病区。全院病区统一谋划，开设25个病区进行分类收治，其中设置10个病区集中收治新冠危重症、重症或合并基础疾病的病人。实行分层分级管理，医疗专家划区管理，开展重症患者救治MDT讨论。外派医务人员支援上海、宁波、绍兴、天台等地各类防疫工作，累计外派23236人次。建成10万管城市核酸检测基地，共计完成外检样本150万管。疫情防控全面放开后共接诊发热病人80865人次，实现新冠患者应收尽收、应治尽治。诊断因新冠死亡0人次。

【医疗质量提升】 2022年，台州市中心医院联合质控检查抽查运行病历，重点项目缺陷率1.72%。加强不良事件管理，鼓励上报，及时分析改进。2022年度，不良事件报告及时率为86.46%，报告准确率为94.79%。加强危急值管理。2022年度住院危急值15分钟处置率96.06%。加强抗菌药物专项管理。2022年全院抗菌药物使用强度较2021年度下降7.10%。推进卒中中心、创伤中心、胸痛中心、新生儿及孕产妇救治中心五大中心建设，抢救时间逐年降低。

【学科建设】 2022年，台州市中心医院心肺疾病诊治中心获得浙江省重点专科，重症医学科、普外科获得市级重点专科，肿瘤外科学、骨科、脑科中心获得市级培育专科。心胸外科获批台州市肺癌诊治及转化研究重点实验室，普外科获得台州市肝癌早期预警及早期干预技术创新团队称号。聘任台州学院21位PI到医院各学科进行科研帮扶，协助提升科研水平。成立省级博士后实践基地。对学科画像进行重新构建，实现《医院学科画像》的自动化取数及系统化呈现；全年RW值≥2例次同比增长30.20%；RW值≥2占比同比增长0.77%；72个重点病种术种涵盖全院21个内外科，其中43个病种术种进入排名前三十，目前进入浙江省前二十的病种术种总共20个，其中浙江省排名第11—第15名10个；全年全院职工共获各类课题82项，其中纵向课题61项（国自然5项，省自然6项，厅级课题26项，市级课题24项）。每百名卫技人员科研经费从30万元增加到73.7万元。发表SCI论文83篇，一级论文14篇；全职引进博士5人，柔性引进博士2人。全年共获得省医药卫生创新人才1人，医坛新秀2人，台州市青年名中医1人，知名专家工作站1家，市级特殊支持人才第三层次1人，新增名医工作室2个；创新转化工作有起色。开展各类创新赋能培训，提升员工创新意识和知识产权保护。加入省级创新转化联盟2个，全院人员获得专利授权量105项和软件著作权4项，其中发明专利7项。全年共转化10项。在省级创新大赛中获奖1项，医院是台州地区唯一一个入选首届《中国医院创新转化排行榜》100强的单位。

【服务优化】 2022年，台州市中心医院采血、B超、心电图、CT、MRI等各项检查总检查等待时间从176.5分钟缩短到58分钟。《改善老年人就医体验》获全国医院擂台赛百强案例。通过“浙江省老年友善医疗机构”评审。增开周末专家门诊4个，普通门诊19个以及13个专科的夜门诊。9月重新开设方便门诊，服务患者2812人。推进检验检查结果互认应用更新迭代，检查检验互认1.6万次，节省39万元。开发医生名片与卡包功能，集成医疗服务，方便患者就医。推出新版互联网医院，实现医保脱卡结算。丰富微信公众号综合服务，实现排队叫号、体检报告、电子票据、手术进度、院内导航、病案复印等功能。全年门诊患者就医满意度为93%。全院床位协调5101人次，平均入院等待时间达到目标值。《运用“价值流”改善入院服务》项目获得第六届中国医院管理奖——运营管理组区域优秀奖。2022年住院患者就医满意度为97%。成立由康复、呼吸、中医、营养、心理等相关学科组成综合医疗救治组，早期参与重症患者治疗，制定个性化治疗方案，实现早日脱机、康复。开通24小时新冠寻医问药热线。开通互联网新冠防治热线（新冠咨询快速通道）服务，为市民提供在线问诊、远程就医、药品配送等线上服务。

（蒋丛琰）

社会事务

人力资源和社会保障

【概况】 2022年，台州市人力资源和社会保障局突出抓好稳就业、引人才、强技能、促共富、保平安，全市城镇新增就业8.15万人，新引进青年大学生10.2万名，新增技能人才9.97万名，新增企业职工基本养老保险和城乡居民基本养老保险参保24.25万人。台州市获全省市级政府保障农民工工资支付工作考核A等次第1名，市人力社保局获全省人力社保系统绩效考评第1名、市级单位工作目标责任制考核优秀等次，市就业服务中心获全省“人民满意的公务员集体”。

【城乡就业】 2022年，台州市人力资源和社会保障局开展跨省“驻点招工”，赴5省22地招引1.15万名新员工来台州就业，帮助企业解决用工近11万人。开展“百城千企·乐业台州”系列云招聘活动，联合全国10个省119个劳务输出地区开展推广宣传超220次。举办市内春季公益招聘活动105场。实施稳就业惠民生攻坚行动，落实失业保险稳岗返还、一次性留工培训补助、一次性扩岗补助等惠企政策。全市失业保险稳岗返还发放4.3亿元，惠及企业7.9万家、107.6万人；发放一次性扩岗补助1203.5万元，惠及企业2692家、8023人。出台《关于支持大学生就业创业的若干意见》，促进高校毕业生就业创业。实施“万名大学生台州就业见习计划”，建成就业见习基地478家，吸引6164名大学生来台州见习。6月，举办“梦起见习·乐业台州”空中双选会云直播专场活动，推出300余家优质见习基地、5000余个优质岗位。6—8月，开展“激扬青春·筑梦台州”离校未就业高校毕业生暖心帮扶季活动。对全市12326名离校未就业高校毕业生开展就业帮扶工作，离校未就业高校毕业生帮扶率100%。6月，出台《台州市创业导师服务评价管理办法（试行）》，优化创业导师服务评价管理制度。开发“台创汇”创业综合服务应用，实现15套跨部门跨层级系统、80类796个数据项的经办数据一键流转，获评全省人社系统最佳应用，6月28日上线后，注册创业园19家，发布项目402个，发布活动154场，入驻导师293名，办理创业业务3077笔，发放创业担保贷款1.4亿元。做好重点群体兜底保障，帮扶重点人群47275次，帮扶率99.67%。开发孤寡老人和留守儿童监管护理等公益性岗位1616个。加强失业人员生活保障，发放失业保险金18926.92万元，惠及110354人次；发放失业补助金2115.95万元，惠及42319人次；失业保险支持技能提升发放375万元，惠及2448人次。构建“15分钟就业服务圈”，加强基层公共就业服务队伍建设，全市131个乡镇（街道）实现全覆盖，全市3305个村（社区）全部通政务外网，

2月7日，台州市2022年跨省赴云南省文山州“驻点招工”工作组出征
（市人力社保局　提供）

实现重点群体帮扶驾驶舱可视化。6月，出台《关于推进农民高质量就业促进农村高水平共富的实施意见》，发挥"共富工坊"就地就近吸纳农民灵活就业的作用，吸纳从业人员3.2万余人、其中低收入农户2012人。

【社会保险参保】 2022年，台州市养老保险参保率97.84%。企业职工基本养老保险参保人数为272.31万人，同比增加10.27万人。机关事业单位养老保险参保人数20.87万人，同比增加0.38万人。城乡居民基本养老保险参保人数为163.55万人，同比增加2.63万人，其中60周岁以下参保人数93.53万人，同比增加0.45万人。全市失业保险参保人数为126.37万人，同比增加7.04万人。工伤保险参保人数为239.12万人，同比减少3.4万人。

【社会保险政策落实】 2022年，台州市企业职工基本养老保险全国统筹工作全面施行，台州市人力资源和社会保障局4月完成国统系统切换上线。1月，台州市人力资源和社会保障局联合市民政局下发《实现困难群众城乡居民基本养老保险应保尽保的通知》，健全工作机制，实现低保人员、低边等城乡居民困难人员基本养老保险应保尽保，个人缴费政府代缴应缴尽缴。1月，台州市人力资源和社会保障局与市邮政局下发《关于进一步推动基层快递网点参加工伤保险工作的通知》，推进基层快递网点人员参加工伤保险。6月，联合市发改委、财政局、税务局印发《关于扩大阶段性缓缴社会保险费政策实施范围等问题的通知》，在对餐饮、零售、旅游、民航、公路水路铁路运输5个特困行业实施阶段性缓缴三项社保费政策的基础上，将全市受疫情影响的中小微企业困难企业列入缓缴政策实施范围，同时明确17个扩围行业和其他中小微困难企业的标准。12月，印发《关于2022年提高城乡居民基本养老保险基础养老金标准的通知》，从2022年4月1日起，全市城乡居民基本养老保险基础养老金标准由每人每月235元提高至280元。

【社会保险经办管理】 2022年，台州市实施企业职工养老保险全国统筹，实现平稳过渡。完成全市88745家企业社保缴费基数申报和14979家企业工伤浮动费率调整工作。完成全市89.46万名企业、机关事业单位退休人员基本养老金待遇调整工作，补发7.13亿元养老金。台州市社保中心参与起草的国家行业标准《社会保险经办内部控制规范》于8月1日正式发布实施。台州市人力资源和社会保障局有序推进社会保险制度与最低生活保障制度、社会救助制度有效衔接，健全完善困难群众参保和代缴机制，定期开展困难对象参保情况核查，排查11.41万人的参保情况，推动7420名低保户、低边户等困难人员基本养老保险实现应保尽保、个人缴费部分政府代缴应缴尽缴，进一步强化社会保险兜底保障。加强内控制度建设，规范经办岗位权限。8月，出台《违规领取社会保险待遇处理规程》《市社保中心岗位权限管理办法》。11月，出台《台州市社会保险事业管理中心内部控制实施细则》。开展数字稽核，通过人社部稽核系统和省风控平台接收处理各类疑点信息，共核查疑点1.5万余条。开展日常稽核检查，抽查高风险业务1031笔，发现并整改问题11笔。开展社保基金管理提升年行动，以社保经办岗位权限管理专项检查、社保基金疑点数据核查为重点，全面排查整改问题110个。建立完善问题整改长效机制，11月印发《社保基金监督整改工作规程（试行）》。开展社保政策落实不到位及行风方面问题专项治理行动，排查整改问题54个，提升社保经办行风。落实"政策找企"助力企业纾困，出台实施企业阶段性缓缴社会保险费政策，扩大惠企力度和实施范围，组织"宣传点对点、服务心连心"活动，主动向全市近12万家单位发送短信43.74万条，寄送告知书4.12万封，电话告知16.51万人次，入企宣传服务941次，一对一宣传缓缴政策，实现"应知尽知、即申即享"。

【人才引进与开发】 2022年，台州市引进"500精英计划"创业创新人才169人，落地创业企业109家，产值超2000万元的人才创业企业50家，其中产值超亿元以上的8家。举办第四届、第五届"500精英"人才系列创业大赛总决赛和智汇台州·"500精英"海外高层次人才创新大赛总决赛。台州市人力资源和社会保障局4月出台《关于开展"500精英计划"提质增效专项行动的实施意见》，修订《台州市"500精英计划"人才项目管理实施细则》。9月、12月，分两次组织台州市"500精英计划"网络评审会，超300个项目参加。举办"赋能台州制造　助力共同富裕"沪台人力资源服务供需对接会，上海市12家知名人力资源服务机构、台州市10家人力资源服务机构、26家重点企业参加，达成各类合作意向50余项。开展引才活动，全年新引进大学生10.2万名。2月，启动青年英才聚台州计划暨"智汇台州·百校引才"活动，与11家上海知名人力资源服务机构签订助力台州引才行动合作协议，召集8家协会共同成立全球揽才行业联盟。4月，召开全市大学生招引工作部署会，

8月4日，全国高校走进台州走访名企活动启动

（市人力社保局　提供）

推进实施青年英才聚台州计划十大行动。开展“激扬青春·筑梦台州”大学生就业创业季系列活动，实施离校未就业高校毕业生暖心帮扶季、百场高校毕业生暑期招聘会、“百日千企万岗促就业”网络招聘、“梦起见习·乐业台州”就业见习空中双选会、“千人千岗”大学生社会实践、“全国百所高校走进台州、走访名企”、“学子探名企”云直播大赛、“创赢台州”大学生创业系列活动、“一县一品”大学生就业创业季系列活动，推出县（市、区）委书记担任“一号引才主播”的专题视频，招引高校毕业生来台州就业创业。8月，开展全国高校走进台州走访名企活动，华中科技大学、湖南科技大学、黑龙江大学等来自全国各地的近50多家高校与500多家台州企事业单位参加现场洽谈，达成校地、校企人才智力合作项目16个。5月，在全省率先启动开展校园招聘活动。6月，赴云南开展校园招聘活动，采用“政校座谈+校企洽谈+点对点招聘+企业宣讲+就业见习”模式招才引智。搭建定制化云招聘平台，为台州企事业单位和求职者提供免费、高质量的全流程云上招聘服务，辐射全国18个省、39个城市，300多所高校、覆盖20余万名毕业生，参与线上招聘的企业超4000家，发布岗位数2万余个，需求人数10万多人。开展直播带岗77场次，点对点空中双选会活动139场次，各大融媒直播平台总观看量达400余万人次，参与企业300余家。开展“智汇台州·百校引才”“激扬青春·筑梦台州”等线下招聘195场，参与企业2600余家次，推出7万余个岗位需求，达成意向3.4万余人次。开发人才政策兑现系统，安家补贴、房票补贴等30多项高频事项实现线上申请兑现，兑现人才经费3.5亿元，发放人才房票1.5亿元。面向高层次人才和青年人才推出人才码，拓展人才码服务功能，新增人才码用户8.5万人，新增线下扫码场景200多个。开展“人才林”建设、中秋茶话会、元宵晚会、人才研修班等活动，增加人才归属感。

【专业技术和留学人员管理】 2022年，台州市推进国家工程师基地建设，台州市人力资源和社会保障局8月出台《关于开展工程师基地建设专项行动的实施意见》。实施博士后人才集聚增效工程，深化科研需求征集对接、科研过程跟踪管理，发布博士后科研需求“揭榜挂帅”项目榜单。新建国家级博士后科研工作站3家，省级博士后科研工作站13家，新招收博士后研究人员62名。深化职称制度改革，重新核准设置全市中评委及自主评聘单位，继续扩大事业单位自主评聘改革试点范围，全市19家医院、59所学校实行高级职称自主评聘；深化企业工程领域社会化评价试点，全市5家企业开展工程领域中级职称自主评价。迭代升级并推广职称申报评审系统，各级各类评委会职称工作全部纳入全省职称系统运行，推进专业技术人员业绩档案库建设，提高职称工作管理服务水平。

【职业能力建设】 2022年，全市开展职业技能培训22.87万人次，新增技能人才9.97万人次，高技能人才4.29万人次，培育浙江工匠59名。全市技能人才总量达到128.1万人，技能人才占从业人员比重为33.24%，占比居全省第2，其中高技能人才40.45万人，占技能人才31.7%。继续开展“台州技工”星级评价，评定星级“台州技工”9698人，拨付一次性奖励436.5万元，其中二星2218人、三星778人、四星167人、五星90人，累计评价星级“台州技工”19460人。全市技工院校11所，在校生2万人，就业率98%。7月，台州市成为全省唯一全市域技能型社会建设试点城市。《台州市推动“双增双收”让技术工人成为“扩中”主力军》入选全省第一批高质量发展建设共同富裕示范区最佳实践。开展台州市第三届职业技能大赛。编制《台州市技能型社会建设规划（2022—2025年）》《台州全市域推进技能型社会建设试点工作方案》。出台全国首创地方性指引

《台州市技术工人职业发展通道设置指引》，制定《台州市技能创富型企业激励办法（试行）》《台州市技工教育提质增量行动实施意见》《台州市全面推行企业新型学徒制工作实施方案》。全市技工院校共12个专业群入选省高水平专业群建设项目，入选数量居全省第1，争取省资金补助2.08亿元。12月，成立台州市技工教育集团。

【技能等级认定】 2022年，全市新增368家认定备案企业、4家社会培训评价组织，包括台州恩泽医疗中心（集团）、台州市路桥中等职业技术学校、台州市椒江区第二职业技术学校和台州市恒勃技工学校。新增职业技能等级认定人数11.2万人，发证人数9.97万人，其中高技能人才4.5万人，技师2822人。推进考评员、督导员和裁判员三支队伍建设，组织各类培训300多人次，指导完成130多场次认定工作。推荐吉利集团吕义聪入选全省首批"新八级工"首席技师。遴选温岭山粉圆制作和天台花糕捏制两个项目成为全省专项职业能力建设考核标准化项目。

【事业单位人事管理】 2022年，台州市制定职员等级晋升制度实施方案，共晋升5695人，占管理岗位现聘人数的49%，人均月增资额为223.15元。继续深化事业单位人事管理数字化改革，依托事业单位人事工资系统，上线"事业人员线上签约"实现聘用合同电子化管理。首次组织市属事业单位公开招聘新进人员岗前培训，为期5天，共88名事业单位新进人员参加。规范开展事业单位公开招聘和人员交流工作，全市共发布136则公告，涉及1286家招聘单位，计划招聘4567人，最终录用3386人，其中应届毕业生1360人，占40.17%；大学本科2538人，占74.96%；硕士研究生519人，占15.33%；博士研究生106人，占3.13%。市属事业单位人员交流137人，台州市外调入8人，占5.84%；调出台州市外3人，占比2.19%。岗位聘任变动14088人，评聘专技二级岗位10人，三级岗位68人。

【人事考试】 2022年，台州市全年零差错完成各类人事考试30项，服务考生14.97万人。在疫情防控期间坚持做好考试安全、防疫安全和人性化服务。创新开展数字化改革，迭代升级智慧面试系统2.0版，在公务员、事业单位、专职社工面试等市县两级24场面试中使用，服务单位700多家，评价考官1126人次，服务考生4140人次，选拔优秀人才1380人。推进考试标准化建设，改造升级市本级试卷保密库，县级人社保密库实现全覆盖。完成《省人事考试违纪违规处理和纳入诚信体系》修订版的起草工作。组织开展全市考试安全警示教育系列活动。在全省人社"请党放心，考试安全有我"比赛活动中，台州市选手获主题征文比赛一等奖、演讲比赛二等奖。在全省人事考试"先行有我"优秀短视频评比活动中获一等奖、二等奖。

【工资福利管理】 2022年，台州市完成公立医院和各防疫事业单位绩效工资一次性核增和一线医务人员临时性工作补贴发放工作。核定212家市直属事业单位绩效工资总量，委托第三方机构对市直41家事业单位的绩效工资发放情况进行专项审计。制定市直事业单位基础绩效奖方案，会同市财政局部署发放。完成市直事业单位年度绩效奖金发放工作，指导各县（市、区）完成事业单位的基础绩效奖金和年度绩效奖金的方案制定和发放工作。完成机关事业人员交流调动、岗位（职务）变动、转正定级、工龄变更、人员退休、月工资申报等工资核定或备案共6408件。完成市直2个表彰、5个表扬项目的表彰奖励。完成"扫黑除恶"行政奖励事项，记个人二等功2人、个人三等功6人；完成对见义勇为人员行政奖励，记二等功2人；会同市统计局完成全市第七次人口普查行政奖励，集体嘉奖30个、个人嘉奖180名。

【劳动关系提升】 2022年，台州市实施区域性和谐劳动关系"1518"创建工程（围绕区域性和谐劳动关系创建这一目标，开展体面劳动促进等5项行动，实施两个合同提质增量等18项具体措施，简称"1518"创建工程）和"双爱"活动（企业关爱职工、职工热爱企业活动），落实《台州市"和谐同行"能力提升三年行动计划实施方案》，开展体面劳动促进行动，对全市3000家企业进行点对点用工体检服务，指导企业整改提高。对全市3590多名劳动关系协调员进行职业培训。通过政企携手、三方协作，组织开展创建和谐劳动关系评选活动，全市评选出116个市级先进企业和个人代表。搭建电子劳动合同信息化平台，推广电子劳动合同。4月，出台《台州市技术工人薪酬分配指引》，引导企业建立技能导向的薪酬分配体系，促进技能与薪酬挂钩、技工工资可持续增长。9月，发布台州市劳动力市场211个职业工资指导价位和30个技术工人职业（工种）分等级工资指导价位。

【劳动保障监察】 2022年，台州市人力社保局联合市住建局印发《关于深化房屋建筑和市政工程领域保障农民工工资支付工作的通知》，规范全市房屋建筑和市政工程领域农民工工资支付行为，全面落实根治欠薪负面清单和动态管理措施，持续深化“台州无欠薪”行动。6月，根据市委政法委部署，会同住建部门启动“除险保安”十大治源行动——建筑工程领域“无欠薪”治源行动，出台《关于引发除险保安十大治源行动方案的通知》，开展“风险隐患清零”专项行动，推动建筑工程领域欠薪隐患源头预防。全市劳动监察、仲裁和基层调解组织共受理劳动纠纷9711件，劳动纠纷化解率达97.46%，涉案人数有14589人，涉案金额达4.71亿元。全年共处理国家和省平台欠薪线索件1.1万余件，立案查处欠薪违法案件43件，打击拒不支付劳动报酬犯罪行为28件，全市劳动关系状况总体和谐稳定，未发生因劳资问题引发的重大突发事件。加大对欠薪违法行为的打击力度，保障劳动者合法权益。开展清理整顿人力资源市场秩序、深化建筑领域“无欠薪”治源行动、“安薪我先行服务浙共富”活动、工时和休息休假权益维护专项行动、根治欠薪秋季及冬季专项行动，及时纠正企业违法行为、打击严重违反劳动保障法律法规行为，规范企业合法用工，维护劳资双方的合法权益。全市“安薪指数”97.87，居全省第2；欠薪发生率0.79‰，居全省第二低。制定《台州市工程建设领域农民工工资保证金管理工作指引》，指导全市工资保证金收缴工作，推进浙江省工资支付监管平台的应用，实现工资保证金缴纳在线申报。定期公布重大欠薪违法案件情况，将欠薪等失信行为纳入“信用台州”平台数据库，实施联合惩戒，51个用人单位或自然人被列入欠薪联合惩戒名单。通过市委政法委、台州海事局、宁波海事法院、市人力资源和社会保障局等四部门合力，健全海船船员维权协作运行机制，解决船舶类劳资纠纷维权难问题，协调处理22件，涉及人员22人，涉案金额127.56万元。台州市获全省市级政府保障农民工工资支付工作考核A等次第1名，全省根治欠薪现场观摩交流会在台州市举办。台州市人力资源和社会保障局监察执法处获评全国清理整顿人力资源市场秩序专项执法行动取得突出成绩单位。

9月2日，“创赢台州”大学生创业活动暨“台创汇”创业论坛举行

（市人力社保局　提供）

【调解仲裁】 2022年，全市各级劳动人事仲裁机构受理劳动人事争议案件5465件，涉及劳动者6198人，其中劳动报酬案件1222件、工伤赔偿2106件，解除劳动关系619件，结案5350件，涉案标的1.89亿元，网络办案率56.86%，结案率96.11%，调解成功率90.74%，92.35%的劳动人事纠纷终结在仲裁阶段。开展数字化仲裁庭建设。组织全市仲裁员参加全省劳动人事仲裁练兵比武活动，获得团体总分第4名。

【信息化建设】 2022年，全市新增发行实体卡10.47万张，新增签发电子社保卡70.9万张。制定《社会保障卡居民服务“一卡通”专班工作方案》，专班成员单位增至18家。整合全市社保卡96225热线，将各县（市、区）社保卡（市民卡）热线统一整合至96225，打造社保卡（市民卡）服务热线“一号答”，进一步提升社保卡（市民卡）服务质量和效率。12月，社会保障卡开通台州市域铁路S1线乘车刷卡功能。组织开展“社会保障卡惠民服务季”活动，在市人社业务经办大厅、社保卡合作银行、社区、街道、大型人才招聘会等场所，组织咨询员和业务人员现场答疑解惑，解决群众普遍反映的办事难点堵点问题，听取群众对社保卡惠民服务工作意见及建议。通过宣传海报、条幅、易拉宝、宣传单等宣传载体，集中对社保卡、电子社保卡的申领途径、功能、使用过程中注意事项等进行广泛宣传。

【改革深化】 2022年，台州市获批人社部基本公共服务标准化试点1项、全省行政办事员队伍职业化建设省级试点1项、《银行办理人社公共服务业务规范》国标研制试点1项、《企业跨区域社保变更登记联办工作规范》省标研制试点1项、省人社厅数字化改革重点试点项目1个和地方创新项目2个。“来浙实践”、“台创汇”创业综合服务、工伤全链条“一件事”3个应用获评全省人社系统最佳应用并入选全省数字社会优秀案例集，获评数居全省人社系统第1位。工伤全链条“一件事”改革相关做法在省委改革办《数字化改革（工作动态）》上刊发推广。“牵肠挂肚”改革项目获批数和完成度均居市级部门第1位。政务服务工作考核成绩居市级部门第1位。

【对口支援和结对帮扶】 2022年，台州市人力社保局与湖南湘西州、云南曲靖市人社局开展劳务对接，加强与四川等地对口工作，发送企业岗位参与四川南充直播带岗。做好脱贫人口在台州稳就业工作，累计核实20.67万脱贫人口在台就业。

（李宗伟）

医疗保障

【概况】 2022年，台州医疗保障系统围绕全面做实市级统筹、深化医保领域改革、办好医保惠民实事、强化医保基金监管、优化医保经办服务，打造台州特色的共富型医保。“三医联动”（医疗、医保、医药）改革获评国务院督查激励；微视频《眸》取得第四届平安浙江“三微”比赛第1名好成绩；“推进落实门诊慢（特）病病种长期处方管理”入选台州市群众“牵肠挂肚”民生实事改革优秀案例；6个应用场景被确定为浙江省医保系统“一地创新、全省共享”应用项目试点；恩泽医院、天台县平桥镇便民服务中心创成省级医保经办服务示范点，入选“‘十四五’全国医保经办优秀案例”。年末全市参保人数579.44万人，户籍人口参保率99.95%，居全省第3位。

【医保制度建设】 2022年，台州市建立健全市县联动共商、基金预决算管理、基金绩效评价、基本医疗保险筹资、市级统筹考核五大工作机制，设立财政专户并归集基金。开展市级统筹前医保基金专项审计，弥补历史亏欠城乡医保基金2.18亿元。经市政府2022年第8次常务会议审议通过，2023年度城乡居民基本医保筹资标准调整提高至1660元/人，其中，财政补助1045元/人，个人缴费615元/人。做实重复参保清理，扩大灵活就业人员参保覆盖面。全年全市共有9557万人次享受医保待遇，平均每位参保人年享受医保待遇16.06次。

【共富型医疗保障】 2022年，台州市扩大大病保险保障范围，将PET-CT等自付医疗费用纳入大病保险报销范围，全年减轻参保人员医疗负担约1亿元。健全因病致贫返贫防范长效机制，实现“主动发现、精准识别、梯次减负、保障兜底”闭环管理。全年全市资助困难群众参保8.50万人，资助参保资金4759.27万元。增强对困难群众基础性托底性保障，困难群众医疗费用综合保障率提高至90.88%，年度门诊救助限额提升到2万元，低保和低边住院救助比例分别提高到80%和70%，全年医疗救助160.82万人次，支出医疗救助资金1.53亿元，困难群众大病保险支付比例85%，居全省第1。92名困难群众高额医疗费用全部化解清零。发展惠民型商业补充医疗保险，2022年“浙里惠民保·台州利民保”投保人数266.38万，累计受益12.28万人54.7万人次，受益人群覆盖率4.61%；赔付金额2.41亿元，资金赔付率为90.2%。

【医保实事惠民】 2022年，台州市落实疫情防控保障，推出“互联网+医保”，累计支付新冠疫苗及接种费用8.77亿元，5次降低新冠核酸检测和抗原检测收费标准，累计为11.69万家企业缓缴医保费10.01亿元。助力“浙有善育”政策，新增灵活就业群体40余万人纳入生育保险保障范围，支付1.54万名参保产妇新增延长产假生育津贴9117.31万元。新增癫痫、儿童孤独症2个门诊特殊病种。推进“慢病长处方”政策落地，全年服务慢（特）病患者274.42万人次。275个国谈药品纳入“双通道”管理，65家定点药店开通“双通道”直接结算服务，参保群众配药113.36万人次，减轻医药负担5.3亿元。

【支付方式改革】 2022年，台州市完善市级统筹背景下总额预算管理制度，深化住院DRGs支付方式改革，将中医医疗机构中治率纳入正向激励。及时准确做好分组、费用预拨和清算工作，2022年度全市按DRGs付费出院病例68.77万人次，预拨统筹基金48.73亿元。健全DRGs分析和考核机制，常态化开展DRGs病案交叉检查，全市共抽取5.3万份病案，查处违规病案589例，抽查比例和查处率均居全省前列。总结全市门诊按人头付费改革试点经验，结合家庭医生签约，探索门诊支付改革与慢病、特病管理有效衔接，实现医保基金支付闭环管理。

【药品集中采购】 2022年，台州市常态化落实国家、省级组织药品耗材集中带量采购结果，10批次289种药品、5批次耗材带量采购结果按期落地执行，平均降价超过52%，全年减轻群众药械负担近10亿元。续标市级中成药联合采购结果，42个中成药品种联合采购年减轻群众用药负担2亿元。严格执行全市统一的医疗服务价格，71项医疗服务价格项目调整完善，进一步优化公立医疗机构收入结构。

【医疗机构监管】 2022年，台州市开展骨科耗材、心内科、血液透析等重点领域专项检查，落实飞行检查、交叉检查、日常巡查全覆盖。全年共查处违规定点医药机构646家，其中解除定点协议18家、暂停186家、约谈87家，移交司法机关2家，涉及违法违规金额6319.28万元。查处违法违规参保人668人次，涉及违法违规金额216.69万元，移交司法44人。共办理行政处罚案件46例。健全大数据反欺诈风险控制体系，智能审核系统2022年共审核单据1237万条，拒付医保基金2041万元。开展全市定点医药机构自查自纠，涉及违规医保基金1004.64万元。调整完善医保基金绩效评价指标体系，基金绩效指标位列全省第4，获评全省优秀单位。

【医保数字化改革】 2022年，台州市上线省“智慧医保”平台，实现省市县医保信息系统大统一。推进“智慧医保”应用场景开发，“医保基金精密智控在线”入选浙江省数字政府最佳应用；主协同推进的“浙里医保”入选省数字社会系统2022年度最佳应用。医疗智能救助、智能画像、移动查房、外伤调查、未来社区医保到家、浙里慢病有保6个项目列入浙江省医保系统“一地创新、全省共享”应用试点计划。

【医保经办服务】 2022年，台州市打造“医路有保，四级助跑”经办服务品牌，创成恩泽医院、天台平桥便民服务中心省级医保经办服务示范点，入选“十四五”全国医保经办优秀案例。全市建有131个镇（街道）、2523个村（社区）便民服务中心，四级经办服务网络基本建成。深化医保领域“最多跑一次”改革，15项“一件事”实现一次性联办，推广应用医保电子凭证，月结算率42%，居全省前三位。切实推进医保事项网上办、掌上办，事项可办率100%。异地就医直接结算，实现全国范围内门诊住院免备案直接刷卡结算，全年全市在省外住院直接刷卡2.99万人次，基金支付4.32亿元；门诊刷卡24.46万人次，基金支付3102万元。推进医保领域行风建设，全面落实“好差评”制度，全年好评率99.63%。

（丁　婷）

民　政

【概况】 2022年，台州市民政局围绕“共同富裕”“现代社区”“浙里康养”等重点工作，坚持规划引领、改革突破、制度重塑，完成各项工作。市级单位工作目标责任制考核连续第三年获优秀等次。

【社会救助】 2022年，台州市低保标准从11400元/年提高到12492元/年，人均补差896.71元，全市人均补差率达到86.14%，全市累计发放低保资金5.94亿元。特困人员照料护理费用标准从125元、250元、500元三档提高到当地最低工资标准的10%、20%、40%、80%四档。集中供养孤儿最低人均养育标准从2134元/月，提高至2396元/月。自年初省政府作出职能移交的决定，将残疾人“两项补贴”（困难残疾人生活补贴和重度残疾人护理补贴）发放工作由残联系统转到民政部门牵头办理后，全市民政系统有序推进残疾人“两项补贴”的预算编制和资金发放移交工作，根据低保标准调整，同步提高困难残疾人生活补贴标准，将原来264元/（月·人）调整为285元/（月·人）。截至12月底，全市残疾人“两项补贴”在享人数达到10.65万人次，累计发放补贴资金3.08亿元。针对疫情和物价上涨，启动5次困难群众物价补贴或生活补贴发放，为31.51万人次城乡低保对象、农村“三老”人员等困难群体共计发放价格临时补助1873万元。扩大救助人群覆盖面，城乡低保边缘认定标准由1.5倍低保标准放宽到2倍。逐步将临时救助和救助服务延伸到非本地户籍的常住人群。加大因病因疫因灾致困人员的支出型和急难型救助力度。跟进“因案致贫”“因案致困”当事人救助，出台《关于建立国家司法救助与社会救助衔接机制的实施办法（试行）》。推广“助联体”救助品牌，建成6个“助联体”，“一站式”帮扶困难群众。针对有就业意向困难群体推出“幸福岗位”。针对困难家庭残疾儿童康复，开展“添翼计划”，全年完成103例。针对患病孤儿，实施0～18周岁孤儿医疗康复“明天计划”34例，均超额完成年度目标。针对低收入群体创业致富需求，联合市人民银行推出低收入群体“共富贷”，已为11户低收入家庭投入创业资金80多万元。建立信息共享机制，出台《关于建立困难群众救助主动发现和数据共享工作机制的通知》，每月共享失业人员、伤残军人等14类信息。提升主动发现和精准识别能力，推进及时救助、应助尽助和一户一策精准救助。

【养老服务】 2022年，台州市开展老年人能力评估，为老年人养老需求精准画像，完成136.8万常住老年人自理能力初步筛查和12.15万老年人专业评估，为养老服务清单制定提供数据支撑。实施老年助餐全覆盖行动，绘制老年人居住、助餐需求和助餐点位三张地图，全市助餐点位总计达1727个，惠及8.63万名老年人，实现全市兜底保障老年人助餐服务全覆盖，相关做法在全省基本养老服务体系建设推进会上作经验交流。推进养老民生实事项目，高标准超额完成养老服务领域省市6项民生实事项目，加大失能失智、独居困难老人照护服务供给，新增认知障碍照护专区床位628张，为2052户困难老年人家庭完成适老化改造。新增持证养老护理员672人。聚焦养老方式智慧型转变，建成智慧公办养老院10家，135家居家养老服务中心配备无感服务智能终端。新增老旧小区居家养老服务用房28处。实施养老服务提质行动，累计建成147家乡镇（街道）居家养老服务中心，实现乡镇（街道）网络全覆盖。引进培育品牌化专业居家养老服务组织提升服务，明确乡镇（街道）居家养老服务中心运营经费每家每年从8万元提高到不低于15万元。2022年度“浙里康养”养老服务综合绩效评分居全省第4位。

【城乡社区治理】 2022年，台州市建立村社议事协商标准规范，引入专业社会工作力量、枢纽型社区社会组织参与社区议事协商机制，建立“百姓说事室”、“圆桌议事厅”、小巷讲坛等协商平台，推动基层自治，“1+7+X”议事协商做法获央视《领航》栏目专题报道。投入3080万元，新建26家社区服务综合体，创成省级星级综合体29个，新建12家居民会客厅。全市高标准全覆盖建成130个乡镇（街道）社会工作站。挖掘培育4752名居民骨干参与社区公益互助志愿活动9508次。遴选省、市38名“最美社区工作者”和“社区工作领军人才”。启动改制以来最大规模的专职社区工作者招录工作，新招录专职社区工作者1598名，持证率达50.11%，本科及以上学历占比77.83%，提前完成2024年每万名社区常住人口配备数18名社区工作者的省定目标。2022年社会工作者职业水平考试通过考试5810人，创历史新高。在全省率先出台《村民代表履职评价办法（试行）》，设置6个一级指标，配套13个二级指标，以量化考评对代表履职实效进行“年检”。制作《村民代表履职手册一本通》口袋书下发各地，在全市20%以上的村开展村民代表履职评价，以履职评价倒逼人人履职。临海市河头镇殿前村、温岭市大溪镇沈岙村2地通过全国村级议事协商创新实验试点中期评估，台州市黄岩区东城街道嘉盛社区、临海市大洋街道灵湖社区、玉环市玉城街道南门社区等5地入选省级城乡社区议事协商试点。鼓励发展社区发展基金会，全市注册登记5家社区发展基金会，实现台州市社区基金会零的突破。

【社会组织管理】 2022年，台州市民政局牵头起草《台州市社会组织主要负责人任职谈话工作制度》，进一步规范社会组织行为。出台《台州市社会组织公益创投管理暂行办法》《台州市社会组织发展资金使用办法》，全市推广公益创投，投入2648万元支持扶老助残、心理援助、社区矫正等143个服务项目。加强社会组织信用管理，全年全市打击非法社会组织3家，36家列入信用异常名录，2家列入严重违法失信名单，自2021年以来累计整治149家“僵尸型”社会组织。新建彭善民、马良2家名家工作室。

【慈善事业】 2022年，台州市加大慈善信托推广，新增备案慈善信托1134万元。全市培育扶持113家慈善组织，76家慈善帮扶基地，1065个村建立村级慈善工作站,织密市县乡村四级慈善组织网络。拓宽慈善资金资助社区服务发展项目领域，开展“微心愿”等社区慈善活动。开展慈善项目107个，资助困难学生就学、贫困家庭尿毒症患者就医等。“古咕丁”医疗知识普及计划、“大爱无尘”慈善项目入选第七届“浙江慈善奖”。

台州市殡仪馆改扩建工程（摄于3月21日）　　（市民政局　提供）

【殡葬管理】 2022年，台州市推广惠民殡葬服务，推进落实《台州市区殡葬基本服务费用全流程减免的实施意见》，全市9个县（市、区）已全部完成基本惠民殡葬减免提标增项扩面工作。实行节地生态安葬“逝后奖补”。建成9个省级公益性节地生态安葬示范点，启动公墓布点规划建设工作，全市生态安葬行政村覆盖率达到100%。

【婚姻家庭服务】 2022年，台州市建成AAAAA场地2家（路桥、三门），AAAA场地2家（玉环、仙居），婚登处标准化建设AAAA级以上达标率达44.4%。开展结婚生育户口“一件事”联办，全年办理12359件，联办率达68.8%。推动跨区域婚姻登记办理，累计办理1954对。深化线上线下婚姻家庭辅导教育，累计开展婚前辅导、婚姻关系辅导、家庭关系辅导、离婚调适辅导服务10533次，劝和数量1805次。全年申请离婚登记13617对，办理离婚登记8155对，婚姻挽回率达67%。推进婚俗改革试点工作，省级第一批婚俗改革实验县（市、区）评估中三门县获优秀，温岭市获良好。三门县入选省级持续深化婚俗改革重点推进县（市、区）名单，黄岩区入选省级第二批婚俗改革实验县（市、区）名单。三门县通过全国婚俗改革试点中期评估，并在全国婚俗改革经验交流会上作发言。

【地名管理服务】 2022年，台州市共命名157个地名（街路巷、住宅楼宇）。民政、公安、自规、住建四部门联合印发《台州市门牌标准地址编制规范》。完成农村门牌定位精准到户工作，近224万门牌数据空间点位挂接到幢到户。完成台州市和丽水市行政区域界线联合检查。温岭市通过省地名文化服务与文化建设试点验收。

7月7日，台州市未成年人发展中心投入使用　　（市民政局　提供）

【流浪乞讨人员救助管理服务】 2022年，台州市基本完成国家等级站建设全覆盖目标。常态化开展“冬送温暖”和“夏送清凉”救助行动，全市共救助2608人次，查清并核实户籍受助住院病人191人次，护送返乡52人次，其中跨省护送39人次。通过公安刑事侦查技术、互联网寻亲和传统方法等多种形式，为50多位长期滞留人员或新入站人员寻找到亲人信息和户籍信息。

【数字化改革】 2022年，台州市“数智殡”应用聚焦公民全生命周期“最后一环”，实现证明出具、殡葬服务、遗产查询一键办理。该应用纳入“一地创新、全省共享”一本账S0，遗产数字化查询模式被全省推广。自2021年10月推出试运行，至2022年12月底，遗产查询模块共计22695人签署查询授权，公证处开具查询函8632份，已反馈8183人，涉及遗产总金额达1.66亿元。“益童护”迭代升级特需未成年人一体化关护子场景，以涉罪未成年人关护转化为突破口，打通民政牵头的六大保护联动量化落地大场景，实现关护闭环。该应用获评全省民政系统数字化改革优秀应用，入选全省数字化改革重大应用“一本账S2”、数字法治“一本账S3”。“老省心”应用新增省心食、省心安、省心防3个子场景列入第一批全省“浙里康养”市县优秀驾驶舱，并集成到“浙里康养”平台发布。

【台州市未成年人发展中心启用】 2022年7月7日，台州市未成年人发展中心暨台州市未成年人救助保护中心启用仪式在台州市儿童福利院一楼举行。省民政厅党组成员、副厅长佘新荷参加启用仪式。台州市未成年人发展中心，位于台州市民政局福利大楼内，面积1200平方米，投入近300万元，按“一库六空间”进行布局，引入专业社工机构负责中心日常运营，为全省率先成立的未成年人救助保护中心实体平台。一库，指引入国内未成年人服务领域20名知名专家、高校学者和资深行业代表，设立市未成年人关爱保护智库；六空间，包括舒缓空间、孵化空间、融合空间、介辅空间、增能空间、展翅空间。12月，中心被命名为台州市行业和法律知识“双普基地”。

【全省村级议事协商创新实验试点工作推进会】 2022年11月9—11日，省民政厅在温岭市召开全省村级议事协商创新实验试点工作推进会，厅党组成员、副厅长江宇出席会议并讲话，温岭民主协商经验在会上作典型发言。台州市民政局、温岭市政府主要负责人，全省各设区市民政局相关负责人，16个试点行政村党支部书记、村委会主任和所在县（市、区）民政局分管负责人等80人参加会议。

【台州市社会福利院一期工程建成】 台州市社会福利院一期工程位于椒江区章安街道山横村，一期工程建筑面积48755平方米，总投资约3.9亿元，设计床位800张，是台州市第一家主要面向失能、失智老人提供照料服务的公办养老福利机构。2022年10月，台州市社会福利院一期工程完成施工。

【市殡仪馆改扩建工程建成投运】 该工程于2017年9月正式批准立项建设，项目选址路桥区桐屿街道下岭村和螺洋街道岙王村，总用地面积50800平方米，总建筑面积33630平方米，总投资2.566亿元，主要建设守灵服务中心和住宿、餐饮、地下停车库等配套用房。同时，建设绿化景观、道路、给排水管网、电力管道等配套设施，并对殡仪馆火化设备同步进行环保改造。2022年12月，台州市殡仪馆改扩建工程投入使用。

（蒋萍萍）

移民工作

【概况】 2022年，台州市水库移民工作中心和谐动迁7座水库1.3万移民，朱溪、东屏水库项目攻坚被市委、市人大、市政府多位领导批示肯定6次；朱溪、方溪两座水库移民安置列入省民政厅改革创新试点，朱溪水库“移民建镇”做法编入水利部典型案例，浙江唯一。移民“抱团共富”典型案例获得台州市“九富”最佳实践案例二等奖第1名，省、市共富领导小组简报分别刊发，副省长王文序、省民政厅厅长沈铭权等领导给予批示肯定。

【朱溪水库建设】 2022年，台州市水库移民工作中心协调仙居县、黄岩区统筹五个战区，完成库区移民房屋“清零”、下各安置区建设、库底清理、大坝主体结顶、输水隧洞贯通任务。7月20日28.5千米输水隧洞全线贯通，7月30日库区移民房屋腾空拆除全面“清零”，10月9日大坝结顶，11月初库区6条改复建道路贯通、蓄水移民安置通过市级初（自）验，12月份通过工程蓄水安全鉴定、水库蓄水移民安置省级技术验收，完成年度筹资2.49亿元、投资4.03亿元，朱溪水库在形象、技术、质量上全部具备下闸蓄水条件。

【移民动迁】 2022年，台州市水库移民工作中心动迁7座水库1.3万移民，将为台州新增兴利库容3.4亿立方米、装机460万千瓦，预计年创税1.5亿元。朱溪水库10个移民村8345人成建制、大农业集中安置到“中国美丽乡村示范镇”下各镇，扩大镇域的1/3；方溪水库完成2497人移民后扶人口登记，83亩村留用地抱团项目谋划落地，建成大田街道方家弄区块移民联排安置房211幢，移民美丽家园建设登上水利部《水工程移民》杂志封面；三门东屏水库完成移民签约、调整安置规划；天台抽水蓄能电站继续跑出加速度，完成移民签约、腾空、136套安置房结顶；三门抽水蓄能电站通过建设征地实物指标调查大纲评审；仙居北岙水库通过工程规模及总体布置专题报告审查；清溪水库全面启动移民签约。

【共富项目建设】 2022年，台州市6个省级首批水库移民共同富裕示范项目完成投资9000万元，总体进度达90%，29个重点移民村年增收超360万元；温岭太湖库区美丽移民村示范带投入移民资金700万余元，良山、锦绣等重点移民村串珠成链；全域实施水库移民后扶项目“多级联投、多村联建、全域联购”的飞地抱团发展模式，移民抱团共富被新华社、《人民日报》等省级以上媒体报

11月3日，2022年台州市水库移民共富带头人培训班开班

（市水库移民工作中心 提供）

7月7日，朱溪水库下各镇789安置区块移民安置房

（市水库移民工作中心　提供）

道9次，“飞地经济”试点经验被省《决策咨询》《浙江民政信息》刊发，分别得到副省长王文序、省民政厅厅长沈铭权等领导批示肯定。

【项目绩效显现】 2022年，台州市出台《关于进一步做好水库移民后期扶持项目扶持管理的意见》，落实“四抓四统”项目管理机制，实施“三抱团、三帮扶”措施，完成年度项目资金投资2亿元、项目235个，实施抱团物业项目11个，164个移民村集体年增收超1000万余元；打造环太湖串珠成链的美丽移民村示范带，建成新时代美丽移民村35个，培训电商、家政、消防等人员4500人次，培育移民共富“领头雁”21名，359个移民村建成共富工坊，6640万元直补资金精准发放到11.05万移民手中，持续擦亮“万户移民追着太阳种西瓜、万人移民闯宁波创业、万人移民共富工坊就近就业”金字招牌。移民人均收入达到当地农民的97%。年度资金绩效评价复核结果继续保持优秀。

【移民服务】 2022年，台州市水库移民工作中心开展“喜迎党的二十大、移民共富书记谈”活动，三门县芹溪等移民村红色产业壮大，建成仙居县振兴村库区移民共同富裕等红色教育基地4个；全面走访18座大中型水库、520个移民村、7000余户，全面排摸统计低收入移民、百岁老人、退役军人、残疾人底数；牵头市农行、春雨公益通过捐赠、众筹等方式筹资10万元救济朱溪水库残疾移民家庭户，助推库区拆房和谐“清零”；牵头促成华能与黄岩区上垟乡达成投资6.8亿元的农林碳汇、智慧农光、低碳细胞一体的低碳共富项目，排摸10万余亩库区竹林，包装竹林碳汇项目。

（毛建鑫）

慈善事业

【概况】 2022年度，台州市慈善总会共新增慈善款物4.15亿元，拨出救助款物2.77亿元，救助困难群众33.58万人次。台州市慈善总会获评AAAAA级社会组织。2022年，路桥区慈善总会横街分会等4家分会被评为省级示范慈善分会，路桥区横街分会横街居工作站等12个村等被评为省级示范慈善工作站。截至年底，全市共有8家省级示范慈善分会和30个省级示范慈善工作站。

【共富基金壮大】 2022年，台州市“慈善一日捐”收到善款2031.53万元，其中市本级收到361.33万元。“千人微心愿·有我来助力”网络募捐活动募集善款27.43万元。新设1000万元的崇善慈善基金、崇仁慈善基金，“香溢帮扶”项目捐赠295万元。慈善开启光明慈善基金、民革中山博爱慈善基金等规范有序运作。争取省财政厅的“浙里捐赠”试点，落实“一日捐”专题捐赠、热点捐赠场景，实现“一键捐赠、一秒开票、一址查询、一指抵税”功能。全市有7个县（市、区）入驻“浙里捐赠”应用平台。

【扶贫济困凸显】 2022年，依托“心手相连·慈善暖冬”、“八一”建军节慰问困难军人等项目，台州市慈善机构资助贫困群众6.6万人次共计3960.25万元。以“慈善助老”系列项目为载体，资助贫困老人6.69万人次共计2005.11万元。实施“慈善助学·夏日圆梦”大学生助学补助、针对中学生将扶贫与扶志润心相结合的“海正润心家园”以及家有学生的贫困家庭“慈爱小屋”改造等项目，资助贫困学生1.53万人次共计2608.24万元。白内障复明、低保尿毒症资助、血友病患者关爱、大病补助 等项目有序开展，资助贫困患者2.52万人次共计2414.89万元。另外做好中慈免费施药项目，服务494人药品价值5500多万元。

【共富建设助推】 2022年，全市共建立82家慈善帮扶基地，涵盖工业、农业、金融、电商等不同行业，开展捐款捐物赋财、提供就业赋岗、产业支持赋能等帮扶。12月，临海市

11月24日，慈善义工走进临海市桃渚镇老厂基村开展农村文化礼堂“四万工程”微心愿志愿服务活动 （市慈善总会 提供）

黄坦蓝莓扶贫基地、温岭市红日供销合作社两个省级扶贫基地通过考核,获得资助。全市慈善总会共向对口帮扶地区(新疆、四川等地)捐赠款物2089.12万元。推进由温岭市和三门县、玉环市和仙居县、路桥区和天台县进行结对的乡村振兴和“山海协作”项目,市总会出资90万元资助受援县协作项目。”两段内容；2. p361 慈善理念培育部分最后一句“加强会员联络交流,…全市慈善义工工作会议。

【慈善理念培育】 2022年，台州市深化慈善文化进校园活动，召开台州市慈善文化进校园观摩现场会，实地参观南官小学慈善文化长廊。开展志愿服务，打造慈善事业生动名片。“中华慈善日”期间，以“携手做慈善，传播真善美”为主题，举办形式多样、具有地方特色、便于群众参与的慈善活动，持续掀起宣传热潮。举办台州慈善义工广场便民服务活动，开展“点亮微心愿，慈善献爱心”进村居文化礼堂便民服务，利用公交车尾屏、动车站服务台宣传慈善标语。加强会员联络交流，参加中华慈善论坛2022、第九届西湖论善、2022年之江公益沙龙，召开全市慈善年中工作座谈会、全市慈善义工工作会议。

（吕小萍）

消 防

【概况】 2022年，台州市消防救援支队以全市消防安全“四化建设”（网格化、标准化、集成化、数字化）和三年行动“收官之战”为抓手，推进新时代消防救援工作高质量发展。全年全市共发生火灾事故4140起（全口径统计），同比下降10.8%。共接处警1.3万余起，出动力量3.2万余辆次、17.7万余人次，抢救疏散群众1423人，保护财产价值达17.6亿元。

【火灾防控】 2022年，台州市消防救援支队开展电动自行车消防安全专项整治，全市实行电动自行车“硬隔离”16.8万处，建立充电桩6万余套，对100处难以整改的电动自行车充停场所挂牌督办。探索基层消防安全预警防控应用系统建设，工作专报获常务副省长徐文光批示肯定，玉环“消消了”智慧消防应用获评全省数字政府系统优秀案例。实现台州市连续五年未发生较大以上亡人火灾，省对市平安建设考核中消防安全专项工作位列全省二类地区第1名，消防安全形势进入历史最平稳时期。

【应急救援】 2022年，台州市消防救援支队开展全员岗位大练兵活动，获全省消防救援队伍第三届“火焰蓝”执勤岗位练兵比武竞赛第1名。举办市级“全链条、全要素、全过程”大型综合实战演练8次，编制完成高层建筑、大空间大跨度建筑、大型商业综合体、石油化工、商市场、人员密集场所等6类典型灾害事故类型预案。完成北京冬奥会、党的二十大等系列重大安保任务，成功处置“3·9”临海临亚集团厂房火灾、“3·28”椒江下陈街道聚星科创园火灾和“5·22”台州湾新区三甲街道五星钻豹厂房火灾事故。

【服务提升】 2022年，台州市消防救援支队组织召开行业协会、商会“稳企助企、消防先行”恳谈会，成立“三服务”小组12个，服务企业1900余家。推行消防监督检查“最多查一次”和“无事不扰”举措，对370家企业从轻减轻处罚，减免罚金228万余元。建立消防许可“双轨制”，推行告知承诺制和一般程序许可，节省办理时间6个工作日。启动消防宣传主题日活动9次，近160万人次交流学习消防知识。依托市、县、乡、村四级消防宣传站点，组织培训群众160万人次，50万市民参加线上“互动式”消防知识问答活动。制作专题警示宣传片和火灾隐患曝光片，开展疫情防控期间居家防疫宣传、复工复产等系列公益主题教育，受益人数320万余人次。

（傅一峰）

退役军人事务

【概况】 2022年，台州市退役军人事务系统推进退役军人各项工作，实现工作体系迭代升级和工作质效提升，台州退役军人就业创业工作受到国务院副总理孙春兰关注并圈阅，市退役军人事务局获市级部门年度考核优秀等次。

【退役军人服务保障体系建设】 2022年，台州市出台《关于“抓乡促村、整乡推进、整县提升”高质量建好乡镇（街道）退役军人服务站的实施意见》，明确25条创建任务。全年共有245家退役军人服务站获评省“枫桥式”退役军人服务站。在全省率先出台《“五星级”退役军人服务中心（站）建设工作实施方案》，服务保障体系建设逐步规范化、标准化和特色化。出台《关于鼓励和引导民营企业（园区）设立退役军人服务站的指导意见》，推进企业（园区）退役军人服务站建设，建成63家企业、9家工业园区、2家学院和1个异地商会退役军人服务站，服务在职退役军人。

【常态化走访慰问】 2022年，台州市各级党委、政府主要领导带队慰问上级军事机关、驻台部队等，全年发放慰问金1066.27万元。“八一”期间，开展“迎八一·同心筑梦”拥军慈善慰问，发放慰问金10万元，惠及50户困难家庭。

【社会化拥军】 2022年11月18日，台州市民营企业拥军优属协会召开第三届会员大会，顺利完成协会换届选举工作，增强民营企业拥军活力。社会化拥军注入新血液，新挂牌16个“拥军服务联盟”和335家“拥军志愿服务站”，初步形成拥军志愿服务“十城百企千店”联盟模式。

【双拥地标建设】 2022年9月30日，台州双拥广场正式揭牌启用，与一江山岛战役纪念馆、大陈岛军事主题公园形成“一馆一园一广场”的台州双拥地标新格局，成为台州市民新的“红色打卡点”。12月，在万达金街开通双拥示范街，填补市本级双拥街区的空白。全市共建成7条双拥一条街、10处双拥公园（广场），投放14条线路150辆“拥军公交”。

【“老兵跟党走、喜迎二十大”活动】 2022年，台州市开展“老兵跟党走、喜迎二十大”活动，走访慰问退役军人，赠送慰问金（含实物折现）615.38万元，收集并解决问题73个。

【移交安置】 2022年，台州市接收计划分配转业军官安置到行政（参公）岗位；接收政府安排工作退役士兵安置到事业单位，安置质量走在全省设区市前列。接收军队离休退休干部，按要求提前完成移交接收安置任务。完成2021年度和2022年度转业军官岗前培训。与嘉兴市退役军人事务局联合举办军转干部岗前培训班，挖掘发挥两地资源优势。

【就业创业】 2022年，台州市退役军人事务局依托台州市“智享老兵”系统，整合县（市、区）“老兵就业”数字化项目，为退役军人提供“一站式”就业创业服务。通过数据比对，逐步建立就业库、失业库等“两库”信息，排摸失业人员，100%就业推荐。12月5日，举办台州市退役军人走进“五大产业城”专场招聘会，首场“未来汽车城”专场招聘会50多家企业为退役军人提供岗位，百名退役士兵现场签约。举办线上线下专场招聘会50场次，参与企业1482家，提供岗位1万余个，吸引退役军人关注。

【职业技能培训】 2022年，台州市退役军人事务局推进退役军人“技能提升计划”和“学历提升计划”，确定30家培训基地和80家教学实

2月16日，双层巴士“台州双拥号”正式上线

（市退役军人事务局　提供）

5月18日，台州市暨玉环市退役军人优待证发放启动仪式举行

（市退役军人事务局　提供）

践基地，建立培训联盟，达到教学资源、就业资源的双整合效果。定期举办学习沙龙、企业文化宣讲、现场企业考察、“一对一”职业指导等活动，搭建就业洽谈渠道，培训后就业率达96%。

【创业支持】 2022年，台州市退役军人事务系统依托大学生创业园、小微企业园区、科创园区等平台，9个县（市、区）都组建退役军人创业园区，面积累计达8.5万平方米，入园企业109家，带动退役军人就业。与16家银行机构签订合作协议，推出军人贷、创业贷等金融扶持产品，其中信用类贷款年利率低至4.05%，抵押类贷款年利率低至3.85%。全年累计为小微军创企业放贷约1.2亿元，缓解军创企业资金问题。

【优待证申领】 2022年，台州市退役军人及其他优抚对象建档立卡审核通过14.6万人，完成率99.76%，优待证制发14.2万张。

【荣军康复医院成立】 2022年8月10日，台州荣军康复医院在台州恩泽医疗中心（集团）路桥医院挂牌成立，年内先后安排6批优抚对象到荣军医院短期疗养。

【抚恤优待工作】 2022年，退役军人事务系统开展烈士和伤残评定工作，黄岩区、玉环市2名同志被追认为革命烈士，完成33名残疾军人和残疾人民警察伤残评定。全市发放优抚对象抚恤补助金30312万元，惠及44472人次；落实医疗保障金1180万元；落实义务兵父母和部分烈属免费体检，支付体检费用397万余元。

【“智享老兵”应用】 2022年，台州“智享老兵”特色应用在浙里办、浙政钉上线。基本实现现役军人和退役军人在入伍、服役、退役、就业、优抚褒扬等服务方面的数字化，推进退役军人全生命周期数字化管理保障模式，其中军人退役“一件事”办件率93.55%、办结率100%。

（戴雨虹）

县（市、区）概况

椒江区

【概况】 2022年，椒江区以高质量建设青年发展型城市为总目标，全面实施人口集聚总战略，全力践行“八大理念”，经济社会发展各项事业取得新的成效。全区实现地区生产总值769.8亿元，同比增长0.8%；一般公共预算收入50.1亿元，同口径增长5.3%；城乡居民人均可支配收入分别达到77823元、39096元，同比增长3.1%、5.4%。

疫情防控有力有序。贯彻中央、省、市关于疫情防控的有关部署，坚持“外防输入，内防反弹”总策略和“动态清零”总方针，因时因势迭代指挥体系，提高疫情防控科学化、精准化水平，最短时间、最小代价有效处置多轮多点突发疫情，未发生社会面传播，全力降低疫情对经济社会发展的影响。防疫工作重心转移后，聚焦“保健康、防重症、遏病亡”，千里购药，全力救治新冠病毒感染者，实现有序转段、平稳渡峰，暖心防疫做法获国家级媒体点赞。截至2022年11月30日，全区处置43起新冠疫情，12月初疫情防控转入新阶段。新冠疫苗累计接种200万剂次，全程累计接种9.3万人，接种率86.69%。

经济发展回稳向好。稳进提质一揽子政策精准直达，减轻企业负担20.4亿元，兑现补助补贴5.8亿元，办理增值税留抵退税16.5亿元。实施“增氧计划”和“滴灌工程”，新增制造业贷款55亿元、小微企业贷款131亿元，新增市场主体17903家。开展“三服务”，解决难题470个，个体工商户分型分类培育经验写入国务院《促进个体工商户发展条例》。争取政府专项债券34.9亿元，获投国家政策性开发性金融工具5200万元。绿色药都小镇创成省级特色小镇，椒江经济开发区挂牌成立。椒江入选“科创中国”省级试点，海正药业、杰克股份入围全国科技创新企业500强，新增国家级专精特新“小巨人”企业4家，九洲药业获评国家级服务型制造示范企业，5家入围省高新技术企业创新能力500强，杰克科技入选省雄鹰企业，水晶光电获省首批信息业产业大脑试点，海正药业、海翔药业、信质集团、江北药业等25个技改项目加快推进。海正生材登陆科创板，台州农资挂牌新三板。金融业健康发展，本外币存贷款余额规模达6227亿元。房地产业、建筑业平稳发展，方远集团斩获国家优质工程奖。现代农业提质升级，椒江区获评大陈黄鱼国家地理标志保护示范区、省渔业健康养殖示范区，获评省级以上展会金奖6个。创成省级夜间经济、数字生活新服务样板区。云谷孵化园入选省级跨境电商产业园，新培育跨国经营领航企业4家、外贸主体193家，

9月1—4日，台州市第二届潮涌东海旅游音乐节登陆椒江

（俞国江　摄）

实现外贸出口额275.8亿元，增长23.3%。划定“三区三线”，新增城镇用地空间1.7万亩，跨乡镇全域土地综合整治列入全省首批试点，获评全国自然资源节约集约示范区。启动工业低效用地三年整治行动，改造提升1204亩。

城市能级稳步提升。迭代货币化安置和房票政策，收回村留地1015亩，出让经营性用地1079亩。“一江两岸”1695亩葭沚水城二期、573亩尚城乌石区块签约清零，2594套“葭沚新屋”交付，滨江公共空间启动西延。高铁新区开启一二级联动开发新模式，商贸核心区中华美食一条街、心海数字贸易产业创新基地基本建成。屋基里区块征迁快速推进。江北新区开发拉开序幕，解放路过江隧道启动设计招标，中心大道过江隧道前期稳步推进。大陈岛完成蓝色海湾生态修复，投运全国首个海岛“绿氢”示范工程，与浙建集团签订战略合作协议。杭台高铁、市域铁路S1线开通。城隍浦、云海社区创成省级未来社区，获省政府督查激励。

项目攻坚强势推动。实施八大领域“百项千亿”工程，460个关键堵点清障，85个项目政策处理清零，开工建设5000万元以上项目68个，葭沚大转盘改造、路泽太快速路二期、星星冷链等一批重点项目加快建设，建成、投用亿元以上项目14个，完成固定资产投资256.5亿元。全力招大引强，强化产业链精准招商，组建3个产业引导子基金，引进酷哇科技、樱王科技等15个智能制造项目，落户知名服务业企业30家。

改革创新成效明显。建成院士专家赋能中心，入选首批国家知识产权强区试点，连续五年荣膺全国科技创新百强区。新增国家高新技术企业26家，省科技领军企业1家。新入选国家“万人计划”1人，落地国家级、省级海外高层次人才4人，省“尖兵”研发攻关计划项目2个，全市第一。数字化改革结出硕果，综合评价进入全省第一方阵，海洋污染物数字化治理改革获全省改革突破奖铜奖，《质量基础设施“一站式”服务平台建设与管理规范》获全省最优规则，全区获评“最系列”数量居全省县（市、区）首位。“海洋云仓”“卫你办”亮相数字中国建设峰会。国资国企改革取得实效，盘活存量资产全市最多，新增信用等级AA企业1家，形成由2家AA+和2家AA组成的实力矩阵。

城乡环境持续优化。深化“污水零直排区”和“无废城市”建设，开建太和净水厂、工业污水处理厂，空气优良率94.4%，常规断面水质达标率、省控以上断面优良率100%，海洋污染物治理新模式“蓝色循环”获生态环境部点赞，入选省无废城市建设最佳案例。开展“问题大起底、环境大整治、习惯大变革”行动，创成省美丽城镇样板镇1个、美丽河湖2条、美丽乡村35个、未来乡村2个。

民生福祉大幅增进。民生领域财政支出50.8亿元，增长17.4%，完成民生实事59项。优化全民创富体系，新增城镇就业10079人，建成共富工坊58家，集体经济年经营性收入50万元以上行政村超70%。启动教育提质三年行动，开工建设中小学、幼儿园14所，投用10所，新增学位4620个。省教育现代化水平监测进入B档，全市第1，规范民办义务教育工作全省先进。成功引入华师大附属台州东校。“云上思政课”获国家级媒体点赞，成长式课后托管等3项工作成为省级样板。开通全国首条陆岛应急救护无人机航线，椒江区获评健康浙江建设先进区（全市唯一）。优化“一老一小”服务，新建怡家食堂3家，托育机构镇街全覆盖。“安居工程”稳步推进，交付保障房4683套。“三医联动”作为全省首批数字化援建项目对口输出四川色达。

文体事业蓬勃发展。开办青椒市集，打造“椒享乐”文化品牌，常态化举办“和合公园草地音乐会”，全市首发文化保障卡。央视《非遗里的中国》首季取景葭沚老街，台州乱弹剧团获评全国先进基层文艺院团，台州刺绣获评省创建级文旅融合IP名录。大陈岛垦荒精神上榜首批“浙江文化标识”，大陈岛红色旅游入选国家级服务标准化试点。承办高水平体育赛事15场次，省运会金牌数创历史新高。

社会保持平安稳定。深化除险保安十大治源行动，完成平安护航党的二十大各项任务。安全生产专项整治三年行动收官，椒江区获评首批省食品安全示范区、省渔业安全生产工作优秀区。推进“民转刑”案件、消防安全、道路交通专项整治，命案数、火灾数、交通事故亡人数分别同比下降67%、20%、22%。网络电信诈骗发案数、损失数下降18.3%。基层智治系统提档升级，中小微法治体检成为全省典型，“信访超市”国家级标准化试点高分通过验收。基层司法所综合改革试点工作成为全省样板。

【《大陈岛志》出版】《大陈岛志》由椒江区委、区政府确定编纂，区地方志编纂室负责编修。2022年11月由商务印书馆出版发行。全志系统记述大陈岛及其周围海域岛屿的历史和现状，是浙江省第一部以岛志命名的建制镇海岛志，文字70万，图照280余幅；记事起公元5世纪，下限2020年，前置概述、大事记，设境域建置、人口村居、自然环境、大陈岛垦荒、基础设施建设、经济、海洋渔业、旅游、党政社团、军事、社会事业、民俗宗教、人物13章，后缀丛录、索引。全书资料丰富，内容翔实，考证有据，编纂构思严谨，为厘清历史源流而创设"图叙"一节，为突出新时代精神而特置"大陈岛垦荒"专章等，不少史料皆为本志首次刊载。

【椒江入选首批国家知识产权强县建设试点示范县】 2022年，国家知识产权局公布首批国家知识产权强县建设试点示范县名单，椒江名列其中。椒江围绕区域主导产业和龙头企业，通过加强组织领导、完善体系建设等措施，有效提高知识产权创造、运用、保护、管理和服务水平。至2021年底，全区有效发明专利拥有量4008件，每万人发明专利拥有量48.46件，均居全市第1；杰克、海正等企业先后获中国专利优秀奖10项。知识产权运用水平大幅提升，2021年，全区完成知识产权质押融资32亿元，质押金额居全省前列。知识产权保护环境持续改善，挂牌成立区知识产权局，设立知识产权保护中心，强化知识产权联席会议制度。创成省级知识产权服务业集聚发展示范区2家，建成省级品牌指导服务站3家。

【椒江入选国家地理标志产品保护示范区筹建名单】 2022年，国家知识产权局发布关于国家地理标志产品保护示范区筹建名单评选结果,椒江大陈黄鱼国家地理标志产品保护示范区入选，系台州首个，全省仅3个。大陈黄鱼年产量6000多吨，产值8亿元以上，占全省高品质大黄鱼产量产值的三分之二以上。出台《大陈黄鱼养殖基地建设扶持办法》《椒江区特色农产品品牌创建扶持办法》等政策，投入财政扶持资金5600多万元，破解大陈黄鱼产业发展的制约瓶颈。与中国科学院金翔龙院士合作，建立全省首家水产类企业院士专家工作站。在全省率先推动养殖企业激活应用"浙食链"，并完成首批黄鱼上链，实现地理标志溯源管理。创建大陈黄鱼文化陈列馆等休闲渔业观光点9个，在大陈农家乐（民宿）和各大餐饮店推出特色"大陈黄鱼宴"菜谱。"东海明珠大陈渔韵两日游"精品线路入选省休闲农业和乡村旅游精品线路。

【横河陈村获评全国气象科普教育基地】 2022年12月，下陈街道横河陈村获评第八批"国家气象科普教育基地"称号。该村自2020年开始，围绕气象防灾减灾、气象知识科普等陆续建成气象科普园、气象科普长廊、气象科普橱窗等，通过气象显示屏、科普宣传活动等为村民提供气象服务，并不定期开展"气象大讲堂""线上气象科普""气象夏令营"等公益科普活动，普及气象科普知识，提升村民科学素质和气象防灾减灾能力。2020—2022年，开展气象公益科普活动20余场，参加人数达万人以上。

（椒江区地方志编纂室）

黄岩区

【概况】 2022年，黄岩区区域面积988平方千米，其中建成区面积42.3平方千米。辖东城、南城、西城、北城、澄江、新前、江口、高桥8个街道，宁溪、北洋、头陀、院桥、沙埠5个镇，富山、上郑、屿头、上垟、平田、茅畲6个乡，297个行政村，35个社区，15个居委会。年末全区户籍总人口61.24万人，常住人口71.2万人。

全区实现地区生产总值612.08亿元，按可比价格计算，比上年增长3.5%。分产业看，第一产业增加值23.04亿元，增长3.3%；第二产业增加值288.31亿元，增长3.1%；第三产业增加值300.73亿元，增长4.0%。三次产业结构为3.8∶47.1∶49.1。

财政总收入64.58亿元，比上年下降12.9%，其中一般公共预算收入40.96亿元，下降6.8%。税收收入33.25亿元，下降15.7%，年末金融机构人民币存款余额1387.08亿元，比上年增长15.2%。年居民人均可支配收入58990元，比上年增长5.0%。城镇居民人均可支配收入70714元，增长3.5%；农村居民人均可支配收入38787元，增长7.2%。

农林牧渔业实现总产值30.16亿元，比上年增长3.8%。其中，农业产值27.96亿元，增长3.6%；林业产值0.4亿元，增长16.2%；畜牧业产值0.88亿元，增长16.7%；渔业产值0.39亿元，下降2.4%；农林牧渔服务业产值0.52亿元，增长3.0%。全区共有国家级农业龙头企业1家，省级农业龙头企业6家（包含国家级），市级农业龙头企业16家（包含国家级和省级）。农民专业合作社597家。

实现工业增加值263.17亿元，比上年增长2.8%。规模以上工业企业559家，实现增加值147.41亿元，增长2.7%。增加值居全区前三的行业中，橡胶和塑料制品业实现增加值41.72亿元，下降7.9%；专用设备制造业实现增加值33.82亿元，增长27.4%；医药制造业实现增加值12.11亿元，下降3.0%。全年全社会用电量47.25亿千瓦时，上升4.1%。其中，工业用电量31.38亿千瓦时，上升0.4%；城乡居民生活用电量9.21亿千瓦时，增长21.2%。

建筑业实现增加值25.16亿

元，按可比价格计算，比上年增长6.2%。全年固定资产投资比上年增长16.9%。全年房地产开发投资比上年增长34.0%。商品房施工面积498.4万平方米，下降3.3%。商品房销售面积80.38万平方米，增长0.2%。

实现社会消费品零售总额261.39亿元，比上年增长3.4%。其中，批发业实现零售额34.73亿元，下降1.4%；零售业实现零售额191.61亿元，增长4.8%；住宿业实现零售额2.74亿元，下降3.8%；餐饮业实现零售额32.31亿元，增长1.4%。全年新设市场主体15358户，其中新设企业3395家，新设个体工商户11963户。

实现外贸进出口总额274.27亿元，比上年增长14.0%，其中进口总额10.55亿元，下降5.3%；出口总额263.73亿元，增长14.9%。全年新设立外商直接投资企业11家，当年实际使用外资额8162万元。

实现交通运输、仓储和邮政业增加值12.44亿元，比上年下降8.0%。全年完成旅客周转量6941.43万人千米，下降41.8%。沿海港口货物吞吐量235万吨，下降8.2%。拥有机动船3艘，载客汽车107辆，货运车辆（营运）6012辆。

年末全区境内公路总里程1321.83千米，其中国道52.92千米，省道29.06千米，高速公路21.01千米。汽车保有量达251660辆，比上年增加10870辆。其中私人汽车225769辆，比上年增加10395万辆。

邮电业务收入9.80亿元，比上年增长11.5%；年末移动电话用户93.90万户，固定电话用户9.53万户，宽带用户33.13万户。

拥有幼儿园104所，在园学生数21160人；小学37所，在校生43750人；初中21所，在校生19822人；职业高中2所，在校生5177人。拥有在教职工7649人，其中专任教师5969人。小学教师大专以上学历达99.49%；初中老师本科以上学历达97.01%

共建成农村文化礼堂342家，自办广播节目1套，自办电视节目1套。有线广播电视覆盖用户19万户，数字电视实际用户11.2万户。拥有国家级非物质文化遗产项目1项，省级11项，市级46项。建成“15分钟品质文化生活圈”103个，新增和合书吧2家、文化驿站2家、乡村博物馆4家。

共有医疗机构343家，床位数3352张；卫生技术人员5042人，其中执业医师和执业助理医师共2095人，注册护士2080人。产妇住院分娩比例达100%，婴儿死亡率0.26‰，3岁以下儿童系统管理人数8693人。全区有12298人次参加无偿献血，无偿献血占临床用血比例达100%，献血量为2459.6升。卫生户厕普及率100%。

获得国际比赛金牌2枚，银牌1枚；全国比赛金牌2枚，银牌1枚，铜牌2枚；全省比赛金牌23枚，银牌25枚，铜牌49枚；全市比赛金牌1枚，银牌16枚，铜牌10枚。

空气优良率95.6%，$PM_{2.5}$年均值19μg/m³，比上年下降5.0%。地表水功能区达标率100%。城镇生活垃圾无害化处理率达100%。污水处理率98.45%。全年共发生各类生产经营性安全事故7起，死亡5人。

城镇职工基本养老保险、基本医疗保险参保人数分别为33.77万人、24.16万人；城乡居民基本养老保险、基本医疗保险参保人数分别为12.77万人、36.10万人。失业保险、工伤保险、生育保险参保人数分别为13.56万人、28.17万人、19.41万人。

提供住宿的各类社会工作机构39个，床位3834张。社会福利院及敬老院9个，年末在院人数达2196人。直接医疗救助191014人次。城市居民最低生活保障人数464人，最低生活保障资金6771.98万元，低保对象月人均补助950元。农村五保对象集中供养率37.27%，城镇三无人员供养率达100%。

城镇居民和农村居民人均现住房建筑面积分别为41.95平方米和60.08平方米。城乡居民每百户家庭分别拥有家用汽车67辆和56辆，拥有空调206台和140台，拥有家用电脑73台和43台。

【数字化改革交出高分答卷】 2022年，黄岩区实施数字化改革主导战略，以实战实效为导向，发挥数字化改革牵引作用，有效推进各项改革向纵深发展。建成一批特征鲜明、管用好用的数字化应用场景，“瓜果天下”亮相数字中国建设峰会，模具（塑料）产业大脑登上央视《新闻联播》，“蓝色循环”“小微企业信用评价应用”“公租房申请一件事”“安心租房”获省级荣誉，“青燕归巢”全省推广。深化改革亮点纷呈，一网通办率居全市首位，两项工作获省政府督查激励，为近年最多。

【黄岩打造“宋韵黄岩”金名片】 2022年，黄岩区系统挖掘传统文化，推出“宋韵黄岩”金名片，公共文化设施不断完善，文化软实力影响持续深入。高水平完成南北文化轴、九峰山风貌提升规划编制。开展“宋韵文化传世工程”，举办全国宋韵服装设计大赛、浙学论坛等重磅活动，出品全省首部宋韵主题话剧《贤相杜范》，打造《宋韵黄岩日历》《宋韵今声》等文化产品，报告文学《橘香》出版发行。

12月31日，央视跨年晚会《启航2023》在黄岩区台州梦创园举办

（黄岩区委宣传部　提供）

【《启航2023》中央广电总台跨年晚会落户黄岩】 2022年，《启航2023》中央广电总台跨年晚会是黄岩区承接的规格最高、影响力最大的综合性文艺活动。晚会围绕宋韵黄岩、创意黄岩、幸福黄岩，在80多个节目中的14个节目融入黄岩元素，以唯美的镜头、文艺的表达向全球展示“黄岩风景”、讲述“黄岩故事”。黄岩区主动对接构建央视跨年全案营销框架，特别策划“黄岩智造”“黄岩蜜橘”“黄岩文旅”宣传板块，相关报道在《人民日报》《光明日报》《经济日报》《新华每日电讯》《浙江日报》等刊发。

【黄岩捧回“一星平安金鼎”】 2022年4月2日，全省建设平安浙江工作会议召开，黄岩区在省主会场捧回“一星平安金鼎”，实现平安建设“十五连创”。“一星平安金鼎”是平安浙江建设方面能拿到的最高奖项，连续15年达到平安市、县（市、区）标准方能“问鼎”。自2004年省委启动平安浙江建设以来，历届区委、区政府一以贯之，接续奋进，带领全区上下围绕建设“平安黄岩”总目标，牢牢把握全面推进法治建设的总要求，推进县域社会治理现代化，着力夯实基层基础，全面加强执法监督，持续深化队伍建设，切实维护社会和谐稳定和公平正义，取得较好成效。

【“瓜果天下”数字化场景入选省最佳实践案例】 2022年，黄岩区“推进‘瓜果飘香、富甲多方’，助力瓜果产业升级”案例，入选省委社建委公布的高质量发展建设共同富裕示范区最佳实践案例（第二批）名单。创新打造“瓜果天下”数字化场景，解决本地农民土地少和我国中西部省份农业技术薄弱的互补难题，走出一条瓜农向外输出资本、技术和人才，助力省内外农民增收致富的新路子。黄岩瓜（果）农的种植面积已达到57万亩。近年来每年向中西部省份支付土地租金近10亿元，带动5万多名农民增收达30多亿元。

【沙埠窑考古成果被评为“新时代浙江考古重要发现”】 2022年6月10日，由浙江省文物局指导、浙江省考古学会举办的“新时代浙江考古十大发现”“新时代浙江考古重要发现”评选活动揭晓。黄岩沙埠竹家岭窑址获评新时代浙江考古十大发现评选专业评审奖前二十强。通过线上投票产生的新时代浙江考古十大发现大众评选奖——“我喜欢的浙江考古十大发现”TOP10榜单中，黄岩沙埠竹家岭窑址入选，并获得第5名。

【永宁幸福科学馆落户黄岩】 2022年12月14日，黄岩区与清华大学社会科学学院合作的共富课题研究项目——永宁幸福中心一期项目（永宁幸福科学馆）落成，这是中国第一个积极心理学科普体验及综合服务中心永宁幸福科学馆总投资3280万元，球体建筑共3层，面积1390平方米。作为打造的一个心理学科普宣教及检测智慧场馆，科学馆以推广积极心理学为基础，通过身体的感观、高科技的体验、360度沉浸式的感受等方式构建人们积极的情绪、和谐的人际关系。

（蔡如松）

路桥区

【概况】 2022年，路桥区陆域面积274平方千米,海域面积196.57平方千米。辖4个镇、6个街道，有社区31个、居委会12个、行政村176个。年末户籍人口461055人，常住人口为64.0万人。城镇化率为66.8%。

全区生产总值（GDP）757.00亿元，按可比价计算，比上年增长3.7%。第一产业增加值15.70亿元，增长4.5%；第二产业增加值292.98亿元，增长2.6%；第三产业增加值448.32亿元，增长4.5%；二、三产业增速趋于同步，三次产业增加值结构为2.1∶38.7∶59.2。人均地区生产总值为118932元（按年平均汇率折算为17682美元），总量居全市第1位。

财政总收入85.12亿元，比上年增长11.7%；一般公共预算收入50.42亿元，增长18.3%。其中税收收入41.89亿元，增长9.7%，占一般公共预算收入的83.1%。一般预算支出53.73亿元，增长12.8%。居民人均可支配收入71245元，增长3.7%。其中，城镇居民人均可支配收入85274元，增长3.1%；农村居民可支配收入42939元，增长5.7%。

固定资产投资比上年增长14.2%。其中，通投资增长2.2%；民间投资增长23.2%；高新技术产业投资增长32.7%；生态环保、城市更新和水利设施投资增长326.0%；工业性投资下降29.8%；制造业投资下降20.1%。

175个重点建设项目完成投资225亿元，完成计划的116.5%；其中省重点项目42亿元，省“4+1”项目36亿元，市“四个一批”项目106亿元。新开工入库重点项目45个，凤栖未来学校等16个参加省、市集中开工项目全面启动。重大基础设施项目有序推进，东方大道扩宽工程开工建设，肖王至洋屿高架桥、南山至洋屿公路建成通车，市域铁路S1线顺利运营，台州机场改扩建航站区完成航站楼、综合楼、特种车库、航管楼、塔台等单体结构，飞行区完成滑行道进度过半，全向信标台顺利投运。

实现农林牧渔业总产值26.32亿元，按可比价格计算，比上年增长5.1%。其中农业产值11.29亿元，增长4.0%；林业产值0.04亿元，增长67.1%；牧业产值0.44亿元，增长26.3%；渔业产值14.21亿元，增长6.4%；农林牧渔服务业产值0.34亿元，增长3.1%。粮食播种面积5712.87公顷，粮食总产量3.59万吨。

累计建成粮食生产功能区55个，总面积4772.5公顷。建成苗木特色农产品优势1个，路桥枇杷、黄琅西瓜被认定为全国名特优新农产品。

猪牛羊禽肉总产量2000吨，比上年增长8.6%；年末生猪存栏0.50万头，生猪出栏1.34万头。水产品总产量55765吨，增长6.4%；其中海洋捕捞产量32454吨，增长5.8%；海水养殖产量14681吨，增长11.1%。

推进“机械强农”行动，建成省级农机服务中心1家、省级全程机械化应用基地2家，实施农机科研项目11个，新增农业高新技术企业3家。推进农民素质提升，培训农民4.58万人次，培育农创客152人、农村实用人才841人。

完成河道疏浚清淤40.9千米，新增高标田范围内高效节水灌溉面积527亩，年末全区拥有农业机械总动力13.38万千瓦。

实现工业增加值237.90亿元，比上年增长2.9%。全区规模以上工业企业（年主营业务收入2000万元及以上工业企业）达567家，实现增加值132.92亿元，比上年增长3.9%。全区规模以上工业企业产品产销率为99.8%；新产品产值率为41.4%，比上年提升2.8个百分点。全区规模以上工业企业实现利税总额44.38亿元；规模以上工业劳动生产率19.17万元/人，比上年提高6.3%。

实现建筑业增加值55.31亿元，按可比价计算，比上年增长1.4%，占GDP的比重为7.3%。具有资质等级的总承包和专业承包建筑业企业，建筑业总产值98.08亿元，增长3.6%；房屋建筑施工面积236.98万平方米，增长7.4%。

房地产开发投资比上年增长36.3%。房屋施工面积577.84万平方米，增长18.9%；房屋竣工面积139.28万平方米，增长33.9%。商品房销售面积112.31万平方米，下降14.4%，其中，住宅销售面积87.86万平方米，下降24.8%。

实现社会消费品零售总额408.06亿元，比上年增长4.2%。按经营地统计，城镇消费品零售额341.82亿元，增长4.8%；乡村消费品零售额66.24亿元，增长1.2%。按消费类型统计，商品零售370.35亿元，增长4.3%；餐饮收入37.72亿元，增长2.8%。

在限额以上批发零售企业商品零售额中，出行类商品零售额96.55亿元，增长10.3%。其中，石油及制品类零售额增长25.9%；汽车类商品零售额增长9.6%；新能源汽车零售额增长156.4%。升级类中家用电器和音像器材类零售额增长10.1%，书报杂志类零售额增长4.5%。

新设市场主体15077家（不含2022年新增又注销的），其中内资企业3646家，个体户11424家，农民专

7月12日，路桥博物馆开馆　　（路桥区政府办公室　提供）

业合作社7家。年末在册市场主体96726家，增长10.5%，其中内资企业27501家，个体户69022家，农民专业合作社203家。

经市市场监督管理部门办理名称登记的各类市场59个，其中消费品市场40家、生产资料市场18家、服务市场1家，全区市场成交额489.4亿元，与上年基本持平。年交易额超亿元市场26家,超10亿元市场9个，超百亿元市场3个。全年网络零售额125亿元，增长11.4%。已创设淘宝镇5个，淘宝村48个，电商产业园2个，活跃网络零售网店3000多家。

市区居民消费价格总水平比上年增长1.6%，其中，消费品价格增长2.5%，服务项目价格增长0.2%。工业生产者出厂价格增长2.7%，工业生产者购进价格增长4.3%。

全区实现外贸进出口总额550.20亿元，比上年增长44.3%。其中进口138.09亿元，增长34.2%；出口412.11亿元，增长48.0%。出口总额中，一般贸易出口168.67亿元，增长14.9%；加工贸易出口168.95亿元，增长114.7%。出口市场多元化格局基本形成，出口国家和地区178个，欧盟、西亚、美国、德国、墨西哥、印度等国家和地区为主要出口市场，对“一带一路”沿线国家合计出口153.97亿元。出口产品以汽车及配件、清洗及植保机械、小型机电和龙头阀门卫浴洁具等为主，其中机电及高新技术产品出口304.30亿元，增长44.2%。

生产企业出口166.31亿元，比上年下降12.9%；外贸企业出口118.25亿元，增长47.3%；三资企业出口127.56亿元，增长1693.0%。全区有进出口实绩的企业712家，比上年增加55家，其中进出口超5000万元的企业有121家。

新登记外商投资企业2家，实际利用外资5814万美元。新备案境外投资企业1家，中方投资额50万美元。

全区金融机构54家，其中银行24家、保险公司24家、证券公司6家。上市公司累计5家（其中国内A股上市4家，香港上市1家），新三板挂牌企业累计4家，小额贷款公司4家。全部金融机构本外币各项存款余额2129.72亿元，增长23.7%，全部金融机构本外币各项贷款余额1420.39亿元，增长10.5%。年末金融机构本外币存贷款比率为1.50，贷款不良率0.53%。

规模以上高新技术产业增加值82.89亿元，比上年增长9.3%。全社会研究与试验发展（R&D）经费支出9.01亿元，占GDP比重为1.26%。用于科技事业的财政一般预算支出1.37亿元，增长38.5%。新增国家重点扶持的高新技术企业42家，累计173家，新增省级科技型中小企业151家，累计805家。全年专利授权量3809件，有效发明专利2429件，其中高价值发明专利拥有量638件。全区新增“浙江制造品字标”认证企业7家，累计22家。

共有公办学校76所，其中普通高中3所，职业高中1所，公办初中11所，公办小学23所，九年一贯制学校1所，培智学校1所，公办幼儿园36所；民办学校77所，共有在校学生（不含完全中学和高级中学的学生）83449人。全年教育建设项目共21个，其中新建项目15个、改（扩）建项目6个；完工项目8个，新增学位3245个。新认定6所幼儿园为普惠性民办幼儿园，普惠性幼儿园在园幼儿占比达96.23%。提质升级优质等级园9所，优质幼儿园在园幼儿占比达74.84%。《区域教育共同体教学提升应用》获2022年省教育领域数字化改革创新试点项目。

承办市级以上重要文化活动4场次。开展送戏（演出）下乡150场，送图书下乡108800册，送讲座展览100余场，举办线上线下活动170余场次。区博物馆新馆正式建成开馆。新增城市书房（和合书吧）2家、文化驿站1家、足球场（含笼式足球场）1个、社区多功能运动场3个、村级全民健身广场1个、微型便民体育公园10个、百姓健身房12个、健身游步道10千米、体育设施进公园1个，完成“15分钟品质文化生活圈”100个，创成省级乡村博物馆5家。举办各类群众体育活动100多场次。获得国家级奖牌3枚，省级奖牌59枚，市级奖牌42枚，其中浙江省第十七届运动会金牌总数15.1枚，创路桥建区以来历史新高。

各类医疗卫生机构363个，医疗卫生机构床位数3883张，增长8.0%。医院全年总诊疗800.29万人次，增长8.0%。

城镇新增就业人数10011人，1498名城镇失业人员再就业。户籍人口基本养老保险参保率保持在97%以上。城乡居民养老保险基础养老金最低标准提高到280元/月。全区养老机构11个，养老机构床位数2212张，年末在院老人848名，城乡社区居家养老服务照料中心224家。全年发放低保资金2880.6万元，发放特困资金573.86万元。全年全体居民人均可支配收入71245元，比上年增长3.7%。其中城镇和农村常住居民人均可支配收入分别为85274元和42939元，增长3.1%和5.7%。全年全体居民人均消费支出41436元，增长5.1%。

【9个社区入选省未来社区创建名单】 2022年3月28日，路桥区人峰未来社区、迎宾未来社区、路东未来

社区、和兴未来社区、银安未来社区、藕池—向北屋未来社区、富通未来社区、鹏盛未来社区、兴峰未来社区9个社区入选省未来社区创建名单，总投资15.53亿元。至年底，路桥区已经开展凤栖未来社区、河西未来社区、古街未来社区、锦泰未来社区、飞龙湖未来社区和龙头王未来社区6个未来社区建设，其中路桥街道古街未来社区于4月23日由省未来社区验收专班组进行验收。

【路桥数控机床产业大脑被评为全省产业大脑优秀案例】 2022年12月12日，数控机床产业大脑被评为全省产业大脑优秀案例，并在全省行业产业大脑应用推广会上作交流汇报。2021年7月27日路桥区数控机床产业大脑获批省第一批行业产业大脑建设试点以来，路桥区按照试点工作要求，聚焦数控机床产业升级和行业治理的瓶颈难题，以“产业数据+能力中心+场景应用”为核心，重点建设入链找链、上云用云和未来已来三大业务场景，通过平台化集成、多场景贯通、低成本应用、个性化服务和一站式赋能，提供智能找链、数据融合、仿真孪生等八方面服务。产业大脑已在全区1500多家企业中广泛应用；设备综合管理、数据融合应用帮助企业节省数字化综合成本80%以上。

（江　晓）

临海市

【概况】 2022年，临海市陆域面积2251平方千米，海域面积1606.63平方千米，其中，建成区面积52.62平方千米。辖14个镇、5个街道，有628个行政村、33个社区。年末户籍数37.04万户，户籍人口119.55万人，常住人口111.4万人。

实现地区生产总值878.5亿元，比上年增长3.6%。其中，第一产业增加值59.24亿元，增长4.3%；第二产业增加值396.16亿元，增长3.5%；第三产业增加值423.12亿元，增长3.5%。三次产业结构比例为6.7∶45.1∶48.2。按常住人口计算的人均生产总值78756元，增长3.6%。

财政总收入104.5亿元，增长-6.4%。一般公共预算收入62.1亿元，增长-5.9%。一般公共预算支出122.6亿元，增长15.7%。城镇常住居民人均可支配收入65777元，增长4.4%；农村常住居民人均可支配收入37261元，增长5.4%。年末金融机构本外币存款余额1751亿元，增长15.8%；本外币贷款余额1839亿元，增长23.9%。

农林牧渔业总产值95.20亿元，增长4.3%。其中，农业总产值44.02亿元，增长7.2%。主要农产品产量粮食12.07万吨，增长1.4%；棉花10.3吨，下降6.4%；油料1854吨，增长15.0%；园林水果39.82万吨，下降1.2%；蔬菜44.5万吨，增长3.7%；肉类3.07万吨，增长4.5%；禽蛋4928吨，增长42.3%；水产12.91万吨，增长4.3%。完成新增造林面积355公顷，林木绿化率达67.74%。创成省综合性农业“机器换人”高质量发展先行市，全省丘陵山区农业机械化现场会在临海召开。

工业增加值334.03亿元，增长2.6%。规模以上工业企业641家，增加77家；规模以上工业企业增加值260.41亿元，增长2.9%；高新技术企业增加值191.21亿元，增长6.0%。出口交货值287.70亿元，增长8.0%。产销率96.8%。规模以上工业产品销售收入1188.05亿元，增长3.6%。实现利润和利税分别为85.31亿元和114.44亿元，分别增长4.6%和增长5.7%。

完成固定资产投资312.7亿元，增长18%。重点项目投资金额181.2亿元，增长20.3%。市县长项目开工12个，重点项目竣工67个。全年新签约落地5亿元以上产业项目11个。工业企业更新改造投资金额54.56亿元，增长11.5%；房地产开发投资金额118.5亿元，增长27.9%。商品房销售面积81.07万平方米，下降24.3%。有资质建筑企业数112家，增加10家；建筑业增加值62.27亿元，增长9.2%。

公路通车里程2442.97千米。公路旅客运输量和周转量分别为122万人和1.7亿人千米，分别下降12.8%和8.9%；公路货物运输量和周转量分别为2650万吨和200.5亿吨千米，分别增长-5.7%和5.8%。水路货物运输量和周转量分别为1411万吨和168.3亿吨千米，分别增长21.8%和12.0%。港口货运量1117万吨，增长23.2%。快递业务量1.60亿件，下降3.0%；快递业务收入9.79亿元，下降5.7%。邮电业务收入15.21亿元，增长11.8%；移动电话用户数142.03万户，增长2.7%。

社会消费品零售总额269.99亿元，增长4.2%。城乡交易市场成交额2亿元。进出口总额384.20亿元，增长7.2%。实际利用外资5041万美元。全年累计接待游客总人次为490万，实现旅游总收入56亿元。紫阳街历史文化街区成为省首批夜间文化和旅游消费集聚区。承办第28届全国摄影艺术展，顺利举办首届朱自清文学奖、临海·荣光中华民厨大赛、柴古唐斯越野赛等活动。

各类学校48所，在校学生5.64万人。卫生机构687个，卫生技术人员10492人。创新台州中学“一校两区两制”改革，正式启用台州中学西校区。健康临海连续第四年获省级

7月，台州府城文化旅游区创成国家5A级景区

（临海市政府办公室　提供）

优秀。

城镇职工基本养老保险、基本医疗保险、失业保险、工伤保险参保人数分别为40.84万人、31.11万人、17.8万人、29.79万人。居家养老机构52个。城镇居民人均消费支出36720元，增长6.4%。城镇居民人均住房面积45.51平方米，农村居民人均住房面积73.33平方米。最低生活保障标准12492元/年，残疾人生活保障285元/月。

环境空气质量优良率99.4%，$PM_{2.5}$平均浓度21微克/米^3。全市地表水满足水域功能达标率100%，市级集中式饮用水源地水质达标率100%，再获省"大禹鼎"。获评美丽浙江建设考核优秀市。临海市连续第18年创建成为"平安临海"。

【台州府城文化旅游区创成国家AAAAA级旅游景区】 2022年，临海市以"景城共建、主客共享、文旅融合、品质发展"理念，紧扣AAAAA创建"一号工程"，连续奋战2100多个日夜，累计投入30多亿元，攻克16大类、310个项目，推进景区功能完善、历史文化挖掘和服务品质提升。7月，台州府城文化旅游区高分创成国家AAAAA级旅游景区。

（潘杰旻）

温岭市

【概况】 2022年，温岭市陆域面积约1074.29平方千米，其中建成区面积43平方千米、耕地面积249.49平方千米。辖5个街道、11个镇，有579个行政村、82个社区（居）委会，有2个省级开发园区。年末全市户籍人口121.19万人，常住人口142.3万人，城镇化率66.8%。

全市实现生产总值（即GDP）1306.76亿元，增长2.5%。其中第一产业增加值94.21亿元，增长4.0%；第二产业增加值569.47亿元，下降0.1%；第三产业增加值643.08亿元，增长4.6%。三次产业增加值结构调整为7.2∶43.6∶49.2。人均生产总值为107635元，增长2.8%。

实现财政总收入132.63亿元，增长0.6%，其中地方财政收入81.34亿元，增长1.2%。完成固定资产投资比上年增长12.3%。实现货物进出口389.95亿元，其中进口17.97亿元，出口371.98亿元。年末全市金融机构本外币存款余额2712.05亿元，增长3.1%；金融机构本外币贷款余额2673.89亿元，增长19.8%。城镇常住居民人均可支配收入73956元，增长4.1%；农村常住居民人均可支配收入41879元，增长5.6%。

实现农林牧渔业总产值97.15亿元，增长4.1%。全年农作物总播种面积62.80万亩，下降0.4%；肉类总产量13179吨，增长13.9%；水产品总产量57.84万吨，增长4.8%。全年获省级十佳现代农业园区称号1个，新增省级农业龙头企业2家，省级示范性家庭农场3家，获省农业"双强"行动"赛马"激励。百村全域土地综合整治全面开展，创成省级新时代美丽乡村达标村77个、特色精品村6个，省级历史文化保护利用一般村5个，创建美丽庭院示范户0.6万余户，建成省级星级公厕40座，获评全省新时代美丽乡村工作优胜县。全年共审批安置农房11516间（套），拆除（封堵）应拆农房5713间。

实现工业增加值438.23亿元，其中规模以上工业企业1275家，实现工业增加值239.72亿元。年末全市有工业总产值超亿元企业187家，其中5亿至10亿元企业17家，10亿元以上企业11家；上市公司11家，新三板挂牌企业8家。规模以上工业企业产品产销率为96.82%，新产品产值470.93亿元，新产品产值率为43.8%。规模以上工业单位增加值能耗较上年下降2.66%。规模以上工业企业研发费用支出40.3亿元，增长7.6%。新认定国家高新技术企业106家、省级科技型中小企业322家，省级科技小巨人2家、省级科技领军企业1家；列入省级产业创新服务综合体优秀名单1家。新引进上海、杭州飞地孵化器科技项目6项，新增省科技企业孵化器1家。

290个重点建设项目全年共完成投资379.6亿元，完成年度投资计划的131.6%，其中72个台州市重点建设项目完成投资146.5亿元，完成年度投资计划的115.45%。基础设施建设全面加强，市域铁路S1线建成运营，铁路温岭站综合交通枢纽工程顺利投用，温玉铁路、海塘安澜一期等重大项目开工建设，“两高”联络线等工程全速推进。城市更新加力提速，主城区城村两改“三年清零”行动强势推进，18个区块3073户完成签约拆除，城东高架两侧54宗940亩土地完成征迁收储，实施道路“白改黑”5条，改造提升老旧小区7个，完成“拆围透绿”场地平整146宗2600亩。创成省级风貌样板区2个。全年房地产开发完成投资252.3亿元，销售商品房155.47万平方米。

设有幼儿园149所，小学57所，初中32所，普通高中10所、完全中学3所、十二年一贯制学校1所，各类中等职业教育学校2所，特殊教育学校1所。义务教育标准化学校总数达到87所，占全部义务教育阶段学校的97.8%。年末全市拥有各类公共图书馆（含分馆）126个，文化馆1个，文化站16个，文化礼堂553个，文化广场190个，博物馆11家。年末共有各类医疗卫生机构932个，其中医院21家、护理院3家、卫生院13家；拥有三级甲等综合性医院1家，三级甲等中医医院1家，三级甲等中医骨伤医院1家。年末实有医疗床位6704张，比上年增长7.6%。常住人口人均体育场地面积2.72平方米，城乡居民国民体质合格率保持在94.2%以上。

实现社会消费品零售总额730.27亿元，增长3.3%；网络零售额243.5亿元，增长14.4%。年末拥有各类商品交易市场67个，其中年交易额超亿元市场53个，超10亿元9个。实现市场交易额443.64亿元，其中消费品交易市场交易额278.92亿元，生产资料市场交易额164.72亿元。全年共接待国内外游客584.13万人次，实现旅游总收入71.46亿元。年末全市共有A级旅游景区（点）7个，其中AAAA级2个、AAA级4个、AA级1个，门票收入2815.17万元；拥有星级饭店6家，其中五星级2家、四星级1家、三星级2家、二星级1家；拥有旅行社14家，其中国际旅行社2家。

完成新增国土绿化6050亩。全市森林覆盖率为30.13%。城市建成区绿地面积1678公顷，人均公园绿地达到15.25平方米。全年空气质量优良天数比例99.5%，$PM_{2.5}$平均浓度19微克/米^3。全市地表水功能区达标率100%；全市Ⅰ-Ⅲ类水质断面比例为71.4%，提高21.4个百分点；湖漫、太湖、花芯、桐岭四大集中式饮用水水源地水质达标率为100%。一般工业固废综合利用率、工业固废安全处置率分别达98.2%和99.6%。全市全年共处理垃圾58.04万吨，下降12.9%；生活垃圾无害化处理率100%。全市拥有生活垃圾焚烧发电厂2座，生活垃圾焚烧处理能力2400吨/日。全市已建成污水处理厂11座，全年污水处理总量8325.27万吨，日均处理22.81万吨。

城镇新增就业人数12680人，困难人员再就业424人，城镇登记失业率0.84%。年末城镇和农村居民人均拥有住房面积分别为54.12平方米和61.85平方米。年末全市参加养老保险人数为96.55万人，应参保户籍人口参保率达98.68%。年末全市参加基本医疗保险人数109.87万人，其中参加城乡居民基本医疗保险人数76.98万人。年末全市低保对象7303户9849人，低保人口占全市户籍人口的比重约为0.8%。年末全市拥有养老机构40家，床位4238张；镇街道示范型居家养老服务中心35家，城乡社区居家养老服务照料中心583家，居家养老服务组织9家。

【温岭入选国家青年发展型县域试点】 2022年6月，中长期青年发展规划实施工作部际联席会议办公室对外公布全国青年发展型城市建设试点和青年发展型县域试点名单，

11月，华中数控（温岭）研究院正式启用　　（徐伟杰　摄）

温岭入选全国青年发展型县域试点。温岭拥有14至35周岁青年常住人口将近39万人，占全市常住人口的27.47%。12月，《温岭市青年发展型县域试点实施方案》正式出台，将围绕"建设'城市对青年更友好、青年在城市更有为'的青年发展型城市"目标，通过实施"三大回归工程"、着力推进"三大提升工程"、聚力打造"三大青年阵地"等重点内容，提升青年在温岭的获得感和幸福感。

【温岭入选首批国家知识产权强县建设示范县】 2022年8月，国家知识产权局公布首批国家知识产权强县建设试点示范县评定结果，温岭市入选国家知识产权强县建设示范县，系全省六个之一，台州市唯一。2019年以来，温岭市坚持把实施知识产权战略作为服务经济高质量发展的有力支撑和强劲动力，打通知识产权创造、运用、保护、管理、服务全链条，多项工作取得成效，获评2021年度省政府督查激励，创建"省级知识产权示范市""省级知识产权服务业集聚发展示范区"，列入"省级知识产权保护示范区试点""省级商品市场知识产权信用分级分类监管试点"。

【省高档数控机床技术创新中心落户温岭】 2022年，经省政府批准，省高档数控机床技术创新中心落户温岭，成为全省建设的10家技术创新中心之一，实现台州在省级科创"塔尖重器"零的突破。11月，国家数控系统工程技术研究中心浙江分中心暨华中数控（温岭）研究院在温岭经济开发区正式启用。省高档数控机床技术创新中心将依靠浙江大学、华中科技大学、西安交通大学等高校资源，通过和企业开展联合研发、成果转化、创新项目引进孵化等方式，突破数控机床领域一批"卡脖子"技术，实现对省数控机床产业的辐射带动。

（马童童）

玉环市

【概况】 2022年，玉环市市域总面积2249平方千米，其中陆域面积378平方千米，海域面积1901平方千米。辖3个街道办事处、6个镇、2个乡，共有185个行政村、36个社区委员会 和1个居民委员会。年末户籍人口43.73万人，常住人口65.2万人。

实现地区生产总值731.60亿元，比上年增长2.6%。其中，第一产业增加值45.29亿元，增长5.2%；第二产业增加值391.03亿元，增长1.5%；第三产业增加值295.28亿元，增长3.6%。三次产业结构为6.2：53.4：40.4。全市户籍人均生产总值为167308元，增长2.5%。全年完成固定资产投资增长16.7%。

完成财政总收入81.55亿元，下降9.1%；其中地方财政收入50.38亿元，下降4.3%。地方财政支出78.99亿元，增长2.9%。年末金融机构人民币存款余额1147.39亿元，增长19.4%；贷款余额1029.97亿元，增长18.2%。上市企业总数达到9家。城镇居民人均可支配收入85051元，增长4.0%；人均消费支出52552元，增长3.7%。

农林牧渔业总产值83.65亿元，增长5.9%。农业总产值7.91亿元，增长1.3%；园林水果总产量54317吨，下降3.5%；蔬菜总产量99635吨，下降3.2%；肉类总产量4963吨，增长83.8%；禽蛋总产量315吨，下降15.4%；水产品总产量27.54万吨，增长4.8%。文旦全产业链入选浙江省农业全产业链"百链千亿"行动。

规模以上工业企业1061家，全年实现规上工业增加值271.42亿元，增长0.6%。规模以上工业产销率94.6%，实现利税总额94.03亿元。现有高新技术企业253家，较上年增加54家，新增省级企业研究院3家、省级高新技术企业研发中心15家。

完成重点项目投资166.67亿元，增长18.32%。房地产开发投资完成62.95亿元，增长8.5%；完成商品房销售56.96万平方米，下降15.2%。建筑业增加值28.47亿元，增长13.2%。有资质建筑企业数39家。

公路通车里程793千米，本年新建21千米。港口货物吞吐量1921万吨，大麦屿港1868万吨，集装箱年吞吐量42.6万标箱、增长6.4%。邮电业务收入10.15亿元、增长2.8%。移动电话用户85.80万户、减少0.99%。

社会消费品零售总额236.56亿元，增长2.6%。进出口总额459.68亿元，增长22%；实际利用外资1793万美元。接待国内外游客154.34万人次；旅游总收入18.88亿元。杭州电商运营中心正式投运，全年电商销售额达2.2亿元。

共有各类中小学59所，在校学生74832人。幼儿园87所，在园幼儿19454人。卫生机构306家，卫生技术人员4115名。健康浙江考核连续四年获评优秀，楚门镇湖滨社区创成全国示范性老年友好型社区。发明专利授权量新增301个，新增2家国家知识产权示范企业，1家国家知识产权优势企业，8家省级知识产权示范企业。共有92名运动员代表台州参加浙江省第十七届运动会，取得历史最好成绩，获28.79金8银13铜。

千江镇上栈头村　　（杨松青　摄）

城镇职工基本养老保险参保24.83万人，新增1.07万人；医疗保险参保21.30万人，新增1.65万人；工伤保险参保31.79万人，生育保险参保18.14万人，失业保险参保14.68万人。户籍人口基本养老保险参保率达97.50%，基本医疗保险参保率达99.90%。共有村社居家养老服务照料中心189家（含乡镇街道示范型居家养老服务中心12家）。人均住房建筑面积54.8平方米。12月最低生活保障标准1041元/月，同比增长9.57%。全年共实际发放残疾人两项补贴2654.98万元，其中发放困难残疾人生活补贴2622人，累计发放额915.91万元；发放重度残疾人护理补贴6604人，累计发放额1739.07万元。优待优抚对象2556户，全年发放优抚补助金和义务兵优待金2933万元。玉环市入选国家首批再生水利用配置试点城市，空气质量综合指数排名全省第八、台州第1，连续第五年夺得美丽浙江建设考核优秀，捧回“大禹鼎”银鼎，在全省“五水共治”（河长制）工作现场会上作经验介绍。

【传统产业加快转型】 2022年，玉环市“两化”融合发展指数连续五年位列全省第一梯队，新增省未来工厂（试点）2家、省智能工厂（数字化车间）3家，泵阀（水暖阀门）产业大脑获评全省优秀并作为浙江省唯一代表参展第五届数字中国建设成果展览会。纵深推进“千亩百亿·双五行动”，创新开展老旧工业园区“五化一提升”改造建设，制定出台企业“零增地”技改和低效工业用地整治方案，拆除建筑面积28.5万平方米，整治高耗低效企业318家，淘汰低散乱企业500家。

【RCEP国家水果进口航线开通】 2022年4月10日，新西兰面向中国市场的5622吨新季猕猴桃在玉环大麦屿口岸顺利出关，这标志着玉环正式开通RCEP国家水果进口航线并实现进境水果业务零的突破，成为继上海之后的第二个新西兰猕猴桃散货船入境口岸，翻开新西兰和玉环经贸交往的新篇章。全年大麦屿港累计进境新西兰猕猴桃、智利车厘子共17个航次，货重达9.3万多吨，货值近25亿元，一跃成为全国最大的新西兰猕猴桃进境口岸，散货水果进口量居全国第1位。

【共同富裕全面深化】 2022年，玉环市深入推进“农民持股共富”、农村宅基地“三权分置”改革以及村级集体经济巩固提升、村级控债化债“两大行动”，全市185个行政村全部实现集体经济总收入20万元且经营性收入10万元以上，入选省强村富民乡村集成改革实践试点，城乡居民收入倍差缩至1.9。人均可支配收入达71680元，居全国各县（市）第2位，入选省第二批共同富裕试点，上栈头村作为全国唯一的共同富裕示范村亮相中国—丹麦共同富裕与共同发展研讨会。

（施含笑）

天台县

【概况】 2022年，天台县辖3个街道、7个镇、5个乡，有374个行政村、21个社区。全县总面积1432平方千米，其中耕地面积28.06万亩。年末户籍人口59.69万人（城镇人口19.71万人），常住人口47.5万人。全年出生人口3472人，出生率5.82‰；死亡人口3880人，死亡率6.50‰；人口自然增长率-0.068‰。

实现地区生产总值351.08亿元，比上年增长1.7%。其中，第一产业17.82亿元，增长4.4%，占GDP比重5.1%；第二产业139.40亿元，下降0.1%，占GDP比重39.7%；第三产业193.86亿元，增长2.8%，占GDP比重55.2%。三次产业结构为5.08：39.70：55.22。

财政总收入39.01亿元，一般公共预算收入24.80亿元，增长9%。一般公共预算支出77.40亿元，其中民生支出62.66亿元，占总支出比重为80.96%。城乡居民人均可支配收入分别为56555元、30501元，分别增长3.2%和5.5%。

全体居民人均消费支出27500元，增长4.9%；城镇常住居民人均消费支出32836元，增长4.5%；农村常住居民人均消费支出21097元，增长6.1%。社会消费品零售总额144.19亿元，同比增长3.7%。分行业来看，全年批发业实现销售额111.43亿元，增长23.2%；零售业实现销售额191.99亿元，增长6.9%；住宿业实现营业额3.04亿元，增长8.2%；餐饮业实现营业额25.67亿元，增长4.7%。房地产开发投资实现投资39.38亿元，下降19.0%，房地产销售面积35.26万平方米，下降44.2%。年末全县汽车保有量为110053辆，其中载客汽车99789辆，私人汽车拥有量102954辆。实现邮电业务收入5.23亿元。年末城乡固定电话用户5.31万户，移动电话用户达到55.28万户，互联网宽带接入用户数21.02万户。

实现规上工业产值280亿元、增长0.9%，规上工业增加值78.13亿元、增长-2.1%。实现亩均税收28.9万元/亩，全市排名第2，浙江省山区26县排名第5。全县已形成六大主导产业，即机电、橡塑、生物医药、产业用布、汽车用品、食品饮料，占全县工业总产值80%以上。机电行业产值142.79亿元，是全县工业第一大产业，占工业总产值30.26%；橡塑行业产值86.78亿元，占工业总产值18.39%；产业用布产值76.15亿元，占工业总产值16.14%；汽车用品产值64.18亿元，占工业总产值13.60%；生物医药产值19.88亿元，占工业总产值4.21%；食品饮料产值18.64亿元，占工业总产值3.95%。高新技术企业、科技型中小企业分别为43家、202家，高新技术产业占规上工业增加值达74.5%，获评全国创新百强县。

实现农林牧渔业增加值17.90亿元，同比增长4.4%，实现总产值27.21亿元，同比增长5.1%。经济作物播种面积22.04万亩，增长1.9%，其中：蔬菜播种面积13.25万亩，中草药材播种面积2.65万亩，油料作物播种面积3.18万亩。畜牧业生产保持平稳增长，年末生猪存栏6.92万头；家禽存栏213.05万羽，出栏823.00万羽；肉类总产量25208吨。

全年旅游总人数366.00万人次，同比下降9.2%，旅游总收入39.7亿元，下降4.9%，门票收入0.55亿元。连续4年获评中国县域旅游竞争力百强县，天台山上榜国家AAAAA级旅游景区品牌100强，入选省旅游业“微改造、精提升”行动试点。全县共有A级旅游景区镇9个，A级旅游景区村250个（其中AAA级景区村45个、AA级景区51个），民宿（农家乐）420家，获评等级民宿12家。

累计自营进出口81.39亿元，同比增长6.9%。其中，自营出口79.28亿元，增长9.1%，进口2.11亿元，下降38.5%。从出口行业看，橡塑行业出口22.23亿元，下降1.9%；生物医药行业出口11.71亿元，增长9.8%；其他产品出口13.9亿元，增长34.9%；汽车用品行业出口9.97亿元，下降14.6%；机电行业出口14.96亿元，增长24.3%；产业用布行业出口4.63亿元，增长16.8%。

固定资产投资29.79亿元，增长6.5%，增速居全市第5。新落地亿元以上重大产业项目17个、总投资72.3亿元，其中10亿元以上项目3个。高效完成“六大区块”征迁，征收房屋43万平方米、土地6000多亩。“百日攻坚”擂台赛深入开展，破解26个重点项目政策处理难题，420个攻坚项目节点任务完成率超90%，120个项目开工建设，35个项目竣工投产，天台抽水蓄能电站等省重点项目年度投资完成率达230%，工业性投资、制造业投资增速均居全市前列。

文化中心、赭溪历史文化街区一期基本建成，金融中心、总部经济大楼加快推进，市民中心主体完工，职工活动中心开工建设。园丁新村老旧小区完成改造，桃源、溪林未来社区列入省创建名单。安置房加快建设，建成10个5118套，完成分房6个1035套。沙坑山公园开工建设，新增城市绿道30千米、停车位2956个，获省垃圾分类优秀县。甬金衢上高速公路完成可研编制，104国道改建完成施工招标，上三高速东互通完成土地预审，314省道（抽水蓄能段）、向阳隧道、寺洋公路开工建设，天台山东路完成改造，新增共富1号线20千米，入选省农村公路管养体制改革试点。美丽镇村巩固提升，始丰漫游风貌区创成省级样板区，白鹤创成美丽城镇省级样板镇，坦头、三合、洪畴创成省级达标镇，三州入选省革命老区乡镇。新增省级新时代美丽乡村特色村4个、精品村30个、达标村43个，入选省未来乡村试点4个，寒山神隐入围省级共富示范带，全省助力乡村振兴高校联盟在天台县成立。新增“共富工坊”160家，建成农民持股项目10个、惠及农户4200户。生态环境更加优化。抓好系列环保督察反馈问题整改，省级低（零）碳试点乡镇数居全省第1，连续五年获美丽浙江建设考核优秀。始丰溪全流域综合治理、水系连通及水美乡村建设形象展现，创成省美丽河湖2条，里石门水库灌区获国家节水型灌区，入选国家节水型社会达标县，六夺省“大禹鼎”。苍山污水处理厂二期基本建成，农村生活污水治理工作在全省典型发言。

实现全社会R&D经费支出7.03亿元，同比增长13.7%，R&D经费占GDP比重2.07%。全县有小学学校数31所，小学在校生2.91万人，义务教育学龄人口入学率100%。普通中学学校数27所，在校生2.88万人，入学率100%。职业高中学校数3所，在校生7165人。小学专任教师数1788人，普通中学专任教师数2571人，中职教育专任教师数426人。全县有卫生机构281个，其中医院7家，妇幼保健计划生育服务中心1家，村卫生室64家，卫生院12家，社区卫生服务站63家。全县有卫生技术人员3792人，其中医生（师）1733人，注册护士1503人，年末实有床位2426张。云锦小学、特教中心建成投用，南区小学、技师学院开工建设，新建成幼儿园4所、新增学位1050个。全省山区26县教育共富论坛举办，与浙师大合作建成全省首个“基础教育共富研究院”，与杭州外国语等学校建立战略合作，在全市率先通过全国义务教育优质均衡发展县省级复评、全国学前教育普及普惠县省级初评。新中医院启用，医共体防控中心一期加快建设，引进浙大医学院共建名医工作室，通过国家卫生县城复审，连续第四年获健康浙江考核优秀，平桥、石梁、南屏创成省健康乡镇，泳溪获评国家卫生乡镇。和合文化入选首批“浙江文化标识”培育项目，传承保护区列入省级名单。新建成农村文化礼堂28家。基层体育委员机制全省推广，省运会金牌数全市第1，全国女子围棋公开赛成功举办，国家围棋队训练基地落户天台，获评省围棋文化交流基地称号。

年末全县参加企业职工基本养老保险213221人，同比增长2.45%，其中在职职工140247人，增长2.36%，离退休人员72974人，增长2.62%；参加工伤保险138760人。全年实现城镇新增就业3898人，登记失业率低至0.56%。年末全县国有收养性单位1个，床位40张，年末在院人数21人，特困人员救助机构27家，床位1960张，入住五保特困老人23人，入住老人770人。其他各类养老机构1家，床位66张，入住老人47人。2022年，县慈善总会实际得到各界捐款3798.91万元，合计救助支出2506.26万元。企业职工基本养老保险实现“18连涨”，创成省级基层医保服务示范点1个。新增婴幼儿托位460个，新建成老年食堂73家，中心陵园一期建成投用。

环境空气优良率达98.1%，$PM_{2.5}$平均浓度为22微克/米^3，“水十条”考核断面（里石门）水质达Ⅱ类，出境断面（百步）水质达Ⅱ类，集中式饮用水源水质达标率100%。生态环境公众满意度排名再居台州市第1位，再夺五水共治“大禹鼎”银鼎，连续第6年被省委、省政府评定为美丽浙江建设考核优秀单位。

天台县现代农业产业园　　（天台县政府办公室　提供）

天台县获得全国县域旅游综合竞争力百强县、全国电商竞争力百佳样本县、省新时代美丽乡村示范县等20项省级以上荣誉，“两山”发展指数全国第6，企业上市、低收入农户增收工作获省政府督查激励。第二届和合文化全球论坛举办，国际传播中心落户天台，中华济公文化节等活动举办，街头获评全国乡村旅游重点镇。“家·天台”全域旅游标准化国家级试点通过验收，文旅产业融合试验区获评优秀，获评省旅游业“微改造、精提升”综合实践奖、省文旅助富十佳县，入选全国县域旅游发展潜力百强县。参与2项服务业国家标准起草，列入省首批现代服务业创新发展区试点，入选省县域商业体系建设示范县，全省快递进村现场会在天台县召开。现代农业产业园入围国家级创建名单，国家“中黄1号”茶产业标准化示范区通过验收，入选全国绿色种养循环农业试点、全国农作物秸秆全量化利用试点、全国农作物生产全程机械化示范县。

【天台现代农业产业园入围国家级创建名单】 2022年，天台现代农业园区总面积11.7万亩，核心区面积2.3万亩，位于天台县中西部，建设期为2022—2024年，是全省首批通过认定的省级现代农业园区，园区主要有粮食、蔬菜、中药材等三大产业，拥有规模农业经营主体55家，年产值达9.8亿元。2022年4月，天台现代农业园区入围国家现代农业产业园创建名单，获得奖补资金1亿元，全省仅2家入选、全市唯一。

【和合文化全球论坛举办】 2022年11月29日，以“和合文化与促进共同发展”为主题的和合文化全球论坛在天台县举行。论坛创新设立日本东京、西班牙马德里分会场，与天台主会场进行跨国动态连线。国际组织代表、国外驻华使节、国际汉学家，以及有关智库、高校、研究机构的专家学者等约200人以线上线下方式聚首，研讨关于世界“和合”发展的理论、规律、原则、方法，推动全球共树人类命运共同体理念。

【天台企业上市工作获省政府督查激励】 2022年，天台实施工业强县战略，围绕“五年三个翻一番，总量挺进千百亿”目标，以上市赋能、数字科创驱动制造业高质量发展。全县规上工业亩均税收、数字经济发展指数和制造业高质量发展综合评价均居全省“山区26县”第一梯队，境内上市公司数达10家、居全省26县第1，企业上市获省政府督查激励。

【天台入选全国县域旅游综合竞争力百强县】 2022年，天台县以“绿水青山就是金山银山”理论为指引，忠实践行“八八战略”，锚定文旅带富目标，突出一、二、三产、农文旅体融合，探索旅游业高质量发展新路子，推动“文旅兴县”一贯到底。“家·天台”全域旅游标准化国家级试点通过验收，文旅产业融合试验区获评优秀，获评省旅游业“微改造、精提升”综合实践奖、省文旅助富十佳县，入选全国县域旅游综合竞争力百强县。

【天台县获评省垃圾分类优秀县】 2022年，天台县66个无物业小区、57个物业小区、44条主次干道完成“撤桶并点”，创建省级高标准生活垃圾分类示范片区1个、省级高标准生活垃圾分类示范小区10个，城镇生活垃圾分类覆盖率、生活垃圾资源化利用率、无害化处理率均达100%，获评省垃圾分类优秀县。

（杨俊炜）

仙居县

【概况】 2022年，仙居县区域面积2000平方千米，辖福应、南峰、安洲3个街道，横溪、埠头、白塔、田市、官路、下各、朱溪7个镇，安岭、溪港、湫山、皤滩、淡竹、上张、步路、广度、大战、双庙10个乡，有311个行政村、21个社区。年末户籍人口52万人，常住人口43.0万人。

实现地区生产总值300.12亿元，按可比价格计算，比上年增长4.3%，分别高于全国（3.0%）、全省（3.1%）和全市（2.7%）1.3、1.2和1.6个百分点，居全市第1。

实现财政总收入30.73亿元，比上年下降17.2%。全县一般公共预算支出60.39亿元，比上年增长8.0%。2022年末全县金融机构本外币存款余额702.07亿元，比年初新增93.65亿元，比上年增长15.4%。金融机构本外币贷款余额676.81亿元，比年初新增128.96亿元，比上年增长23.5%。年末金融机构本外币存贷款比率为96.40%。全年全县保险业实现保费收入10.37亿元，比上年增长0.7%。2022年全县居民人均可支配收入41833元，比上年增长5.3%。按常住地分，城镇常住居民和农村常住居民人均可支配收入分别为51962元和29027元，比上年增长4.7%和7.7%。城乡居民人均可支配收入比值为1.79，比上年缩小0.05。全年居民人均生活消费支出28662元，比上年增长7.4%。其中，城镇常住居民和农村常住居民人均生活消费支出分别为32896元和23310元，比上年增长6.6%和9.5%。实现外贸自营进出口72.31亿元，比上年增长0.8%。时隔9年重夺市对县经济社会发展目标责任制考核和党建考核“双优秀”。

农林牧渔业总产值28.82亿元，按可比价格计算，比上年增长5.0%。全年粮食作物播种面积1.23万公顷，比上年增长0.9%，总产量8.24万吨，增长0.2%。全年经济作物播种面积1.07万公顷，比上年下降2.5%。工业增加值首次突破百亿元大关，全年实现工业增加值101.14亿元。全县规模以上工业实现销售产值250.28亿元，比上年增长8.1%，产销率达97.6%。实现建筑业增加值22.36亿元，比上年增长9.7%。连续第四年获评省美丽乡村、垃圾分类优胜县，创成省级新时代美丽乡村示范县，创成省级新时代美丽乡村精品村30个、未来乡村2个，完成59个星级美丽乡村创建。深入开展“共富夜谈”“共富快干”，创新推出农村共富“两个计划”，建成共富工坊185家，入驻企业136家，农民增收渠道继续拓宽。“神仙大农”完成4家线下旗舰店开设、3家线上店铺上线，举办“大农集市”及年货节13场，为农户打通产销“最后一千米”。低收入农户人均可支配收入比上年增长18.1%，增速排名浙江省“山区26县”第1位。

固定资产投资项目413个（其中房地产项目25个），其中新开工项目155个。全年完成固定资产投资比上年增长17.8%（含金台铁路仙居段），其中第一产业投资下降69.9%，第二产业投资增长100.4%，第三产

4月3日，仙居县与比亚迪股份有限公司签署战略合作协议。图为8月23日，台州弗迪新能源动力电池项目施工现场

（仙居县党史研究室　提供）

业投资增长3.3%。杭温高铁线下工程贯通，S319朱溪至白塔段全线贯通，朱溪水库具备蓄水条件，广度抽水蓄能、北岙水库、下各至官路公路及351连接线等重大项目前期加快推进。大抓招商引资，新签约10亿元以上项目5个，总投资100亿元的弗迪新能源动力电池项目、总投资50亿元的建立锂电池项目落地开工。完成房地产开发投资11.70亿元，比上年下降45.4%。完成重点区块内涝整治4个、老旧小区改造3个，打通断头路5条，新增公共停车位700个。

社会消费品零售总额117.02亿元，比上年增长4.8%。年末全县拥有各类商品交易市场10家，全年实现成交总额12.28亿元，比上年增长15.4%，年成交额超亿元的市场有2家。新设市场主体9221家，比上年增长22.3%。创成全省大花园示范县、全省文旅产业融合试验区，连续五年入选全国县域旅游综合竞争力百强县。神仙居旅游度假区获评全国旅游度假创新案例。全省首个结婚登记户外颁证中心落户神仙居景区。白塔—淡竹“神仙画游”县域风貌区入选全省首批城乡风貌样板区。狠抓旅游综合实力提升，温都水城等5个重大文旅项目签约落地。全县共有AAAAA级旅游景区1个，AAAA级旅游景区2个，AAA级旅游景区13个；共有旅行社20家，其中星级品质旅行社11家。环神仙居旅游公路获评“全国美丽乡村路”、全省“十大最美农村路”。

新认定国家重点扶持的高新技术企业24家，累计高新技术企业90家。新培育省级科技型中小企业67家，累计418家。新增省级重点企业研究院1家，省级企业研究院1家，省级高新技术企业研发中心6家。新增省级众创空间1家，市级众创空间1家。全年专利授权数1078件，比上年增长11.4%。全县新制定“浙江制造”标准2项，新增“品字标”企业8家，累计26家。基础教育资源扩大，汤归小学等6个教育项目投入使用，新增学位3060个。仙居技师学院（筹）揭牌招生，华东师范大学附属仙居学校签约落地。年末全县共有各级各类学校144所，在校学生总数76386人，专任教师5426人。其中，普通高中6所，在校学生10900人；职业中学1所，在校学生8579人；初中18所，在校学生16673人；小学39所，在校学生26811人；幼儿园79所，在园幼儿13261人；特殊教育学校1所，在校学生162人。

全年建成和合书吧2家、图书馆主题分馆8家、乡村博物馆3家、文化驿站1家、农村文化礼堂26家、文化广场3家，打造“15分钟品质文化生活圈”94个，创成市书香民宿3家。实现农村文化礼堂应建村全覆盖。送数字电影下乡3400场、送书下乡69000册、送戏曲下乡121场、送综艺下乡40场、百姓大舞台10场。年末图书总藏量51046册。下汤遗址入选年度浙江考古重要发现，成立上山文化遗址群首个省级考古工作站。年末全县拥有国家级非物质文化遗产3项，省级15项，市级36项，县级117项。县人民医院完成“三乙”创建评审，新增省市专家名医工作室3家。年末全县卫生机构301个，其中医院8个，卫生院17个，社区卫生服务中心（站）35个，诊所（卫生所、医务室）126个，村卫生室94个，疾病预防控制中心1个，卫生监督所（中心）1个。卫生技术人员3714人，比上年增长3.7%。医疗卫生机构床位数2299张，比上年增长2.8%。全年全县无甲类传染病报告，乙类传染病发病率为128.22/10万。全年全县有5812人次参加无偿献血。建成（农村）百姓健身房5个，社区多功能运动场1个，村级全民健身广场1个，微型便民体育公园10个，10千米健身游步道，新增体育场地面积约7.74万平方米。全县共有24家体育社团，其中AAAAA级1家，AAAA级1家，AAA级12家。全县运动员参加第十七届省运会获17.08金5.3银3铜，参加其他省级以上比赛获6金8银6铜。全年销售体育彩票8155万元，比上年增长47.2%。生物医药与医疗器械产业列入省先进制造业集群协同区，为浙江省山区26县唯一。

完成人工造林更新面积553亩，建设战略储备林和美丽生态廊道22134亩。根据2022年浙江省森林资源年度监测结果，全县森林覆盖率为79.28%（含灌木林），全年全县环境空气质量达到国家二级标准。全县地表水县控以上断面水质稳定达到Ⅱ类及以上，县级以上集中式饮用水水源地水质100%达标。全县水质综合指数排名全市第1位、全省第5位。以优秀等次通过国家新型城镇化标准化试点验收。城市生活污水处理率为96.6%，生活垃圾无害化处理率为100%。实现"平安仙居"十八连创，夺取"二星平安金鼎"。全年各类安全生产事故起数、死亡人数较前两年平均水平分别下降71.4%、42.9%。刑事警情、治安警情、电信诈骗发案数比上年分别下降16.4%、14.0%、37.3%。

年末全县参加企业基本养老保险人数15.11万人，参加城乡居民基本养老保险人数18.93万人，参加城镇职工基本医疗保险人数11.99万人，参加城乡居民基本医疗保险34.68万人，参加失业保险、工伤保险、生育保险人数分别为6.38万人、10.38万人和9.75万人。年末在册低保对象8477人（不含五保）。全年低保资金（含各类补贴）支出8774万元，比上年增长7.8%。全县共有各类养老机构9个，床位1418张，年末在院老人550人。共有城乡社区居家养老服务照料中心332家。全年共资助困难群众参加城乡居民基本医疗保险11477人，资助参保资金643万元，累计医疗救助19.59万人次，直接救助资金2056万元。全年发行各类福利彩票3668万元，比上年下降1.6%，筹集公益金139万元。为全县60岁以上老人发放"防疫包"12万份，实现疫情防控有序转段、平稳渡峰。非标电动自行车整治平稳有序。

【仙居"亲农在线"获评中国改革典型案例】 2022年，仙居县委、县政府落实浙江省委数字化改革精神，坚持"大场景、小切口"，以杨梅为突破口，打造"亲农在线"应用，探索产业数字化转型的有效路径。"亲农在线"应用聚焦小农户和现代农业衔接过程中存在的共性问题，围绕杨梅产业生产—销售—服务过程中的难点、堵点、焦点，以品质增富、人才创富、抱团致富、改革促富为导向，挖掘产业数据要素，打造"产业地图+模型算法+多端服务"的数字应用场景，成为农业产业全链条数字化兴业富民典型案例，走出"以数兴农、便民富农"的农业产业发展新路子。探索发展"村集体+农户+股权"的"1+1+X"新型杨梅产共体，创新村户共富机制，低成本推进小农户奔共富，2022年杨梅收购单价平均提升133%，梅农户均增收3.32万元，已建立产共体13个，村集体、农户、乡土人才等分红2758万元。依托"浙江乡村大脑"，纵向贯通省、市、县、乡、村、网格六级，横向联动税务、气象等12个部门，打通17个数源系统、43个数据类别，实现数据归集分析，建立产业数据大脑。运用遥感和人工调查，部门协同相结合，绘制产业"一张图"，精准定位农户、地块及每株杨梅，对全县5173块杨梅小班图按村分类，精准采集并逐块编号，构建全国首个杨梅产业地图，整体覆盖全县10万梅农，为补贴、保险、贷款、开票、品牌、物流等服务提供精准数据保障，叠加市场、冷库、主体等数据业务图层，打造杨梅全产业链数据中心，构建"亲农在线应用全国地图"。归集梅农经验、产业、环境等数据，融合省农科院杨梅专家研究成果，构建采收预判、气候预警、剪枝、生长适宜性评价等模型，反哺农户，实现生产标准化、数字化、规模化。建立"共享冷库"模块，运用数字脉冲保鲜技术，打通市场"最先一公里"；启动"村播计划"，培育村播达人，对接天猫、抖音等电商平台，真正让小农户衔接大市场。"亲农在线"中的部分功能以组件化、模块化的方式进行推广。如"亲农在线"中的开票、贷款、保险等模块，在收集好农户信息的前提下，已在台州市内的柑橘、文旦、茶叶等产业中得到应用。已有7.4万余人注册"亲农在线"，梅农事项办理流程精简率达80%以上，效率提升75%以上。全国首创初级农产品交易免税发票在线办理，已为3085家农户开具2.24万张增值税电子普通发票，金额达到3.2亿元。"杨梅贷"2022年度发放贷款2.03亿元，助力1570户农户。"我要保险"功能累计为2.28万户梅农线上投保杨梅15.07万亩。借助"浙里办""浙政钉""微信小程序"等平台，调用各平台的用户体系，实现双方应用的用户单点登录。该模式已在慈溪市"共享冰爽爽"得到应用，"共享冰爽爽"与"亲农在线"已完成融合，节省项目资金50万元；整体覆盖两地4.25万户农户，覆盖杨梅种植面积从14万亩增加到22万多亩；冷库功能覆盖杨梅种植面积从8万亩增加到12万亩；通过错峰销售，杨梅单价提升20%以上，梅农户均可增收6000多元。为进一步标准化、规范化推进应用迭代升级，形成《产业地图建设标准》《物联网技术数据标准》《"亲农在线"赋码标准》3个技术标准，构建杨梅剪枝、杨梅生长适宜性、病虫害测报等数据模型。在

2021年世界互联网大会乌镇峰会上，“亲农在线”作为IRS优秀案例亮相，被评为全省IRS应用目录使用优秀案例，台州市IRS建设最佳应用。仙居县“以‘亲农在线’构建助农共富新模式”入选中国改革2022年度“二十大精神——中国改革2022年度案例”地方全面深化改革典型案例名单。获评省数字乡村金翼奖十佳应用、全省农业农村数字化改革“优秀应用”，多次获得省委书记袁家军等领导批示肯定，并参加全国和国际交流、展览，多次被主流媒体宣传报道。

【仙居县创成全国科普示范县】

2022年12月，被中国科协评定为“2021—2025年度第二批全国科普示范县”。自2021年仙居被确定为全国科普示范县创建单位以来，县委、县政府高度重视创建工作，制定下发《仙居县创建2021—2025年度全国科普示范县工作实施方案》。2022年1月，召开全县创建动员会，对相关工作做出安排部署，20个乡镇（街道）和有关县级单位成立创建工作专班。早在2017年，仙居就推出“数字科普”1.0版本——科普中国户户通App，2021年紧抓数字化改革契机，又迭代升级推出2.0版本——“一键懂科普”，并于6月在“浙里办”上线，是台州市唯一的科普普及和服务类平台，也是浙江省最早在浙里办平台上线的科普类综合服务平台，12月被省科协评为优秀应用。截至2022年11月，已累积服务用户16.08万人次，共发布科普信息3675条，活动参与人数达3万余人次。县科协还开发“仙居科普驿站”“科普地图”等数字平台，实现线上线下活动融合开展，给科普爱好者带来更多新奇的科普体验，满足不同群体获取科普知识需要。先后在电视、广播、报纸上开辟“科技追梦人”“农技推广”等科普栏目，向群众进行科普宣传教育；在县级融媒体平台——爱仙居App、仙居新闻网上开设应急科普专栏，发布各类应急科普信息及科普知识；开通《科普仙居》微信公众号、视频号、抖音号、微博号等新媒体平台，加强与公众互动，及时反映科普动态，分享科普中国等平台资源。截至2022年11月底，“科普中国”App注册数、传播次数及月活跃度均居台州前列，有效推进科普“扩圈”。全县22000余名科普中国信息员传播科普16.05万人次，为科普示范县创建营造浓厚氛围。全县20个乡镇（街道）都建有科普活动室（站）、科普画廊（宣传栏）等硬件设施，结合群团组织活动，持续性开展多主题、多层次的科普宣传。推出“科普+院士课堂”“科普+文明实践”“科普+研学基地”等，将新时代文明实践站与科普活动相结合，开展各类科普小常识、卫生保健、防灾减灾、应急救援等科普宣传和服务咨询。每年邀请中科院老科学家开展校园科普巡讲，内容涉及公共安全、地球物理、天文学等多个领域，截至2022年底共开展150余场（2022年邀请中科院张德良、陈光南、林钢华等9位老科学家走进仙居，共开展26场讲座）。按照“科普惠人人、人人来科普”工作思路，组织17支不同领域的科普志愿服务队，各乡镇（街道）设立科普志愿服务小分队，推进科技科普宣讲宣传服务进农村、进企业、进社区、进学校、进机关活动，把党和国家的方针政策及科技科普文化知识传递到千家万户。2022年，深入实施“银龄跨越数字鸿沟”专项科普工作，通过线上线下结合方式，构建覆盖全领域、全方位、全流程的智慧助老网络服务体系，帮助老年人跨越“数字鸿沟”、融入“智慧社会”、乐享“智能生活”，已完成223场培训，共有32800位老人参加培训。开展的“银龄跨越数字鸿沟”科普专项工作和群团助力双减等科普活动在省科协系统晾晒评估10月进展和星级情况的通报中获五星认定，居台州市前列。开展“科学嘉年华”“科技创新大赛”等活动，参与人数4300余人，开展科普大篷车、科学秀等科普进校园活动15场，惠及人数23800余人。仙居县科普工作以此次创建全国科普示范县为契机，进一步创新科学举措、完善制度方法，进取、主动作为，全面推进仙居科普工作大提升，打造共同富裕山区样板科普品牌。

【“神仙大农”区域公用品牌打造】

“神仙大农”是仙居县农产品区域公用品牌，仙居县委、县政府将其作为加快特色农业产业发展、促进农旅深化融合的重要抓手和创建共同富裕示范区的关键载体来打造。2021年12月成立浙江神仙大农农业发展有限公司，专门负责“神仙大农”区域公用品牌运营管理事宜，为消费者带来放心、安全、优质的仙居生态优质农产品。神仙大农区域公用品牌于2022年6月9日正式发布，开出线下、线上店铺，打通链接上一些采购渠道，在一定范围内有了知名度。截至年底，“神仙大农”区域公用品牌涵盖全县优质农副产品，包括粮油类、杨梅类、果蔬类、茶叶类、药材类、肉禽类、零食类、竹制品类8大类，已有127个品种、240款规格产品入驻。完成全县面上生鲜农产品的梳理汇总，共计104家，其中蔬菜类30家、水果类37家、粮油类14家、畜禽类12家、水产2家等，作为下阶段重点开发入驻产品。仙居实现“神仙大农”品牌从无到有、产品从少到多、门店经营省市县乡四级覆盖、销售渠道线上线下双管齐下。“神仙大农”区域公用品牌产品已在淘宝、天猫、抖音等平台上线，线下实体旗舰店白塔店、仙居城区店、杭州店、台州店等已投入运营。完成网易严选、芭芭农场、浙里云购、现代优选、中石化易捷加油等平台入驻工作，形成以“供应链中心+线下实体店+线上直播间”为发展模式的农产品服务平台。“神仙大农”产品都已接入“浙农码”“浙食链”，实现全过程追溯。通过“核心基地+自产自销”模式，将一时之间难以进入“神仙大农”品牌的小农小户产品，也纳入“神仙大农”帮富体系，让“小农经济”也获得“大农扶持”，实现“蛋糕做大，财富共享”。

【永安溪流域开展综合治理】 2022年，仙居县更加重视永安溪湿地的保护与开发，生态环境不断改善，永安溪流域以及流域内的湿地成为各种动物栖息的家园。围绕“中国山水画城市”发展核心，把水利工程建设提升为县域经济社会战略。从“人水和谐”角度出发，编制《永安溪综合治理与生态修复规划》《仙居县永安溪综合保护利用总体规划》等多项规划，其中在规划引领下的仙居县永安溪综合治理与生态修复工程，成为全省跨界融合治污、旅游、生态、景观、文化等多领域的河流综合治理、项目联合审批的典范工程。以永安溪综合治理与生态修复工程一期、二期为统领，全国中小河流治理重点县综合整治试点项目为补充，综合治理包含县域内20条流域面积50—200平方千米之间的中小河流，3条流域面积200平方千米以上的支流以及永安溪主流，实现全流域的河道综合治理，提高永安溪及其支流的防洪排涝能力和水环境承载能力。仙居县在全省率先实行河长制，截至年底，全县共设有总河长42名，各级河长586名，各级湖长95名，实施全流域河道保洁工程，将河道保洁作为改善永安溪生态环境的关键性措施。仙居县于2012年开始每年安排500万元资金用于全县河流保洁，通过“河长”“警长”“群众举报”等，实现全民监督。

【弗迪新能源动力电池项目落地开工】 2022年4月3日，台州市、仙居县以“云签约”的方式，与比亚迪股份有限公司签署战略合作协议，总投资100.2亿元的弗迪新能源动力电池项目落户下各镇，是近年来台州市单体投资额最大的制造业项目之一。台州弗迪新能源动力电池项目位于仙居县经济开发区东部工业新区张店区块，项目规划用地面积1500亩，加上道路及配套设施总面积1760亩。建成后达到年产22GWh新能源汽车动力电池（用于DMi的刀片电池），打造新能源动力电池战略基地。弗迪新能源动力电池入选省特别重大产业、引领性重大产业、预选类特别重大产业项目，获省土地指标奖励1506亩。项目涉及下各镇下张村、玉泉村、张店村三个村，其中下张村801.07亩，515户；玉泉村336.7亩，167户；张店村622.27亩，325户。经过镇村100余名干部共同努力，4天完成1137亩的外业测量工作、7天完成1500余亩青苗核对工作、21天完成1760亩土地政策处理工作、1天完成土地进场清表，创出项目攻坚下各“新速度”。8月，台州弗迪新能源动力电池项目（综合楼、1号宿舍、2号宿舍、3号宿舍）顺利完成建筑工程施工许可证办理。项目开工建设以来，有近2000名民工长期在现场建设施工，不仅带动周边村庄的经济发展、群众就业增收致富，还提升群众自我“造血”能力。项目的落地，给仙居带来新的产业路径，推动仙居传统产业高质量发展，加速提升台州汽车产业链发展水平、建设新能源汽车产业发展高地，助推仙居县打造共同富裕示范区山区样板。

【朱溪水库项目通过验收】 朱溪水库作为全国172项节水供水重大水利工程、浙江省水资源保障百亿工程之一和台州市北水南调一期工程，是以城市供水为主，结合防洪、灌溉，并兼顾发电等综合利用的大Ⅱ型水利工程。2022年，围绕“移民安置收官年”，以“完成下闸蓄水验收”为总目标，确保朱溪水库移民安置工作各项任务达到下闸蓄水验收要求。3月，朱溪水库工程控制性重要节点项目——来岩上游输水隧洞顺利实现贯通，为年底水库具备下闸蓄水条件打下基础。10月，朱溪水库工程重大节点项目朱溪水库大坝全线顺利结顶，为水库蓄水安全鉴定和下闸蓄水验收奠定坚实基础。12月16—19日，水利部水电规划设计总院受浙江省水库移民安置办公室委托成立技术验收工作组，组织开展台州市朱溪水库工程蓄水阶段移民安置技术验收工作。12位专家赴大坝现场查勘，并分成农村移民安置组、专业组项目复（改）建、库底清理组、移民资金使用管理组、移民档案管理组5个验收工作小组赴各现场开展检查、查阅资料等方式并形成技术验收报告。19日上午，召开朱溪水库工程下闸蓄水阶段移民安置技术验收大会，会上有关各方交换意见、讨论相关内容，并顺利通过技术验收。

【仙居生物多样性博物馆开馆】 2022年5月18日，仙居生物多样性博物馆正式开馆。仙居生物多样性博物馆坐落在白塔镇神仙居旅游度假区如意湖畔，为浙江省第一家以生物多样性为主题的博物馆。被列入仙居国家公园与法国开发署开展的国际合作重点项目之一，由法国滤园公司设计，共投资1.5亿元。博物馆从2019年开工建设，地上建筑面积约6000平方米，展厅面积约3000平方米。分为地质景观展区、生态系统多样性展区、动物多样性展区、植物多样性展区、微生物多样性展区（以大型真菌蕈菌为代表）、生态系统服务展区等区域。馆内设有生物多样性教育活动区、临时展区、纪念品商店等服务区域。馆内收藏大量珍贵的动植物展品，地质展品及文化展品等，其中还包括“镇馆之宝”珍贵的云豹标本。在展览形式上，融合实物放大模型、场景复原、多媒体展示、实物近距离接触体验等多种方式，有效提升整体的展览效果。博物馆面向社会全体公众免费开放，14岁以下未成年必须由成年人陪护。

【“共富工坊”架起致富桥】 截至2022年12月，仙居县建成“共富工坊”185家，入驻企业136家，发放工资总额超6700万元，提供就业岗位9700个以上，超额实现“带动就业一万、户均增收一万”“两个一万”目标。埠八样共富工坊、蜕变O2O电商直播共富工坊、新农人电商共富工坊三家“共富工坊”上榜全省首批百家电商直播式“共富工坊”典型案例；彩云间共富工坊入选首批省级“巾帼共富工坊”名单。田市镇水阁村“共富工坊”加工点，村民通过生产出口的节日灯、圣诞礼品等实现平均每人每月增加收入2500元以上。这种“送岗上门、就近就业”的致富模式，让农民实现“顾家、务农、打工”三不误，让群众心里更暖、底气更足、日子更有奔头。

【片区开发助推高品质城市建设】 2022年，仙居坚持大兵团作战，高效推进“六大片区”（晨曦路区块、石板路和下郭区块、下新屋和船山区块、下垟陈和石卡区块、仝塘和直屋区块、医械小镇区块）征迁，用时6个多月完成1774户协议签订、房屋拆除，与省交通集团路产城发展集团签约合作城西区块城市有机更新项目，省属国企首个路产城项目落户仙居。黄坦树未来社区、杭温高铁站前广场开工，红旗广场、环城南路地下通道投用，晨曦路改建工程通车。县人民医院迁建工程、未来社区工业路以北安置区、未来社区工业路以南安置区、未来社区南侧安置区4个项目主体结顶，完成投资10亿元以上。完成重点区块内涝整治4个、老旧小区改造3个，打通断头路5条，新增公共停车位700个。5个村社入选全省首批共同富裕现代化基本单元“一老一小”服务场景。深入推进全域环境革命，南峰街道、下各镇创成美丽城镇省级样板，白塔—淡竹“神仙画游”获评全省首批县域风貌样板区。水质综合指数排名全省五位。以优秀等次通过国家新型城镇化标准化试点验收。达到省级“无废城市”创建标准，列入国家城市生物多样性保护试点、省级减污降碳协同试点。

（高晔晖）

三门县

【概况】 2022年，三门县总面积1510平方千米，其中中心城区建成区面积28.01平方千米，耕地面积105.5平方千米。辖6个镇、1个乡、3个街道，有271个行政村。年末户籍人口44.3万人，常住人口37.9万人。

实现生产总值332.63亿元，增长2.6%。其中，第一产业增加值40.57亿元，第二产业增加值154.22亿元，第三产业增加值137.84亿元，分别增长4.3%、0.9%和4.1%。三次产业增加值结构由2021年的11.9：47.6：40.5调整为12.2：46.4：41.4。人均生产总值为87665元（按常住人口计算），增长2.7%。全社会固定资产投资为87.13亿元，增长28.8%。

财政总收入43.36亿元，增长5.0%，其中一般公共预算收入32.06亿元，增长6.4%；一般公共预算支出74.89亿元，增长35.6%。城乡居民人均可支配收入分别为5.71万元、3.27万元，分别增长3.6%、5.8%。年末金融机构存款余额481.52亿元、贷款余额775.20亿元，分别增长17.6%、增长17.5%。

农林牧渔业总产值81.87亿元，增长4.9%；农业总产值11.68亿元，增长3.6%。其中，粮食总产量5.19万吨、增长1.2%，棉花总产量98.36吨、下降13.72%，油料总产量1090.15吨、增长5.3%，水果总产量14.07万吨，增长2.3%，蔬菜总产量17.40万吨、增长4.04%，肉类总产量6553吨、增长6.5%，禽蛋总产量4436吨、下降14.77%，水产总产量33.49万吨、增长5.26%。全年造林面积210公顷，森林抚育面积413公顷。三门小白虾、三门甜瓜获批国家地理标志证明商标，浙江逸泽水产养殖有限公司入围科技部中央引导科技发展项目，三门东航水产育苗科技有限公司入选国家水产种业阵型企业。该县获省农业“双强”行动“赛马”激励，入选国家农业现代化示范区创建试点，创成国家水产健康养殖和生态养殖示范区。

规模以上工业企业260家，较上年底增加13家。全年实现工业增加值135.14亿元，与上年基本持平。高新技术企业86家，较上年增加22家；规上工业高新技术企业增加值67.03亿元，下降9.3%。出口总额92.6亿元，增长10.5%。产销率98.3%，下降0.9个百分点，其中规模以上工业企业营业收入447.84亿元，增长6.2%。实现利润14.70亿元、实现利税27.69亿元，分别下降46.5%、40.0%。该县拥有上市公司5家、国家级专精特新“小巨人”企业8家、省级隐形冠军2家。

生态环保、城市更新和水利设施投资额为7.4亿元，同比增长27.2%。房地产开发投资额为17.86亿元、商品房销售面积为27.15万平方米，分别下降17.7%、下降14.1%。有资质建筑企业82家，较上年增加8家。建筑业省内产值45.46亿元，增长17.69%。公路通车里程1354.06千米，与上年基本持平；水上运输货物周转量110.1亿吨千米；港口货物吞吐量929.27万吨，下降4.37%。全年交通运输、仓储和邮政业增加值6.27亿元，增长2.4%。甬台温高速至沿海高速三门联络线全线动工，甬台温高速公路改扩建工程三门段开工建设。

社会消费品零售总额109.05亿元，增长2.0%。全年外贸进出口总额92.57亿元，增长10.5%。实际利用外资1665万美元。接待国内外游171.98万人次、旅游总收入21亿元，分别增长4.7%、6.7%。健跳—蛇蟠“海岸仙境”获评省“富春山居图样板区”，亭旁创成省级美丽城镇文旅特色型样板镇，横渡创成AAAA级景区镇，蛇蟠岛旅游度假区入选浙江省山区26县“造月工程”名单。包家村入选中国传统村落名录，大乎易恬园获评省级气候康养乡村，山前村、岩下潘村创成省级未来乡村，芹溪村、善见村成为旅游热门打卡地。

共有各级各类学校117所（不含电大），相比上年减少4所；在校生60471人，比上年减少847人，高考特控线上线人数增长率、中考全市前4000名人数增长率、特控线和一段线上线率均创历史最好成绩，通过全国义务教育优质均衡县省级评估。创新服务机构集聚的服务人才220名，比上年增加9人；省（市）级以上科技成果134个，比上年增加76个；专利申请为2186个、比上年增加337个，专利授权量为1496项，其中发明184项。共有卫生健康机构216家，较上年增加10家，卫生健康工作人员1678名，较上年增加64人。户籍人口养老保险和医疗保险参保率分别为98%、99.98%。医保参保人数438756人，比上年减少5061人。居家养老机构22家，较上年增加1家。人均消费支出为28215元，增长5.5%。最低生活保障标准为1041元/（人·月），增加91元/（人·月）。

【三门开展“三提三争”立功竞赛活动】 2022年2月9日，三门县召开全县经济工作会议暨“三提三争”立功竞赛活动动员大会。全县通过项目化推进、清单化销号、过程化督查、公开化晾晒，营造“比学赶超”的良好氛围，推动各项事业的快速发展。15个市对县考核指标综合得分居全市第2位；全年固定资产投资增长28.8%，增速居全省第2位；制造业投资增长45.2%，增速居全市第2位；签约亿元以上制造业项目24个，其中10亿元以上5个，50亿元以上1个；“两高”三门联络线全线动工，甬台温高速改扩建工程三门段、其头山建筑石料矿开工建设，东屏水库移民安置工作破难推进、东屏大坝完成招标，海塘安澜工程完成10.34千米。

【三门获批全省首个临港船舶低效用海有机更新试点】 7月20日，《三门县临港船舶低效用海有机更新试点实施方案》获省自然资源厅批复同意，成为全省第一个获批的船舶低效用海方案。三门县通过强化国土空间规划、变更海域使用用途、引导海域使用权流转等方式探索多渠道低效用海有机更新路径。全年完成低效用海有机更新3宗，撬动投资近10亿元，盘活低效用海913亩，审批时限从过去“海转地”平均耗时1年缩短至3个月，权证融资额度提额100%以上。

【“浙里康养”县域实践】 2022年，三门县以康养联合体建设为抓手，构建全方位、全领域的养老服务体系。通过融合养老院、卫生院、财政所等康养资源，开发“虚拟家庭养老院”应用场景，建立多级供应服务机制，构建“15分钟”城乡普惠优质康养服务圈，累计为2000余位老人提供康养服务4万余次。该项工作已入选省民政数字化改革试点、全省服务业大会典型案例、全省共同富裕最佳实践，得到副省长王文序2次批示肯定，并被中央、省市主流媒体多次报道。

【三门获授全省首批“二星平安金鼎”】 2022年，三门县推进“平安三门”建设，信访积案在全省率先实现动态清零。火灾事故数、刑事立案数、治安案件受理数、电信诈骗立案数分别下降24.4%、17.7%、22.6%、36.3%。平安指数、“除险保安”指数稳居全省前列。被省委、省政府授予2022年度“平安县（市、区）”称号，实现平安“十八连创　金鼎加星”，捧回全省首批二星平安金鼎。

【“核火风光蓄”能源产业集群培育】

2022年，三门县培育多电齐发、生产储能输送一体、关联产业深度融合的“核火风光蓄”千亿能源产业集群，加快推动能源结构优化，被列为台州临港产业带新能源城核心区。6月28日，总投资406亿元的三门核电二期项目正式开工，规划建设2台CAP1000核电机组，单台机组额定容量为125.1万千瓦；9月2日，中核汇能滩涂光伏项目开工建设，一期146MW总投资约6.5亿元；核电三期、峙洋抽水蓄能电站等项目前期加快。三门县已拥有新能源项目11个，总投资额超1000亿元，全年发电量313亿千瓦时，占全省统调机组发电总量的8%。

【三门上榜2022年“两山”发展百强县】 由浙江大学、浙江生态文明研究院研究的2022年“两山”发展指数公布，这一届的“两山”发展百强县从全国1821个县（市）中脱颖而出，三门县榜上有名。近年来，三门县坚持生态优先、绿色发展，通过搭建三门县“两山银行”，对生态资源进行有序整合开发利用，推动生态惠民富民。2022年三门县空气质量达到国家二级标准，空气质量优良率96.7%，集中式饮用水源地监测站位合格率100%。

（陈子豪）

8月16日，三门核电3号机组CA20模块（核辅助厂房5、6区大型结构模块）吊装就位　　（三门核电有限公司　提供）

人　物

荣誉军人

杨蒙蒙　1999年10月出生，2018年9月入伍，2022年3月入党，现任西藏军区某特战旅四班班长。他自入伍4年以来，勇于拼搏，不断地挑战自己的极限，完成多种离机方式跳伞，多种伞型、机型跳伞，武装跳伞，夜间跳伞，共50余次，被评为优秀跳伞员，经中国青年报刊介绍其文章《伞降高原》。多次参加演习任务，掌握直升机机降方法，完成并获上级一致好评，2021年在西藏军区组织的“雪域之巅——2021”创破纪录活动中以单杠113个的成绩刷新军区纪录并取得第1名，在取得第1名后，他戒骄戒躁，勇攀新高，2022年，在“雪域之巅——2022”创破纪录活动中以单杠133个的成绩刷新自己的纪录，荣获二等功1次。

（戴雨虹）

2022年全国五一劳动奖章获得者

王利芳　女，西马智能科技股份有限公司生产线线长,高级工。王利芳在面对公司产品质量和一线员工收入这一“矛盾体”上做到双赢，不偏不倚，在保证公司产品质量的基础上，通过改善插件流水线的工位站位和点焊工序，大大增加生产速率，由原先平均每40秒生产一台智能马桶，提高到每30秒生产一台智能马桶，每天能多生产200多台智能马桶。使线上每位员工增加10%的工资收入，也为公司增加几百万的销售收入，而且也使全年误差率控制在万分之零点六，得到公司领导的认可和一线员工的尊重。

叶海辉　玉环市坎门海都小学教师，正高级教师。叶海辉扎根海岛教育28年，从一名代课教师、退伍军人蜕变为特级教师，2021年入选全国十大教书育人楷模。他爱教乐学，勇于创新，创编体育游戏近2000例，制作80余种4000多件体育器材（其中8项器材获国家专利），主持省市两级名师工作室，参与全国普通高等学校体育通用教材的篇写，他所带领的校体育组获省优秀教研组称号。疫情防控期间，他自编自导完成40多节《中小学生居家体育锻炼指南》微课，总点击阅读量达800多万人次。他砥砺前行，热心公益，四次作为志愿者远赴西藏、青海、湖南、江西参与红粉笔乡村支教活动，他主编完成《老年人“阳光历奇”教育读本》，获省成教品牌项目，在全省推广使用，用大爱诠释师者真谛。

徐有祖　台州恩泽医疗中心（集团）浙江省台州医院呼吸与危重症医学科副主任兼病区主任,主任医师、高级工。徐有祖是疫情暴发初期台州首批驰援武汉医疗队队长，在抗“疫”最前线，他总是第一时间站出来。作为队长，他每天关注队员的心理状态，给他们信心和鼓励，并建起“台州人在武汉群”，为千余名滞留在武汉的台州老乡提供医疗帮助。他潜心致力技术创新，在呼吸与危重症医学方面经验丰富，技术过硬，曾在台州市开展首例超声支气管镜引导下纵隔淋巴结穿刺手术、首例支气管镜引导下放射性粒子植入术、首例硬质支气管镜下Y型气管支架置入术、首例Y型气管硅酮支架置入手术，引领台州市呼吸内镜介入技术的发展。

陈双连　女，浙江严牌过滤技术股份有限公司员工，参加2021年全国行业职业技能竞赛——全国纺织行业“阜宁杯”缝纫工（滤袋）职业技能竞赛高分夺冠。2022年2月当选台州市人大代表。陈双连坚持扎实基本功，不仅做到产出保质保量保证产品合格率，还降低了次品率减少了材料浪费。在缝制圆筒滤袋时，她先将订单仔细地分别归类，做到对每种滤袋的缝制要求了然于胸，最大程度减少缝制过程中的尺寸误差提高合格率。她为人严谨，做事脚踏实地。她积极参加公司和政府组织的各项技能竞赛并取得了一系列优异成绩。她还主动帮助技术上有困难的同事，经常与同事们切磋技艺，共同进步。

（台州市总工会）

2022年度“浙江骄傲”（最美浙江人）获得者

叶海辉　玉环市坎门海都小学教师，正高级教师。叶海辉扎根海岛教育28年，从一名代课教师、退伍军人蜕变为特级教师，2021年入选全国十大教书育人楷模。他爱教乐学，勇于创新，创编体育游戏近2000例，制作80余种4000多件体育器材（其中8项器材获国家专利），主持省市两级名师工作室，参与全国普通高等学校体育通用教材的篇写，体育组获省优秀教研组称号，疫情防控期间，自编自导完成40多节《中小学生居家体育锻炼指南》微课，总点击阅读量达800多万次；他砥砺前行，热心公益，四次作为志愿者远赴西藏、青海、湖南、江西参与红粉笔乡村支教活动，主编完成《老年人“阳光历奇”教育读本》，获省成教品牌项目，在全省推广使用，用大爱诠释师者真谛。

柯伟力　台州市公安局路桥分局刑事科学技术室副主任。他从事法医工作已有17年，一直潜心破案精益求精，用自己的专业技能为侦破案件提供无数关键信息。为帮助无数家庭早日团圆，2021年，柯伟力从身居幕后的法医转型为走到台前的“寻亲”民警，全身心投入“团圆行动”，领衔成立“团圆”工作室，通过DNA技术已帮助全国232名寻亲者成功回家。另外在一次特殊的出警过程中，他仅凭烈士遗骸和一块写着“山东人刘金山”的毛竹板，为牺牲77年的烈士找到家人，魂归故里。

（《台州年鉴》编辑部）

2022年浙江省宣传推选志愿服务最美（最佳）典型

王海强　国网浙江电力（椒江大陈）红船共产党员服务队志愿者。王海强是椒江区大陈镇人，他的父亲是一名老垦荒队员，吃苦耐劳的垦荒精神流淌在他的血液里。自1987年进入大陈岛电力行业，这么多年来，他起早摸黑，踏遍岛上角角落落，守护岛上的“光明”。

朱文龙　浙江省红十字（仙居）应急救援队志愿者。朱文龙是仙居县双庙乡方岩村的一位90后青年党员。从2014年开始，他在企业工作之余，参加应急救援保障、抗洪抢险等志愿服务工作，先后获得台州市新时代雷锋代表、全国抗击新冠肺炎疫情青年志愿服务先进个人等荣誉。

林　子　玉环市天宜社会工作服务中心志愿者。2014年入职天宜，开展社工实务性工作。之后，开展“党建社工邦”、“星星点灯”外来人员子女帮扶项目、残疾人成长计划——爱心烘焙坊、“三叶草残疾人义工队”、“牵手”涉罪未成年人帮扶等专项项目。

林华强　天台县红心社党支部书记、天台县社会志愿者服务组织联合会副会长、天台县网络公益联盟负责人、中华社会救助基金会关爱抗战老兵公益基金理事。2007年创办天台后司街，2016年4月注册成立天台县红心社，加强党建活动，发起关爱抗战老兵、“红心港湾”、“为你安个家”等特色志愿服务项目，参与开展疫情防控、文明劝导等志愿服务活动。

（《台州年鉴》编辑部）

2022年度台州市五一劳动奖章获得者

潘　强　温岭市荣达自动化科技有限公司
向泽波　温岭市万泰热处理有限公司
米长城　台州花现生活花艺有限公司
周　静（女）　浙江海正药业股份有限公司
胡云辉　黄岩一硕模具设计有限公司
周　峰　浙江伟星新型建材股份有限公司
许修誉　浙江台州安邦护卫有限公司
盛跃忠　亚欧汽车制造（台州）有限公司
宋　超　浙江浙能电力工程技术有限公司台州分公司
周耀领　临海市翔瑞电子科技有限公司
王伟勇　登云大健康温泉度假酒店
胡海伦（女）　浙江海德曼智能装备股份有限公司
汪　助　浙江海德曼智能装备股份有限公司
林根良　金浪科技有限公司
曹丽丽（女）　三门县人民医院
邱海波　台州市红十字春雨志愿应急救援队
陈雨成　国网浙江省电力有限公司临海市供电公司
王得将　浙江双环传动机械股份有限公司
周亚琴（女）　台州韩希健康咨询有限公司
陈彧文　椒江公安分局
杨丽娜（女）　椒江区生态环境保护行政执法队
卢　亭（女）　台州市食品检验检测中心
江盛鹏　台州德星奔驰汽车有限公司
王晨志　国网三门县供电公司健跳供电所

张　成　国网临海市供电公司桃渚供电所
程　菊（女）　温岭市太平街道社区卫生服务中心
杨小跃（女）　台州市椒江区金色年华养老服务有限公司
王新川　中国邮政集团有限公司台州市分公司
戴梦娜（女）　天台县文化市场行政执法队
杨红燕（女）　台州市中医院
项燕标　浙江涂涂智能卫浴科技有限公司
罗陈瑶（女）　玉环市行政服务中心
韩城南　天台县畜牧兽医渔业所
罗帮辉　方远建设集团股份有限公司
傅殷希（女）　温岭市红十字会
陈小龙　台州湾新区消防救援大队
李朋博　路桥区蓬街镇专职消防队
王宇杰　浙江商务国际旅行社有限公司
叶国松　台州远洲凤凰山庄有限公司
郭　瑞　飞洲集团股份有限公司
金　浩　浙江海正药业股份有限公司
郑　跃　台州德教科技有限公司
程　林　台州市特种设备检验检测研究院
杨　刚　台州科技职业学院

（台州市总工会）

2022年“台州工匠”获得者

赵二强　浙江海正药业股份有限公司
王永军　浙江海正药业股份有限公司
陈　重　浙江海翔药业股份有限公司
管建平　杰克科技股份有限公司
王　志　杰克科技股份有限公司
叶宸赳　浙江水晶光电科技股份有限公司
郑嘉政　浙江诚信医化设备有限公司
严凤娟（女）　浙江台绣服饰有限公司
许继军　浙江真空设备集团有限公司
徐明超　台州一鼎远洲大酒店有限公司
张洪宇　台州市椒江区职业中等专业学校
张　蓓（女）　浙江九洲药业股份有限公司
孙　亮　台州市吴子熊玻璃艺术有限公司
应建明　浙江台州美多模具有限公司
周益民　公元股份有限公司
王林强　黄岩区第一职业技术学校
王金国　陶氏模具集团有限公司
杨　能　台州百仕特自动化科技有限公司
蔡阳波　浙江丰立智能科技股份有限公司
陈　星　浙江江鑫机电有限公司
吕建根　台州市黄岩瑞丽模塑股份有限公司
陈宏达　国网台州市黄岩区供电公司
胡　安　新立科技股份有限公司
王以洲　台州市黄岩区餐饮协会
张　忠　台州市金宇机电有限公司
褚孟宾　浙江台州金桥集团有限公司
丁建军　台州市路桥中等职业技术学校
陈冬诚　台州市路桥区烹饪协会
牛纵腾　台州市路桥中科成污水净化有限公司
梁君飞（女）　台州市路桥宇顺汽车修理厂
孙　敏　浙江肯得机电股份有限公司
郅珍宝　亚欧汽车制造（台州）有限公司
秦春华　三友控股集团有限公司
王利芳（女）　西马智能科技股份有限公司
赵金龙　临海市豪情汽车工业学校
单　明　临海市水文站
金建阳　浙江华海药业股份有限公司
周　岳　浙江亘古电缆股份有限公司
尹如中　浙江同心力机电科技有限公司
章步天　浙江伟星实业发展股份有限公司
邱晓莹（女）　临海市特产技术推广总站
王晓平　拓卡奔马机电科技有限公司
胡和平　匠心美业理发店
褚红波　临海伟星新型建材有限公司
郑小伟　浙江中马传动股份有限公司
潘俞宏　浙江中马传动股份有限公司
滕明伟　浙江宏业高科智能装备股份有限公司
赵向东　爱仕达股份有限公司
林圣棚　浙江大元泵业股份有限公司
郭胤杰　浙江九洲新能源科技有限公司
杨学良　浙江西菱股份有限公司
何　清　浙江美机缝纫机有限公司
许祥金　台州力宝行汽车销售服务有限公司
林方龙　温岭市职业中等专业学校
江　音（女）　台州第一技师学院
杨剑博　爱仕达股份有限公司
李妙聪　浙江风驰机械有限公司
杨光辉　浙江东音科技有限公司
吴高峰　台州艾迪西盛大暖通科技有限公司
王豪馨　台州恒新汽车配件股份有限公司
谢永乐　台州兴雷自动化设备有限公司
陶海世　浙江万得凯流体设备科技股份有限公司
殷先卓　浙江万得凯流体设备科技股份有限公司
张灵富　玉环市中等职业技术学校
王灵华　浙江玉环湖韵文创发展有限公司
王　林　玉环市中等职业技术学校
高　龙　玉环普天单向器有限公司
孙志海　浙江苏泊尔股份有限公司
陈　钧　浙江银轮智能装备有限公司
汤　攀　浙江银轮新能源热管理系统有限公司
徐云云（女）　天台悦木茶业有限公司

罗军强　浙江银轮新能源热管理系统有限公司
何银玲（女）　天台县太阳雨花坊
年四昀　浙江司太立制药股份有限公司
宋明熙　浙江车头制药股份有限公司
李登雕　国网仙居县供电公司
王伟勇　仙居菜研发中心
余月华　国网仙居县供电公司
娄明东　三门技师学院
蒋玉臣　三门超凡自动化设备有限公司
蔡统辉　三变科技股份有限公司
蒋建华　台州市凯华汽车模具有限公司
翁君晌　浙江维泰橡胶有限公司
陈景颂（女）　海啊科技股份有限公司
林咸林　恒勃控股股份有限公司
孙大锋　台州滨海吉利发动机有限公司
丁　鹏　台州市百达电器有限公司
胡上杰　台州市公安局特警支队警务航空大队
曹海剑　台州水务集团
夏福标　台州市美容美发化妆品行业协会
涂志标　台州学院
苏占华　台州职业技术学院
黎华平　台州职业技术学院
姚正杰　台州技师学院
郑子淮　国网台州供电公司
黄　涛　国网台州供电公司
原　烨　中国移动通信集团浙江有限公司台州分公司

（台州市总工会）

2020—2021 年全省“忠实践行‘八八战略’、奋力打造‘重要窗口’”先进个人

张　慧　台州市市政基础设施开发集团有限公司
张　斌　台州中建现代大道投资建设有限公司
何　敢　华强方特集团台州方特动漫园
沈　坚　台州市路桥区交通建设集团有限公司
陈伯勋　温岭市自然资源和规划局
方仁根　温岭市交通运输局
王宇腾　天台县基础设施投资有限公司
张壹科　仙居县交通投资集团有限公司
樊建龙　三门味央农业发展有限公司
刘　勇　中交第二公路工程局有限公司
赵　刚　中交第二公路工程局有限公司
刘　江　中交四航（台州）开发建设有限公司
陈叶林　上海宝冶集团有限公司

（台州市总工会）

光荣榜

2022年度台州市获省部级以上表彰先进集体

表40

获奖单位	获奖称号	授奖单位
台州市、临海市、玉环市	2022年度省“五水共治”工作优秀市县“大禹鼎”银鼎	中共浙江省委、浙江省人民政府
黄岩区、温岭市	2022年度省“五水共治”工作优秀市县“大禹鼎”铜鼎	中共浙江省委、浙江省人民政府
台州市、黄岩区、玉环市	2022年度“平安牌”	中共浙江省委、浙江省人民政府
临海市、仙居县、三门县	2022年度“二星平安金鼎”	中共浙江省委、浙江省人民政府
椒江区、天台县	2022年度“一星平安金鼎”	中共浙江省委、浙江省人民政府
路桥区	2022年度“平安金鼎”	中共浙江省委、浙江省人民政府
温岭市	2022年度“平安铜鼎”	中共浙江省委、浙江省人民政府
台州市	2021年度国务院督查激励（深化商事制度改革成效明显地方）	国务院办公厅
台州市	全国青年发展型城市试点	中长期青年发展规划实施工作部际联席会议办公室
临海市	全省“腾笼换鸟、凤凰涅槃”考核优秀激励	中共浙江省委、浙江省人民政府
温岭市	浙江省2021年度平安市	中共浙江省委、浙江省人民政府
温岭市	全国青年发展型县域试点	共青团中央
温岭市	全国青年发展型城市县级试点	中长期青年发展规划实施工作部际联席会议办公室
温岭市	国家知识产权强县建设示范县	国家知识产权局
仙居县	2021年度平安市、县（市、区）及2020—2021年度平安浙江建设先进集体	中共浙江省委、浙江省人民政府
仙居县	浙江省2022年度城乡风貌样板区	中共浙江省委、浙江省人民政府
仙居县	2022年度浙江省美丽乡村示范县	中共浙江省委、浙江省人民政府
仙居县	2022年“四好农村路”全国示范县创建单位	交通运输部
三门县	2021年度“无违建”县	中共浙江省委、浙江省人民政府
三门县	2022年农业现代化示范区创建名单	农业农村部
三门县	国家级水产健康养殖和生态养殖示范区	农业农村部
民盟台州市委会	2022年度《群言》杂志发行工作突出成绩奖	民盟中央
九三学社台州市委员会	九三学社中央乡村振兴实践基地	九三学社中央
九三学社台州市委员会	九三学社中央多党合作乡村振兴示范项目	九三学社中央
台州海事局	交通运输法治政府建设通报表扬部门	交通运输部办公厅

续表40

获奖单位	获奖称号	授奖单位
台州市水利局	全国水土保持工作先进集体	水利部
82省道（S325）延伸线黄岩北洋至宁溪段公路、新建杭州经绍兴至台州铁路	国家水土保持示范工程	水利部
台州市综合行政执法局台州湾新区（高新区）分局	2021年度住建部“强基础、转作风、树形象”专项行动表现突出单位	中华人民共和国住房和城乡建设部
市行政服务中心	一星级全国青年文明号	全国创建青年文明号活动组委会
台州市科学技术协会	中宣部全国文化科技卫生“三下乡”活动优秀团队	中共中央宣传部
台州市科学技术协会	优秀科普教育基地	中国科学院
台州市科学技术协会	“筑梦·流动十年”中国流动科技馆项目优秀单位	中国科协
台州市水库移民工作中心	水利工程移民安置高质量发展事件典型案例	水利部办公厅
台州市人力资源和社会保障局监察执法处	2022年全国清理整顿人力资源市场秩序专项行动取得突出成绩单位	人力资源和社会保障部办公厅、市场监管总局办公厅
黄岩农商银行横街支行温暖驿站	2022年全国“最美工会户外劳动者服务站”	中华全国总工会
农工党黄岩区基层委员会	2018—2022年先进集体	农工党中央委员会
台州市黄岩区人民法院	全国法院第七届司法大数据专题研究整体示范应用二等奖	最高人民法院
临海市人民法院行政审判庭	人民法院行政审判工作先进集体	最高人民法院
临海市公安局	平安护航建党100周年成绩突出集体荣誉	省委办公厅 省政府办公厅

2022年度台州市获省部级以上表彰先进个人

表41

获奖人物	获奖称号	授奖单位
胡冰（民革台州市委会）	民革全国祖统工作先进个人	民革中央
吴敏玮（民革台州市委会）	民革全国宣传思想工作先进个人	民革中央
丁慧斌（台州市委统战部）	平安护航党的二十大成绩突出个人	中共浙江省委建设平安浙江领导小组
干丽君（台州市交通运输局）	交通运输法治政府建设通报表扬个人	交通运输部办公厅
梁统（临海市人民法院审判委员会专职委员）	全国法院办案标兵	最高法院
袁晓贞（台州市中级人民法院立案庭员额法官，借调至最高法院知识知识产权法庭工作）	最高人民法院知识产权法庭试点工作表现突出个人	最高法院
徐　怡	2021年全国红色旅游五好讲解员培养项目入选讲解员	文化和旅游部办公厅
洪萍家庭	第十三届全国五好家庭	中华全国妇女联合会
陈　丹	全国社科工作先进个人	全国大中城市社科联工作会议主席团
廖春妹	中国工艺美术大师	中国轻工业联合会
陈　露	全国检察宣传先进个人	检察日报社
夏馨逸（黄岩区实验中学学生）	第七届全国学生“学宪法 讲宪法”活动全国总决赛演讲比赛冠军、最佳风采奖	教育部
张荣胜	全国优秀城乡社区工作者	民政部
许海英	获得三项实用新型专利证书	国家知识产权局
郑明明	五星防疫卫士	中国肝炎防治基金会
张胜荣	全国优秀城乡社区工作者	全国城乡社区治理专项表彰评审委员会办公室

附　录

地方性法规

台州市浙东唐诗之路文化资源保护和利用条例

（2022年12月24日台州市第六届人民代表大会常务委员会第五次会议通过　2023年3月31日经浙江省第十四届人民代表大会常务委员会第二次会议批准）

第一章　总　则

第一条　为了加强浙东唐诗之路文化资源保护和利用，传承和弘扬中华优秀传统文化，推进建设诗路文化带，助力打造新时代文化高地，根据有关法律、法规，结合本市实际，制定本条例。

第二条　本市行政区域内浙东唐诗之路文化资源的保护、利用及其监督管理等活动，适用本条例。

本条例所称浙东唐诗之路文化资源，是指本市与浙东唐诗之路相关的，具有历史、文学、艺术、科学等价值的物质和非物质文化资源。浙东唐诗之路的具体范围按照《浙江省诗路文化带发展规划》执行。

法律、法规对属于浙东唐诗之路文化资源的文物、非物质文化遗产、历史文化名城名镇名村、历史文化街区和历史建筑、传统村落、风景名胜区等已有规定的，从其规定。

第三条　浙东唐诗之路文化资源的保护和利用，应当遵循科学保护、合理利用、守正创新、区域协同、共建共享的原则。

第四条　市、相关县（市、区）人民政府对本行政区域内的浙东唐诗之路文化资源保护利用负责，统筹制定保护利用政策，协调解决保护利用重大问题，保障保护利用所需经费，将浙东唐诗之路文化资源保护利用工作纳入国民经济和社会发展规划纲要。

乡镇人民政府、街道办事处做好辖区内浙东唐诗之路文化资源保护利用相关工作，村（居）民委员会予以协助。

第五条　文化旅游主管部门负责组织浙东唐诗之路文化资源的规划编制、调查认定、保护利用、宣传推广以及监督管理等工作。

发展改革、教育、财政、自然资源和规划、林业、生态环境、住房城乡建设、交通运输、水行政、农业农村、体育、应急管理、市场监管、大数据发展、新闻出版、民族宗教等主管部门，应当按照各自职责做好浙东唐诗之路文化资源保护、利用和监督管理工作。

第六条　市、相关县（市、区）人民政府应当加强与浙东唐诗之路沿线地区的协作，建立区域协同机制，共同推进相关规划编制、资源调查认定、文化遗存保护、精品旅游线路开发、馆藏资源依法共享和文化普及基地、美丽通道、文旅大景区、智慧诗路等建设以及监督管理等工作，一体推动形成展现唐诗气象、浙东气韵、山水优渥、人文渊博的文化链。

市、相关县（市、区）人民政府应当积极参与与浙东唐诗之路文化相关的国际、省际文化交流活动和项目合作，融入“一带一路”建设和“长三角”一体化发展。

第七条　市人民政府设立浙东唐诗之路文化资源保护利用专家咨询委员会，为本市编制浙东唐诗之路文化资源保护利用规划、建立资源名录等事项提供咨询意见。

第八条 市、相关县(市、区)人民政府可以通过向社会力量购买服务和引入社会资本等方式,推进浙东唐诗之路文化资源保护利用工作。

鼓励建立浙东唐诗之路文化资源保护利用志愿者服务队伍。支持单位和个人通过捐赠、资助、提供技术服务或者提出建议等方式,参与浙东唐诗之路文化资源保护利用工作。市、相关县(市、区)人民政府应当对浙东唐诗之路文化资源保护利用工作中有突出贡献的单位和个人给予奖励。

任何单位和个人有权对破坏浙东唐诗之路文化资源的行为进行劝阻、检举或者控告。

第九条 市、相关县(市、区)人民政府应当建立健全浙东唐诗之路文化资源数字化管理机制,推动数字诗路平台和数字诗路博物馆建设,对列入名录的诗路文化资源进行数字化保护管理,并在文化教育、文创产业、智慧旅游等领域推广应用。

第二章 规划与名录

第十条 市、相关县(市、区)发展改革主管部门应当按照省相关要求,会同同级文化旅游、自然资源和规划等有关部门编制本行政区域内浙东唐诗之路文化带建设实施方案。县(市、区)浙东唐诗之路文化带建设实施方案应当报市发展改革主管部门备案。

第十一条 市、相关县(市、区)文化旅游主管部门应当会同有关部门编制本行政区域内浙东唐诗之路文化资源保护利用规划,经同级自然资源和规划主管部门审查,报本级人民政府批准。县(市、区)浙东唐诗之路文化资源保护利用规划应当报市文化旅游主管部门备案。

浙东唐诗之路文化资源保护利用规划应当明确保护和利用的目标、内容、措施和要求,划定物质文化资源保护范围。

浙东唐诗之路文化资源保护利用规划经批准公布后,应当严格执行,不得擅自修改;确需修改的,应当按照原审批程序报批。

第十二条 本市建立浙东唐诗之路文化资源名录制度。

资源名录应当记载资源名称、类型、地理位置、保护责任人、保护级别、文化内涵、价值等内容。

第十三条 市文化旅游主管部门应当会同同级自然资源和规划、住房城乡建设、交通运输、水行政、农业农村等主管部门和地方志机构定期开展本行政区域内浙东唐诗之路文化资源的普查和专项调查,建立普查、专项调查档案和数据库。重点对下列文化资源进行调查:

(一)文化名山、人文水脉、交通遗迹、森林古道、关隘驿站、文化遗址、宗教史迹、摩崖石刻、名城古镇、诗路古村、海岛公园等物质文化资源;

(二)历史名人、文学艺术、民间传说、传统民俗、传统技艺等非物质文化资源。

鼓励单位和个人向所在地县(市、区)文化旅游主管部门提供浙东唐诗之路文化资源线索。

第十四条 市文化旅游主管部门应当根据普查和专项调查结果提出浙东唐诗之路文化资源建议名录,经专家咨询委员会评审、社会公示后,报市人民政府批准并公布。公示时间不少于三十日。

下列已经省相关程序认定的浙东唐诗之路文化资源,应当直接列入资源名录:

(一)天台山、天姥山、括苍山、神仙居等文化名山;

(二)唐诗古道、寒山古道等诗意古道;

(三)委羽山大有宫等文化遗址公园;

(四)台州府城、章安古镇等名城古镇;

(五)张思村等诗路古村;

(六)大陈岛等海岛公园;

(七)其他相关文化资源。

与浙东唐诗之路相关的已经被依法认定为文物、非物质文化遗产、历史文化名城名镇名村、历史文化街区和历史建筑、传统村落、风景名胜区等文化资源,应当直接列入资源名录。

第十五条 浙东唐诗之路文化资源名录需要调整的,按照本条例第十四条规定程序执行。

第三章 保护与管理

第十六条 市、相关县(市、区)人民政府应当加强对浙东唐诗之路文化资源所依存的山峦、河流、湖泊、森林、草地、湿地等自然环境和文物古迹、名镇古村等人文环境的保护,最大限度展现浙东唐诗之路山水和谐、诗心寄寓、和合文化和自在养性的气韵。

市、相关县(市、区)人民政府应当按照浙东唐诗之路文化资源保护利用规划,制定重点文化资源保护方案,并组织实施。

第十七条 市、相关县(市、区)人民政府应当加强对浙东唐诗之路物质文化资源的科学监测、抢救修缮和日常保养,保持文化资源的历史真实性、风貌完整性和生活延续性。

市、相关县（市、区）人民政府应当组织有关主管部门，依法对浙东唐诗之路沿线古道、古亭、古桥、古关隘、古驿站、古堰坝、古渡口，以及宗教遗迹、名人故居等物质文化资源开展修复，挖掘和提升浙东唐诗之路的诗画意境。

第十八条 市文化旅游主管部门应当为浙东唐诗之路物质文化资源，设置统一的保护标志，划定必要的保护范围。

禁止在浙东唐诗之路物质文化资源保护范围内实施下列行为：

（一）刻画、涂污、损坏物质文化资源本体及其附属设施；

（二）进行可能影响物质文化资源安全及其环境的活动；

（三）擅自设置、移动、拆除、涂改、损毁保护标志；

（四）法律、法规禁止的其他行为。

对浙东唐诗之路物质文化资源保护范围内的建设活动，市、相关县（市、区）人民政府有关主管部门在依法作出行政许可决定前，应当征求同级人民政府文化旅游主管部门的意见。

第十九条 市、相关县（市、区）人民政府应当加强对浙东唐诗之路非物质文化资源的保护。文化旅游主管部门和其他有关部门在进行浙东唐诗之路文化资源普查和专项调查时，应当收集属于非物质文化资源组成部分的代表性实物，整理调查工作中取得的资料，采用文字、录音、录像、数字化多媒体等方式对其文化表现形式进行真实、完整记录，并妥善保存。

对通过调查或者其他途径发现的濒临消失的非物质文化资源，县级人民政府文化旅游主管部门应当立即予以记录并收集有关实物，或者采取其他抢救性保存措施。

第二十条 市、相关县（市、区）人民政府及其有关单位应当加强对浙东唐诗之路文化资源、文化产业、文创产品的知识产权保护，鼓励、引导将文化项目申请注册商标、申报地理标志、登记版权，开展与浙东唐诗之路文化相关的知识产权保护利用工作。

第二十一条 市、相关县（市、区）文化旅游主管部门应当会同公安、自然资源和规划、生态环境、住房城乡建设、交通运输、水行政、农业农村、应急管理等主管部门，利用在线监控、卫星遥感、无人机航摄等技术，运用数字化管理手段，加强对浙东唐诗之路文化资源的动态监测和保护信息数据共享。

对浙东唐诗之路文化资源负有安全管理职责的单位和个人，应当建立并实施动态监测和日常巡查机制，及时发现和消除安全隐患。市、相关县（市、区）文化旅游主管部门和其他有关主管部门通过警示提醒、约谈、指导等方式，督促其履行职责。

第四章　传承与利用

第二十二条 市、相关县（市、区）人民政府应当统筹推进浙东唐诗之路文化设施完善、研究创作、传播交流，以水系古道为纽带，以诗词曲赋为特色，有机串联文化名山、名城古镇，深度挖掘诗画、山水、佛道、名人等文化底蕴和精神内涵，推动文化和旅游融合发展，实现对优秀传统文化的活化、物化和升华。

第二十三条 市、相关县（市、区）文化旅游主管部门以及社科联、文联等群众团体应当整合浙东唐诗之路研究力量，加强对相关诗词、书画作品、文化名人和典故传说等资源的挖掘、收集和整理，理清浙东唐诗之路产生与发展的史脉、文脉，讲好诗路文化故事，编撰出版相关研究成果。

市、相关县（市、区）人民政府应当加强浙东唐诗之路文化人才培养和引进，通过设立研究基地、培育学科带头人和非遗传承人等方式，推进多层次专业人才队伍建设。

鼓励和支持高等院校、科研机构、其他单位和个人开展浙东唐诗之路文化资源调查、科学研究、学术交流等活动，对有重要价值的研究成果，应当予以采纳和运用。

第二十四条 市、相关县（市、区）人民政府应当完善浙东唐诗之路沿线交通、市政公用、生活服务、公共文化体育等基础设施，建设具有唐诗文化韵味的诗路驿站、名山风景道和沿河、滨湖、环山、环岛诗路绿道。

第二十五条 市、相关县（市、区）人民政府及其有关部门应当将浙东唐诗之路文化元素融入城乡建设和乡村振兴，推动诗路文化建设和名城名镇名村提升的协调发展。

历史文化名城应当加强对浙东唐诗之路文化相关的空间尺度、历史形态的保护和管理，通过历史文化街区的保护利用、文化遗产展示、演艺活动开展等方式，丰富城市文化内涵，提升居民认同和生活品质。

挖掘和保护文化底蕴丰厚的浙东唐诗之路文化名镇名村，加强农村文物古迹、传统村落、传统建筑的保护，提升古村落人居环境，建设具有诗路韵味的美丽乡村。

第二十六条 市、相关县（市、区）人民政府应当培育扶持有地方特色的旅游平台，利用浙东唐诗之路沿线诗画、山水、佛道、名人等文化资源，培育体现浙东唐诗之路文化内涵的精品旅游主题线路，推进诗路文化与旅游发展的深度融合。

市、相关县（市、区）人民政府应当推进重点旅游景区提升工程，增加浙东唐诗之路文化内涵，建设具有国内外知名度和影响力的景区群。

第二十七条 市、相关县（市、区）人民政府及其有关部门应当根据浙东唐诗之路文化带建设实施方案，加强对具备传承基础和生产规模的传统工艺项目的扶持，优化文化产业空间布局，鼓励依托浙东唐诗之路文化创新茶叶制作、青瓷烧制、无骨花灯、木雕、竹编、刺绣等传统手工艺的发展模式，提升浙东唐诗之路文化衍生产品开发能力。

鼓励、引导开发具有浙东唐诗之路文化特色的创意设计、影视动漫、文创演艺、体育赛事、民宿美食、康养休闲等产品，打造高端文化产业集群，实现诗路文化资源的创造性转化和创新性发展。

第二十八条 市、相关县（市、区）人民政府及其有关部门应当制定相关政策，利用各类公共文化服务设施和浙东唐诗之路沿线景区景点、名镇名村、名人故居等场所，举办诗路文化、和合文化、古城文化、天台山文化等主题文化传播活动，组织开展具有地域特色的节庆活动和民俗文化活动，传承弘扬浙东唐诗之路文化。

第二十九条 鼓励市、相关县（市、区）建设浙东唐诗之路文化专题博物馆、展示馆、体验馆等，打造非遗主题小镇、民俗文化村、文化遗址公园，引导社会力量参与浙东唐诗之路文化各类展陈设施建设。

各级博物馆、展示馆、体验馆、图书馆、文化馆、美术馆等公共文化机构应当组织开展浙东唐诗之路文化主题文学艺术作品的展览和展示，推动浙东唐诗之路文化的传承和发展。

第三十条 市、县（市、区）人民政府应当加强浙东唐诗之路文化宣传工作，开展富有当地文化特色的宣传教育活动，多渠道推进浙东唐诗之路文化宣传普及。

市、县（市、区）教育主管部门应当认定公布浙东唐诗之路文化研学基地，组织开展相关研学活动，会同文化旅游主管部门编写适合中小学特点的浙东唐诗之路文化读本读物，列入地方乡土文化丛书、地方教材、校本教材等，组织中小学校开展与浙东唐诗之路文化相关的教育活动，增强中小学生对诗路文化的认同、传承和弘扬意识。

第五章 法律责任

第三十一条 违反本条例规定的行为，法律、行政法规和省的地方性法规已有法律责任规定的，从其规定。

第三十二条 违反本条例第十八条第二款第一项规定，刻画、涂污、损坏物质文化资源本体及其附属设施尚不严重的，由文化旅游主管部门责令限期改正；逾期不改正的，处五百元以上五千元以下罚款；造成严重后果的，处五千元以上五万元以下罚款。

第三十三条 违反本条例第十八条第二款第三项规定，擅自设置、移动、拆除、涂改、损毁资源标志的，由文化旅游主管部门责令限期改正；逾期不改正的，处二百元以上二千元以下罚款。

第六章 附 则

第三十四条 本条例自2023年5月1日起施行。

台州市小微企业
普惠金融服务促进条例

（2022年12月24日台州市第六届人民代表大会常务委员会第五次会议通过 2023年5月26日浙江省第十四届人民代表大会常务委员会第三次会议批准）

第一章 总 则

第一条 为了深化小微企业普惠金融服务改革，优化金融服务环境，支持小微企业高质量可持续发展，服务实体经济，推动乡村振兴，助力共同富裕，根据有关法律、法规，结合本市实际，制定本条例。

第二条 本市行政区域内小微企业普惠金融服务促进的相关活动，适用本条例。

本条例所称小微企业普惠金融服务，是指立足机会平等要求，通过政策引导扶持，以可负担的成本为小微企业提供适当、有效的金融服务。

本条例所称小微企业，是指在本市行政区域内依法设立的符合国家有关小微企业划分标准的各种所有制和各种形式的企业。

个体工商户和农业生产经营者以及其他小微市场主体的普惠金融服务促进的相关活动，依照本条例有关规定执行。

第三条 小微企业普惠金融服务促进工作应当坚持市场导向、政策激励、包容审慎、科技创新、数字赋能、健康可持续的原则。

第四条 市、县（市、区）人民政府应当加强对本行政区域内小微企业普惠金融服务促进工作的领导，协调解决小微企业普惠金融服务重大问题，为小微企业普惠金融服务促进工作提供财政和政策支持。

第五条 地方金融工作部门负责统筹本行政区域内小微企业普惠金融服务促进的相关工作，加强与中央金融管理部门驻台机构的沟通协调，依法承担监督管理和服务工作。

发展改革、经济和信息化、科技、公安、司法行政、财政、人力资源和社会保障、农业农村、商务、市场监督管理、大数据发展、税务等部门，应当按照各自职责做好小微企业普惠金融服务促进工作。

第二章 金融产品与服务

第六条 市、县（市、区）人民政府应当根据本区域特色产业和小微企业金融需求，支持银行业金融机构建设小微企业普惠金融服务的特色支行或者专营机构。支持保险业金融机构完善服务小微企业机构体系。

地方金融工作部门应当根据国家、省、市有关规定和本地实际，引导小额贷款公司、融资担保公司、融资租赁公司和民间融资服务企业等地方金融组织合理布局。

第七条 市、县（市、区）人民政府应当支持金融机构、地方金融组织开发小微企业普惠金融产品，在产品渠道、还款方式、担保制度、风险保障等方面进行创新，探索多样化服务模式，为小微企业提供有针对性的金融服务。

第八条 鼓励银行业金融机构加大对小微企业的信贷支持，优化信贷结构，提高小微企业贷款的规模和比重，减少贷款附加费用，简化贷款审批手续，改善小微企业信贷环境。

第九条 鼓励银行业金融机构完善小微企业信用等级评估和授信制度，提升信用贷款服务能力，提高信用贷款比重。

鼓励金融机构、地方金融组织、征信服务机构和其他金融中介机构，探索和完善符合小微企业特征的金融信用评价指标体系，对小微企业开展多维度金融信用评价。

第十条 鼓励银行业金融机构扩大小微企业贷款担保物范围，优化担保物评估机制；支持小微企业以动产或者权利进行担保融资。

动产、不动产登记等相关部门应当优化小微企业融资担保登记手续，压缩办理时限，降低办理成本。

地方金融工作部门应当会同中央金融管理部门驻台机构健全动产融资支持配套政策，加强动产融资工作宣传。

第十一条 市场监督管理部门、地方金融工作部门应当会同中央金融管理部门驻台机构制定和实施小微企业知识产权质押融资相关政策。

支持保险业金融机构开展知识产权保险工作，扩大知识产权被侵权损失险、知识产权专利执行险等常规险种保险覆盖面。

支持保险业金融机构围绕小微企业发展需求，创新知识产权保险产品，在风险可控的前提下，开展与知识产权前瞻布局、质押融资、许可转让、海外知识产权保护等相关的保险业务。

第十二条 鼓励发展供应链金融，支持金融机构依托供应链核心企业的信用和交易信息，为上下游小微企业提供应收账款融资、商业汇票融资等场景化、线上化的金融服务。

鼓励金融机构开展商业汇票产品技术创新，推动供应链信息平台与商业汇票基础设施互联互通。

第十三条 支持银行业金融机构、地方金融组织持续开展还款续贷方式创新，根据小微企业差异化生产经营周期，应用推广中长期流动资金贷款、循环贷等产品和服务。

支持银行业金融机构、地方金融组织开展无还本续贷业务，对流动资金贷款到期后仍有融资需求的小微企业，提前开展贷款调查与评审；符合标准和条件的，依照程序办理无还本续贷。

第十四条 鼓励银行业金融机构、保险业金融机构、政策性融资担保机构等开展合作，探索小微企业小额贷款保证保险的风险分担模式。

第十五条 支持法人银行业金融机构发行永续债、二级资本债、小微企业金融债等各类金融债，开展小微企业贷款资产证券化以及其他主动负债业务，增强对小微企业提供持续信贷的能力。

第十六条 鼓励各类金融机构之间加强合作，提升对科技型小微企业的专业化服务水平，完善符合科技型小微企业特征的信用评价办法，创新科技金融产品和服务。

第十七条 支持金融机构、地方金融组织推动普惠金融和绿色金融融合发展，创新小微企业绿色金融产品和服务。

市、县（市、区）人民政府有关部门应当会同中央金融管理部门驻台机构在绿色信贷识别、绿色主体评价、绿色信息共享、绿色转型、碳核算等方面为小微企业提供支持，开展小微企业绿色金融服务工作。

第十八条 支持金融机构在乡镇等小微企业普惠金融服务薄弱地区延伸网点和业务，完善农村支付体系、农村信用体系、农村信息数据化等农村金融基础设施，扩大农村金融服务覆盖面。

鼓励金融机构、地方金融组织结合县域产业特征，创新融资支持与风险保障产品，加大对山区县高质量发展的金融支持力度。

第十九条 鼓励银行业金融机构、地方金融组织提升外汇金融服务能力，为小微企业提供便利化的跨境投融资和结算服务，创新汇率避险产品、降低汇率避险成本，引导小微企业提高抵御汇率波动风险能力。

第二十条 支持金融机构、地方金融组织依托专业市场、城市商圈、居民小区等开展社区化经营，根据小微企业需求，提供信贷、理财等方面的定制化产品和服务。

鼓励网格化社会治理与社区化经营有效联动、相互促进。

第二十一条 市、县（市、区）人民政府应当发挥政府产业基金引导作用，合理把握投资风险容忍度。政府产业基金应当积极与金融机构、创业投资基金、私募股权投资基金等开展合作，扩大对高成长、初创期、科技型小微企业的投资规模。

第二十二条 支持小微企业在全国中小企业股份转让系统、区域性股权市场挂牌，通过发行股份、债券或者资产证券化等方式开展直接融资。

市、县（市、区）人民政府有关部门应当加强对小微企业的上市培育，引导证券、会计、法律等专业服务机构为符合条件的小微企业直接融资提供指导和服务。

第三章　政策性融资担保

第二十三条 市人民政府应当深化政府性融资担保机构改革，推动建立以政府性融资担保机构为主、非政府性融资担保机构为辅的小微企业政策性融资担保体系。

第二十四条 市、县（市、区）人民政府应当建立小微企业政策性融资担保业务风险补偿机制，根据本行政区域内小微企业政策性融资担保业务代偿情况，适时对相应的融资担保机构予以风险补偿，确保小微企业政策性融资担保业务健康可持续发展。

第二十五条 市、县（市、区）人民政府应当建立小微企业政策性融资担保费用补贴机制，加大对重点支持行业、产业小微企业融资担保的支持力度。

第二十六条 市、县（市、区）人民政府应当根据政府性融资担保机构总体运行情况和各县（市、区）融资担保业务需求，适时补充资本金。

第二十七条 政府性融资担保机构应当坚持非营利性原则，根据政策导向，在可持续经营的前提下，保持较低融资担保费率，为小微企业提供低成本、高效率的融资担保服务。

第二十八条 政府性融资担保机构应当优化业务流程，提高服务效率；加强内部控制和风险管理，发生担保代偿损失后，应当及时依法追偿。

第二十九条 政府性融资担保机构应当加入国家、省、市再担保合作机制，与金融机构开展业务合作，探索建立多元化风险分担机制。

鼓励政府性融资担保机构与国家级、省级农业担保机构建立业务合作关系。

第三十条 支持非政府性融资担保机构规范可持续发展，鼓励非政府性融资担保机构与政府性融资担保、再担保机构合作开展小微企业政策性融资担保业务。

非政府性融资担保机构与政府性融资担保机构、再担保机构依法平等享有风险补偿和担保费用补贴。

第四章　金融数字化改革

第三十一条 市人民政府应当统筹推进全市金融领域数字化改革。

地方金融工作部门、大数据发展主管部门应当会同中央金融管理部门驻台机构依托一体化智能化公共数据平台，围绕金融业务、征信服务等内容，建设并完善小微企业普惠金融服务数字化应用，提高服务小微企业的质量和效率。

第三十二条 市人民政府应当在保障信息安全和维护企业合法权益的前提下，依法推动小微企业信用信息共享和应用。

司法机关、政府有关部门和提供水电气等公共服务的相关专业单位，应当依托一体化智能化公共数据平台，依法向小微企业普惠金融服务数字化应用提供相关信用信息，为普惠金融服务小微企业提供数据支持。

第三十三条 地方金融工作部门应当会同中央金融管理部门驻台机构，推广小微企业普惠金融服务数字化应用，依法向金融机构、地方金融组织、征信服务机构和其他金融中介机构等系统接入机构提供基础金融信用信息和服务。

经依法授权的数据运营单位可以依托一体化智能化公共数据平台，对授权运营的公共信用信息进行加工，依法向金融机构、地方金融组织或者其他相关单位提供定制化的信用信息增值服务。

相关单位应当采取有效措施加强对小微企业信用信息的保护，依法收集、保存和使用信息，防止信息泄露和滥用，确保信息安全。

第三十四条 鼓励金融机构、地方金融组织合理运用大数据、云计算、人工智能等技术手段，创新金融科技产品，优化风险评估模式，提升线上服务能力。

第五章 保障监督

第三十五条 支持中央金融管理部门驻台机构，对扶持小微企业力度较大的金融机构，在再贷款、再贴现、监管评级、市场准入等方面给予支持。

第三十六条 市、县（市、区）人民政府应当支持小微企业普惠金融学术研究和教育培训机构建设。

小微企业普惠金融学术研究和教育培训机构应当利用各金融机构总部资源，加强与知名智库的合作，充分发挥在小微金融创新研究、政策建议、国际合作、标准制定等方面的作用，为各级人民政府、金融机构等提供支持。

第三十七条 市、县（市、区）人民政府及其相关部门、金融机构、地方金融组织、金融行业协会和金融学会等应当开展小微企业普惠金融服务宣传教育，普及小微企业金融服务知识，营造良好的社会舆论氛围。

第三十八条 市、县（市、区）人民政府应当联合金融机构、高校院所等各界力量，建立健全小微企业金融顾问制度和融资辅导体系，提高小微企业金融素养，引导小微企业规范经营。

第三十九条 金融机构、地方金融组织应当依法规范经营，加强对小微企业金融消费合法权益的保护。

地方金融工作部门应当会同中央金融管理部门驻台机构，加强对金融机构、地方金融组织侵害小微企业金融消费合法权益情况的监督；发现存在违法经营、侵害小微企业合法权益的，依法采取监管措施。

第四十条 市、县（市、区）人民政府应当定期组织对小微企业普惠金融服务促进工作的监督检查，对违反相关法律、法规的行为及时予以纠正。

第四十一条 违反本条例规定的行为，法律、行政法规和省的地方性法规已有法律责任规定的，从其规定。

第六章 附 则

第四十二条 本条例自2023年7月1日起施行。

统计资料

台州市2022年国民经济和社会发展统计公报

台州市统计局 国家统计局台州调查队

（2023年4月11日）

2022年是习近平总书记赋予台州“再创民营经济新辉煌”重要嘱托20周年。这一年，面对复杂严峻的国内外形势，台州坚持以习近平新时代中国特色社会主义思想为指导，认真学习贯彻党的二十大精神，忠实践行“八八战略”，锚定“三高三新”建设任务，高效统筹发展和安全，推动经济社会平稳健康发展，经济运行稳进提质，人民生活福祉持续增进，生态环境质量持续改善，各项社会事业繁荣发展。

一、综合

经初步核算[1]，2022年，全市实现生产总值6040.72亿元[2]，按可比价格计算，比上年增长2.7%。其中，第一产业增加值330.06亿元，增长2.9%；第二产业增加值2639.10亿元，增长1.5%；第三产业增加值3071.56亿元，增长3.8%；三次产业结构为5.5∶43.7∶50.8。市区实现生产总值2138.90亿元，比上年增长2.6%。

经最终核实[3]，2021年，台州市生产总值现价总量为5794.89亿元，比上年增长8.3%；三次产业增加值结构为5.4∶44.1∶50.5。

二、农业

全市预计实现农林牧渔业总产值574.53亿元，按可比价格计算，比上年增长3.1%。其中，种植业产值191.08亿元，增长2.1%；林业产值6.64亿元，下降2.5%；牧业产值39.55亿元，增长16.9%；渔业产值329.58亿元，增长2.5%；农林牧渔服务业产值7.69亿元，增长6.1%。

全年粮食作物播种面积88.96千公顷（133.44万亩），比上年增长1.4%；粮食总产量56.67万吨，增长1.2%。经济作物播种面积114.57千公顷，比上年下降1.2%。蔬菜产量238.91万吨，比上年增长3.1%；油料产量1.49万吨，增长11.1%；水果产量142.17万吨，下降2.4%。

全年完成造林更新面积609公顷。全市有森林面积603千公顷，森林覆盖率为61.46%；有自然保护区（含小区）32个，面积134.15千公顷。

全年水产品产量145.68万吨，比上年增长0.3%，其中，海洋捕捞产量81.15万吨，增长0.5%；海水养殖产量55.01万吨，增长4.3%。

全市注册登记的农民专业合作社8031家，其中省级示范性专业合作社100家。共认证有机食品66个，绿色食品304个，国家无公害农产品227个。国家级农业龙头企业3家，省级农业龙头企业45家，市级农业龙头企业210家。

全市完成河道疏浚清淤118.5千米，其中，市区40.5千米。治理水土流失面积34.94平方千米，新增高标田范围内高效节水灌溉面积5044.5亩。

三、工业和建筑业

全市实现工业增加值2238.61亿元，比上年增长1.1%。规模以上工业企业（年主营业务收入2000万元及以上工业企业）5386家，实现工业增加值1538.71亿元，比上年增长0.3%。

全市规模以上轻工业实现工业增加值529.16亿元，比上年增长2.6%；重工业实现工业增加值1009.55亿元，下降0.9%。轻重工业比例为34.4∶65.6。

全市规模以上工业增加值总量排在前五位的行业中，通用设备制造业、医药制造业、电力热力生产供应业、汽车制造业、橡胶和塑料制品业分别实现工业增加值232.46亿元、176.32亿元、160.46亿元、158.77亿元和139.59亿元，分别比上年增长-6.1%、20.4%、-0.7%、5.4%和-1.6%。

全年规模以上高新技术产业实现增加值1001.59亿元，比上年增长0.3%；规模以上装备制造业实现增加值779.42亿元，下降0.2%；规模以上战略性新兴产业实现增加值384.27亿元，增长11.2%；规模以上数字经济核心产业实现增加值89.48亿元，增长6.5%。

2022年台州市规模以上工业主要产品产量及增长速度

表42

产品名称	单位	产量	比2021年增长（%）
啤酒	万千升	30.86	-4.7
罐头	万吨	9.59	-13.6
冷冻水产品	万吨	29.53	-8.0
电工仪器仪表	万台	294.21	50.4
家具	万件	4505.87	-13.7
服装	万件	104.20	15.8
皮革鞋靴	万双	20824.40	4.4
化学药品原药	万吨	8.06	20.9
塑料制品	万吨	232.48	-6.2
白银（银锭）	千克	19524.30	62.6
铜材	万吨	15.77	-1.0
金属切削机床	万台	7.70	-6.5
交流电动机	万千瓦	2239.60	0.1
泵	万台	4757.47	-18.5
水泥	万吨	432.13	-4.3
电动自行车	万辆	442.51	57.5
汽车	万辆	20.05	-14.3
摩托车整车	万辆	112.44	13.4
民用钢质船舶	万载重吨	117.34	23.1
变压器	万千伏安	2808.92	17.7
家用冷柜	万台	104.68	-10.5
家用电冰箱	万台	69.82	-13.4
日用塑料制品	万吨	55.89	-7.6
眼镜成镜	万副	16713.03	-3.1
模具	万套	6.39	7.6
阀门	万吨	26.81	-6.4

全市规模以上工业企业产品产销率为97.42%；新产品产值2532.38亿元，比上年增长5.3%；新产品产值率为37.31%，比上年提高0.17个百分点。

全市规模以上工业企业实现利税总额568.58亿元，比上年下降11.8%，其中，利润总额399.52亿元，下降13.8%。

全市实现建筑业增加值401.98亿元，比上年增长3.7%。资质以上建筑企业在建房屋建筑施工面积12375.7万平方米，房屋竣工面积2841.7万平方米。

四、固定资产投资和房地产业

全市固定资产投资施工项目4550个，其中本年新开工项目1544个。全年固定资产投资比上年增长6.5%。其中，第一产业投资下降56.1%，第二产业投资增长22.3%，第三产业投资增长2.4%。固定资产投资中，工业性投资比上年增长22.3%，工业企业技术改造投资增长9.7%；公共服务投资增长5.8%；民间投资与上年持平。

重点工程建设取得新突破。市域铁路S1线、杭绍台高速等重大项目建成投用。杭台高铁温岭至玉环段、甬台温高速至沿海高速温岭联络线、浙江天台抽水蓄能电站项目等重大项目顺利推进。甬台温高速公路（G15沈阳至海口国家高速公路）改扩建工程临海青岭至温岭大溪岭段、甬台温高速公路（G15沈阳至海口国家高速公路）改扩建工程三门麻岙岭至临海青岭段、台州弗迪新能源动力电池项目等重大项目开工建设。

全年房地产开发投资比上年增长1.1%。房屋施工面积4835.35万平方米，比上年下降2.2%；房屋竣工面积534.70万平方米，增长2.5%。全年商品房销售面积765.48万平方米，比上年下降19.8%，其中，住宅销售面积589.21万平方米，下降21.5%。

五、交通和邮电业

全年交通运输、仓储和邮政业增加值为132.09亿元，比上年下降0.8%。

全年完成公路货物周转量260.1亿吨千米，旅客周转量6.3亿人千米；完成水运货物周转量1774.2亿吨千米，旅客周转量1659.5万人千米。台州港完成货物吞吐量6240.82万吨，其中外贸吞吐量1082.33万吨；完成集装箱吞吐量57.36万标箱。民航完成旅客吞吐量92.73万人次，货邮吞吐量8275吨。

年末全市汽车保有量达210.46万辆，比上年增加11.54万辆；其中，私人汽车191.87万辆，比上年增加10.42万辆。

全年邮电业务总量1027.19亿元；邮电业务收入106.88亿元，其中，电信业务收入93.62亿元，邮政业务收入13.25亿元。年末国际互联网宽带接入用户309.96万户，比上年增加26.73万户；移动互联网用户842.00万户，比上年增加56.11万户。移动电话用户为955.11万户，城乡固定电话用户为103.02万户。

全年快递服务企业业务量完成13.98亿件，同比增长5.7%；业务收入完成73.27亿元，同比增长1.73%。

六、国内贸易和旅游业

全市实现社会消费品零售总额2585.98亿元，比上年增长3.2%。按消费类型分，商品零售额2248.68亿元，增长3.6%；餐饮收入337.30亿元，增长0.8%。按经营地分，城镇零售额2089.42亿元，增长3.6%；乡村零售额496.55亿元，增长1.5%。限额以上批发零售单位中，石油及制品类零售额比上年增长13.6%，汽车类零售额比上年增长4.6%；粮油食品类零售额比上年增长4.0%。

全年新设市场主体14.41万家，其中，新设企业3.67万家，新设个体工商户10.71万家。年末在册市场主体82.18万家，其中，企业25.44万家，个体工商户55.75万家。

年末全市拥有各类商品交易市场304家，成交额1281亿元，年成交额超亿元的市场有131家。全年网络零售额1349.3亿元，比上年增长9.9%。全市已创设淘宝镇52个，淘宝村421个，电商产业园30个，活跃网络零售网店3.2万家。

市区居民消费价格总水平比上年上涨1.6%，其中，消费品价格上涨2.5%，服务项目价格上涨0.2%。工业生产者出厂价格比上年上涨2.7%，工业生产者购进价格上涨4.3%。

2022年台州市区居民消费价格比上年涨跌幅度

表43

指 标	涨跌幅度（%）	指 标	涨跌幅度（%）
居民消费价格总指数	1.6	二、衣着	2.5
一、食品烟酒	1.3	三、居住	-0.4
食品	0.8	四、生活用品及服务	3.0
其中：粮 食	0.9	五、交通和通信	4.8
鲜 菜	1.3	六、教育文化和娱乐	1.7
畜肉类	-2.1	七、医疗保健	0.1
水产品	-1.3	八、其他用品和服务	1.7
烟酒	1.8		

台州府城创成国家AAAAA级旅游景区，全市共有AAAAA级旅游景区3个，AAAAA旅游级景区总量并列全省第1；全市共有AAAA级旅游景区17个，AAA级旅游景区75个，AA级旅游景区13个；共有星级饭店32家，客房6000间，床位9324张；旅行社181家，其中，星级品质旅行社68家。方特·狂野大陆主题乐园开园。台州连续5年上榜“中国旅游业最发达城市”榜单。

七、对外经济

全年外贸进出口总额2771.84亿元，比上年增长15.5%。其中，出口总额2526.69亿元，增长15.0%；进口总额245.15亿元，增长20.9%。外贸企业出口708.10亿元，比上年增长36.9%；三资企业出口271.07亿元，增长90.8%；生产企业出口1547.53亿元，增长0.6%。在出口总额中，一般贸易出口2092.56亿元，比上年增长10.5%；加工贸易出口254.16亿元，增长47.3%。高新技术产品出口162.83亿元，增长22.3%；机电产品出口1328.13亿元，增长9.7%。对美国出口411.87亿元，增长3.1%；对欧盟出口552.39亿元，增长12.5%；对“一带一路”沿线国家出口900亿元，增长23.1%。有进出口实绩企业7956家，其中有出口实绩企业7557家。全市进出口国家和地区为227个，其中出口国家和地区为223个。

全年新批外商投资项目67个，比上年下降17.3%。合同利用外资3.66亿美元，下降50.7%；实际利用外资2.41亿美元，下降50.0%。

全年新批境外投资企业36家，中方投资额2.37亿美元。全市累计境外投资项目785个，中方累计投资额44.18亿美元。

全年服务贸易进出口总额40.1亿元，其中出口额11.7亿元，前三大出口领域分别为运输服务、其他商业服务和旅游服务。服务外包离岸合同执行额16429万美元，比上年下降2.6%。

八、财政、金融和保险业

全年财政总收入726.54亿元，比上年下降5.7%；其中，地方财政收入440.75亿元，下降3.2%。

年末全市金融机构本外币存款余额13937.42亿元，比上年末增长15.7%；当年新增存款1887.83亿元。年末本外币住户存款余额7878.48亿元，比上年末增长17.2%；当年新增存款1157.31亿元。年末金融机构本外币贷款余额13764.78亿元，比上年末增长18.0%；当年新增贷款2094.82亿元。年末金融机构本外币存贷款比率为98.76%，不良贷款率为0.42%。

全年新增上市公司7家，年末已有上市公司71家，累计资本市场融资总额达到1655.28亿元。当年挂牌新三板企业数7家。年末有小额贷款公司26家，注册资本金总额29.96亿元，全年发放贷款40.25亿元。

年末有证券分公司、营业部116家，全年股票交易额2.88万亿元，比上年下降17.5%。全年保险业实现保费总收入239.59亿元，其中，财产险保费收入107.13亿元，人身险保费收入132.46亿元。各类赔款、给付支出

91.31亿元，其中，财产险支出69.30亿元，人身险支出22.00亿元。

九、科学技术和教育

围绕高水平建设国家创新型城市目标，坚持科技创新与体制机制创新"双轮驱动"，全年科创走廊范围内落地83个创业人才项目，全市新引入台州光电创新中心、航天环保工程技术研究院等高能级平台载体18家，新认定国家级众创空间4家、省级众创空间4家，新认定省级国际合作载体1家。深入开展新一轮科技企业"双倍增"和高新技术企业"育苗造林"计划。全年共获省科学技术奖励19项，入选省"尖兵""领雁"研发攻关计划项目24项。加大机制创新力度，开展推进科技成果转移支付体系应用试点建设，仙居县科技特派团工作列入3家省试点之一。浙江省高档数控机床技术创新中心（台州）成为全省10家技术创新中心之一，台州在省级第一层次的科创"塔尖重器"实现"零的突破"。

全市共有省级企业研究院174家，省级高新技术企业研发中心566家；新增国家重点扶持的高新技术企业441家，累计1891家；新增省级科技型中小企业1229家，累计6836家。共有市级以上众创空间103家，其中，国家级9家，省级36家。

全年专利授权36556件，其中发明2941件。实现技术交易额223.46亿元。

构建完善五级政府质量奖创奖培育体系，6个工业强镇设立镇级政府质量奖。深化"千企创牌"行动，8家企业品牌上榜"2022中国品牌价值榜"。成功获批国家知识产权强市建设试点城市。全市新制定"浙江制造"标准44项，新增"品字标"企业76家，累计306家。年末全市共有532家单位取得食品生产许可证。年末有各类检验机构183家，其中国家级检测中心3家（其中1家待验收），省级质检中心12家。全市被行政认定的驰名商标累计达到59件。

启动教育提质三年行动，引进好教师22人、名校长5人，签约引进华师大等名校合作办学4所；三梅中学等100个项目开工建设，永宁中学等95个项目完工，全面实现"中小学空调进教室"。学前教育补短提升，公办园在园幼儿占比达50.69%，二级以上幼儿园在园幼儿占比达73.17%。学校品质推进发展，创成53所省现代化学校，建立31个拔尖创新人才早期培养基地，认定首批50所乡村名校。职业教育国家试点取得成效，职技融通改革得到国家层面认可。高等教育提质升级，台州学院首次招收研究生，新增国家一流本科专业建设点2个、ESI全球前1%学科1个。高职院校在全省高职高专院校督导评估中实现整体向前进位，台职院进入全省第一方阵。台州开放大学揭牌成立，成为全省第一个更名成立的地市级开放大学。高校毕业生留台率达41.64%，创历史新高。

全市有幼儿园985所，在园幼儿19.11万人；普通小学343所，在校生42.01万人；初中195所，在校生20.50万人。高中80所，在校生10.87万人；中等职业学校25所（不含技工学校），在校生7.41万人；高中段在校生18.28万人，初升高比例99.47%。特殊教育学校在校生1834人。全日制普通高校招生14607人，在校生44744人，成人高校在校学生33917人。

十、文化、卫生和体育

台州大剧院、温岭市文化中心等地标性文化设施建设顺利推进，黄岩图书馆新馆、玉环图书馆新馆、路桥博物馆新馆先后建成开馆。台州府城文化旅游区成功晋级国家AAAAA级旅游景区。"台州1号公路"入选省交通和文旅融合发展试点名单。全市共有2936个行政村建有农村文化礼堂，实现农村文化礼堂应建村全覆盖。全市共有和合书吧138家。

医疗卫生资源总量稳步增长，医疗卫生体系日趋完善，医疗卫生服务向基层不断倾斜。年末全市有各类医疗卫生机构3896家，其中，社区卫生服务机构273家。大力推进社会办医，共有民营医院95家。医疗卫生机构床位33674张，各类卫生技术人员52455人，其中，执业医生和执业助理医生21483人，注册护士22653人。全年总诊疗7773.34万人次。甲、乙类传染病发病率为130.37/10万。五岁以下儿童死亡率2.57‰，其中，婴儿死亡率1.69‰，户籍孕产妇死亡率3.67/10万。全年有50785人次参加无偿献血。农村自来水普及率99.99%，卫生户厕普及率100%。

坚持科学精准高效的疫情防控策略，全面落实国务院优化疫情防控政策，动态优化调整疫情防控措施，提高疫情防控科学化精准化水平，打赢天台"4·28等疫情遭遇战、阻击战，最大程度保障群众就医用药，实现有序转段、平稳渡峰。

体育事业蓬勃发展。组织台州市代表团近1300名运动员参加浙江省第十七届运动会，参赛项目及参赛人数均创历史新高。成功承办2022年浙江省青少年田径锦标赛。成功举办2022年台州市新年登高活动、新春网络全民健身大联欢、台州市第二十七个全民健身月、浙江省暨台州市全民健身日活动（玉环主会场）、第三届台州市农村文化礼堂运动会、台州市首届青少年智力运动会等活动共50多场，参与人数达3万人次。

全市运动员参加国际各项赛事共夺得金牌4枚、银牌2枚；共夺得全国、全省锦标赛金牌268枚、银牌221枚、铜牌234枚。

全市共建有市、县级体育社团

276个。全年销售各类体育彩票18.41亿元。

十一、能耗、环境保护和安全生产

全市万元生产总值综合能耗预计比上年下降0.1%左右。[4]

全市省控以上32个断面中Ⅰ-Ⅲ水质断面占比93.8%，地表水满足水环境功能区达标率为100%。市本级城市生活污水处理率为98.02%，城镇生活垃圾无害化处理率为100%。

台州城市空气质量综合指数2.80，同比下降4.8%，在全国168个重点城市中排名第14；$PM_{2.5}$平均浓度21微克/米^3，同比下降8.7%；市区环境空气质量达到二级标准以上的天数有350天，占全年总天数的95.9%。

全市共发生各类生产经营性安全事故58起，死亡48人，分别比上年平均下降37.6%和39.2%。

十二、人口、就业、社会保障和人民生活

根据5‰人口变动抽样调查推算，2022年末全市常住人口667.8万人，比上年末增加1.7万人。全市城镇化率为63.9%。

截至2022年11月30日，全市户籍总人口604.95万人，其中，男性人口308.22万人，女性人口296.73万人，男女性别比为103.9：100。全年共出生3.28万人，死亡4.09万人，人口出生率为5.42‰，死亡率为6.76‰，人口自然增长率-1.34‰。市区户籍人口164.48万人。

全市就业局势基本稳定，全年城镇新增就业8.15万人；帮扶1.90万名城镇失业人员实现再就业。年末城镇登记失业率为4.8%。

稳步推进社会保险参保扩面，年末全市职工基本养老保险（含机关事业）、基本医疗保险、工伤保险、生育保险和失业保险参保人数分别达到293.18万人、212.54万人、239.12万人、177.06万人和128.04万人。全市参加城乡居民基本养老保险和医疗保险人数分别为163.55万人和366.90万人。

增强困难群众托底保障，年度门诊救助限额从400元提升到2万元，低保和低边困难群众住院救助比例分别提高到80%和70%，全年共支出医疗救助资金1.53亿元，医疗救助160.82万人次。困难群众大病保险支付比例85%，居全省第1。全市共资助困难群众参保9.24万人，资助参保资金5175.46万元。扩大生育保险覆盖范围，43.29万灵活就业人员纳入生育保险保障范围。

构建多层次医疗保障体系，发展惠民型商业补充医疗保险。2022年“浙里惠民保·台州利民保”投保人数267.09万，累计受益12.28万人、54.7万人次，受益人群覆盖率4.61%；赔付金额2.41亿元，资金赔付率为90.2%。

全市城乡居民最低生活保障人数为6.18万人，全年共投入低保资金5.94亿元。共有各类养老机构237个，床位26125张，年末在院老人11503人。有城乡社区居家养老服务照料中心3233家。全年发行各类福利彩票12.15亿元。

全市全体居民人均可支配收入58040元，比上年增长4.6%，扣除价格因素实际增长3.0%。城镇常住居民人均可支配收入70737元，增长3.9%，扣除价格因素实际增长2.3%；农村常住居民人均可支配收入37700元，增长6.4%，扣除价格因素实际增长4.7%。城乡居民收入差距倍数为1.88。全体居民人均生活消费支出38330元，比上年增长5.8%。城镇常住居民和农村常住居民人均生活消费支出分别为44180和28958元，增长5.0%和7.9%，扣除价格因素，实际增长3.3%和6.2%。

年末城镇常住居民和农村常住居民人均现有住房建筑面积分别为52.0平方米和60.1平方米。城乡居民每百户家庭家用汽车等高档耐用消费品拥有量继续增加。

2022年末台州市城乡居民每百户家庭主要耐用消费品拥有量

表44

指　标	单位	城镇常住居民	农村常住居民
洗衣机	台	104	94
电冰箱（柜）	台	109	107
空调	台	221	149
摩托车	辆	9	14
家用汽车	辆	73	55
彩色电视机	台	191	179
固定电话	部	22	16
移动电话	部	266	253
计算机	台	94	60

注：[1]公报中所列各项数据为年度初步统计数据，最终核实数以《台州统计年鉴—2023》公布的数据为准。部分数据因四舍五入的原因，存在着与分项合计不等的情况。

[2]公报中生产总值、各产业增加值绝对数按现行价格计算，增长速度按可比价格计算。

[3]按照我国地区生产总值统一核算和数据发布制度规定，地区生产总值核算包括初步核算和最终核实两个步骤。

[4]全市万元生产总值综合能耗为初步核定数。

2022年台州市生态环境状况公报

台州市生态环境局

（2023年6月）

一、综述

2022年，台州市生态环境局高举习近平新时代中国特色社会主义思想旗帜，深入贯彻习近平生态文明思想，认真学习贯彻党的二十大和省第十五次党代会精神，忠实践行“八八战略”，锚定“三高三新”建设任务，奋力拼搏、锐意进取，交出一份亮丽的成绩单。台州生态保护与环境治理业完成投资28亿元，增长119.5%，增长率排名全省第1；2022年国控断面水质综合指数改善幅度全省第1；主要大气环境指标均居全省前三，环境空气质量状况在全国168个重点城市中排名第十四；2个“七张问题清单”整改案例被纳入省级总界面示范榜，4个案例被纳入省级分清单界面示范榜；实施配套办法五类案件办理数量连续6年全省第1，1个案件入选司法部首次发布的全国行政执法典型案例；“蓝色循环——海洋塑料污染治理”数字化项目获评全省数字化改革最佳应用和改革突破奖铜奖，入选全省高质量发展建设共同富裕示范区最佳实践；“全生态圈”环保大脑场景入选台州市数字政府优秀案例集。

二、水环境

◎地表水水质

2022年台州市地表水总体水质为优，全市地表水断面年均值出现超Ⅲ类水质指标的有氨氮、总磷、化学需氧量、生化需氧量4项。全市五大水系和湖库监测的117个县控以上断面中（2个断面未监测），国控断面14个，省控断面18个，市控断面64个，县控断面21个。Ⅰ～Ⅲ类水断面105个，占91.3%（Ⅰ类7.8%，Ⅱ类53.1%，Ⅲ类30.4%）；Ⅳ类10个，占8.7%。无Ⅴ类（劣Ⅴ类）断面。与上年相比，Ⅰ～Ⅲ类水质断面比例上升10.3个百分点。

所有五大水系和湖库、县控以上断面均满足功能要求。与上年相比，满足功能要求面比例上升6.9个百分点。

椒江水系 椒江水系总体水质为优。36个断面均达到或优于Ⅲ类（Ⅰ类16.7%，Ⅱ类69.4%，Ⅲ类13.9%）；所有断面均满足功能要求。与上年相比，水质总体保持稳定。

金清河网 金清河网总体水质为轻度污染，主要污染指标为氨氮、总磷和化学需氧量。26个断面中，Ⅲ类水断面18个，占69.2%；Ⅳ类断面8个，占30.8%；所有断面均满足功能要求。与上年相比，Ⅰ～Ⅲ类断面比例上升30.7个百分点，满足水环境功能的断面比例上升15.4个百分点；总体水质明显好转。

椒北河网 椒北河网总体水质为良好。所属的4个断面水质均为Ⅲ类，均满足功能要求。与上年相比，黄礁、杜桥洪家2个断面水质类别由Ⅳ类提升到Ⅲ类；其余2个断面水质总体保持稳定。

三门河流 三门河流总体水质为优。9个断面水质均达到或优于Ⅲ类（Ⅱ类88.9%，Ⅲ类11.1%）；所有断面均满足功能要求。与上年相比，水质总体保持稳定。

玉环河流 玉环河流总体水质为良。8个断面中，Ⅲ类水断面6个，占75.0%，Ⅳ类断面2个，占25.0%；所有断面均满足功能要求。与上年相比，Ⅰ～Ⅲ类断面比例上升25个百分点，满足功能要求的比例上升12.5个百分点；总体水质明显好转。

湖泊水库 29个监测的湖库水质均达到或优于Ⅲ类（Ⅰ类6.9%，Ⅱ类89.7%，Ⅲ类3.4%），所有湖库水质均满足水功能要求（佛岭、西岙2个水库因施工未监测）。与上年相比，小间水库水质类别由Ⅱ类提升为Ⅰ类，湖漫水库由Ⅲ类提升为Ⅱ类，水质有所变好，其余湖库水质总体保持稳定。根据湖库营养状况评价结果，27个湖库均为中营养（2个水库监测因项目不全，不做评价）。从营养状况来看，湖漫水库由轻度富营养转为中营养，其他湖库总体营养状况水平基本保持稳定。

交接断面 全市12个省对市考核的跨行政区河流交接断面水质均满足功能区要求，其中Ⅰ～Ⅲ类水质断面11个，占91.7%，Ⅳ类1个，占8.3%。与上年相比，交接断面水质总体保持稳定。

◎地下水水质

2022年，台州市4个区域环境点位中三门县水厂点位为Ⅲ类，天台县赤城街道点位为Ⅳ类，温岭市东片农场点位、玉环市大麦屿点位为Ⅴ类；临海医化园区、仙居现代园区2个风险监控点位均为Ⅴ类。

◎饮用水源水质

全市8个县级以上饮用水水源

（西岙水库因施工未监测）水质总体良好，水质达标率为100%。以均值评价，8个水源水质均为Ⅱ类。

三、大气环境

◎环境空气质量

按照《环境空气质量标准》（GB3095-2012）评价，台州市区（椒江区、台州湾新区、黄岩区、路桥区，下同）2022年环境空气质量优良天数为350天，优良率为95.9%，同比下降3.3个百分点（数据均采用"十四五"国控点位数据统计）。

临海市、温岭市、玉环市、天台县、仙居县、三门县的环境空气质量优良天数分别为363天、363天、360天、358天、361天、352天，优良率分别为99.5%、99.5%、98.6%、98.1%、98.9%、96.4%。

细颗粒物（$PM_{2.5}$） 台州市区年均浓度为21微克/米^3，同比下降8.7%，达到国家二级标准。

临海市、温岭市、玉环市、天台县、仙居县、三门县的细颗粒物（$PM_{2.5}$）年均浓度分别为21、19、17、22、22、22微克/米^3，均达到国家二级标准。

可吸入颗粒物（PM_{10}） 台州市区年均浓度为40微克/米^3，同比下降9.1%，达到国家二级标准。

临海市、温岭市、玉环市、天台县、仙居县、三门县年均浓度分别为37、36、30、36、35、36微克/立方米，均达到国家二级标准。

二氧化氮（NO_2） 台州市区年均浓度为19微克/米^3，同比下降17.4%，达到国家一级标准。

临海市、温岭市、玉环市、天台县、仙居县、三门县年均浓度分别为19、17、12、20、15、18微克/米^3，均达到国家一级标准。

二氧化硫（SO_2） 台州市区年均浓度为6微克/立方米，同比上升20%，达到国家一级标准。

临海市、温岭市、玉环市、天台县、仙居县、三门县年均浓度分别为4、4、4、5、5、5微克/米^3，均达到国家一级标准。

一氧化碳（CO） 台州市区日均浓度第95位百分位数为0.7毫克/米^3，同比无变化，达到国家一级标准。

临海市、温岭市、玉环市、天台县、仙居县、三门县日均浓度第95位百分位数分别为0.8、1.0、0.8、0.8、0.8、0.8微克/米^3，均达到国家一级标准。

臭氧（O_3） 台州市区日最大8小时平均浓度第90百分位数为139微克/立方米，同比上升7.8%，达到国家二级标准。

临海市、温岭市、玉环市、天台县、仙居县、三门县日最大8小时平均浓度第90百分位数分别为124、96、124、124、103、131微克/米^3，均达到国家二级标准。

◎酸雨

全市降水pH均值为5.32，酸雨率为54.9%，属轻酸雨区。各城市的降水pH均值范围为5.02～7.21；酸雨率范围为0～76.1%；其中天台、仙居属非酸雨区，其余5个城市属轻酸雨区。

与上年同期相比，全市pH均值上升0.24，酸雨率下降2.7个百分点。

四、土壤环境

2022年台州市"治土"工作继续保持高位推进，全市重点建设用地安全利用率100%、受污染耕地安全利用率达95.64%，无因土壤污染引发农产品超标、污染地块违规开发等事件。

五、海洋环境

◎海水质量

2022年全市开展3个航次57个站位的近岸海域海水质量监测，各布设57个站位。监测结果表明：春季、夏季和秋季符合第一、第二类海水水质标准的海域面积分别为3554平方千米、5255平方千米和2981平方千米，劣于第四类海水水质标准的海域面积分别为1400平方千米、376平方千米和1083平方千米。近岸海域优良水质（第一、第二类）56.8%，较2021年提升0.9%。主要超标指标为无机氮和活性磷酸盐，劣四类海水主要分布在三门湾—台州段、台州湾等海域。

2022年台州市近岸海域海水水质状况表

表45

水质等级	第一类海水		第二类海水		第三类海水		第四类海水		劣四类海水	
监测时间	面积（km^2）	比例（%）	面积（km^2）	比例（%）	面积（km^2）	比例（%）	面积（km^2）	比例（%）	面积（km^2）	比例（%）
春季	2330	33.7	1224	17.7	935	13.5	1021	14.8	1400	20.3
夏季	4071	58.9	1184	17.1	702	10.2	577	8.4	376	5.4
秋季	1237	17.9	1744	25.2	1493	21.6	1353	19.6	1083	15.7

◎海水富营养化

全市春季、夏季和秋季分别有40.6%、15.2%和36.8%的近岸海域处于富营养化状态。与2021年相比，春季富营养化海域面积略有增加，夏季和秋季富营养化海域比例有所减少。富营养化海水主要分布在三门湾台州段、台州湾等海域。

2022年台州市近岸海域海水富营养化状况表

表46

富营养化等级	轻度富营养化		中度富营养化		重度富营养化		富营养化（合计）	
监测时间	面积（km^2）	比例（%）	面积（km^2）	比例（%）	面积（km^2）	比例（%）	面积（km^2）	比例（%）
春季	1197	17.3	1105	16.0	505	7.3	2807	40.6
夏季	738	10.7	167	2.4	145	2.1	1050	15.2
秋季	1601	23.2	712	10.3	230	3.3	2543	36.8

六、声环境

◎区域环境噪声

台州市区区域环境噪声为54.8分贝，较2021年上升1.7分贝；其余6个县、市区域环境噪声为48.5～55.1分贝。

◎功能区噪声

全市昼间噪声达标率为94.7%，夜间为84.1%，台州市区昼间噪声达标率为95%，夜间为73.3%；其余6个县、市昼间噪声达标率为84.6%～100%，夜间为64.3%～100%。

◎道路交通噪声

2022年，台州市区道路交通噪声平均值为67.0分贝，较上年下降0.6分贝。其余6个县、市交通噪声平均等效声级范围为65.1～67.1分贝，均低于70分贝的控制值；路长超标率范围为0～15.5%。

七、辐射环境

2022年，台州市辐射环境质量总体良好。其中环境电离辐射水平处于本底涨落范围内，环境电磁辐射水平低于国家规定的电磁环境控制限值，电磁辐射设施周围环境电磁辐射水平总体低于国家规定的电磁环境控制限值。

◎环境电离辐射

一、环境γ辐射剂量率自动监测、累积监测和即时监测结果处于当地天然本底涨落范围内。二、空气中天然放射性核素活度浓度处于本底涨落范围内，人工放射性核素活度浓度未见异常。三、椒江水系中总α和总β活度浓度，天然放射性核素活度浓度处于本底涨落范围内。四、集中式饮用水水源地水中总α和总β活度浓度处于本底涨落范围内，低于《生活饮用水卫生标准》（GB 5749—2006）规定的放射性指标指导值；人工放射性核素活度浓度未见异常。五、近岸海域海水中天然放射性核素活度浓度处于本底涨落范围内；人工放射性核素活度浓度未见异常，其中锶—90活度浓度低于《海水水质标准》（GB 3097—1997）规定的标准值。海洋生物中天然放射性核素活度浓度处于本底涨落范围内；人工放射性核素活度浓度未见异常，其中锶-90活度浓度低于《食品中放射性物质限制浓度标准》（GB 14882—1994）规定的限制浓度。六、土壤中天然放射性核素活度浓度处于本底涨落范围内；人工放射性核素活度浓度未见异常。

◎环境电磁辐射

设区城市环境电磁综合电场强度均低于《电磁环境控制限值》（GB 8702—2014）中有关公众曝露控制限值。监测的广播电视发射设施周围电磁环境敏感目标的电磁辐射水平、输电线和变电站周围电磁环境敏感目标的工频电场强度和工频磁感应强度均低于《电磁环境控制限值》（GB 8702—2014）中有关公众曝露控制限值。

八、自然生态环境

台州市属中亚热带季风区，四季分明，其生态系统类型、主要生态过程及人类活动影响具有空间分异特点。全市生态环境质量具有明显的空间分布特征，西部和中部地区生态环境状况好于东南部沿海地区，其中的仙居县和天台县森林覆盖率、植被生物量密度高，其生物丰度指数和植被覆盖指数处于较高水平。根据浙江省生态环境监测中心2022年12月发布的《浙江省生态质量评价报告》，台州市2021年度生态质量类型为一类，生态质量指数（EQI）为73.8，位列全省第4，仅次于丽水市、温州市、衢州市。台州市所辖县（市、区）的EQI值分布在56.3～81.0之间，其中临海市、三门县和仙居县3个县（市）的EQI值高于台州全市的EQI值（73.8）。

◎耕地/土地

到2022年末，台州市实际耕地保有面积为194.80万亩（2021年调查），根据自然资源部2022年批准的台州市“三区三线”划定成果，全市共划定永久基本农田保护面积为171.96万亩、生态保护红线443.87万亩（含海域）、城镇开发边界130.61万亩。

◎水资源

2022年，全市水资源总量为71.4781亿立方米，较多年平均偏少21.4%；人均水资源量1361立方米；产水系数0.52，产水模数76.0万立方米/千米^2。全市14座大、中型水库年末蓄水总量为4.3685亿立方米，较上年末减少3.7903亿立方米。4座大型水库年末蓄水总量为3.5726亿立方米，比上年末减少3.3281亿立方米，其中长潭水库年末蓄水量比上年末减少2.5241亿立方米。全市总供水量与总用水量均为14.1534亿立方米，较上年增加0.2147亿立方米。全市人均综合用水量212.2立方米，人均生活用水量45.1立方米。农田灌溉亩均用水量为411立方米。全市平均水资源利用率为19.8%。

◎森林资源

全市森林面积888万亩，森林覆盖率达58.78%，森林蓄积量3708万立方米。现存古树名木15983株，其中树龄500年以上的一级古树569株，二级古树1453株，三级古树13961株。

◎生物多样性

通过调查，并结合生物多样性全域调查、自然保护区综合科考调查和部分自然公园长期监测等成果，现全市列入国家重点保护的野生植物有56种，其中一级保护植物有中华水韭、南方红豆杉2种，二级保护植物有夏蜡梅、华顶杜鹃等54种；列入国家重点保护野生动物有132种，其中一级保护野生动物有穿山甲、黄腹角雉、中华秋沙鸭、黑脸琵鹭等24种，二级保护野生动物有毛冠鹿、中华斑羚、小杓鹬等108种。

自然保护区/森林公园　全市有序推进自然保护地整合优化工作，全市省级以上自然保护地由原32个1376.23平方千米整合优化为26个1009.73平方千米。

九、措施与行动

◎碧水行动

2022年，全市完成5个镇（街道）、63个工业园区（工业集聚区）、157个生活小区的“污水零直排区”建设。完成2个城镇污水处理厂新扩建工程，全市污水处理量新增4.5万吨/日，新建城镇污水管网137.63千米，改造城镇污水配套管网61.48千米，3267个农村生活污水处理设施完成标准化运维，349个农村生活污水处理设施完成改造。推动工业污水处理设施建设，完成三门沿海工业城污水处理厂提标改造，推进椒江医化园区化工废水集中处理厂、黄岩江口园区污水应急预处理厂、仙居县工业污水处理厂建设。开展入河排污口排查整改，完成1128个入河排污（水）口（及疑似排污明管）年度整治任务。加强生态修复和保护，创成市级美丽河湖19条，完成中小河流治理20.17千米，岸坡生态化改造12.41千米，河湖缓冲带建设67.3千米，农田氮磷生态拦截沟渠12条。加强饮用水水源地保护，完成县级以上水源地保护区勘界定标6个、电子围栏建设7个，完成44个“千吨万人”及乡镇级以上饮用水水源地保护区基础环境状况现场调查。

◎蓝天保卫战

深入实施清新空气行动，围绕臭氧污染防治、柴油货车污染防治、污染天气应对等三大攻坚战，全面开展大气污染防治工作。坚决落实减污降碳协同增效总要求，强化$PM_{2.5}$和O_3协同控制，推进挥发性有机物和氮氧化物协同治理，切实推动全市环境空气质量提质进位。持续深化工业废气综合治理，积极推动重点行业和特色行业企业低VOCs源头替代和低效废气处理设施改造升级，全年完成源头替代企业128家、低效废气处理设施改造升级项目436个；推进水泥行业超低排放改造，全市完成独立粉磨站超低排放改造2家，全面开展工业炉窑整治；大力推动移动源污染防治，以营运柴油货车为重点，全市完成淘汰老旧车辆492辆，完成非道路移动机械新能源替代202辆。

◎净土保卫战

台州市纵深推进土壤、地下水和农业农村污染防治工作，坚持“防控治管”四位一体和多污染要素协同防治，相关工作取得积极成效。监督指导345家土壤重点监管单位落实土壤污染隐患排查、污染防治法定义务。本年度共实施7个建设用地地块修复（管控）工程，完工1个，地块总面积14866.72平方米，修复污染土壤3235.1立方米，为城市建设提供“净地”14866.72平方米。地下水污染防治力度不断加大，积极探索推进地下水与土壤污染协同防治，完成年度7个重点工业园区地下水污染专项调查、2个“两场”地下水环境状况调查。有序推进农业农村污染防治，完成35个农村环境综合整治任务；农村黑臭水体治理率达100%；畜禽养殖资源化利用和无害化处理率达92%以上；农村生活污水治理行政村覆盖率达90.2%、出水水质达标率提高到90.1%。

◎清废行动

台州市深化“清废”行动，固废管理能力稳步提升，全域“无废城市”建设有序推进。制定《台州市2022年固体废物污染防治工作计划》，组织开展危险废物规范化管理整治提升评估工作，每月调度动态清零情况，2022年全市处置超期贮存危险废物约40.73吨。加快提升全市危险废物处置能力，推动25个危险废物处置设施建设，目前，三门德鑫废矿物油有限公司年处置4万吨废矿物油一体化综合利用项目、台州市瀚佳环境技术有限公司年再生利用2万吨活性炭生产项目等8个项目已完成建设，推动实现危废综合利用能力补短板，新增危险废物年利用处置能力18万吨/年。2022年，工业危险废物处置利用率达到

98.71%，危险废物规范化管理达标率达到91.25%。

◎生态文明建设

截至2022年底，全市共创建国家生态文明建设示范县2个、国家生态县3个、省级生态文明建设示范县8个、省级生态县（市、区）9个。仙居县生物多样性科教中心成为首批4个浙江省生物多样性体验地名单之一。以生物多样性特色点位为串联的仙居生态文明建设实践体验地入选第一批13个生态文明建设实践体验地之一。

◎生态环境保护督察整改

第二轮中央生态环境保护督察反馈的16项问题已整改完成13项，交办的518件信访件已化解完成513件；第一轮省级环保督察反馈的36大项60个子问题已完成整改32大项54个子问题。针对2021年省委生态环境保护专项督察反馈台州问题迅速制定《台州市贯彻落实2021年省委生态环境保护专项督察反馈问题整改方案》，逐项任务明确市领导领办、部门（县市区）主要领导承办，全面推进问题整改。2021年省委专项督察反馈台州的21个问题，已完成整改18个。做好2022年省委生态环境保护专项督察迎检工作，对交办的77件信访件即查即办。

◎生态环境执法监管

围绕深入打好污染防治攻坚战工作要求，强化党建引领，保持严的主基调，服务稳的大局，开展污染源日常环境监管“双随机、一公开”和跨部门联合“双随机、一公开”执法检查，并以“绿剑2022”生态环境执法专项行动为载体，围绕“五个重点”，抓好“五个联动”，分时段、有侧重地开展“净水”“清废”“蓝天”等行动，以及打击危险废物环境污染犯罪和重点排污单位自动监测数据弄虚作假违法犯罪行动等各类专项执法行动。

同时，积极落实“六稳”“六保”，落实生态环境监督执法正面清单、出台生态环境轻微违法行为不予行政处罚清单和轻微违法行为不予实施行政强制措施清单，利用无人机、走航车、在线监控等科技手段开展机动式、点穴式执法检查，精准发现、打击环境违法行为，有效助力优化营商环境。2022年，全市共作出行政处罚决定书540件、罚款金额8132.83万元；五类案件总数183件，连续6年排名全省第1，其中移送行政拘留案件55件、行政拘留47人，移送刑事拘留案件17件、刑事拘留76人，实施限产停产14件、查封扣押97件。2022年，全市累计环境信访投诉举报受理总量5367件，同比下降9.6%。

◎生态环境监测

围绕“8+4”环境质量监测和深化生态环境感知网建设，完成2个国控断面、41个市控断面地表水自动监测站、1个温室气体自动监测系统建设，做好7个饮用水水源地建设和10个交接考核断面水站设备更新，补齐民航机场、重要港口、交通大气和重点工业园区环境空气自动监测站特征污染监测因子。充分运用已建设完成的大气颗粒物组分、VOCs、$PM_{2.5}$和O_3、非甲烷总烃4大系统，实现多污染物协同监测，进一步完善城市$PM_{2.5}$、O_3和VOCs污染机理及溯源监测、空气质量预报预警体系。基本完成全市环境空气、地表水、地下水、土壤、海洋、辐射、生态状况等环境全要素全生态圈环保大脑集成。以监测先行、监测灵敏、监测准确为导向，加快推进生态环境监测治理体系和治理能力现代化，为美丽台州建设提供有力支撑。

◎建设项目环境管理

高效服务重大项目建设，发挥有效投资的关键作用，加强与发展改革、经济信息、交通水利等主管部门的沟通协调，及时掌握重大项目信息。建立建设项目环评管理台账，对“4+1”等各类重大项目，落实“一对一”专人精准服务，实施技术评估提前介入，定期调度前期进度，及时协调解决项目落地中涉及环保的难点堵点问题，“能早则早”“能快则快”做好环评审批。2022年，全市共审批项目1194个，总投资15,457,411.24万元，其中“4+1”重大项目10个，承诺备案项目159个。推进开发性政策性金融工具项目的环保审批23个。配合做好违规楼堂馆舍的清理整治工作。认真做好辖区内涉环保“邻避”问题建设项目的排查、风险防范与化解。通过全面梳理和摸排，未发现有涉环保“邻避”问题的建设项目。

◎生态文明体制改革

不断建立健全生态文明体制改革工作机制，积极推进生态环境数字化智治改革试点建设。“蓝色循环”海洋塑料污染治理新模式成功获评浙江省高质量发展建设共同富裕示范区最佳实践；推进“环评审批+排污许可”试点工作，玉环市排污许可制与环境影响评价制度有机衔接改革试点被列为部级试点；生态环境损害赔偿制度和生态补偿制度建设走在全省前列；椒江区在全省首创“环保管家+绿色金融”环境保护管理新模式；玉环市成功创成省级“无废城市”，7项技术列入省级“无废城市”建设创新推广案例，荣获“清源杯”。

◎生态环境信息化建设

一是“蓝色循环”场景获评省数字化改革最佳应用、全省第一批共同富裕最佳实践案例、浙江省改革突破奖铜奖，并入选省委《数字化改革》专刊。二是台州市生态环境局推荐的"以废治废固废产业数字化平台"在浙江数据开放创新应用大赛中从1000多个作品中突围,获得银奖。三是"全生态圈"环保大脑场景入选台州市数字政府优秀案例集。

◎环境保护宣传教育

一是主题活动守正创新。组织开展"6·5"世界环境日、"6·30"浙江生态日、"5·22"生物多样性日、全国低碳日、植树节等主题宣传活动,举办主题环保实践活动、"共富'浙里'美丽跑"活动、"美丽台州　绿色共富"大型净滩公益活动、低碳生活打卡挑战活动等;策划"美丽台州　我是行动者"生态环境保护主题摄影、短视频大赛,营造生态文明建设良好舆论氛围。二是新闻宣传持续加强。召开4场新闻发布会,组织2场走进阳光热线直播间活动,主动发声,回应社会关切热点;谋划新闻采访,拍摄台州中央环保督察整改纪实片在"中国环境"官微发布,全年累计在市级以上主流媒体刊发生态环保相关报道723篇,同比增加1倍。三是环境教育深入开展。创新环保设施公众开放方式,黄岩区"研学+"沉浸式体验环保设施开放方式被生态环境部官微、中国环境报作为典型案例向全国推广,黄岩江口污水处理厂开放案例荣获2022年度浙江省设施开放单位优秀案例二等奖,2022年组织线上线下开放活动145场,参观达22万多人次;积极推进省、市级生态文明教育基地创建,2022年全市基地总接待来访4400余场次,辐射人群达144万人次;不断壮大10支环保志愿服务队伍力量,温岭市环境保护志愿者协会被省委宣传部、省文明办、省民政厅评为2022年全省最佳志愿服务组织,是全省生态环境系统唯一入选组织。

2022年台州市水资源公报

台州市水利局
（2023年12月）

一、综述

2022年，全市平均降水量1456.4毫米（折合水量137.0594亿立方米），较上年降水量偏少34.2%，较多年平均降水量偏少12.4%。降水量时空分布不均匀。

全市水资源总量71.4781亿立方米，产水系数0.52，产水模数76.0万立方米/平方千米。本年度人均水资源量1070.4立方米。

全市4座大型水库、10座中型水库（有供水功能）年末蓄水总量为4.3685亿立方米，较上年末减少3.7903亿立方米。

全市总供水量与总用水量均为14.1534亿立方米，较上年增加0.2147亿立方米。其中：生产用水量10.4586亿立方米，居民生活用水量3.0070亿立方米，生态环境用水量0.6878亿立方米。

全市人均综合用水量212.2立方米，人均生活用水量45.1立方米（其中城镇和农村居民分别为47.1立方米和41.5立方米）。农田灌溉亩均用水量410.6立方米，农田灌溉水有效系数0.600。万元国内生产总值（当年价）用水量23.4立方米。

二、降水量

（一）分区降水量

2022年，全市平均降水量1456.4毫米（折合水量137.0594亿立方米），较上年降水量偏少34.2%，较多年平均值偏少12.4%。

全市行政分区降水量与上年及多年平均值比较

表47　　单位：毫米

项　目	椒江	黄岩	路桥	临海	温岭	玉环	天台	仙居	三门	全市
2022年	1257.4	1499.6	1269.3	1490.3	1337.5	1248.0	1465.5	1560.6	1407.0	1456.4
较上年（%）	-43.3	-42.3	-43.4	-33.8	-38.6	-29.1	-30.2	-25.7	-39.2	-34.2
较多年（%）	-18.6	-19.5	-18.7	-12.4	-16.9	-15.7	-7.7	-5.9	-16.1	-12.4

全市流域分区降水量与上年及多年平均值比较

表48　　单位：毫米

项目	永安溪	始丰溪	灵江及椒江左岸	温黄平原	三门湾	玉环岛	曹娥江百官以上	楠溪江	全市
2022年	1567.4	1445.4	1435.3	1389.6	1456.1	1283.6	1586.6	1586.7	1456.4
较上年（%）	-25.8	-28.7	-37.5	-41.8	-37.7	-31.4	-28.8	-41.5	-34.2
较多年（%）	-6.4	-7.5	-15.1	-18.7	-14.0	-16.2	-3.2	-20.2	-12.4

（二）降水量年内分配

降水量主要集中在2—6月，这5个月份的降水量总和占全年降水量的59.8%；6月份为全年最大，降水量占全年降水量的14.7%，各站降水量基本都在140毫米以上；10月份降水量为全年最小，降水量占全年降水量的0.9%。

（三）降水量空间分布

降水量空间分布总体不均匀，高值区出现在台州中西部，以临海方溪、义城港上游、括苍山、黄岩永宁江上游一带为最高；低值区出现在台州南片和临海东部、三门沿海地区。高值区年降水量达1600～1700毫米，低值区年降水量为1200～1300毫米。代表站点月年降水量情况见表49。

代表站降水量月统计

表49　　单位:毫米

代表站	1月	2月	3月	4月	5月	6月	7月	8月	9月	10月	11月	12月	合计
海门	54.5	111.0	146.0	124.0	182.5	207.5	16.5	57.5	116.0	3.5	86.0	62.0	1167.0
天台	59.5	112.5	183.0	106.0	197.0	142.0	128.0	105.5	135.5	21.0	100.0	55.0	1345.0
仙居	55.5	132.0	189.0	112.0	209.0	220.5	77.0	146.5	94.5	21.5	119.0	64.0	1440.5
临海	56.5	138.5	162.0	112.5	158.5	207.5	48.5	73.0	137.5	13.0	105.0	61.5	1274.0
长潭	66.0	130.0	165.5	171.5	190.5	222.0	70.5	121.0	78.0	9.0	120.0	74.0	1418.0
西江闸	61.5	124.0	165.0	154.5	172.0	191.5	49.5	189.5	90.0	5.5	99.0	60.5	1362.5
路桥	54.0	108.0	141.5	114.5	175.5	207.0	21.0	121.0	123.5	4.0	102.5	63.5	1236.0
温岭	69.5	122.5	177.5	86.5	211.5	178.5	46.0	53.0	136.0	14.5	150.5	86.0	1332.0
玉环	58.5	119.0	184.5	77.5	179.5	204.5	1.5	13.0	64.0	2.5	168.0	90.0	1162.5
海游	62.0	136.0	139.5	82.5	214.0	140.5	63.5	131.5	225.5	29.0	79.5	69.5	1373.0

三、水资源量

(一)地表水资源量

全市地表水资源量为70.5058亿立方米,较上年地表水资源量偏少49.8%,较多年平均地表水资源量偏少21.5%。地表径流的时空分布趋势与降水量基本一致。详情见表50~51。

全市行政分区地表水资源量与上年及多年平均值比较

表50　　单位:亿立方米

项目	椒江	黄岩	路桥	临海	温岭	玉环	天台	仙居	三门	全市
2022年	1.3881	7.9850	1.4349	16.7305	4.9151	1.9255	11.1792	17.7492	7.1983	70.5058
较上年(%)	-64.9	-56.1	-65.2	-48.6	-59.6	-51.1	-44.8	-39.7	-54.7	-49.8
较多年(%)	-37.8	-29.6	-36.1	-22.0	-32.0	-30.2	-12.8	-8.3	-30.4	-21.5

全市流域分区地表水资源量与上年及多年平均值比较

表51　　单位:亿立方米

项目	永安溪	始丰溪	灵江及椒江左岸	温黄平原	三门湾	玉环岛	曹娥江百官以上	楠溪江	全市
2022年	21.0574	10.4815	10.4332	13.7149	10.2234	3.0937	1.0494	0.4523	70.5058
较上年(%)	-39.8	-43.9	-53.5	-59.4	-51.9	-53.4	-40.7	-52.2	-49.8
较多年(%)	-9.2	-12.4	-27.6	-31.7	-26.3	-31.4	-2.9	-29.4	-21.5

(二)地下水资源量

全市地下水资源量14.3600亿立方米,其中地下水与地表水资源不重复计算量0.9723亿立方米。

(三)水资源总量

全市水资源总量71.4781亿立方米,较上年水资源总量偏少49.7%,较多年平均水资源总量偏少21.4%。产水系数0.52,产水模数76.0万立方米/平方千米。详情见表52~53。

全市行政分区水资源总量与上年及多年平均值比较

表52

单位：亿立方米

行政分区	2022年					较上年水资源总量（%）	较多年水资源总量（%）
	降水量	地表水资源量	地下水资源量	地下水与地表水资源重复量	水资源总量		
椒江	3.4578	1.3881	0.3297	0.1701	1.5477	-63.4	-35.8
黄岩	14.8160	7.985	1.4887	1.3198	8.1539	-55.9	-29.3
路桥	3.4652	1.4349	0.3292	0.1698	1.5943	-63.8	-34.0
临海	32.3535	16.7305	3.3013	3.1057	16.9261	-48.5	-20.2
温岭	11.1813	4.9151	1.0868	0.7980	5.2039	-58.8	-38.2
玉环	4.7174	1.9255	0.4717	0.4717	1.9255	-51.1	-27.6
天台	20.8975	11.1792	2.2229	2.2229	11.1792	-44.8	-10.9
仙居	31.0879	17.7492	3.1399	3.1399	17.7492	-39.7	-6.6
三门	15.0828	7.1983	1.9898	1.9898	7.1983	-54.7	-32.9
全市	137.0594	70.5058	14.3600	13.3877	71.4781	-49.7	-21.4

全市流域分区水资源总量与上年及多年平均值比较

表53

单位：亿立方米

流域分区	2022年					较上年水资源总量（%）	较多年水资源总量（%）
	降水量	地表水资源量	地下水资源量	地下水与地表水资源重复量	水资源总量		
永安溪	36.9387	21.0574	3.7308	3.7308	21.0574	-39.8	-6.9
始丰溪	19.8115	10.4815	2.001	2.001	10.4815	-43.9	-9.9
灵江及椒江左岸	21.3072	10.4332	2.1264	1.8897	10.6699	-53.3	-25.7
温黄平原	28.4989	13.7149	2.7699	2.0343	14.4505	-58.7	-34.4
象山港及三门湾	20.5022	10.2234	2.7063	2.7063	10.2234	-51.9	-27.9
玉环岛	7.3909	3.0937	0.7391	0.7391	3.0937	-53.4	-28.2
曹娥江百官以上	1.8135	1.0494	0.1814	0.1814	1.0494	-40.7	-12.2
楠溪江	0.7965	0.4523	0.1051	0.1051	0.4523	-52.2	-25.1
全市	137.0594	70.5058	14.3600	13.3877	71.4781	-49.7	-21.4

四、大、中型水库蓄水动态

全市4座大型水库、10座中型水库（有供水功能）年末蓄水总量为4.3685亿立方米，较上年末减少3.7903亿立方米。4座大型水库年末蓄水总量为3.5726亿立方米，较上年末减少3.3281亿立方米，其中长潭水库年末蓄水量较上年末减少2.5241亿立方米。10座中型水库年末蓄水总量为0.7959亿立方米，较上年减少0.4622亿立方米。详情见表54。

全市大中型水库蓄水动态

表54

单位：亿立方米

水库类别	所属县市	水库名称	上年末蓄水总量	当年末蓄水总量	年蓄水变量
大型	黄岩区	长潭	4.1461	1.622	-2.5241
	临海市	牛头山	1.2752	0.7253	-0.5499
	天台县	里石门	0.7988	0.6928	-0.106
	仙居县	下岸	0.6806	0.5325	-0.1481
	小计		6.9007	3.5726	-3.3281

续表54

水库类别	所属县市	水库名称	上年末蓄水总量	当年末蓄水总量	年蓄水变量
中型	黄岩区	秀岭、佛岭	0.1066	0.0551	−0.0515
	临海市	童燎、溪口	0.264	0.1022	−0.1618
	温岭市	太湖、湖漫	0.3305	0.1964	−0.1341
	天台县	龙溪、黄龙	0.2372	0.2203	−0.0169
	仙居县	盂溪	0.1042	0.0503	−0.0539
	三门县	佃石	0.2156	0.1716	−0.044
	小计		1.2581	0.7959	−0.4622
全市合计			8.1588	4.3685	−3.7903

注：1.除大型水库外，本公报只统计当年有实际供水的中型水库。

2.2022年，里林水库未供水，方溪水库已建成蓄水但未供水。

五、水资源开发利用

（一）供水量

全市供水量为14.1534亿立方米，其中地表水源供水量为13.7949亿立方米，占总供水的97.5%；地下水源供水量0.0187亿立方米，占0.1%；其他水源利用量为0.3398亿立方米，占2.4%。

地表水源供水中，蓄水工程供水量8.9448亿立方米，占地表水源供水的64.9%；引水工程供水量1.0116亿立方米，占地表水源供水的7.3%；提水工程供水量3.8385亿立方米，占地表水源供水的27.8%。

行政分区、流域分区供水量见表55—56。

全市行政分区供水量

表55 单位：亿立方米

行政分区		椒江	黄岩	路桥	临海	温岭	玉环	天台	仙居	三门	全市
供水量	地表水	1.4733	1.2879	1.2596	2.8566	3.0091	0.9079	1.1374	1.0182	0.8449	13.7949
	地下水	0.0014	0.0023	0.0073	0.0018	0.0015	0.0022	0.0012	0.0005	0.0005	0.0187
	其他水源	0.0470	0.0700	0.0191	0	0.0002	0.1024	0.0089	0.0364	0.0558	0.3398
	总供水量	1.5217	1.3602	1.2860	2.8584	3.0108	1.0125	1.1475	1.0551	0.9012	14.1534

全市流域分区供水量

表56 单位：亿立方米

行政分区		永安溪	始丰溪	灵江及椒江左岸	温黄平原	象山港及三门湾	玉环岛	曹娥江百官以上	楠溪江	全市
供水量	地表水	1.2586	1.3825	2.2662	6.4127	1.0805	1.1185	0.0111	0.0202	13.5503
	地下水	0.0004	0.0019	0.0018	0.0225	0.0009	0.0022	0.0001	0	0.0298
	其他水源	0.0139	0.0089	0	0.1746	0.0516	0.1043	0	0.0053	0.3586
	总供水量	1.2729	1.3933	2.2680	6.6098	1.1330	1.2250	0.0112	0.0255	13.9387

（二）用水量

全市用水总量为14.1534亿立方米，其中农田灌溉用水量为6.4358亿立方米，占45.5%；林牧渔畜用水量为0.7687亿立方米，占5.4%；工业用水量为2.2445亿立方米，占15.9%；城镇公共用水量为1.0096亿立方米，占7.1%；居民生活用水量为3.0070亿立方米，占21.2%；生态环境用水量为0.6878亿立方米，占4.9%。行政分区、流域分区用水量见表57。

全市行政分区和流域分区用水量

表57

单位：亿立方米

	分区	农田灌溉	林牧渔畜	工业	城镇公共	居民生活	生态环境	总用水量
行政分区	椒江	0.3836	0.0352	0.4785	0.1531	0.3856	0.0857	1.5217
	黄岩	0.5276	0.0588	0.2169	0.1497	0.3078	0.0994	1.3602
	路桥	0.5320	0.0840	0.1509	0.1319	0.3145	0.0727	1.2860
	临海	1.4724	0.1486	0.4544	0.1168	0.5498	0.1164	2.8584
	温岭	1.5597	0.1950	0.2942	0.2003	0.6446	0.1170	3.0108
	玉环	0.2658	0.1439	0.2209	0.0542	0.2492	0.0785	1.0125
	天台	0.5995	0.0497	0.1572	0.0780	0.2248	0.0383	1.1475
	仙居	0.6371	0.0392	0.1049	0.0423	0.1779	0.0537	1.0551
	三门	0.4581	0.0143	0.1666	0.0833	0.1528	0.0261	0.9012
全市		6.4358	0.7687	2.2445	1.0096	3.007	0.6878	14.1534
流域分区	永安溪	0.7742	0.0465	0.1482	0.0572	0.2286	0.0708	1.3255
	始丰溪	0.7426	0.0524	0.2138	0.0957	0.2854	0.0518	1.4417
	灵江及椒江左岸	1.1493	0.1382	0.4067	0.0840	0.4565	0.0785	2.3132
	温黄平原	2.8345	0.3317	1.0443	0.6195	1.5513	0.3398	6.7211
	象山港及三门湾	0.5929	0.0285	0.2043	0.0924	0.2010	0.0362	1.1553
	玉环岛	0.3191	0.1687	0.2270	0.0608	0.2786	0.1090	1.1632
	曹娥江百官以上	0.0096	0.0024	0.0002	0.0000	0.0015	0.0000	0.0137
	楠溪江	0.0136	0.0003	0.0000	0.0000	0.0041	0.0017	0.0197
全市		6.4358	0.7687	2.2445	1.0096	3.007	0.6878	14.1534

（三）耗水量

全市年总耗水量8.1513亿立方米，平均耗水率为57.6%。其中农田灌溉耗水量为4.4747亿立方米，占总耗水的54.9%；林牧渔畜耗水量为0.6795亿立方米，占总耗水的8.3%；工业耗水量为0.7437亿立方米，占总耗水的9.1%；城镇公共耗水量为0.3850亿立方米，占总耗水的4.7%；居民生活耗水量为1.2985亿立方米，占总耗水的15.9%；生态环境耗水量为0.5699亿立方米，占总耗水的7.0%。

（四）退水量

全市日退水量78.0795万立方米，其中城镇居民生活、第二产业、第三产业退水量分别为28.7676万立方米、34.1068万立方米、15.2051万立方米，年退水总量为2.8500亿立方米。

（五）用水指标

全市水资源总量为71.4781亿立方米，当年人均水资源量1070.4立方米。

全市人均综合用水量212.2立方米。人均生活用水量45.1立方米，其中城镇和农村居民人均生活用水量分别为47.1立方米和41.5立方米。

农田灌溉亩均用水量为410.6立方米。万元国内生产总值（当年价）用水量23.4立方米。万元工业增加值（当年价）用水量为10.0立方米。

全市行政分区主要用水指标见表58。

台州市行政分区用水指标

表58

行政分区	人均地区生产总值（万元）	人均综合用水量	万元地区生产总值用水量	万元工业增加值用水量	农田灌溉亩均用水量	农田灌溉水有效利用系数	人均生活用水量（升/日）		
		（立方米）					城镇综合生活		农村
								其中：居民	
椒江	9.0	178.6	19.8	19.1	383.6	0.587	194.9	131.0	100.8
黄岩	8.6	190.9	22.2	8.2	463.8	0.592	221.6	131.1	96.0

续表58

行政分区	人均地区生产总值(万元)	人均综合用水量	万元地区生产总值用水量	万元工业增加值用水量	农田灌溉亩均用水量	农田灌溉水有效利用系数	人均生活用水量(升/日)		
							城镇综合生活		农村
		(立方米)						其中:居民	
路桥	11.9	202.0	17.0	6.3	413.8	0.625	233.6	148.1	110.3
临海	7.9	256.2	32.5	13.6	433.8	0.595	193.7	138.4	131.5
温岭	9.2	211.4	23.0	6.7	470.2	0.601	186.5	128.2	115.8
玉环	11.3	155.8	13.8	6.1	434.3	0.605	138.1	106.9	100.0
天台	7.5	244.1	32.7	13.7	344.1	0.602	217.5	134.3	127.1
仙居	7.0	245.4	35.2	10.4	319.9	0.606	170.8	120.0	105.8
三门	8.8	237.8	27.1	12.3	384.0	0.604	222.6	113.0	107.3
全市	9.1	212.2	23.4	10.0	410.6	0.600	194.6	129.1	113.9

注:1.地区生产总值数据取自统计局快报数据(当年价)。

2.人口采用年平均人口,即上年年末人口数与本年末人口数的算数平均值。

3.城镇综合生活用水量包括城镇居民用水量和公共用水量(建筑业及服务业)。

六、重要水事

(一)高站位谋划,水利发展构建新路径

坚持高点定位,市政府出台《关于加快构建现代水网全面建设幸福水城的实施意见》,作为实现“三高三新”奋斗目标的重大战略支撑;出台《关于加快构建现代水网助力临港产业带建设的通知》,明确水利助推全球一流临港产业带建设的使命责任。坚持高标谋划,在经济社会高质量发展中,锚定重大战略性水利项目,并与国家、省级水网有效衔接,谋深谋实22类、182个重大水利项目。坚持高效作为,在各项大战大考中,彰显水利作用,台州水利工作6次被《中国水利报》头版、20余次被中央电视台、《浙江日报》等省级以上主流媒体点赞。

(二)高效率攻坚,水利建设实现新突破

项目开工数量创历史最多,椒江区海塘安澜工程(江南城西段)、七条河拓浚、临海尤汛分洪等20个项目实现新开工。重点水利工程压茬推进,台州市引水工程、台州市南部湾区引水工程实现通水,朱溪水库工程大坝结顶、输水隧洞全线贯通,临海城防二期、温岭南排等9个项目多年久拖未解决问题有效破解。一批项目前期快速推进,温岭九龙汇调蓄、仙居北岙水库等12个项目前期取得实质性突破。水利安全生产稳中向好,开展安全巡查、质量“飞检”、水利工程隐患排查等专项行动80余次,发现隐患问题1200余处,已全部完成整改,实现零事故、零死亡。

(三)高标准防御,防汛抗旱获得新胜利

建立健全防御体系,印发《台州市水利局水旱灾害防御应急工作预案》、《市水利局关于成立水旱灾害防御工作指挥中心的通知》等文件,编制修订《椒(灵)江流域水工程防洪调度规则》《椒(灵)江流域洪水预报预警规则》《台州市山洪灾害预警叫应规则》等制度。提升水旱灾害防御基础能力,制定落实《台州市山洪灾害风险防范“十个到位”》。对各大中型水库蓄水保供趋势进行分析研判,形成《台州市出梅以来水旱灾害防御形势分析报告》、《台州市今冬明春抗旱保供形势分析报告》,同时编制《台州市区抗旱应急供水预案》,加强水资源统一调度。通过重构全市水旱灾害防御运行体系,成立市水旱灾害防御指挥中心,重塑应急、调度、预警等工作规则、预案等,形成全市水旱灾害防御“一盘棋”。

(四)高要求推进,供水节水取得新成就

深化水资源保障工程建设,椒江河口水利枢纽工程可研阶段相关招投标已全部完成;朱溪水库工程于2022年12月5日通过蓄水安全鉴定,具备下闸蓄水条件;方溪水库工程已完工投用;市引水、南部湾区引水工程于2022年7月通水投运,台州“三纵三横”及南北水源应急互备的系统布局全面落地。深化最严格水资源管理,全面建立市、县两级用水总量和强度双控指标体系;台州市水利局牵头14个市级部门联合印发《台州市2022年度节水行动计划》;全市创建省级节水型企业18家、市级节水型企业57家、市级公共机构节水型单位11家,创建省级节水标杆34家,超额完成创建任务;台职院合同节水等2项工作获评全省“节水

行动十佳实践案例”。完成长潭水库2022年度水量分配方案和调度计划编制；完成长潭水库等9个县级以上重要饮用水水源地自评估工作。聚焦打造全国再生水利用标杆城市，2022年10月，玉环市入选全国首批典型地区再生水利用配置试点城市；2022年12月，四部委公布全国首批区域再生水循环利用试点城市，台州成功入榜，为全省唯一。积极探索地方立法工作，《台州市节约用水条例》列入市人大常委会2023年立法预备审议项目。省对市考核重点指标“单位GDP用水量”考核列全省第2。

（五）高水平建设，河湖管护再上新台阶

强化美丽河湖建设，台州市“美丽河湖”建设累计完成投资约1.32亿元，治理提升河道177千米，创建省级“美丽河湖”12条（个）、市级“美丽河湖”19条（个），创建水美乡镇14个、美丽池塘83个，完成20.17千米中小河流治理民生实事任务，完成幸福水岸建设147.5千米，水环境质量综合指数改善幅度居全省第1。强化农村水利建设，完成市域1442座山塘安全评定和100座山塘综合整治，创建美丽山塘42座，恢复水资源供应250余万立方米，完成农村供水管网提升改造354.16千米。强化水土保持防治，完成水土流失治理26.7平方千米，市本级获全国水土保持先进集体，临海市、仙居县获浙江省水土保持目标责任制成绩突出集体。全面完成重要水文化遗产调查并顺利通过验收，水文化作品《浙水遗韵·潮起台州》正式出版。

（六）高质量发展，数字治水迈出新步伐

坚持以数字化变革赋能现代化先行，推进数字孪生椒江、河事了（佬）等5个数字化平台建设，其中数字孪生椒江项目被纳入水利部数字孪生流域建设先行先试试点，建设成果在中国水利报、台州日报等媒体宣传展示；椒灵江流域洪水预报调度一体化项目建成并通过验收。完成市本级水利数据仓建设，实现“九龙联动治水”平台的省市县三级水利系统用户全覆盖、全贯通，全市河湖及水保领域全面应用“天地一体化”等数字化监管覆盖率达100%。台州“田灌家”数字化改革项目被列入省水利厅数字化农村水利工程试点和第一批全省水利数字化改革试点项目和试点单位。“节水在线”入选全省数字经济领域“浙水减碳”重点场景项目，区域取用水动态分析被列为省级试点。“海塘提升工程智慧管理平台”多跨场景应用入选省水利数字化改革“揭榜挂帅”试点项目。

台州市第三次全国国土调查主要数据公报

台州市第三次国土调查领导小组办公室
台州市自然资源和规划局
台州市统计局

（2022年3月25日）

根据国务院部署，台州市于2018年全面开展第三次全国国土调查（以下简称“三调”）工作，按照“全国统一领导、部门分工协作、地方分级负责、各方共同参与”的组织模式，统一采用土地利用分类标准、统一应用优于1米分辨率的卫星遥感影像为调查底图，创新应用“互联网+调查”机制，全流程严格质量管控，经历初始调查和统一时点更新两个阶段，全面完成调查任务。“三调”以2019年12月31日为标准时点，汇集85万个调查图斑，全面查清全市国土利用状况，掌握各类土地资源家底。

经市政府同意，现将主要数据成果公布如下：

（一）耕地131609.05公顷（197.41万亩）。其中，水田109726.74公顷（164.59万亩），占83.37%；旱地21882.31公顷（32.82万亩），占16.63%。耕地面积全市前三位的县（市、区）为临海市、温岭市、天台县，占全市耕地的54.88%。

全市耕地全部位于一年三熟制地区。

位于2度以下坡度（含2度）的耕地85781.65公顷（128.67万亩），占全市耕地的65.18%；位于2~6度坡度（含6度）的耕地13806.51公顷（20.71万亩），占10.49%；位于6~15度坡度（含15度）的耕地14715.10公顷（22.07万亩），占11.18%；位于15～25度坡度（含25度）的耕地14618.33公顷（21.93万亩），占11.11%；位于25度以上坡度的耕地2687.46公顷（4.03万亩），占2.04%。

（二）园地82997.38公顷（124.50万亩）。其中，果园71464.17公顷（107.20万亩），占86.10%；茶园5793.77公顷（8.69万亩），占6.98%；其他园地5739.44公顷（8.61万亩），占6.92%。园地面积全市前三位的县（市、区）为临海市、仙居县、黄岩区，占全市园地的61.98%。

（三）林地540367.60公顷（810.55万亩）。其中，乔木林地459824.65公顷（689.74万亩），占85.10%[1]；竹林地44225.44公顷（66.34万亩），占8.18%；灌木林地14392.94公顷（21.59万亩），占2.66%；其他林地21924.57公顷（32.89万亩），占4.06%。林地面积全市前三位的县（市、区）为仙居县、临海市、天台县，占全市林地的68.96%。

（四）草地9689.41公顷（14.53万亩），全部为其他草地。草地面积全市前三位的县（市、区）为玉环市、临海市、温岭市，占全市草地的61.06%。

（五）湿地36961.77公顷（55.44万亩）。湿地是“三调”新增的一级地类，包括7个二级地类。其中，红树林地3.52公顷（0.01万亩），占0.01%；沿海滩涂34438.86公顷（51.66万亩），占93.17%；内陆滩涂2519.39公顷（3.78万亩），占6.82%。湿地面积全市前三位的县（市、区）为温岭市、三门县、临海市，占全市湿地的65.77%。

（六）城镇村及工矿用地107963.54公顷（161.95万亩）。其中，城市用地21907.27公顷（32.86万亩），占20.29%；建制镇用地26046.48公顷（39.07万亩），占24.12%[2]；村庄用地56170.49公顷（84.26万亩），占52.03%；采矿用地2091.50公顷（3.14万亩），占1.94%；风景名胜及特殊用地1747.80公顷（2.62万亩），占1.62%。城镇村及工矿用地面积全市前三位的县（市、区）为温岭市、临海市、路桥区，占全市城镇村及工矿用地的46.81%。

（七）交通运输用地24851.22公顷（37.28万亩）。其中，铁路用地1055.01公顷（1.58万亩），占4.25%；轨道交通用地92.23公顷（0.14万亩），占0.37%；公路用地14077.29公顷（21.12万亩），占56.65%；农村道路8763.24公顷（13.14万亩），占35.26%；机场用地271.68公顷（0.41万亩），占1.09%；港口码头用地585.95公顷（0.88万亩），占2.36%；管道运输用地5.82公顷（0.01万亩），占0.02%。交通运输用地全市前三位的县（市、区）为临海市、温岭市、仙居县，占全市交通运输用地的49.25%。

（八）水域及水利设施用地62102.70公顷（93.15万亩）。其中，河流水面30356.39公顷（45.53万亩），占48.88%；湖泊水面126.10

公顷（0.19万亩），占0.20%；水库水面8993.80公顷（13.49万亩），占14.48%；坑塘水面18177.52公顷（27.27万亩），占29.27%；沟渠1578.83公顷（2.37万亩），占2.54%；水工建筑用地2870.06公顷（4.31万亩），占4.63%[3]。水域及水利设施用地全市前三位的县（市、区）为三门县、临海市、温岭市，占全市水域及水利设施用地的53.09%。

“三调”是一次重大国情国力调查，也是党和国家机构改革后统一开展的自然资源基础调查。台州市“三调”数据成果全面客观反映全市土地利用状况，也反映台州市自然资源管理方面的一些问题，对存在的问题必须按照有关要求采取有针对性的措施加以改进。综合分析全市耕地数量和人口增长、发展需求等因素，台州市人均耕地少、耕地后备资源不足的基本情况没有改变，耕地保护形势仍然十分严峻。必须毫不动摇地坚持最严格的耕地保护制度，坚守耕地保护红线和粮食安全底线，压实各级党委和政府耕地保护责任，实行党政同责。必须坚决遏制耕地“非农化”、严格管控“非粮化”，从严控制耕地转为其他农用地，从严查处各类违法违规占用耕地或改变耕地用途行为，规范完善耕地占补平衡。必须坚持节约集约用地制度，提高土地开发利用效率，继续推动城乡存量建设用地开发利用，完善政府引导市场参与的城镇低效用地再开发政策体系，强化土地使用标准和节约集约用地评价，大力推广节地模式。

“三调”成果是制定全市经济社会发展重大战略规划、重要政策举措的基本依据。要加强“三调”成果共享应用，将“三调”成果作为国土空间规划和各类相关专项规划的统一基数、统一底图，发挥“三调”成果在服务生态文明建设、经济社会发展等方面的作用，为台州市数字化改革夯实数据基础，推进市域治理体系和治理能力现代化。

注：[1]为确保占比加和为100%，该数据经过调平。

[2]为确保占比加和为100%，该数据经过调平。

[3]为确保占比加和为100%，该数据经过调平。

机构及其负责人

台州市组织机构及其主要负责人名录

中国共产党台州市委员会

书　记：李跃旗
副书记：吴晓东　林　毅
常　委：苗伟伦　赵海滨
朱巧湘（女）　朱建军
林先华　尚友宾　吴才平
潘军明
秘书长：吴才平
副秘书长：吕婷婷（女）　王　丹（女）
林定刚　李震杰　郑志敏
郑　浩　程凌杰　滕新生
傅顺军

市委工作部门

市委办公室（市委机要局<市密码管理局>、市委保密委员会办公室<市国家保密局>、市档案局）
主　任：吕婷婷（女）

市委组织部（市委“两新”工委、市公务员局、市代表大会常任制办公室）
部　长：赵海滨
常务副部长：王永红
市委“两新”工委书记：项凤日

市委宣传部（市新闻办、市文明办、市新闻出版局）
部　长：潘军明
常务副部长：金文明
市文明办主任：滕新生

市委统战部（市民宗局、市侨办）
部　长：朱巧湘（女）
常务副部长：李　斌
市民宗局局长：戴世勇

市委政法委员会（市委平安办）
书　记：林　毅
常务副书记、市委平安办主任：朱立国

市委政策研究室
主　任：郑　浩

市委全面深化改革委员会办公室（市跑改办）
常务副主任：张国兵

市委机构编制委员会办公室
主　任：王先义

市委台湾工作办公室（市政府台湾事务办公室）
主　任：陈庆进

市委直属机关工作委员会
书　记：吴才平
常务副书记：黄山河

市委、市政府信访局
局　长：程凌杰

市委老干部局
局　长：董金喜

市委党校
校　长：赵海滨
常务副校长：阮积庆

市委党史研究室（市地方志编纂室）
主　任：吴国超

市档案馆
馆　长：郑志敏

台州市新闻传媒中心
主任、董事长、总经理：周建业
副主任、总编辑、副董事长：黄保才

台州市人民代表大会常务委员会

主　任：吴海平
副主任：蒋冰风　管文新
陈美萍（女）　颜邦林
王荣千　彭永军
秘书长：陈刚敏
副秘书长：苏元蓬　谢翠鸣（女）
陈肖力　邱　蓉（女）
童文兴
委　员：王永红　王建敏
卢丹霞（女）　卢志米
卢建宇　叶丽萍（女）
吕振兴　阮吉敏　苏元蓬
杨耿彪　邱　蓉（女）
何贤忠　邹伯若　应铮峥
沈王明　沈启平　张伟锋
陈仁伟　陈永兵　陈肖力
范　智　范卫东（女）
林　敏　林　燚（女）

尚文波　周　瑶（女）
周新彬　於艳华（女）
项先贵　赵明友　徐贤军
徐海蓉（女）　黄军民
章巧明　章卡鹏　葛昌选
童文兴　曾国云　谢菊初
谢翠鸣（女）　蔡基武
颜邦友

办公室
主　任：苏元蓬

研究室
主　任：童文兴

信访办公室
主　任：陈肖力

代表工作委员会
主　任：邱　蓉（女）

法制工作委员会
主　任：於艳华（女）

监察和司法工作委员会
主　任：章巧明

财政经济工作委员会
主　任：邹伯若

农业与农村工作委员会
主　任：王建敏

城乡建设与环境资源保护工作委员会
主　任：葛昌选

教育科技文化卫生工作委员会
主　任：吕振兴

社会建设工作委员会
主　任：赵明友

民族宗教侨务外事工作委员会
主　任：陈仁伟

台州市人民政府

市　长：吴晓东
常务副市长：林先华
副市长：章月燕（女）　苗文斌
陈挺晨　李昌明　马坚斌
秘书长：陈　春
副秘书长：林贤杰　范顺斌　蔡木贵
管文彬　陈友增　王智承
王建勇　辛鸿翔　赵晓燕
朱　江　万永东

市政府工作部门

市政府办公室
主　任：林贤杰

市政府研究室
主　任：管文彬

市政府驻北京联络处
主　任：范顺斌

市政府驻上海联络处
主　任：倪成晖

市政府驻杭州办事处
主　任：王正多

市大数据管理中心
主　任：陈友增

市发展和改革委员会
主　任：陈建勋

市经济和信息化局（市中小企业局）
局　长：屈文斌

市教育局
局　长：黄人川

市科学技术局
局　长：林　慷

市公安局
局　长：马坚斌
常务副局长：黄文清

市民政局
党组书记：牟锡荣
局　长：何晓霞（女）

市司法局（市行政复议局）
局　长：邵宣豪

市财政局
局　长：陈玲萍（女）

市人力资源和社会保障局
局　长：柯婉瑛（女）

市自然资源和规划局（市海洋局、市林业局）
局　长：颜传华

市生态环境局
局　长：陈昌笋

市住房和城乡建设局
局　长：管秉阳

市交通运输局
局　长：叶邦汉

市水利局
局　长：姚加健

市农业农村局
局　长：徐　华

市商务局（市粮食和物资储备局）
局　长：杨正敏

市文化和广电旅游体育局
局 长:蔡文富

市卫生健康委员会
主 任:阮聪颖(女)

市退役军人事务局
局 长:朱德宇

市应急管理局
局 长:邱泓量

市审计局
局 长:王建军

市政府外事办公室(市政府港澳事务办公室)
党组书记:刘文辉
主 任:叶玲君(女)

市国有资产监督管理委员会
主 任:管宏爽

市市场监督管理局(市知识产权局)
局 长:沈云才

市政府金融工作办公室
主 任:胡新民

市统计局
局 长:郑志源

市医疗保障局
局 长:何善泽

市机关事务管理局
局 长:杨晓东

市国防动员办公室(市人民防空办公室)
局 长:王正雷

市综合行政执法局(市城市管理局)
局 长:葛云祥

市港航口岸和渔业管理局
局 长:徐明堂

台州湾新区管理委员会
书 记:林先华
主 任:梅式苗

台州大陈岛开发建设管理委员会
主 任:林 强

台州综合保税区管理委员会
党工委书记:苗文斌
主 任:蔡建军
常务副主任:谢平一

市政府行政服务中心
常务副主任:张海星

台州市消防救援支队
支队长:沈 梁
政治委员:周鑫华

政协台州市委员会机关

主 席:叶海燕(女)
副主席:周凌翔 褚义军 曹 羽
李立飞 林 虹(女)
陈建勋 刘小兵
陈金华(女) 沈 洁
秘书长:颜士平
副秘书长:姜 颖(女) 朱纪元
朱建新 李欠梅 林 涛
常 委:马 丽(女) 王以德
王冬米 王治明 王海军
王啸啸(女) 方安平(女)
石再国 卢启隶
叶玲君(女) 付晓辉(女)
朱永兴 朱纪元 刘从进
刘新君 李 萍(女)
李 斌 李欠梅
李钧敏(女) 何国章
何晓霞(女) 何彩娣(女)
何道根 应良忠 应真箭
张彤彤(女) 张劲松
张高澄 陈 斌 陈军华
陈灵巧(女) 陈灵霞(女)
陈保华 武建伟 林 涛
林文清 林启根 林健刚
罗文达 金敬中 周 庭
周 斌 周飞飞(女)
周书忠 周春友 庞虎林
郑志军 项凤日 赵仁川
胡平法 柯善娴(女)
施菊兰(女) 姜 颖(女)
莫 锋 夏福标 徐肖杰
徐宝春 徐查庆
高美娇(女) 郭 政
郭文标 郭伟忠 陶智渊
黄海虹(女) 黄朝斌
梁丽萍(女) 梁海兵
蒋金镯 韩得满 释允观
释净旻 温明霞(女)
鲍陈热(女) 缪雪中
潘君友 潘建国 潘雄麟
戴良杰 瞿建军

办公室
主 任:姜 颖(女)

研究室
主 任:郑志军

提案委员会
主 任:李欠梅

委员工作委员会
主 任:张建平

经济委员会
主 任:刘新君

农业农村和资源环境委员会
主 任:石再国

教科卫体委员会
主 任:金敬中

社会法制和民族宗教委员会
主　任：戴良杰

港澳台侨委员会
主　任：应真箭

文化文史和学习委员会
主　任：莫　锋

中共台州市纪律检查委员会

书　记：苗伟伦
常务副书记：陈建斌
副书记：李利兵　俞信波
常　委：项　杰　吴　海
郑京飞（女）　戴丽玉（女）
郑云平

市监察委员会
主　任：苗伟伦
副主任：陈建斌　李利兵　俞信波

台州市中级人民法院

院　长：周　庆
常务副院长：杜　斌

台州市人民检察院

检察长：王美鹏
常务副检察长：吴曙光

人民团体、协会、民主党派及工商联

市总工会
主　席：颜邦林
常务副主席：项先贵

共青团台州市委
书　记：陈永兵

市妇女联合会
主　席：范卫东（女）

市科学技术协会
主　席：阮吉敏

市社会科学界联合会（市社会科学院）
主席（院长）：陈文献

市文学艺术界联合会
主　席：曹蕉红（女）

市残疾人联合会
理事长：颜辉武

市关心下一代工作委员会
主　任：叶阿东

市归国华侨联合会
主　席：姚君明（女）

市慈善总会
专职副会长：章伟勤（女）

市红十字会
会　长：李昌明
常务副会长：应正南

中国国民党革命委员会台州市委员会
主　委：褚义军

中国民主同盟台州市委员会
主　委：曹　羽

中国民主建国会台州市委员会
主　委：彭永军

中国民主促进会台州市委员会
主　委：陈金华（女）

中国农工民主党台州市委员会
主　委：沈　洁

九三学社台州市委员委
主　委：何晓霞（女）

市工商业联合会（总商会）
主　席（会长）：陈保华
党组书记、副主席（副会长）：林福江

市属企事业单位

市体育事业发展中心
主　任：空缺

市港航事业发展中心
主　任：徐明堂

市住房公积金管理中心
主　任：徐宏光

市投资促进中心
党组书记：金　松
主　任：李丹佳（女）

市供销合作社联合社
理事会主任：毕　武

市水库移民工作中心
主　任：刘庭才

中国国际贸易促进委员会台州市委员会
会　长：金志伟

浙江大学台州研究院
副院长（主持工作）：余勇刚

浙江清华长三角研究院台州创新中心
主　任：黄　超

南方科技大学台州研究院
院　长：艾建琪

市农业科学研究院
院　长：屈为栋

台州学院
党委书记：崔凤军
院 长：乐传永

台州职业技术学院
党委书记：李昌道
院 长：章 伟

台州科技职业技术学院
党委书记：邱士明
院 长：李大兴

台州开放大学
党委书记：王焕斌
校 长：章正杰

台州技师学院
党委书记：李金国
院 长：章永华

台州恩泽医疗中心（集团）
党委书记：徐颖鹤
主 任：梁军波

台州市中心医院（台州学院附属医院）
党委书记：陈保富
院 长：莫经刚

市城市建设投资发展集团有限公司
董事长：俞 宏

市交通投资集团有限公司
董事长：金宝敏
总经理：林立宏

市社会事业发展集团有限公司
董事长、总经理：杨 琳

市水务集团股份有限公司
董事长：杨 俊
副董事长、总经理：潘 刚

市海洋投资发展集团
总经理：罗永柏

市公共交通集团有限公司
董事长：郭健跳

市国有资本运营集团有限公司
董事长、总经理：李战胜

市金融投资集团有限公司
董事长、总经理：管顺正

浙江台州高速公路集团股份有限公司
董事长、总经理：陈文波

台州市铁路建设投资有限公司
董事长：王华荣
总经理：林 斌

台州市大数据发展有限公司
董事长、总经理：陈 标

台州北大科技园
总经理：项宪平

省部属在台工作部门和企事业单位

国家税务总局台州市税务局
局 长：康忠立

台州海关
关 长：楼柳燕（女）

台州海关缉私分局
局 长：王俊能

台州海事局
局 长：胡卫立

市气象局
局 长：冯 坚

国家统计局台州调查队
队 长：洪昌庆

国网台州供电公司
总经理：斯建东

市烟草专卖局（省烟草公司台州市公司）
局 长：林勇刚

市邮政管理局
局 长：陶官忠

浙江省柑橘研究所
所 长：茹水江

台州出入境边防检查站
站 长：周军军
政治委员：郑 东

市无线电管理局
局 长：曹宏伟

台州西火车站
站 长：郭 威

市新华书店
总经理：王家骏

浙江浙能电力股份有限公司台州发电厂
厂 长：张小根

中国石化销售有限公司浙江台州石油分公司
总经理：胡 吟

中国石油天然气股份有限公司浙江台州销售分公司
总经理：梁万雄

省盐业集团台州市盐业有限公司
总经理：胡 彬

中国邮政集团有限公司台州市分公司
总经理：吴　明

中国电信股份有限公司台州分公司
总经理：
副总经理：王向民

中国移动通信集团有限公司台州分公司
总经理：邵朝良

中国联合网络通信有限公司台州市分公司
总经理：王振华

中国铁塔股份有限公司台州市分公司
总经理：吴浩烨

浙江省通信产业服务有限公司台州市分公司
总经理：徐国平

台州市通信发展办公室
主　任：倪　炯

中国人民银行台州支行市中心支行（国家外汇管理局台州市中心支局）
行　长：喻晓岚（女）

中国银行保险监督管理委员会台州监管分局
局　长：俞　威

中国工商银行股份有限公司台州分行
行　长：沈维嘉

中国农业银行股份有限公司台州分行
行　长：章清华

中国银行股份有限公司台州分行
行　长：张　旭

中国建设银行股份有限公司台州分行
行　长：曹　凡

中国农业发展银行台州市支行
行　长：陈志刚

交通银行股份有限公司台州分行
副行长：朱仿炯

上海浦东发展银行台州分行
党委书记：徐剑卿

兴业银行股份有限公司台州分行
行　长：鲍小龙

中国光大银行股份有限公司台州支行
行　长：胡滨通

招商银行股份有限公司台州分行
行　长：曹海明

中信银行股份有限公司台州分行
行　长：顾文年

浙商银行股份有限公司台州分行
行　长：申　良

广发银行台州分行
行　长：徐　红（女）

平安银行台州分行
行　长：季　讫

民生银行台州分行
行　长：何志勇

中国邮政储蓄银行股份有限公司台州分行
行　长：左　坤

恒丰银行台州分行
行　长：徐建斯

台州银行
党委书记：陈小军
董事长：黄军民
行　长：黄朝盛

浙江泰隆商业银行
董事长：王　钧
行　长：刘传文

浙江民泰银行
董事长：江建法
行　长：杨小波

浙江稠州银行台州分行
行　长：丁　翀

温州银行股份有限公司台州分行
行　长：李华宝

绍兴银行股份有限公司台州分行
行　长：陈鹏程

宁波银行股份有限公司台州分行
行　长：宣　森

金华银行台州分行
行　长：应子斌

杭州银行台州分行
行　长：陈海云

浙江农村商业联合银行台州管理部
主　任：金时江

华夏银行股份有限公司台州分行
行　长：丁臣统

中国人民财产保险股份有限公司台州市分公司
总经理：姜　楠

中国人寿财产保险股份有限公司台州中心支公司
总经理：章　崧

中华联合财产保险股份有限公司台州中心支公司
总经理：林初强

浙商财产保险股份有限公司台州中心支公司
总经理：罗素琴（女）

太平洋财产保险股份有限公司台州中心支公司
总经理：徐　俊

中国人寿保险股份有限公司台州分公司
副总经理：俞　锋

中国平安人寿保险股份有限公司台州中心支公司
总经理：何　俊

中国太平洋人寿保险股份有限公司台州中心支公司
总经理：周丰年

新华人寿保险股份有限公司台州中心支公司
总经理：孙佳贤

中国人民人寿保险股份有限公司台州中心支公司
总经理：陈彦聪

华泰人寿保险股份有限公司台州中心支公司
总经理：吕玉刚

华能国际电力股份有限公司玉环电厂
厂　长：陈　锋

中国出口信用保险公司台州办事处
主　任：赵思远

浙江省台州市机场管理有限公司
执行董事、总经理：李剑毅

太平养老保险股份有限公司浙江分公司业务六部（台州）
总经理：黄建英

浙石油台州分公司
总经理：庞卫敏

中国太平洋财产保险股份有限公司台州中心支公司
总经理：何夏阳

台州港港务有限公司
董事长：陈　华
总经理：陈　胜

县（市、区）机构及主要负责人名录

椒　江　区

中共椒江区委员会
书　记：林　强

椒江区人大常委会
主　任：王国平

椒江区人民政府
代区长：马　骏

政协椒江区委员会
主　席：王跃军（女）

椒江区人民法院
院　长：陈　艳（女）

椒江区人民检察院
检察长：俞宙红（女）

黄　岩　区

中共黄岩区委员会
书　记：包顺富

黄岩区人大常委会
主　任：张建新

黄岩区人民政府
区　长：徐礼辉

政协黄岩区委员会
主　席：王　辉

黄岩区人民法院
院　长：徐乐盛

黄岩区人民检察院
检察长：陈晓风

路　桥　区

中共路桥区委员会
书　记：潘崇敏

路桥区人大常委会
主　任：戴冠福

路桥区人民政府
区　长：牟傲野

政协路桥区委员会
主　席：卢红菊（女）

路桥区人民法院
院　长：葛利江

路桥区人民检察院
检察长：赵　勇

临 海 市

中共临海市委员会
书　记：吴华丁

临海市人大常委会
主　任：章维青

临海市人民政府
市　长：蔡建军

政协临海市委员会
主　席：张招金

临海市人民法院
院　长：庞翔云

临海市人民检察院
检察长：庞　威

玉 环 市

中共玉环市委员会
书　记：周　阳

玉环市人大常委会
主　任：施红兵

玉环市人民政府
市　长：杜年胜

政协玉环市委员会
主　席：林成辉

玉环市人民法院
院　长：赵东福

玉环市人民检察院
检察长：姚石京

仙 居 县

中共仙居县委员会
书　记：崔　波

仙居县人大常委会
主　任：陈红雷

仙居县人民政府
县　长：占雅静（女）

政协仙居县委员会
主　席：林　杰

仙居县人民法院
院　长：胡玲君（女）

仙居县人民检察院
检察长：金耀华

温 岭 市

中共温岭市委员会
书　记：朱建军

温岭市人大常委会
主　任：朱明连

温岭市人民政府
市　长：马厉财

政协温岭市委员会
主　席：江金永

温岭市人民法院
院　长：汪勇钢

温岭市人民检察院
检察长：屈亚军

天 台 县

中共天台县委员会
书　记：杨玲玲（女）

天台县人大常委会
主　任：朱良其

天台县人民政府
县　长：王欣东

政协天台县委员会
主　席：卢益民

天台县人民法院
院　长：杨　丹（女）

天台县人民检察院
代检察长：陈　浩

三 门 县

中共三门县委员会
书　记：陈　曦

三门县人大常委会
主　任：蔡周钧

三门县人民政府
县　长：陈　晨

政协三门县委员会
主　席：郑尚会

三门县人民法院
院　长：程小国

三门县人民检察院
检察长：汪志军

注：此名录为台州市2022年底在任的主要机构及主要负责人名单。如主要负责人年底空缺，则标注空缺。如有误，一律以正式文件为准。

索 引

说明：

本索引设主题索引、图照索引和表格索引；主题后数字内容表示页码，数字后的a、b、c表示左栏、中栏、右栏；主题索引按照汉语拼音字母顺序排序，从第一个汉字开始，同音字按第二个汉字音序排序，以此类推。图照索引按页码顺序排序，仅标注页码，不标注分栏。表格索引以表格先后为序，包括表号、表名称和页码。

主题索引

A

B

C

D

F

G

K

Q

R

S

T

W

X

Y

Z

其他

图照索引

表格索引

ISBN 978-7-5144-6189-3

9 787514 461893 >

定价：280.00元